애자일 개발의 기술 2/e

애자일 개발의 기술 2/e

김모세 옮김   제임스 쇼어 지음

i!i
에이콘

이 책을 나의 가족에게 바칩니다.

 에이콘출판의 기틀을 마련하신 故 정완재 선생님 (1935-2004)

이 책에 쏟아진 찬사

현대 소프트웨어 제공에 관해 매우 뛰어나고 응축된 내용을 재미있게 엮은 책이다. 이터 레이션적인 전달을 처음 접하는 사람들에게는 잘 알려진 프랙티스에 관한 훌륭한 지식을 제공한다. 과도하게 디자인된 '확장된 애자일scaled agile' 프로세스의 혼란 속에서 길을 잃은 사람들에겐 그 지옥을 탈출할 수 있는 좋은 아이디어를 제공한다. 이 책의 1판은 20여년 동안 내 커리어에 큰 영향을 미쳤으며, 2판 역시 비슷한 방식으로 수백만 명의 개발자가 소프트웨어를 제공하는 방식을 개선하는 데 도움이 될 것으로 확신한다.

— 고이코 아지치Gojko Adzic,

『Running Serverless』(Neuri Consulting Llp, 2019),

『Impact Mapping』(Leanpub, 2012),

『성공적인 프로젝트를 관통하는 핵심 실천』(위키북스, 2014) 저자

코드 작성에서 시작해 제품 제공에 이르는 모든 과정을 담고 있다. 저자가 수십 년 동안 힘들게 얻은 경험을 이해하기 쉽게 이 책에 담았다. 소프트웨어 개발 팀이라면 모두가 간직해야 할 책이다.

— 에이비 케스너Avi Kessner,

포터Forter 스태프 엔지니어

책꽂이에서 손이 가장 잘 닿는 위치에 항상 있을 책이다.

— 크리쉬나 쿠마르Krishna Kumar,

엑사싱크 리서치Exathink Research 창업자 겸 CEO

1판은 아직도 내 책꽂이에 참고자료로 꽂아둘 정도로 나를 매료시켰다. 2판은 해당 아이디어를 그대로 유지하면서 지난 십여 년간 저자가 얻은 인사이트를 더했다.

— **벤자민 무스칼라**Benjamin Muskalla,

깃허브GitHub 시니어 소프트웨어 엔지니어

지금까지 읽었던 모든 애자일 소프트웨어 개발 서적 중에서 가장 종합적이다. 매우 실용적이며 강력한 예시를 활용해 기술 스택, 기업 규모, 산업 도메인에 관계없이 모든 소프트웨어 개발 프로젝트에 쉽게 적용할 수 있다. 여러분이 일하는 곳에 두고 항상 읽어야 할 책이다.

— **루이자 누네스**Luiza Nunes,

소트웍스Thoughtworks 프로그램 매니저

애자일 개발 관련 책 중 내가 가장 좋아하는 책이다. 기술적인 주제는 물론 관리적인 주제도 함께 다룬다. 강의에서 이 책을 활용함은 물론 고객들에게도 항상 추천한다.

— **니콜라스 파에즈**Nicolás Paez,

소프트웨어 엔지니어, 부에노스아이레스대학교Universidad de Buenos Aires 교수

저자는 자신의 경험에 기반해 애자일 소프트웨어 개발 접근 방식의 모든 요소에 관해 개념과 실무를 연결하면서 매우 쉽게 설명했다.

— **켄 푸**Ken Pugh,

수석 컨설턴트,

『Prefactoring: Extreme Abstraction, Extreme Separation, Extreme Readability』(O'Reilly Media, 2005) 저자

수천 권에 이르는 애자일 책 중에서 무엇을 읽을지 고민하고 있다면 주저 없이 이 책을 추천한다. 제임스는 애자일 초기부터 함께 했으며 자신의 재능을 잘 알고 있다. 이 책은 우리 주변에 만연한 무의미한 '애자일'을 단칼에 잘라내고, 완전하면서도 전체적인 접근

방식을 제공한다. 이 접근 방식은 절대로 빠르거나 쉽지 않지만 그만한 가치가 있다. 나는 '애자일 개발의 기술'을 좋아한다. 반드시 읽어야 할 책이다.

— 바스 보드Bas Vodde,
LeSS 공동 설립자

저자는 애자일 개발 기술을 완전히 업그레이드했다. 새로운 도구와 기법은 물론 지난 십여 년 동안의 교훈을 모두 담았다. 이 책은 여러분의 작업 방식을 진정한 애자일 방식으로 효과적으로 발전시키는 데 도움이 될 것이다.

— 빌 웨이크Bill Wake,
XP123 LLC(https://xp123.com/)

추천사

우리가 애자일 소프트웨어 개발 선언문을 작성했을 때, 업계의 변화를 시도했던 소수의 사람만이 우리를 지지했다. 20여 년이 흐른 지금 '애자일^{agile}'은 주류로 자리잡았다. 그러나 애자일 소프트웨어 개발을 하고 있다고 말하는 사람들이 하는 행동은 우리가 20여 년 전에 공유한 비전과 비슷한 점이 거의 없다.

애자일 방식으로 작업하기 위해서는 소프트웨어 개발 작업 관리 및 기술적인 실행 모두에 상호 연결된 프랙티스의 그물^{web}이 필요하다. 이런 프랙티스 중 많은 부분, 특히나 기술적인 프랙티스에 관해서는 이해가 부족하거나 이해하고 있더라도 프랙티스를 널리 가르치지 않는다. 그 결과 너무 많은 사람이 소프트웨어 제품을 구축하는 효과적인 방법이 무엇인지에 대한 왜곡된 관점을 갖고 있다.

제임스 쇼어는 애자일 운동^{Agile movement}의 핵심 기둥인 익스트림 프로그래밍^{Extreme Programming}의 길을 걸은 초기 개척자들 중 한 명이다. 이 책의 1판은 내가 가장 좋아하는 책으로, 팀에서 애자일 프로세스를 적절하게 실행하기 위해 알아야 할 것을 보여주는 핸드북이었다. 제임스는 이후 다이애나 라센^{Diana Larsen}과 함께 애자일 플루언시 모델^{Agile Fluency Model}을 만들었다. 이 모델은 사람들이 애자일 접근 방식을 이용해 기술을 개발할 수 있는 다양한 방법에 대한 경험을 담았다. 이 모델에서 기본 스크럼 접근법이라 불리는 프로젝트 관리 기술의 단순한 적용은 고객의 요구사항에 초점을 맞춤으로써 어느 정도의 가치를 제공하지만, 많은 팀이 달성하고자 하는 높은 생산성과 안정성을 얻는 데 필요한 기술적 스킬은 부족하다.

이런 관점은 가치에 집중하는 방법과 해당 가치를 안정적으로 전달하는 방법에 많은 비중을 둔 이 책의 구조를 올바르게 이끌고 있다. 가치에 집중한다는 것은 강력한 팀워크의 중요성을 이해하고, 적응적 계획adaptive planning 기술을 개발하고, 그 결과 개발된 소프트웨어의 고객 및 사용자와 긴밀하게 협업하는 것을 의미한다. 딜리버리 신뢰성 테스트, 리팩터링, 디자인 및 공동 개발을 위한 필수 기술 사례에 중점을 둔다. 내부 품질이 높은 소프트웨어를 구축하면 비용이 절감되고 코드 전달 속도가 빨라진다는 직관적이지 않을 수도 있는 개념을 인식한다. 데브옵스DevOps 문화 및 지속적인 제공과 결합해 높은 빈도의 기능을 신속하게 프로덕션에 적용할 수 있게 지원한다. 팀은 이를 통해 소프트웨어가 실제로 사용되는 방법을 관찰함으로써 무엇이 더 가치 있는 것인지 더 많이 배울 수 있다.

나는 20년 전 운이 좋게 소트웍스에 둥지를 틀었다. 우리 팀은 이런 유형의 기술을 사용해 고객이 새로운 소프트웨어 제품을 구축하고 오래된 레거시legacy를 대체하도록 지원한다. 제임스와 마찬가지로 우리는 익스트림 프로그래밍이 확고한 기반을 제공하는 것을 발견했고, 지난 20년 동안 이 기술을 적용해 큰 성공을 거뒀다. 그렇기에 나는 제임스의 10년 동안의 코칭 경험을 2판에 반영한 것을 보게 돼 너무나도 기쁘다. 가치 있는 일에는 시간이 걸리고 그 과정에서 좌절도 있을 것이다. 하지만 이 가이드북에는 껍데기만 남은 의식에서 벗어나 제임스와 내가 수년 전 이 기술을 처음 사용했을 때 느꼈던 활력이 있다. 이 활력은 여러분의 여정을 도울 수 있을 것이다.

— 마틴 파울러Martin Fowler,
소트웍스 수석 과학자

옮긴이 소개

김모세(creatinov.kim@gmail.com)

소프트웨어 엔지니어, 소프트웨어 품질 엔지니어, 애자일 코치 등 다양한 부문에서 소프트웨어 개발에 참여했다. 재미있는 일, 나와 조직이 성장하고 성과를 내도록 돕는 일에 보람을 느껴 2019년부터 번역을 시작했다. 지은 책으로『코드 품질 시각화의 정석』(지앤선, 2015)이 있고, 옮긴 책으로는『추천 시스템 입문』(한빛미디어, 2023),『그림과 작동 원리로 쉽게 이해하는 웹의 기초/서버의 기초』(위키북스, 2023),『시스템을 잘 만들게 하는 기술』(위키북스, 2023),『아트 오브 셸 원라이너 160제』(제이펍, 2023),『애자일 소프트웨어 아키텍트의 길』(에이콘출판, 2022) 등이 있다.

옮긴이의 말

애자일은 어디에나 있지만, 역설적으로 어디에도 없다.

2001년, 1990년대에 만연했던 소프트웨어의 위기에서 탈출하기 위해 선언된 애자일 소프트웨어 개발 선언문은 개발자라면 적어도 한 번 정도는 들어봤거나, 직접 누군가에게 말해봤을 만큼 널리 알려졌다. 많은 기업이 "우리는 애자일하게 일하고 있습니다."라는 슬로건을 내 걸지만 그 실체를 자신 있게 구현해 낸 이들을 찾아보기는 쉽지 않다. 애자일하게 일하고 있다고 말하는 사람들은 자신들이 하고 있는 여러 가지 프랙티스를 소개한다(그리고 거기에 약간의 성공과 상당한 실패가 함께 한다).

애자일은 프랙티스나 방법론이라기보다는 가치이자 철학이다. 여러분이 알고 있는 애자일은 다음의 네 가지 원칙으로 설명할 수 있다. 그 어디에서도 특정한 프랙티스에 관해 말하지 않는다.

공정과 도구보다 개인과 상호작용을 / 포괄적인 문서보다 작동하는 소프트웨어를 / 계약 협상보다 고객과의 협력을 / 계획을 따르기보다 변화에 대응하기를

그렇지만 우리에게는 이를 구체화하고 실체화할 수 있는 방법이 필요한 것 또한 부정할 수 없는 사실이다. 이 책에서는 애자일의 근본이 되는 가치와 철학을 재조명하고, 애자일이 동작하는 방식, 성공과 실패에 도달하는 이유, 애자일을 실질적으로 구현할 수 있는 다양한 방법과 도구를 설명한다. 2판은 1편을 출간한 이후 저자가 겪은 10년 이상의 경험을 통해 제시하는 더 실천적인 방법을 다루고 있다. 여러분이 애자일이라는 가치와 철학을 더욱 잘 이해하고, 이를 현실에 녹여낼 수 있는 아이디어를 제시하기에 충분할 것이다. 여러분이 있는 그곳에 애자일이 함께 하기를 바란다.

먼저 번역을 통해 유익한 지식을 공유할 수 있게 해 주신 하나님께 감사드린다. 또한 좋은 책을 번역할 수 있는 기회를 주신 에이콘출판사의 권성준 대표님과 책의 편집 과정에서 많은 도움을 주신 김진아 님께도 감사드린다. 번역하는 동안 한결 같은 믿음으로 저를 지지해준 아내와 컴퓨터 앞에 앉아 시간을 보내는 아빠를 응원해준 세 딸에게도 깊은 감사의 마음을 전한다.

김모세 드림

지은이 소개

제임스 쇼어 James Shore

1999년부터 수많은 팀의 애자일 개발 실행을 이끌었다. 그는 애자일 아이디어에 관한 깊은 이해와 수십년 동안의 실제 개발 경험을 조합했다. 그는 이 경험을 살려 사람들이 애자일의 모든 측면을 적용해 뛰어난 결과를 얻도록 돕고 있다. 제임스는 애자일 프랙티스에 기여한 공로를 인정받아 애자일 얼라이언스Agile Alliance의 고든 파스크 어워드Gordon Pask Award를 받았다. 수많은 코딩 데모를 진행했으며, 애자일 플루언시 모델을 공동으로 제작했다.

홈페이지: jamesshore.com

감사의 글

이 책을 쓰기 위해 셀 수 없을 정도로 많은 것에서 영감을 얻었다. 가능한 많은 출처를 기억하려고 노력했지만, 안타깝게도 몇 가지는 출처를 찾지 못했다(내 사과를 받아달라). 특히 나는 켄트 벡Kent Back, 론 제프리Ron Jeffries, 워드 커닝햄Ward Cunningham에게 감사한다. 그들이 만든 익스트림 프로그래밍은 내가 애자일 여정을 시작하게 된 직접적인 원인이 됐다. 알리스테어 코크번Alistair Cockburn과 그가 만든 소프트웨어 라운드테이블Software Roundtable은 워드 커닝햄의 C2 Wiki에 대한 활발한 토론과 마찬가지로 내 여정을 시작함에 있어 중요한 안내자였다. 또한 다이애나 라센에게도 감사한다. 그녀는 나와 수년 동안 함께 일했으며 그녀의 관점은 나의 관점과 균형을 잘 이뤘다. 물론 수년 동안 내게 영감을 준 글을 쓴 마틴 파울러에게도 고마움을 전한다.

오라일리O'Reilly 출판사는 2판 출간을 위한 지원을 아끼지 않았다. 편집자로서 끊임없는 피드백과 지원을 제공한 개리 오브라이언Gary O'Brien에게 큰 감사를 전한다. 이 책이 성공하도록 도운 멜리사 듀필드Melissa Duffield에게도 감사를 전한다. 2판을 쓸 시점이 됐다는 확신을 준 라이언 쇼Ryan Shaw, 초기 릴리스판을 준비해 준 드보라 베이커Deborah Baker, 홍보를 도와준 수잔 휴스턴Suzanne Huston, 제작 파이프라인을 만들어 난해하고 까다로운 서식 요구사항을 처리해 준 닉 아담스Nick Adams와 오라일리 도구O'Reilly Tools팀, '원시 원고'에서 '완성된 책'으로 바꾸는 과정을 담당한 크리스토퍼 파우처Christopher Faucher, 문법적 오류를 고쳐준 토냐 트라이뷸라Tonya Trybula와 스테파니 잉글리시Stephanie English, 내가 그린 스케치를 이해하기 쉬운 그림으로 바꿔 준 케이트 둘레아Kate Dullea, 모든 것을 찾아볼 수 있는 색인 작성을 도와준 에스탈리타 스리보스키Estalita Slivoskey에게 감사를 전한다.

또한 피드백을 준 이 책의 리뷰어들에게 특별한 감사를 전한다. 리뷰는 공개적으로 진행했으며, 수십 명의 사람들이 700개 이상의 피드백 이메일을 보내왔다. 거의 모든 의견이 통찰력 있고 유용했고, 덕분에 더 나은 책이 만들어졌다. 피드백과 관련된 내 특정한 요청에 응답한 사람들에게도 감사를 전한다. 에이드리안 서튼Adrian Sutton, 앤서니 윌리엄스Anthony Williams, 에이비 케스너, 바스 보드, 벤자민 무스칼라, 빌 웨이크, 브래드 애플턴Brad Appleton, C. 키이스 레이C. Keith Ray, CJ 제임슨CJ Jameson, 크리스찬 디완Christian Dywan, 데이빗 풀David Poole, 다이아나 라센, 디에고 폰데빌라Diego Fontdevila, 에밀리 바흐Emily Bache, 에릭 피터슨Erik Peterson, "에반 M Evan M", 프란츠 아마도어Franz Amador, 조지 딘위디George Dinwiddie, 고이코 아지치, 제이슨 입Jason Yip, 제프 그릭Jeff Grigg, 제프 패튼Jeff Patton, 제프리 팔레모Jeffrey Palermo, 요한 얼러든Johan Aludden, 켄 푸, 크리쉬나 쿠마르, 리즈 키오Liz Keogh, 루이자 누네스, 마르셀로 로페즈Marcelo Lopez, 마르커스 가에트너Markus Gaertner, 마틴 파울러, 마이켈 스바보다Michal Svoboda, 니콜라스 파에즈Nicolas Paez, 폴 스테펀슨Paul Stephenson, 피터 그레이브스Peter Graves, 르우벤 야겔Reuven Yagel, 리카르도 메이어호퍼Ricardo Mayerhofer, 론 제프리스Ron Jeffries, 론 쿼텔Ron Quartel, 사라 호란 판 트리세Sarah Horan Van Treese, 스티브 비멘트Steve Bement, 토마스 J. 오웬스Thomas J. Owens, 토드 리틀Todd Little 및 워드 커닝햄 모두에게 감사한다.

그리고 책의 거의 모든 부분을 읽고 의견을 준 리뷰어들인 바스 보드, 켄 푸, 마틴 파울러, 토마스 J. 오웬스에게 감사한 마음을 전한다.

1판 역시 공개 리뷰 프로세스의 이점을 얻었으며, 동일하게 2판에도 그러한 이점이 적용됐다. 에이드리안 하워드Adrian Howard, 에이드리안 서튼, 안 바르콤Ann Barcomb, 앤디 레스터Andy Lester, 앤서니 윌리엄스, 바스 보드, 빌 카푸토Bill Caputo, 밥 코릭Bob Corrick, 브래드 애플턴, 크리스 휠러Chris Wheeler, 클락 칭Clarke Ching, 다지 인퀼프슨Daði Ingólfsson, 다이애나 라센, 에릭 피터슨, 조지 딘위디, 일리야 프로이스Ilja Preuß, 제이슨 입, 제프 올퍼트Jeff Olfert, 제프리 팔레모, 조나단 클락, 키이스 레이, 케빈 러더포드Kevin Rutherford, 킴 그래스만Kim Gräsman, 리사 크리스핀Lisa Crispin, 마크 웨이테Mark Waite, 니콜라스 에반스Nicholas Evans, 필립 안트라스Philippe Antras, 랜디 콜먼Randy Coulman, 로버트 슈밋Robert Schmitt, 론 제프리, 셰인 두안Shane Duan, 팀 호튼Tim Haughton의 풍부한 주석에 감사를 표한다. 그리고 광범위한 논평을 해준 토니 번Tony Byrne, 완성된 초안에 대한 피드백을 준 브라이언 매릭Brian Marick, 켄 푸, 마크 스트라이

벡Mark Streibeck에게도 감사를 전한다.

마지막으로 아내 니루Neeru에게 다시 한번 고맙다. 무엇을 해야 하는지 알았고, 여전히 나를 굳게 지지해줬다. 당신이 없었다면 확신하건대 이 일은 할 수 없었을 것이다.

차례

이 책에 쏟아진 찬사 7
추천사 10
옮긴이 소개 12
옮긴이의 말 13
지은이 소개 15
감사의 글 16
들어가며 26

1부 기민함 개선하기

1장 애자일이란 무엇인가? 37

애자일의 탄생 37
위기 속에서의 탄생 38
애자일 개발 선언 39
애자일의 정수 41
애자일이 승리하는 이유 43
애자일이 작동하는 이유 45
애자일이 실패하는 이유 47

2부 가치에 집중하기

3부 신뢰성 있게 전달하기

4부 결과물 최적화하기

들어가며

Q: 어떻게 하면 카네기 홀(Carnegie Hall)에 설 수 있을까요?
A: 연습, 연습, 연습뿐입니다!

나는 여러분이 애자일 개발의 기술을 마스터하도록 돕고 싶다.

애자일 개발은 여느 팀 기반 소프트웨어 개발 접근 방식과 마찬가지로, 개인과 상호 작용의 변화를 다루는 인간에 관한 기술이다. 애자일 개발을 마스터하려면 매 순간 무수한 가능성을 평가하고, 최상의 조치를 직관적으로 선택하는 방법을 배워야 한다.

그런 어려운 기술을 어떻게 하면 배울 수 있을까? 오로지 연습뿐이다!

가장 먼저 이 책은 방법을 가이드^{how-to guide}하는 책이다. 애자일 개발을 연습하는 방법에 관해 자세히 설명한다. 익스트림 프로그래밍이 기반이지만 스크럼^{Scrum}, 칸반^{Kanban}, 데브옵스, 린 소프트웨어 개발^{Lean Software Development}, 린 스타트업^{Lean Startup} 같은 아이디어와 사례를 가져왔다. 궁극적으로 애자일 개발을 팀과 조직에 성공적으로 도입할 수 있는 실용적인 가이드가 될 것이다. 또한 애자일이 여러분의 상황에 적합하지 않은지 판단하는 데도 도움이 될 것이다.

둘째, 이 책은 여러분이 애자일 개발의 기술을 마스터하도록 도움을 주기 위한 목적으로 썼다. 기민함^{agility}을 마스터한다는 것은 프랙티스 가이드를 뛰어넘는 것을 의미한다. 소프트웨어 개발은 컨텍스트에 민감하기 때문에 어느 한 가지 접근 방식이 완벽하게 들어맞지 않으며, 너무나 미묘해서 책 한 권으로 모든 것을 알려줄 수도 없다. 완벽함은 내부에서 나온다. 선택의 조약돌이 일으키는 파문에 관한 경험과 직관적인 이해가 바탕이 돼야 한다.

여러분의 선택이 조직 전체에 미치는 영향을 알려줄 수는 없다. 이 책에서는 그런 시도조차 하지 않는다. 뉘앙스와 이해에 관한 정보를 제공해야 한다. 이것이 기술을 마스터하는 유일한 방법이다. 프랙티스를 따르라. 어떤 결과가 나타나는지 관찰하라. 왜 효과가 있었는지, 혹은 그렇지 않았는지 생각하라. 그리고 이터레이션하라. 무엇이 같았는가? 무엇이 달랐는가? 그 이유는 무엇인가? 다시 이터레이션하라.

처음에는 각 프랙티스의 적용 방법을 이해하는 데 어려움을 겪을 수 있다. 글로는 쉬워 보이지만, 실제로 몇 가지 프랙티스를 실행하는 것은 쉽지 않을 것이다. 쉬워질 때까지 계속 연습하는 것이 중요하다.

애자일이 쉬워지는 순간 내 조언 중 일부는 여러분에게 효과가 없음을 알게 될 것이다. 처음에는 문제가 내가 제공하는 가이드에 있는 것인지, 혹은 해당 가이드를 따르는 여러분의 방식에 있는지 역시 알 수 없을 것이다. 확신이 들 때까지 계속 연습하라. 그리고 규칙을 어겨보라. 여러분이 처한 상황에 더 잘 맞도록 내 가이드를 수정하라. 모든 프랙티스는 탐색해 볼만한 아이디어를 담은 '대안과 실험' 섹션을 제공하고 있다.

언젠가는 규칙에 대한 흥미를 잃어버릴 것이다. 애자일은 결국 규칙을 따르는 것이 아니라 '단순함과 피드백, 커뮤니케이션과 신뢰에 관한 것'이라 생각하게 될 것이다. "애자일은 가치를 제공하고 적시에 올바른 일을 할 수 있는 용기를 갖는 것이다." 매 순간 무수한 가능성을 평가하고 직관적으로 최선의 행동을 선택하게 될 것이다.

여러분에게 그런 순간이 온다면 그때에는 이 책을 다른 사람에게 주라. 너덜너덜하고 초라한 옷을 입은 사람이라도 애자일 개발의 기술을 마스터할 수 있게 말이다.

실용주의자들을 위해

만약 여러분이 '기술'을 마스터하고 싶지 않다면? 그저 좋은 소프트웨어를 개발하고 싶을 뿐이라면?

걱정하지 말라. 그렇다 하더라도 이 책은 여러분을 위한 것이다. 애자일 개발에 관한 내 수년 간의 경험을 명확하고도 포괄적인 단일한 접근 방식으로 압축했다.

명료하고 직설적인 언어를 이용했으며, 많은 실용적인 팁을 담았다. 내가 설명하는 접근 방식이 작동할 때와 그렇지 않을 때 고려해야 할 대안을 솔직하게 설명했다. 2장이 여러분이 시작하는 데 유용할 것이다.

물론 한 가지 접근 방식만 주장하는 것에는 단점도 있다. 모든 사람에게 적합한 접근 방식이란 애초에 존재하지 않는다. 내 조언이 여러분이 속한 팀이나 조직에는 적합하지 않을 수 있다. 4장과 5장의 내용을 참고해 성공에 필요한 전반적인 조건을 이해하고, 각 프랙티스의 '전제 조건' 섹션에서 세부 사항을 확인하라.

하지만 특정한 프랙티스가 여러분에게 효과가 없을 거라고 가정하지 않길 바란다. 이 책에서 소개하는 일부 프랙티스는 직관에 어긋나거나 그저 재미없게 들리기도 할 것이다. 하지만 대부분의 프랙티스는 다른 프랙티스와 함께 할 때 그 효과가 가장 크다. 몇 개월 정도는 책에 쓰여진 대로 프랙티스를 시도해 보고, 여러분이 속한 환경에서 어떻게 작동하는지 실제적인 경험을 쌓은 뒤 세부적인 내용을 변경하라.

난 20년 넘는 기간 동안 이 아이디어를 프랙티스에 녹여냈다. 적절한 환경에서는 상당한 효과를 발휘한다. 애자일 개발은 내가 시도했던 그 어떤 소프트웨어 개발 접근 방식보다 재미있고 성공적이었다. 여러분도 함께 즐겨보길 바란다.

2판의 새로운 내용

2판은 1판을 완전히 새롭게 썼다고 해도 과언이 아니다. 2판은 1판에서 소개한 대부분의 프랙티스와 실용적인 접근 방식으로 유지한다. 하지만 14년 동안의 애자일 프랙티스의 발전에서 얻을 수 있는 이점을 담아 거의 완전히 다시 썼다. 14년간 내가 쌓은 경험을 추가로 담은 것은 말할 필요도 없다.

점진적 채택을 허용하고 팀이 실질적인 애자일을 더 잘 활용할 수 있도록 책을 완전히 재구성했다. 1판의 3부에서 논의한 원칙과 사용자 정의^{customization}에 관한 내용은 각 프랙티스에 담아 더욱 두드러지고 접근하기 쉽게 했고, 모든 프랙티스에 실험을 위한 제안을 추가했다.

크게 추가한 내용은 다음과 같다.

- 애자일을 도입하고 기업의 요구에 맞게 맞춤화하는 심층 가이드를 제공한다. 이는 다이애나 라센과 함께 만든 애자일 플루언시 모델[1]에 기반한다.

- 대기업과 중소기업을 지원한 경험을 바탕으로 애자일 확장에 관한 새로운 장을 추가했다.

- 데브옵스에 관한 새로운 장을 추가했으며, 운영 및 보안 부문과의 협업을 다룬다. 이 책 전체에 데브옵스에서 영감을 받은 내용을 업데이트했다.

- 원격 팀에서 애자일의 효과를 얻을 수 있는 가이드를 추가했다. 새로운 프랙티스, 스토리, 아이디어 등 수많은 내용을 개선하고 변경했다.

이 책의 대상 독자

이 책은 애자일 팀에서 업무를 하거나 언젠가 그렇게 하기를 희망하는 모든 사람을 위해 썼다. 프로그래머는 물론이고 관리자, 경영진, 도메인 전문가, 테스터, 프로덕트 매니저, 프로젝트 관리자, 아키텍트, 운영, 보안, 디자이너, 비즈니스 분석가들을 모두 포함한다. 애자일 팀은 교차 기능 팀이다. 이 책은 그 전제를 반영하고 있다.

이 책은 참고자료인 동시에 처음부터 끝까지 읽을 수 있도록 구성했다. 2부에서 4부까지 소개하는 각 프랙티스는 개별적으로 읽을 수 있게 구성했다. 인쇄판 페이지 여백의 '함께 보기' 박스와 전자책의 하이퍼링크는 교차 참조에 도움을 줄 것이다. 인쇄판은 추가로 선택해서 찾아볼 수 있게 구성했다. 노트 등이 여러분의 주의를 끈다면 책장 넘기기를 멈추고 더 깊게 읽어보길 추천한다.

관리자나 경영진이라면 애자일이 기업에서 어떻게 작동할 수 있고, 어떻게 작동해야 하는지 궁금할 것이다. 그렇다면 1부를 참조하라. 팀의 관리자라면 '매니지먼트(p.434)' 섹션과 10장의 다른 프랙티스를 참조하라.

---

1 '애자일 플루언시'는 애자일 플루언시 프로젝트 LLCAgile Fluency Project LLC의 등록 상표다.

애자일을 기업에 도입하거나 조직에서 애자일을 실행하는 방법을 개선하고 싶은 팀원 또는 관리자라면 이 책을 처음부터 끝까지 읽어보길 바란다. 1부의 내용은 애자일 아이디어를 도입하는 방법을 이해하는 데, 책의 나머지 부분은 애자일을 실행하는 방법을 이해하는 데 도움이 될 것이다.

애자일 팀에 속해 있고 일을 충분히 수행하기를 원한다면 2부와 3부의 프랙티스에 집중하는 것이 좋다. 1장에서 개요를 이해한 뒤 여러분의 팀이 이용하는 프랙티스에 관해 읽어보라. 팀이 목차에 제시되지 않은 프랙티스를 이용하고 있다면 색인을 확인하라. 같은 프랙티스를 다른 이름으로 이용 중일 수 있다.

애자일 팀에 속해 있지 않지만 협업을 하고 있다면, 그들에게 어떤 것을 읽을지 제안을 구하라. 프로덕트 매니저, 프로덕트 오너, 디자이너라면 8장과 7장의 '목적(p183)' 섹션부터 시작하라. 보안 및 운영 담당자라면 '운영을 위한 빌드(p.667)'와 '사각지대 발견(p.719)', '사건 분석(p.728)' 섹션을 확인하라. 테스터라면 16장을 주의해서 읽자.

단지 애자일 개발이 무엇인지 궁금하다면 1장을 먼저 읽은 뒤 2, 3, 4부의 내용을 살펴보라. 가장 흥미로운 프랙티스에서 시작하되 어떤 순서로 읽어도 좋다.

협력 저자 소개

2판에서는 훌륭한 공동 작업자들과 함께하는 행운을 얻었다. 기테 클릿가드는 심리적 안전감psychological safety이라는 주제를 전문적으로 다룬 '안전감(p.171)'에 관해 썼다. 다이애나 라센은 '팀 다이내믹(p.461)'과 '장애물 제거(p.480)' 섹션을 썼으며, 조직 및 팀 개발에 관한 수십 년의 경험을 담았다. 1판의 공동 저자였던 셰인 와든은 이번 책에서는 새로운 자료를 제공하지 못했지만 여전히 귀중한 아이디어를 내줬으며, 1판의 작업은 이번 책을 쓰는 데 기초가 됐다.

기테 클릿가드Gitte Klitgaard

기테 클릿가드는 애자일 코치, 트레이너 및 멘토이며, 조직이 심리적 안정감, 책임, 의무를 기르는 데 초점을 둔다. 기테는 진정성을 가지고 있으며, 사람들이 스스로 성공에 도달하도록 돕는다.

그녀가 속한 커뮤니티는 코치 캠프 조직, 컨퍼런스 연설 등에 기여하고 있다. 그녀는 정신 건강과 심리적 안정감 같은 주제를 강조하고 접근 가능하게 한다. 그녀는 직장과 밖에서 안전하고도 존중받는 환경을 조성한다. 그녀는 침묵 속에 있는 소수의 목소리에 귀를 기울인다.

여가 시간에는 레고^{LEGO}와 요다^{Yoda}를 수집한다. 그녀가 두 번째 가족이라고 생각하는 사람들을 포함해 전 세계 친구들과 연락을 주고받는다.

그녀는 네이티브 와이어드^{Native Wired}의 오너이며 레고, 스포티파이^{Spotify}, 멘티미터^{Mentimeter} 같은 기업의 변화를 이끌었다.

다이애나 라센^{Diana Larsen}

다이애나 라센은 20년 이상 애자일 사고의 기초와 확장, 그리고 숙련된 팀을 양성하고 활성화하는 데 기여했다. 다이애나는 『애자일 회고』(인사이트, 2008), 『Liftoff 2/e』(Pragmatic Bookshelf, 2016), 『Five Rules for Accelerated Learning』(Leanpub, 2014)을 썼다. 또한 두 권의 새로운 책을 쓰고 있으며, 『The Agile Fluency Model: A Brief Guide to Success with Agile』(Agile Fluency Project, 2019) 전자책을 공동 저술했다. 수석 코치, 컨설턴트, 퍼실리테이터 및 멘토로 활동하면서 지속적인 기여를 하고 있으며, 애자일 플루언시 프로젝트의 최고 연결자^{Chief Connector}로 살고 있다. 다이애나는 미국의 북서쪽 포틀랜드^{Portland}에서 살고 있다.

셰인 와든^{Shane Warden}

셰인 와든은 엔지니어링 리더이자 작가이며, 특히 『The Art of Agile Development, 1st Edition』(O'Reilly, 2007)과 『Masterminds of Programming』(O'Reilly, 2009)의 저자다. 여가 시간에는 동물들에게 좋은 집을 찾아주는 일을 한다.

이 책의 표기

이 책에서는 다음 표기법을 사용한다.

볼드체

새로운 용어, URL, 이메일 주소, 파일명, 파일 확장자
등을 나타낸다.

코드체

프로그램 리스트 및 본문 안에서 프로그램 요소를 나타낼 때 사용한다. 변수와 함수
명, 데이터베이스, 데이터 타입, 환경 변수, 구문, 키워드 등이 이에 해당한다.

코드체(볼드)

실행 코드 예시에서 삽입된 코드를 나타낸다

코드체(취소선)

실행 코드 예시에서 삭제된 코드를 나타낸다

콜아웃 박스(이중 선 박스)

콜아웃 박스는 중요한 개념을 설명한다.

함께 보기(회색 음영 박스)

함께 보기 박스는 관련된 프랙티스를 나타낸다.

> **주요 대상**
>
> 주요 대상 박스는 각 애자일 프랙티스에
> 대한 주요 대상을 나타낸다.

코드 예제 사용

이 책에서 사용한 코드 등의 자료는 https://www.jamesshore.com/v2/books/aoad2
에서 다운로드할 수 있다. 에이콘출판사 홈페이지(http://www.acornpub.co.kr/book/
cloud-native-infrastructure)에서도 다운로드할 수 있다.

이 책은 여러분의 문제 해결에 도움을 주기 위해 쓰였다. 일반적인 경우 이 책에서 제공
하는 예제 코드는 여러분이 작성하는 프로그램이나 문서에 이용해도 좋다. 코드의 상당

부분을 복제하는 경우가 아니라면 별도로 연락할 필요는 없다. 예를 들어 이 책의 여러 코드를 이용해 프로그램을 작성하는 경우에는 특별한 허가가 필요하지 않다. 오라일리 서적의 예제를 판매하거나 배포하는 경우에는 허가가 필요하다. 이 책의 내용을 이용해 질문에 답변하는 경우에는 허가가 필요하지 않다. 여러분의 제품 문서에 상당량의 예제 코드를 포함시키는 경우에는 허가가 필요하다.

인용할 경우에는 책의 정보(제목, 저자, 출판사 및 ISBN)를 다음과 같이 포함해주기 바란다 (강제 조항 아님).

> "The Art of Agile Development by James Shore(O'Reilly), Copyright 2022 James Shore and Big Blue Marble LLC, 978-1-492-08069-5."

코드 예제의 사용이 공정한 사용 또는 앞의 허가 범위를 벗어난다고 생각되는 경우에는 언제든지 permissions@oreilly.com으로 문의하기 바란다.

질문

한국어판의 정오표는 에이콘출판사의 도서정보 페이지(http://www.acornpub.co.kr/book/agile-art)에서 확인할 수 있다.

책의 기술적인 내용에 관한 의견이나 문의는 bookquestions@Oreilly.com으로 보내주길 바란다. 한국어판에 관해 질문이 있다면 에이콘출판사 편집팀(editor@acornpub.co.kr)이나 옮긴이의 이메일로 연락주길 바란다.

## 1부

기민함 개선하기

애자일이란 무엇인가?

애자일^{Agile}은 어디에나 있지만 역설적으로 그 어디에도 없다.

애자일 화물 열차가 소프트웨어 개발자들의 뇌리에 경적을 울린 지 20년이 됐다. 스스로 '애자일'하다고 부르는 기업의 수는 기하급수적으로 늘어났다. 그 많은 팀은 실제로 애자일 접근 방식을 업무에 적용하고 있을까? 그렇지 않다. 너무나 쉽게 회자되는 '애자일'이라는 이름 자체는 엄청난 성공을 거뒀지만, 그 근간이 되는 대부분의 아이디어는 무시됐다.

이제 상황을 고쳐보자.

애자일의 탄생

1990년대, 소프트웨어 개발은 위기에 봉착했다. 실제로 이를 사람들은 '소프트웨어의 위기^{the software crisis}'라고 불렀다. 소프트웨어 프로젝트는 예산 초과, 일정 지연, 요구사항 미달성에 시달렸고 그 유명한 '카오스 보고서^{CHAOS report}에 따르면 거의 1/3에 해당하는 프로젝트가 명백하게 취소됐다[Standish1994].

애자일은 소프트웨어의 위기에 대한 응답으로 탄생한 것이 아니다. 그것과는 완전히 거리가 멀다. 애자일은 그 응답^{response}에 대한 응답이다.

소프트웨어 개발을 통제하기 위해 대규모 조직은 매우 세세한 프로세스를 만들어서 소프트웨어를 만드는 방법을 정확하게 정의했다. 실수가 없도록 모든 것을 철저하게 통제했다(적어도 이론적으로는 그렇다).

먼저 비즈니스 분석가business analyst는 이해관계자들과 인터뷰를 하고 시스템 요구사항을 문서화한다. 다음으로 소프트웨어 아키텍트software architect는 요구사항 문서를 읽고 상세한 디자인 문서를 만든다. 이 문서는 시스템의 모든 컴포넌트와 그 컴포넌트 사이의 관계를 기술한다. 다음으로 프로그래머는 디자인 문서를 코드로 바꾼다. 일부 기업은 코딩을 저수준의 업무, 그저 기계적인 번역 활동으로 간주했다.

한편 테스트 리드test lead는 동일한 문서를 이용해 테스트 계획test plan을 만들고, 코딩이 완료되면 품질 보증QA, quality assurance 담당 인력이 테스트 계획을 실행하고 계획과의 차이점을 결함detect으로 보고했다. 각 단계가 끝나는 시점에서 모든 것을 신중하게 문서로 작성하고 리뷰한 뒤 승인sign-off이 이뤄졌다.

단계 기반phase-based 접근 방식은 '워터폴 개발waterfall development' 또는 '단계-게이트 개발phase-gate development'이라 불렀다.[1] 이 모든 것이 우스꽝스러운 허수아비처럼 들리는가? 그렇다면 스스로 운이 좋다고 생각하라. 당시 모든 기업이 산더미 같은 문서에 허덕이거나 단계 기반 프로세스를 사용하지는 않았지만, 어쨌든 워터폴 개발은 논리적이고 합리적인 방법이라고 널리 인식됐다. 물론 요구사항을 정의한 다음 디자인하고 구현한 뒤 테스트를 해야 한다. 모든 단계를 문서화해야 한다. 이것이 원칙이자 엔지니어링이었다. 그렇지 않고서야 어떻게 성공할 수 있겠는가?

위기 속에서의 탄생

대기업은 그들의 프로세스를 매우 세세하게 정의했다. 역할, 책임, 문서 템플릿, 모델링 언어 및 변경 통제 위원회까지 개발의 모든 측면을 엄격하게 정의하고 통제했다. 만약 프로젝트가 성공하지 못하면('카오스 보고서'에 따르면 1/6미만의 프로젝트만 성공했다) 프로세스에는 더 많은 세부 사항, 문서 및 승인이 더해졌다. 이는 산더미 같은 문서를 만들어 냈는데 마틴 파울러는 이를 두고 '전지 전능한 천둥The Almighty Thud'라고 불렀다[Fowler 1997].

---

1   워터폴 방식은 윈스턴 로이스(Winston Royce)의 1970년 논문으로 잘못 인용된다. 하지만 단계-기반 접근 방식은 1950년대까지 거슬러 올라간다. 로이스의 논문은 1980년대 후반의 사람들이 이미 그렇게 하고 있었기 때문에 무시됐다[Bossavit2013].

이는 업무를 위한 훌륭한 방법이 아니었다. 지극히 관료적이고 비인간적이었다. 프로세스만 지킨다면 스킬은 중요하지 않았다. 프로그래머는 스스로를 기계 속의 부품이라고 느꼈다. 그리고 그 프로세스는 잘 작동하지도 않았다.

그래서 몇몇 사람이 더 단순하고, 더 가볍고, 덜 상세한 소프트웨어 개발 방법을 만들었다. 이 방법은 '경량 방법론lightweight method'이라 불렸으며 대기업이 사용하던 중량 방법론heavyweight method과 비교됐다. 이 새로운 방법은 '적응형 소프트웨어 개발Adaptive Software Development', '크리스탈Crystal', '기능 주도 개발Feature-Driven Development', '동적 시스템 개발 방법론Dynamic Systems Development Method', '익스트림 프로그래밍', '스크럼' 등으로 불렸다.

1990년대 후반이 되자 이런 방법은 엄청난 이목을 끌었다. 특히 익스트림 프로그래밍은 프로그래머들 사이에서 마치 사방에 풀뿌리가 자라는 듯이 인기를 얻었다. 2001년, 17명의 경량 방법론 지지자들은 유타주Utah의 한 스키 리조트에서 각자의 노력을 통합하는 것을 논의했다.

애자일 개발 선언

"개인적으로는 이 그룹(사람들)이 실질적인 합의에 이를 것으로 기대하지는 않았다."고 알리스테어 코크번은 회상한다.

이틀 뒤 이들이 실제로 내린 결론은 두 가지였다. '애자일'이라는 이름과 그 가치에 관한 선언이었다(그림 1-1). 이후 수개월 동안 이들은 이메일을 통해 12개의 원칙을 만들어 냈다(그림 1-2)[Beck2001].

이것이 애자일 개발 선언문Agile Manifesto이다. 그것은 세상을 바꿨다. 이어서 알리스테어는 결국 그들이 실질적인 것에 합의했다고 말을 잇는다.[2]

---

2 짐 하이스미스(Jim Highsmith)는 [Highsmith2001]에서 알리스테어 코크번의 말을 인용했다. 인용된 전문은 다음과 같다. "나는 개인적으로… 이 특정한 기민한 그룹의 사람들이 실질적인 무엇인가…에 합의할 것이라 기대하지 않았다. 나 개인적으로는 '선언문 (Manifesto)'이라는 용어를 선택한 것이 기쁘다. 다른 사람들 또한 용어에 만족하는 것을 보고 놀랐다. 결국 우리는 실질적인 것에 합의했다.

애자일 소프트웨어 개발 선언

우리는 소프트웨어를 개발하고, 또 다른 사람의 개발을 도와주면서 소프트웨어 개발의 더 나은 방법을 찾아가고 있다. 이 작업을 통해 우리는 다음을 가치 있게 여기게 됐다.

- 공정과 도구보다 **개인과 상호작용**을
- 포괄적인 문서보다 **작동하는 소프트웨어**를
- 계약 협상보다 **고객과의 협력**을
- 계획을 따르기보다 **변화에 대응하기**를

가치 있게 여긴다. 이 말은 왼쪽에 있는 것도 가치가 있지만, 우리는 오른쪽에 있는 것에 더 높은 가치를 둔다는 것이다.

Kent Beck	James Grenning	Robert C. Martin
Mike Beedle	Jim Highsmith	Steve Mellor
Arie van Bennekum	Andrew Hunt	Ken Schwaber
Alistair Cockburn	Ron Jeffries	Jeff Sutherland
Ward Cunningham	Jon Kern	Dave Thomas
Martin Fowler	Brian Marick	

© 2001, the above authors
This declaration may be freely copied in any form, but only in its entirely through this notice.

그림 1-1 애자일 가치

애자일 선언 이면의 원칙

우리는 다음 원칙을 따른다:

- 우리의 최우선순위는 가치 있는 소프트웨어를 일찍, 그리고 지속적으로 전달해서 고객을 만족시키는 것이다.
- 비록 개발의 후반부일지라도 요구사항 변경을 환영하라. 애자일 프로세스는 변화를 활용해 고객의 경쟁력에 도움이 되게 한다.
- 작동하는 소프트웨어를 자주 전달하라. 2주에서 2개월의 간격으로 하되 더 짧은 기간을 선호하라.
- 비즈니스 쪽의 사람들과 개발자들은 프로젝트 전체에 걸쳐 매일 함께 일해야 한다.
- 동기가 부여된 개인들 중심으로 프로젝트를 구성하고, 그들이 필요로 하는 환경과 지원을 제공하며 그들이 일을 끝낼 수 있다고 신뢰하라.
- 개발팀 내부에서 정보를 전하는 가장 효율적이고 효과적인 방법은 서로 얼굴을 마주보면서 대화를 하는 것이다.
- 작동하는 소프트웨어가 진척의 주된 척도다.
- 애자일 프로세스는 지속 가능한 개발을 장려한다. 스폰서, 개발자, 사용자는 일정한 속도를 계속 유지할 수 있어야 한다.
- 기술적 탁월성과 좋은 디자인에 갖는 지속적 관심이 기민함을 높인다.
- 단순성, 즉 하지 않는 일의 양을 최대화하는 기술이 필수적이다.
- 최고의 아키텍처, 요구사항, 디자인은 자기 조직적인 팀에서 창발한다.
- 팀은 정기적으로 어떤 방법이 더 효과적일지 숙고하고, 이에 따라 팀의 행동을 조율하고 조정한다.

그림 1-2 애자일 원칙

하지만 통일된 애자일 방법론은 없다. 과거에도 없었
고 앞으로도 그럴 것이다. 애자일은 이름, 가치, 원칙
세 가지가 전부다. 애자일은 여러분이 할 수 있는 무언
가가 아닌 철학이며, 소프트웨어 개발에 관한 사고 방

> 여러분의 팀이 애자일 철학을 구현한
> 다면 그들은 애자일한 것이다. 그렇
> 지 않다면 애자일하지 않은 것이다.

식이다. 여러분은 애자일을 '사용^{use}'하거나 '할^{do}' 수 없다. 애자일하거나^{be} 그렇지 않을
뿐이다. 여러분의 팀이 애자일 철학을 구현한다면 그들은 애자일한 것이다. 그렇지 않다
면 애자일하지 않은 것이다.

애자일의 정수

마틴 파울러는 소프트웨어와 관련된 복잡한 주제를 충분히 깊이 생각해 다른 이들이 이
해하기 쉬운 설명으로 바꿔 왔다. 다음은 '애자일 소프트웨어 개발의 정수'라고 그가 말
한 최고의 표현 중 하나다.

> 애자일 개발은 예측적(predictive)이기보다는 **적응적**(adaptive)이며,
> 프로세스 지향(process-oriented)보다는 **사람 지향**(people-oriented)이다.[3]
>
> – 마틴 파울러

예측보다 적응

'카오스 보고서'가 1/6 미만의 소프트웨어 프로젝트만 성공했다고 보고했던 사실을 기억
하는가? 카오스 보고서에서는 명확하게 성공을 정의한다.

성공(success)
  프로젝트는 원래 지정된 대로 모든 피처와 기능이 주어진 시간과 예산에 맞춰 완료
  된다.

어려움(Challenged)
  프로젝트가 완료돼 잘 운영 중이지만 예산, 추정 시간을 초과하고 지정된 것보다 적
  은 피처와 기능을 제공한다.

---

3   마틴 파울러는 이 아이디어를 수년 동안 다양한 방식으로 표현해왔다. [Fowler2000a]를 참조한다.

손상(Impaired)

　　프로젝트는 개발 사이클 도중에 취소된다.

이 정의는 완벽하게 예측 기반의 마인드셋을 나타낸다. 이는 모두 계획 달성에 관한 것이다. 여러분이 하겠다고 말한 것을 완료하면 성공한 것이다. 그렇지 않다면 성공하지 못한 것이다. 매우 쉽다!

상당히 합리적인 것 같다. 하지만 조금 더 들여다보면 무언가 부족함을 알 수 있다. 라이언 넬슨^{Ryan Nelson}은 「CIO Magazine」에 다음과 같이 기고했다[Nelson2006].

> 전통적인 성공의 기준인 시간, 예산, 사양을 모두 만족시킨 것으로 판단된 프로젝트조차 결과적으로 여전히 실패했다. 사용자들은 이 프로젝트를 받아들이지 않았다. 비즈니스에 궁극적인 충분한 가치를 더하는데 실패했기 때문이다. 마찬가지로 전통적인 IT 지표 기준에서는 실패한 것처럼 보이던 프로젝트는 실제로는 성공했다. 이 프로젝트는 비용, 시간, 사양과 관련해 문제가 있었음에도 불구하고 대상 고객에게 사랑을 받았고, 기대하지 않았던 가치를 제공했다.

애자일 팀은 계획 준수가 아닌 **가치 전달**을 성공으로 정의한다. 실제로 진정한 애자일 팀은 계획을 **변경**함으로써 가치를 증가시킬 기회를 적극적으로 찾는다.

> 애자일 팀은 계획 준수가 아닌 가치 전달을 성공으로 정의한다.

애자일 소프트웨어 개발 선언을 다시 확인해 보자(그림 1-1, 그림 1-2). 애자일의 가치와 원칙을 찬찬히 살펴보자. 얼마나 많은 항목이 가치 있는 소프트웨어를 전달하는 것, 피드백에 적응하는 것과 관련 있는가?

프로세스보다 사람

무거운 프로세스에서는 소프트웨어 개발의 모든 측면을 신중하게 정의함으로써 오류를 예방하고자 한다. 프로세스에 '스마트함^{smarts}'을 넣음으로써 개인 스킬의 중요성을 줄인다. 이론적으로는 사람이 바뀌더라도 동일한 프로세스를 계속해서 적용할 수 있고, 동일한 결과를 얻을 수 있다(그들이 원했던 결과가 아니라 실제로 그들이 무엇을 했는지 생각해 보라).

애자일에서는 소프트웨어 개발의 성공을 위한 가장 중요한 요소로 사람을 꼽는다. 단순한 스킬이 아닌 인간의 모든 측면을 중시한다. 팀원들은 얼마나 협업을 잘하는가? 팀원들은 얼마나 많은 어려움을 만나는가? 얼마나 안전하게 자신의 의견을 말하는가? 그리고 그들이 하는 일로부터 얼마나 동기부여를 받는가?

애자일에서는 소프트웨어 개발의 성공을 위한 가장 중요한 요소로 사람을 꼽는다.

애자일 팀은 하나의 프로세스가 있으며(그것이 비록 암묵적일지라도 모든 팀이 그러하다), 이 프로세스는 오로지 사람에 관한 것이다. 애자일 팀은 자신들의 프로세스를 담당한다. 더 나은 작업 방법이 있다면 프로세스를 바꾼다.

애자일 선언을 다시 보라(그림 1-1, 그림 1-2). 어떤 가치와 원칙이 사람을 우선하는 것과 관련 있는가?

애자일이 승리하는 이유

애자일 선언 이후 첫 10년 동안 애자일은 "원칙이 없으며 절대로 동작하지 않을 것이다."라는 엄청난 비판을 받았다. 그 후 10년이 더 지나자 비판은 온데 간데없이 사라졌다. 애자일은 (적어도 그 이름은) 어디든 있었다. 무거운 워터폴 방법론은 실질적으로 죽었다. 상대적으로 젊은 프로그래머들은 워터폴 방법론에 따라 일하는 사람들이 있다는 사실조차 믿기 어려워했다.

하지만 단계-기반 프로세스가 본질적으로 파괴된 것은 아니었다. 그 자체의 오류는 있지만 단계를 가능한 얇게 만들고, 이해도가 높은 영역에 적용한다면 나름의 효과를 얻을 수 있었다. 문제는 대기업이 사용한 무거운 접근 방식이었다. 아이러니하게도 문제를 방지하기 위해 디자인한 프로세스는 실제로 조직이 봐오던 많은 문제를 초래했다.

실제로 소프트웨어를 사용하기 전에 소프트웨어가 어떻게 작동할지 상상하기는 매우 어렵고, 앞으로 만들 소프트웨어가 수행해야 할 모든 것을 완벽하게 생각하기는 훨씬 더 어렵다. 이는 소프트웨어 개발에 직접적으로 연관되지 않은 사람들이라면

애자일의 핵심은 변경에 대한 학습과 반응이다.

의심할 여지가 없다. 그렇기 때문에 가능한 일찍 작동하는 소프트웨어^{working software}를 사람들에게 보여주는 것이 매우 중요하다. 무엇이 잘못됐는지, 무엇이 누락됐는지에 관한 피드백을 받고 여러분이 배운 것에 따라 계획을 바꿔야 한다. 애자일 선언에서는 "작동하는 소프트웨어가 진척의 주된 척도다."라고 말한다. 애자일의 핵심은 변경에 대한 학습과 반응이다.

이 무거운 프로세스는 프로세스 통제, 문서화 및 승인을 매우 강조하며, 막대한 지연과 오버헤드를 야기한다. 작동하는 소프트웨어를 만드는 데 수 년이 소요되며, 프로젝트가 종료된 뒤에야 구체적인 결과물이 나타난다. 변경을 환영하는 대신 방지한다. 프로세스 상에 실질적으로 변경관리위원회^{Change Control Board}가 존재하는데, 이 위원회가 존재하는 이유는 변경 요청에 대해 "아니오."라고 말하기 위해서다(더 정확히 표현하자면 "좋습니다. 하지만 비용을 지불해야 합니다."라고 말한다).

이 모든 것이 프로젝트에 추가되고, 아무런 결과도 만들지 못한 채 수 년의 시간이 흐른다. 프로젝트가 완료된다 해도 변경을 반영하기에는 너무 늦고 비용 또한 비싸다. 결과적으로 고객이 원한 것을 하지 못하는 소프트웨어를 출시하게 된다.

전형적인 무거운 프로세스의 실패

2005년 2월 3일, FBI 디렉터인 로버트 S. 뮐러 3세(Robert S. Mueller III)는 상원 소위원회에 출석해 FBI가 1억 450만 달러를 어떻게 낭비했는지에 관해 설명했다.⁴

그 자리는 가시 방석 같았을 것이다. FBI는 2001년 6월에 VCF프로젝트를 시작했다. 이 프로젝트는 FBI의 사례 관리 소프트웨어를 대체하는 프로젝트였다. 4년 후 이 프로젝트는 1억 7천만 달러를 집행한 뒤 취소됐으며, 1억 450만 달러는 말 그대로 공중으로 사라졌다.

VCF의 타임라인은 너무나도 익숙하다. 프로젝트는 2001년 6월에 시작됐다. 17개월 후인 2002년 11월 '확고한 요구사항'이 만들어졌다. 그로부터 1년 후인 2003년 12월 소프트웨어를 제공했다. FBI는 즉시 'VFC의 많은 결점으로 인해 소프트웨어가 쓸모 없다는 사실'을 알았다. VCF의 개발사는 문제 수정에 동의했지만 5,600만 달러의 예산과 1년의 개발 기간이 추가됐다. FBI는 문제 수정을 위해 수년 동안 고생한 끝에 해당 프로젝트를 포기했다.

---

4   뮐러의 의회 증언(2005년 2월 3일), 감찰관 글렌(Glenn)의 의회 증언(2005년 5월 2일) 참조

애자일의 접근 방식은 매우 다양하다. 그중 일부 접근 방식은 애자일의 실제 철학을 따르기보다는 대중적인 이름을 채택한 것에 가깝기도 하다. 하지만 한 가지 공

애자일 팀은 문서가 아니라 작동하는 소프트웨어를 통해 진척을 보인다.

통점은 이들이 모두 진행 상황을 가시화하고 이해관계자가 진행 중에 경로를 변경할 수 있도록 한다는 것이다. 이는 매우 사소한 것처럼 보이지만 그 효과는 강력하다. 더 이상 소프트웨어 위기에 관한 소식을 듣지 못하는 이유다. 소프트웨어는 여전히 느리고, 여전히 예산을 초과한다. **그러나 애자일 팀은 문서가 아니라 작동하는 소프트웨어를 통해 진척을 보인다.** 프로젝트를 시작하는 그 순간부터 말이다. 이 차이는 대단히 크다.

애자일은 시각화 이상의 것을 제공하지만 시각화만으로도 그 가치는 충분하다. 그렇기 때문에 모두가 애자일을 원한다.

애자일이 작동하는 이유

애자일의 첫 번째 괄목할 만한 성공은 "변화를 포용하라"는 슬로건을 표방한 익스트림 프로그래밍XP이었다. XP는 소프트웨어 개발에 대한 건강한 철학과 차이를 만드는 것에 대한 실용적인 강조를 혼합했다. 첫 번째 XP 서적의 서문에서는 다음과 같이 말한다.

> 한 마디로 XP는 프로젝트 리스크를 줄이고 비즈니스의 변경에 대한 대응력을 개선하고 시스템 수명 전체에서 생산성을 향상시키며 팀에서 소프트웨어를 만드는 데 재미를 더하는 것 등을 모두 약속한다. 실제로도 매우 재미있다[Beck2000a].
>
> – 『Extreme Programming Explained, 1st Edition』(Addison-Wesley, 1999)

이를 비웃는 사람들도 있었다. 그러나 누군가는 시도했고, 실제로 XP가 약속한 모든 것을 제공함을 발견했다. 이는 소프트웨어 개발의 작동에 관한 일반적인 상식과는 반대였다. 온갖 비아냥에도 불구하고 XP는 살아 남았으며 애자일은 XP와 함께 존재한다.

XP는 애자일의 전형이며 지금도 여전히 사용되는 아이디어와 용어를 형성하는 뿌리다. 애자일 커뮤니티의 강력함은 그것이 언제나 커다란 텐트였다는 데 있다. 애자일은 하나의 특정 방법론에 국한되지 않는다. 애자일은 지속적으로 확장되며 새로운 사람들과 아

이디어를 포함한다. 린 소프트웨어 개발Lean Software Development, 스크럼, 칸반, 린 스타트업 Lean Startup, 데브옵스 등 수많은 것이 어우러져 오늘날 사람들이 떠올리는 '애자일'을 만들었다.

이 아이디어는 다음과 같이 다섯 가지 핵심 개념으로 분류할 수 있다.

- **사람에 의지한다.** 사람들의 본질적인 인간성을 이해하고 협력하는 작업 프로세스를 구축한다. 결정할 자격이 있는 사람들의 손에 결정을 맡긴다. 건전하고 협력적인 관계를 바탕으로 작업한다.

- **가치를 제공한다.** 피드백과 실험을 추구하고 계획을 조정한다. 가치 있는 결과를 만드는 데 집중한다. 부분적으로 완료된 일은 이익이 아니라 비용으로 간주한다. 빈번하게 전달한다.

- **낭비를 제거한다.** 작고 원상태로 되돌릴 수 있는 단계 안에서 작업한다. 실패 가능성을 받아들이고 빠르게 실패하도록 계획을 디자인한다. 완료하지 않은 일을 최대로 한다. 효율성보다 처리량을 추구한다.

- **기술적 탁월함을 추구한다.** 기술적 품질을 통해 기민함을 달성한다. 추측이 아니라 알고 있는 것을 기반으로 디자인한다. 단순하게 시작하고 실제 요구사항에만 대응해 복잡성을 추가한다. 특히 예상치 못한 방향으로 진화하기 쉬운 시스템을 만든다.

- **프로세스를 개선한다.** 새로운 아이디어를 실험한다. 작동하는 것을 다듬고 조정한다. 이미 확립되고 널리 이용되는 방법이 최선이라 가정하지 않는다.

애자일은 소프트웨어 개발 선언으로 정의됐지만 선언 자체는 단지 시작점에 불과하다. 애자일은 사람들이 그것을 작동하도록 **만들기** 때문에 작동한다. 이들은 애자일 아이디어를 받아들이고, 상황에 따라 이를 적용하며 개선을 멈추지 않는다.

> 애자일이 사람이 그것을 작동하도록 만들기 때문에 작동한다.

애자일이 실패하는 이유

애자일은 풀뿌리 운동grassroots movement으로 시작됐다. 애자일의 초기 성공에는 더 나은 결과와 더 나은 삶의 질을 추구하던 프로그래머들이 지대한 역할을 했다. 성공의 확대와 함께 애자일의 동력은 근본적인 아이디어에서 과대 광고로 바뀌었다. "계획을 변경하고 사람을 우선함으로써 더 나은 결과를 만들자."라고 더 이상 말하지 않았다. 조직 리더들은 이렇게 말했다, "모두가 애자일에 대해서 말하고 있잖아. 나에게 애자일을 좀 가져와."

사실 어딘가에 가서 갖고 올 수 있는 '애자일'이란 없다. 그저 한 무더기의 아이디어뿐이다. 여러분이 애자일하게 되는 것을 돕기 위한 익스트림 프로그래밍이나 스크럼 같은 구체적인 접근 방식이 존재하기는 한다. 그러나 그 근본 철학을 완전하게 받아들여야 한다.

그리고 많은 조직에게 계획을 세우고 사람들을 우선시하라는 그 근본적인 철학은 정말로 다른 세상의 것이다.

카고 컬트(The Cargo Cults)

이야기는 1940년대로 거슬러 올라간다.[5] 미군이 한 외딴 섬에 상륙했다. 섬의 원주민들은 근대 문명을 처음 봤고, 군인들과 그들이 섬에 갖고 온 여러 물품을 보고 놀랐다. 이들은 군대가 간이 활주로와 송신탑을 설치하고, 헤드폰을 쓰고, 값비싼 화물(cargo)을 가득 실은 강철 새를 하늘에서 부르는 것을 봤다. 강철 새는 하늘에서 내려와 화물을 섬의 원주민들에게 나눠 줬고, 그들은 풍족함과 편안함을 맛보았다.

군대가 떠나자 위대한 강철 새는 더 이상 섬에 내려오지 않았다. 섬의 원주민들은 화물을 그리워하면서 대나무를 엮어 직접 활주로를 만들었다. 커다란 플랫폼을 만들고, 추장을 플랫폼에 세우고, 코코넛을 깎아 헤드폰처럼 머리에 썼다. 그들의 노력에도 불구하고 위대한 강철 새는 단 한 번도 돌아오지 않았다.

카고 컬트에서는 어떤 아이디어가 실제로 동작하는 방법에 관해서는 무시하고, 겉으로 드러난 피상적인 모습에만 집중하는 비극을 볼 수 있다. 이 이야기에서 섬의 원주민들은

---

5 이 이야기는 물리학자인 리처드 파인만(Richard Feynman)이 1974년 캘리포니아 공과대학(Caltec)에서 한 졸업식 연설을 바탕으로 쓴 글에서 처음 봤다[Feynman1974]. 이는 제2차 세계대전 이후 멜라네시아(Melanesia)에서 실제 일어난 의식에 기반을 두고 있다.

화물이 떨어진 모든 요소인 안테나, 송신탑, 헤드폰을 만들었지만 비행기를 부른 방대한 인프라스트럭처에 관해서는 이해하지 못했다.

애자일에 관해서도 같은 비극이 일어난다. 사람들은 애자일 화물Agile's Cargo, 즉 더 나은 결과, 더 많은 시각화, 적은 비즈니스 실패만을 원한다. 그러나 그 저변에 있는 철학은 이해하지 않으며, 설사 이해하더라도 동의하지 않는다. 애자일은 살 수 있겠지만 그 아이디어는 살 수 없다.

이들이 **살 수 있는 것**은 애자일의 껍데기뿐이다. 스탠드업 회의! 스토리! 도구! 인증서! 수많은 이들이 혈안이 돼 애자일이라는 라벨이 붙은 상품을 여러분에게 팔려고 한다. '엔터프라이즈급enterprise-grade'이라는 이름은 종종 "걱정하지 말라. 당신은 변화할 필요가 없다."와 같은 의미다. '적응적 계획', '사람 중심적' 같은 불편한 아이디어는 잊힌 지 오래다.

그리고 이것이 바로 카고 컬트다. 모든 활동을 하지만 아무런 결과도 얻지 못한다. 애자일이라는 부분이 빠져 있다.

> "이전 회사에서는 수많은 시간을 회의로 낭비했다."
> "애자일에 팀 구성원 전체(30+)의 업무를 쏟았지만 결국 1년 동안 아무것도 만들지 못했다."
> "모든 애자일이 의미하는 것은 프로젝트 변경(출시 바로 전날)으로 인해 개발자들이 뒤통수를 맞는 것이다."
>
> – 애자일에 관한 웹상의 댓글

애자일이라는 **이름**은 어디에나 있다. 애자일의 **아이디어**는 어디에도 없다. 그저 자기 만족일 뿐이다. 많은 사람이 알고 있는 애자일은 그저 카고 컬트 애자일Cargo Cult Agile일 뿐이다.

 이제 고칠 시간이다. 이 책에서 나는 여러분에게 애자일 아이디어를 실제로 적용하는 방법을 알려줄 것이다. 이 책의 내용을 남용하는 카고 컬트 애자일 리스트를 잘 살펴보라(색인에서도 이들을 찾을 수 있다). 그들은 여러분에게 무엇을 해서는 안 되는지 보여줄 것이다.

준비됐는가? 그럼 책장을 넘겨라.

## 2장

애자일하게 되는 방법

애자일 아이디어를 실제로 기능하는 애자일 팀에 어떻게 적용하는가?

연습, 연습 또 연습뿐이다.

애자일 연습하기

모든 팀은 각기 일하는 방식인 **프로세스**process 혹은 **메서드**method를 가진다. 공식적인 문서로 기록되지 않더라도 마찬가지다. 프로세스(또는 메서드)는 소프트웨어 개발의 기반 철학을 반영한다. 그 철학이 명확하지 않거나 그 자체로 일관적이지 않더라도 말이다.

애자일하게 되려면 여러분이 가진 소프트웨어 프로세스가 애자일 철학을 반영하도록 바꿔야 한다. 이는 듣기보다 쉽기도 하고 어렵기도 하다. 쉬운 이유는 대부분의 경우 즉시 적용할 수 있는 애자일 메서드(이 책에

> 애자일하게 되려면 여러분이 가진 소프트웨어 프로세스가 애자일 철학을 반영하도록 바꿔야 한다.

서 소개할 것들 중 하나처럼)에서 시작할 수 있기 때문이다. 어려운 이유는 여러분이 일하는 방식과 그에 따른 수많은 습관을 바꿔야 하기 때문이다.

애자일 커뮤니티에서는 이런 습관을 **프랙티스**practice라 부른다. 이 책의 대부분의 내용은 프랙티스에 초점을 둔다. 프랙티스에는 플래닝 세션planning session, 자동화된 빌드automated build, 이해관계자 데모stakeholder demo 등이 있다. 대부분의 프랙티스는 이미 수십 년 동안 존재해왔다. 애자일 메서드는 이 프랙티스를 고유한 방식으로 조합하고 애자일 철학을

지지하는 부분을 강조하고 나머지는 버리고 새로운 몇 가지 아이디어를 조합했다. 그 결과 린^{lean}하고 강력한 자체 강화된 패키지가 만들어진 것이다.

애자일 프랙티스는 이중, 삼중의 의무를 수행하며 여러 문제를 동시에 해결하고, 프랙티스끼리 현명하고 놀라운 방법으로 지원한다. 실제로 직접 어느 정도의 결과를 보기 전까지는 애자일 메서드가 어떻게 동작하는지 이해할 수 없을 것이다.

결과적으로 여러분이 가진 애자일 메서드를 처음부터 사용자에 맞추고 싶은 유혹이 들겠지만, 처음에는 교과서적인 방식으로 진행하는 것이 가장 좋다. 친숙하지 않은 프랙티스는 잘라내고 싶겠지만 여러분이 애자일하게 되고 싶다면 그것이 바로 여러분에게 가장 필요한 프랙티스다. 바로 그 프랙티스가 철학적인 관점에서의 **가장** 큰 변화를 수반한다.

마스터하기 위한 여정

애자일 개발의 기술을 마스터하기 위해서는 구체적이고, 잘 정의된 애자일 메서드를 이용해 실제 세계에서의 경험을 쌓아야 한다. 우선 기본적인 접근 방식으로 시작하라. 책에 쓰여진 그대로 **모든 것**을 실행에 옮기고, 몇 개월에 걸쳐 개선하고 이용하면서 그것이 작동하는 이유를 이해하라. **그런 다음** 커스터마이즈하라. 거친 모서리 하나를 선택하고 어떤 일이 일어나는지 학습하고 이터레이션하라.

이 책은 이런 목적으로 쓰였다. 이 책은 실제 환경에서 증명된 애자일 프랙티스를 엄선해 모았다. 이 책을 이용해 애자일 기술을 마스터하거나 단순히 애자일 프랙티스를 사용해 더욱 성공적으로 수행하려면 다음 단계를 따르길 바란다.

1. 마스터할 애자일 아이디어의 하위셋을 선택하라. 3장이 결정을 내리는 데 도움을 될 것이다.

2. 가능한 한 많은 관련 프랙티스를 이용하라. 2부에서 4부까지에서 많은 프랙티스에 관해 설명한다. 애자일 프랙티스는 스스로 강화하므로 프랙티스는 모두 함께 이용할 때 가장 잘 작동한다.

3. 이 프랙티스는 엄격하고 일관성 있게 적용하라. 어떤 프랙티스가 작동하지 않으

면, 해당 메서드를 더 정확하게 따르려 노력하라. 애자일을 막 접한 팀은 종종 프랙티스를 잘못 적용한다. 프랙티스에 익숙해지기까지는 2~3개월이 걸리며, 이들을 제2의 본성처럼 익숙해지는 데는 추가로 2~6개월이 걸린다고 예상하라.

4. 여러분이 프랙티스를 올바르게 적용했다고 확신하면(다시 말하지만 수 개월이 걸린다) 변화를 주면서 실험을 시작하라. 이 책에 포함된 각 프랙티스는 왜 해당 프랙티스가 작동하는지, 어떻게 변화시킬 수 있는지에 관한 논의도 포함하고 있다. 변화를 줄 때마다 어떤 일이 벌어지는지 관찰하고 개선하라.

5. 마지막 단계는 없다. 애자일 소프트웨어 개발은 계속되는 학습과 개선의 프로세스다. 연습과 실험, 진화를 멈추지 마라.

그림 2.1은 이 프로세스를 보여준다. 첫 번째, 규칙을 따르라. 두 번째, 규칙을 파괴하라. 마지막으로 규칙을 버려라.[1]

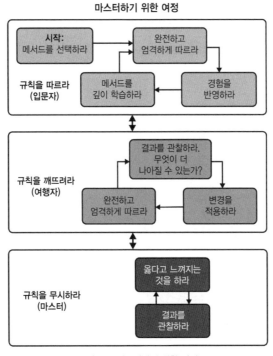

그림 2-1 마스터하기 위한 여정

---

1   이 단계는 알리스테어 코크번의 수파리(守破離, Shu-Ha-Ri)에서 영감을 받은 것이다.

시작하기

첫 번째 단계는 여러분이 달성하려는 바에 따라 다르다. 기존 애자일 팀에 합류했는가? 애자일을 하나 또는 여러 팀에 소개해야 하는가? 아니면 이미 존재하는 애자일 팀을 개선해야 하는가?

애자일 팀에 합류하기

여러분이 기존 애자일 팀에 합류할 계획이거나 그저 애자일이 실제로 작동하는 방법에 관해 알고 싶다면 2부~4부의 내용을 곧바로 읽어도 좋다. 각 부는 '일상'의 이야기를 통해 애자일이 어떤 모습을 보이는지 설명하면서 시작한다. 애자일 팀은 모두 다르며, 여러분이 합류하는 팀 또한 그럴 것이다. 하지만 도입부의 내용을 통해 기대할 수 있는 아이디어를 얻을 수 있다.

도입부를 읽었다면 흥미가 있는 프랙티스를 중심으로 책을 읽으라. 각 프랙티스는 독립적으로 참조할 수 있도록 쓰였다. 여러분의 팀이 목차에 없는 프랙티스를 사용하고 있다면 색인을 확인하라. 아마도 다른 이름으로 해당 프랙티스를 사용하고 있을 수 있다.

애자일 도입하기

조직에 애자일 팀을 만드는 것을 돕거나 그렇게 하도록 확신을 심어주고 싶다면 1부의 나머지 장이 좋은 시작점이 될 것이다. 다음 체크리스트를 따라 정리해 보라.

첫 번째, 애자일이 회사에 적합한지 확인하라.

- ☐ 조직이 지원할 수 있는 애자일에 대한 접근 방식을 선택하라(3장 참조).
- ☐ 애자일이 성공하기 위해서 조직이 해야 할 일을 결정하라(4장 참조).
- ☐ 승인을 받고 애자일을 시도하라(5장 참조).
- ☐ 여러 팀이 있다면 어떤 방법으로 확장할지 결정하라(6장 참조).

몇 주 이내에 팀이 애자일을 시도할 수 있도록 이끌어라.

- 누가 팀의 코치인지 혹은 누가 팀의 코치가 될지 결정하고, 팀의 프로덕트 매니저product manager 역할을 할 사람을 적어도 한 명 식별하라(전체 팀(p.130) 참조).

- 팀의 프로덕트 매니저가 팀의 경영진 후원자 및 이해관계자가 만나 초안 목적을 만들게 하라(목적(p.183) 참조).

- 팀에게 물리적 혹은 가상의 공간을 제공하라(팀 룸(p.150) 참조).

- 팀의 차터링chartering 세션 일정을 세우고 진행하라(차터링 세션 계획하기(p.191) 참조).

- 팀에게 새로운 프랙티스를 검토하도록 요청하라. 이 책을 구성원이 스스로 학습할 수 있도록 제공하고, 현재 업무에서 몇 가지 프랙티스를 시도하도록 제안하라. 프랙티스를 수행하기 어렵다고 판단되면 교육 제공을 고려하라(프랙티스는 2부~4부에 설명돼 있다).

팀이 시작할 준비가 됐는가? 심호흡을 하고 다음을 수행한다.

- 팀 구성원들에게 첫 번째 주를 계획하도록 하라(첫 번째 주(p.321) 참조).

기존 애자일 팀 개선하기

이미 애자일 팀이 존재하고 팀의 개선을 원하는 경우 접근 방법은 개선하고자 하는 유형에 따라 달라질 것이다.

팀의 기존 프로세스를 정밀하게 다듬고 싶다면 2부~4부의 내용을 건너 뛰고 관심 있는 프랙티스에 관해서만 읽어라. 더 큰 개선을 원한다면 애자일을 팀에 도입하는 것과 같은 프로세스를 진행하면 된다. 다만 여러분이 변화시키고 싶은 부분에만 집중하는 것이 좋다. '애자일 도입하기'의 체크리스트를 가이드로 활용하라.

애자일이 여러분의 조직에서 잘 작동하지 않는다면 '트러블슈팅 가이드(p.84)'를 참조하라.

개별 애자일 프랙티스 적용하기

애자일은 모든 작업에 도입했을 때 가장 효과적이지만 그렇게 할 수 없다면 기존 프로세스에 몇 가지 애자일 프랙티스를 추가할 수도 있다. 시작하기에 좋은 프랙티스에는 다음과 같은 것이 있다.

- 데일리 플래닝daily planning: 잦은 방해로 고민하고 있다면 일일 단위의 이터레이션iteration 도입을 시도해 보라(태스크 플래닝(p.307) 참조). 플래닝 게임planning game (플래닝 게임(p.277) 참조)을 이용해 팀의 수용량capacity을 측정하고(수용량(p.327) 참조), 매일의 시작 시점에 함께 플래닝 세션을 시작하라. 그리고 다음 날의 플래닝 미팅까지 모든 방해를 미뤄라. 구성원들이 스스로 자신의 태스크를 평가하도록 하라.

- 이터레이션: 자주 방해받는 것은 아니지만 여전히 플래닝을 개선하고 싶다면 주 단위의 이터레이션(태스크 플래닝(p.307) 참조)을 시도해보라. 이때 여전히 일일 스탠드업 회의(스탠드업 회의(p.357) 참조)와 정기적인 이해관계자 데모(이해관계자 데모(p.401) 참조)의 이점을 활용할 수 있다. 시간이 지나면 플래닝에 인덱스 카드index card와 빅 차트big chart를 이용해 다가올 작업을 표현하는 것을 고려하라(시각적 계획하기(p.258) 참조).

- 회고restropective: 잦은 회고(회고(p.450) 참조)는 팀이 프로세스에 적응하고 프로세스를 개선할 수 있는 최고의 방법이다. 11장의 다른 프랙티스도 도움이 될 것이다.

- 신속한 피드백fast feedback: 빠르고 자동화된 빌드는 삶의 질에 막대한 차이를 만들며, 또 다른 개선을 위한 기회를 열어준다(제로 프릭션(p.536) 참조).

- 지속적인 통합continuous integration: 지속적인 통합(도구가 아닌 프랙티스)은 통합의 문제를 줄이며, 동시에 빌드 및 테스트에 개선을 촉진한다(지속적인 통합(p.550) 참조).

- 테스트 주도 개발test-driven development: 테스트 주도 개발(테스트 주도 개발(p.564) 참조)은 다른 프랙티스보다 도입이 어렵지만 매우 강력하다. 테스트 주도 개발은 버그를 줄이고 개발 속도를 높이며, 리팩터 역량을 개선하고 기술 부채technical debt를

줄이는 기초가 된다. 이를 마스터하기 위해서는 시간이 필요하므로 인내심을 가져라.

2부~4부에서 소개하는 다른 프랙티스도 효과적일 것이다. 애자일 프랙티스는 서로 의존도가 높기 때문에 각 프랙티스의 '함께 보기'와 '전제 조건' 섹션을 잘 살펴보기 바란다.

개별 프랙티스를 적용하는 과정에서 문제를 겪어도 실망하지 말라. 개별 프랙티스를 적용하는 것보다 하나의 하위셋을 모두 선택하고 집중하는 것이 훨씬 낫다. 앞으로 이에 관해 살펴볼 것이다.

## 3장

기민함을 선택하라

애자일을 위한 애자일은 없다. 스스로에게 다음 두 가지 질문을 해보라.

1. 애자일이 우리의 성공에 도움이 되는가?

2. 그 성공을 위해서 무엇이 필요한가?

이 질문에 답할 수 있다면 애자일이 여러분에게 적합한지 알 수 있을 것이다.

조직의 가치는 무엇인가?

단순한 수익 이상의 성공이 존재한다. 다음은 그 일부다.

- **재무 결과 개선**: 수익, 매출 성장, 이해관계자 가치, 비용 절감
- **조직 목표 달성**: 전략 목표, 독자 연구, 자선 목적
- **시장 입지 개선**: 브랜드 예측, 경쟁력 차별화, 고객 충성도, 신규 고객 유치
- **이해 증진**: 전략 정보, 분석, 고객 피드백
- **리스크 감소**: 보안, 법적 규제, 감사(auditing)
- **역량 증진**: 채용, 직원 근무 유지, 사기, 기술 개발, 자동화

애자일 플루언시 모델

2014년, 나는 다이애나 라센과 함께 여러 기업의 애자일 팀이 만들어낸 결과가 사뭇 다른 이유를 분석했다. 수년에 걸쳐 그들이 전혀 다른 종류의 결과를 만든 것을 보았고, 이 결과를 서로 다른 '영역^{zone}'으로 구분할 수 있었다. 그 결과에 애자일 플루언시 모델^{Agile Fluency Model}이라는 이름을 붙였다. 애자일 플루언시 모델을 단순화하면 그림 3-1과 같다 [Shore2018b].

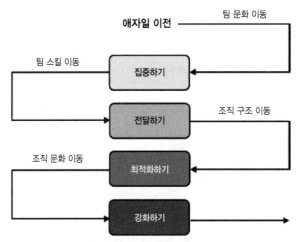

©2012–2018 James Shore and Diana Larsen. 'Agile Fluency'는 애자일 프로젝트 LLC의 등록 상표로, 이 저작권을 표시하는 한 자유롭게 다이어그램을 변경할 수 있다.

그림 3-1 애자일 플루언시 모델(간략화)

각 영역은 일련의 이익과 연관돼 있으며, 이를 얻기 위해서는 팀이 해당 영역에서 능숙해야 한다. 팀이 특별한 노력을 하지 않아도 해당 영역의 관련 스킬을 모두 적용할 수 있을때, 그 팀은 해당 영역의 **플루언시**^{fluency}를 가진다.

NOTE　그림 3-1에서는 각 영역 사이의 이동을 직선으로 표시했지만 실제로는 훨씬 복잡하다. 팀은 영역의 순서에 관계없이 플루언시를 달성할 수도 있지만 이 과정은 전형적으로 진행된다.

플루언시를 위해 필요한 스킬은 2부~4부에 소개한다. 그러나 플루언시는 팀이 스스로 달성할 수 있는 성격의 것이 아니다. 여러분의 **조직** 또한 팀의 플루언시에 투자해야 한다. 이는 애자일 아이디어에 대한 듣기 좋은 말로 하는 립 서비스 이상의 것을 투입해야 한다는 의미다. 실제로 의미 있는 변화를 만들려면 시간, 비용, 정치적 투자가 필요하다.

애자일 팀에서 얻을 수 있는 결과가 무엇인지는 기업이 애자일 아이디어에 얼마나 투자하는가에 달려 있다. 기업이 애자일에서 원하는 결과를 얻지 못한다면 일반적으로 그들이 필요한 만큼의 투자를 하지 않았기 때문이다. 심지어 때때로 무엇이 필요한지조차 깨닫지 못한다.

기민함에 대한 투자를 신중하게 결정하라. 각 영역을 세세하게 고려하라. 각 영역에 따라 비용과 이익이 다르다. 여러분의 상황에 맞는 비용 대비 적절한 혜택을 누릴 수 있는 영역을 선택하라.

> 기민함에 대한 투자를 신중하게 결정하라.

모든 영역에 투자하도록 회사를 설득하지는 못할 것이다. 그래도 괜찮다. 역량 성숙도 모델CMMI, Capability Maturity Model Integration 등과 다르게 플루언시 모델은 낮은 스킬에서 높은 스킬로 발전하지 않는다. 대신 다양한 투자/이익 사이의 **선택**을 나타낸다. 그림 3-1은 가장 일반적인 형태의 진행을 보여주지만 각 영역은 독립적으로 선택 가능하며, 영역 자체로 가치를 갖는다.

플루언시와 성숙도

플루언시는 개인이 아닌 팀(team)에서 나타나는 특성이다. 플루언시는 모든 팀원이 어떤 영역과 관련된 모든 스킬을 보유하고 있음을 의미하지는 않는다. 대신 이들은 하나의 전체 팀(whole team)으로서 적절한 사람들이 올바른 시점에 행동할 수 있게 하는 능력이 필요하다.

각 영역은 여러 단계의 성숙도를 갖는다.

1. **학습(learning)**: 팀은 해당 스킬을 배운다.
2. **능숙(proficient)**: 팀은 스킬에 집중해야 해당 스킬을 사용할 수 있다.
3. **유창(fluent)**: 팀은 코치가 있다면 특별한 노력을 하지 않고 자연스럽게(자동적으로) 해당 스킬을 사용할 수 있다.
4. **독립적 유창(independently fluent)**: 팀은 코치나 팀원이 없어도 자연스럽게(자동적으로) 해당 스킬을 사용할 수 있다.

집중하기 영역

집중하기^{focusing} 영역은 애자일의 기본 원리인 "비즈니스 가치에 집중하고, 팀으로 일하고, 오너십을 가진다"에 관한 것이다. 이 영역에 유창한 팀은 팀의 핵심 목적을 개발하고, 가장 가치 있는 피처를 먼저 공개하고, 변화하는 비즈니스 요구에 맞춰 방향을 바꾸는 것에 집중한다. 이들은 끊임없이 조직이 가장 우선하는 가치에 **집중한다**.

대부분의 팀과 조직에서는 팀에 관한 사고 방식의 전환을 요구한다. 애자일 이전의 조직은 사전에 계획을 세우고, 팀에게 평가를 요구하고, 그 평가를 기준으로 작업 진행 상황을 보고하기를 기대한다. **집중하기** 팀은 계획을 빈번하게(적어도 월 단위로) 수정하며, 그들이 완료한 것을 보여줌으로써 진전을 보여준다.

애자일 이전의 조직은 계획을 태스크로 나눠서 팀원 개인에게 할당하고, 태스크를 얼마나 잘 완료했는지에 따라 개인을 평가한다. **집중하기** 팀은 각자의 태스크 분류를 수행하고, 각 작업을 수행할 사람을 스스로 결정하며, 팀으로서 가치를 만들어낼 수 있는 능력에 따라 평가를 기대한다.

팀이 성공하기 위해서는 조직이 팀 구조, 관리 및 업무 환경의 변화 같은 구체적인 형태의 투자를 통해 이런 변화를 지원해야 한다(4장에서 자세히 설명한다). 이것은 "좋은 소식이 먼저냐, 나쁜 소식이 먼저냐"의 상황이다. 나쁜 소식은 일이 잘 풀린다면 어떤 조직은 더 이상 투자하기를 원치 않을 것이라는 것이다. 좋은 소식은 어떤 조직이 거절한다면 이들이 애자일 철학에 **실제로** 동조하지 않는다는 사실을 조기에 발견했다는 것이다. 여러분이 두려움과 카고 컬트 애자일을 쫓느라 머리를 뜯으며 보내는 시간을 절약할 수 있다.

여러분이 온전히 뛰어들 수 있다면 **집중하기** 플루언시는 각 팀이 2~6개월 동안 헌신적인 노력을 해야만 달성할 수 있다. 적절한 지원을 받으면 1~4개월 안에 이전의 성과 수준을 초과할 것이다.[1] 2부에서는 팀에게 필요한 프랙티스에 관해 설명한다.

---

1   이 기간은 내 경험에 기반한 것이다. 여러분의 경험은 다를 수 있다.

전달하기 영역

애자일 팀은 언제든 계획을 바꿀 수 있다. 일반적으로 대부분의 팀에서 계획이 변경되는 상황은 그들의 코드 품질을 천천히 떨어뜨린다. 팀은 비용 효율적인 변화를 만드는 능력을 점차 잃어간다. 결국 소프트웨어를 버리고 다시 작성해야 한다고 말한다. 이는 아주 비싸고 낭비적인 선택이다.

전달하기delivering 팀은 기술적 우수성을 통해 이 문제를 방지한다. 잦은 변경에 대응할 수 있도록 코드를 디자인한다. 높은 코드 품질을 유지하기 때문에 버그를 해결하는 데 시간을 낭비하지 않는다. 프로덕션 라이프사이클을 다듬어서 원활하게 릴리스, 운영, 관리 가능한 수준을 유지한다. 팀은 비즈니스 관점에서 가장 적합한 시점에 언제든 신뢰할 수 있고, 결함이 적은 소프트웨어를 **전달하는** 능력을 갖고 있다.

이런 결과를 달성하기 위해서는 팀원들의 개발 스킬은 물론 테스팅이나 운영 스킬을 가진 인원을 각 팀에 포함시키는 구조적인 변화에 대한 충분한 투자가 있어야 한다.

기업이 이런 투자를 한다면 각 팀이 **전달하기** 플루언시를 달성하는 데 3~24개월의 시간이 걸리며, 2~6개월 안에 개선된 성과를 볼 수 있을 것이다. 정확한 시간은 각 팀이 기존에 다루는 코드 품질과 팀원들이 받는 코칭의 양에 따라 다르다. 3부에서는 이에 필요한 프랙티스에 관해 소개한다.

최적화하기 영역

대부분의 기업은 **집중하기**, **전달하기** 플루언시에 만족한다. 그러나 애자일은 그 이상이다. 애자일은 팀이 함께 모여 변화하는 시장 조건에 반응하며 춤추는 것이다. 그들은 실험하고 학습한다. 새로운 시장을 개발하고 경쟁을 압도한다.

최적화하기optimizing 팀은 이 수준의 기민함을 달성한다. 이들은 시장이 무엇을 원하는지, 비즈니스에 무엇이 필요한지와 이 둘을 어떻게 연결할지를 이해한다. 혹은 스타트업 환경인 경우 이들은 무엇을 학습하고, 어떻게 학습해야 할지 알고 있다. 이들은 지속적으로 최고의 가능한 가치를 달성하기 위해 제품 계획을 **최적화한다**.

이를 위해서는 조직 구조의 변화가 필요하다. 최적의 계획을 수립하려면 비즈니스 및 제품 전문성이 풍부한 사람들의 끊임없는 관심이 필요하며, 이를 위해서는 제품 및 시장 전문가가 개발 팀에 상주해야 한다. 또한 이런 팀에게 제품 예산과 계획 수립에 대한 전권을 위임해야 한다.

이러한 구조적인 변화는 조직 내에서 높은 수준의 권한이 필요하다. 이런 권한은 얻기 어려울 것이다. 팀은 전형적으로 **전달하기** 플루언시를 통해 적어도 1년 정도의 신뢰를 쌓아야 이런 투자를 위한 권한을 얻을 수 있다. 일이 잘 진행된다면 **최적화하기** 플루언시를 개발하는 데는 3~9개월이 소요되며, 1~3개월 정도의 시점에서 개선될 것이다. 그러나 그 전에 **최적화하기**는 끝이 없는 실험, 학습, 발견의 프로세스다. 4부에서 이를 시작하는 방법을 소개한다.

강화하기 영역

애자일 플루언시 모델의 마지막 영역이다. 이 영역은 애자일로 달성할 수 있는 미래, 즉 추측의 영역이다. 또한 관리 이론과 실무에 통달한 조직에게만 적용할 수 있는 영역이기도 하다. 이 영역은 이 책의 범위를 벗어난다. 간단히 말해 **강화하기**strengthening 영역은 팀의 집단적인 통찰력을 이끌어내고, 이들을 조직 개선과 연결하는 것이다. 19장에서 이에 관해 조금 더 소개한다.

애자일 플루언시 영역 요약

집중하기:

- **주요 이익**: 비즈니스 우선순위, 팀 업무 가시화, 방향 전환 능력에 집중한다.
- **필요 투자**: 팀 구성, 관리, 업무 환경
- **대략적인 달성 시기**: 성과 개선 1~4개월, 플루언시 달성 2~6개월

전달하기:

- **주요 이익**: 낮은 결함, 높은 생산성, 기술적 지속
- **필요 투자**: 개발 스킬, 테스팅과 운영 통합
- **대략적인 달성 시기**: 성과 개선 2~6개월, 플루언시 달성 3~24개월

> **최적화하기:**
>
> - **주요 이익**: 높은 가치 릴리스, 더 나은 제품 의사 결정
> - **필요 투자**: 팀 내의 프로덕트 매니지먼트, 예산과 계획에 대한 팀 오너십
> - **대략적인 달성 시기**: 성과 개선 1~3개월, 플루언시 달성 3~9개월

영역을 선택하라

여러분의 팀은 어떤 플루언시 영역을 추구해야 하는가? 그것은 여러분의 조직이 지원할 수 있는 영역에 달려있다. 아무것도 없는 상태라면 **집중하기**, **전달하기**, **최적화하기** 영역을 모두 함께 달성하는 것이 최고의 선택일 것이다. 이 세 영역을 모두 조합하면 최고의 결과와 가장 순수한 애자일 아이디어를 실현할 수 있다.

그러나 세 영역 모두를 선택하기 위해서는 가장 큰 투자가 따라야 한다. 이런 투자를 정당화할 수 없다면 필요한 지원을 얻는 데 어려움을 겪을 것이다. 충분한 투자가 없으면 여러분의 팀은 플루언시를 달성하기 어렵다. 이 모든 이익을 얻지도 못한 채 학습 비용만 낭비하는 꼴이 될 것이다. 그 결과는 오히려 지금보다 **더 나쁠 수도** 있다.

다시 말해 당신의 기업에 **필요**하고 기업이 **기꺼이 투자**할 의향이 있는 하나의 영역을 선택해야 한다.

그렇다면 어떤 영역을 선택해야 하는가?

- 모든 애자일 팀에겐 **집중하기** 플루언시가 필요하다. 이는 가장 기본이다. 기업이 최소한 **집중하기** 플루언시에도 투자할 수 없다면 애자일은 여러분의 기업에 적합하지 않을 것이다. 그럼에도 불구하고 대신 **전달하기** 플루언시에서 시작해볼 수는 있다.

- **전달하기** 플루언시는 비용을 절감하고 개발 속도를 높인다. 전달하기 플루언시가 없다면 여러분의 코드는 결국 기술 부채에 굴복할 것이다. 대부분의 팀은 **전달하기** 영역에 대한 지식이 없다. 일부 조직은 **전달하기** 영역에서 요구하는 학습과 코드

품질에 대규모 투자를 할 준비가 돼 있지 않다. **집중하기** 영역에서 먼저 시작해 성공을 보여주고, 이를 더 많은 투자로 연결하는 것도 좋은 방법이다.

- **최적화하기** 플루언시는 애자일이 가장 빛나는 영역이다. 요구하는 것도 많다. 대부분의 기업에서 **집중하기** 영역과 **전달하기** 영역에서 우선 플루언시를 보여줌으로써 신뢰를 쌓은 다음, 점진적으로 더 많은 책임을 가져오는 것이 가장 좋은 방법이다. 그러나 여러분의 조직이 스타트업에서 흔히 볼 수 있는 것처럼 이미 교차 기능 팀에게 의사 결정 권한을 위임하는 문화를 갖고 있다면, **최적화하기** 플루언시는 훌륭한 결과를 가져올 것이다.

각 영역과 해당 영역이 주는 혜택에 관한 자세한 내용은 2, 3, 4부의 도입부에서 설명한다. 각 영역에 필요한 투자에 대한 자세한 내용은 '투자에 관한 요약(p.66)'을 참조하라. 어떤 영역을 선택해야 할지 모르겠다면 **집중하기**와 **전달하기** 영역에서 시작하라.

어떤 영역을 선택하든 해당 영역의 프랙티스를 동시에 학습하는 데 투자하라. **전달하기** 영역의 프랙티스는 **집중하기** 영역의 업무를 훨씬 잘 진행할 수 있게 만들어 주므로 각각 학습하는 것보다 함께 학습하는 것이 훨씬 좋다. 그러나 여러분이 원하는 모든 영역에 투자할 수 없더라도 괜찮다. 많은 시간이 걸리겠지만 점점 다른 영역도 만들어 나갈 수 있다.

원하는 영역을 선택했다면 여러분의 조직에서 해야 할 투자를 더 자세히 고려해야 한다. 4장에서는 이에 관해 살펴본다.

## 4장

기민함에 투자하라

애자일이 주는 이점을 누리기 위해서는 여러분이 속한 조직이 기본적인 애자일 철학을 받아들여야 한다. 단순히 손쉬운 비용 지불뿐이 아니라 조직 구조, 시스템 및 행동을 포함해 의미 있고 실질적인 변화를 만들어야 한다.

무언가 할 일이 많은 것처럼 들린다면 사실 그렇기 때문이다. 이런 투자가 그렇게 중요할까?

정말로 중요하다.

애자일에 대한 투자는 여러분이 가진 **제약 사항을 변화**시키는 데 투자하기 때문에 중요하다. 팀을 방해하는 것은 대부분 이들이 사용하는 프로세스가 아니라 이들을 옭아 매는 제약 사항이다. 투자는 하지만 프랙티스를 무시한다 하더라도 팀은 여전히 개선될 수 있다. 그러나 프랙티스를 실행하되 투자를 멈춘다면? 팀은 고뇌에 빠질 것이다.

> 팀을 방해하는 것은 대부분 이들이 사용하는 프로세스가 아니라 이들을 옭아 매는 제약 사항이다.

마틴 파울러는 이렇게 말했다.[1]

> 나는 루비 온 레일즈(Ruby on Rails) 개발자인 데이비드 하이네마이어 핸슨(David Heinemeier Hansson)과 익스트림 프로그램의 제작자인 켄트 벡(Kent Beck) 사이에 놀라운 유사점이 있음을 본다. 만약 여러분이 그들에게 제한된 세계를 제시하면 그들은

---

[1] 마틴 파울러의 "Enterprise Rails(https://martinfowler.com/bliki/EnterpriseRails.html)"에서 발췌했다.

우리가 당연하게 여기는 제약 사항을 보고 불필요하다고 여겨 제약이 없는 세상을 만들 것이다… 그들은 단지 그들 아래에 지적 다이너마이트를 붙이고 계속 나아갈 것이다. 그렇기 때문에 그들은 업계를 충격에 빠뜨린 익스트림 프로그래밍이나 레일즈 같은 것을 만들 수 있었다.

– 마틴 파울러

투자하라. 그것이 애자일의 성공을 위한 비결이다.

다음 섹션에서는 조직 안에서 여러분의 팀이 필요로 하는 투자에 관해 설명한다. 물론 이 모든 것을 다 얻지 못할 수도 있으므로 몇 가지 대안도 제시했다. 그러나 대안은 원안에 비해 효과가 적으므로 더 많은 노력을 해야 한다. 대안에는 가장 중요한 것만 포함시켰다.

투자에 관한 요약

모든 애자일 팀은:

- ☐ 관리자, 팀, 핵심 이해관계자들의 전폭적인 지지를 받는다(5장 참조).
- ☐ 오래 지속되는 교차 기능 팀을 만들고, 팀에 완전히 헌신할 수 있는 인원을 투입한다(애자일 팀을 선택하거나 만들어라(p.70) 참조).
- ☐ 한 명의 코치를 보유하며, 이 코치는 팀원들이 더 효율적이며, 굳건한 팀을 만드는 방법의 학습을 지원한다(애자일 코치를 선택하라(p.73) 참조)
- ☐ 개인이 아닌 팀에 업무를 할당한다. 팀은 스스로 매일의 계획과 태스크 할당에 관한 접근 방식을 선택한다(팀에 권한과 책임을 위임하라(p.74) 참조).
- ☐ 팀 레벨 관리자들에게 개인/태스크가 아닌 팀의 작업 시스템 관리에 집중하게 한다(팀 룸을 만들어라(p.78) 참조).
- ☐ 각 팀에 물리적 팀 룸 또는 가상의 팀 룸을 만든다(팀 룸을 만들어라(p.78) 참조).
- ☐ 각 팀은 가장 먼저 애자일 학습에 가치가 있지만 급하지 않은 목표를 선택한다(팀별로 학습 친화적인 목적을 만들어라(p.79) 참조).
- ☐ 워터폴 거버넌스 정책을 애자일 거버넌스 정책으로 대체한다(워터폴 거버넌스의 가정을 바꿔라(p.80) 참조).
- ☐ 효과적인 팀워크를 방해하는 인사 정책을 제거, 수정하거나 해결한다(해로운 인사 정책을 바꿔라(p.81) 참조).

집중하기 팀은:

- ☐ 팀에 따라 1~4개월 정도의 성과 저하를 보인다(학습 시간을 확보하라(p.68) 참조).

- ☐ 각 팀은 사용자와 고객 스킬을 가진 인원을 포함한다(애자일 팀을 선택하거나 만들어라(p.70) 참조).

- ☐ 팀이 할 작업을 결정하는 사람을 포함하거나 정기적으로 만날 수 있게 한다(애자일 팀을 선택하거나 만들어라(p.70) 참조).

- ☐ 각 팀에 **집중하는** 프랙티스를 가르쳐줄 수 있는 코치가 포함돼 있는지 확인한다(애자일 코치를 선택하라(p.73) 참조).

- ☐ 각 팀이 이해관계자 또는 그 담당자와 만날 수 있어야 한다(팀에 권한과 책임을 위임하라(p.74) 참조).

전달하기 팀은:

- ☐ 팀에 따라 2~6개월 정도의 성과 저하를 보인다(학습 시간을 확보하라(p.68) 참조).

- ☐ 테스팅 및 운영 등 필요한 모든 개발 스킬을 팀에 보유해야 한다(애자일 팀을 선택하거나 만들어라(p.70) 참조).

- ☐ 각 팀에 전달하는 프랙티스를 가르쳐 줄 수 있는 코치가 포함돼 있는지 확인한다(애자일 코치를 선택하라(p.73) 참조).

- ☐ 각 팀이 개발, 빌드, 테스트 및 릴리스 프로세스에 대한 통제 권한을 가져야 한다(팀에 권한과 책임을 위임하라(p.74) 참조).

- ☐ 각 팀의 첫 번째 노력을 위해 팀의 코치가 필요하다고 생각하지 않는 한, 그린 필드 코드베이스를 포함된 목적을 선택한다(팀별로 학습 친화적인 목적을 만들어라(p.79) 참조).

- ☐ 협력적 개발을 방해하는 보안 문제를 해결한다(보안 문제를 해결하라(p.83) 참조).

최적화하기 팀은:

- ☐ 팀에 따라 1~3개월 정도의 성과 저하를 보인다(학습 시간을 확보하라(p.68) 참조).

- ☐ 각 팀에 비즈니스, 시장 및 제품에 관한 전문성을 가진 인원을 반드시 포함한다(애자일 팀을 선택하거나 만들어라(p.70) 참조).

- ☐ 각 팀에 **최적화하는** 프랙티스를 가르칠 수 있는 코치를 보유한다(애자일 코치를 선택하라(p.73) 참조).

- ☐ 각 팀에 예산 운영, 계획 및 결과에 대한 책임을 부여한다(팀에 권한과 책임을 위임하라(p.74) 참조).

학습 시간을 확보하라

변화는 파괴적이며, 새로운 아이디어를 학습하는 데는 시간이 필요하다. 애자일 학습 또한 초기에는 팀의 속도를 늦출 것이다.

속도가 얼마나 느려지는가? 소프트웨어의 생산성에 대한 객관적인 지표는 없지만 [Fowler2003], 경험에 따르면 10~20% 정도의 속도 저하가 나타난다. 팀이 애자일 스킬에 익숙해질수록 성과가 향상된다. 팀이 완전히 유창해질 때까지 성과는 증가하며, 그 증가세는 점점 안정될 것이다(그림 4-1). 이를 J-커브^{J-Curve}라 부르며, 이 양상은 모든 중요한 변화에서 공통적으로 나타난다. 변화에 관해서는 5장에서 자세히 살펴본다.

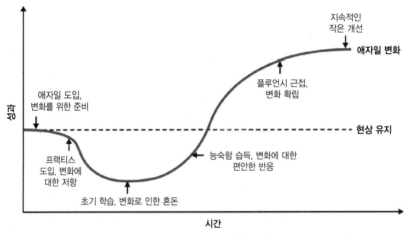

그림 4-1 시간에 따른 애자일 성과

일반적으로 1년 이내에 시간을 투자한 성과를 거둘 수 있을 것이다. 초기 성과 저하는 이전 장에서 언급했듯이 각 팀이 추구하는 플루언시 영역에 따라 다르다.

- **집중하기 영역**: 1~4개월

- **전달하기 영역**: 1~6개월

- **최적화하기 영역**: 1~3개월

이 기간은 중첩되므로 **집중하기 영역**과 **전달하기 영역**의 스킬을 함께 학습하는 팀은 적어도 2~6개월의 성과 저하를 경험할 것이다. 대조적으로 **집중하기 영역**을 먼저 학습한 뒤 **전달하기 영역**의 학습으로 넘어가는 팀은 두 번의 성과 저하(집중하기 영역에서 1~4개월, 전달하기 영역에서 2~6개월)를 경험할 것이다.

애자일 팀의 성과는 다른 방식으로도 변화한다. 애자일 팀은 현재 피처를 완료한 뒤 다음 피처로 이동한다. 이것은 **전달하기 팀**에서 잘 나타나는데, 이 팀은 마무리 단계에서 버그를 수정하는 것보다는 초기부터 품질을 구축한다. 결과적으로 처리량과 성과가 개선된다. 그러나 아이러니하게도 여러 피처가 동시에 진행되는 듯 보이는 상황에 익숙한 이들에게는 속도가 느린 것처럼 느껴진다.

결과적으로 이해관계자들은 애자일 개발 속도, 특히 첫 해에 세 가지 문제를 동시에 처리할 때 좌절감을 느낄 수 있다. 학습으로 인한 실질적 지연, 작업 완료에 집중하는 데 따른 인식 지연, **실제로** 완료되지 않았음에도 '완료했다^{done}'고 선언된 사전 애자일 작업의 마무리 비용이 이에 해당한다.

이런 두려움으로 인해 애자일 팀은 애자일 학습에서 등을 돌리고, 학습을 마치지 못한 채 그저 소프트웨어를 전달하는 것에만 집중하게 된다. 이는 결과적으로 모두에게 비생산적이다. 팀원들은 당황함과 좌절감을 느끼게 되며, 이제까지 조직이 한 모든 투자를 낭비하게 된다. 팀이 애자일 여행을 시작하기에 앞서 관리자와 이해관계자들은 첫 해에 발생하게 될 광범위한 성과 저하에 동의해야만 한다.

팀을 도와줄 사람들을 고용함으로써 시간과 비용을 교환할 수 있다. 그렇다고 성과 저하가 없어지는 것은 아니다. 다만 그 기간이 더 단축되고 견딜 만한 정도가 될 것이다. 상시 멘토링, 훈련, 디자인과 구현 프로세스에서의 도움, 풀타임 코칭까지 다양한 도움을 활용할 수 있다. 가장 효과적인 도움은 경험이 풍부한 실무자를 고용해 팀을 풀타임으로 코칭하는 것이다.

채용 대상을 고민할 때는 수많은 애자일 인증 체계는 무시해도 좋다. 너무나도 많은 인증서가 그저 돈벌이 수단에 지나지 않기 때문이다. 며칠 동안 의자에 엉덩이를 붙이고 앉아 있는 정도의 능력만 보여줄 뿐이다. 몇몇 자격증은 우수한 교육 과정을 제공하지만 그것은 자격증이 아닌 트레이너에 관한 것이다. 그러므로 교육 과정은 그들이 남발하는 자격증과는 별개로 생각해야 한다. 컨설턴트나 코치를 고용할 때도 마찬가지다. 주변 사람들의 의견을 묻고, 공개적으로 확보할 수 있는 자료를 얻는 등 레퍼런스를 확인하라.

이 책의 프랙티스를 적용하면서 상황에 따른 문제와 어려움에 부딪힐 것이다. 이때 질문할 수 있는 멘토를 확보하라. 비용을 꼭 들일 필요는 없다. 이전에 유사한 경험을 해본 동료나 지역 사용자 그룹, 온라인 포럼 또한 좋은 선택지다.

학습시간이 없다면

집중하기 영역을 중점적으로 다루고 작업을 완료하는 애자일에 집중함으로써 성과 저하와 총 비용을 줄일 수 있다.

조직에서 그 어떤 성과 저하도 받아들이지 못한다면, 변화에 투자하기 위한 적절한 시점이 아닌 것이다. 눈을 씻고 찾아봐도 적절한 시점이 보이지 않는다면 이는 큰 위험 신호다. 더 나아가기 전에 변화를 위한 시간을 확보하도록 경영진을 설득해야 할 것이다.

도움을 받을 만한 예산이 없다면

이 책에서는 온라인에서 얻을 수 있는 많은 무료 리소스를 소개할 것이며, 학습에 헌신함으로써 여러분의 팀은 스스로 필요한 모든 것을 배울 수 있다. 물론 외부의 도움도 **효과는 있겠지만** 필수는 아니다.

애자일 팀을 선택하거나 만들어라

애자일 조직에서 팀의 중요성은 몇 번을 강조해도 지나치지 않다. 대부분의 조직에서는 인력을 기본적으로 뭔가를 생산하기 위한 '리소스resource'로 간주한다.

조직에서는 다음과 같은 팀에 투자해야 한다.

- **교차 기능 팀**cross-functional: 팀원들은 팀이 목적을 달성하는 데 필요한 모든 전문성을 종합적으로 가져야 한다.

- **완전한 전담 팀**^{fully dedicated}: 때때로 전문가들이 참여해 도움을 주지만, 핵심 팀원들은 팀의 업무에만 전담한다.

- **협력적인 팀**^{collaborative}: 팀원들은 친근하고 밀접한 관계를 유지하며 협업한다.

- **오래 유지되는 팀**^{long-lived}: 팀원들이 가장 효과적으로 함께 일하는 방법을 찾는 데는 시간이 소요된다. 그러므로 가능한 팀을 오랫동안 함께 유지하라.

각 팀의 규모와 구성은 어떤 플루언시 영역을 추구하는가에 따라 다르다. 자세한 내용은 '전체 팀(p.130)'을 참조하라. 간단히 설명하면,

- **집중하기** 팀은 비즈니스 결과를 달성하는 데 초점을 둔다. 팀원들은 스스로를 사용자나 고객의 입장에서 생각함으로써 소프트웨어가 무엇을 해야 하는지를 결정한다. 팀이 사용자 중심의 목적을 가진다면 UI/UX 스킬을 가진 구성원들이 필요하다. 팀은 다음에 무엇을 작업할지도 결정할 수 있어야 한다. 팀이 자체적으로 이를 수행할 수 있는 스킬과 권한을 갖고 있는 것이 가장 좋지만, 팀 구성원들은 팀 외부의 사람들과도 협업할 수 있다.

- **전달하기** 팀은 소프트웨어를 최종 사용자에게까지 전달하는 책임을 진다. 팀은 제품을 구현하고 배포하기 위해 필요한 모든 스킬을 가져야 한다. 이전에 다른 팀에 넘겼던 책임은 팀 안에서 해결해야 한다. 빌드 관리, 데이터 아키텍처와 관리, 테스팅 및 운영이 모두 포함된다.

- **최적화하기** 팀은 더 광범위한 비즈니스 관점에서 제품의 성공에 관한 책임을 진다. 이해관계자들을 조율하고 제품의 우선순위를 결정한다. 비즈니스, 마켓, 제품에 대한 전문 지식이 있는 팀원이 필요하다.

이러한 조건에 맞는 팀을 이미 보유하고 있을 수 있다. 새 애자일 팀을 만든다면 다음 단계를 이용하라. 어떤 경우든 '팀을 끌어들여라(p.100)'에서 설명한 것처럼 팀의 전폭적인 참여를 얻어야 한다는 사실을 잊지 말라.

1. 각 팀의 목적을 결정하라(목적(p.183) 참조).

2. 각 팀의 인원수를 결정하라. 팀이 가진 목적의 가치에 기준을 두되, '전체 팀 (p.130)'에서 설명한 제한은 지켜라.

3. 각 팀에 필요한 스킬이 무엇인지 결정하라.

4. 각 팀에 필요한 스킬을 가진 사람들, 협업을 잘하는 사람들, 애자일을 시도해 보려는 사람들을 선택하라.

많은 팀을 만들거나 재조직해야 한다면 팀 셀프 셀렉션^{team self-selection}을 이용하는 것도 좋다. 함께 일하기 좋아하는 고도의 생산적인 팀을 효과적으로 만들 수 있다. 그 효과에 관해서는 『Creating Great Teams: How Self-Selection Lets People Excel』(pragmatic Bookshelf, 2015)을 참조한다[Mamoli2015].

전담 팀원을 확보할 수 없다면

애자일은 긴밀한 협업에 의존하기 때문에 구성원들이 온전히 집중하지 못하면 잘 작동되지 않는다. 가끔 외부 인원이 담당하는 것은 괜찮지만, 전담 팀원이 없다면 아마도 애자일은 잘 작동하지 않을 것이다.

팀원들 사이가 좋지 않다면

새로운 팀은 협업하는 방법을 찾아낼 때까지 자연스럽게 힘든 시기를 겪는다. 그러므로 팀이 처음에 어려움을 겪더라도 너무 걱정하지 말라. 팀의 코치와 매니저들은 갈등을 중재하는 데 도움을 줄 수 있다. '팀 다이내믹(p.461)'을 참조하라.

오래 지속되는 팀을 만들 수 없다면

성과가 높은 팀을 해체하는 것은 낭비이지만, 그렇다고 이들이 애자일하게 되는 것을 멈추지는 못할 것이다.

필요한 비즈니스, 고객 또는 사용자 전문성을 얻을 수 없다면

최적화하기 팀은 최소한 한 명의 프로덕트 매니지먼트 스킬을 가진 구성원이 필요하지만 이들이 전통적인 프로덕트 매니저일 필요는 없다. 때때로 기업의 역사를 잘 알고 있는 개발자들은 그들이 만드는 제품과 시장에 관해 누구보다 잘 알기도 한다. 이런 이들이 있다면 그것으로 충분하다.

여러분의 팀이 최적화하기 플루언시를 추구하지 않는다면, 팀에 직접적으로 프로덕트 매니저가 포함될 필요는 없다. 하지만 프로덕트 매니저와 밀접하게 협업하기 위해 해당 스킬을 가진 사람이 필요하다. 또한 고객과 사용자 관점을 대변할 수 있는 팀원들이 여전히 필요하다.

팀 성공에 비즈니스 관여는 큰 비중을 차지한다. 애자일을 이전의 방법론과 구분하는 중요한 요소 중 하나다. 비즈니스, 고객 및 사용자 관점을 팀에 도입하기 위해 노력하라. 그래야만 이들이 전달하는 소프트웨어가 가치를 갖는다.

필요한 개발자 스킬을 모두 얻을 수 없다면

전달하기 플루언시를 달성하지 못할 수도 있지만 **전달하는** 프랙티스는 여전히 학습하고 이용할 가치가 있다.

애자일 코치를 선택하라

각 팀에는 팀원들이 효과적인 애자일 팀이 되는 방법을 학습하는 데 도움을 줄 수 있는 코치가 필요하다. 자세한 내용은 '코칭 스킬(p.137)'을 참조한다. 여기에서 간단히 언급하자면 다음과 같다.

- 모든 팀은 팀원들이 효과적이고, 유기적인 팀이 되는 방법을 학습할 수 있도록 돕는 누군가가 필요하다.
- **집중하기** 팀은 2부에서 설명하는 계획 프랙티스를 가르칠 수 있는 누군가가 필요하다.

- **전달하기** 팀은 3부에서 설명하는 기술 프랙티스를 가르칠 수 있는 누군가가 필요하다.
- **최적화하기** 팀은 4부에서 설명하는 비즈니스 개발 프랙티스를 가르칠 수 있는 누군가가 필요하다.

일부 코치들은 여러 영역을 다룰 수 있기도 하다. 각 코치는 한 팀 또는 두 팀과 협업할 수 있다.

필요한 코치를 채용할 수 없다면

애자일 코치를 내부에서 양성할 수 있다. 팀원들이 존경하고 신뢰하는 고위 실무자를 선택하고(대상자가 분명하지 않다면 팀원들에게 추천을 받으라), 이들에게 도전에 나서도록 요청하라. 이 책은 시작을 위해 필요한 모든 내용을 담고 있다. 한 팀을 완전히 전담할 수 이는 플레이어-코치player-coach가 최고의 선택이다.

팀에 권한과 책임을 위임하라

구성원들의 능력을 존중하는 것은 애자일 철학의 핵심이며, 이는 권한과 책임에 대한 애자일 접근 방식에서 가장 명확하게 나타난다.

> 구성원들의 능력을 존중하는 것은 애자일 철학의 핵심이다.

> 최고의 실행은 세부 사항을 올바르게 파악하는 데 있으며, 실제로 작업을 수행하는 사람들이 누구보다도 세부 사항을 잘 이해한다. 필요한 전문성을 갖추고 적절한 리더의 가이드를 받을 때, 팀은 다른 누구보다 더 나은 기술적 결정과 프로세스 결정을 내릴 수 있다 [Poopendieck2003].
>
> – 메리 & 톰 포펜딕(Mary and Tom Poppendieck)

조직 투자의 관점에서 이는 다음을 의미한다.

- **작업은 개인이 아닌 팀에 할당된다**: 팀은 작업을 태스크로 분할하는 방법, 태스크를 수행할 팀원을 자신들이 직접 결정한다. 이 접근 방식에 적합한 티켓 시스템이나

다른 워크플로 프로세스를 이용할 수 있다. 이 접근 방식은 성과 평가에 영향을 미치며, 이에 관해서는 '해로운 인사 정책을 바꿔라(p.81)'를 참조한다.

- **팀이 자신들의 프로세스를 결정한다**: 특별히 팀은 기업용 도구에 종속되지 않고 계획에 대한 자신들만의 가벼운 접근 방식을 자유롭게 사용할 수 있어야 한다. 경영진은 팀의 프로세스에 제약을 둘 수 있지만, 모든 제약에는 명확한 이유가 있어야 한다.

- **집중하기 팀은 이해관계자들과 협업함으로써 비즈니스 요구사항과 우선순위를 이해한다**: 조직은 팀이 이해관계자 또는 그 대변자들과 쉽게 접촉할 수 있게 해야 한다.

- **전달하기 팀은 자신들의 개발, 빌드, 테스트, 릴리스 프로세스를 제어한다**: 경영진은 팀의 프로세스에 제약을 둘 수 있지만(기업 내 릴리스 파이프라인의 이용을 강제하는 등), 각 팀이 다른 팀을 기다리지 않고 자체적으로 결과물을 개발하고 릴리스할 수 있게 해야 한다.

- **최적화하기 팀은 자신들의 예산과 제품 계획을 제어한다**: 경영진은 각 팀의 목적, 전체적인 전략 및 팀의 예산을 결정한다. 그리고 비즈니스 지표를 검토하는 형태로 감독하기도 한다. 그런 프레임워크 안에서 조직은 각 팀이 자신들의 목적을 달성하고 예산을 사용하는 방법을 직접 결정할 수 있게 해야 한다.

업무를 개인에게 할당해야 한다면

조직이 아직 팀의 자체적인 태스크 할당 결정에 익숙하지 않다면, 여러분의 조직은 아직 애자일이 요구하는 신뢰를 충분히 갖추지 않은 것이다. 시범적인 애자일 팀을 활용해 팀 기반 작업을 시도함으로써 이들이 생각을 바꾸도록 확신시킬 수도 있지만 충분한 주의를 기울어야 한다. 명령과 통제command-and-control 경영 스타일은 일반적으로 애자일과 맞지 않다.

기업 전반에 걸친 문제가 아니고, 몇몇 관리자들이 이에 관한 문제를 겪고 있다면 '팀 매니지먼트 스타일을 바꿔라(p.77)'의 내용을 참조하라.

사용하는 도구가 팀 기반 작업을 지원하지 않는다면

여러분의 기업에 이미 변경하기 어려운 작업 할당 시스템이 있는 경우, 단기적으로는 각 팀별로 '유령phantom 사용자'를 만들고, 이를 통해 할당되는 업무를 받게 할 수 있다. 또는 팀원들이 개별 할당된 업무를 팀 할당 업무로 취급할 수도 있다.

장기적으로 보면 작업 할당 시스템을 고치는 것이 훨씬 좋다.

팀이 기업용 추적 도구를 사용해야 한다면

애자일 팀이 가진 가장 큰 영향력 중 하나는 프로세스를 개선하고 간소화할 수 있는 능력이다. 애자일 라이프사이클 관리 도구Agile Lifecycle Management tool라 불리는 기업용 추적 도구corporate tracking tool는 팀의 활용을 제한한다. 애자일 인기를 타고 공간을 확보하기 위해 경쟁하는 수많은 제품들과 마찬가지로, 이러한 도구는 애자일의 관점을 심각하게 훼손하고 실제적으로도 팀의 기민함을 **저하시킨다**.

애자일 팀에게 일상 업무에 기업용 추적 도구를 사용하도록 강요하면 팀 성과를 저하시킬 것이다. 실질적인 해결책이 없다면 경량 애자일 접근 방식과 기업용 도구라는 두 가지 추적 시스템을 이용하는 것이 좋다. 자세한 내용은 '기업용 추적 도구(p.429)'를 참조하라.

> 일상 업무에 기업용 추적 도구를 사용하도록 강요하면 팀 성과를 저하시킬 것이다.

팀이 이해관계자들에게 접근할 수 없다면

사전 요구사항 및 비즈니스 분석 단계를 이용하는 워터폴 프로세스와 달리, 애자일 팀은 개발 과정 내내 이해관계자들과의 협업을 통해 계획을 다듬고 피드백을 얻는다. 이해관계자들에게 접근할 수 없다면 팀은 올바른 것을 만들어내지 못한다.

팀이 하나 이상의 이해관계자 그룹과 직접 협업할 수 없다면, 적어도 팀이 해당 그룹의 이익을 대변하는 누군가와 협업할 수 있도록 보장해야 한다. 이 대변인은 신중하게 선택해야 한다. 팀이 만드는 제품의 품질은 대변인의 가용성과 이해관계자의 필요를 정확하게 나타내는 능력에 전적으로 의존한다.

전달하기 팀이 릴리스 프로세스를 통제하지 못한다면

팀이 자신들의 릴리스 프로세스를 완전히 통제하지 못하는 한, 여러분은 **전달하기 플루언시**의 완전한 이점을 충분히 누릴 수 없다. 그렇지만 이 영역에서 추구하는 **전달하는** 프랙티스는 충분한 가치가 있다. 시간이 지남에 따라 문제를 차근차근 해결할 수 있다.

최적화하기 팀이 제품 계획과 지출을 통제하지 못한다면

최적화하기 팀은 실험을 계획하고 계획을 변경할 수 있어야 하며, 이를 위해서는 계획과 지출에 관한 통제권을 가져야 한다. 그렇지 않다면 팀은 **최적화하기 플루언시**를 달성하지 못할 것이다.

팀 매니지먼트 스타일을 바꿔라

팀이 자체적으로 프로세스를 결정하고, 태스크를 할당하고, 이해관계자와 직접 조율한다면 팀 레벨 관리자들은 애자일에서 자신들이 설 자리가 없다고 생각할 수도 있다. 하지만 이는 사실과는 동떨어진 생각이다. 애자일 팀 관리자의 업무가 **달라질 뿐이며**, 애자일 이전의 팀 못지않게 중요하다. 더 자세한 내용은 '매니지먼트(p.434)'를 참조하라.

관리자들과 그들의 새로운 역할에 관해 대화를 나누고 필요한 교육과 훈련을 제공하라. 또한 **그들의** 관리자가 가진 기대 역시 그에 맞춰 변화해야 한다.

관리자가 문제를 내버려 둔다면

마이크로 매니지먼트^{micromanagement}는 골치 아프지만 단기적으로 큰 문제는 아니다. 그러나 마이크로 매니지먼트는 팀원들의 손에서 결정권을 빼앗음으로써 학습을 방해한다. 마이크로 관리자들은 플루언시를 달성하기 위해 필요한 시간과 비용을 증가시킬 것이다.[2]

---

[2]   이 점을 지적해준 조지 딘위디(George Dinwiddie)에게 감사한다.

관리자들은 다른 방법을 모르거나 애자일 환경에서 자신들이 할 일이 없다는 두려움을 느낄 때 마이크로 매니지먼트를 한다. 관리자의 역할이 어떤 형태인지 그들에게 보여주고, 여전히 그들이 감당할 역할이 있음을 확신시켜야 한다. 훈련이나 좋은 애자일 코치가 이들을 도울 수 있다.

팀 룸을 만들어라

애자일 팀은 밀접하게 협업하고 끊임없이 소통한다. 효과적인 의사소통을 위해서는 팀의 필요를 충족시켜 주는 공간을 제공해야 한다. 이 공간은 물리적인 공간이거나 가상의 공간일 수 있다. 자세한 내용은 '팀 룸(p.150)'을 참조하라.

대면해서 협업하는 팀의 경우, 물리적 팀 룸을 만드는 것은 가장 비용이 많이 드는 투자 중 하나일 것이다. 또한 가장 가치가 높은 것 중 하나이기도 하다. '팀 룸(p.150)'에서 논의하겠지만 물리적인 팀의 공간은 성과를 배가시키는 요소performance multiplier다.

팀이 이제 막 꾸려졌다면 팀에 어떤 공간이 필요한지 확실하지 않거나, 심지어 애자일이 장기적으로 좋은 선택인지 모를 수도 있다. 팀도 그렇게 생각할 것이다. 애자일에 생소한 팀은 자신들이 협업을 얼마나 즐길지에 관해 과소평가하고, 사생활의 필요성을 과대평가하는 경향을 보인다.

> 애자일에 생소한 팀은 자신들이 협업을 얼마나 즐길지에 관해 과소평가한다.

그러므로 물리적인 업무 공간에는 투자를 해도 좋다. 이를 위해 별도로 예산을 남겨둔다 (애자일을 고수한다면 결국 좋은 팀 룸이 필요할 것이다). 단기적으로 봤을 때 각 팀을 위해 넓은 회의실이나 열린 사무실의 한 부분을 할당할 수도 있다.

어떤 결정을 내리든 일찍 행동해야 할 것이다. 물리적 팀 룸을 갖추는 데 많은 시간이 필요하다.

원격 팀이라면

가상의 팀 룸을 만들 수도 있다. '가상의 팀 룸(p.164)'을 참조하라.

대면 팀을 위한 물리적 팀 룸을 만들 수 없다면

대면 팀도 가상의 팀 룸을 이용할 수 있지만, 그렇게 하지 않기를 강력하게 권한다. 팀은 원격 작업의 커뮤니케이션 문제와 결합된 대면 작업의 경직성과 출퇴근이라는 두 가지 최악의 상황을 경험하게 될 것이다.

팀별로 학습 친화적인 목적을 만들어라

모든 팀에는 각기 **목적**이 있는데, 이는 조직의 큰 전략 안에서의 위치를 말한다(목적 (p.183) 참조). 팀이 처음 애자일을 학습할 때 팀원들의 학습을 도울 수 있는 목적을 선택하는 것이 매우 중요하다. 이는 실질적으로 다음 세 가지를 의미한다.

- **가치 있지만 시간에 민감하지 않은 목적**: 팀이 많은 시간 압박을 받는다면 팀원들은 학습에 어려움을 겪을 것이다. 구성원들은 기본적으로 새로운 아이디어를 학습하는 데 시간을 들이기보다 과거 효과가 있던 것에 집중한다.

- **자족적인 목적**: 다른 팀에 대한 의존도가 높을수록 조정을 위한 어려움 또한 늘어난다. 어느 정도의 조정은 필요하지만, 너무 많은 조정은 팀의 학습을 방해한다.

- **새로운 코드베이스**: 전달하기 프랙티스를 학습하는 팀은 배울 것이 많은데, 새로운 코드에서 배우는 편이 쉽다. 물론 결과적으로는 기존 코드에서 작업하는 방법을 학습해야 한다. 경험이 풍부한 **전달하기** 코치를 보유한 팀은 코치가 동의한다면 이 요구사항을 무시할 수 있다. **전달하는** 프랙티스를 학습하지 않은 팀도 그렇게 할 수 있다.

중요한 데드라인이 있다면

학습을 위해서는 충분한 시간이 필요하다. 데드라인을 조정할 수 있는 여지가 있다면 괜찮다. 그렇지 않다면 데드라인을 만족시킨 후 애자일을 시도하거나 다른 팀을 선택하는 것이 더 낫다.

가치 있는 새로운 업무가 없다면

새로운 코드베이스를 갖는 것보다는 가치 있는 작업을 하는 것이 훨씬 중요하다. 그러나 경험이 충분한 코치가 없다면 **전달하는** 프랙티스를 처음 학습하는 팀은 기존 코드로 인한 어려움을 겪는다. 성과 저하는 예상보다 길어지고, 플루언시를 달성하는 데 시간이 더 많이 소요되며, 팀의 프로그래머들이 갖는 두려움 또한 커진다.

워터폴 거버넌스의 가정을 바꿔라

거버넌스governance는 상위 수준에서의 작업 승인, 추적 및 관리를 의미한다. 대부분의 기업은 워터폴 개발 접근 방식을 가정해 거버넌스 정책을 세운다. 때때로 이는 사전 문서나 단계별 게이트를 요구한다. 그리고 일반적으로 계획에 대한 예측적 접근 방식predictive approach이 필요하다.

최고의 결과를 얻기 위해서는 애자일 접근 방식에 맞춰 거버넌스 정책을 변경해야 한다. 이는 단계별 게이트를 제거하고 적응적 접근 방식을 사용해야 함을 의미한다. 더 자세한 내용은 '애자일 거버넌스(p.425)'를 참조한다.

> 애자일이 잘 작동하려면 워터폴 거버넌스 정책을 변경해야만 한다.

워터폴 거버넌스가 필요하다면

워터폴 거버넌스는 낭비를 유발하고 팀의 기민함을 떨어뜨리겠지만 피치 못할 상황이라면 워터폴 거버넌스 정책을 고수할 수 있다. 시험 대상이 일부 팀이라면 괜찮겠지만 애자일을 더 확장하고자 한다면 먼저 애자일 거버넌스로 전환해야 한다.

가장 일반적인 거버넌스 요구는 사전에 계획과 예산을 고정하는 것이다. 이 요구를 충족하는 가장 간단한 방법은 현재 사용하는 접근 방식이 무엇이든 그대로 사용하고, 프로젝트 승인을 받은 뒤 애자일 프로세스 부분을 시작하는 것이다. 다른 방법으로 **집중하기 영역**과 **전달하기 영역**에 유창한 팀에게는 4~8주의 **계획하는** 기간을 할당하고, 정상적으로 업무를 시작하고, 고품질의 로드맵을 수립할 수 있다(로드맵(p.424) 참조).

요구사항 분석 문서나 디자인 문서 같은 사전 문서는 기존의 접근 방식을 이용해서 만들어 낸 뒤, 애자일 작업 부분을 시작하는 것도 좋다. 규제 준수와 관련된 작업은 일반적으로 다른 요구사항과 마찬가지로 스토리(스토리(p.224) 참조)처럼 애자일 작업과 별도의 일정에 따라 진행할 수 있다.

워터폴 거버넌스는 적응적 계획에 의존하는 **최적화하기 플루언시**와는 호환되지 않는다. 워터폴 거버넌스 정책을 고수해야 한다면 **집중하기 영역**과 **전달하기 영역**으로 애자일의 적용 범위를 제한해야 한다.

해로운 인사 정책을 바꿔라

애자일은 팀 스포츠다. 그럼에도 불구하고 많은 기업은 의도치 않게 이를 저해하는 정책을 갖고 있다. 개인 간의 경쟁을 부추기는 모든 형태의 정책은 애자일을 더욱 어렵게 만든다. 가장 파괴적인 예는 상대 평가를 통한 줄 세우기다. 팀이 거둔 성과에 관계없이 최상위 구성원은 승진하고 최하위 구성원은 해고된다.

눈에 보이는 가치만으로 평가를 내리는 관리자들이 이와 관련돼 있다. 애자일 팀에서는 여러 가지 방법으로 팀 성공에 기여할 수 있다. 많은 코드를 작성하지는 않지만 버그를 재현하는 데 많은 시간을 쓰거나, 커뮤니케이션 개선을 위해 보이지 않는 곳에서 일하는 구성원들도 있다.

조직은 실수를 처벌하는 방식으로 대응하는 **비난 문화**blame culture를 만들어 낼 수도 있다. 그러나 애자일 마인드셋에서는 이와 반대로 실수를 학습의 기회로 간주한다. 예를 들어 비 애자일 조직에서는 중요한 프로덕션 데이터베이스를 실수로 삭제한 프로그래머를 해 고할 수 있다. 애자일 조직이라면 대신 "우발적인 데이터베이스 삭제를 방지하기 위해서 어떤 확인 절차를 적용할 수 있을까? 이런 실수가 발생한다면 어떻게 쉽게 복원할 수 있 을까?"라고 묻는다.

이런 문화적 이슈는 승진과 보상에 관한 인사 정책에 종종 반영된다. 구성원들의 커리어 가 팀 성과에 대한 실제적인 영향이 아닌, 스스로를 좋아 보이게 만드는 것에 의존한다면 여러분의 팀은 애자일이 강조하는 협력적인 업무와 관련한 문제를 겪을 것이다.

하루 아침에 조직 문화를 바꾸지는 못하지만 인사 정책은 바꿀 수 있다. 또한 관리자들은 팀을 다루는 방식을 바꿀 수 있다. 이런 변화는 시간이 필요하므로 빠르게 시작하는 것이 좋다. 이를 위해서는 고위 경영진의 지원이 필요할 것이다.

기존 정책을 창의적인 시각으로 보는 것도 도움이 된다. 이전의 모든 정책을 한 번에 없 애는 것은 더욱 어렵다. 그러나 기억하라. 관리자들마다 정책을 적용하는 방식은 각기 다 르므로 여러분이 "할 수 없다" 같은 말을 듣는다면 여러분이 설득할 대상은 인사 담당이 아니라 관리자일 수도 있다.

인사 정책이 확고하게 수립돼 있다면

잘못된 인사 정책을 변경할 수 없다면 관리자들이 정책으로부터 팀을 보호해야 한다. 관 리자들이 애자일에 동의하며 기업의 관료주의에 관해 잘 알고 있는지 확인하라.

기업 안에 많은 팀이 있다면 애자일 파일럿은 능통한 관리자들이 일하는 팀으로 제한하 라. 그들의 경험을 활용해 여러분이 원하는 정책의 변화를 촉진하라.

보안 문제를 해결하라

이 투자는 일반적으로 문제가 되지 않지만 혹시라도 문제가 생긴다면 여러분은 한 발짝도 나가지 못할 것이다. 그러니 특히 여러분이 보안에 민감한 업계에 종사하는 경우 분명하게 확인하라.

같은 컴퓨터에서 '페어 프로그래밍(p.505)'이나 '몹 프로그래밍(p.520)' 프랙티스를 이용하는 대면 팀에서는 문제가 될 수 있다. 시스템에 로그인한 사용자와 키보드를 이용하는 사용자가 항상 일치하지는 않기 때문에 보안 관점에서 이는 우려할 만한 사항이다. 사실 시스템에 로그인한 사람은 잠깐 자리를 비우고 화장실에 가거나 대화를 나누고 있을 수도 있다. 구성원들은 몇 분마다 입력하는 사람들을 바꾸기 때문에 새로운 사용자가 키보드 앞에 있을 때마다 로그아웃과 로그인을 이터레이션하기란 현실적이지 않다.

팀이 이 프랙티스를 이용한다면 회사의 보안 팀과 함께 프랙티스를 수행해 보고, 그들과 협업해 보안 문제를 해결하라. 보안을 유지하면서도 애자일 작업을 지원하는 창의적인 방법을 찾아낼 수 있을 것이다. 이런 방법 중 하나로 별도의 공용 개발 계정을 만들 수 있다. 어떤 회사는 이를 전용 개발 워크스테이션이나 공용 서버 기반 가상 머신과 조합해서 이용한다. 이메일 및 다른 개인 업무는 개인에게 할당된 랩톱에서 수행된다.

이와 관련된 이슈 추적성^{traceability}을 들 수 있다. 일부 회사는 모든 코드의 원 작성자를 추적할 수 있는 커밋^{commit}을 요구한다. 저자의 이니셜이나 이메일 주소를 커밋 주석에 달아서 이 요구사항을 만족시킬 수 있다. 깃^{git}을 이용하면 커밋 메시지 마지막에 Co-authored-by 행을 추가할 수도 있다.[3]

일부 회사에서는 출시 전에 모든 코드를 검토하기를 요구한다. 페어 프로그래밍이나 몹 프로그래밍은 이런 요구사항을 만족시킬 수 있지만, 별도의 검토 단계 없이 코드를 출시할 수 있도록 도구를 수정해야 할 수도 있다. 이런 요구사항을 제거할 수 없다면 공동 저자^{coauthor}가 있는 커밋은 건너 뛰도록 도구를 수정할 수도 있다.

---

[3] 제이 버주지(Jay Bazuzi)의 커밋 메시지 규칙(https://git.wiki.kernel.org/index.php/CommitMessageConventions)에 감사를 전한다.

보안 요구사항에 유연함이 없다면

컴퓨터에 로그인한 사람들에게 각자의 자리에 머물도록 요청할 수 있다. 잠시 자리를 비워야 한다면 그때마다 로그인하거나 그들이 돌아올 때까지 업무를 중단해야 한다. 이는 예상했던 것보다 큰 마찰을 일으킬 수 있으므로, 작업을 계속 할 수 있는 솔루션을 선호한다.

또한 팀은 동일한 컴퓨터에서 작업하는 대신 협력적인 원격 업무를 위해 디자인된 도구를 이용할 수도 있다. 사실 이런 도구는 다른 선택지보다 많은 마찰을 일으킨다. 심지어 구성원들이 나란히 앉아 있을 때도 그렇다. 이미 원격으로 일하던 팀이 아니라면 이런 도구의 사용은 권장하지 않는다.

별도의 코드 검토 단계가 필요하다면

페어 혹은 몹에서 작성한 코드는 이미 동료 리뷰를 거친 것이므로, 팀은 해당 코드에 대한 검토를 완료했다고 가정할 수 있다. 그러나 이는 마찰을 일으키므로 애자일을 폭넓게 보급하기에 앞서 이런 요구사항을 제거하는 것이 최선이다.

트러블슈팅 가이드

애자일이 여러분의 팀에서 작동하지 않고, 특히 동일한 문제가 여러 팀에서 이터레이션해서 나타난다면 그것은 분명 투자 누락이 원인이다. 일반적으로 팀은 무엇이 방해가 되는지 알려줄 수 있지만, 무엇이 문제인지 확신하지 못한다면 다음의 일반적인 문제를 확인해 보라.

팀원들이 새로운 프랙티스를 시도하지 않는다

- 팀은 애자일에 공감하지 않았다(팀을 끌어들여라(p.100) 참조). 또는
- 팀원에게 프랙티스를 가르쳐 줄 코치가 팀에 없다(애자일 코치를 선택하라(p.73) 참조). 또는
- 팀은 전달해야 하는 부담이 너무 크다(팀별로 학습 친화적인 목적을 만들어라(p.79) 참조).

팀원들은 개인적인 갈등이 많다

- 팀이 너무 자주 해체되고 있다(애자일 팀을 선택하거나 만들어라(p.70) 참조). 또는
- 팀이 너무 많은 압박을 느끼고 있다(팀별로 학습 친화적인 목적을 만들어라(p.79) 참조). 또는

- 팀 관리자가 갈등을 중재하는 데 도움을 줘야 한다(팀 매니지먼트 스타일을 바꿔라(p.77) 참조). 또는

- 인사 정책이 경쟁을 부추긴다(해로운 인사 정책을 바꿔라(p.81) 참조).

팀원들이 협업하지 않는다

- 팀은 애자일에 공감하지 않았다(팀을 끌어들여라(p.100) 참조). 또는

- 팀원들은 팀에 완전히 헌신하지 않거나 사이가 좋지 않다(애자일 팀을 선택하거나 만들어라(p.70) 참조). 또는

- 팀원에게 프랙티스를 가르쳐 줄 코치가 팀에 없다(애자일 코치를 선택하라(p.73) 참조). 또는

- 업무 할당 및 추적을 개인 단위로 진행한다(팀에 권한과 책임을 위임하라(p.74) 참조). 또는

- 팀의 업무 공간이 적절하지 않다(팀 룸을 만들어라(p.78) 참조). 또는

- 팀이 너무 많은 압박을 느끼고 있다(팀별로 학습 친화적인 목적을 만들어라(p.79) 참조). 또는

- 팀 관리자가 업무를 개인 단위로 할당한다(팀 매니지먼트 스타일을 바꿔라(p.77) 참조). 또는

- 인사 정책이 개인적인 작업을 부추긴다(해로운 인사 정책을 바꿔라(p.81) 참조).

팀은 추정, 계획 및 업무 추적에 너무 많은 시간을 들인다

- 팀이 기업용 추적 도구를 사용해야 한다(팀에 책임과 권한을 위임하라(p.74) 참조). 또는

- 팀이 예측 계획과 상세한 예측을 작성해야 한다(워터폴 거버넌스의 가정을 바꿔라(p.80) 참조). 또는

- 팀은 집중하기 플루언시를 개발해야 한다(2부 참조).

팀의 소프트웨어가 이해관계자가 필요로 하는 작업을 수행하지 못한다

- 팀에 적합한 비즈니스 담당자가 없거나 고객 혹은 사용자 전문성을 갖춘 인력이 필요하다(애자일 팀을 선택하거나 만들어라(p.70) 참조). 또는

- 팀원에게 이해관계자와 협업하는 방법을 가르쳐 줄 코치가 팀에 없다(애자일 코치를 선택하라(p.73) 참조). 또는

- 팀은 이해관계자에게 접근할 수 없다(팀에 책임과 권한을 위임하라(p.74) 참조).

팀이 이해관계자의 이목을 끌지 못한다

- 이해관계자는 애자일에 참여하지 않았다(이해관계자를 끌어들여라(p.102) 참조). 또는

- 팀은 필요한 고객 스킬을 보유하지 않았다(애자일 팀을 선택하거나 만들어라(p.70) 참조). 또는

- 이해관계자는 팀의 작업을 자신의 필요와 관련 있거나 가치 있는 것으로 보지 않았다(팀별로 학습 친화적인 목적을 만들어라(p.79) 참조).

팀의 소프트웨어는 고객과 사용자의 필요를 만족시키지만, 비즈니스의 성공은 아니다

- 팀에 적합한 비즈니스 담당자나 비즈니스 전문성을 갖춘 인력이 없다(애자일 팀을 선택하거나 만들어라(p.70) 참조). 또는

- 팀에게는 더 나은 목적이 필요하다(팀별로 학습 친화적인 목적을 만들어라(p.79) 참조). 또는

- 팀은 최적화하기 플루언시를 개발해야 한다(4부 참조). 또는

- 팀은 최적화하기 플루언시를 갖고 있지만, 제품 계획과 지출을 통제하지 못한다(팀에 권한과 책임을 위임하라(p.74) 참조).

팀의 소프트웨어는 긴 릴리스 사이클, 많은 버그와 운영상 문제가 있다

- 팀에 필요한 전달하는 스킬을 가진 인력이 없다(애자일 팀을 선택하거나 만들어라(p.70) 참조). 또는

- 팀원에게 전달하는 스킬을 가르쳐 줄 코치가 팀에 없다(애자일 코치를 선택하라(p.73) 참조). 또는

- 팀은 전달하기 플루언시를 개발해야 한다(3부). 또는

- 팀은 전달하기 플루언시를 갖고 있지만 개발, 릴리스 및 운영 프로세스를 통제하지 못한다('팀에 책임과 권한을 위임하라(p.74) 참조). 또는

- 팀은 기존 코드를 처리하는 방법을 학습하고 있다(팀별로 학습 친화적인 목적을 만들어라(p.79) 참조).

개발 속도가 예상보다 느리다

- 팀은 이제 막 애자일 사전 업무를 마치고 학습하는 단계에 있다(학습 시간을 확보하라(p.68) 참조). 또는

- 팀은 더 많은 코칭이 필요하다(애자일 코치를 선택하라(p.73) 참조). 또는

- 팀의 업무 공간이 적절하지 않다(팀 룸을 만들어라(p.78) 참조). 또는

- 팀은 전달하기 플루언시를 개발해야 한다(3부 참조). 또는

- 팀은 개발 프로세스를 통제하지 못한다(팀에 책임과 권한을 위임하라(p.74) 참조). 또는

- 팀은 기존 코드를 다루고 있다(팀별로 학습 친화적인 목적을 만들어라(p.79) 참조). 또는

- 팀은 거버넌스 요구사항에 의한 제약을 받고 있다(워터폴 거버넌스의 가정을 바꿔라(p.80) 참조). 또는

- 팀은 보안 요구사항에 의한 제약을 받고 있다(보안 문제를 해결하라(p.83) 참조).

## 5장

변화에 투자하라

여러분은 애자일이 팀에 성공을 가져다 줄 것이라 결정했다. 어떤 영역이 최적의 비용/이익 지점인지 확인했다. 기업이 어떤 투자를 해야 하는지 알았다면 이제 실제로 무엇을 하면 되는가?

변화 이해하기

변화는 파괴적이며 애자일도 예외는 아니다. **얼마나** 파괴적인지는 변화의 영향을 받는 팀의 수와 변화 관리 정도에 따라 다르다. 조직의 전폭적인 지지를 받으며 애자일을 시도하려는 팀이 하나 뿐이라면 큰 문제는 아닐 것이다. 애자일 아이디어에 친숙하지 않은 50개의 팀을 변화시켜야 한다면… 그것은 **대단히** 큰 일이다.

> 변화는 파괴적이며 애자일도 예외는 아니다.

버지니아 사티어^{Virginia Satir}의 변화 모델^{Change Model}을 통해 사람들이 변화에 어떻게 반응하는지 이해할 수 있다(그림 5-1).[1]

1. **기존 현상 유지**^{late Status Quo}: 이는 애자일 이전의 작업 방식이다. 편안하고 친숙하다. 모든 사람이 자신들에게 원하는 것이 무엇인지, 스스로 일을 어떻게 처리하는지 알고 있다. 일부 구성원들은 전혀 행복하지 않으며, 애자일이 도움이 될 것이라고

---

[1] 스티븐 스미스(Steven Smith)는 사티어의 변화 모델에 관한 좋은 아티클을 남겼다(https://stevenmsmith.com/ar-satir-change-model/). 이 아티클은 각 단계에서 팀원들을 돕는 팁도 포함하고 있다.

생각한다. 이들은 변화를 추구한다.

2. **저항**resistance: 변화를 원하는 이들이 앞서 나가기 시작한다. 일부 애자일 변화도 이와 유사하다. 이를 **외부 요소**foreign element라고 한다. 사람들은 변화의 가능성에 반응하기 시작한다. 많은 이는 변화에 반대한다. 애자일이 불필요하거나 성공할 수 없으며, 시간 낭비라고 말한다. 어떤 이들은 화를 내기도 한다. 영향 받는 사람이 많을 수록 저항은 거세진다.

3. **혼돈**Chaos: 애자일 변화가 승인되고 팀은 애자일 프랙티스를 이용하기 시작한다. 오래된 작업 방식과 익숙한 기대는 더 이상 적용되지 않는다. 사람들은 길을 잃고 혼란해 하며, 변화의 분위기는 사라진다. 좋은 날도 있고 나쁜 날도 있다. 사람들은 때로 이기적인 행동으로 되돌아간다. 성과와 사기는 낮아진다.

4. **통합**Integration: 사람들은 프랙티스를 거듭하면서 새로운 일하는 방식에 친숙해지기 시작한다. 사람들은 특히 매력적인 애자일의 한 측면인 **아이디어 전환하기**transforming idea를 발견한다(사람에 따라 다르다). 사람들은 애자일이 가져올 가능성을 포용하고 애지일이 작동하도록 실질적인 노력을 기울인다. 혼란한 느낌이 사라지고 사기가 진작되며 성과도 향상된다.

5. **새로운 현상 유지**New Status Quo: 사람들은 변화를 지나는 새로운 길을 걸어 다른 영역에 도착한다. 이제 새로운 애자일의 일하는 방식이 편안하며 친숙하다. 그리고 작은 변화를 지속할 만큼 충분한 확신을 갖는다. 성과는 변화 이전보다 높은 수준에서 안정되고, 구성원들이 작은 변화의 실험을 계속함에 따라 조금씩 향상된다.

변화에 대한 반응은 피할 수 없다. 섣부른 접근은 상황을 악화시킬 뿐이다. 그렇기 때문에 조직은 애자일을 학습하기 위한 별도의 시간을 마련해야 한다(학습 시간

> 변화에 대한 섣부른 접근은 상황을 악화시킬 뿐이다.

을 확보하라(p.68) 참조). 그림 5-1 사티어의 변화 모델과 그림 4-1의 J-커브 모델도 함께 살펴보라.

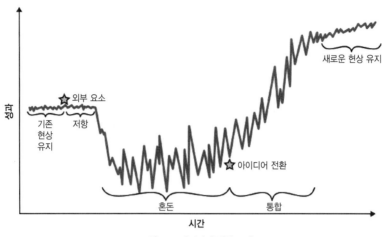

그림 5-1 사티어의 변화 모델

모든 사람은 각자의 속도에 맞춰 이 단계를 거친다. 변화에 소요되는 시간과 혼돈의 깊이는 그들의 일상이 받는 영향에 따라 다르다. 부분적으로 애자일에 관련되는 사람은 새로운 애자일 팀에 속한 구성원보다 덜 반응할 것이다. 개인의 성격 또한 중요하다. 어떤 이들은 새로운 시도를 좋아하지만, 어떤 이들은 안정성과 예측 가능성을 원한다.

내가 다이애나 라센에게 배운 지원, 정보, 구조SIS, Support, Information, Structure[2] 기법을 이용하면 혼돈을 줄일 수 있다(완전히 제거할 수는 없다).

- **지원**: 사람들이 변화된 환경에서 그들의 업무가 어떻게 달라지는지 이해하도록 돕는다. 훈련, 코칭 및 다른 방법을 제공해 판단 받는다는 느낌 없이 도움을 받을 수 있게 한다. 4장에서 설명한 투자를 한다. 모든 사람에게 그들이 압도당한다고 느낄 때 직장이나 사생활에 대해 대화할 수 있는 누군가가 있음을 확인하라.

- **정보**: 무슨 일이 일어나는지, 무엇이 알려졌는지, 무엇이 아직 결정되지 않았는지 투명하게 공개한다. 사람들의 경력과 관련된 문제를 해결한다. 정직하게 이런 일을 해낼 수 있다면 변화의 결과로 인해 아무도 해고되지 않을 것임을 분명하게 약속한다. 필요하다고 생각한 것보다 훨씬 많이 소통하라.[3]

---

2   이 목록을 알려준 다이애나 라센에게 감사를 전한다.

3   다이애나 라센은 "토하고 싶을 때까지 대화하라. 그리고 더 많이 대화하라."고 말했다.

- **구조**: 사람들에게는 발을 디디고 설 땅이 필요하기 때문에 변화를 위한 로드맵을 제공한다. 이 책을 변화의 기초로 삼고 싶다면 사람들에게 책을 나눠 주고, 당신이 이 책의 어떤 부분을 활용할 것인지 알린다. 불확실한 것이 있으면 그들을 확신시키기 위해 어떤 일을 할 것이며, 언제 그 일이 일어날지 예상하는지 명확하게 설명한다. 중간 단계(예를 들어 임시 팀 같은)가 있다면 그 단계가 일시적인 것을 명확하게 밝히고 다음에 어떤 일이 일어날지 설명한다.

대규모 변화

많은 사람에 영향을 미치는 변화는 몇몇 팀에만 영향을 미치는 변화보다 훨씬 더 파괴적이다. 파괴는 배로 늘어난다. 루머가 돌기 시작하고, 사람들은 일자리를 걱정하며 모든 변화가 구설수에 오른다.

30~70명 이상의 사람들에게 영향을 미치는 대규모 변화를 위해서는 전문적인 변화 관리change management가 필요하다. 조직 규모에 따라 인사부문에서는 이를 지원할 변화 관리 직원이 있을 수 있다. 이를 위해 애자일 코치를 채용하는 경우 변화 관리 경험과 접근 방식에 관해 질문하라.

조직의 리더들은 종종 변화 관리의 중요성을 과소평가한다. 그러나 이는 실로 엄청난 실수다. 사티어 모델에 빗대어 보면 조직의 나머지 구성원들이 변화에 관

> 변화 관리의 중요성을 과소평가하지 말라.

해 학습하기 시작할 때, 조직의 리더들은 저항과 혼돈의 감정을 해결하는 '아이디어 전환' 단계를 이미 경험한 상태여야 한다. 리더들에게 변화는 분명하고도 필요한 것이어야 한다. 누가 반대하겠는가?

그런 다음 변화를 도입하고 저마다의 저항과 혼돈 단계를 거치는 구성원들로부터 엄청난 저항과 파괴를 경험한다. 이는 변화를 완전히 없애 버릴 수도 있다.

적절한 변화 관리를 통해 모든 혼란을 예방할 수는 없지만 적어도 **줄일 수는** 있다. 대충 넘기지 말라. 여러분이 전문가적인 도움을 주지 못한다면 애자일 변화를 소수의 팀에 한정해서 적용하라.

변화 만들기

카이젠Kaizen(소리 내 읽으면 '나는 이긴다I win' 같은 느낌이 든다)은 애자일 커뮤니티의 공용어다. '개선improvement'이라는 의미의 일본어이며, 애자일 커뮤니티에서는 특히 **지속적이고 점진적인**continuous, gradual' 개선을 의미한다.[4] 지속적인 개선은 애자일의 핵심 요소이므로 우선 애자일로 가는 방식을 개선해야 하지 않겠는가? 역설적이지만 그렇지 않다. **카이젠**은 기존의 일하는 방식을 개선하는 것이다. 문서 중심의 문화가 있다면 카이젠은 문서를 간소화하는 것을 돕는다. 책임 중심의 문화가 있다면 카이젠은 책임을 더욱 정확하게 지는 데 도움을 준다. 그러나 애자일로의 변화를 돕지는 못한다.

일하는 방식을 다르게 바꾸기 위해서는 **카이카쿠**(개혁kaikaku)(소리 내 읽으면 '나는 너를 흔든다rock you'는 느낌이다)가 필요하다. 카이카쿠는 '변혁적인 변화transformative change'를 요구한다. 카이젠이 기존의 일하는 방식을 점진적으로 개선하는 대신 카이카쿠는 기반이 되는 접근 방식을 근본적으로 바꾼다.

내가 아는 모든 훌륭한 애자일 팀은 카이카쿠에서 시작했다. 애자일을 통해 무엇을 얻고자 하는지, 그 결과를 얻기 위해 어떻게 투자해야 하는지 확인한 뒤 모든 것을 쏟아부었다buy-in.

이제껏 훌륭한 애자일 팀보다는 평범한 애자일 팀을 많이 봤다. 평범한 애자일 팀의 공통점은 그들이 속한 기업이 전력을 다하지 않는 것이었다. 그들은 카이젠을 통해 애자일을 달성하려 한다. 처음엔 효과가 있는 것처럼 보이지만 어떤 결과도 얻지 못한 채 실패한다. 구성원들은 애자일의 아이디어와 기업 가치의 불일치 사이에서 지친다. 수년 동안 노력하지만 변화는 피로로 얼룩지고, 제자리에 머물 뿐이다. 모순적이게도 애자일에 카이젠 방식으로 접근하면서 오는 혼란은 카이카쿠 방식으로 접근하면서 오는 혼란보다 훨씬 오래 지속된다.

여러분의 기업이 애자일에 생소하다면 이미 같은 이름을 이용하고 있다 하더라도 카이카쿠를 이용하라. 변화의 영역을 선택하고, 투자하고, 각 팀이 필요한 프랙티스를 동시에 사

---

4   카이젠은 린 제조(Lean Manufacturing)에서 차용한 개념이다. 린 제조는 혁신적인 토요타 생산 방식(Toyota Production System)에 바탕을 두기 때문에 일본어 용어를 많이 이용한다.

용하게 만들어라. 두려움을 느낄 수도 있지만 이는 프랙티스를 점진적으로 도입하는 것보다 훨씬 빠르며 더욱 안전하다.

많은 팀이 있다면 점진적으로 진행하는 것이 안전할 수도 있지만, 그럼에도 불구하고 카이카쿠가 최선의 선택이다. 많은 팀에 카이젠을 이용해 점진적으로 애자일을 도입하기보다는 카이카쿠를 이용해 일부 팀에 애자일을 완전하게 도입하라. 더 작은 단위라면 단하나의 팀에 집중하기 영역만 도입하라. 그리고 전달하기 영역을 추가하라. 그 뒤 다른 팀에 **집중하기** 영역과 **전달하기** 영역을 동시에 적용할 수 있을 것이다. 경험을 쌓았다면 변화의 범위를 넓힐 수 있다.

이미 애자일한 팀은 카이젠을 이용해 현재의 플루언시 영역에서 더 나은 결과를 얻을 수 있다(11장 참조). 예를 들어 새로운 영역을 추가하는 경우(팀이 집중하기 영역에 능숙하며, 전달하기 또는 최적화하기 플루언시를 달성하고자 한다면) 카이카쿠가 역시 최선의 선택이다. 새로운 영역에서는 새로운 투자와 상당한 변화가 필요하며, 이 모두를 동시에 해내는 것이 가장 좋다.

성공적인 카이카쿠를 위해서는 다음과 같은 원칙과 주의가 필요하다.

경영진을 끌어들여라

애자일에는 경영진의 지원이 필요하다. 경영진의 지원이 없다면 팀이 수행하는 애자일 프랙티스와 조직이 가진 비 애자일 문화의 불일치로 인해 지속적으로 마찰이 발생할 것이다. 여러분이 관리자라면 **여러분의** 관리자도 합류 시켜야 한다. 동료들의 도움도 받는다면 가장 좋다.

1. 대화에서 시작하라

모든 것은 대화에서 시작한다. 가장 쉬운 것은 일대일$^{1-on-1}$이다. 직접 만나서 대화하는 것이 가장 좋지만 상황이 여의치 않다면 최소한 영상 회의를 통해 대화한다. 여러분이 신뢰하는 영향력 있는 관리자들을 합류시킨다. 여러분이 누구와 대화해야 할지, 어떻게 다가가는 것이 좋은지 이해하는 데 도움을 줄 것이다.

첫 번째, 관리자와의 대화에서는 먼저 소프트웨어 개발과 관련해 여러분의 조직이 갖고 있는 문제에 관해 대화하라. 2부~4부의 도입부에 언급된 이익을 바탕으로 조직의 소프트웨어 개발이 얼마나 더 좋아질 수 있는지에 관한 여러분의 생각을 나눈다. 대화를 독점하지 말고, 그들의 관심을 유도하라. 각 영역에서의 이점을 간단하게 공유하고 **그들이** 어떤 영역을 중요하게 생각하는지 질문하라. 그 이유도 물어보라. 말하는 것보다 듣는 것에 더 많은 시간을 들여라.

무엇보다 **그들이 얻을 수 있는 것, 그들이 잃을 수 있는 것**에 집중하고, 애자일을 위한 애자일을 밀어붙이지 말라. 사실 애자일에 관해 오해하는 상황이라면 '애자일'이라는 용어 자체를 언급하지 않는 편이 나을 수 있다.

2. 경제적 결정권자의 승인을 받아라

여러분의 최종 목적은 여러분의 팀에 필요한 투자를 결정할 권한을 가진 사람과 대화하는 것이다.

경제적 결정권자$^{economic\ buyer}$는 종종 그의 시간을 보호하는 것이 자신들의 업무라 생각하는 여러 문지기에 겹겹이 둘러싸여 있다. 그리고 **자신들이** 경제적 결정권자에게 전달할 것이니 그들에게 이야기하라고 말한다. 그들은 여러분의 아이디어를 훔치는 것이 아니다. 그저 경제적 결정권자의 시간을 보호하고자 할 뿐이다. 그들은 종종 실질적인 경제적 결정권자가 아님에도 불구하고 여러분을 설득하기도 한다.

속지 말라. 문지기들을 여러분의 편에 두는 것은 분명 도움이 되며, 필요한 것이기도 하지만 그것 만으로는 충분하지 않다. 그들은 여러분이 원하는 투자를 승인할 수 없다. 실질적인 경제적 결정권자와 이야기를 해야 한다.

경제적 결정권자와 대화하기 전에는 애자일을 통해 얻을 수 있는 이익에 대화의 초점을 맞춰라. 투자에 관한 이야기는 집중을 방해하거나 우려의 대상이 될 수도 있다. 여러분과 이야기를 나누는 사람들은 그런 투자를 결정할 권한을 갖고 있지 않을 것이기 때문이다.

경제적 결정권자와 대화하게 된다면, 애자일에 투자하는 원칙에 관한 동의를 얻는 것을 목표로 하라. 많은 시간을 이야기하지는 못할 것이므로 큰 그림을 그리는 데 초점을 맞춰

라. 이 회의는 프레젠테이션보다는 대화처럼 진행하는 것이 좋다. 그러나 여러분의 동맹들은 여러분이 처한 상황에 대한 최고의 접근 방식에 관해 알 것이다.

경제적 결정권자와의 대화에서는 그들이 조직으로부터 무엇을 원하는지, 애자일이 그에 어떤 도움을 줄 수 있는지에 관해 이야기하라. 그들이 신뢰하는 관리자가 여러분의 목적에 관해 비공식적으로 언급한다면 더욱 뛰어난 효과를 얻을 것이다.

경제적 결정권자가 애자일을 통해 얻을 수 있는 이익에 공감한 뒤 투자에 관해 이야기하라. 세부적인 내용으로 그들을 압도하지 말고, 각 영역에서 필요한 핵심

> 다양한 선택지를 제공함으로써 그들이 제안을 거절할 기회를 줄여라.

투자만 요약하라(투자에 관한 요약(p.66) 참조). 이와 함께 각 영역이 그들의 목적에 어떻게 부합하는지 설명하고, 어떤 투자-이익 트레이드 오프가 가장 적합할지에 관한 의견을 물어라. '예/아니오'의 결정을 묻기보다 다양한 선택지를 제공함으로써 그들이 여러분의 제안을 거절할 기회를 줄여라.

경제적 결정권자가 애자일에 투자하는 원칙에 동의했다면, 혹은 최소한 이후에도 고려할 가치가 있다고 생각했다면 구체적인 제안을 작성할 수 있도록 허가를 요청한다. 제안을 승인하기 위해 일반적으로 그들이 제안에서 무엇을 보기 원하는지 물어보라. 함께 일할 스폰서의 추천을 요청하고, 그들에게 언제 제안을 제출할지 알려라(당일, 길어도 이틀 안에 제출하는 것이 좋으므로 개략적인 초안은 미리 갖고 있는 것이 좋다). 그리고 언제 답변을 받을 수 있을지 물어보라.

마지막으로 스폰서들과 함께 이 일을 추진할 권한을 요청하라. 그들이 "나중에 하겠다."고 말한다면 아마도 여러분은 기회를 다시 얻지 못할 수 있다. "당신이 요청한 대로 하고 있다."고 말하는 것이 좋다.

3. 공식적인 제안을 만들어라

축하한다! 여기까지 왔다면 여러분은 가장 중요한 장애물을 넘은 것이다. 이제 구체적인 제안으로 이를 실행하면 된다.

제안의 공식적인 정도는 조직에 따라 다르다. 여러분의 스폰서와 동맹군들은 여러분의 제안의 형식을 이해하고, 제안을 다듬고, 경제적 결정권자에게 제안을 전달하는 데 도움을 줄 것이다. 신속하고 예의 바르게 끈기 있게 행동하라.

제안에서 조직이 기대할 수 있는 이익과 이를 위한 투자를 설명하되 구체적으로 설명하라. 3장에서는 일반적인 애자일 이익, 2부~4부의 도입부에서 이들에 관해 더 자세히 설명할 것이다. 이들을 여러분의 실제적인 상황에 적합하도록 바꾸고, 경제적 결정권자가 수행할 투자를 설명하고, 실질적으로 그것이 여러분의 조직에 무엇을 의미하는지 설명하라.

제안의 투자 부분과 관련해서는 4장의 내용을 읽고 각 단계를 구체적인 요청으로 바꿔라. 일부 투자에 관해서는 타협이 필요할 것이다. 각 장에서는 타협에 관한 방식도 설명한다. 그러나 너무 많은 타협은 피하라. 투자가 궁극적으로 애자일이 주는 이익을 가능하게 만든다.

경제적 결정권자 만나기

다음은 복잡한 상황에서 애자일에 공감하는 관리자의 역할을 필자의 경험에 비춰 예시로 만든 것이다. 이것은 일반적인 애자일 변화의 노력은 아니므로 여러분의 경험은 이와 다를 수 있다. 그러나 대화의 방법은 여러분의 조직에서도 비슷할 것이다.

나는 수백 명의 엔지니어와 약 45개의 팀을 가진 한 기업의 엔지니어링 관리자로부터 연락을 받았다. 관리자는 작은 팀을 이끌 누군가를 찾고 있었다. 이야기를 나누면서 나는 그들이 팀 사이의 병목현상으로 인한 문제를 겪는 사실을 알았고, 그 부분에 도움을 줄 수 있을 것이라 제안했다.

그 엔지니어링 관리자는 규모 확장에 관한 내 생각에 동의했고, 나를 엔지니어링 부사장에게 소개했다. 2주 후 우리는 이야기를 나눴다. 그는 내 의견을 마음에 들어 했고 10일 정도 뒤, 그의 상사인 최고 제품 책임자(CPO, Chief Product Officer)와 점심을 함께 했다. 그가 바로 경제적 결정권자였다.

점심을 먹으며 조직에 관한 CPO의 고민을 들었다. 내가 도울 수 있는 몇 가지 방법을 이야기하고, 그들의 프로덕트 매니지먼트 디렉터(Director of Product Management)와 후속 일정을 잡았다.

일주일 후 그 디렉터와 점심을 같이 했다. 그는 경제적 결정권자는 아니었으므로 그를 설득하는 것은 내 목표가 아니었다. 내 목적은 이 기업을 더 잘 이해하는 것이었다. 그리고 그가 나와 같은 생각을 하고 있는지 확인하고자 했다. 우리는 밀접하게 협업할 것이기 때문이었다. 다행히 우리 생각은 같았고, 그는 CPO와 후속 회의를 잡아줬다.

후속 회의는 그로부터 일주일 후에 열렸다. 점심을 먹으며 서로에 관해 더 잘 알 수 있었다. 그리고 바로 이 회의가 CPO를 끌어들일 수 있는 기회였다.

영업을 위한 권유는 하지 않았다. 그들이 무엇을 원해야 하는지 내가 말하는 것은 아무 쓸모가 없었기 때문이다. 대신 질문을 했다. 내 의도는 순수했다. 나는 CPO가 무엇을 원하는지 이해하고 싶었고, 그에게 앞으로 어렵고 도전적인 일이 일어날 수 있음을 알리고 싶었다. 그가 생각하는 성공은 무엇인지, 무엇으로 그 성공했음을 알 수 있는지, 기대하는 최소한의 비즈니스 영향은 무엇인지 물었다.

한 시간 정도 진행된 회의를 마칠 즈음, 대략의 접근 방식과 비용의 범위를 공유할 수 있을 정도의 충분한 내용을 파악했다. 구체적인 제안을 해도 되겠냐고 물었고 그는 동의했다. 그리고 다음 날 업무 종료 시간까지 자세한 제안을 하겠다 약속했고, 그 약속을 지켰다. 그들은 내 제안서를 일주일 넘게 검토한 뒤(디렉터는 내게 계속 상황을 업데이트 해줬다) 몇 가지 수정을 한 뒤 그 다음 주에 승인했다.

최종 승인은 기업의 관료적인 절차로 인해 다소 시간이 걸렸지만, 이 시점에서 거래는 성사된 것이었다. 첫 회의부터 첫 승인까지 다섯 번의 회의를 했고 7주라는 시간이 걸렸다. 이 정도 규모의 조직에서는 매우 빠르게 진행된 것이며, 그들의 사기는 높아졌다. 이들은 업무 진행을 가로 막는 심각한 문제가 있었고, 내가 그들을 도와 이를 해결할 수 있을 것이라 믿었다.

동기를 부여하는 문제와 그것을 해결할 수 있는 여러분의 능력에 대한 신뢰. 바로 여러분이 갖춰야 하는 요소다.

해야 할 일이 너무 많다고 생각한다면

이 신중한 바이-인buy-in 프로세스는 지원이 확실하지 않을 때 필요하다. 여러분이 여러 팀과 협업하고 있고, 대규모 투자를 요청하거나 애자일 아이디어를 불편하게 여기는 관료적인 조직(사람들이 그 이름을 자주 거론하더라도)에서 일할 때다.

하지만 항상 이런 것은 아니다. 종종 여러분은 그저 하나의 소규모 팀이 더 애자일하게 되도록 돕기도 한다. 여러분과 여러분의 관리자가 필요한 투자를 할 수 있는 충분한 권한을 이미 갖고 있다면 그냥 하라!

경영진이 이미 애자일하다고 생각한다면

최근의 **많은** 조직은 자신들이 이미 애자일하다고 생각한다. 한 기업에서 이런 말을 들었다. "우리는 포스트-애자일이다!" 이렇게 말하는 기업도 있을 것이다. "우리는 작은 애자일이지, 큰 애자일이 아니다!" 그러나 1장에서 설명한 원칙에 이 기업의 행동을 맞춰 보면, 닮은 구석이라고는 하나도 없음을 알 것이다.

용어를 갖고 논쟁한들 남는 것은 없다. 조직이 스스로를 애자일이라 부르든, 포스트 애자일이라 부르든, 초강력 애자일이라 부르든 내버려 두라. 대신 눈 앞의 상황에 초점을 맞춰라. 여러분의 팀이 처한 어려움에 주목하라. 조직이 얻을 수 있는 이익에 집중하라. 그 이익을 얻기 위해 필요한 투자에 집중하라.

> 눈 앞의 상황, 즉 어려움과 이익, 투자에 집중하라.

경영진이 지원하지 않는다면

처음에는 관리자들의 이목을 끌 수 없더라도 포기하지 말라. 그들의 입장이 되어보라. "애자일이 그들이 원하는 것을 얻는데 어떻게 도움을 줄 수 있는가?"라는 질문에 만약 "줄 수 없다"가 여러분의 대답이라면 아마도 애자일은 그 기업에 맞지 않는 것일 수도 있다. 해당 기업에 더 적합한 다른 접근 방식을 소프트웨어 개발에 적용하라. '워터폴과 함께 성공하기(p.81)'가 하나의 해결책이 될 수도 있다.

여러분이 신뢰하는 관리자가 있다면 도움과 조언을 요청하라. 그렇지 않다면 과거에 비슷한 경험을 한 관리자를 찾아 비공식 인터뷰를 해 보라(아마도 그들이 당신을 채용하려고 했을 수 있으니 윈윈이다!). '조직을 변화시켜라(p.98)'에서 더 많은 아이디어를 얻을 수 있다.

애자일 초기, 풀뿌리 운동이 일어났을 때 어떤 허가나 지원이 없음에도 불구하고 많은 팀이 스스로 익스트림 프로그래밍을 도입했다. 여러분도 **시도해** 볼 수 있다. 그렇지만 권장하지는 않는다. 이를 시도한 팀의 경험 보고서에 따르면 주로 프로덕트 매니저인 누군가가 기업 문화와 애자일 철학 사이의 간극을 메워야만 했다. 그리고 이들은 어떤 보람도 얻지 못하고 소진되고 말았다.

어떤 이들은 칸반 메서드를 이용해 조직 변화에 동기를 부여하기도 한다.[5] 칸반은 기존 업무 방식을 요약해 진행 중 업무work-in-progress에서의 병목과 지연 비용cost of delay을 강조하는 방법이다. 사용하기 쉬우며 업무에 더 애자일한 접근 방식을 촉진할 수 있다.

칸반은 변화에 대한 카이젠적인 접근 방식이기 때문에 속도가 더디고 오래 걸리기는 하지만 매우 효과적이며, 카이카쿠를 위한 승인을 얻는 데 도움을 준다. 자세한 내용은 [Anderson2010]을 참고하라.

여러분의 행동이 어떠한 차이도 만들어내지 못한다면 여러분이 무엇을 필요로 하는지 철저하게 살펴보라. 현상 유지로는 아무것도 달라지지 않을 것이라고 가정하라. 실제로도 그렇기 때문이다. 그 정도가 충분하거나 그렇지 않다면 여러분의 요구에 더 적합한 기업으로 옮길 시점일 것이다.

조직을 변화시켜라

여러분은 조직을 변화시킬 수 있다. 그렇지 않다면 조직을 바꿔라(다른 조직으로 가라).

– 마틴 파울러

내부에서 조직을 변화시키기는 쉽지 않지만 불가능하지는 않다. 많은 시간과 노력이 들지만 항상 그럴 만한 가치가 있는 것은 아니다. 이직을 함으로써 조직을 바꾸는 것이 더 현명한 선택일 수도 있다. 그럼에도 불구하고 시도해보고 싶다면 내가 내부에서 조직을 변화시킨 경험을 통해 얻은 13가지 팁이 도움이 될 것이다.

1. **여러분의 동기에 의문을 제기하라.** 애자일이 여러분의 기업에 최대의 이익을 정말로 가져다주는가? 그저 여러분 개인의 원하는 것은 아닌가? 여러분은 이 변화를 전파할 시간과 에너지와 열정이 있는가? 여러분의 노력이 물거품으로 돌아갔을 때 출구 전략을 갖고 있는가? 이 질문에 대한 대답 중 하나라도 "아니오"가 있다면 여러분의 직업을 바꾸는 편이 나을 것이다.

2. **견고한 지원 네트워크를 만들어라.** 바닥으로부터의 상향식 변화는 좌절감을 주며 보람도 없다. 친구들과 가족들에게 의존하고, 정시에 집으로 돌아가라. 업무 시간 외에는 업무의 문제점을 생각하지 말라.

---

5   칸반 메서드(method)는 일부 팀이 계획 활동을 위해 이용하는 칸반 보드(board) 이상의 것이다.

3. **작은 기쁨을 찾아라.** 위로부터의 지원(top-down support)이 없다면 조직 변화는 여러분의 통제에서 크게 벗어난다. 일상의 업무에서 만족감을 느낄 수 있는 작은 일을 찾아라.

4. **포기하지 말라.** 티끌 모아 태산이다. 첫 술에 배부를 리가 없다. 그러나 여러분의 노력은 천천히 문제에 관한 사람들의 인식을 바꿀 것이다. 결국 어떤 임계점을 지나게 될 것이고, 모든 것은 갑자기 변한 것처럼 보일 것이다.

5. **존중은 당신의 돈이다.** 당신을 존중하는 사람이 많을수록 당신이 가진 신용도 늘어난다. 행동을 통해 존중을 얻고, 여러분의 개인적인 생각일지라도 다른 사람들을 존중하라.

6. **여러분의 영향력 범위 안에 머물라.** 풀뿌리 변화에는 지속적인 반복이 필요하다. 여러분이 계속해서 접근할 수 있는 조직의 부분에서만 변화를 시도하라.

7. **챔피언을 양성하라.** 아이디어를 존중하며 여러분보다 영향력 범위가 큰 사람을 최소한 한 명을 찾아라. 아이디어를 전파하기 위해 그들의 지지를 얻으라.

8. **간극을 찾아라.** 사람들은 변화를 원해야만 한다. 그리고 변화해야만 무언가를 얻거나, 변화하지 않았을 때 무언가를 잃을 때만 변화를 원하게 된다. 그들이 얻을 이점에 집중하라.

9. **이유를 이해하라.** 어떤 일이 그대로 실행되는 데는 이유가 있고, 그 이유를 이해한다면 여러분 케이스의 효과를 더욱 높일 수 있다.

10. **스스로 이터레이션하라.** 여러분이 가진 변화의 아이디어를 지속적으로 다른 사람들에게 다양한 방법으로 전파하라. 그렇지만 사람들을 귀찮게 하지는 말라.

11. **모든 것을 비판하지 말라.** 작업할 구체적인 대상을 선택하라. 모든 것에 불만을 제기하면, 사람들은 여러분의 목소리에 귀 기울이지 않을 것이다.

12. **신용(외상)을 추구하지 말라.** 여러분이 성공을 거두면 다른 사람들은 마치 그것이 자신들의 아이디어인양 여러분의 아이디어를 이터레이션할 것이다. 그것은 표절이 아니다. 그저 여러분의 노력은 받는 사람들조차 눈치채지 못한 사이에 바꾼 것이다. 그렇게 생각하게 내버려 두라. 그들 스스로 그 아이디어를 더 열심히 실천할 것이다.

13. **바라는 것에 신중하라.** 여러분이 원하던 변화가 일어난다면 여러분은 그 뒤에 일어날 일에 대한 책임을 질 준비가 됐는가?

이 팁에 영감을 부여한 변화 노력에 관한 이야기를 읽고 싶다면 [Shore2006]을 참고하라. 조직 내부로부터의 변화를 만들어 내는 완전한 가이드인 『More Fearless Change: Strategies for Making Your Ideas Happen』[Manns2015]를 참조하라.

팀을 끌어들여라

애자일은 사람을 가장 최우선으로 생각하기 때문에 당연히 여러분은 미래의 애자일 팀이 애자일을 시도하는 것에 동의해야만 한다. 구성원들이 마지 못해 이를 악물고 동의하도록 만든다면 (힘겨웠던 개인적인 승리의 경험에 비춰볼 때) 그 여정에서 수많은 직원이 떠날 것이다.

나는 팀이 애자일하도록 도와달라는 요청을 받으며, 언제나 관리자들이 없는 상태에서 각 팀과 이야기를 나눈다. 보복의 두려움 없이 팀원들이 편하게 의견을 표현할 수 있도록 해야 한다. 팀 코치는 포함시키되 만약 여러분이 관리자라면 팀 결정에 대한 여러분의 지원을 표현하면서 회의를 시작하라(그것이 무엇이 되든지 말이다). 그 후에 여러분이 없는 상태에서 코치와 팀원들이 이야기를 나눌 수 있게 하라.

여러분이나 코치가 팀과 대화할 때 그 팀이 애자일을 시도할 후보 팀으로 선정됐음을 설명한다. 나는 주로 관리자들이 애자일에 흥미를 가져야 하는 이유, 조직이 애자일을 통해 얻을 수 있는 이익, 개인적으로 미치는 영향에 관해 이야기한다. 또한 일하는 방식을 바꾸는 것은 스트레스를 줄 것이며, 팀 구성원 각자가 애자일이 작동하기 위해 어떻게 해야 할지를 고민하는 동안 일시적(일반적으로 3개월 전후)으로 혼란의 시기를 겪을 것이라는 점도 설명한다. 이때 사티어의 변화 모델을 자주 이용한다(그림 5-1 참조).

나는 이렇게 말한다. "여러분이 동의한다면 앞으로 3개월 동안 기본적인 접근 방식을 따를 것을 요청합니다. 3개월이 지난 시점에 어떤 것이 효과가 있었고, 어떤 것이 그렇지 않았는지 확인하고 적절한 평가를 할 것입니다.[6] 6개월 후 애자일을 계속할지 아니면 현재의 방식을 고수할지에 대한 최종 결정을 내리면 됩니다."

그 후 질문 시간을 가진다. 팀은 일반적으로 프로세스에 관한 많은 질문을 하지만, 꼭 하나 빠지지 않는 질문이 있다. "우리가 거절하면 어떻게 되나요?" 내 대답 역시 한결 같다. "그렇다면 이 일은 하지 않습니다." 이것이 중요하다! 거부권은 **반드시** 실제로 행사될 수 있어야 한다. 사람들에게 "아니오"라고 말할 수 있는 권리를 주지 않는다면, "네"라는 그

---

6 이는 선의의 거짓말이다. 애자일은 지속적인 개선을 포함하므로 몇 주 안에 무엇이 동작하고, 무엇이 그렇지 않았는지 평가한다. 그러나 3개월 단위로 잠시 멈춰서 더 큰 평가를 할 수 있다.

들의 대답은 아무런 의미가 없다. 지금 거부할 수 있는 실질적인 기회와 그들의 마음을 나중에 바꿀 수 있는 구체적인 기회를 제공함으로써 안전하게 새로운 것을 시도할 수 있다.

충분한 시간을 확보하고 모든 사람의 질문에 대답하라. 이 회의는 보통 한 시간 정도 소요되며, 때때로 좀 더 길어지기도 한다. 모든 사람의 질문에 대답했다면 애자일에 반대하는 데 투표하더라도 아무런 후폭풍이 없음을 주지시켜라. 확실히 하라. 그리고 팀에 투표를 요청한다.

팀원들이 회의적이라면

사람들은 일반적으로 회의적이다. 그러니 응당 그럴 것이라고 예상하라. 팀에게 분명하게 전달하라. 변화는 파괴적이지만 그 보상은 달콤할 것이다. 페어 프로그래밍 같이 사람들이 처음에 다소 두려워하거나 어색하게 느낄 수 있는 프랙티스에 대해 명확하게 이야기하라. 이는 구성원들의 의심을 누그러뜨리고 향후 그러한 프랙티스를 쉽게 도입하는 데 도움이 될 것이다.

이것은 **실험**이라는 것을 강조하는 데 도움이 되며, 팀은 애자일을 따를 것인지 아닐지에 대한 최종 결정권을 가진다.

팀원 중 일부가 거부한다면

몇몇 구성원이 동의하지 않는다면 그들에게 이유를 설명하도록 요청하고, 그들의 반대를 해소할 수 있는지 확인하라. 그들의 반대가 해소되지 않는다면 잠시 판단을 보류하고, 6개월 정도 다른 팀원들과 함께 실험에 참여할 수 있는지 물어보라.

여전히 동의하지 않는다면 관리자의 승인을 얻어 그들을 다른 팀으로 이동시켜도 좋은지 물어보라. 이 방법도 이용할 수 없거나 여러분이 누가 동의하지 않는지 모른다면(익명 투표의 경우) 이 팀은 애자일에 잘 어울리는 팀이 아니다.

팀원 대다수가 거부한다면

팀이 동의하지 않는다면 다른 팀을 선택해야 한다. 이런 경우는 만나보지 못했지만, 아무튼 실제로 발생한다. 한 가지 사례를 들어보면, 팀원들은 조직이 그들에게 학습에 필요한 시간을 제공한다는 것을 신뢰하지 않았기 때문이었다. 그리고 그들이 옳았으며 변화를 따르지 않는 편이 좋았다.

사람들이 거짓으로 받아들인다면

때때로 사람들은 변화에는 은밀히 반대하지만 애자일에 찬성하기도 한다. 사람들이 강요당한다는 느낌을 받지 않도록 하는 것 외에 다른 방법은 없다. 투표를 재고하는 것은 결코 생산적이지 않다.

군이 아무도 거짓말하지는 않더라도 누구나 다시 한번 생각하게 되는 것이 변화의 본질이다. 그런 반대가 일어날 때마다 이를 해결해야 한다. 반대 의견이 제기될

> 모든 사람이 다시 한번 생각하게 되는 것이 변화의 본질이다.

때마다 그들이 확실한 기한이 정해진 6개월 동안 실험에 참여하고, 잘 동작하지 않으면 결정을 바꾸는 데 동의했음을 상기시키는 것이 도움이 된다. 배려하고 존중하라. 습관을 바꾸려면 시간이 필요하며, 사람들은 그들이 고수했던 규칙이 표류하고 있다고 느낄 수 있다.

내 경험상 6개월 정도의 시간이 지나면 변화로 인한 혼돈은 과거의 것이 되고, 구성원들은 애자일 메서드에 만족했다. 내가 함께 일했던 모든 팀에게 동일했다.

이해관계자를 끌어들여라

팀의 **이해관계자**는 팀의 업무로 인해 영향을 받거나, 팀의 업무에 영향을 미치는 모든 사람이다. 애자일 개선 노력에 있어서 여러분의 이해관계자는 여러분이 만들려는 변화에 영향을 미치는 모든 사람이 된다.

이미 팀원들과 관리자는 애자일에 동참했다. 모든 이해관계자가 애자일의 의도에 공감해

야 할 필요는 없지만, 정치적인 영향을 미치는 이들은 **반드시 공감하도록** 해야 한다. 그렇지 않으면 이들은 조용히 여러분의 노력을 배척할 것이며, 심지어 애자일이 성공하더라도(성공할수록 더욱) 6개월에서 1년 안에 당신을 굴복시킬 것이다.[7]

일반적으로 가장 많이 저항하는 이해관계자는 팀의 비즈니스 파트너, 다시 말해 프로덕트 매니지먼트, 마케팅, 세일즈 부문이다. 애자일은 근본적으로 팀이 이들과 소통하는 방식을 바꾼다. 이들은 예측적인 접근 방식에 익숙하며, 이 접근 방식은 커미트먼트commitment와 마감일에 초점을 맞춘다. 이들은 개발 팀과 소통할 때 문서, 진척 보고서 및 승인 등에 중점을 둔다.

애자일 팀은 피드백, 가치의 빈번한 전달, 계획을 적응에 초점을 둔다. 애자일 팀은 이해관계자에게 끊임없이 피드백을 요청하고, 학습한 결과에 따라 계획을 변경한다. 팀의 계획은 계속해서 변경되기 때문에 상세한 릴리스 약속을 하지 않는다. 어떤 팀은 릴리스 예정을 제공하지도 하지만, 그것은 약속은 아니며 여전히 빈번하게 변경된다.

이를 좋아하는 이해관계자들도 있다. 그들은 **실제로** 무슨 일이 일어나고 있는지 알기 때문이다. 그리고 산출물에 충분한 영향을 미칠 수 있다. 그러나 특별히 과거에 지켜지지 않은 약속 때문에 큰 어려움을 겪었던 이들은 애자일을 정치적 책략, 즉 팀이 약속을 회피하기 위해 취하는 난해한 방법으로 간주한다. 이들은 이를 갈며 애자일과 싸운다.

여러분의 팀의 핵심 이해관계자들과 애자일에 관한 이야기를 나누라. 일대일로 이야기하는 것이 가장 좋다. 이 주제는 정치적인 걱정거리가 될 수 있으므로, 여러분의 경영진 동맹과 함께 전략을 수립하라. 여러분이 직접 대화하는 것이 최선이 아닐 수도 있다. 이해관계자가 신뢰하는 관리자 혹은 또 다른 사람이 대화를 나누는 것이 더 효과적일 수도 있다.

모든 대화에서 이해관계자들을 신뢰할 수 있는 파트너처럼 다루라. 그들이 성공하기를 기대하라. 여러분은 다양한 이익의 균형을 맞춰야 한다. 예측성이 아닌 가

> 이해관계자를 신뢰할 수 있는 파트너처럼 다루라. 그들이 성공하기를 바라라.

---

7   알리스테어 코크번은 이를 '조직적인 항체(organizational antibodies)'라고 불렀다. 변화의 이니셔티브가 성공할수록 더 많은 사람이 그 영향을 걱정하며 저항한다.

시성과 통제를 제공하되 예측을 도울 수 있는 일들도 해야 한다. 이해관계자들의 업무를 쉽게 만들고 더 성공적으로 만들기 위한 모든 일을 여러분이 해야 한다.

구체적인 커미트먼트가 필요하다면

애자일은 적응적 계획을 이용하며, 이는 가능한 최고의 결과를 얻는 과정에서 계획을 변경하는 것을 포함한다. 정확한 일정을 약속하고, 계획을 조정해 그 일정에 맞출 수도 있다(미리 정해진 릴리스 날짜(p.413) 참조). 그러나 해당 날짜에 정확히 어떤 피처가 완성될지는 예측할 수 없다.

그것으로 충분하지 않다면 '워터폴 거버넌스가 필요하다면(p.80)'에서 설명한 접근 방식을 이용해 정해진 날짜와 범위에 기반한 계획을 만들 수 있다. 정확함을 보장할 수는 없지만 적어도 현 시점에서 확보할 수 있는 것으로는 충분할 것이다. 이조차 용인되지 않는다면 애자일은 여러분의 조직과는 맞지 않는다.

이해관계자들이 참여하지 않는다면

일부 소프트웨어 팀은 이해관계자들과 논쟁을 일삼기도 한다. 특히 이 부류의 이해관계자들은 프로덕트 매니지먼트 또는 영업 부문인 때가 많다. 이들 사이의 논쟁은 상당히 신랄하기까지 하다. 때때로 이해관계자들은 좋지 않은 논쟁과 신뢰의 부족으로 인해 애자일 프로세스 자체를 거부하기도 한다. 또한 애자일 학습으로 인한 초기의 속도 및 성과 저하에 반대하기도 한다(학습 시간을 확보하라(p.68) 참조).

몇몇 이해관계자들만 반대를 한다면 그 이해관계자들과 관련이 없는 팀을 선택할 수 있다. 많은 이해관계자들이 반대하거나 고위급 리더십이 반대한다면, 하나의 팀을 시범적으로 운영해보도록 그들을 설득해야 할 수도 있다. 이런 상황에서 팀을 선택할 때는 그 팀의 이해관계자가 영향력이 있으면서도 동시에 새로운 것을 적극적으로 시도하는 이들이어야 한다. 시간이 걸리더라도(심지어 1~2년) 이들은 기꺼이 애자일을 통해서 얻을 수 있는 가시성과 통제력을 환영할 것이며, 동시에 자신의 동료들에게 애자일을 시도해볼 수 있게 권유할 것이다.

때때로 소프트웨어 조직은 애자일을 이해관계자들에게 강요하려 한다. 소프트웨어 조직이 충분한 정치적 힘이 있다면 심지어 성공할 수도 있겠지만, 장기적으로는 역공격을 받게 될 것이다. 하나의 파일럿 팀조차 시도해볼 수 없을 정도로 그 범위가 넓고도 실질적인 반대에 부딪힌다면 아마도 애자일은 여러분의 조직에 적합하지 않는 것이다.

더 읽을거리

『7 Rules for Positive, Productive Change』(Berrett-Koehler, 2019): 조직 변화를 이끄는 모든 사람에게 권장한다[Derby2019].

『More Fearless Change: Strategies for Making Your Ideas Happen』(Addison-Wesley, 2015): 여러분의 조직에 필요한 변화에 영향을 끼치는 방법에 관해 알고 싶다면 이 책이 훌륭한 시작점이 될 것이다[Manna2015].

## 6장

기민함 확장하기

완벽한 세상이라면 모든 애자일 팀은 완벽하게 격리돼 있고, 제품 또는 제품 포트폴리오를 완전히 소유할 것이다. 팀 사이의 조율은 지연과 에러의 일반적인 원인이다. 모든 팀이 격리돼 있다면 어떤 문제도 생기지 않는다.

하지만 현실에서는 불가능하다. 전형적으로 애자일 팀은 4~10명으로 구성되지만 충분한 인원은 아니다.

그렇다면 이를 어떻게 확장할 것인가? 이 책은 개별적인 애자일 팀에 초점을 두고 있으며, 확장과 관련한 문제는 책 한 장chapter에 담을 만큼 중요하다.

플루언시 확장하기

많은 조직은 애자일할 수 있는 역량을 충분히 갖지 못한 상태에서 무리하게 애자일을 확장하려고 한다. 하루 아침에 대규모 애자일을 적용하기 위해 수많은 시간과 비용을 투입한다. 그렇지만 팀의 플루언시와 조직 역량에는 투자하지 않는다. 그 결과는 실패다.

> 많은 조직은 애자일할 수 있는 역량을 충분히 갖지 못한 상태에서 무리하게 애자일을 확장하려고 한다. 하지만 팀의 플루언시나 조직 역량에는 투자하지 않는다.

애자일을 확장하기 위해서는 애자일하게 될 수 있는 조직 역량을 먼저 확장해야 한다. 이는 조직 역량organizational capability, 코칭 역량coaching capability, 팀 역량team capability의 세 부분으로 구성된다.

조직 역량

애자일을 도입하려고 할 때 조직이 저지르는 가장 큰 실수 중 하나는 4장에서 언급한 투자에 실패하는 것이다. 하지만 여러분이 속한 조직이 이러한 투자에 적극적이더라도 눈에 보이지 않는 감춰진 문제는 존재한다.

애자일 확장을 위해 많은 비용을 투입하기에 앞서 조직 역량의 변칙을 잘 가려내야 한다. 전문적인 조언자들과 협업하고 있다면 이들이 구체적인 제안을 할 것이다. 외부의 도움 없이 여러분이 혼자 진행한다면 파일럿 팀 하나 또는 5개 이하의 소규모 팀 그룹에서 시작하라.

파일럿 팀은 플루언시를 개발하는 과정에서 플루언시 달성을 방해하는 조직적인 장애물과 문제를 발견할 것이다. 이 문제를 기록하라. 이 문제는 이터레이션적으로 발생할 것이다. 이 문제를 조직 차원에서 해결할 필요는 없지만 애자일하려는 팀별로 문제를 해결해야 한다.

유창한 팀을 지원할 수 있는 조직 역량이 만들어졌음을 확인한 **후에는** 규모를 더욱 확장할 수 있다. 그 전까지는 애자일을 적극적으로 권장하려는 충동을 억누르고, 현재의 접근 방식을 모든 사람이 아닌 파일럿 팀에만 집중해서 적용하라.

코칭 역량

교차 팀 조율, 조직 역량, 제품/포트폴리오 관리, 변경 관리 같은 애자일 확장의 큰 그림을 함께 도와줄 코치 또는 코치들이 필요할 것이다. 서적 또는 교육을 통해 이런 코치를 내부에서 육성하는 것도 좋지만 이미 경험이 있는 사람을 고용하는 것이 가장 좋다.

그리고 역량이 풍부한 팀 레벨 코치가 필요하다. 팀 레벨 코치는 애자일을 확장하는 데 있어 가장 주요한 제약 사항이기도 하다. 팀 레벨 코치들은 각 팀이 애자일에 능숙해지도록 돕는 이들이며 매우 중요하다. 모든 팀은 적어도 한 명이 상의 코치가 있어야 한다(코칭 스킬(p.137) 참조).

경험이 있는 팀 레벨 코치를 채용하거나 사내에서 육성할 수도 있다. 사내에서 육성하는 정책을 선택했다면 모든 코치에게 이 책과 같은 리소스를 나눠 주고 학습을 지원하라.

현재 팀이 일정 수준의 플루언시를 달성했다면 경험 있는 팀 레벨 코치들을 다른 팀으로 옮기도록 독려함으로써 확장을 더 빠르게 할 수도 있다(2부~4부 도입부에 있는 체크리스트를 이용하면 플루언시를 측정하는 데 도움이 될 것이다). 이 시점에서는 일부 팀원들이 스스로 팀 코치 역할을 감당할 수 있을 정도의 자격을 갖출 것이고, 더 많은 경험을 가진 팀에서 그들의 코칭 스킬을 개발할 수 있을 것이다. 이런 움직임이 코치들의 경력에 해가 되기보다는 개선이 되도록 보장하라. 그렇지 않으면 머지않아 코치 인력 풀이 바닥날 것이다.[1]

코칭 스킬은 개발 스킬과 다르다. 최고의 팀원일지라도 좋은 코치가 되는 방법을 학습하는 데 어려움을 겪을 수도 있다. 코치들을 코칭할 인력을 고용함으로써 팀 레벨 코칭 역량을 한층 빠르게 확대할 수 있다.

경험이 풍부한 팀 레벨 코치는 두 팀과 동시에 협업할 수도 있지만, **전달하기 플루언시**를 추구하는 팀에게는 항상 좋은 생각이 아닐 수도 있다. 경험이 적은 코치라면 한 팀만 전담해야 한다.

팀 역량

코치는 팀이 플루언시를 얻는 데 도움을 줄 것이다. 코치의 경험이 풍부할수록 더 빠르게 플루언시를 얻겠지만 여전히 시간은 필요하다. '학습 시간을 확보하라(p.68)'를 참조하라.

대규모 컨설턴트 업체를 고용해 팀의 50% 이상의 인원을 경험 있는 애자일 개발자로 구성함으로써 문제를 해결할 수도 있다. 조직 역량을 확립하기 위해 충분한 노력을 이미 기울였다면, 적절한 인력과 높은 비율을 차지하도록 구성으로서 즉각적인 플루언시를 얻을 수 있다.

하지만 이 접근 방식에는 주의해야 한다. 얼핏 건전한 전략처럼 들리지만 실행은 실패하는 경향이 많다. 외부에서 영입한 사람들은 팀의 성공에 막대한 영향을 미치며, 잘못된 에이전시를 고용할 실질적인 위험도 크기 때문이다. 모든 에이전시는 자신들의 개발자들

---

1   트위터에서 측면 이동의 위험성에 관해 지적한 앤드류 스텔만(Andrew Stellman)에게 감사한다(https://twitter.com/Andrew Stellman/status/1316114014322274304).

이 애자일 스킬을 보유하고 있다고 **주장하며** 심지어 유명한 에이전시의 경우에도 실제 능력보다 부풀리는 경우가 많다. 몇몇 눈에 띄는 예외를 제외하고 외부에서 투입된 인원들 대부분은 **집중하기 영역**에 제한된 애자일 스킬만을 보유하고 있다.

외부 영입 접근 방식staff augmentation approach의 또 다른 위험은 코칭 스킬이다. 현실과 다르지만 영입된 인원이 즉각적인 플루언시를 만드는 데 필요한 스킬을 보유했다 하더라도 이들은 코칭 스킬을 갖고 있지 않은 경우가 대부분이다. 컨설팅 에이전시가 철수하고 나면 애자일 변화는 실패하기 십상이다.

외부 영입 접근 방식이 성공하기 위해서는 올바른 회사를 고용해야만 한다. 이 접근 방식을 선택한다면 내부 코치를 육성하는 데 집중하라. 외부에서 영입한 기업이 이를 대신해 줄 것이라 기대하지 말라. 이는 완전히 다른 스킬이다. 애자일 변화와 코치를 코칭하는 데 전문화된 소규모 독립 컨설턴트 에이전시를 찾아라. 이런 특별한 스킬에 대해서는 특히나 고용하는 **사람**이 그들을 파견하는 **기업보다** 중요하다. 또한 소규모 컨설턴트 에이전시가 이를 더 잘 수행한다.

후속 도입자 신드롬

애자일을 도입하는 기업에 관한 놀라운 경향을 발견했다. 파일럿 팀은 매우 성공적이며 조직 전체로의 애자일 확장을 고무시켰지만, 애자일을 후속 도입한 팀은 어려움을 겪었다.

나는 이를 후속 도입자 신드롬(second adaptor syndrome)이라 부른다. 파일럿 팀은 적극적인 참여자, 조직의 인내, 외부의 도움, 학습에 적합한 업무 할당 등 필요한 모든 지원을 받는다.

이제 직원들이 모두 애자일을 이해했다고 생각하면 조직은 애자일을 후속 도입하는 팀에 대한 지원을 줄인다. 관리자들은 원하지 않는 구성원들에게 애자일을 강요하고, 외부의 도움을 제공하지 않으며, 더 많은 일정 압력을 가한다.

후속 도입자 신드롬을 피하기 위해서는 한 팀에서의 성공이 다른 팀의 성공을 자동으로 보장하지 않는다는 점을 기억해야 한다. 모든 팀은 애자일을 처음 시도할 때 필요한 지원을 얻어야 한다.

제품 및 포트폴리오 확장하기

플루언시는 성공적인 애자일 확장의 기반이지만, 그것만으로는 충분하지 않다. 모든 팀이 완전히 독립적으로 일하지 않는 한, 팀 사이의 업무를 조율할 방법이 필요하다. 이는 말로 듣는 것보다 훨씬 어렵다. 팀은 서로 다른 팀에 대한 의존성을 갖고 있으며 이는 병목 현상, 지연 및 커뮤니케이션 오류를 일으키기 때문이다. 성공적인 애자일 확장은 이런 의존성을 관리하는 방법에 달려 있다.

애자일은 주로 두 가지 방법으로 확장할 수 있다. **수직적 확장**vertical scaling은 병목 현상 없이 업무할 수 있는 팀의 수를 늘리는 것, **수평적 확장**horizontal scaling은 팀의 책임을 분리함으로써 병목 현상을 제거하는 것이다. 두 전략은 함께 이용할 수 있다.

> 성공적인 애자일 확장은 이런 의존성을 관리하는 방법에 달려 있다.

수직으로 확장하기

수직적 확장vertical scaling은 제품 또는 포트폴리오 오너십을 공유하는 팀의 수를 늘리는 것이다. '오너십을 공유'한다는 것은 이들이 업무를 수행하는 정해진 영역이 없다는 의미다. 모든 팀은 제품의 모든 부분에서 업무를 하고 어떤 코드도 다룰 수 있다.

이와 관련된 두 가지 접근 방식인 LeSS와 FAST에 관해 논의할 것이다. 명확한 표현을 위해 이 책에서는 두 용어를 그대로 이용하며, 이 접근 방식에서 이용하는 하위 접근 방식은 이용하지 않는다(다만 이 용어는 괄호 안에 표기한다).

LeSS

LeSS는 대규모 스크럼Large-Scale Scrum의 줄임말이다. 오리지널 애자일 확장 접근 방식의 하나로 크레이그 라르만Craig Larman과 바스 보드가 2015년에 만들었다.[2]

기본적인 LeSS는 최대 8명으로 구성된 2~8개의 팀 규모에 적용하기 적합하다. 모든 팀은 동일한 시각적 계획(LeSS에서는 '프로덕트 백로그product backlog'라 부른다)을 기준으로 업

---

2   LeSS에 대한 내 토론에 피드백을 제공해준 바스 보드 님께 감사의 마음을 전한다.

무를 수행하며, 모든 코드에 대한 오너십을 공유한다. LeSS Huge는 이를 더 많은 팀으로 확장한 것이며, 나중에 설명한다.

LeSS 팀 그룹은 제품의 방향을 결정하는 프로덕트 매니저(LeSS에서는 '프로덕트 오너product owner'라 부른다)가 이끈다. 팀은 일반적으로 2주로 정해진 이터레이션 기간에 따라 업무를 수행한다. 모든 이터레이션을 시작할 때마다 팀은 함께 모여 시각적 계획을 살펴보고 팀별로 어떤 고객 중심 스토리('백로그 아이템backlog item' 또는 '피처feature')를 구현할지 결정한다. 팀은 우선순위가 가장 높은 스토리만을 대상으로 업무를 수행한다.

팀은 때때로 함께 모여 플래닝 게임planning game('백로그 정제refine the backlog')을 한다. 이는 전형적으로 각 이터레이션 도중에 진행된다. 팀은 기꺼이 시각적 계획에 스토리를 추가하고, 프로덕트 매니저에게 우선순위를 제안한다.

LeSS의 각 팀은 **피처 팀**feature team이며 이는 팀이 코드에 관계없이 시작부터 마지막까지 완전한 스토리를 작업한다는 의미다. 팀이 한 스토리에 대한 책임을 갖게 되면 그 스토리를 소유하게 된다. 팀은 고객이나 다른 이해관계자들과 협업하면서 세부 사항을 명확하게 하고, 스토리를 완결하기 위해 필요한 코드베이스의 어떤 부분이든 수정하고 개선한다. LeSS에는 팀 레벨 코드 오너십 개념이 존재하지 않는다.

여러 LeSS 팀이 동일한 코드에서 작업할 수 있기 때문에 문제를 방지하기 위해 서로 조율한다. 조율은 임시적이며 동료들 사이에서 이뤄진다. 팀원들은 언제 조율이 필요한지 알고 있다. 함께 스토리를 선택했고 언제 어떤 방법으로 조율할지에 관한 논의에 참여했기 때문이다.

집단 코드 오너십은 지속적인 통합continuous integration 덕분에 가능하다. 모든 프로그래머는 최신 코드를 공유된 브랜치에 적어도 몇 시간 안에 한 번씩 병합한다. LeSS는 또한 조율, 멘토링 및 학습을 위한 다양한 메커니즘을 포함하고 있다.

LeSS 도입하기

이 책의 내용은 LeSS와 완전히 호환된다. 다만 팀 오너십과 관련된 대부분의 사항은 개별 팀이 아닌 LeSS 팀이 **함께** 소유한다. 이는 특히 프로덕트 매니지먼트와 코드 오너십에 적용된다. 또한 일부 LeSS 팀은 이 책과 다소 다르며 색인에서 확인할 수 있다.

지속적인 통합은 LeSS에서 특히 중요하며 커밋 빌드는 빨라야
한다. 어쩌면 이 책에서 권장하는 것보다 훨씬 적극적으로 다
단계 빌드('다단계 통합 빌드(p.559)' 참조)를 이용할 수도 있다.
특히 빌드를 깨뜨릴 리스크가 증가함에도 불구하고 테스트 코
드 일부 또는 전부를 2차 빌드로 이동시켜야 할 수도 있다.

함께 보기

집단 코드 오너십(p.496)
테스트 주도 개발(p.564)
지속적인 통합(p.550)

애자일 확장을 할 수 있는 검증되고 잘 테스트된 접근 방식을 찾는다면 LeSS에서 시작하
라. **집중하기 영역**과 **전달하기 영역**에서 플루언시를 개발해야 할 것이다. **집중하기 영역**은 가
장 기본적이며, **전달하기 영역**은 팀 사이에서 코드의 오너십을 공유하기 위해 필요하다.
집단적 코드 오너십, 테스트 주도 개발 및 지속적인 통합은 최소 요구사항이다.

LeSS에 관한 더 많은 정보는 LeSS의 웹사이트(https://less.works/) 또는 Less 관련 서적
『Large-Scale Scrum: More with LeSS』(Addison-Wesley, 2016)[Larman2016]를 참조
하라.

FAST

FAST^Fluid Scaling Technology는 론 쿼텔^Ron Quartel이 고안한 것으로, 내가 본 확장 접근 방식 중
가장 유망하다. 안타깝게도 이 책을 쓰는 시점에서는 현장에서 많이 증명되지 않았으나
여러분의 이목을 끌기에 충분하다고 판단해 책에 포함시켰다.[3]

론 쿼텔은 워싱턴의 건강보험 제공기업에서 FAST를 만들었다. 비즈니스가 정점이었을
때 그는 한 팀에 65명을 데리고 있었다. 론은 익스트림 프로그래밍을 기반으로 그 위에
오픈 스페이스 테크놀로지^Open Space Technology를 얹었다. 오픈 스페이스 테크놀로지는 대규
모 그룹의 자기 조직화를 지원한다.

FAST는 LeSS에 비해 글자 그대로 훨씬 **유연하다**. LeSS는 이터레이션과 특정한 스토리를
소유하는 오래 유지되는 팀을 기반으로 한다. FAST는 업무의 지속적인 흐름을 이용하며,

---

3   FAST에 관한 논의에서 피드백을 준 론 쿼텔에게 감사한다.

며칠마다 새로운 인원으로 팀을 구성한다. FAST에는 팀 레벨의 오너십이 존재하지 않는다.

하나의 FAST 그룹은 '트라이브^{tribe}'라 부른다. 각 트라이브는 개발자들과 하나 혹은 그 이상의 프로덕트 매니저(FAST에서는 '프로덕트 디렉터^{product director}'라 부른다)로 구성되며, 프로덕트 매니저는 방향을 설정한다. 트라이는 이론상 최대 150명으로 구성될 수 있지만 집필 시점을 기준으로 실제 테스트된 바는 없다.

이틀에 한 번 꼴로(이 또한 유연하게 조정 가능하다) 트라이브들은 함께 모여 'FAST 회의^{FAST Meeting}'를 연다. 이 회의에서 트라이브들은 진행할 업무를 선택하며, 회의는 매우 짧고 신속하게 진행된다. 프로덕트 매니저는 우선순위를 설명하고, 구성원들은 업무를 진행할 팀의 리더로 자원한다. 이 리더들은 '팀 스튜어드^{team steward}'라 부른다. 누구나 스튜어드가 될 수 있다. 스튜어드는 일시적인 역할이며 다음 FAST 회의까지만 유효하다.

프로덕트 매니저의 우선순위는 가이드일 뿐 절대적이지 않다. 팀 스튜어드들은 그들이 원하는 작업을 자유롭게 선택할 수 있으며, 성실하게 행동할 것이라는 기대를 받는다. 때때로 지저분한 코드를 정리하거나 개발 마찰을 줄이는 등 프로덕트 매니저들이 명시적으로 요청하지 않은 작업을 하기도 한다.

스튜어드들이 자원하고 팀에서 무엇을 할지 설명하며, 트라이브의 나머지 구성원들은 자신들이 하고 싶은 업무나 업무를 함께하고 싶은 사람들끼리 모여 스스로 팀을 구성한다.

FAST 팀은 세세하게 스토리를 나누는 대신 가치 증분마다 '디스커버리 트리^{discovery tree}'를 만든다(가치 증분은 자체적으로 릴리스할 수 있는 항목이다('가치 있는 증분(p.238)' 참조). 하나의 디스커버리 트리는 계층을 가지며, 증분을 릴리스하기 위해 필요한 작업만으로 분류한 것이다. 디스커버리 트리는 포스트잇을 이용해 벽에 붙이거나 가상 화이트보드에 가상 메모를 붙여서 표시한다.

팀은 이틀 동안(또는 트라이브가 선택한 케이던스^{cadence} 동안) 작업한다. 그 시간 안에 구체적인 것을 반드시 명확하게 완료하지는 않는다. 대신 가능한 많은 진척을 만든다. 디스커버리 트리는 지속성을 제공하고 구성원들이 진행 상황을 볼 수 있게 한다. 추가적인 지속성이 필요할 경우 누군가 특정한 트리에 대해 '피처 스튜어드^{feature steward}'로 지원할 수 있다. 다른 교차 팀 조율은 LeSS와 유사하게 임의의 시점에 동료들끼리 진행한다.

이틀 후 트라이브는 다시 FAST 회의를 개최한다. 각 팀은 진척을 공유하고 사이클을 이터레이션한다. 빠르고, 유연하며 세레모니도 적다.

FAST 도입하기

FAST는 이 책에서 설명하는 내용이나 LeSS 만큼 호환되지는 않는다. 집중하기 영역의 많은 프랙티스들을 완벽하게 적용할 수 없다.

특히 다음과 같은 차이가 있다.

함께 보기

팀 룸(p.150)
정렬(p.204)
회고(p.450)
시각적 계획하기(p.258)
플래닝 게임(p.277)
태스크 플래닝(p.307)
수용량(p.327)
슬랙(p.350)
스탠드업 회의(p.357)
예측하기(p.411)
팀 다이내믹(p.461)

- 이 책에서 '팀$^{the\ team}$'으로 표현된 모든 것은 전체 FAST 트라이브에 해당한다.

- 추가적인 **팀 룸**$^{team\ room}$이 필요하다. 기존 가이드, 그중에서도 특히 원격 팀에 관한 것은 그대로 적용된다.

- **정렬**^{alignment} 차터링과 **회고**는 더 큰 규모의 그룹에 맞춰 조정해야 한다. 특히 원격 팀의 경우 더 경험이 풍부한 퍼실리테이션이 필요하다.

- **시각적 계획**$^{visual\ planning}$은 그대로 적용할 수 있지만, 가치 중분보다 그 규모가 작은 항목은 포함되지 않는다.

- **플래닝 게임**$^{planning\ game}$, **태스크 플래닝**$^{task\ planning}$, **수용량**^{capacity}은 불필요하다.

- **슬랙**^{slack}은 다른 방식으로 도입돼야 한다.

- **스탠드업 회의**$^{stand-up\ meeting}$는 FAST 회의로 대체한다.

- **예측**^{forecasting}은 완전히 다르다(정확성은 평가되지 않았지만 훨씬 더 간단하다).

- **팀 역동성**$^{team\ dynamic}$은 안정된 팀이 존재하지 않기 때문에 적용하기 난해하다.

반면 **전달하기 영역**과 **최적화하기 영역**의 원칙은 매우 잘 적용된다. LeSS에 비해 지속적인 통합 속도에 더 적극적이어야 한다.

FAST는 LeSS 만큼 입증되지는 않았지만 나는 FAST가 대단히 유망하다고 생각한다. 여러분이 애자일에 관한 경험이 있고, 10~30명으로 구성된 파일럿에서 시도해볼 수 있다면 FAST를 시도해 보기를 권한다.

FAST를 시도해 보기 위해서는 경험이 많은 코치가 필요할 것이다. 이론적으로 FAST는 오로지 **집중하기** 플루언시만을 요구하지만, 론 쿼텔은 경험이 풍부한 XP 코치들을 FAST 파일럿에 포함시켰다. 이미 그들이 **전달하는** 프랙티스와 **집중하는** 프랙티스에 친숙했기 때문에 FAST가 작동한 것이라고 추측하고 있다. 여러분이 이를 시도해볼 때는 동일한 방식을 이용하길 권한다.

FAST에 관한 더 많은 정보는 fastagile.io(http://fastagile.io/)의 'FAST Guide'를 참조하라. 쉽고 빠르게 읽을 수 있다. 또한 [Shore2021]에서 록 쿼텔과 나눈 인터뷰 내용을 확인할 수 있다.

수직적 확장의 당면 과제 및 이점

수직적 확장의 공유된 오너십은 힘의 원천이자 약점이기도 하다. 수직적으로 확장된 팀 그룹은 전체 코드베이스에 관한 책임을 공유한다. 이는 구성원들이 다양한 코드에 익숙해져야

함께 보기
집단 코드 오너십(p.496)

함을 의미한다. 실제로 적어도 LeSS와 FAST의 경우 구성원들은 익숙한 것을 선택해 전문화하는 경향이 있지만 여전히 배워야 할 것이 많다.

하지만 이것이 가장 큰 문제는 아니다. 진짜 문제는 집단 코드 오너십이 코드 오너십의 **부재**로 이어지기 쉽다는 점이다. 집단 코드 오너십은 그저 코드를 변경하는 **권한** 뿐만 아니라 기회가 있을 때마다 더 나은 코드로 만들 **책임**도 갖는 것이다. 그룹 규모가 커지면 이는 '나 아닌 누군가가 하겠지'라는 생각으로 바뀌기 쉽다. 이는 소규모 팀에서도 역시 문제가 되기는 하지만 규모가 커질수록 급격히 확대된다. 구성원들이 이런 책임을 완수하도록 돕기 위해서는 추가적인 코칭이 필요하다.

반면 수직적인 확장은 애자일 확장과 관련된 주요한 문제점 중 하나인 교차 기능 팀을 만드는 문제를 해결할 수 있다. 애자일 팀은 UX 디자인, 운영, 보안 등의 전문화된 스킬을

가진 구성원이 필요하다. 팀을 6~7명으로 구성한다면 모든 팀에 이런 전문가들을 포함시키는 것을 정당화하기 어렵다. 그러면 구성원 할당 문제를 만나게 된다. 각 팀이 필요한 인원을 적절한 시기에 포함시키도록 어떻게 보장할 수 있겠는가?

수직적으로 확장된 그룹에서는 이런 문제가 발생하지 않는다. 30명의 구성원이 있고, 두 명의 UX 인원으로 충분히 작업을 할 수 있다면 아무런 문제가 없다. 두 명의 UX 담당자만 포함시킬 수 있다. FAST에서는 팀원 스스로가 자신들을 필요로 하는 팀에 참여한다. LeSS에서는 이들은 하나 또는 두 개의 특정 팀에 소속돼 있다가 UX 관련 업무가 있을 때 자원한다.

수평으로 확장하기

개인적으로 대규모 애자일에 대해 수직적 확장의 접근 방식을 선호하지만, 많은 조직은 수평적 확장을 선택한다. 수평적 확장에서는 팀이 격리돼 작업하도록 하는 것에 중점을 둔다. 수직적 확장 같이 제품이나 포트폴리오의 오너십을 공유하는 대신, 수평적 확장에서는 제품 또는 포트폴리오를 개별적인 책임으로 분리하고 이를 특정 팀이 소유하도록 한다.

수평적 확장에서의 과제는 팀의 가능한 한 고립된 상태로 유지하는 방식으로 팀 책임을 정의하는 것이다. 이를 해결하기는 매우 어려우며, 제품 우선순위의 변경을 다룰 때도 문제가 발생한다.

이론적으로 각 팀은 자체적인 고객 중심의 엔드-투-엔드$^{end\ to\ end}$ 제품 슬라이스를 가져야 한다. 실제로 수평적으로 확장된 팀은 너무 작아서 전체 슬라이스를 소유하는 데 어려움을 겪는다. 결국 두 팀이 동일한 코드에 접근할 수밖에 없게 된다. 그러나 수평적으로 확장된 모델에서는 팀 사이에 코드를 공유할 수 없다.

그 결과 이상적으로는 모든 팀이 자체적으로 제품의 한 슬라이스를 소유해야 하지만, 여러분은 거의 항상 다른 이상적이지 않은 유형의 팀도 소개해야 한다. **팀 토폴로지**^{Team} ^{Topologies}에서는 팀을 네 가지로 분류한다[Skelton2019].

- **스트림 정렬 팀**^{Stream-aligned team}: 이상적인 팀이다. 특정 제품의 고객 접점 또는 고객 그룹에 집중한다.

- **난해한 서브시스템 팀**^{Complicated-subsystem team}: 대규모 클라우드에서 제공하는 머신 러닝 컴포넌트 같은 특정한 전문 지식이 필요한 시스템 일부를 구축하는 데 집중한다. 이런 유형의 팀은 필요한 지식이 정말로 전문적인 것일 때만 주의 깊게 만들어져야 한다.

- **조력자 팀**^{Enabling team}: UX, 운영, 보안 같은 특화된 전문 지식을 다른 팀에 제공하는 데 집중한다. 이들은 다른 팀 **대신해** 업무를 수행해서 병목 현상을 유발하기보다는 다른 팀이 직접 업무를 할 수 있도록 돕는 데 집중한다. 보안 체크리스트나 UX 디자인 가이드라인 등 복잡한 문제를 단순화하는 리소스를 제공하기도 한다.

- **플랫폼 팀**^{Platform team}: 조력자 팀과 유사하지만 직접적인 도움보다는 도구^{tooling}를 제공한다. 조력자 팀과 마찬가지로 이들은 다른 팀을 위해 문제를 해결하지 않는다. 대신 이들이 제공하는 도구를 이용해 다른 팀은 스스로 문제를 해결한다. 예를 들어 플랫폼 팀은 소프트웨어 배포 도구를 제공할 수 있다.

수평적 확장의 성공의 핵심은 팀에 책임을 할당하는 방법에 있다. 교차 의존성이 적을수록 좋다. 팀의 책임은 팀이 만들려는 시스템 아키텍처를 모방해야 하기 때문에, 이는 기본적으로 아키텍처의 문제다(이는 **역 콘웨이 전략**^{Inverse Conway Maneuver}이라 불리기도 한다).

수평적 확장은 팀의 수가 적을 때 가장 효과적이다. 팀의 수가 적으면 쉽게 모든 구성원의 조합을 이해하고 업무를 조율할 수 있다. 문제가 발생하면 각 팀의 대표자들이 함께 모여 문제를 해결한다.

애드혹 조정 접근 방식은 5~10팀 정도의 규모에서 효과를 잃기 시작한다. 병목 현상이 발생하기 시작하고, 일을 하지 않는 팀과 일을 너무 많이 하는 팀이 발생한다. 팀이 최대한 독립적으로 유지되도록 교차 팀 디펜던시를 최소화하도록 세심하게 디자인해야 한다. 모든 팀, 특히 비스트림 정렬 팀은 디펜던시로부터의 독립을 첫 번째 우선순위로 삼아야 하며, 프로덕트 매니저들은 모든 구성원의 업무가 일치하도록 신중하게 조정해야 한다.

최대 30~100개의 팀을 운영하게 되면 이 방법조차 사용하기 어려워진다. 변화는 더욱 빈번하게 일어나고, 팀의 책임은 비즈니스 우선순위의 변화에 따라 계속 조정해야 한다. 여러 계층의 조정과 관리를 도입해야 하며, 구성원들은 전체 시스템을 이해하지 못하게 된다.

실질적으로 수평적 확장은 무한히 계속될 수 있지만 팀의 수가 증가함에 따라 점점 관리하기 어려워진다. 수직적 확장은 더 유연하지만 수평적 확장만큼 확장할 수는 없다. 다행히도 이 두 가지 접근 방식의 장점만 조합해 활용할 수도 있다.

수평 및 수직으로 확장하기

팀 구성원이 300명인 교착 상태의 스타트업과 일한 적이 있다(전체 조직은 1,000명을 넘었고, 그중 300명이 제품 개발팀에 속해 있었다). 팀은 동일한 제품의 서로 다른 측면에 관한 작업을 하고 있었고, 교차 팀 디펜던시가 그들의 목을 죄고 있었다.

먼저 수평적 확장 관점에서 접근했다. 나는 그들을 도와 종속 요소를 최소화하고 격리를 최대화하도록 팀의 책임 구조를 바꿨다. 이전과 마찬가지로 팀의 수는 40개였지만, 훨씬 독립적인 상태가 됐다. 개발에 투입되는 노력은 방해받지 않았으며, 팀은 다시 성장 궤도에 올라왔다. 그리고 팀이 80개가 될 때까지 아무런 문제를 맞닥뜨리지 않았다.

모든 사람이 결과에 만족했다. 만약 내가 같은 작업을 다시 할 수 있다면 수직적 스케일링도 함께 도입했을 것이다. 40개 팀 대신 50명으로 구성된 **여섯 개**의 그룹을 만들었을 것이다. 40개의 작은 팀보다는 6개의 수직적으로 확장된 그룹을 조율하는 것이 훨씬 쉬우며, 지속적인 확장을 하는데도 전혀 문제가 없다. 만약 조정의 문제가 생긴다고 해도, 수평적 확장 기법을 적용한다면 충분히 기하급수적으로 성장할 수 있을 것이다.

더 좋은 점은 수직적으로 확장된 그룹이 매우 크기 때문에, 이들은 **모두** 스트림에 정렬될 수 있다는 것이다. 즉 40개의 소규모 팀으로 구성된 우리가 만든 디자인에서는 수많은 조력자 팀과 플랫폼 팀이 존재했으며, 이들 중 일부는 역할을 이해하는 데 어려움을 겪었다. 스트림 정렬 팀은 더 직관적이다. 수직적으로 확장된 그룹에서는 운영 플랫폼을 제외하고 자신들에게 필요한 모든 것을 얻을 수 있었을 것이다.

팀이 80개가 됐을 때 문제가 발생하기 시작한 이유는 팀의 책임을 업데이트하지 않았기 때문이다. 우리는 팀의 책임을 리뷰하고 업데이트하는 메커니즘을 만들었고, 이는 아키텍처 팀의 업무가 됐다. 하지만 책임의 변화가 너무 잦았기 때문에 책임에 관한 수많은 회의로 인해 이 업무는 잊혀졌다. 수직적으로 확장된 그룹은 이 정도로 많은 유지보수가 필요하지 않는다. 이들은 변화하는 비즈니스 조건에 훨씬 쉽게 적응할 수 있다.

다시 말해 수평적 확장과 수직적 확장을 조합할 수 있다. 수직적으로 확장된 그룹을 수평적 확장 관점에서의 단일 '팀'으로 보는 것이다. 이 방식을 이용하면 운영 플랫폼을 제공하는 그룹 이외의 모든 팀은 스트림 정렬 팀이 될 수 있다.

개인적인 추천

결론: 어떻게 애자일 조직을 확장해야 하는가?

팀 플루언시를 강조하는 것에서 시작하라. 조직이 공통적으로 하는 실수는 기본적인 역량을 구축하지 않고 애자일을 확산하는 것이다. 대부분의 경우 제대로 확

> 팀 플루언시를 강조하는 것에서 시작하라.

장하기 위해서는 팀이 **집중하기 플루언시**와 **전달하기 플루언시**를 모두 개발해야 한다.

수직적으로 확장한 뒤 수평적으로 확장하라. 대부분의 경우 LeSS는 최고의 선택이다. 충분한 경험을 쌓았고 실험을 하고자 한다면 FAST를 시도하라.

수직적 확장에 한계에 이르렀다면(대략 60~70명 정도의 규모이며, 여전히 FAST를 이용해 확장할 수 있겠지만) 수직적으로 확장한 여러 그룹으로 나눠라. 각 그룹은 스트림 정렬 팀이어야 한다. 복잡한 하위 시스템 그룹이나 조력자 그룹은 필요하지 않을 것이다. 각 그룹의 규모는 충분히 크기 때문에 필요한 전문성을 모두 포함할 수 있다. 때때로 플랫폼 그룹을 만들어 공통 인프라스트럭처(일반적으로 운영이나 배포 플랫폼)를 다뤄야 할 수도 있다.

LeSS를 이용한다면 LeSS Huge에서 이런 형태의 수평적 확장 분할을 약간 다른 관점에서 다룬 방법을 확인할 수 있다. 이 방법은 두 그룹 사이(LeSS에서는 '영역^{area}'이라 부른다)에서의 집단 코드 오너십을 유지한다. 그러나 실질적으로 이 두 그룹은 전문화되는 경향을 보인다.

하지만 기억하라. 성공적인 확장에는 플루언시를 갖춘 팀에 의존한다. 나머지 장에서 이에 관해 설명한다. 우선 **집중하기 플루언시**에서 시작하자.

SAFe는 무엇 인가?

SAFe(Scaled Agile Framework)는 널리 알려진 애자일 확장 접근 방식이다. 안타깝게도 나는 아직 SAFe가 잘 작동하는 것을 경험하지 못했다. 기업은 이를 열성적으로 도입하지만, 몇 년 후 소리 소문 없이 포기한다.

그 이유는 잘 모르겠다. SAFe는 실질적으로 애자일이 아니며 동시에 '사람보다 프로세스를', '적응보다 예측을' 강조한다는 비판의 목소리도 있다.

하지만 나는 SAFe가 진짜 실패하는 이유를 다음 두 가지로 꼽는다. 첫 번째, SAFe는 '기업 친화적'임을 강조한다. 적어도 내가 봤던 기업에서는 이로 인해 애자일 아이디어에 대한 기업의 투자를 충분히 이끌어내지 못했다. 조직은 기존의 하향식 명령과 통제, 예측적 마인드셋을 고수한다.

두 번째, SAFe는 확장에 있어서 가장 어렵고 중요한 문제인 팀 조율 방식에 관해 거의 다루지 않는다. SAFe 5 이전에는 피처 팀(LeSS와 동일함)을 제안했지만 단지 희망사항에 그쳤을 뿐, LeSS가 작동하도록 제공하는 세부 사항을 포함하지 않았다.[4] 2021년 2월에 출시된 SAFe 5는 최소한 더 자세한 정보를 제공하는 팀 토폴로지에 대한 논의로 피처 팀을 대체했다. 하지만 이는 수평적 확장 접근 방식이며 한 걸음 후퇴한 것이다. 팀의 책임을 매우 세심하게 디자인해야 한다. 이는 SAFe에서 언급 조차 하지 않으므로 추가로 고민해야 한다.

SAFe는 몇 개월마다 '프로그램 증분 플래닝(Program Increment(PI) Planning)'으로 팀 조정을 대변한다. '빅 룸 플래닝(big room planning)'이라 불리는 이것은 예측적이며 적응적이지 않다. 노동 집약적이고 소모적으로 원격 팀에서는 잘 작동하지도 않는다. 모든 팀이 같은 선상에 있게 하는 능력을 찬양하는 이들도 있지만, 내 경험상 기업은 이를 가장 먼저 포기한다. 안타깝게도 SAFe는 그 이상의 것을 제공하지 않으며, 프로그램 증분 플래닝이 사라지면 제한적으로 조율할 수 있는 팀만 남게 된다.

대체로 SAFe는 애자일 아이디어를 제대로 이해하지 못한 채 뒤죽박죽인 애자일 아이디어에 관한 립 서비스를 제공할 뿐이기 때문에 나는 SAFe를 추천하지 않는다.

---

4   https://www.scaledagileframework.com/features-and-components

가치에 집중하기

10월의 상쾌한 어느 날 아침 여러분은 사무실로 출근한다. 이전 팀은 원격으로 업무를 했지만 이번 팀은 대면 업무를 선호한다. 커뮤니케이션 스타일이 매우 다르기 때문에 여러분은 고민한다. 그러나 애자일은 동일하다.

여러분의 팀은 유능한 집중하기 팀이다. 팀으로서 여러분은 고객의 요구를 이해하고, 좋은 아이디어를 내며, 여러분이 할 수 있는 가장 가치 있는 업무에 집중하는 데 능숙하다. 개선의 여지는 있다. 특별히 결함과 배포에 관한 것으로 사람들은 전달하기 영역의 플루언시에 투자해야 한다고 말하지만, 경영진은 여러분의 업무에 매우 만족하고 있다.

팀원 중 일부는 팀이 최적화하기 팀처럼 완전한 오너십을 가져야 한다고 주장한다. 하지만 현재 팀의 우선순위는 프로덕트 매니저인 한나^{Hanna}가 결정한다. 그녀는 마케팅 부분 소속으로 무척이나 바쁘며, 그녀의 상사는 그녀를 여러분의 팀에 풀타임으로 영입하고 싶어하지 않는다.

오늘은 데모 데이^{demo day}며 제품의 방향성에 관해 논의한다. 매주 여러분의 팀은 소프트웨어의 새로운 버전을 릴리스하고 다음 주를 위한 개발 계획을 세운다. 여러분은 한 달에 한 번 이해관계자들에게 여러분이 만든 것을 보여주고 피드백을 받는다. 여러분은 이런 시간을 더 자주 갖고 싶지만, 이해관계자들을 그만큼 자주 호출하는 것은 그들을 귀찮게 만들 뿐이다. 그래서 여러분은 빈도를 줄여 더 큰 규모의 데모를 진행하고 있으며, 사람들은 새로운 것을 보는 기대감에 부풀어 있다. 빠른 피드백을 원할 때는 흥미를 가진 개인들에게 개별적으로 데모를 한다.

한나는 평소처럼 데모를 이끈다. 그녀는 팀원들이 데모를 하기 원했지만, 여러분은 한나가 데모를 책임지게 함으로써 그녀가 여러분이 만드는 것에 더 많은 관심을 기울였음을 알았다. 이는 더 나은 피드백과 더 나은 결과로 이어졌다. 또한 그녀는 이해관계자의 언어를 훨씬 잘 이용했다.

이해관계자들은 이번 달의 진척에 만족한 듯 보인다. 여러분이 작업 중인 화이트 라벨 피처와 일반적인 제안 사항에 관심이 많다. 한나는 이들을 기록한다.

데모가 끝나면 팀 주간 회고를 진행한다. 팀은 이 시간은 활용해 여러분의 프랙티스, 팀 역동, 개선을 위한 실험에 방해가 되는 조직적인 장애물을 살펴본다. 월간 데모의 케이던스는 이런 실험의 결과 중 하나다.

여러분의 팀은 회고 후 휴식을 가진다. 이후 한나는 시각적 계획하기 보드를 꺼내 주간 플래닝 세션을 시작한다. 시각적 계획하기 보드는 큰 화이트보드이며 인덱스 카드가 자석으로 붙어 있다. 카드는 그룹화돼 있고, 각 그룹에는 '리셀러reseller', '보험 수리사actuary', '회계사accountant' 같은 이름이 붙어있다. 이들은 여러분의 고객 그룹을 나타낸다. 그리고 '화이트라벨whitelabel'이라고 이름 붙은 또 하나의 큰 카드 그룹이 있다.

한나는 "데모에서 좋은 아이디어가 있었습니다. 그렇지만 리셀러를 위한 화이트라벨 피처에 집중하고자 합니다." 라고 말한다. 모두가 고개를 끄덕인다. 여러분은 지난 몇 주 동안 이 작업을 해왔기 때문에 더 이상 놀랍지 않다. "화이트 라벨링은 거의 마무리됐으므로 다음은 관리자 화면administer screen에 대한 작업을 진행할 것입니다. 그 전에 주요 리셀러 중 한 곳과 시범 운영을 해보고 싶습니다. 자세한 내용은 이메일로 공유하겠습니다."

한나는 팀의 UX 디자이너인 콜튼Colton을 보며 고개를 끄덕이자 콜튼이 말을 이어받는다. "한나와 저는 오늘 오후 시범 운영과 화이트라벨 관리에 들어갑니다. 참여를 원하는 분은 언제든 환영합니다. 그 후 스토리 맵을 정리하고 플래닝 게임을 통해 스토리에 살을 붙일 것입니다. 너무 복잡하면 안 됩니다. 일정을 잡고 알려드리겠습니다."

한나는 릴리스 보드의 '화이트라벨' 섹션에서 몇 장의 파란색 스토리 카드를 집어 든다. "이번 주에 진행해야 할 스토리가 여전히 남아 있습니다. 우리 수용량은 여전히 12포인트이지요?" 모두가 끄덕인다. "좋습니다. 3… 6… 8, 11, 12. 실제 고객과 시험 운영을 하기 위해 이것을 마쳐야 할 것 같습니다." 그녀는 첫 번째 카드를 들고 있다. 그 카드에는 '화이트라벨 컬러 스킴^{whitelabel color scheme}'이라고 써 있다. "좋습니다. 이 카드의 경우 우리는 각 리셀러의 색상에 맞춰 사이트의 컬러 스킴을 변경해야 합니다." 그리고 나머지 카드에 관해서도 간략하게 설명한다. 이후 명확한 확인을 휘한 질문이 이어지고, 이전에 봐왔던 것처럼 회의는 순식간에 끝났다,

"좋습니다. 이게 계획입니다!" 한나는 말을 끝낸다. "콜튼이 세부 사항에 관한 질문에 대답해 줄 것입니다. 저는 다른 일이 있어서 이만." 그녀는 구석을 가리키며 말을 잇는다. "여러분이 회의를 마치기 전에 돌아오겠습니다. 제가 더 분명하게 설명할 것이 있다면 알려주세요."

한나는 자리에 앉고 셰이나^{Shayna}가 회의를 이끈다. 여러분은 얼마 전에(이 또한 회고에 대한 다른 실험이었다) 회고를 이끈 사람이 그 주에 진행되는 모든 팀 회의를 이끄는 것으로 결정했다. 여러분이 이끄는 팀 이외에 어떤 팀도 이런 방식을 사용하는 것을 들어본 적이 없지만, 퍼실리테이터를 미리 정해두면 적정한 상태를 유지하는 데 도움이 된다. 특히나 여러분의 코치는 현재 다른 팀으로 자리를 옮겼다.

셰이나는 플래닝 보드 주위를 돈다. 그녀의 등 뒤에는 주간 계획이 걸려 있다. "좋습니다. 방법은 알고 있겠죠." 그녀는 한나가 선택한 3개의 스토리 카드를 가리킨다. "그럼 모두 함께 브레인스토밍을 해서 이 스토리를 노란색 태스크 카드로 나누어 보죠. 제가 보드를 준비하겠습니다."

팀원들은 테이블 주위에 모여 태스크를 노란색 인덱스 카드에 아이디어를 적기 시작한다. 그들은 아이디어를 쏟아 내고, 이는 더 많은 아이디어로 이어진다. '컬러 스킴을 포함하도록 DB 스키마를 업데이트한다', 'CSS 변수를 추출한다', '리셀러별 CSS 파일을 제공한다', '최상위 템플릿에 리셀러 CSS 파일을 추가한다' 등 얼마 지나지 않아 팀이 다음 주에 해야 할 모든 것을 나타내는 카드가 질서 정연하게 보드에 붙는다. 셰이나는 이를 화이트보드에 옮기는 것을 돕는다. 다른 팀은 이와 다른 방법으로 계획을 시각화한다는 말을 들었지만 여러분의 팀은 이 방식을 선호한다.

"스탠드업 회의를 시작합시다." 셰이나가 말한다. 여러분은 화이트보드 주위에 서서 무엇을 처음 할 지에 관한 간단한 토론을 한 다음, 모두가 보드에서 태스크 카드를 떼어낸다.

각 태스크는 몇 시간 정도면 마무리할 수 있는 것으로, 각 태스크가 완료되면 해당 카드에 완료 표시를 한 뒤 보드에서 새로운 카드를 가져 간다. 매일 보드 주위에서 스탠드업 회의를 진행하면서 업무 진척과 업무 흐름에 이상이 없는지 확인한다.

"이것으로 된 것 같네요." 셰이나가 말한다. 스탠드업 회의는 몇 분, 전체 플래닝 세션은 한 시간이 채 걸리지 않는다. 회고와 데모를 마치고 나면 거의 정오가 된다. "점심 같이 드실 분?"

집중하기 영역에 온 것을 환영한다

집중하기 플루언시 영역은 기업이 가장 가치를 두는 것에 집중하고자 하는 팀을 위한 것이다. 이들은 비즈니스 파트너와 밀접하게 협업하면서 우선순위를 이해하고 시각화를 제공하며 피드백을 반영한다. 집중하기 영역에 능숙한 팀은 다음과 같은 특성을 보인다.[1]

> 집중하기 영역은 기업이 가장 가치를 두는 것에 집중하고자 하는 팀을 위한 것이다.

- ☐ 기술적 태스크가 아니라 비즈니스 가치의 관점에서 업무를 계획하며, 기업의 비즈니스 우선순위에 맞게 팀의 업무를 조정한다.

- ☐ 최소 한 달에 한 번 진척을 시연한다. 이는 기술적인 태스크가 아니라 비즈니스 가치 관점에서 진행된다.

- ☐ 비즈니스 우선순위 변화에 맞춰 방향을 변경한다.

- ☐ 시각적으로 진행 상황을 제공함으로써 경영진은 팀이 잘못된 것을 만들고 있거나 진척이 없을 때 개입할 수 있다

- ☐ 정기적으로 업무 습관을 개선함으로써 비용을 절감하고 효율성을 개선한다.

- ☐ 팀 내에서 원활하게 협업함으로써 팀 내의 오해와 핸드오프로 인한 지연을 줄인다.

---

1   이 목록은 [Shore2018b]에서 파생됐다.

이러한 장점을 달성하기 위해 팀은 다음과 같은 스킬을 개발해야 한다. 이를 위해서는 4장에서 설명한 투자가 필요하다.

비즈니스의 요구에 대응하는 팀은 다음과 같은 특성을 보인다.

- ☐ 팀은 비즈니스 대표자와 협업하며, 비즈니스 대표자는 팀에게 조직의 관점과 기대 치를 제공한다.

- ☐ 비즈니스 이해관계자들은 팀의 비즈니스 대표자가 말하는 가장 가치 있는 우선순 위가 무엇이건 팀에 의존해 작업할 수 있다.

- ☐ 팀은 비즈니스 대표자들이 이해하며 가치를 두는 단위로 자신들의 업무를 계획하 고 진척을 보인다.

- ☐ 팀의 비즈니스 대표자는 최소한 월 단위의 진행 방향을 관찰하고 필요한 경우 변 경할 수 있다.

- ☐ 경영진은 팀이 비즈니스 요구를 완전히 만족시킬 수 있는 속도로 일할 수 있게 지 원한다.

팀으로서 효과적으로 일하는 팀은 다음과 같은 특성을 보인다.

- ☐ 팀은 비즈니스 대표자의 우선순위에 기반해 일상 업무와 계획을 만든다.

- ☐ 팀원들은 계획을 개인이 아닌 팀 업무라 간주한다.

- ☐ 팀원들은 계획 완수의 책임을 공동으로 진다.

- ☐ 경영진은 계획을 개인에게 할당한 것이 아닌 팀의 업무로 간주한다.

팀으로서 위대함을 추구하는 팀은 다음과 같은 특성을 보인다.

- ☐ 팀은 업무에 대한 다양한 접근 방식으로 포용하고 지속적으로 개선한다.

- ☐ 팀은 팀 내 관계가 팀의 성공 능력에 미치는 영향을 이해하고 이를 능동적으로 개 선한다.

□ 팀은 업무 환경이 팀의 업무 수행 능력에 미치는 영향을 이해하고 이를 능동적으로 개선한다.

집중하기 플루언시 달성하기

2부의 각 장은 팀이 **집중하기 영역**에 필요한 스킬의 플루언시를 달성하는 데 도움을 줄 것이다. 각 장은 팀으로 업무를 수행하고, 가치 있는 출시를 계획하고, 업무를 소유하고 책임지며, 끊임없이 개선하는 데 도움을 주는 프랙티스를 담고 있다.

- 7장: 팀으로서 효과적으로 일하는 방법을 설명한다.

- 8장: 비즈니스 가치에 맞춰 업무를 계획하고, 우선순위를 결정하는 방법을 설명한다.

- 9장: 매일의 진행 상황과 계획에 대한 오너십을 갖는 방법을 설명한다.

- 10장: 업무 시각화를 제공하고, 이해관계자의 신뢰를 얻는 방법을 설명한다.

- 11장: 팀의 업무 습관, 관계 및 환경을 개선하는 방법을 설명한다.

팀워크

최고의 아키텍처, 요구사항 및 디자인은 자기 조직적인 팀에서 나온다.

비즈니스 부분의 사람들과 개발자들은 프로젝트 전체에 걸쳐 날마다 함께 일해야 한다.

– 애자일 소프트웨어 개발 선언(Manifesto for Agile Software Development)

교차 기능하는 자기 조직적인 팀은 모든 애자일 조직의 근본적인 '리소스resource'다. 하지만 누가 애자일 팀의 일원이 될 것인가? 그들은 어떻게 어떤 일을 해야 할지 아는가? 팀이 함께 잘 협업하도록 하는 것은 무엇인가?

7장에서는 위대한 애자일 팀을 만들기 위해 필요한 프랙티스를 살펴본다.

- 전체 팀(p.130): 필요한 모든 스킬을 갖춘 교차 기능 팀을 만든다.

- 팀 룸(p.150): 팀이 효과적으로 협업할 수 있는 물리적인 또는 가상의 공간을 구축한다.

- 안전감(p.171): 팀원들이 경험과 인사이트를 공유할 수 있는 환경을 조성한다.

- 목적(p.183): 팀원들이 자신들의 업무가 어떻게 기업의 큰 계획에 기여하는지 이해할 수 있도록 돕는다.

- 컨텍스트(p.196): 팀의 이해관계자들과 약속된 리소스를 명확하게 한다.

- 정렬(p.204): 팀원들이 효과적으로 협업할 수 있는 기준을 수립한다.

- 활력 넘치는 업무(p.215): 팀이 계속해서 지속할 수 있는 방법으로 일할 수 있게 독려한다.

교차 기능하는 자기 조직화된 팀의 핵심 아이디어는 처음부터 애자일의 일부였다. 익스트림 프로그래밍에서는 이를 전체 팀이라 불렀으며, 이 책에도 이 용어를 이용한다. 스크럼(Scrum)에서는 이를 '스크럼 팀(The Scrum Team)'이라 부른다. **팀 룸** 역시 오래된 개념이다. XP에서는 이를 '나란히 앉기(Sit Together)'라 부르며, 오리지널 스크럼 가이드에서는 팀 업무 환경의 중요성에 관해 언급한다 [Schewaber2002].

안전함(Safety)은 수년 동안 애자일 대화의 한 부분이었다. [Beck2004]에서는 이른 전체 팀 관점에서 언급한다. 조슈아 케리에프스키(Joshua Kerievsky)는 '안전함을 구축하는 것'을 모던 애자일의 전제 조건으로 명명했다. 이 책에서의 논의는 초청 작가인 기테 클릿가드의 도움으로 진행됐는데, 그녀는 팀과 조직이 심리적 안전함을 구축할 수 있게 돕는 데 풍부한 경험을 갖고 있다.

목적(purpose), **컨텍스트**(context) 및 **정렬**(alignment) 프랙티스는 다이애나 라센과 아인슬리 니스(Ainsley Nies)가 쓴 훌륭한 책 『Liftoff: Start and Sustain Successful Agile Teams』(Pragmatic Bookshelf, 2016)에 기반한다[Larsen2016]. 이들은 또한 차터링의 예시로 애자일 컨텍스트에서 조슈아 케리에프스키의 'Industrial XP(IXP) 메서드[Kerievsky2005]'에서 처음 봤다. 차터링은 니스와 라센의 작업에 지대한 영향을 미친 모방할 수 없는 쓰리(Ⅲ)[1]가 IXP에 제공했다.

활력 넘치는 업무(Energized Work) 역시 오래된 애자일 아이디어 중 하나다. 이 용어는 XP에서 온 것으로 XP의 첫 번째 버전에서는 이를 '주 40시간(40-Hour Week)'이라 불렀지만, 두 번째 버전에서는 덜 미국적인 '활력 넘치는 업무'라는 표현으로 바꿨다.

전체 팀

대상
코치

우리는 훌륭한 결과를 전달하는 데 필요한 모든 스킬을 갖고 있다.

모던 소프트웨어 개발에서는 많은 스킬이 필요하다. 프로그래밍 스킬은 물론이고 대인 스킬, 예술적인 스킬, 기술적인 스킬을 모두 포함한다. 그리고 팀이 이런 스킬을 갖추지 못하면 성과는 저하된다. 특정 피처 또는 해당 피처를 완료하는 것에 집중하는 일보다 팀

---

1   Ⅲ는 그의 풀 네임으로 'Three'라고 발음한다.

원들은 이메일을 보내고, 응답을 기다리고, 오해를 다루는 등의 다양한 태스크를 처리하느라 동분서주하다.

이런 지연과 오류를 피하기 위해 애자일 팀은 **전체 팀**의 교차 기능을 수행해야 한다. 애자일 팀은 다양한 스킬과 경험을 가진 이들로 구성되며, 팀이 목적을 달성하는 데 필요한 스킬을 총체적으로 보유한다. 넓은 의미에서 이러한 스킬은 고객 스킬, 개발 스킬 및 코칭 스킬로 나눌 수 있다.

함께 보기
목적(p.183)

애자일 팀에게는 **역할**이 아닌 **스킬**이 필요하다. 때때로 기업 역사를 잘 알고 있는 선임 프로그래머들이 최고의 프로덕트 매니저가 될 수 있다. 프로덕트 매니저들은 뛰어난 테스팅 스킬을 갖고 있기도 한다. 뿐만 아니라 애자일 팀은 시간이 지남에 따라 학습하고 성장한다. 모든 팀원은 자신의 스킬을 확장하기 위해 노력한다. 그중에서도 특히 고객과 관련된 스킬이 중요하다.

> 애자일 팀에게는 역할이 아닌 스킬이 필요하다.

이 책에서 '프로덕트 매니저', '개발자' 또는 다른 직책을 언급한다면 이는 **해당 기술을 가진** 사람들을 지칭하는 것이지 팀에서 그런 직책을 갖고 있는 사람들을 가리키는 것은 아니다. 애자일 팀원들이 조직도상의 자신의 직책이 아닌 자신이 가진 스킬과 경험에 따라 공헌할 때 가장 잘 작동한다.

CARGO CULT

구멍 난 팀

"좋습니다. 이제 여러분은 애자일입니다." 여러분의 관리자는 이렇게 말하더니 골프 향이 나는 연기 속으로 사라진다.

여러분을 포함한 네 사람은 신경이 곤두선 채 서로를 쳐다본다. 여러분은 프론트엔드 프로그래머 팀이며, 무엇부터 시작하면 좋을지에 대해 아무런 생각도 없다. 새로운 이니셔티브에 대한 소식이 들려왔고, 아무튼 여러분의 팀이 그 이니셔티브에 연관된 것 같다.

다음날 클라우디네(Cloudine)가 합류했다. "안녕하세요. 스크럼 마스터입니다."라고 그녀가 말한다. "어제 제가 여기 없어서 죄송합니다. 저는 지금 다른 네 개 팀과 함께 일하고 있습니다. 여러분과 협업하게 된 것을 이제 막 알게 됐습니다. 라모니타(Ramonita)가 프로덕트 오너인데 오늘은 함께 하지 못할 것 같네요. 다다음 주에 주간 회의를 함께 잡도록 하겠습니다."

클라우디네는 여러분이 작업할 제품에 대해 빠르게 알려준다. 여러분의 팀은 UI를 구축하고 있으며, 다른 여러 팀은 백엔드 마이크로서비스를 구축하고 있다. 테스팅은 QA 부서에서 정상적으로 진행하며, 배포할 준비가 완료되면 모니터링과 운영 시간을 담당하는 옵스(Ops)에 티켓을 제출한다. "이것은 디자인 부서에서 만든 UI 모형입니다."라고 클라우디네가 말을 잇는다. "그리고 라모니타가 모든 요구사항을 적은 스토리를 이슈 트래커에 입력했습니다. 매일 스탠드업 회의에서 여러분과 함께 확인하겠습니다. 여러분이 작업한 내용을 알려주시면 제가 이슈 트래커를 업데이트하겠습니다."

클라우디네는 자리를 떠난다. 그녀의 목소리가 복도를 따라 사라진다. "필요한 것이 있으면 뭐든 알려주세요!" 여러분은 서로를 바라보며 어깨를 으쓱하고는 이슈 트래커를 연다. 스토리가 명확하지 않아 여러분은 몇 통의 이메일을 보낸다. 그러는 동안 여러분은 구현을 시작한다.

몇 개월이 지났다. 상황은 좋지 않다. 여러분은 라모니타와 격주로 만나는 데, 미팅은 그녀가 요청한 많은 것을 재작업하는 것으로 끝나기 일쑤다. 이슈 트래커의 요구사항은 항상 불명확하기 때문에 항상 이메일을 보내야 하고, 그 와중에도 최선의 추측을 해야 한다.

여러분은 완료했다고 생각하지만 QA는 끊임없이 이슈를 찾아낸다. 스토리는 해석을 위해 열린 상태로 머물러 있다. 여러분은 라모니타에게 좀 더 상세한 내용을 남겨 달라고 요청하지만, 정보는 늘 부족하다. 백엔드 시스템은 예상한 대로 작동하는 경우가 없다. 또한 옵스가 새로운 빌드를 위한 개발 환경을 업데이트하는 데는 오랜 시간이 걸린다.

하지만 마침내 여러분은 산출물을 배송한다. 얼마나 잘 전달됐는지 알 길은 없으나 그게 뭐 중요하겠는가? 이제 다른 일을 하면 되고 문제가 있다고 해도 그건 옵스의 소관이다.

고객 스킬

고객, 사용자 및 비즈니스의 이익을 대표하는 능력을 가진 사람들을 팀의 **현장 고객**on-site customer 또는 '고객customer'이라 부른다. 이들은 **무엇을** 만들어야 하는지 결정하는 책임이 있다. 여

함께 보기
실질적인 고객 참여(p.288)

러분이 만드는 소프트웨어 유형에 따라 고객은 실제 고객 또는 실제 고객을 **대표하는** 사람일 수도 있다.

애자일 팀을 만들 때 가장 어려운 측면은 고객 스킬을 가진 사람들을 찾는 일이다. 이 스킬을 간과하지 말라. 이는 여러분이 전달하는 제품의 가치를 증가시키는 데 필수적이다.

훌륭한 팀은 현장 고객 없이도 기술적으로 뛰어난 소프트웨어를 만들 수 있지만, 실제로 성공하려면 해당 소프트웨어가 실제 고객, 사용자 및 여러분의 조직에 가치를 전달해야만 한다. 이를 위해서는 고객 스킬이 필요하며, 고객 스킬도 여러 범주로 나눌 수 있다.

> 실제로 성공하려면 해당 소프트웨어가 실제 고객, 사용자 및 여러분의 조직에게 가치를 전달해야만 한다

프로덕트 매니지먼트(프로덕트 오너십)

애자일 팀은 가치에 초점을 두지만 무엇이 가치 있는지 어떻게 알 수 있는가? 이 지점에서 프로덕트 매니지먼트가 필요하다. 프로덕트 매니지먼트 스킬을 보유한 팀원들은 이해관계자와 협업하면서 팀이 **무엇을** 만들어야 하는지, **왜** 그것이 중요한지, 그리고 팀이 **누구의** 필요를 만족시켜야 하는지 찾아낸다. 이들은 데모를 주도하고 피드백을 구하며, 조직 내에서 팀의 작업을 홍보한다. 대부분의 팀에서 이는 풀 타임 업무다.

함께 보기

목적(p.183)
컨텍스트(p.196)
적응적 계획하기(p.237)
시각적 계획하기(p.258)
이해관계자 데모(p.401)
이해관계자 신뢰(p.391)

프로젝트 매니저들은 제품에 포함해야 할 대상에 관한 어려운 트레이드 오프 결정을 내리기 위해 조직 차원의 권한을 가져야 한다. 또한 다양한 이해관계자의 이해관계를 조정하고, 이들을 팀의 목적에 맞게 통합하고, 받아들일 수 없는 희망사항에는 '아니오'라고 효과적으로 거절할 수 있도록 정치적인 요령과 지식을 가지고 있어야 한다.

이런 스킬과 영향력을 가진 사람들은 수많은 시간을 요청받는다. 여러분은 어쩌면 이들의 주의를 끌지 못할 수도 있다. 인내하라. 프로덕트 매니지먼트는 팀에 있어 가장 중요한 스킬이다. 좋은 프로덕트 매니지먼트 스킬을 가진 사람, 즉 성공과 실패의 차이를 알아볼 수 이는 사람의 시간을 충분히 보장할 만큼의 높은 가치를 가진 소프트웨어가 아니라면, 애초에 개발할 가치가 없을 수도 있다.

많은 기업은 프로덕트 매니저를 매우 적게 배치한다. 이는 예측 가능한 작업을 하는 느리게 움직이는 팀 체제에서는 작동하겠지만, 일반적으로 팀이 잘못된 것을 만드는 데 시간을 낭비하게 한다[Rooney2006]. 문제가 발생하고 후회할 결과를 만든다.

우리는 우선순위를 몰랐다. 다음에 무엇을 해야 할지 정확히 알지 못했다. 우리는 전체 목록에서 스토리를 꺼내지만, 무엇을 해야 하는지에 관해 고객, 즉 프로덕트 매니저와 이야기를 거의 나눌 수 없었다. 몇 개월간 이런 상황이 이어졌다.

그리고 우리는 금광 소유자, 즉 경영진 스폰서가 대단히 화가 났음을 발견했다. 우리는 그의 생각과 전혀 다른 일을 하고 있었던 것이다.

프로덕트 매니지먼트를 간과하는 실수를 저지르지 말라. 기억하라. 팀에게 필요한 것은 프로덕트 매니지먼트 **스킬**이지, 프로덕트 매니지먼트 **직책**을 가진 사람이

프로덕트 매니지먼트를 간과하는 실수를 저지르지 말라.

아니다. 선임 개발자들은 특히 제품과 기업의 오랜 역사를 가진 경우 교육을 통해 훌륭한 프로덕트 매니저가 될 수 있다. 실례로 토요타^{Toyota}에서는 차량 수석 엔지니어가 컨셉부터 경제적 결과에 이르는 모든 것에 대한 책임을 갖는다.

도메인 전문성(주제 전문 지식)

대부분의 소프트웨어는 금융 같은 특정 산업군에서 운영되며, 각 산업군은 비즈니스 수행을 위해 특별한 규칙을 가진다. 이 산업군에서 성공하기 위해서는 팀의 소프트웨어가 이러한 규칙을 믿을 수 있을 정도로 정확하게 구현해야 한다. 이 규칙을 **도메인 규칙**$^{domain\ rule}$이라 부르며, 이 규칙에 관한 지식을 **도메인 지식**$^{domain\ knowledge}$이라 부른다.

팀에는 이런 세부적인 규칙을 파악하고, 모순을 해결하며, 해답을 손쉽게 얻을 수 있는 도메인 전문성을 가진 사람들이 필요하다. 이들은 깊은 전문 지식을 가진 사람들이다. 내가 함께 일했던 한 애자일 팀은 화학 분석용 소프트웨어를 만들었으며 팀에는 석사 학위가 있는 분석 화학자가 있었다. 또 다른 팀은 은행 간 사고 관리 소프트웨어$^{bank-to-bank\ collateral\ management\ software}$를 만들었으며 두 명의 회계 전문가를 보유하고 있었다. 세 번째 팀은 생명 보험 소프트웨어를 만들었으며 보험 수리 도메인 전문가를 보유하고 있었다.

여러분이 만든 소프트웨어가 난해한 도메인 규칙이 없더라도 소프트웨어가 무엇을 해야 하는지에 관한 세부 내용을 파악할 수 있는 사람들이 필요하다. 일부 팀에서는 프로덕트 매니저, 사용자 경험 디자이너, 비즈니스 분석가가 이에 해당한다.

프로덕트 매니지먼트는 이해관계자와 많은 시간을 함께 하지만, 반면에 도메인 전문가는 팀과 더 많은 시간을 함께 보낸다. 대부분의 업무는 앞으로 해야 할 작업의 세부 사항을 도출하고, 복잡한 규칙의 예시를 만들며, 도메인에 관한 질문에 대답하는 것이다.

함께 보기

이해관계자 신뢰(p.391)
고객 예시(p.372)
유비쿼터스 언어(p.527)

사용자 경험 디자인(인터랙션 디자인)

소프트웨어의 사용자 인터페이스는 제품의 얼굴이다. 많은 사용자에게는 UI **자체가** 제품이다. 사용자들은 오로지 UI에 대한 인식으로만 제품을 평가한다.

UX 스킬을 가진 사람들은 UI를 정의한다. 이 스킬은 사용자, 사용자의 요구, 사용자와 제품의 인터랙션 방법을 이해하는 데 중점을 준다. UI 정의 업무는 사용자 인터뷰, 사용자 퍼소나 생성, 사용자와의 프로토타입 검토, 실제 소프트웨어 사용 관찰, 습득한 정보의 특정한 레이아웃과 이미지로의 통합 등을 포함한다.

애자일 개발의 빠르고 이터레이션적인 피드백 기반 특성은 UX 디자이너들에게 있어 기존과 전혀 다른 환경이다. 사전 사용자 리서치 단계를 수행하는 대신, UX 디자인은 소프트웨어 자체의 이터레이션적인 개선과 함께 이터레이션적으로 수행된다. 애자일 팀은 1~2주마다 소프트웨어를 생산하며, 디자이너들은 이를 이용해 사용자에게 실제 소프트웨어를 제공하고, 사용자의 사용 패턴을 관찰한 다음 피드백을 이용해 팀의 계획을 가이드할 수 있다.

개발 스킬

위대한 목적은 확고한 실행을 요구한다. 고객 스킬이 **무엇을** 할지 파악하는 것이라면, 개발 스킬은 **어떻게** 할지 파악하는 것이다. 개발 스킬을 가진 사람들은 팀의 소프트웨어를 가장 효과적으로 전달하는 방법을 찾아내야 한다.

NOTE 어떤 사람들은 개발 스킬을 '기술적 스킬(technical skill)'이라 부르기도 하지만 내가 보기에 이는 다소 멸시하는 표현인 것 같다. 결국 분석 화학이나 보험 수리 또한 기술적인 문제이기 때문이다. 그러나 더 나은 표현을 찾을 수 없기 때문에 나는 소프트웨어 빌드, 테스트 및 릴리스를 돕는 사람들이 '개발 스킬'을 가졌다고 표현할 것이다.

프로그래밍, 디자인, 아키텍처

프로그래밍 스킬은 당연히 소프트웨어를 개발하는 모든 팀에 필요하다. 그러나 **전달하기** 팀에서는 코드를 작성하는 모든 사람이 디자인을 하고 아키텍처를 만들며, 그 반대도 마찬가지다. 팀은 테스트 주도 개발 방식을 이용해 아키텍처, 디자인, 테스트, 코딩을 하나의 진행되는 활동으로 조합한다.

디자인과 아키텍처에 관한 전문성을 가진 사람들도 필요하다. 이들은 팀의 디자인 및 아키텍처 작업을 이끌고 팀원들이 복잡한 디자인을 단순화하는 방법을 찾을 수 있도록 돕는다. 이들은 존경받는 동료와 같이 일하며, 지시하기보다는 가이드를 한다.

프로그래밍 스킬은 운영 환경에서 소프트웨어를 쉽게 배포하고 관리할 수 있도록 계획하고, 결함을 예방하는 데 필요하다.

함께 보기

테스트 주도 개발(p.564)
단순한 디자인(p.638)
점진적 디자인(p.624)
반영적 디자인(p.650)
진화적 시스템 아키텍처
(p.694)
플래닝 게임(p.277)
버그 없음(p.708)
운영을 위한 빌드(p.667)

테스팅

전달하기 팀에서 테스팅 스킬을 가진 사람들은 시작 단계부터 팀이 좋은 품질을 만들어 내도록 돕는다. 이들은 비판적 사고 스킬을 이용해 고객이 제품을 구상할 때 모든 가능성을 고려하도록 돕는다. 이들은 팀에서 기술 조사관technical investigator 역할을 수행해 팀이 사각지대를 발견하도록 돕고, 성능 및 보안 같은 비기능적 특성에 관한 정보를 제공한다.

대부분의 팀과 달리 **전달하기** 팀에서의 테스팅은 버그를 찾기 위한 철저한 테스팅과 **관련이 없다**. 대신 팀의 나머지 구성원들이 버그가 거의 없는 코드를 자체적으로 만들 것으로 예상한다. 버그가 빠져나오면 팀은 습관을 바꿔 이런 유형의 코드가 이후에 다시 발생하지 않도록 방지한다.

함께 보기

점진적 요구사항(p.295)
고객 예시(p.372)
사각지대 발견(p.719)
버그 없음(p.708)

운영

전달하기 팀의 팀원들은 운영 스킬을 가져야 한다. 운영 스킬은 팀이 프로덕션에서 소프트웨어를 배포, 모니터, 관리, 보호할 수 있게 돕는다. 더 소규모의 조직에서는 하드웨어 프로비저닝과 관리의 책임을 갖기도 한다. 더 대규모의 조직에서는 중앙 운영 그룹과 협력한다.

또한 운영 스킬은 팀이 프로덕션 현실에 적응하도록 돕는다. 보안, 성능, 확장성, 모니터링, 관리 같은 프로덕션에서의 요구에 대한 계획을 수립하고, 필요한 경우 공평한 교대 근무 계획을 수립하며, 프로덕션에서의 사고를 분석하고 예방하도록 돕는다.

함께 보기

지속적인 배포(p.686)
운영을 위한 빌드(p.667)
사건 분석(p.728)

코칭 스킬

애자일을 처음 접하는 팀은 많은 것을 학습해야 한다. 애자일 프랙티스를 적용하는 방법은 물론 효과적인 자기 조직화 팀으로서 함께 일하는 방법도 학습해야 한다.

조직 또한 팀을 지원하는 방법에 관해 배울 점이 많다. 이런 지원은 대부분의 4장에서 설명한 투자의 형태로 나타나지만, 추가적인 변화도 항상 필요하다. 그리고 조직이 미리 팀이 필요한 투자를 하는 것이 최선이지만, 팀은 종종 작업을 시작한 이후 필요한 투자를 요청하기도 한다.

코칭 스킬을 가진 사람들은 팀이 효과적인 애자일 팀이 되는 방법을 배울 수 있도록 돕는다. 이들은 프랙티스를 가르치고, 토론을 촉진하고, 자기 조직화와 팀 개발을 가이드하고, 관리자 및 다른 비즈니스 이해관계자들과 협업해 팀이 필요한 투자를 얻는 방법을 보여준다.

애자일을 처음 접하는 팀은 일반적으로 한 명, 때때로 두 명이 팀 코치로 명시돼 있다. 이 코치들은 팀이 독립적으로 유창해질 수 있도록 돕는다. 그래서 팀원들

> 코치들은 팀이 독립적으로 유창해질 수 있도록 돕는다

은 자신들이 필요한 스킬을 코치의 도움 없이 수행할 수 있게 된다. 이는 코치가 팀을 떠난다는 의미가 아니라 **떠날 수도 있음**을 의미한다. 코치들이 팀과 함께 있기를 원한다면 이들은 점진적으로 해당 팀의 정규 멤버가 된다.

NOTE 팀이 독립적으로 유창하게 되더라도 경험이 풍부한 코치를 매년 한 번씩 팀에 합류하도록 하는 것은 매우 도움이 된다. 팀은 새로운 것을 시도하고 잊어버린 프랙티스를 기억할 수 있다.

팀은 추구하는 플루언시 영역에 따라 네 가지 범주에서의 코칭이 필요하다. 때로 한 명 이상의 코치가 필요할 수도 있다.

- **모든 팀**: 팀 개발, 자기 조직화, 퍼실리테이션

- **집중하기 영역**: 플래닝, 팀워크 프랙티스

- **전달하기 영역**: 개발 프랙티스

- **최적화하기 영역**: 비즈니스 개발 프랙티스

코치의 업무 중에는 팀이 자립하도록 돕는 것이 있다. 팀원들은 스스로 토론을 촉진하고, 팀의 역동과 프랙티스를 개선하고, 어떤 투자가 더 효과적인지 파악하고, 이해관계자들과 협업해 투자를 얻어낼 수 있는 능력을 가져야 한다. 모든 팀 스킬을 팀

함께 보기

회고(p.450)
팀 다이내믹(p.461)
장애물 제거(p.480)

원 모두가 가져야 하는 것은 아니지만, 더 많은 팀원이 스킬을 구사할수록 팀의 자립도는 높아진다.

일부 코치들은 팀원들이 이를 **직접** 할 수 있도록 가르치기보다는 팀을 **위해** 이를 직접 수행하는 함정에 빠지기도 한다. 여러분의 팀에서 그런 일이 일어나지 않도록 주의하라.

실천가-코치

내가 가장 선호하는 애자일 코치의 유형은 **실천가-코치**practitioner-coach다. 이들은 사례를 통해 애자일 프랙티스를 적용하는 데 있어서의 진정한 전문성을 가진 사람들이다. 이들은 프랙티스를 전달하는 것보다는 팀과 조직의 학습을 돕는 것에 초점을 둔다. 이들은 **말하기**보다는 **보여주기** 스킬과 백그라운드를 갖고 있으며 이 과정에서 팀의 업무를 돕는다. 경험이 풍부한 실천가-코치들은 하나 혹은 두 팀과 동시에 협업하거나 여러 팀의 플레이어-코치를 가이드할 수 있다.

플레이어-코치

실천가-코치의 변형으로 **플레이어-코치**player-coach가 있다. 이들은 애자일 프랙티스와 약간의 코칭 스킬에 대한 경험이 있지만, 팀의 학습을 돕기보다는 직접 수행하는 데 더욱 중점을 둔다. 내부에서 육성한 코치는 종종 대부분 경험이 풍부한 애자일 개발자들과 마찬가지로 '테크니컬 리드technical lead' 또는 '시니어 엔지니어senior engineer' 같은 직책으로 불린다.

플레이어-코치는 팀이 애자일 프랙티스를 능숙할 정도까지 적용하도록 돕는 데 매우 효과적일 수 있지만, 팀이 **독립적으로** 능숙해지도록 돕는 데는 성공하지 못하는 경향을 보인다. 이들은 또한 조직 변화에 영향을 미치는 시기와 방법을 이해하는 데 어려움을 겪는다. 이들은 하나의 팀만 담당해야 한다.

퍼실리테이터-코치

가장 일반적인 유형의 코치는 **퍼실리테이터-코치**facilitator-coach로, 종종 스크럼 마스터라고 불리기도 한다.[2] 스크럼 마스터는 대화를 촉진하고 조직의 장애물을 해소함으로써 팀을 이끈다. 이들은 전형적으로 **집중하기 영역**의 프랙티스를 가르치며 팀이 자립하도록 돕는다. 이들은 많은 장애물을 가진 팀에서 유용한데, 이들이 필요한 투자가 이뤄지도록 옹호할 수 있기 때문이다. 플레이어-코치와 퍼실리테이터-코치는 서로의 장단점을 보완할 수 있으므로 좋은 팀이 될 수 있다.

숙련된 퍼실리테이터-코치는 하나 혹은 두 팀과 동시에 협업할 수 있다. 퍼실리테이터-코치의 한 가지 단점은 이들이 일상적인 개발에 많은 공헌을 할 수 없다는 점이다. 그렇기 때문에 때때로 조직에서는 이들이 활용도가 낮은 것으로 보고 너무 많은 팀을 할당하기도 한다. 하지만 그들은 자취를 감추며 팀의 어려움에도 대응하지 않는다. 이런 상황에서 코치는 종종 회의 조정자meeting organizer로 미화되는데 이는 그들의 재능을 잘못 활용하는 것이다.

---

2 '스크럼 마스터'는 유명한 스크럼 메서드에 뿌리를 둔다. 그 이름은 오해의 소지가 있다. 팀에 대한 권한이나 통제권이 있는 사람이 아니라 스크럼에 관해 완전히 이해한 사람을 의미해야 한다.

일반화된 전문가

애자팀은 일반화된 전문가^{generalizing specialist}라 불리는 'T자형 인재^{T-shaped people}'로 구성돼 있을 때 가장 잘 작동한다. 일반화된 전문가는 T의 세로 부분에 해당하는 여러 영역에 대한 깊은 전문 지식을 갖고 있으며, 동시에 팀에 필요한 다양한 스킬에 폭넓게 기여할 수 있기도 하다. 이는 T의 가로 부분에 해당한다(어떤 이들은 'M자형 인재^{M-shaped people}'라는 표현을 써서 일반화된 전문가들이 다양한 영역의 전문성을 개발할 수 있음을 강조하기도 한다).

애자일 팀은 병목 현상을 방지하기 위해 일반화된 전문가가 필요하다. 비 애자일 조직에서는 필요한 시점에 필요한 전문가를 각 팀에 배치하기 위해 복잡한 '리소스 셰이핑^{resource shaping}' 접근 방식을 사용한다. 하지만 이런 시도는 제대로 작동하지 않는다. 소프트웨어 개발 업무는 리소스 셰이핑이 요구하는 것만큼 정밀하게 예측할 수 없기 때문이다. 결과적으로 팀은 오지 않는 사람을 기다리게 되거나 그런 사람을 미리 찾느라 동분서주하게 된다. 관리자들은 모든 것을 정렬하기 위해 앞다퉈 움직이고 여러분은 파편화된 할당을 보게 된다. 이는 많은 낭비로 이어질 뿐이다.

애자일 조직에서는 개인이 아닌 팀이 리소스가 되므로 리소스 셰이핑은 더 단순하다. 도 아니면 모다. 팀이 하나의 피처에 대한 작업을 하든지 그렇지 않든지 둘 중 하나다. 구성원 역시 팀에 완전히 소속돼 있든지 그렇지 않든지 둘 중 하나다.

하지만 여전히 팀 내에 병목 현상이 존재할 수 있다. 프론트엔드 개발자와 백엔드 개발자가 각각 두 명씩 있는 팀을 생각해 보자. 어떤 때는 프론트엔드 작업이 많을 것이고, 그동안 백엔드 개발자는 손가락만 만지작거리고 있을 것이다. 또는 미리 작업을 해둘 수도 있지만, 이는 완벽하게 낭비적인 재작업으로 이어진다. 이에 관해서는 '진행 중 업무를 최소화화라(p.243)'에서 살펴본다. 이와 반대의 경우가 발생하기도 한다.

일반화된 전문가들로 구성된 팀에서는 이런 병목 현상을 피할 수 있다. 프론트엔드 작업이 많을 때는 프론트엔드 전문가들이 주도하고 백엔드 전문가들은 이를 돕는다. 반대로 백엔드 작업이 많을 때는 백엔드 전문가들이 주도를 한다. 이는 단순히 프로그래밍의 문제에 국한되지 않는다. 팀이 직면할 수 있는 병목 현상이 무엇이든 팀원들은 기꺼이 참여해 서로 돕는다.

팀을 처음 구성할 때는 구성원들이 모두 일반화된 전문가일 필요는 없다. 이는 능력보다는 태도의 문제다. 모든 전문가는 자신의 전문성과 가까운 영역에 기여하는 법을 배울 수 있다. 팀원을 선택할 때 그들이 자신들의 전문 영역을 벗어난 태스크를 기꺼이 돕고자 하는 의지가 있는지 확인하라.

팀 구성하기

팀에 필요한 모든 스킬을 보유하는 한 팀에서의 정확한 역할이나 직책은 중요하지 않다. 팀에서의 직책은 조직의 전통에 관련된 것일 뿐 다른 어떤 것도 아니다.

NOTE 새로운 애자일 팀의 경우 명시적으로 프로덕트 매니저와 코치를 식별하는 것은 도움이 된다. 경험이 풍부한 애자일 팀인 경우에는 역할 할당이 방해가 될 수 있지만, 애자일을 처음 접하는 사람들은 질문을 해야 할 때 누구에게 가야 할지 명확하게 인식할 수 있다.

프로덕트 관리 스킬이나 도메인 지식을 가진 사람을 팀에 합류시키지 못할 수도 있다. 많은 기업에서 이런 스킬을 갖고 있는 이들이 팀의 '프로덕트 오너'로 파트

> 외부의 프로덕트 오너는 장기적으로 함께하지는 못할 것이다.

타임으로 일한다. 이는 팀이 스스로 프로덕트 매니지먼트 스킬이나 도메인 전문성을 길러야 한다는 사인으로 봐야 한다. 외부의 프로덕트 오너는 시작하는 데서 도움을 줄 수 있지만, 장기적으로 함께하지는 못할 것이다. 최고의 애자일 팀은 심오한 고객 스킬을 자체적으로 보유한다. 바스 보드의 말을 인용해 보겠다.[3]

> 내가 협업했던 대부분의 팀이 '프로그래머'에서 '제품 개발자'로 변환하는 여행에 있다고 생각했다. 다시 말해 팀(전체 팀!)은 고객과 고객의 도메인을 깊이 이해해야 하고, 고객을 위해 이를 명확하게 설명하고 그 결과를 전달하는 사람에게 의존하지 않는다. 그렇다. 나는 팀에 고객의 필요를 깊이 이해하는 이들을 포함시키고 싶다. 하지만 이들을 포함시키는 것은 팀 전체가 그 스킬을 개선하는 데 도움을 주는 것이 목표이기 때문이다.

고도로 숙련된 스킬을 가진 팀이라 할지라도 일부 의사 결정은 팀 외부의 사람들에 의해 내리게 될 것이다. 예를 들어 여러분의 팀이 큰 규모의 프로젝트에 참여하고 있다면, 시

---

3   바스 보드와의 사적인 대화에서 인용했다.

스템 아키텍처에 관한 의사 결정은 여러분의 손을 벗어날 것이다. 그러한 의사 결정이 업무 배경의 일부라면 큰 문제는 되지 않는다. 하지만 여러분이 지속적으로 외부의 결정이나 여러분을 위한 무엇인가를 기다려야 한다면, 여러분은 전체 팀을 가진 것이 아니다. 그런 스킬이나 책임은 팀이 소유하거나 제품의 해당 측면은 팀 밖으로 완전히 옮겨야 한다. 교차 팀 조율에 관한 더 많은 내용에 관해서는 6장을 참조한다.

완전한 전담 팀원들

높은 성과를 보이는 모든 팀원은 팀에 온전히 헌신한다. 구성원들을 여러 팀에 동시에 할당하는 **단편적인 할당**fractional assignment은 끔찍한 결과를 낳는다. 단편적인 작업자들은 팀에 깊이 관여하지 않으며, 대화에 참여하지 않을 뿐만 아니라 질문에도 대답하지 않는다. 그리고 이들은 태스크를 전환해야 하는데, 이 경우 상당히 숨겨진 페널티가 발생한다. "최소 페널티는 15퍼센트다… 단편적인 지식 근로자들은 바쁘게 보이지만, 그들의 바쁨은 그저 따분할 뿐이다."[DeMarcro2002]

어떤 스킬은 팀에서 가끔 필요한 것도 있다. 여러분은 이런 스킬을 갖고 있는 사람들에게 일시적으로 팀에 합류하도록 요청할 수 있다. 예를 들어 팀이 매우 작은 사용자 인터페이스를 가진 복잡한 서버 사이드 제품을 만들고 있다면, 사용자 경험 디자이너에게 팀이 실질적으로 UI에 관한 작업을 하는 기간 동안만 합류하도록 요청할 수 있다.

이런 사람들이 일시적으로 팀에 합류한다 하더라도, 그들이 팀과 함께 하는 동안에는 팀에 완전히 집중할 수 있도록 해야 한다. 2주 동안 같은 사람이 두 팀에 동시에 참여하는 것보다 1주 동안에는 여러분의 팀, 그리고 다른 1주 동안에는 다른 팀에 온전히 집중하는 것이 훨씬 낫다.

안정된 팀

팀이 효율적으로 협업하는 방법을 배우는 데는 몇 달이 걸릴 수도 있다. 일부 조직에서는 새로운 프로젝트마다 팀을 생성하고 해체한다. 하지만 팀을 유지하는 편의 낭비가 훨씬 적다.

함께 보기

팀 다이내믹(p.461)

팀의 목적이나 제품이 수명을 다하더라도 팀을 해체하지는 말라. 대신 팀에게 새로운 미션을 부여하라.

이 접근 방식은 팀 구성을 변경할 때도 적용할 수 있다. 기존 팀에 새로운 인원을 추가하게 되면, 이들은 기존 팀 문화와 규범에 동화될 것이다. 많은 구성원을 새로 추가한다면 팀은 아예 처음부터 시작하는 것이 나을 수도 있다. 최대한 한 달에 한 명 정도를 팀에 추가하거나 팀에서 빼낼 것을 권한다.

팀 규모

이 책에서는 한 팀의 규모를 3~20명으로 권장한다. 새로운 팀인 경우에는 4~8명으로 시작하는 것이 좋다. 팀원 수가 12명을 넘게 되면 의사소통에 문제가 생길 수 있으므로 더 큰 팀을 생성할 때는 주의해야 한다. 반대로 팀 규모가 매우 작다면 이들을 조합하는 방법도 고려하는 것이 좋다. 이를 통해 오버헤드를 줄이고 이직/퇴사율에 덜 취약할 수 있다.

대부분의 팀에서 프로그래밍이 첫 번째 병목 현상을 일으킨다. 그러므로 팀 규모를 생각할 때는 각 팀이 프로그래밍에 소요되는 시간을 고려하는 것부터 시작해야 한다. 편의상 프로그래밍에 완전히 전념하는 사람을 '한 명의 프로그래머'라 부른다. 그

함께 보기

페어 프로그래밍(p.505)
몹 프로그래밍(p.520)

러나 여러분의 팀에 반드시 엄밀하게 이런 구성원이 있어야 한다는 것은 아니다.

- 페어 프로그래밍 또는 몹 프로그래밍을 하지 않는 팀은 3~5명의 프로그래머를 보유한 정도의 규모여야 한다. 팀 규모가 이 이상 커지면 문제가 발생하기 시작한다.

- 페어 프로그래밍을 하는 팀은 4~10명의 프로그래머를 보유한 정도의 규모여야 한다. 6명인 경우가 가장 좋다. **전달하는** 프랙티스를 처음 접하는 팀은 충분한 경험을 쌓기 전에는 6~7명의 프로그래머 수준을 넘어서는 안 된다.

- 몹 프로그래밍을 하는 팀은 3~5명의 프로그래머를 보유한 정도의 규모다. 더 큰 규모의 그룹에서 몹 프로그래밍을 할 수는 있다. 이는 훌륭한 교육 기법이 필요하며, 어느 시점 이후에는 이익이 감소한다.

일반적으로 완료된 프로그래밍 분량에 비례해 나머지 팀원을 채울 것이다. 이 비율을 여러분이 해야 할 작업량과 거의 동등한 수준으로 해 병목 현상이 발생하지 않게 할 것이다. 일반화된 전문가들을 활용하면 업무 부하량의 변동을 처리할 수 있는 약간의 여유를 제공할 수 있을 것이다. 일반적으로 다음을 위한 계획을 수립한다.

- **고객 스킬**: 프로그래머 3명당 1~2명의 현장 고객을 지원한다. 시간의 1/4~1/2을 프로덕트 매니지먼트에 이용한다. 나머지 시간은 개발하는 소프트웨어 특성에 따라 도메인 전문성, UX 디자인, UI 디자인 등에 투입한다,

- **테스팅 스킬**: 팀이 **전달하기 플루언시**를 달성하지 못했다면 프로그래머 2~4명당 한 명의 테스터를 지원한다. 전달하기 플루언시를 달성했다면 프로그래머 4~8명당 1명의 테스터를 지원한다.

- **운영 스킬**: 제품 환경 특성에 따라 0~2명의 인력이 필요하다.

- **코칭 스킬**: 1~2명의 코치들은 시간을 나눠서 다른 팀과 협업한다.

다시 말하지만 이는 엄격한 규칙은 아니다. 예를 들어 여러분은 프로그래머 6명으로 구성된 팀을 구성할 수 있다. 이 중 한 명은 플레이어-코치이며, 이들은 시간의 절반은 프로그래밍, 1/6은 고객 스킬, 1/6은 테스팅, 1/6은 운영에 활용한다.

왜 이렇게 많은 고객이 있는가?

프로그래머 3명당 고객 2명이 많은 것 같은가? 처음에는 훨씬 적은 비율로 시작했지만, 종종 프로그래머를 따라잡기 위해 고군분투하는 고객을 목격했다. 여러 성공적인 팀에서 다른 비율을 시도해본 뒤 최종적으로 2:1 비율을 얻었다.

이 팀은 모두 유창한 **전달하기** 팀이었으며, 팀에서 프로덕트 매니지먼트를 수행했다. 대부분의 팀은 복잡한 문제 영역과 관련돼 있습니다. 소프트웨어가 간단하거나 유창함을 추구하지 않거나 팀 내부에 프로덕트 매니지먼트가 없다면 고객의 수는 더 적을 수 있다.

그러나 고객이 해야 할 일이 많다는 점을 기억하라. 고객은 가장 가치 있는 것이 무엇인지 파악하고, 작업에 적절한 우선순위를 설정하고, 개발자가 질문할 모든 세부 사항을 식별하고, 고객 리뷰와 데모를 위한 시간을 맞춰야 한다. 고객은 이 모든 작업을 수행하면서 바로 뒤에서 화물 열차처럼 일을 처

리하는 프로그래머(특히 전달하기 팀)보다 한 발 앞서야 한다. 이는 매우 어려운 일이다. 이를 과소평가하지 말라.

동료들의 팀

팀의 누구도 다른 구성원을 책임지지 않는다. 그렇다고 해서 모든 결정이 논의의 대상이 되는 것은 아니다. 구성원들은 자신의 전문 분야에 대한 최종 결정권을 갖는다. 예를 들어 프로그래머는 제품 우선순위에 대한 고객의 의견을 무시할 수 없고, 고객은 기술적 필요성에 대한 프로그래머의 의견을 무시할 수 없다. 또한 중요한 결정을 주도하는 시니어 팀원이 있지만, 팀 안에는 보고 구조가 없다. '프로덕트 매니저' 같은 멋진 직책을 가진 이들조차 **팀**을 관리하지 않는다.

이것은 자기 조직화 팀이 되는 데 매우 중요하다. 자기 조직화 팀은 주어진 작업을 주도할 사람을 스스로 결정하는데, 이것은 어려운 결정은 아니다. 구성원 서로를 잘 아는 팀은 주도할 사람을 자동으로 결정한다. 작업에 대해 가장 잘 아는 사람, 더 많은 것을 배우는 데 가장 많은 관심을 보이는 사람 또는 순서상 다음 차례에 있는 사람일 것이다.

고성과 애자일 팀에서 전달하기 어려운 점은 그들이 얼마나 즐거워하느냐다. 애자일 개발 선언문 작성자 중 한 명인 브라이언 매릭은 '즐거움'이 또 다른 애자일의 가치라고 말했다.[4] 그의 말이 맞다. 훌륭한 애자일 팀은 자신들이 어떤지 **느낀다**. 이들은 낙관적이고 열정적이며 진정으로 함께 일하는 것을 즐긴다. 탁월함을 추구하지만 지나치게 진지하지만은 않다. 예를 들어 아무도 하고 싶지 않은 작업이 있을 때 그것을 누가 할지에 관한 대화는 재미있고 즐겁다. 그리고 빠르다. 효과적인 애자일 팀은 쉽게 결정한다.

이렇게 되기까지는 시간과 노력이 필요하다. 팀 다이내믹team dynamic 프랙티스를 통해 그 방법을 알 수 있다.

함께 보기

팀 다이내믹(p.461)

---

4   매릭은 초기 애자일 팀에서 볼 수 있는 네 가지 가치인 스킬(skill), 자기 주도 원칙(self-discipline), 편안함(ease), 즐거움(joy)을 확인했다[Marick2007a].

자기 조직화 팀

애자일 팀은 무엇을 작업할지, 누가 수행할지, 작업을 어떻게 수행할지 스스로 결정한다. 이것이 애자일의 핵심 아이디어다. **작업 수행 방법을 결정할 수 있는 가장 적합한 사람은 그 작업을 수행하는 사람이다.** 그렇기 때문에 이 책에서는 계획, 협업 및 이해관계자와의 작업에 관한 많은 사례를 소개한다. 이런 일은 관리자가 아닌 팀이 담당한다. 그들은 공동의 책임을 지고, 목적을 달성하기 위해 함께 일해야 한다.

그렇다고 해서 팀 관리자가 할 일이 없다는 의미는 아니다. 실제로 세부 사항을 팀에 위임함으로써 관리자는 더 큰 영향을 미치는 활동에 집중할 수 있다. 관리자의 임무는 팀이 포함된 더 큰 시스템을 관리하며 팀이 성공할 수 있도록 준비하는 것이다. 자세한 내용은 '매니지먼트(p.434)'를 참조한다.

구멍 난 팀 다시 보기

'구멍 난 팀(p.131)'의 내용을 다시 살펴보자. 무엇이 잘못됐는가?

- 팀 매니저는 팀을 성공으로 이끄는 대신 놀라서 팀을 포기했다.
- 코치인 클라우디네는 팀이 학습하도록 돕지 않았다.
- 프로덕트 매니저인 라모니타는 팀을 위해 시간을 내지 않았다.
- 팀에는 고객 스킬을 가진 인원이 없었다.
- 팀은 스스로 릴리스할 능력이 없었다. 팀 외부의 QA, 운영, 백엔드 팀과 조율해야만 했다.

사실 이렇게 됐어야 한다.

"좋습니다. 오늘은 애자일의 날입니다." 여러분의 관리자가 말한다. 여러분은 몇 주 전에 애자일을 시도하기로 동의했으므로 아무도 놀라지 않는다. "우리가 논의했던 것처럼 이 제품을 작업할 새로운 팀을 구성하고 있습니다. 다들 자기소개를 다시 해주시겠습니까?"

여러분은 방을 돌아다닌다. 3명의 프론트엔드 프로그래머(1명의 풀 스택 경험자), 백엔드 프로그래머, 테스터, UX 디자이너가 있다. 여러분은 이미 코치인 클라우디네를 만났다. 그녀는 프로덕트 매니저인 라모니타를 소개한다.

클라우디네가 개입한다. "여러분 모두가 애자일이 어떻게 작동하는지 보고 싶어한다는 것을 알고 있습니다. 바로 설명하겠습니다. 가장 먼저 '차터링'이라는 액티비티로 시작합니다. 라모니타는 주요 이해관계자와 협업하면서 우리가 무엇을 만들고 있는지, 왜 그리고 누구에게 영향을 미치는지 이해해 왔습니다. 우리는 잠시 후에 그들과 만날 것입니다. 또한 함께 최선을 다하는 방법에 대해서도 알아보도록 하겠습니다."

그 후 며칠 동안 여러분은 작업 처리방법을 파악하고, 핵심 기술을 결합하기 시작한다. 라모니타는 팀에 소속돼 있지는 않지만, UX 디자이너인 미키^{Mickey}가 그녀와 긴밀하게 협력해 팀의 계획을 구체화한다.

몇 주가 지난다. 라모니타는 더 자주 모습을 보이고 미키는 그녀가 자리에 없을 때 그녀를 대신하는 방법을 배운다. 프론트엔드, 백엔드, 테스트, 운영 모두가 같은 팀에 있으므로 더 빠르게 움직일 수 있다. 한 달 만에 첫 번째 이해관계자들과의 데모를 가졌고, 리셉션은 활기를 띤다. 좋은 팀이다. 여러분은 다음에 생길 일을 기대한다.

질문

모든 팀에 필요한 기술을 제공할 인력이 부족하거나 팀에 항상 특정 기술이 필요하지 않다면 어떻게 해야 하는가?

먼저 회사에서 소프트웨어 팀에 필요한 다른 기술에 비해 프로그래머를 과도하게 고용하지는 않았는지 확인하라. 흔히 저지르는 실수다. 만약 그렇다면 채용 우선순위를 변경할 수 있는지 확인하라.

동일한 제품에 대해 여러 팀이 작업하고 있다면 '수직으로 확장하기(p.111)'에서 설명한 것처럼 수직적 확장을 이용해 작업을 모으는 방법을 고려하라.

이런 옵션이 효과가 없다면 회사는 '수평으로 확장하기(p.117)'에서 설명한 것처럼 지침, 표준, 교육을 다른 팀에 제공할 책임을 가진 '지원 팀'을 구성할 수 있다. 예를 들어 중앙

UX 팀은 다음과 같은 일을 할 수 있다. 스타일 가이드를 설정하고 사람들에게 팀의 소프트웨어에 이를 이용하는 방법을 가르칠 수 있다. 이를 통해 팀은 완전한 전문 지식 없이도 자체적으로 문제를 해결할 수 있게 된다.

더 많은 전문 지식이 필요하다면 해당 기술을 가진 사람을 팀에 임시로 할당하도록 요청할 수 있다. 이들은 동시에 팀원들을 교차로 교육할 수 있다. 이러한 기술이 필요한 작업은 해당 스킬을 이용할 수 있을 때까지 연기하라. 이렇게 함으로써 '진행 중 업무를 최소화하라(p.243)'에서 논의하겠지만, 일이 반쯤 마무리돼 낭비로 이어지는 작업이 되지 않게 할 수 있다.

팀의 후배들은 다른 구성원들과 동등한가?

팀원들은 반드시 **동등할 필요는 없다**. 모두 다른 기술과 경험을 갖고 있으며 그들은 동료다. 후배 팀원이 조언과 멘토링을 위해 더 많은 경험을 가진 팀원을 찾는 것은 현명하다. 그리고 선배 팀원이 모든 사람을 존중하고, 동료 관계를 만들고, 후배를 돕는 것 또한 현명한 것이다.

팀원이 해당 기술을 전담하는 팀에 속하지 않고도 어떻게 전문 기술을 개발할 수 있는가?

많은 애자일 조직은 기능적 전문성을 중심으로 '실천 커뮤니티^{CoP, Community of Practice}'를 형성한다. 이들은 관리자, 중앙 지원 팀 또는 관심 있는 자원 봉사자가 이끌 수 있다. 그들은 일반적으로 교육, 사교, 이런 기술을 개발할 수 있는 다른 기회를 제공하기 위해 다양한 이벤트를 개최한다.

전제 조건

전체 팀을 만들려면 경영진의 참여와 지원, 애자일 팀으로서 함께 일하기 위한 팀원들의 동의가 필요하다. 모두를 참여하게 만드는 것에 관한 자세한 내용은 5장을 참조한다.

지표

전체 팀이 있는 경우:

- ☐ 여러분의 팀은 팀 외부 사람들을 기다리지 않고 문제를 해결하고 목적을 달성할 수 있다.
- ☐ 팀원들은 병목 현상으로 인해 팀 속도가 느려지지 않도록 전문 분야 밖에서도 일한다.
- ☐ 여러분의 팀은 원활하고 효과적으로 결정을 내릴 수 있다.
- ☐ 팀원들은 작업과 작업 사이에서 리더십 역할을 원활하게 전환한다.

대안과 실험

이 프랙티스를 뒷받침하는 이론은 매우 직관적이다. 지연과 소통의 문제를 막기 위해서는:

1. 여러분의 목표를 달성하기 위해 필요한 모든 사람을 찾아라.
2. 그들을 한 팀으로 만들어라.
3. 그들이 그 목표를 달성하기 위해 협력하게 하라.

이것이 애자일의 핵심 아이디어이며 이보다 애자일 철학에 충실한 대안은 없다. 그러나 세부 사항은 여러분이 얼마든지 정의할 수 있다. 여기에서 설명한 대로 몇 개월 동안 연습한 뒤, 몇 가지 실험을 시도해 보라.

예를 들어 팀의 의사 결정 방식을 변경하는 실험은 어떻게 할 수 있는가? 누군가가 명시적으로 토론을 촉진하도록 하는 것이 더 효과적인가, 아니면 자연스럽게 토론이 일어나도록 내버려 두겠는가? 어떤 결정은 특정한 이들에게 할당돼야 하는가, 아니면 리더십의 책임이 더 유동적이어야 하는가?

이런 질문에 대한 명확한 답변은 없다. 추측해 보라. 시도하고 결과를 보고 다른 추측을 해보라. 그것 또한 시도하라. 실험을 멈추지 말라. 그것이 기술을 마스터하는 길이다.

더 읽을거리

『The Wisdom of Teams: Creating the High Performance Organization』(Harper Business, 2003)은 고성과 팀에 관한 고전이다[Katzenback2015].

『애자일 컨버세이션』(에이콘출판, 2021)은 팀과 조직이 애자일 문화를 개발하도록 돕는 코치들을 위한 훌륭한 리소스다[Squirrel2020].

팀 룸

대상
전체 팀, 코치

우리는 신속하고 효과적으로 협업한다.

CARGO CULT

나머지 이야기

 여러분은 스토리를 구현하는 프로그래머이고, 요구사항 중 하나에 대한 명확한 설명이 필요하다. 도메인 전문가인 린(Lynn)에게 이메일을 보낸 뒤, 잠시 쉬면서 다리를 쭉 뻗고 커피를 마신다.

자리에 돌아와서도 린에게서는 여전이 응답이 없다. 여러분은 읽으려고 했던 개발자 블로그 몇 개를 확인한다. 30분 후 메일 수신함이 울린다. 린이 응답했다.

이런, 린은 여러분의 메시지를 오해하고 잘못된 응답을 보낸 것 같다. 다시 질문을 보냈지만 더 이상 응답을 기다릴 여유가 없다. 여러분은 린의 답을 최대한 추측하고 다시 일을 시작한다.

하루 뒤, 몇 차례 이메일을 더 주고받은 후에 린과 정답을 맞춰 봤다. 여러분이 생각한 것과는 달랐지만 그래도 꽤 비슷했다. 여러분은 돌아가서 코드를 수정한다. 코드를 수정하는 동안, 아무도 다루지 않았던 극단적인 경우가 있음을 깨닫는다.

답을 얻기 위해 린에게 질문할 수 있지만 매우 애매한 경우이므로 아마 현장에서는 절대 일어나지 않을 것이다. 또한 린은 매우 바쁘기 때문에 어제의 논의로 이 이야기를 끝내겠다고 약속했다(실제로 이런 사소한 세부 사항을 제외하고는 모두 완료됐다). 여러분의 답이 잘못됐으리라는 생각은 추호도 하지 못한 채, 가장 가능성이 높은 답을 입력하고 계속 진행한다.

사람들이 직접 의사소통을 하지 못하면 '대면 대화(p.152)'에서 설명한 것처럼 의사 소통의 효율성이 떨어진다. 오해가 생기고 지연이 발생한다. 사람들은 답변을 기다리고 싶어 하지 않아 추측하기 시작한다. 실수가 발생한다. 우리 대 그들의 대립 구도가 만들어지기 시작한다.

이 문제를 해결하기 위해 많은 팀이 직접적인 커뮤니케이션의 필요성을 줄이려고 노력한다. 이는 현명한 대응이다. 질문이 지연과 오류로 이어진다면 질문의 필요성을 줄여라! 그들은 요구사항을 파악하고 모든 요구사항을 문서화하기 위해 더 많은 시간을 할애한다. 그리고 프로그래머는 더 이상 전문가와 이야기할 필요가 없다는 이론으로 이어진다. 프로그래머들은 문서에 있는 (전문가들이 남긴) 모든 답변을 조회할 수 있기 때문이다.

합리적으로 들리지만 실제로는 잘 작동하지 않는다.
모든 질문을 미리 예측하기는 너무 어렵고, 오해하기

> 글로 쓰는 것은 오해받기 너무 쉽다.

는 너무 쉽다. 그리고 개발 프로세스가 늘어난다. 작업을 시작하기 전 문서를 작성하고, 전달하고, 읽는 데 시간을 들여야 한다.

대신 애자일 팀은 **팀 룸**을 이용해 직접 소통한다. 팀 룸은 팀이 함께 작업하고 협업하는 물리적 또는 가상의 장소다. 누군가 도메인 전문가와 이야기한 뒤 프로그래머가 나중에 읽을 수 있

함께 보기
전체 팀(p.130)

는 문서를 작성하는 대신, 애자일 팀은 그 안에 도메인 전문가와 현장 고객을 포함한다. 프로그래머는 현장 고객과 직접 대화하면서 무엇을 해야 하는지 이해한다.

팀 룸에서 함께 작업하면 엄청난 이점을 얻을 수 있다. 같은 위치에 있는 6개 팀을 대상으로 한 현장 연구에서 [Teasley 2002]는 함께 앉아 있을 때 생산성이 두 배로 증가하고, 시장

함께 보기
점진적 요구사항(p.295)

출시 시간 역시 회사에서 세운 기준의 거의 1/3 수준으로 단축된다는 사실을 발견했다.

이런 결과는 이터레이션할 만한 가치가 있다. 팀은 평소의 1/3 시간에 소프트웨어를 전달했다. 파일럿 연구를 종료한 뒤 11개의 팀이 추가로 동일한 결과를 달성했다.

대면 대화

개발 팀과 정보를 주고 받는 가장 효율적이고 효과적인 방법은 대면 대화다.

– 애자일 소프트웨어 개발 선언문

기술 발전에도 불구하고 협력적인 대면 대화(face-to-face conversation)는 여전히 가장 효과적인 의사 소통 방법이다. [Cockburn2006]을 인용하면 의사 소통의 효율성에는 몇 가지 축이 있다. 그 축을 하나씩 제거할 때마다 의사 소통의 효율성은 낮아진다.

- **협업은 대화보다 낫다.** '협업'이란 공유 시각화 또는 다른 산출물에 대해 함께 작업하는 것을 의미한다. 그것은 아이디어를 현실로 만들고, 대화만으로는 숨길 수 없는 가정과 의미의 차이를 없애 준다.
- **실제 환경이 가상 환경보다 낫다.** 대면 대화에서 참가자는 안구 근육의 미세한 움직임, 신체 언어의 미묘한 움직임 같은 작은 신호를 본다. 이들은 이리저리 움직이며 위치, 접촉(예: 어깨에 손), 무의식적 동기화를 통해 소통한다. 눈치 채지 못한 사이에 이런 단서는 참가자들이 서로를 더 잘 이해하도록 도움을 준다.
- **영상이 음성보다 낫고, 음성이 텍스트보다 낫다.** 음성을 통해 참가자는 억양이나 짧은 시간의 멈춤 등을 사용해 유머, 우려 사항 및 중요한 사항을 전달합니다. 영상을 통해 참가자들은 추가로 표정과 몸짓으로 소통한다.
- **실시간 방식이 비동기 방식보다 낫다.** 실시간 대화에서 참가자들은 대화를 중단하고 명확히 하며 대화 방향을 조정한다.
- **양방향이 단방향보다 낫다.** 양방향 대화에서 참가자는 질문을 통해 혼란스러운 점을 명확하게 한다.

이 모든 것을 제거하면 문서만 남는다. 뉘앙스, 상호 작용 그 어떤 것도 없으며, 오해의 가능성은 가장 높아진다.

협업의 비밀

팀 룸을 최대한 활용하려면 전체 팀이 있어야 한다. 대화할 사람들이 팀에 속해 있지 않으면 교차 기능을 통한 협업의 이점을 얻을 수 없다. 팀 룸 밖으로 자주 이동하는 작업자의 경우(프

> **함께 보기**
>
> 전체 팀(p.130)

로덕트 매니저가 주로 이 범주에 해당한다) 팀 내 다른 사람이 자신들의 역할을 대신할 수 있도록 확인해야 한다.

전체 팀을 갖지 않았더라도 팀 룸에서 함께 작업하면 협업을 강화할 수 있는 새로운 기회를 얻을 수 있다. 내가 선호하는 몇 가지 기법을 소개한다.

항상 질문하고 항상 도우라

문제가 해결되지 않고, 팀원 중 누군가가 답을 알고 있다면 도움을 요청하라. 벽에 머리를 부딪히는 것은 의미가 없다. 이를 지원하고자 많은 팀은 "팀원이 요청할 때는 항상 돕는다"라는 워킹 어그리먼트working agreement를 갖고 있다.

어떤 사람들은 이 규칙을 듣고 생산성이 좋지 않을 것이라고 걱정한다. 어느 정도는 그렇다. 질문에 답하는 데 많은 시간을 할애하면 **여러분 개인**의 생산성은 낮아

> 애자일은 개인의 성과가 아닌 팀의 성과에 초점을 둔다.

질 수 있다. 그러나 애자일은 **팀**에 관한 것이다. 아낀 시간보다 더 많은 시간을 쓰게 되더라도, 팀의 전반적인 생산성은 더 높아질 것이다.

집중을 필요한 프로그래밍 또는 다른 작업은 어떨까? [DeMarco2013]에 따르면 프로그래머가 방해(인터럽트)를 받은 뒤 원래 흐름으로 다시 돌아오는 데는 15분 이상이 걸린다. 도움을 요청하는 문화는 전반적인 프로그래밍 생산성을 해치지 않을까?

그럴 수 있다. 동시에 도움을 요청해 프로그래밍 문제를 간단하게 만드는 것은 팀의 성과를 향상시킬 수 있는 가장 좋은 기회이기도 하다. 그러므로 인터럽트를 회피하는 대신, 주의를 산만하게 하는 인터럽트를 예방할 방법을 찾아라.

질문이 방해가 되지 않게 하는 가장 좋은 방법은 페어 프로그래밍이나 몹 프로그래밍을 활용하는 것이다. 페어링 과정에서 한 사람은 질문에 답하고 다른 한 사람은 당면한 문제에 관해 계속 생각한다. 방해가 끝나는 즉시 '아까 어디까지 했지?'라는

> **함께 보기**
>
> 페어 프로그래밍(p.505)
> 몹 프로그래밍(p.520)

질문과 함께 다시 작업을 시작하게 된다. 몹 프로그래밍을 이용하면 방해는 훨씬 더 문제가 되지 않는다. 모든 구성원이 함께 작업하므로 애초에 방해가 발생하지 않는 경향이

있다. 몹 프로그래밍을 하면 방해를 받는 사람이 잠시 자리를 비울 뿐 다른 구성원들은 계속 일한다.

페어 프로그래밍 또는 몹 프로그래밍을 선택할 수 없다면, 팀
은 집중력이 필요한 업무 방해와 관련해 워킹 어그리먼트를 만
들어야 한다. 한 가지 방법은 직접 대면할 때 헤드폰을 쓰거나,

함께 보기

정렬(p.204)

원격 사용할 때는 상태를 설정하는 방식 같은 표시를 사용하는 것이다. 이 표시는 '방해
하지 마시오'라는 의미다. 그러나 목표는 여전히 개인이 아닌 **팀**의 성과를 최대화하는 것
임을 기억하라.

필요할 때마다 들르라

팀 룸을 사용하면 회의 시간을 훨씬 줄일 수 있다. 팀의 다른 사람들과 문제를 논의해야
할 때 회의를 예약하지 말라. 토론하고 싶은 내용을 팀 룸에서 말하라. 같은 위치에 있다
면 일어서서 무언가를 말하거나 원격일 때는 그룹 채팅에 메모를 남겨라. 그런 다음 서로
이야기를 시작하라. 각 대화에는 영향을 받는 사람들만 포함돼야 하며, 문제가 해결되는
즉시 종료돼야 한다. 팀에 참가해야 하는 다른 사람이 있으면 참석을 요청한다.

누군가가 대화를 시작한다고 굳이 참여할 필요는 없다. 제안된 주제를 듣고 여러분의 의
견이 필요한지 스스로 결정하라. 마찬가지로 토론이 여러분과 관련 없다고 판단되면 그
자리에 머무르지 않아도 된다. 돌아가서 여러분이 하던 작업을 계속하라. 이는 이동의 법
칙Law of Mobility이라고 한다. "배우거나 기여하지 않는 경우에는 언제든 여러분이 있는 곳
으로 이동하라."[5] 반대 경우도 마찬가지다!

대화가 여러분과 관련이 있다고 판단하면 계속 참여하라. 실제 팀 룸에서는 집중하는 사
람들에게서 대화를 멀리 옮기는 것이 예의다. 대부분의 팀 룸에는 이를 위한 별도의 대화
공간이 존재한다. 대화 공간은 사람들이 원한다면 엿듣거나 들를 수 있을 만큼 팀과 가깝
지만, 대화에는 방해가 되지 않을 만큼 충분히 떨어져 있다.

---

5   이동성의 법칙은 해리슨 오웬(Harrison Owen)의 『Open Space Technology』(Berrett-Koehler Publishers, 2008)에서 나온 것이다.
     대규모 그룹이 생산적인 토론을 나누도록 하는 데 탁월한 접근 방식이다.

원격 팀에서는 이와 반대되는 문제가 존재한다. 다른 사람의 대화를 엿듣기가 매우 어렵다. 대화가 시작되면 그룹 채팅을 화상 회의로 변경하는 것이 가장 효과적이다. 그러나 아무도 논의 중인 내용을 엿듣지는 못한다. 구성원들이 참여 여부를 결정할 수 있도록 종종 그룹 채팅에 해당 내용을 업데이트하는 것도 고려하라.

시각화하라

사람들은 의사소통을 할 때 각자 자신만의 세계관을 갖고 있다. 이들의 멘탈 모델이 너무 다를 때 오해가 발생한다.

오해를 방지하기 위해서는 내부 모델을 외부 모델로 바꿔야 한다. 모든 사람이 볼 수 있는 시각적 형태를 만들어 각자의 멘탈 모델과 비교하고 변경할 수 있다. 화이트보드에 그림을 그리는 것도 좋지만, 협업을 장려하는 모델이 훨씬 더 좋다. 색인 카드와 스티키 메모 또는 이와 유사한 가상 메모가 가장 효과적이다. 카드에 아이디어를 적고 관계를 시각화하라.

이 책에서 시각적 계획 및 작업 계획 방법에 관한 시각화 예시를 소개할 것이다. 하지만 이 책에서 설명한 시각화에 국한하지 말라. 토론할 때마다 특히 사람들이 서로를 이해하는 데 문제가 있거나 합의에 이르지 못한다면 참석자가 조작할 수 있는 모델을 만들어라.

함께 보기

시각적 계획하기(p.258)
태스크 플래닝(p.307)

동시에 작업하라

협업할 때 누군가에 의한 병목 현상이 생기게 하지 말라. 모든 사람이 동시에 기여할 수 있는지 확인하라. 예를 들어 계획을 세울 때 한 사람이 컴퓨터 앞에 앉아 모든 사항을 전자 계획 도구에 입력하게 하지 말라.

> 한 사람에 의한 병목으로 기여에 병목이 생기지 않게 하라.

대신 인덱스 카드 또는 이와 유사한 가상 카드를 이용해 계획을 시각화하라. 그러면 여러 사람이 동시에 새 카드를 작성할 수 있고, 여러 사람이 카드를 움직이고 가리키며 계획을 변경하고, 변경 사항에 대해 논의할 수 있다.

이러한 유형의 동시 협업은 매우 효과적이다. 키보드 앞에 앉은 사람이 통제권을 내려 놓아야 하지만, 일단 그렇게만 하면 토론은 훨씬 빨라진다. 공동 작업 팀의 경우, 사람들은 자연스럽게 작은 그룹으로 분리돼 관심 항목에 대해 토론한다. 같은 시간에 2~3배 더 많은 작업을 수행할 수 있다. 원격 팀은 소규모 그룹 토론을 구성하는 것이 더 어렵기 때문에 그다지 많은 이점을 얻지는 못하지만 여전히 효과적이다.

내가 선호하는 동시 작업을 위한 가장 좋은 방법은 **동시 브레인스토밍**simultaneous brainstorming이다. 동시 브레인스토밍에서는 누군가가 일반적인 브레인스토밍처럼 주제와 관련된 아이디어를 생각해 내라고 그룹에 요청한다. 누군가 아이디어를 생각하면 큰 소리로 말하고 인덱스 카드에 적어 모두가 볼 수 있는 곳에 둔다(나중에 쉽게 분류할 수 있도록 카드당 하나의 아이디어만 적는다). 큰 소리로 말하면 이를 들은 사람들은 새로운 아이디어를 갖도록 영감을 주며, 아이디어를 직접 적음으로써 메모를 담당하는 사람으로 인한 병목 현상이 일어나지 않게 한다.

NOTE 브레인스토밍을 하는 동안 아이디어를 비판하지 말라. 브레인스토밍은 두 단계로 구성할 때 가장 잘 작동한다. 첫 번째는 무엇이든 말할 수 있는 자유로운 형태의 아이디어 생성 단계다. 두 번째는 생성한 아이디어를 정제하고 필터링하는 단계다.

때때로 나는 **친화도 매핑**Affinity Mapping을 따라 동시 브레인스토밍을 진행한다. 친화도 매핑을 할 때는 그룹이 브레인스토밍한 모든 카드를 테이블이나 가상 화이트보드에 무작위로 펼친다. 그런 다음 카드를 이리저리 움직여 가장 유사한 아이디어가 서로 가장 가깝고, 가장 유사하지 않은 아이디어가 가장 멀리 떨어져 있게 한다. 참석자 모두가 동시에 적절하다고 생각하는 대로 카드를 움직인다. 결국 카드는 그룹을 만들고, 이 그룹에 이름을 붙일 수 있게 된다.

친화도 매핑의 변형인 **침묵 매핑**mute mapping은 친화도 매핑과 같지만, 카드가 이동되는 동안 아무도 말할 수 없다는 점이 다르다. 카드가 어디로 가야 하는가에 대한 논쟁을 방지할 수 있으며, 재미있는 밈mime 상호작용으로 이어질 수도 있다.

브레인스토밍 후 아이디어를 필터링하는 또 다른 방법은 **점 투표**dot voting를 이용하는 것이다. 점 투표에서 각 사람은 특정 수의 표를 받는다(예를 들어 선택지의 수에 3을 곱한 뒤 사람 수로 나눈 만큼의 표 참조). 모든 참석자가 동시에 선호하는 선택에 점을 표시해 투표한다. 한 선택지에 중복 투표도 가능하다. 예를 들어4개의 표를 가졌을 때 4개의 선택지에 각각 하나의 점을 표시하거나 하나의 선택지에 4개의 점을 표시할 수도 있다. 물론 이를 섞어서 투표할 수도 있다. 가장 많은 표를 얻은 선택지가 승리한다.

동의를 구하라

사람들이 동의하지 않을 때는 어떻게 하는가? 일방적인 결정은 사람들을 차단한다. 다수결 결정은 소수를 실망시킨다. 합의에는 너무 많은 시간이 걸리고, 교착 상태에 빠질 수도 있다.

대신 **동의 투표**consent vote를 사용하라. 동의 투표에서는 누군가 제안을 하면 모두가 '동의한다'(직접 추천, 그룹 채팅에서 '1' 표시), '그룹의 결정에 따른다'(엄지손가락을 옆으로 또는 채팅에서 '0' 표시) 또는 '동의하지 않는다. **그리고 이유를 설명하고 싶다**'(엄지손가락을 아래로 또는 채팅에서 '-1' 표시). 실수로 사람들을 압박하는 것을 방지하기 위해 모든 사람이 셋을 센 뒤 동시에 표를 공개하도록 할 수 있다.

'동의한다'에 투표한 사람이 아무도 없다면 그 제안은 관심 대상이 아니므로 기각한다. 하지만 '동의하지 않는' 사람이 하나도 없다면 채택된다. 누군가가 동의하지 않으면 그 이유를 설명하고 제안을 수정한 뒤 채택한다. 제안은 모든 이의가 해결돼야만 채택된다.

동의 투표가 작동하는 이유는 두 가지다. 첫째, 사람들이 제안의 진행을 막지 않으면서 지지를 보류할 수 있는 여지를 둔다. 둘째, 누군가가 제안을 강력하게 거부해야 한다고 느끼면 그 이유를 설명해야 하며 이를 통해 그룹은 우려 사항을 해결할 수 있는 기회를 얻을 수 있다.

실험에 동의하라

어떤 결정에는 명확한 답이 없거나 효과가 같은 여러 선택지가 존재한다. 이러한 결정에 대한 토론은 무엇이 잘못될 수 있는지에 대한 끝없는 추측으로 쉽게 변질될 수 있다.

토론이 추측으로 흘러가는 것을 발견했다면 구체적인 실험을 제안하라. 예를 들어 익스트림 프로그래밍에는 '10분 규칙'이 포함돼 있다. 페어 프로그래밍을 하는 동안 디자인 방향에 대해 10분 이상의 논쟁을 벌인다면 헤어져서 각자의 디자인 아이디어를 설명하는 임시 코드를 작성하고 그 결과를 비교한다.

> 토론이 추측으로 흘러가는 것을 발견했다면 구체적인 실험을 제안하라.

물리적 팀 룸

팀 룸은 물리적이거나 가상적일 수 있다. 팀원들이 같은 장소에 있을 수 있다면 물리적 팀 룸을 만들어라. 가상의 팀 룸보다 많은 비용이 들지만 기술의 발전에도 불구하고 대면 커뮤니케이션은 여전히 팀의 협업에 있어 가장 효과적인 방법이다.

비욘 프리맨-벤슨Bjorn Freeman-Benson은 수년간 원격 팀을 이끈 경험을 가진 기술 리더로, "원격 팀에서는 창의성이 훨씬 떨어졌다. 우리는 같은 양의 창의성을 얻기 위해 많은 인력을 투입해야 했다… 내가 속했던 비즈니스에서 가장 중요한 것은 창의적인 결과물이었다. 원격 팀에서는 마찰때문에 얻는 것이 적다. 더 많은 작업 단위를 얻을 수도 있겠지만, 지라Jira 티켓이 비용을 지불해 주지는 않는다."라고 말했다[Shore2019].

칵테일 파티 효과

물리적 팀 룸이 더 효과적인 이유 중 하나로 **삼투 커뮤니케이션**osmotic communication이라 부르는 **칵테일 파티 효과**cocktail party effect가 있다[Cockburn2006]. 사람들로 붐비는 방에서 누군가와 이야기하는 도중 갑자기 당신의 이름을 들은 적이 있는가? 당신은 대화에 집중했지만 여러분의 두뇌는 방에서 일어나는 모든 대화에 주의를 기울이고 있다. 여러분의 이름을 들으면 여러분은 의식적으로 그 소리를 재생한다. 여러분은 이름만 듣는 게 아니라 주변에서 일어나는 대화도 조금씩 듣는다.

함께 앉아 일하는 **전달하기** 팀을 상상해 보라. 팀원들은 2인 1조로 작업하며 조용히 대화를 나눈다. 그러다 누군가 데이터베이스 연결 관리에 대해 이야기를 하고, 다른 프로그래머가 끼어든다. "아, 칼리Kaley와 제가 지난 주 데이터베이스 연결 풀을 리팩터링했습니다. 이제 더 이상 수동으로 연결을 관리할 필요가 없습니다." 팀원들이 이런 식으로 적어도 하루에 한 번 이상 이야기할 때마다 시간과 비용이 절약된다.

팀 룸 디자인하기

협업을 장려하도록 업무 공간을 디자인하라. 모퉁이에 모니터를 두는 'L'자 형태의 책상 대신 두 사람이 나란히 앉아서 협업할 수 있는 직선 형태의 책상을 제공하라. 아이디어를 스케치하고 차트를 게시할 수 있는 충분한 화이트보드와 벽 공간을 제공하라. 팀이 색인 카드를 펼치고 시각화할 수 있는 큰 테이블이 있는 대화 공간이 있는지 확인하고, 컴퓨터를 이용해야 하는 그룹 토론을 위해 가능하다면 프로젝터나 대형 TV를 포함시켜라.

엿들을 필요가 있는 대화에 따라 사람들을 그룹화하라. 일반적으로 개발자(프로그래머, 테스터, 운영 등)는 서로 가까이 앉아 있어야 한다. 현장 고객은 그만큼 가까이 있을 필요는 없지만 필요에 따라 질문에 대답할 수 있을 정도로는 가까이 있어야 한다.

마찬가지로 산만한 소음은 최소화하도록 업무 공간을 디자인하라. 팀의 대화 영역은 사람들이 일하는 책상에서 멀리 떨어져 있어야 한다. 특히 팀 안에 전화나 화상 회의로 많은 시간을 사용하는 사람들이 있다면, 전화 통화 및 사적인 대화를 위해 문이 있는 밀폐된 방을 제공하는 것이 좋다.

마지막으로 인간적인 측면에 주목하라. 사람들은 업무 공간에 자연광이나 식물, 색상이 있을 때 더 편안함을 | 인간적인 면에 주목하라.

느낀다. 개인을 위한 공간도 확보하라. 페어 프로그래밍 혹은 몹 프로그래밍 등 사람들이 모이는 환경에서는 할당된 책상이 없는 경우가 많다. 개인 소지품을 위한 장소가 있는지 확인하라. 사람들이 훑어보거나 참조할 수 있도록 다양한 책(지금 여러분이 읽는 책과 같은!)을 구비하라.

가능하면 모든 가구는 고정하지 말고 이동할 수 있도록 해 팀원들이 필요에 맞게 업무 공간을 조정할 수 있게 하라.

여러 팀

애자일 팀은 때때로 활기찬 축하로 팀 룸에서 시끄럽게 북적거린다. 팀원은 그렇지 않겠지만 이웃의 팀을 괴롭힐 수도 있다. 팀과 나머지 조직이 충분히 분리돼 있는지 확인하라.

즉 팀이 자주 협업해야 한다면 서로 옆에 위치해 서로를 엿들을 수 있는지 확인하라. 협업할 필요가 없는 팀이라면 거리를 두거나 벽, 소음 장벽 등으로 팀을 더욱 분리하라.

대면 장비 및 용품

물리적 팀 룸에 다음과 같은 장비와 용품을 구비해 두라. 일부는 전자 도구로 대체할 수도 있지만 물리적인 장비에 투자하라. 그리 많은 비용이 들지 않으면서 팀이 대면 협업의 강점을 활용하도록 할 수 있다.

- 플래닝에서 이용할 두 개의 큰 자석 화이트보드. 나는 바퀴가 달린 너비 1.8m 정도의 양면 자석 화이트보드를 즐겨 이용한다. 팀은 손쉽게 계획을 회의실로 가져올 수 있다. 자성이 있어야 자석을 이용해 카드를 쉽게 붙일 수 있다.

- 토론 및 차트를 위한 많은 추가 화이트보드 공간(자석을 붙일 수 있는 것을 선호)

- 중요한 날짜를 표시하기 위한 대형 플라스틱 만년 달력(3개월 이상)

- 팀의 업무 공간을 정의하고 소음을 방지하기 위한 방음 파티션 또는 밀폐된 팀 룸

- 누군가와 잠시 쉽게 앉을 수 있는 간이 의자 또는 같은 목적으로 이용할 수 있는 것

- 앉아있는 동안 아이디어를 스케치할 수 있는 메모장 또는 휴대용 화이트보드

- 팀원 간의 토론과 상호 작용에 영감을 주는 다양한 장난감 및 대화 소재

- 플립 차트 용지. 하나 또는 두 개의 플립 차트 이젤 및 플립 차트 페이지를 벽에 부착할 수 있는 재료(예: 파란 마스킹 테이프, 포스터 압정 또는 T핀)

- 다양한 색상의 색인 카드(각 색상당 최소 2,000장). 팀의 모든 사람이 색상을 구별할 수 있는지 확인하라.[6]

- 다양한 색상, 크기 및 모양의 스티키 노트

- 카드 및 스티키 메모를 위한 연필, 펜 및 수성 펠트 펜, 네임펜 같은 영구적인 마커

---

6   남성 8명 중 1명은 일종의 색맹이다.

160

는 피하라. 마커는 냄새가 강하며, 누군가는 항상 화이트보드에 이용한다.[7]

- □ 화이트보드용의 건식 지우개 마커, 플립 차트용 수성 플립 차트 마커, 반영구 화이트보드 메모 및 만년 달력용 습식 지우개 마커를 준비하라. 냄새가 심한 마커는 피하라.

- □ 색인 카드와 문서를 화이트보드에 부착하기 위한 자석 핀

- □ 이 책을 포함해 유용한 참고 자료의 사본

페어 프로그래밍을 이용하는 대면 팀에도 페어링을 위한 스테이션이 필요하다(페어 프로그래밍(p.505) 참조).

- □ 나란히 앉아 작업하기에 적합한 넓은 책상. 일부 팀은 입식 및 좌식 책상 또는 높이 조절 책상을 선호한다.

- □ 페어링 스테이션당 개발 등급 컴퓨터 1대

- □ 각 페어링 스테이션당 두 개의 키보드와 마우스. 어떤 사람들은 개인 키보드와 마우스 이용을 선호한다. 각 컴퓨터의 USB 포트를 쉽게 이용할 수 있는지 확인하라. 팀원들은 하루에도 여러 차례 페어링 스테이션을 이동하기 때문이다.

- □ 페어링 스테이션당 최소 두 대의 모니터.

몹 프로그래밍을 사용하는 대면 팀에는 몹 스테이션이 필요하다(몹 프로그래밍(p.520) 참조).

- □ 팀원 모두와 몇 명의 손님이 앉을 수 있는 충분한 좌석, 사람들이 쉽게 자리를 바꿀 수 있는 공간

- □ 마우스, 키보드 및 개발 등급 컴퓨터로 쉽게 접근할 수 있는 '운전석driver's seat'

- □ 운전석과 동일한 책상 또는 운전자driver와 내비게이터navigator가 쉽게 대화할 수 있을 만큼 가까운 '보조석navigator's seat'

---

7   전문가 팁: 화이트보드 마커로 영구 마커를 덮어쓴 다음 즉시 지우면 화이트보드에서 영구 마커를 제거할 수 있다.

☐ 모든 좌석에서 명확하게 볼 수 있는 한 대 이상의 모니터(일반적으로 60인치 이상). 4K TV는 종종 이러한 목적에 적합하다. 모든 사람이 볼 수 있어야 한다.

팀에서 명시적으로 요청하지 않는 한 애자일 라이프 사이클 관리 소프트웨어 또는 다른 추적 소프트웨어를 구입하지 말라. 구입한 뒤에도 팀원이 먼저 이 책에

> 애자일 라이프사이클 관리 소프트웨어를 구입하지 말라.

서 설명한 계획 방법을 이용하는 경험을 쌓을 때까지 몇 개월을 기다리라. 자세한 내용은 '기업용 추적 도구(p.429)'를 참조하라.

샘플 팀 룸

그림 7-1의 업무 공간은 2015년 스포티파이Spotify 본사에서 본 팀 룸을 기준으로 한 것이다. 각 방에는 화이트보드가 많이 설치된 업무 공간과 대화 공간, 3~5명이 앉을 수 있는 사적인 대화 공간이 있었다. 방 밖에는 편안한 소파와 의자, 옷걸이가 놓인 넓은 복도가 있었다.

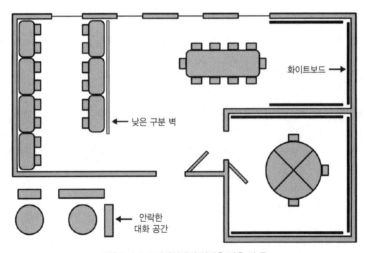

그림 7-1 스포티파이에서 영감을 받은 팀 룸

스포티파이의 팀 룸은 내가 본 것 중 최고였지만, 몇몇 사람과 이야기를 나눠 본 결과 몇 가지 결점이 있음을 알았다. 팀 룸과 복도 사이의 칸막이는 원래 유리로 할 예정이었지만

162

소방 규정으로 인해 그물망 구조로 만들어졌으며, 복도에서의 시끄러운 대화가 팀에 방해가 될 수 있었다. 또한 방은 자유롭게 변경하기 어려웠다. 스포티파이에서는 팀 규모에 따라 다른 크기의 방을 만들었지만, 정작 팀은 규모가 변함에 따라 방을 옮기는 것을 선호하지 않았다.

그림 7-2에 표시된 업무 공간은 떠오르는 스타트업이 새 사무실로 이전할 때 만든 룸을 기초로 한 것이다. 이들에게는 멋진 업무 공간을 만들기 위한 충분한 예산이 없었기에 가진 것으로 공간을 만들었다. 외부 창문이 있는 긴 벽을 따라 5개의 페어링 스테이션을 배치했다. 책상 중 2개는 스탠딩 책상, 나머지 3개는 원형 회의 테이블의 일부를 이용했다. 두 번째 원형 회의 테이블은 그룹 대화에 이용했다. 공간은 화이트보드가 있는 사각형 칸막이로 구분했다. 팀원들 옆으로 작은 칸막이 공간이 있었고 근처 회의실에서 사적인 대화를 할 수 있었다.

그림에서는 없앴는데 프로그래머와 프로덕트 매니저 사이가 칸막이로 구분됐다는 한 가지 심각한 문제를 제외하고는 훌륭한 업무 공간이었다. 결과적으로 프로덕트 매니저는 팀 룸 외부에 앉았는데, 아주 약간의 거리였음에도 팀의 대화를 엿듣거나 팀 토론에 참여하지 않았다. 팀원들은 자신들의 질문에 대한 답을 얻지 못했고, 요구사항에 관한 어려움을 겪었다.

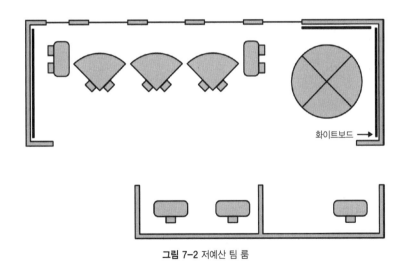

화이트보드 →

그림 7-2 저예산 팀 룸

물리적 팀 룸 도입하기

일부 사람들은 물리적 팀 룸으로 이동하는 것을 거부할 수 있다. 일반적인 우려 사항으로는 개성과 사생활 상실, 개인 사무실이 없어짐에 따른 암묵적인 지위 저하, 관리자 개인의 기여 불인정 등이 있다.

경험상 대부분의 사람들은 함께 앉아서 일하는 것이 제공하는 혜택을 누리게 되지만, 혜택을 얻기까지 걸리는 시간이 몇 개월이 될 수도 있다. 내가 함께 일했던 팀은 팀 룸에 많은 개인 공간을 따로 마련했지만 결국 이용하지 않게 됐다. 티슬리^{Teasley}의 사례 연구에서도 유사한 결과를 발견했다. 팀원들이 처음에는 개방형 업무 공간보다 칸막이로 구분된 공간을 선호했지만, 연구가 끝날 무렵에는 개방형 업무 공간을 선호했다.

그러나 사람들이 좋아하게 될 것이라는 희망을 품고 함께 앉도록 강요하는 것은 나쁜 생각이다. 대신, 팀과 우려되는 사항과 팀 룸을 도입하는 장단점에 관해 이야기하라. 팀원이 애자일 환경에서 평가되는 방식(집단 오너십(p.311)에서 논의한 것처럼 팀 기여를 강조해야 한다)과 개인 정보 보호를 위해 어떤 규정을 만들 수 있는지 논의하라.

내가 팀 룸을 설치하도록 조언했던 한 매니저는 팀을 위해 페어링 스테이션이 있는 팀 룸을 만들었지만, 팀원이 사용하도록 요구하지는 않았다. 팀의 몇몇 구성원들이 페어 프로그래밍을 해보고 싶어해 팀 룸으로 옮겼고, 시간이 지나면서 점점 더 많은 팀원이 팀 룸으로 이동해 그곳에 있던 사람들과 함께 업무를 하게 됐다. 결국 팀 전체가 어떠한 강요 없이 페어 프로그래밍을 하고 공용 팀 룸으로 이동했다.

가상의 팀 룸

원격 팀이 있는 경우에는 온라인 도구를 이용해 가상의 팀 룸을 만들 수 있다. 이는 하이브리드 및 부분적인 원격 팀에서도 작동하지만[8] 주의해야 한다. 그러나 대면 대화는 원격 팀원을 차단할 수 있으므로 주의해야 한다.

일부 구성원이 원격인 경우 대면 업무를 하는 구성원들도 모든 공동 작업에 가상적 팀 룸

---

8   하이브리드 원격 팀은 어떤 날은 직접 대면하고 어떤 날은 원격으로 업무를 한다. 부분적인 원격 팀에서는 일부 팀원은 대면해서 업무를 하고, 다른 팀원은 원격으로 업무를 한다.

을 이용해야 한다. 가상 팀 룸을 사용하기로 한 것은 모든 사람이 원격에 있는 것처럼 행동하기로 결정하는 것이다.

원격 장비 및 도구

원격 팀에는 팀 업무 공간의 전자적인 버전이 필요하다.

- ☐ 실시간 대화를 위한 줌Zoom 같은 화상회의 소프트웨어

- ☐ 비동기식 대화를 위한 슬랙Slack 같은 메시징 소프트웨어

- ☐ 자유로운 형태의 동시 협업을 위한 미로Miro 또는 뮤럴Mural 같은 가상 화이트보드 소프트웨어

- ☐ 가능한 경우 UX 및 UI 디자인을 위한 피그마Figma 등의 작업별 도구의 협업 버전

- ☐ 드롭박스DropBox, 구글 드라이브Google Drive 또는 위키Wiki 같은 문서 저장소

- ☐ 협업 화이트보드 스케치를 위한 저렴한 태블릿

- ☐ 화상 회의 도중 사람들이 서로 보고 동시에 작업할 수 있는 추가 모니터 또는 태블릿

- ☐ 전달하기 팀의 경우 튜블Tuple 또는 비주얼 스튜디오 라이브 셰어Visual Studio Live Share 등의 페어/몹 프로그래밍을 지원하는 협업 프로그래밍 도구(자세한 내용은 페어 프로그래밍(p.505) 및 몹 프로그래밍(p.520) 참조)

대면 업무 공간과 마찬가지로 ALM 소프트웨어나 다른 추적 소프트웨어를 **구입하지 말라.**

원격 협업 디자인하기

사람들이 같은 장소에 있으면 협업이 쉬워진다. 원격 환경에서 동일한 수준의 협업을 달성하기 위해서는 신중하게 디자인해야 한다. 당신의 팀이 정렬 차터링을 하는 동안 워킹 어그리먼

함께 보기
정렬(p.204)

트를 설정하면 여러분이 협력하는 방법에 관해 논의해야 한다. 목표는 개인이 아닌 **팀**의

성과를 극대화하는 것임을 기억하라. 작업이 진행되는 동안 커뮤니케이션 기술을 자주 평가하고 개선하라.

나는 훌륭한 대면 및 원격 협업 경험을 가진 이들에게 원격 협업 트릭에 관해 질문했다.[9] 다음은 그들에게서 얻은 몇 가지 훌륭한 제안이다.

- **인적 연결을 위한 시간을 준비하라.** 대면 팀은 우정과 상호 존중의 유대를 형성하고, 이를 통해 신속하고 효과적인 결정을 내릴 수 있다. 원격 팀에서는 사교 활동을 하고 서로의 삶을 따를 수 있는 시간을 따로 마련해야 한다. 긴장 완화를 위한 가상 커피 휴식 시간, 구성원들이 출퇴근할 때 인사나 개인적인 업데이트를 할 수 있는 전용 채팅 채널, 채팅이나 게임을 위한 매일 30분 통화 등이 포함된다. 어떤 팀에서는 사교 활동을 위해 모든 회의의 첫 5~10분을 할애했다. 사람들은 채팅을 하기 위해 일찍 나타나거나 기분에 따라 내용을 보기 위해 나타날 수 있다. 특히 성공을 축하하기 위한 시간을 별도로 마련했다.

- **안전을 보장하라.** 대면 팀에서는 사람들이 괴롭힐 것에 대한 걱정 없이 농담을 주고받을 수 있다. 가상 환경에서는 무엇이든 녹화할 수 있다. 대화 녹음 또는 공유 가능 여부에 대한 명확한 지침을 설정해야 한다. 안전을 보장하는 또 다른 방법은 팀원만 접근할 수 있는 비공개 채널을 만드는 것이다.

- **암묵적인 것을 명시화하라.** 대면 대화에서는 표정과 바디 랭귀지의 미묘한 변화에서 많은 사회적 신호를 알아챌 수 있다. 원격 대화에서는 이런 신호가 잘 보이지 않는다. 그렇기 때문에 이들을 명시적으로 만들어야 한다. 예를 들어 어떤 사람은 '+1', '걱정', '1,000,000', '완전 좋네요! 해봅시다!!(즐거운 시간을 보내세요!)' 같은 문구를 적은 색인 카드를 만들어 회의 중에 만들었다. 마찬가지로 사용 가능 여부를 명시적으로 표현하라. 그룹 채팅에 여러분의 현재 위치, 수행 중인 작업, 대화 가능 여부에 관한 메모를 남겨 두라.

---

9   트위터에서 이 기술을 공유해준 데이브 풀(Dave Pool), 가브리엘 하쿠네스(Gabriel Hakuness), 알렉센더 버드(Alexander Bird), 크리스 펜톤(Chris Fenton), 브라이언 셰프(Brian Shef), 데이브 루니(Dave Rooney)에게 감사한다. 또한 브렌트 밀러(Brent Miller), 데니스 맥킬런(Dennis McMillan), 세스 맥카시(Seth McCarthy), 제프 올퍼트(Jeff Olfert), 맷 플라브칸(Matt Plavcan)의 제안에 감사한다.

- **대화 수단을 업그레이드하라.** 문자 채팅 같은 저 대역폭의 통신은 짧은 업데이트에는 적합하지만, 중요한 문제를 논의하는 경우에는 끝없이 늘어지는 경향이 있다. 이런 일이 발생하면 대역폭이 더 큰 대화 수단으로 전환하라. 예를 들어 어떤 팀은 대화방에서 2명 이상의 사람들이 토론하는 즉시 영상 통화로 전환하는 기준을 설정했다

- **동시 대화를 활성화하라.** 많은 사람이 동시에 시각화 작업을 하는 경우, 종종 2~3명의 소규모 토론 그룹으로 나뉜다. 동일한 이점을 얻을 수 있도록 도구를 설정하라. 화상 회의 도구는 소그룹 채팅방을 제공하며, 그룹 채팅 애플리케이션 프로그램은 개별 채널이나 스레드를 지원한다.

- **'벽'을 만들어라.** 대면 팀 룸에서는 모든 사람이 보거나 기억해야 하는 정보가 벽에 게시된다. 원격 팀에서도 동일한 유형의 정보를 저장할 수 있도록 소수의 공유 문서를 만드는 것이 좋다.

- **태블릿을 이용하라.** 마우스나 트랙패드보다 태블릿에서 다이어그램을 그리면 훨씬 더 편리하고 비용도 많이 들지 않는다. 팀원들을 위한 태블릿을 가상 화이트보드에 로그인된 상태로 유지하라. 토론 중 무언가를 스케치해야 한다면 곧바로 태블릿을 이용하라.

- **연결의 차이를 존중하라.** 사람들의 인터넷 연결 방법은 매우 다양하다. 몇 킬로미터 연결 대역폭이 크게 달라질 수 있다. 국가 사이의 차이는 그대로 내버려 두라. 사람들의 필요성에 관해 이야기하고, 모든 사람에게 적합하게 작동하는 커뮤니케이션 전략을 선택하라.

주니어 팀원

비욘 프리먼-벤슨은 '주니어 팀원의 문제The Junior People Problem'를 분산된 팀의 세 가지 과제 중 하나로 설명한다.

> 개발자는 업무를 시작한 시점에 많은 질문을 한다. 그들은 어떻게 일하는지 모른다. 동시에 그들은 서열의 맨 아래에 있다. 그들은 다른 이를 방해하기를 주저하며, 부담으로 보이기를 원하지 않는다.

…InVision은 100% 원격 팀(비욘 프리맨이 CTO로 있던 곳)이었으며, 이로 인해 주니어 개발자는 다른 개발자가 하는 일을 볼 수 없었다. 그들은 방해하기를 두려워했다. 비욘은 이렇게 말했다. "그들은 명확히 그들이 해야 할 일을 지시받기 전까지 아무것도 하지 못한 채 얼어 붙어 있었다."[Shore2019]

– 비욘 프리맨-벤슨: 분산된 팀의 세 가지 과제

주니어 팀원들이 길을 잃거나 방해받지 않고 속도를 낼 수 있는 방법을 마련하라. 페어링/모빙 모두 훌륭한 기술이다. 이를 팀에서 활용할 수 없다면 일일 체크인이나 일대일 멘토링 등 후배 팀원이 뒤처지지 않도록 할 다른 방법을 고려하라.

함께 보기

페어 프로그래밍(p.505)
몹 프로그래밍(p.520)

질문

물리적 팀 룸이 너무 시끄러워 도저히 집중할 수 없다. 어떻게 해야 하는가?

때때로 팀은 약간 시끄럽고 난폭해진다. 그럴 때는 조용히 해 달라고 요청해도 된다. 정렬에 관한 초기 대화 과정에서 근무 약정에 관해 논의할 때, 모든 사람의 요구사항이 충족됐는지 확인하는 방법에 관해 이야기하라. 충분하지 않다면 팀 회고 중에도 언급하라.

함께 보기

정렬(p.204)
회고(p.450)

페어 프로그래밍은 배경 소음에서 벗어나 집중할 수 있는 훌륭한 방법임을 기억하라. 여러분의 짝과 이야기하는 도중에는 소음에 관해 거의 눈치 채지 못할 것이다. 마찬가지로 몹 프로그래밍 또한 모든 사람의 주의를 같은 대상에 집중하게 함으로써 소음의 문제에서 완전히 벗어난다.

대화가 시작되면 언제나 팀 전체가 하던 일을 멈추고 그 대화를 듣는다. 사람들의 주의가 쉽게 산만해지는 것을 방지하려면 어떻게 해야 하는가?

특히 초반에는 팀 전체가 이런 대화를 실제로 들을 필요가 있다. 컨텍스트를 설정하는 데 도움이 되며, 모든 사람이 동일한 생각을 갖도록 도와준다. 시간이 지남에 따라 팀원들은 자신들이 무시해도 되는 대화가 무엇인지 자연스럽게 알게 된다.

특별히 물리적 팀 룸에서 이 문제가 계속된다면, 대화를 시작할 때 나머지 팀과 조금 떨어져 보라. 관심 있는 팀원들은 대화에 참여하고, 나머지 팀원들은 하던 작업을 계속할 수 있다.

전제 조건

팀원들이 멀리 떨어져 있더라도 효과적인 공동 작업을 위해서는 어느 정도의 핵심 시간 core hour을 공유해야 한다. 팀원이 너무 광범위하게 분산돼 있어 핵심 시간을 설정할 수 없고, 실제 여러 팀이 있다면 그에 맞게 여러분의 업무를 디자인해야 한다(여러 애자일 팀으로 확장하는 방법에 대한 자세한 내용은 6장을 참조한다).

물리적 팀 룸에서 가장 어려운 부분은 공간을 만드는 것이다. 일반적으로 시설 부문의 승인과 경영진의 지원이 필요하다. 팀 룸을 만드는 데는 몇 주 또는 몇 달이 걸릴 수도 있으므로 공유 업무 공간을 미리 준비하라.

경영진과 시설 부문의 승인 외에도 팀원이 실제 팀 룸을 공유하는 데 동의해야 한다. 업무 공간의 변경은 많은 사람에게 어려움을 일으킬 수 있다. 자신의 의사가 아닌 강제로 새로운 합의를 해야 하는 경우, 구성원들은 팀을 떠날 방법을 찾을 가능성이 크다. 그리고 심지어는 퇴사까지 할 수도 있다. 전폭적인 참여를 얻는 것과 관련된 자세한 내용은 5장을 참조한다.

팀에서 페어 프로그래밍이나 몹 프로그래밍을 이용하지 않는다면, 소음이나 주의 산만을 최소화할 수 있도록 업무 공간이나 근무약정을 세심하게 디자인하라.

> **함께 보기**
>
> 페어 프로그래밍(p.505)
> 몹 프로그래밍(p.520)
> 정렬(p.204)

지표

성공적인 팀 룸이 있는 경우:

□ 팀원 사이의 커뮤니케이션은 빠르고 효과적이다.

□ 여러분이 기여할 수 있는 문제를 팀원들이 다루고 있음을 알 수 있으며, 팀원들은 여러분이 토론에 참여하는 것을 기쁘게 여긴다.

□ 답을 추측할 필요가 없다. 팀원 중 답을 아는 사람이 있다면 물어보고 빠른 답변을 얻을 수 있다.

□ 팀원들은 즉시 교차 기능 그룹을 만들고 문제를 해결한다.

□ 팀은 동료애와 상호 존중의 느낌을 갖는다.

대안과 실험

이 프랙티스는 실제로 마찰 없는 커뮤니케이션에 관한 것이며, 글자 그대로의 팀 룸의 존재 여부는 중요하지 않다. 그러나 팀 룸, 특히 물리적 팀 룸에서의 손쉬운 협업을 경험하지 못했다면 대안을 실험하기 전 몇 달 정도 시도하기 바란다. 직접 경험하기 전에는 그 효과가 얼마나 좋은 지 알기 어렵다.

몹 프로그래밍은 팀원 모두가 한 컴퓨터에서 함께 작업하도록 함으로써 협업을 더욱 활성화한다. 우스꽝스럽게 들릴지 모르지만, 어떤 측면에서는 협업을 위한 '쉬운 모드'다. 물리적 팀

> **함께 보기**
> 몹 프로그래밍(p.520)

룸의 효율성을 재현하기 전에 해야 할 일이 많은 원격 팀에 특히 효과적이다.

공유 업무 공간의 핵심 아이디어를 모빙만큼 잘 달성할 수 있는 것은 없다. 최고의 실험은 세부 사항에 있다. 의사 소통을 어떻게 개선할 수 있는가? 정기적으로 예약된 회의를 지속적인 또는 임시적인 협업으로 바꿀 수 있는가? 새로운 공동 업무 방식을 가능하게 하기 위해 물리적인 도구와 가상 도구 모두를 어떻게 변경할 수 있는가? 업무 공간은 어떤가? 가구의 배치를 바꾸거나 워킹 어그리먼트를 변경해 커뮤니케이션을 더 효과적으로 할 수 있는 방법이 있는가? 업무를 하면서 커뮤니케이션에 마찰이 발생하는 부분을 확인하고, 이를 원활하게 만들 수 있는 실험을 시도하라.

더 읽을거리

『Agile Software Development』(Addison-Wesley Professional, 2006)[Cockburn2006]: 커뮤니케이션에 관한 훌륭한 장이 있다. 3장 '커뮤니케이션 및 협력하는 팀Communicating, Cooperating Teams'에서는 정보 전달자, 커뮤니케이션 품질 및 팀 룸을 공유하는 것과 관련된

다른 여러 개념에 관해 설명한다.

『언택트 리더십 가이드』(서울문화사, 2021): 퍼실레테이션에 관한 신속하고 유용한 내용을 담았다. 주로 원격 세션에 관한 내용이지만, 대면으로 일하는 이들에게도 충분한 가치가 있다[Clacey2020].

안전감

대상
전체 팀

기테 클릿가드와 공동 저술

우리는 상충되는 관점을 두려움 없이 공유한다.

2012년에 구글은 아리스토텔레스 프로젝트Project Aristoteles를 시작했다. 이는 일부 팀은 탁월하고 다른 팀은 그렇지 못한 이유를 식별하기 위한 내부 연구 프로젝트였다. 구글은 팀 구성, 업무 외 사교 활동, 교육 배경, 외향성 대 내향성, 동일 근무지/원격 근무지, 연공서열, 팀 규모, 개인 성과 등 여러 요인을 조사했다. 이 요소 중 어느 것도 효율성에 있어 큰 차이를 만들지 않았다. 연공서열도 개인실적도 마찬가지였다.

무엇이 중요했는가? 바로 심리적 안전감Psychological Safety이다.

> 연구진이 확인한 효과적인 팀의 5가지 핵심 역학 중, 심리적 안전감이 가장 중요했다. 구글 연구원들은 심리적 안전감이 높은 팀의 개인이 구글을 떠날 가능성이 적고, 팀원의 다양한 아이디어를 활용할 가능성이 더 높고, 더 많은 수익을 가져오며, 경영진에게서도 효율성이 2배 더 높다고 자주 평가를 받았다[Google2021].
>
> – 팀 효율성 이해(Understanding Team Effectiveness)

구글의 연구 결과로 인해 심리적 안전감이 각광을 받았지만 이는 새로운 아이디어는 아니다. 1965년 에드가 셰인Edgar Schein과 워렌 베니스Warren Bennis가 개인과 조직 변화라는 컨텍스트에서 처음 도입한 개념이다. "불편함discomfort이 고조된 불안함보다는 학습하려는 욕구를 높이게 하려면… 심리적으로 최대한 안전한 환경을 조성해야 한다."[Schein1965]

심리적 안전감 이해하기

현대의 사무실은 물리적인 안전감을 보장하기 때문에 **심리적 안전감**은 종종 단순히 '안전감'이라 부르기도 한다. 심리적 안전감은 경력이나 직책, 자기 이미지와 관계없이 부정적인 결과를 두려워하지 않고 스스로를 지킬 수 있는 능력이다. 또한 아이디어를 제안하고, 질문하고, 우려를 제기하고, 처벌이나 굴욕 없이 실수할 수 있는 능력이다.[10]

안전하다고 해서 팀 안에 갈등이 없는 것은 아니다. 오히려 정반대의 의미다. 팀원 모두가 보복이나 비하를 두려워하지 않고 자신의 의견을 표현할 수 있음을 의

> 안전감이란 팀원들이 동의하지 않아도 안전하다는 의미다.

미한다. 그들은 **자유롭게 서로의 의견에 동의하지 않을 수 있다.** 그리고 그렇게 한다. 불편하지만 여전히 안전하다.

이런 창의적인 긴장을 통해 구성원들은 잊혀졌을 수도 있는 아이디어를 생각한다. 비밀리에 처리될 수 있었던 반대 의견을 고려한다. 결국 모든 사람의 목소리가 들리고 그로 인해 더 나은 결과를 만든다.

안전감을 만드는 방법

안전감은 지극히 개인적인 관점이다. 컨텍스트에 따라 다르며 형태도 없다. 어떤 참가자에게는 안전한 것이 다른 참가자들에게는 안전하지 않다고 느낄 수 있다. 예를 들어 여러분은 "이번 주말에는 무엇을 했나요?"라는 간단한 질문으로 대화를 시작할 수 있을 것이다. 한 남자가 자신 있게 "저는 아내와 함께 산에 갔습니다."라고 말하지만, 또 다른 사람은 말하길 주저한다. 그는 주말에 남자친구와 보낸 이야기를 꺼내면 자신의 성적 취향에 대한 불편한 대화로 이어질 것이 걱정되기 때문이다.

과거의 경험도 중요한 요인이다. 나(기테)는 남편의 성별을 언급하길 피하는 60세 남성과 일한 적이 있다. 그는 '남편'이 아니라 '내 파트너'라고 말했으며, 인칭대명사(그 또는 그녀)를 사용하지 않았다. 그는 머리로는 내가 그 관계를 불편하게 여기지 않으며 절대로

---

10 심리적 안전(자신이 될 수 있는 능력)에 관한 정의에 전반부는 [Kahn1990]에, 정의의 후반부(아이디어를 제안할 수 있는 능력)는 [Edmonson2014]을 바탕으로 한다.

나쁘게 대하지 않을 것임을 알았지만, 그는 동성애가 처벌받는 시대에 본능적으로 자신을 보호해야 하며 자랐기 때문이었다.

사람들의 성격, 팀의 신경 다양성^{neurodiversity} 및 사고 방식의 차이도 큰 영향을 미친다. 그렇다고 안전감이 불가능하다는 것인가? 그렇지 않다! 마술 같은 것은 존재하지 않는다는 의미일 뿐이다. 여러분이 모든 것을 올바르게 한다 해도 누군가는 여전히 안전하지 않다고 느낄 수 있다. 누구에게도 안전감을 강요할 수는 없다. 안전감이 가능한 상황을 만들 수 있을 뿐이며, 팀에 안전감이 어떤 의미인지 파악하기 위한 토론을 할 수 있다.

다음 기법은 안전감을 만드는 데 도움이 될 것이다.

모두가 말할 수 있게 하라

안전감을 통해 얻을 수 있는 큰 이점 중 하나는 모든 사람의 목소리를 허용하는 공간을 만든다는 것이다. 안전하다고 느끼면 팀원은 목소리를 높이고, 다른 의견도 내고, 새로운 아이디어를 제안하고, 문제를 제기하고, 다른 옵션을 제시한다. 이는 모든 아이디어가 구현된다는 의미는 아니다. 팀이 결정을 내리기 전 다른 방법으로는 얻을 수 없는 더 많은 옵션을 고려한다는 것을 의미한다.

사람들이 목소리를 낼 만큼 안전하다고 느끼더라도 일부 사람들은 천성적으로 수줍어하거나, 사회적 불안을 느끼거나, 그룹에서 말하는 것을 불편해 할 수 있다. 여러분은 이런 차이점을 고려해 이들이 쉽게 참여하도록 만들 수 있다.

간단한 체크인으로 모든 회의를 시작하는 것도 좋은 방법이다. 예를 들어 "오늘 기분이 어떤지 한 단어로 말해 봅시다." 또는 "지금 바깥 날씨를 알려 주세요." 같이 간단한 요청으로 시작하는 것이다. 회의에서 한 번 입을 열면 나중에 다시 말할 때 훨씬 안전감을 느낀다. 물론 통과^{pass} 옵션도 제공해야 한다. 말하지 않아도 안전하다는 것을 보여준다.

대규모 토론을 2~4명의 소규모 그룹 토론으로 나누는 것도 좋은 방법이다. 각 그룹에서 한 사람이 그룹 토론의 결론을 다른 사람들과 공유한다. 이를 이용하면 넓은 환경에서 말하는 것이 불편한 사람들이 더 큰 그룹을 대상으로 하지 않고도 자신의 목소리를 낼 수 있다.

실수에 대해 열린 마음을 가져라

우리가 실수를 할 때, 특히 사회적인 잘못을 저질렀다면 스스로를 변호하는 태도를 취하기 쉽다. 실수를 무시하거나 은폐하려는 충동을 억제하라. 대신 실수를 인정하라. 다른 사람들도 자신의 실수를 인정할 수 있도록 안전감을 제공하라.

맷 스미스Matt Smith는 '실패 인사the failure bow'라는 기법을 소개한다[Smith2012]. 공유된 팀 표준일 때 가장 잘 작동한다. 실수를 했을 때 일어서 손을 높이 들어 크게 미소를 지으며 "실패했어요!"라고 말하라. 다른 모든 사람들도 미소를 지으며 박수를 칠 것이다. 실패를 재미있는 것으로 만들라. 그러면 비난의 가시가 사라질 것이다.

실수를 인정하는 데 어려움을 겪는 사람들도 있다. 어떤 사람은 실수로 인해 스스로를 탓하고, 그 실수 때문에 팀이 자신을 미워할 것으로 생각해 퇴사를 가정할 수도 있다. 회복 중인 완벽주의자로서 나 스스로도 직접 경험해봤다.

다시 말해 여러분이 실수에 관한 이야기를 하는 데 완벽하게 안전한 환경을 만들 수 있다 하더라도, 여전히 누군가는 실수하는 것이 안전하지 않다고 느낄 수 있다. 사람들이 자신에게 가장 적합한 방식으로 실수를 공유하거나 공유하지 않도록 허용하라.

호기심을 가져라

다른 사람들의 의견에 진정한 관심을 보여라. 누군가 침묵을 지키거나 말하기를 꺼린다면 그들의 생각을 물어보라. 그들은 자신의 의견에 가치가 있음을 알게 될 것이다. 그러나 그룹 환경에서 지명을 받는 것이 안전하지 않다고 느낄 수 있음 또한 명심하라. 확신이 서지 않는다면 토론을 좀 더 소규모로 진행하라. 당신과 둘이서 토론하는 것도 좋을 것이다.

반응하기 위해서가 아니라 이해하기 위해 들어라. **상대방이 하는 말**을 듣기보다는 당신이 그 다음에 하고 싶은 말에 집중하기란 너무 쉽다. 상대방의 말이 끝난 뒤에

> 반응하기 위해서가 아니라 이해하기 위해 들어라.

던질 질문이나 질문이 이미 마음 속에 있다면 여러분은 반응하고 있는 것이다. 대신 그들이 말하는 것과 전달하려는 것에 집중하라.

피드백을 주고받는 방법을 학습하라

효과적인 팀에서 불일치와 상충되는 의견은 매우 정상적이며, 자연스럽게 예상할 수 있는 것이다. 이것이 최고의 아이디어가 만들어지는 방법이다. 제안한 사람이 아니라 **사실**과 **아이디어**에 집중해 안전감 속에서 반대하라. 고전적인 즉흥 속임수를 이용하라. "맞습니다. 그리고…"를 이용해 서로의 아이디어를 더하라.

예를 들어 누군가 코드 변경을 제안했지만 오류 처리를 고려하지 않았다면, "그런데 오류 처리를 하는 것을 잊었네요."라고 말하지 말라. 이는 그 사람과 그 사람이 해야 할 일을 잊었다는 데 초점을 둔다. 대신 아이디어에 집중하고, 해당 아이디어를 기반해 만들어 나가라. "오류 처리는 어디에 넣어야 할까요?" 또는 "여기에 오류 처리를 추가하죠."라고 말하라.

일부 의견 불일치는 개인적인 것일 수 있다. 예를 들어 누군가 무신경한 농담을 할 수도 있다. 다이애나 라센은 대인 피드백을 제공하는 프로세스를 다음과 같이 제공한다.

1. **오프닝을 만들어라.** 피드백을 해도 좋을지 요청하라. 그들을 무시하지 말라. "오늘 스탠드업 회의에 말씀하신 것에 관한 피드백을 드려도 될까요?"

2. **행동을 묘사하라.** 무슨 일이 있었는지 구체적으로 설명하라. "오늘 스탠드업 회의에서 당신은 키 작은 사람들은 데이트를 못한다는 농담을 했어요. 이번 주에만 세 번째 짧은 농담이었습니다."

3. **영향을 설명하라.** 그것이 당신에게 어떤 영향을 미쳤는지 설명하라. "난 내 키에 예민해서 웃으면서도 아침 내내 기분이 우울했습니다."

4. **요청하라.** 당신이 무엇을 바꾸고, 무엇을 독려하거나 저지하고 싶은지를 설명하라. "짧은 농담은 그만했으면 좋겠어요."

5. **대답을 들어보라.** 상대방이 응답할 것이다. 그들을 이해하고, 그들이 생각을 끝내도록 하라.

6. **다음 단계에 관해 협상하라.** 관계를 염두에 두고 앞으로 두 사람이 할 수 있는 일에 집중하라. "나는 당신의 유머 감각이 좋습니다. 그리고 당신이 다른 것에 대해서

는 계속 농담했으면 좋겠습니다. 덜 민감하게 반응하려고 노력하는 데 쉽지가 않네요. 저를 위해서 당신이 다르게 행동하는 노력을 하는 것에 동의해 줘서 고맙습니다."

당신이 보고 싶은 행동을 격려하는 동시에, 바꾸고 싶은 행동을 바로잡기 위한 피드백을 제공하라.

특히 문제가 심각한 경우, 피드백을 소화하는 데 며칠 정도의 시간이 필요할 수도 있다. 상대방이 즉시 반응할 것으로 기대하지 말라. 또한 많은 사람은 긍정적인 피드백이라 할지라도 받아들이기 어려워한다. 긍정적인 피드백을 우아하게 받아들일 수 있기까지 나 자신도 의식적으로 스스로를 훈련하는 데 몇 년이 걸렸으며, 나쁜 날에는 여전히 문제가 있다.

만약 여러분이 누군가의 감정을 상하게 했다면, 직접적인 피드백을 받는 것은 특히 불편할 수 있다. 만약 그런 일이 일어난다면 방어적인 태도를 취하거나 상대방의 걱정을 최소화하지 말라. "기분이 상했다면 미안합니다." 같은 껍데기 사과는 하지 말라. 대신 실수를 인정하고 수정하라. "농담으로 당신을 화나게 할 생각은 없었지만 그렇게 되었습니다. 미안합니다. 앞으로 그런 장난은 삼가겠습니다. 그런 일이 다시 생긴다면 제게 알려 주십시오."

대면 피드백을 주고받는 것에 관한 워킹 어그리먼트를 만드는 것을 고려하라. '적절한 크기의 갈등과 피드백(p.471)'의 제안을 참고하기 바란다.

공감을 사용하라

사람들은 근본적인 **귀인 오류**Fundamental Attribution Error에 빠지기 쉽다. 우리는 사람들이 처한 상황이 아니라 그들의 근본적인 성격 때문에 일을 한다고 생각하는 경향이 있다. 예를 들어 여러분이 고속도로에서 끼어들었다면 출구를 거의 놓칠 뻔했기 때문이라 생각한다. 하지만 다른 사람이 여러분을 가로막는다면 그 사람은 다른 사람을 존중하지 않는 나쁜 운전자이기 때문이라고 생각한다. 내로남불이다.

여러분이 누군가와 의견이 다를 않을 때는 그들의 입장을 생각해 보라. 악의나 무능함을 가정하지 말고 긍정적인 의도를 가정하라. 상대방도 당신과 마찬가지로 현명하고 좋은 의도를 갖고 있지만, 그저 다른 결론에 도달한 것뿐이라고 생각하라. 그들의 입장과 결론이 여러분과 다른 이유를 이해하고자 노력하라.

> 누군가와 의견이 다르다면 긍정적인 의도를 가정하라.

사실에 관한 의견 차이를 롤 플레이roleplay를 통해 공감 능력을 키울 수 있다. 의견 차이를 설명할 때 다른 사람에게 들어달라고 요청하라. 여러분의 관점에서 설명하고, 다른 사람의 관점에서 설명하라. 그들의 입장에서 여러분이 할 수 있는 가장 합리적인 최선의 주장을 하라.

『애자일 컨버세이션Agile Conversations』(에이콘출판, 2021)은 대화로 인한 영향과 더욱 효과적인 방법을 이해하는 데 도움이 되는 훌륭한 참고자료다[Squirrel2020].

스스로 취약해져라

개인 정보를 공유하고 구성원들이 여러분의 취약점을 볼 수 있게 하라. 취미, 어릴 적 좋아했던 장난감, 애완 동물 등 작은 것부터 시작할 수 있다. 이것은 관계와 신뢰를 만든다. 시간이 지남에 따라 팀원들을 신뢰하게 되면서 더 마음을 열 수 있다.

모든 사람은 일하러 간다. 다시 말해 우리가 존재하도록 하는 다른 모든 일과 마찬가지로, 집에서 일어나는 일은 직장에서 하는 일에 영향을 미친다. 좋은 날이나 나쁜 날을 공유하면 팀원들이 여러분의 기분을 이해하는 데 도움이 되며 안전감이 만들어진다. 예를 들어 여러분이 충분히 수면을 취하지 못했다면 심술이 날 수도 있다. 그 정보를 공유하면 사람들은 여러분이 그들에게 화가 나지 않았음을 이해하는 데 도움이 될 것이다… 그저 여러분은 심술이 났을 뿐이다.

나는 2007년에 자궁암 검사를 받았다. 나는 당황해 울면서 팀에 그 사실을 말했다. 매우 불편했지만 안전감을 얻었다. 진찰을 받으러 의사에게 갈 시간이 되자 병원에 데려다줄 사람은 있는지 팀원 중 세 명이 집으로 전화를 해 줬다. 그들은 내가 혼자 산다는 사실을 알고 있었고 나를 도와줬다. 이는 정말 멋진 경험이었다(결국 암이 아니라는 진단을 받았다).

리더의 역할

권력을 가진 위치에 있는 사람들은 안전감에 큰 영향을 미친다. 팀 리더나 관리자 같은 정통적이고 공식적인 직책은 물론 선임 개발자가 후임 개발자에게 말할 때 같은 비공식적인 권력도 포함한다.

여러분이 권력을 행사할 수 있는 위치에 있다면 여러분의 말과 행동은 더 중요하다. 진지하게 받아들여라. 이는 적어도 처음에는 여러분이 원하는 대로 자연스럽게 말할 수 없음을 의미한다. 분위기를 읽는 방법을 배워라. 여러분의 말과 행동이 다른 사람들에게 어떤 영향을 미치는지 주의를 기울여라.

다음 기법은 팀의 안전감을 만드는 데 도움이 된다.

보기 원하는 행동을 모델링하라

나머지 팀원들에게 여러분이 원하는 행동을 보여주라. 모든 사람이 목소리를 낼 수 있게 하고, 여러분의 실수에 대해 솔직해져라. 호기심을 갖고 피드백을 제공하라. 공감을 보이고, 스스로 취약해져라. 사람들에게 안전하다고 이야기하거나 안전하다고 가정하는 것으로는 충분하지 않다.

실수에 관해 논의할 때는 책임을 묻거나 비난하지 않도록 주의하라. "아, 내가 실수했어, 난 너무 멍청해" 같은 말을 하지 말라. 그 메시지는 실수가 어리석다는 의미를 전달한다. 대신, 실수가 예상되고 학습이 결과의 일부가 되도록 업무를 학습의 수단으로 구성하라.

"나는 실수했다. 그리고 이것을 배웠다."

기대를 명시적으로 만들라

애자일 팀은 자기 조직적이며 자신들의 업무를 소유하지만, 그렇다고 해서 기대나 방향성이 없는 것은 아니다. 동료 팀원에게 여러분이 기대하는 것과 도움을 주기 위해 무엇을 할 수 있는지 명확하게 설명하라. 회고 같은 회의나 활동을 한다면 해당 세션에 대한 여러분의 기대를 명확하게 밝히는 것으로 시작하라.

갈등을 피하지 말라

안전하다고 해서 사람들이 항상 원하는 바를 얻는 것은 아니다. 모든 사람의 의견이 고려됐다는 의미다.

> 안전하다고 해서 사람들이 항상 원하는 바를 얻는 것은 아니다.

일부 팀은 안전감을 조성하기 위해 **잘못된 조화**를 만든다. 이들은 갈등을 피하고 반대 의견을 억제한다. 안전감을 **느낄 수는 있겠지만** 갈등은 사라지지 않는다. 표면 아래에서 부글거리며 자라난다.

일부 리더는 팀에 긍정을 강조하는 실수를 저지른다. "너무 부정적으로 굴지 말라." 또는 "팀 플레이어가 되라."는 등의 말을 한다. 이는 "그룹의 다른 사람들과 함께 하라(튀지 말고)."는 의미다. 이것은 구성원들에게 의견의 불일치를 표현하는 것이 안전하지 않다는 점을 알려준다.

사람들이 스스로의 의견을 억누르는 것을 본다면 공유를 요청하라. 사람들이 잘못된 조화에 빠져 있는 것으로 보인다면 아이디어의 부정적인 면에 관해 물어보라. 다른 누구도 언급하지 않았던 문제를 발견했다면 친절한 방식으로 문제를 제기하라.

그와 동시에 오류에도 대비하라. 옳다는 것에 초점을 맞추지 말고, 모든 의견이 논의, 토론 개선될 수 있도록 공개적으로 꺼내는 데 집중하라.

잘못된 조화와 집단 사고는 개발의 '규범norming' 단계에 있는 팀이 만나는 일반적인 과제다. 더 많은 아이디어에 관해서는 '규범기: 우리가 최고다(p.466)'를 참조하라.

> **함께 보기**
>
> 팀 다이내믹(p.461)

연결 빌드 연습

다음은 팀에서 친밀한 관계(rapport)를 구축하기 위해 이용할 수 있는 재미있는 연습이다. 이 연습은 독립적으로 할 수 있으며, 정렬 차터링 세션에 포함시킬 수도 있다(정렬(p.204) 참조).

이 연습의 목적은 팀원들에게 생각보다 공통점이 많음을 보여주는 것이다. 대면 팀이라면 모두가 자유롭게 이동할 수 있는 열린 공간을 확보하라. 원격 팀이라면 모든 사람에게 가상 화이트보드에 얼굴 사진을 업로드하도록 요청하라(즐겁게 해 보라!). 준비가 됐다면 다음 단계를 이터레이션한다.

1. 한 사람이 자신에 대해 설명한다. "나는 개를 좋아합니다."
2. 그 말에 동의하는 사람들은 모두 움직여서 그 사람 옆에 선다. 원격 팀은 얼굴 사진을 움직인다.
3. 다른 사람도 자신에 대해 설명한다. "내가 가장 좋아하는 프로그래밍 언어는 Perl입니다." 등

시간이 다 될 때까지 이 과정을 계속한다. 사람들이 원하는 만큼 자신들에 관해 공유할 수 있다.

질문

내가 무슨 일을 해도 다른 팀원 중 한 명이 말하려고 하지 않는다. 어떻게 도울 수 있는가?

다양한 팀 문제에 대해 경청은 매우 좋은 첫 번째 단계다. 그들이 말하기 싫어하는 이유에 관해 사람들과 이야기하라. 이는 **그들이** 해결해야 하는 문제가 아니라 **팀**을 위한 과제임을 강조하라. 여러분은 그들이 목소리를 더 쉽게 낼 수 있게 만들기를 원한다.

옵션을 논의할 때 사용자의 목소리를 듣고 싶겠지만, 반드시 그것이 실제 목소리일 필요는 없음을 명심하라. 어떤 사람들은 생각을 급히 공유하는 것보다 천천히 글로 정리하는 것을 더 편안하게 여긴다.

또 다른 옵션으로는 팀 내 친구들과 아이디어를 이야기하는 것이 있다. 이 방법은 그들이 하고 싶은 말을 미리 시도해보는 것일 수 있으며, 친구에게 그들의 관점을 나타내도록 요청할 수도 있다.

내가 알고 있는 것이 다른 이들에게 영향을 미치는 것을 봤지만, 그들이 말할 만큼 안전하지 않다고 생각하는 점이 우려된다. 어떻게 해야 하는가?

상황의 심각성과 여러분이 스스로 행동하기에 충분히 안전하게 느끼는지에 따라 다르다.

대부분의 경우에는 영향을 받은 사람과 이야기하는 것에서 시작하라. 그들이 괜찮은지, 그에 관해 이야기하고 싶은지 물어보라. 그렇게 하는 것이 안전하다고 생각되면 그들을 대신해 여러분이 문제를 제기하겠다고 제안하라. 그렇게 하지 않더라도, 상대방에게는 누군가가 자신을 보고 있으며 관심을 갖고 있다는 사실을 아는 것만으로도 도움이 될 수 있다.

무언가 선을 넘었다고 느끼면 나는 그 자리에서 말할 것이다. 예를 들어 본Von이 회의에서 무언가를 말했지만 무시당했다고 가정해 보자. 보통 나는 이 문제에 관해 나중에 본과 논의한다. 그러나 회의 후반에 맥스Max가 본이 한 말을 이터레이션했고 이번에는 모두가 그 말을 듣는다. 이런 경우에는 곧바로 이 시점에서 개입하며, 전형적으로 이런 문구를 이용한다. "맥스, 당신이 앞에서 본이 말한 것을 다시 표현한 방법이 정말 좋습니다."

감정에 대해 말하는 것보다 일을 처리하는 데 시간을 쓰는 것이 더 좋지 않은가?

단순하고 이터레이션적인 작업이라면 안전감이 필요하지 않을 수 있지만, 소프트웨어 개발에는 창의성, 학습, 사고가 필요하다. 여러분의 팀은 모든 두뇌와 목소리를 동원해 최상의 결과를 만들어야 한다. 안전감이 없으면 아이디어를 놓칠 수 있고, 사람들이 실수를 지적하기를 꺼릴 수 있으며, 인지된 위험 때문에 기회를 간과할 수 있다.

아리스토텔레스 프로젝트에서 발견한 것을 기억하라. 안전감은 구글에서 팀 성과를 예측하는 가장 중요한 요소였다. 그것이 사실이 아니더라도 일은 여러분 삶에서 큰 부분을 차지한다. 여러분과 여러분의 팀원들이 두려움 없이 스스로를 표현할 수 있는 환경이 되기를 원하지 않는가?

전제 조건

대부분의 모든 팀은 심리적 안전감을 확립할 수 있다. 일부 조직에는 불일치를 억제하거나 비난하는 문화를 갖고 있어 안전감을 어렵게 만들 수 있지만, 팀 안에서는 안전감을 만들어 낼 수 있다.

원격 팀인 경우에는 대화 녹음에 주의하라. 팀에 안전감이 존재하고, 구성원들이 자신을 자유롭게 표현한다면 굳이 더 큰 조직에 안전을 바라지 않을 것이다. 가능하다면 채팅 방에서 오래된 대화가 삭제되게 하고, 특별한 이유가 없는 한 화상 통화를 녹화하지 않도록 설정하라.

지표

여러분의 팀이 심리적 안전감을 가졌다면:

- ☐ 팀원들은 실수와 배운 점에 관해 이야기한다.

- ☐ 팀원들은 건설적으로 동의하지 않는다.

- ☐ 팀원들은 아이디어와 문제를 공유한다.

- ☐ 팀은 더 많은 아이디어를 조합해 더 나은 제품을 만든다.

- ☐ 다양한 배경을 가진 사람들을 고용하고 유지하기가 쉬워진다.

대안과 실험

심리적 안전감은 사람들이 배우고, 그 내용을 공유하고, 동의하지 않고, 목소리를 내는 방법이다. 이 프랙티스에서는 이를 더 쉽게 할 수 있도록 환경을 변경하는 방법에 중점을 두고 있다.

한 가지 대안은 환경보다 사람을 변화시키려고 시도하는 것이다. 이론적으로 여러분은 그들의 용기를 북돋우기 위해 노력할 수 있으므로, 그들이 안전하지 않다고 느낄 때도 편안하게 말할 수 있다. 하지만 나는 이 방법은 추천하지 않는다. 사람들은 자신만을 바꿀 수 있다. 여러분은 사람들을 위해 그렇게 하지 못한다. 사람들이 안전하지 않다고 느낌에도 불구하고 목소리를 낼 용기가 있더라도, 그 두려움은 그들의 창의성을 감소시킬 것이다.

반면, 실험은 안전감을 높이는 좋은 방법이다. 시도하는 실험에 대해 명시적으로 설명하라. 후속 날짜가 정해진 실험으로 무언가를 프레이밍하는 경우에도 안전감을 높일 수 있다. 사람들은 변화가 잘 작동하지 않을 때 되돌릴 수 있음을 알기 때문이다. 안전을 고려하고 일반적으로 팀 내에서 새로운 아이디어를 시도하는 문화를 만들라.

'안전감'을 주제로 하는 회고를 진행하는 것도 좋은 시작점이다. 이 팀과 다른 팀에서 안전감과 관련해 알게 된 것에 대해 논의하고, 시도해볼 수 있는 몇 가지 실험을 선택하라.

함께 보기

회고(p.450)

더 읽을거리

『두려움 없는 조직』(다산북스, 2020): 하버드 경영대학원 교수 에이미 에드먼슨[Amy C. Edmondson]의 최신 서적이다. 그녀가 연구한 심리적 안전감의 여러 측면을 다룬 좋은 책이다[Edmonson2018].

"심리적으로 안전한 업무 공간 만들기[Building a Psychologically Safe Workplace]": 에이미 에드먼슨의 TEDx 강연이다[Edmonson2014]. 이 주제에 관해 멋지고 간결하게 소개한다.

『Time to Think: Listening to Ignite the Human Mind』(Cassell, 2021): 직장에서 생각할 수 있는 공간과 시간을 만드는 것에 관한 책이다. 이 책에는 내가 개인적으로 대부분의 회의에 포함시키는 실용적인 조언이 담겨 있다[Kline2015].

목적

대상
프로덕트 매니저, 코치

우리는 우리가 일하는 이유를 이해한다.

모든 팀에는 **목적**이 있다. 존재의 이유와 결과에 대한 기대가 그것이다. 그러나 그 목적은 너무나도 자주 팀에 전달되지 않는다. 팀원들은 **무엇**을 해야 하는지는 듣지만 **왜** 해야 하는지, 회사의 목표 달성에 어떻게 도움이 되는지에 대한 자세한 정보는 제공받지 못한다.

목적 프랙티스는 모든 사람이 전체 그림과 함께 세부 사항을 이해하는지 확인하는 것이다.

비전에서 시작하라

팀이 제품을 갖기 전, 회사의 누군가가 아이디어를 갖고 있다. 위즐 프로비츠Wizzle-Frobitz라는 회사(실제 회사는 아니다)의 누군가라고 가정하자. "있잖아!" 책상에 커피잔을 놓으면서 말한다. "위즐을 우선으로 정렬하는 소프트웨어가 있으면 위즐을 더 잘 프로비츠할 수 있어!"

알겠다. 보통 이렇게 극적이지는 않다. 팀의 목적은 결과에 초점을 둔 아이디어에서 시작된다는 것이 요점이다. 더 나은 소프트웨어를 번들로 묶어서 더 많은 하드웨어를 판매하라. 더 효과적으로 확장해 더 많은 고객을 유치하라. 머신 러닝 기술을 제공해 더 많은 클라우드 서비스를 판매하라. 이 모든 것은 내가 함께 일했던 팀의 실제 사례.

아이디어가 팀으로 전환되는 과정에서 더 나은 미래에 관한 **비전**이라는 매력적인 부분을 간과하는 경우가 많다. 세부 사항이 중요한 것을 점령한다. 프로그래머, 도메인 전문가, UX 디자이너로 팀을 꾸려야 한다. 피처를 정의하고, 릴리스를 계획하고, 진행 사항을 보고해야 한다. 한시가 급하다. 서둘러라!

안타깝다. 비전을 전달하는 것이 가장 중요하기 때문이다. 머신 러닝을 이용해 더 많은 클라우드 서비스를 판매하는 것이 목표라면, 가장 놀라운 머신 러닝 제품

> 비전을 전달하는 것이 가장 중요하다.

또한 클라우드 제품의 플랫폼의 일부여야만 한다. 더 큰 규모의 고객을 유지할 수 있도록 확장하는 것이 목표라면 확장 방식이 새로운 고객의 요구사항에 맞는지 확인해야 한다. 반대로 확장을 거의 필요하지 않은 고객을 유치할 방법을 찾고 있다면 정말로 그 방법이 그렇게 중요한가?

목적을 식별하라

팀이 이용하는 자금은 누군가의 예산에서 나온다. 이들은 일반적으로 팀의 **경영진 스폰서**executive sponsor라 불린다. 비록 스폰서들이 기술적으로는 팀의 목적에 관한 최종 권한을 갖지만, 칼로 무 베듯 항상 명확하지는 않다. 이들은 **이해관계자**라고 불리는 다양한 사람들의 영향을 받으며, 이해관계자의 지원 또한 팀의 성공에 꼭 필요하다.

누군가는 모든 아이디어를 일관된 목적으로 통합해야 한다. 경영진 스폰서가 목적에 대해 열성적인지, 팀이 그것을 이해하는지, 주요 이해관계자들이 동의하는지, 다른 이해관계자들이 이

함께 보기

전체 팀(p.130)

를 수용하는지 확인해야 한다. '전체 팀' 프랙티스에서 논의한 것처럼 이런 스킬은 '프로덕트 매니지먼트'라고 부르며, 적어도 이런 스킬을 보유한 사람이 최소한 한 명 이상이 팀원이어야 한다.

분명한 비전을 보는 선구자 같은 구성원이 있다면 그가 직접 제품 프로덕트 매니저 역할을 하는 것이 가장 좋다. 그 비전이 가치 있고 달성할 수 있다면, 비전을 가진 사람이 프로덕트 매니저로 일상 업무에 참여함으로써 팀이 인상적인 제품을 전달할 수 있는 기회를 크게 향상시킬 수 있다.

비전을 가진 사람이 온전하게 참여하지 못하는 상황이 자주 발생한다면, 다른 누군가가 프로덕트 매니저 역할을 해야만 한다. 주요 이해관계자들과 가능한 가까운 사람을 선택하라. 아이들

함께 보기

실질적인 고객 참여(p.288)

이 하는 전화 게임처럼 프로덕트 매니저와 주요 이해관계자 사이에 있는 단계가 늘어날수록 팀의 목적을 유지하고 촉진하는 능력은 저하된다.

경우에 따라 팀의 목적이 다양해질 수 있다. 주요 이해관계자의 비전이 크게 다르고, 모두 충족돼야 한다면 비전마다 목적을 만들 수 있다. 한 번에 하나의 비전에 대해 작업하고 주기적으로 전환하라.

여러 팀이 수행하는 개발

여러 팀이 수평적으로 확장된 팀 그룹의 일부라면(6장 참조), 팀의 목적은 전체 **제품**이나 **포트폴리오**의 목적과 다를 것이다. 전체적인 목적과 관련이 있지만 팀의 특정 역할에 중점을 둘 것이다.

여러분의 회사가 항공사의 비행 정보를 분석하는 제품을 만든다고 가정하자. 여러분의 팀은 항공사의 비행 정보 수집을 담당한다. 다른 팀은 공항 지도와 경로 탐색을 담당한다. 또 다른 팀은 도착 및 출발 알림을 담당한다.

이 경우 전체 제품 비전은 "전 세계 항공 여행을 위한 신뢰할 수 있는 최신 통계 및 정보를 제공한다."일 수 있다. 하지만 데이터 수집 팀인 여러분의 팀의 비전은 "우리 회사의 다른 팀이 적시에 정확한

방식으로 고객에게 서비스를 제공하기 위해 필요한 데이터를 확보할 수 있도록 보장한다."일 것이다. 수직으로 확장된 팀은 그렇지 않다. 이들은 공유된 목적을 위해 함께 일한다.

목적을 문서화하라

프로덕트 매니저는 스폰서 및 주요 이해관계자와 이야 기하면서 그들이 가진 아이디어를 구체화해서 목적 문 서 초안을 만든다. 대화의 목표는 팀이 해야 할 작업,

> 대화의 목표는 팀 업무에 관한 정렬 을 만드는 것이다.

작업해야 하는 이유, 성공의 모습에 관해 조정하는 것이다. 여러분이 만드는 목적 문서는 그러한 공동의 이해를 반영한 살아있는 문서다. 여러분은 그것을 정기적으로 수정하게 될 것이다.

목적 문서 초안은 여러분이 나눈 대화를 담은 첫 번째의 대략적인 문서다. 이 문서는 이후의 대화를 진행하는 데 도움이 된다. 문서 형식은 회사 표준에 따라 다르다. 어떤 회사 는 핵심 성과 지표$^{KPI, Key Performance Index}$ 또는 목표 및 핵심 결과$^{OKR, Objectives \& Key Results}$ 이 용을 선호한다. 형식에 관계없이 궁극적으로 다음 세 가지 질문에 답해야 한다.

1. **비전**^{vision}: 팀의 작업이 가치 있는 이유는 무엇인가? 팀이 성공할 때 세상이 어떻게 달라지는지, 아니면 적어도 여러분의 한 부분이 어떻게 달라지는지 설명하라. 이 것이 회사와 고객에게 왜 중요한지 명확하게 설명하라. 장기적으로 생각하고 가치 에 집중하라.

2. **미션**^{mission}: 향후 3~6개월 동안 팀이 비전을 달성하는 데 어떻게 도울 것인가? 팀 이 달성할 것으로 예상되는 성과와 범위를 벗어나지만 상위 수준에서만 달성할 수 있는 성과를 설명하라. 팀이 세부 사항을 직접 해결할 수 있도록 충분한 공간을 남 겨 두라. 성과물보다 가치와 결과에 중점을 두라. 구체적인 성과물을 먼저 고려하 는 것이 도움이 될 수도 있지만, 거꾸로 무엇이 아닌 이유부터 시작하라.

3. **지표**^{indicator}: 팀원들은 자신들이 올바른 길을 가고 있음을 어떻게 알 수 있는가? 상 위 수준의 성공 지표를 최대 5개까지 설명하라. 이는 구체적이고 명확해야 한다.

특정한 기능에 관해 이야기하지 말라(예: Y일에 기능 X 제공). 대신 이해관계자가 기대하는 **비즈니스 결과**에 관해 이야기하라. 이 지표가 미션이 말하는 가치가 달성되고 있음을 나타내는 방법을 설명하라. 설명하기 어렵다면 미션이 가치에 초점을 두지 않았음을 의미할 수 있다.

목적 문서는 **가이드**이지, 엄격하고 빠른 규칙의 집합이 아니다. 팀이 달성하려는 바를 사람들이 이해하도록 돕기 위한 것이다. 따라서 목적 문서는 **현재의 상황**

> 목적 문서는 협업을 위한 수단이지 계약이 아니다.

에 대한 사람들의 최선의 이해를 나타낸다. 지표가 달성하지 못했다고 해서 팀이 페널티를 받는 것은 아니다. 역으로 달성했다고 해서 더 이상 일을 하지 않는 것도 아니다.

애자일 선언문의 '계약 협상보다 고객과의 협력을' 문구를 기억하라. 목적 문서는 협업을 위한 수단이지 계약이 아니다. 작업이 진행되고 모든 사람이 시장에 대한 새로운 통찰력을 얻으면, 그에 따라 팀의 목적도 변화한다.

목적 예시

비전: 사스콰치 팀(Team Sasquatch)은 다른 팀이 원격에서 협업할 수 있도록 지원한다. 고객은 팀이 대면 업무 공간을 공유할 때와 동일한 고품질의 상호 작용을 할 수 있다. 일반적인 화면 공유 도구를 사용하면 한 사람이 모든 토론에서 병목 현상을 일으킨다. 우리가 제공하는 도구를 사용하면 모든 사람이 참여할 수 있다. 원격 협업을 효과적이고 즐겁게 만듦으로써 충성도 높은 고객의 구독료를 통해 수익을 얻는다.

(비전은 장기적인 가치에 중점을 둔다.)

미션: 우리의 첫 번째 임무는 화제를 일으키는 것이다. 우리의 목표는 지금 당장 상당한 수익을 창출하는 것이 아니다. 원격 협업에 관한 우리의 고유한 관점에 대해 실행 가능성을 증명하고 흥미를 유발시키는 것이다. 테이블에서 인덱스 카드를 이용해 작업하는 경험을 복제한 동시 협업 도구를 만들어서 이를 수행할 것이다. 이는 프로덕트 매니지먼트 도구, 추적 도구, 회고 도구가 아니다.

대신 이러한 목적을 모두 충족시킬 수 있는 자유 형식의 샌드박스다. 협업과 단순성에 중점을 두며 품질 또한 높다. 채팅이나 화상 회의 기능은 제공하지 않지만, 동시 공동 작업을 위한 샌드박스의 핵심 기능에 중점을 둔다.

(미션은 성과물에 대해 자세히 설명하기 전에 가치에서 시작한다.)

지표:

1. 최소 20명 이상의 잠재 고객과 초기 목업 및 계획을 공유한다. 이들 중 적어도 70%가 자신들이 직면한 협업 문제를 해결한다고 말한다면 성공일 것이다. 이는 우리가 선택한 접근 방식의 실행 가능 여부를 의미한다.

2. 업계 행사에서 부스를 열고 빌드를 시연한다. 적어도 100명 이상의 관람객들이 걸음을 멈추고 관심을 보이며, 최소 50명 이상이 베타 제품을 위해 등록하면 성공일 것이다. 이는 제품에 대해 사람들이 열광함을 의미한다.

3. 오픈 베타 시작 후, 첫 달에 최소 500개 팀이 등록하면 성공이라 간주한다. 이는 제품에 대해 사람들이 열광함을 의미한다.

4. 베타 출시 2개월 후, 최소 100개 팀이 정기적으로 제품 비용을 지불하며 사용한다면 성공일 것이다. 이는 격주에 한 번 이상 로그인하고 변경하는 것으로 정의한다. 이는 제품이 실제로 유용함을 의미한다.

(각 지표는 가치와 연결되는 방식을 설명한다. 지표는 여러 단계로 나눠지며, 팀은 진행 상황을 조기에 평가할 수 있다.)

목적을 차터링하라

목적 문서 초안을 만들고 주요 이해관계자와 함께 검증했다면, 이제 나머지 팀과 논의할 준비가 된 것이다. 이는 일반적으로 전체 세션 과정 중 **리프트오프**^liftoff라 불리는 단계(같은 이름의 책[Larsen2016])에서 발생한다. 자세한 내용은 '차터링 세션 계획하기(p.191)'를 참조한다.

차터링 세션은 일반적으로 새로운 노력의 시작을 의미하지만, 이미 수년 동안 작업을 해 왔다 하더라도 전체적인 그림을 더 잘 이해하고자 하는 모든 팀에게 가치가 있다. 팀이 실제로 작업을 시작하는 날짜보다 몇 주 앞서 차터링 세션을 갖는 것도 좋다.

초안 목적을 검토하라

차터링 세션은 팀의 목적에 관한 토론으로 시작한다.[11] 비전 초안을 발표하는 것으로 시

---

11   이 어젠다는 [Larsen2016]를 기반으로 필자가 약간 변경했다.

작한다. 초안 작성을 주도한 사람이 발표하는 것이 가장 좋은데, 일반적으로 팀의 프로덕트 매니저가 된다.

여러분이 목적을 제시할 때는 그저 읽는 것으로 그치지 말라. 그 뒤에 숨어있는 생각을 설명하라. 나눴던 대화를 소개하고, 만들어진 절충안을 설명하라. 타협도 필요하다. 이 배경은 모든 사람이 그 목적의 '이유'를 더 잘 이해하는 데 도움을 준다.

비전에 동의하라

목적을 검토한 후에는 비전에 대한 동의 여부를 투표한다(동의를 구하라(p.157) 참조). 비전은 스폰서가 소유하므로 변경될 가능성은 없지만, 동의 투표를 통해 주요한 반대 의견을 노출할 수 있다. 변경이 필요하다면 스폰서가 그 변경을 승인해야 한다. 스폰서가 없다면 목적 초안 작성을 주도한 사람이 대리인 역할을 할 수 있다.

미션을 개선하라

비전은 스폰서가 소유하지만 미션은 팀이 소유한다. 미션은 팀이 책임지고 수행하므로, 그 오너십 또한 팀에 있어야 한다.

> 비전은 스폰서가 소유하고, 미션은 팀이 소유한다.

오너십을 만드는 데 도움이 되도록 팀원들에게 미션에 관한 피드백을 요청하라(아직은 지표가 아닌 그저 미션일 뿐이다). 반응과 의견을 요청한 뒤, 각 팀원 및 이해관계자들로 구성된 소규모의 교차 기능 그룹으로 나눈다. 각 그룹은 사소한 문구 수정은 물론 주요 변경에 이르기까지 미션을 다양하게 개선할 것이다.

시간이 다 되면 각 그룹은 변경한 내용과 그 이유를 발표하고, 나머지 그룹은 그에 대한 피드백을 제공한다. 그런 다음 진행자는 모든 사람이 아이디어를 하나의 미션으로 다시 통합하도록 돕는다. 소그룹으로 진행되는 또 다른 세션이 필요할 수도 있다. 그룹을 섞는 것 또한 때때로 도움이 된다.

일단 팀이 미션을 수정했다면 다시 동의 투표를 진행한다. 수정된 미션이 여전히 비전을 만족하는가? 이해관계자는 미션이 자신들의 요구를 충족시킬 것이라고 확신하는가? 팀은 미션을 달성하기 위해 오너십을 갖고 책임을 질 준비가 돼 있는가? 이 투표를 할 때 미션이 **완벽할** 필요는 없음을 강조한다. 미션은 시간이 지나면서 변화하며, 현재 상태에서 충분히 좋은 것으로 괜찮다.

지표를 수정하라

마지막으로 지표를 수정한다. 가장 구체적인 부분이므로 가장 논란이 될 수도 있다. 좋은 지표는 명확하기 때문에 다소 두려울 수도 있다.

지표는 계약이 **아니라는 것**을 모두에게 상기시켜라. 지표는 가이드일 뿐이다. 팀이 올바른 궤도에 있는지 확

> 지표는 가이드이지 계약이 아니다.

인하기 위한 수단이다. 팀이 지표를 충족하는 궤도에 있지 않다면, 더 많은 도움이 필요하거나 기대치를 낮춰야 한다는 의미다. 지표는 다른 것과 마찬가지로 이터레이션되며, 주목할 만한 유일한 비즈니스 지표가 아니다.

지표를 수정하기 위해 다시 소규모의 교차 기능 그룹으로 나눈다. 지표를 그룹에 나눠준다. 각 그룹은 지표가 미션 달성을 위한 진행 사항을 확인하는 데 이용할 수 있는지, 명확하게 '예' 또는 '아니오'라고 판단할 수 있는지, 팀이 이를 수행할 수 있는지 확인한다. 더 큰 그룹에서 변경 사항을 검토하고, 동의를 확인하고, 모든 반대 의견이 해소될 때까지 계속 수정한다.

그룹이 각 부분에 관해 작업하는 동안, 여러분은 이전으로 돌아가 목적의 앞부분을 수정해야 할 새로운 것을 발견할 수도 있다. 괜찮다. 충분히 예상 가능한 것이며, 이터레이션 적인 과정이다.

목적에 헌신하라

여기까지 완료됐다면 마지막으로 동의 투표를 한다. 모든 참석자가 목적이 명확하고, 가치 있으며, 달성 가능하다는 데 동의하는가? 그렇다면 헌신할 시간이다. 모든 참석자에게 물리적인 서명(대면인 경우) 또는 전자적인 방식(원격인 경우)으로 커밋먼트를 기록하도록 요청하라.

목적이 승인된 뒤 스폰서가 아직 참석하지 않았다면 스폰서에게 복귀를 요청하라. 목적의 변경 사항을 검토하고, 이 목적에 대한 지원 약속을 요청한 후 서명을 받으라.

NOTE 차터링 세션이 목적과 컨텍스트를 모두 포함한다면(컨텍스트(p.196) 참조) 스폰서가 돌아온 후 컨텍스트에 관해 논의할 수 있다.

차터링 세션 계획하기

차터링 세션은 목적에 관한 토론으로 시작하지만, 일반적으로 컨텍스트 및 정렬에 관한 토론도 포함한다(컨텍스트(p.196), 정렬(p.204) 참조). 이 세 항목을 모두 다룬다는 가정하에 차터링 세션을 위해 이틀을 할당한다. 결과적으로 서두르지 않아도 되고, 만약 일정을 일찍 마친다 해도 누구도 불평하지 않을 것이다. 하지만 일정이 길어진다면 그렇지 못할 것이다.

원격 팀 또한 대면 팀과 동일한 시간(약 15시간 또는 그 이상)이 필요하지만 차터링 세션은 하루 4시간을 넘지 않도록 작은 단위로 나눠야 한다. 대규모 협업 회의를 원격으로 수행하면 매우 소모적이므로 중단하라. 모든 사람이 토론에 집중할 수 있는지 확인하고 가능하다면 비디오를 켜고 세션을 진행하라(대면 대화(p.152) 참조).

특히 새로운 팀인 경우, 차터링 세션은 여행 자금을 이용해 관계를 구축하기 좋은 시간이다. 회사 밖의 멋진 장소에서 세션을 열고 별도로 하루를 마련해 재미있는 활동, 친목 도모, 그룹 관광 등에 이용하라.

차터링 세션에는 경영진 스폰서, 주요 이해관계자, 팀원 및 프로덕트 매니저(아직 팀에 속해 있지 않다면)를 포함해야 한다. 스폰서는 참가자를 환영하고 감사하며, 팀의 업무를 통해 얻을 수 있는 높은 수준의 비즈니스 이익을 설명하고, 그들의 노력에 대한 지지를 선언하며 회의를 시작한다. 스폰서는 토론에 참여하기를 원하지 않는다면 떠나도 좋다.

퍼실리테이션 기술을 가진 사람이 차터링 세션을 이끌 수 있다면 가장 좋다. 특히 논쟁의 여지가 이는 토론이 벌어지는 경우에는 더욱 그렇다. 팀의 코치가 이 역할을 할 수도 있지만 중립적인 제삼자가 돕는 것이 훨씬 좋은 경우가 많다. 다른 팀의 코치에게 도움을 요청하거나 외부 퍼실리테이터를 고용할 수도 있다. 대규모 조직의 경우 인사 부서에 전문 퍼실리테이터가 있을 수도 있다.

목적 및 컨텍스트에 관한 논의가 끝나면 경영진 스폰서는 지원을 약속하기 위해 돌아온다. 이 시점에서 이해관계자의 역할은 완료된다. 팀원은 이해관계자들의 참여에 감사의 뜻을 표한 후 정렬 토론을 계속한다(프로덕트 매니저 등 팀과 긴밀히 협력하는 이들도 참여할 수 있다).

특히 여러 날 동안 세션을 진행했다면 축하와 함께 차터링 세션을 끝내도록 하라. 최소한 노고에 대해 서로 감사하라. 할 수 있다면 함께 재미있는 일을 하러 가도록 하라. 내향적인 팀원들이 재충전을 할 수 있도록 먼저 휴식을 취하는 것을 잊지 말라.

그 후 다음 결과를 팀 룸에 잘 보이도록 게시하라. 명확성을 위해 손으로 직접 써야 할 수도 있다.

- 비전, 미션, 지표(목적으로부터)
- 컨텍스트 다이어그램(컨텍스트로부터)
- 워킹 어그리먼트와 표준(정렬로부터)

차터링 세션의 나머지 결과물은 게시할 필요는 없다. 그러나 나중에 참조할 수 있도록 스킬 인벤토리 및 커밋된 리소스(컨텍스트로부터) 사본은 보관해야 한다. 다른 결과물도 유용하게 이용할 수 있다.

목적을 홍보하라

목적을 수립했다면 그것을 지속적인 시금석으로 만들어라. 팀의 작업을 이해관계자에게 전파하는 데 사용하라. 계획과 우선순위를 설명할 때 참조하라. 팀 룸의 눈에 잘 띄는 곳에 목적의 사본을 게시하고, 계획 세션마다 참조하라.

함께 보기

정보가 풍부한 업무 공간
(p.365)
시각적 계획하기(p.258)
이해관계자 데모(p.401)

작업이 진행되는 동안 스폰서와 주요 이해관계자를 계속 포함시켜야 한다. 시각적 계획 세션에 초대하라. 비공개로 진행하는 것이라도 데모를 봤는지 확인하라. 진행 상황에 대한 피드백을 요청하고 계획을 개선할 수 있도록 도움을 요청하라.

주요 이해관계자를 참여시키는 것은 어렵겠지만, 그래도 노력하라. 이해관계자의 열정과 흥미는 어떤 문서보다 훨씬 더 명확하게 전달된다. 팀원이 주요 이해관계자와 자주 교류한다면 목적을 더 잘 이해하고, 가치를 높이고, 비용을 절감할 수 있는 더 많은 아이디어를 얻을 수 있다.

산이 팀에 오지 않는다면, 팀이 산으로 가야 한다. 즉 이해관계자가 팀의 계획 세션에 참석하기를 원치 않는다면, 팀의 프로덕트 매니저가 그 격차를 해소해야

> 주요 이해관계자를 참여시키기 위해 노력하라.

한다. 계획을 공유하고 피드백을 받고 비공개 데모를 수행하라. 이는 계획에 이해관계자를 직접 참여시키는 것보다는 덜 효과적이며, 프로덕트 매니저가 이해관계자의 관점을

팀에 효과적으로 전달할 수 있는지 확인해야 한다. 잘 전달할 수 있는 사람이 없다면 잘못된 것을 만들 때의 위험에 대해 경영진 스폰서와 이야기하라. 이해관계자와 협업이 가능하기 전까지는 오히려 팀이 다른 작업을 수행하는 것이 더 나을 수도 있다.

목적을 이터레이션하라

팀의 목적은 시간이 지남에 따라 변화한다. 지표는 오래되고 팀은 이해관계자, 고객, 시장에 관한 새로운 사실을 알게 된다. 결국에는 목적을 업데이트해야 한다. 목적은 살아있는 문서다.

목적을 재검토하고 수정할 수 있는 별도의 시간을 설정하라. 3~6개월마다 수행하는 것이 좋다. 새로운 초안을 작성하고, 다른 차터링 세션을 수행하라. 아마도 첫 번째보다 더 빨리 진행될 것이다. 일반적으로 비전은 크게 달라지지 않는다. 미션은 약간 수정되며 지표를 업데이트하거나 교체해야 할 것이다.

질문

팀 전체가 목적 초안에 대한 토론에 참여할 수 있는가?

물론이다. 팀원이 이해관계자에 대한 통찰력을 얻을 수 있는 좋은 방법이다. 어떤 팀원들은 다른 구성원들보다 더 많은 관심을 보일 것이다. 이해관계자와의 협업 경험이 더 많은 팀원에게 이를 맡기면서 팀에서 작업을 나누는 방법에 관해 논의하라.

우리의 목적 논의는 논쟁으로 이어졌고 합의점이 보이지 않는다. 그래도 진행해야 하는가?

모든 이해관계자가 팀의 목적에 동의할 필요는 없다. 하지만 핵심 이해관계자는 반드시 동의해야 한다. 팀의 목적에 대한 대화가 논쟁으로 이어진다 하더라도, 여전히 통일된 비전과 목적을 추구해야 한다. 그렇지 않으면 여러분은 단편화되고, 만족스럽지 않은 소프트웨어를 출시하게 될 것이다.

팀이 연속적으로 실행할 수 있는 목적을 여러 조각으로 나눌 수도 있다. 그래도 문제가 해결되지 않는다면 전문 퍼실리테이터를 고용해 토론을 중재하는 것도 고려하라.

스폰서가 계속해서 마음을 바꾸고 있다. 어떻게 하면 그들이 방향을 선택하고 그것을 고수하도록 할 수 있는가?

빠르게 변화하는 목표는 기업 스폰서에게서 볼 수 있는 공통적인 경향이다. 비전이나 일관성이 부족해서가 아니다. 오히려 그들은 다양한 기회를 보고 그에 맞춰 방향을 바꾸는 것이다.

목적이 지속적으로 바뀐다면 여러분이 팀의 목적이라고 생각한 것이 실질적으로는 더 크고 포괄적인 목적에서의 임시 전략이라는 신호일 수 있다. 여러분이 우려하는 사항을 스폰서와 이해관계자에게 전달하고 더 큰 목적을 식별하도록 노력하라.

더 큰 목적을 찾아냈다면 적응적인 계획을 통해 스폰서와 보폭을 맞출 수 있다. **최적화하기** 플루언시가 이에 잘 부합할 것이다. 학습과 기회 활용을 강조하는 것은 스폰서의 기업가 정신과 완벽하게 일치한다.

> **함께 보기**
> 적응적 계획하기(p.237)

스폰서는 여러분이 그들의 아이디어를 구현하는 것보다 빠르게 방향을 계속 바꿀 수도 있다. 이 경우 프로덕트 매니저는 빠른 변화로부터 팀을 보호하는 동시에 팀이 합리적으로 달성할 수 있는 것을 후원자에게 설명하는 완충 역할을 해야 한다.

전제 조건

모든 팀에는 목적이 필요하다. 이 프랙티스에서 설명한 형식을 그대로 따를 필요는 없지만, 모든 팀은 목적을 통해 팀에 기대하는 바와 그 이유를 알아야 한다. 목적을 정확히 파악하기는 매우 까다로울 수 있다. 이해관계자의 동의와 강력한 프로덕트 매니지먼트 기술을 갖춘 사람들이 필요하다.

필요한 스킬을 갖춘 사람이 없다면 회사는 잘못된 결과에 많은 돈을 낭비할 위험에 처할 것이다. 그 위험이 계속되기 전에 해결할 수 있도록 여러분의 스폰서에게 도움을 요청하라.

지표

여러분의 팀과 이해관계자가 공유하는 명확하고도 설득력 있는 목적을 팀이 가졌다면:

- □ 피처의 우선순위를 정하는 것은 쉽다.

- □ 프로덕트 매니저는 이해관계자들에게 우선순위 결정을 정당화하는 데 어려움이 없다.

- □ 개발자는 비용을 줄이면서 동시에 가치를 높이는 방법을 제안하며 계획 토론에 기여한다.

- □ 핵심 이해관계자들은 자신들이 필요로 하는 것을 팀이 만들고 있음을 신뢰한다.

- □ 조직은 팀의 노력을 지원한다.

대안과 실험

궁극적으로 이 프랙티스는 팀 작업의 **내용**과 **이유**에 대해 모든 사람이 동일한 입장에 있는지 확인하는 것이다. 합의를 달성하는 구체적인 정확한 방법은 중요하지 않다. 여기에서 설명한 것처럼 차터링 세션과 목적 문서를 이용할 수 있지만, 다른 접근 방식을 시도할 수도 있다.

내가 함께 일했던 한 스타트업은 일반적인 목적 문서에서 시작했지만, 비즈니스가 너무 빠르게 변해 그 문서가 더 이상 유용하지 않음을 알게 됐다. 대신 여러 범주(BizDev, 비용 관리, 수용량, 위험 감소 등)의 비즈니스 우선순위를 적은 스티키 메모를 붙인 벽을 유지하고, 각 팀에 우선순위 중 1~2가지를 할당했다. 창업자들은 주간 전략 리뷰를 할 때 이 보드를 중점적으로 이용했다.

어떤 회사는 너무 작고 긴밀하게 연결돼 팀의 목적이 관련된 모든 사람에게 명백하게 보일 수 있다. 그러나 이런 팀 조차도 어떤 형태로든 목적을 논의함으로써 이익을 얻을 수 있다. 팀의 목적을 구체적인 용어로 표현하는 것은 사람들의 생각을 명확히 하고 새로운 아이디어를 위한 토론의 장을 제공하곤 한다.

더 읽을거리

『Liftoff: Start and Sustain Successful Agile Teams, 2/e』(pragmatic Bookshelf, 2016): 성공적인 애자일 팀을 시작하고 지속하는 애자일 차터링에 관한 포괄적인 가이드다 [Larsen2016]. 이 책에서의 목적, 컨텍스트, 정렬 프랙티스의 초석이 된 책이다. 차터링 세션을 준비하고, 퍼실리테이션 방법에 관한 지침은 매우 유용하다.

『Impact Mapping』(provoking Thoughts, 2012): '임팩트 맵 만들기' 장에서 설명한 목표 를 발견하고 좋은 지표(저자는 이를 '측정measurement'이라 부른다)를 만드는 방법에 관한 멋 진 설명을 제공한다[Adzic2012].

컨텍스트

대상
프로덕트 매니저, 코치

우리는 누구와 무엇을 해야 하는지 알고 있다.

팀에서 어떤 스킬을 이용할 수 있는가? 어떤 자원을 갖고 있는가? 이해관계자는 누구인가?

이것은 모두 팀 **컨텍스트**의 일부다. 즉 팀이 속해 있는 더 큰 시스템이다. 컨텍스트를 이해하는 것은 위험을 줄이는 데 매우 중요하다. 컨텍스트를 이해하지 못한다 면 존재조차 알지 못하는 사람들이나 여러분에 대한 기대에 외면당하기 쉽다.

> 컨텍스트를 이해하지 못하면 다른 사람들과 여러분에 대한 기대에 외면당할 위험이 있다.

컨텍스트 차터링하기

'차터링 세션 계획하기(p.191)'에서 설명한 팀의 차터링 세션은 팀의 컨텍스트에 관해 논의하기에 적절한 시간이다. 필요하다 면 별도 세션에서 컨텍스트를 논의할 수도 있지만 팀의 목적을

함께 보기
목적(p.183)

확고히 하기에 가장 좋은 시간이다. 모든 사람이 팀의 목적을 이해하는 데 도움이 된다.

컨텍스트에 관해 토론하는 동안에는 주요 이해관계자와 협력해 팀 컨텍스트의 세 가지

측면, 즉 팀에서 이용할 수 있는 스킬, 팀의 경계와 상호 작용 및 팀에 투입된 리소스를 고려한다. 그런 다음 경영진 스폰서와 함께 결과를 검토하고, 부족한 것은 무엇이든 공급하겠다는 커밋먼트를 약속받을 것이다.[12]

사용 가능한 스킬

팀에서 사용할 수 있는 스킬 검토부터 시작하라. 팀원들에게 자신을 소개하고, 그들이 팀에 제공할 수 있는 스킬과 경험을 설명하도록 요청하라. 또한 관련된 모든 관계나 권한을 설명할 수도 있다. 진행자는 각 사람이 말하는 동안 플립 차트에 각자의 답변을 적는다. 원격 팀에서라면 가상 화이트보드의 한 영역을 플립 차트로 이용하라. '스킬 인벤토리skill inventory'라는 라벨을 지정하면 좋다.

NOTE '권한'에는 "나는 프로덕션 데이터베이스를 볼 수 있는 권한이 있다." 같은 전자적 권한이 포함된다. "나는 회사 신용 카드와 장비 구매에 관한 서명 권한이 있다." 같은 법적 권한이나 "너무 쉽게 화를 내는 한 고객과 이야기할 수 있다." 같은 사회적 권한도 포함된다.

예를 들어 운영 경험이 있는 누군가는 "저는 하 람Ha Lam이며, 이 회사에서 2년간 운영팀에서 일했습니다. 전문 분야는 '코드로서의 인프라스트럭처IaC, Infrastructure as Code 관리하기'이며 쿠버네티스Kubernetes에 대한 많은 경험이 있습니다. 저는 우리 플랫폼 팀과 좋은 관계를 맺고 있으며, 프로덕션 배포를 수행할 수 있는 권한을 갖고 있습니다."라고 말할 수 있다.

모든 팀원들이 발언한 뒤, 팀에 기여하기는 하지만 온전히 헌신하지는 못하는 사람들의 목록을 별도로 만들라. 여기에는 프로덕트 매니저와 코치가 포함될 수 있다. 그들이 회의에 참석했다면 자신을 소개할 수도 있다. 그렇지 않다면 이들에 관해 가장 잘 아는 사람이 그들이 가진 스킬을 설명해야 한다. 스킬, 경험 등을 나열하는 것 외에도 사용 가능한 능력과 사용자와 소통하는 효과적인 방법도 포함한다.

사람들이 가진 스킬을 기록했다면 팀의 목적에 모든 사람의 관심을 집중시킨다(플립 차트를 이용하거나 공유 문서에 저장하거나

함께 보기
목적(p.183)

---

12 이 어젠다는 [Larsen2016]을 기반으로 약간 변경했다. 나는 핵심 팀 활동에 영감을 받아 스킬 인벤토리를 추가했고, 잠재적 분석 활동(prospective Analysis activity)는 제거했다. 이 내용은 대신 '시각적 계획하기(p.258)'에 추가했다.

사본을 나눠 줄 수도 있다). 몇 가지 주목할 만한 요점을 읽고, 참가자들에게 잠시 시간을 내어 기술 목록을 검토하도록 요청한다. 팀에 필요한 스킬이나 권한이 누락되지 않았는가? 참가자들에게 동시 브레인스토밍(동시에 작업하라(p.155) 참조)을 이용해 각 항목에 대해 스티키 메모 또는 가상 메모를 만들도록 요청하라.

참가자들이 활동하는 동안 두 개의 플립 차트를 더 준비하라. 하나는 '필요한 스킬', 다른 하나는 '필요한 권한'이라는 라벨을 붙여라. 그런 다음 모든 사람에게 각 차트에 스티키 노트를 게시하도록 요청하라. 중복 항목을 결합하거나 삭제할 수 있다. 작업이 끝나면 잠시 시간을 내어 결과를 검토한 뒤 차트를 잠시 치워 둔다.

경계와 상호 작용

다음 활동에서는 팀이 협업해야 하는 다른 모든 그룹을 식별하는 **컨텍스트 다이어그램**을 만든다. 넓은 다이어그램을 준비하라(미리 준비하는 것이 좋다). 넓이가 넓어야 하므로 벽이나 탁자에 여러 장의 플립 차트를 붙이거나 큰 화이트보드를 이용하라. 원격 팀은 평소와 마찬가지로 가상 화이트보드를 이용한다. 중앙에 팀을 의미하는 원을 그려라.

준비가 됐다면 참가자들에게 동시 브레인스토밍을 통해 팀이 상호 작용해야 하는 이해관계자 그룹에 관한 대한 메모를 만들도록 요청하라. 범위에 제한을 두지 말라. 긍정적이든 부정적이든 팀 작업에 **영향을 미치거나 영향을 받는** 모든 사람을 고려하라. 여러분이 제공하는 소프트웨어가 통신하는 시스템을 소유한 팀이나 여러분의 팀이 상호 작용하는 소프트웨어 팀도 포함된다. 마케팅, 영업, 운영 등 회사 내 다른 그룹의 고객은 물론 경쟁업체, 공급업체 같은 회사 외부의 그룹, 정부 규제 기관처럼 더 멀리 떨어진 그룹도 있다.

참가자들의 아이디어가 모두 나온 것 같으면, 중앙의 팀 주위에 큰 원을 그리며 스티키 노트^{sticky note}를 배열하도록 하라. 유사한 메모는 합칠 수 있다. 예를 들어 대부분의 소프트웨어 공급업체를 '소프트웨어 공급업체'라는 레이블이 붙은 단일 스티키 노트로 그룹화하고, 클라우드 인프라스트럭처 제공업체는 별도로 스티키 노트를 유지할 수 있다. 마찬가지로 팀에 최소한의 영향을 미치는 그룹(또는 그 반대의 경우도 마찬가지)은 제거할 수 있다.

차트에 스티키 노트를 붙였다면 참가자들에게 각 이해관계자 그룹에 무엇을 **제공하고**, 각 그룹으로부터 무엇을 **제공받는지** 생각해 보라고 하라. 각 상호 작용에 대해 화살표를 그리고 간단한 설명을 포함한 라벨을 붙이게 하라. 종이에 차트를 그린다면 연필이나 다른 스티키 노트 등을 이용해 임시로 작업해 나중에 쉽게 변경할 수 있다.

참가자들이 컨텍스트 다이어그램에서 활동하는 동안 몇 가지 플립 차트를 더 준비한다. '필요한 리소스Resources Needed', '제공할 커뮤니케이션Communication to Provide' 라벨을 붙여 '필요한 스킬' 및 '필요한 권한' 플립 차트 옆에 둔다.

컨텍스트 다이어그램을 완료했다면 이제 분석을 시작할 수 있다. 소규모 교차 기능 그룹으로 참가자들을 나누고, 컨텍스트 다이어그램에서 이해관계자 그룹을 구분한다. 각 이해관계자 그룹에 대해 팀이 해당 그룹과 상호 작용하는 방법을 논의하고, 팀이 그렇게 하기 위해 필요한 스킬, 권한, 리소스에 관해 브레인스토밍을 한다. 마찬가지로 해당 그룹이 팀으로부터 어떤 종류의 의사소통이 필요한지 생각해 본다. 각각의 아이디어를 스티키 노트에 적고 '필요한 스킬', '필요한 권한', '필요한 리소스', '제공할 커뮤니케이션' 같은 적절한 플립 차트에 게시한다.

마지막으로 전체 그룹이 '제공할 커뮤니케이션' 차트를 검토해 커뮤니케이션을 결합하고 단순화하는 방법을 결정하게 하라. 일부 커뮤니케이션은 여러 그룹을 만족시킬 수 있다. 예를 들어 메일링 리스트를 이용해 사람들에게 진행 상황과 로드맵에 대해 알릴 수 있다. 이 시점에서는 대략적인 계획만 세우라. 앞으로 몇 주 동안 팀은 이를 개선할 것이다.

각 유형의 커뮤니케이션에 관한 담당자를 선택한다. 모든 사람이 그 절차를 이행하는 것을 기억할 수 있도록 주기적으로 확인(체크인)하고 도와줄 사람을 선택하라. 팀이 리듬을 잡으면 이런 책임이 더 유연해질 수 있지만 그렇지 않은 초반에는 균열이 발생한다. 명확하게 책임을 정의하는 것이 가장 좋다.

약속된 리소스

앞의 두 가지 연습 후에는 팀에 필요한 것을 설명하는 '필요한 스킬', '필요한 권한', '필요한 리소스'라는 세 가지 차트를 갖게 된다. 참가자들에게 동시에 각 차트의 스티키 노트를 4가지 범주, 다시 말해 반드시 필요한 것$^{must\ have}$, 필요한 것$^{should\ have}$, 있으면 좋은 것$^{could\ have}$, 필요 없는 것$^{don't\ need}$으로 분류하도록 한다.[13] 작업하는 도중 새로운 항목이 생각나면 추가할 수 있다.

시간을 내어 참석한 모든 사람과 함께 결과를 검토하고, 팀과 이해관계자가 필요한 항목과 분류 방법에 관해 포괄적으로 동의하는지 확인하라. 세세한 부분에서는 이견이 있어도 괜찮으니 완벽하려고 하지 말라.

작업이 완료되면 '필요 없는 것' 스티키 노트는 버려도 좋다. 다음의 내용을 설명하는 참고 사항으로 남은 스티키 노트를 업데이트 한다.

1. 누가 각 아이템을 제공할 수 있는가?

2. 그들이 이 아이템을 제공할 것을 어떻게 약속하는가?

3. 명확하지 않다면 어떻게 이를 얻을 수 있는가?

그룹은 동시에 여러 개의 스티키 노트 작업을 할 수 있다.

마지막으로 모든 사람에게 한 걸음 물러서서 모든 요구사항을 검토하도록 요청하라. 팀이 필요로 하지만 쉽게 얻을 수 없는 중요한 것이 있는가? 그런 것이 있다면 강조해서 표시하라. 이런 것은 스폰서에게 제공해 달라고 요청해야 한다. 스폰서가 고려할 몇 가지 옵션을 준비하라. 예를 들어 데이터베이스를 다루는 스킬이 필요하다면 컨설팅이나 교육을 받거나 다른 누군가를 고용하도록 요청할 수 있다.

스폰서의 약속

스폰서가 아직 참석하지 않았다면 다시 팀 룸으로 초대해 컨텍스트에 대한 토론을 마무

---

13 이것을 MoSCoW 우선순위 결정(MoSCoW prioritization)이라 부른다. 마지막 범주는 일반적으로 '하지 않을 것(won't have)'인데, 원하지만 가질 수 없는 것과 구분하기 위해 '필요 없는 것'이라는 이름을 붙였다.

리한다. 팀의 목적을 차터링했다면 스폰서가 이런 변경 사항을 승인하도록 할 좋은 시점이다. 그 뒤 팀의 요구사항에 주의를 기울여라.

함께 보기

목적(p.183)

팀이 자체적으로 얻을 수 없는 스킬, 권한 및 리소스를 검토하고 스폰서에게 이를 제공하도록 요청한다. 스폰서가 요청에 응하면 모든 것이 완료된다. 이 약속에 대한 후속 조치를 책임질 담당자를 팀에서 결정하고, 그 사람이 그것을 기억하도록 도울 다른 사람을 선정하라.

스폰서가 팀에 필요한 모든 것을 제공할 수 없다면 관련된 절충안을 자세히 살펴보라. 각 리소스, 스킬 또는 권한이 부족하면 팀이 목적을 달성하는 데 어떤 영향을 주는가? 스폰서가 위험을 감수하고, 그들이 팀에 필요로 하는 것이 무엇인지 솔직하게 대화하라.

스폰서가 팀에 필요한 모든 것을 제공할 수 없다면 관련된 절충안에 대해 솔직한 대화를 나누라.

이 대화를 할 때, 스폰서는 어려운 절충안을 만들어야 함을 기억하라. 이들은 종종 두 가지 나쁜 옵션 중 하나를 선택해야 한다. 스폰서는 팀의 예산을 소유하지만 리소스는 무한하지 않다. 때로 이들은 팀이 요구하는 모든 것을 제공하는 것과 팀이 그런 것을 제공하지 않아도 소프트웨어를 전달할 수 있을 만큼의 충분한 역량을 가졌을 것이라는 믿음 사이에서 힘든 결정을 내려야 한다.

여러분이 필요로 하는 몇 가지는 필수적이고, 그것이 없다면 팀은 목적을 달성할 수 없을 것이다. 얻을 수 없는 필수 자원이 있는 경우에는 스폰서와 협력해 팀의 목적을 변경하거나 취소 또는 연기해야 한다.

컨텍스트 이터레이션하기

차터링 세션이 완료되면 스킬 인벤토리, 컨텍스트 다이어그램, 헌신된 리소스의 복사본을 팀이 접근할 수 있는 장소에 보관하라. 필요할 때마다 이를 다시 참조하고 업데이트할 것이다. 팀 룸 안에 컨텍스트 다이어그램이 잘 보이게 게시하라.

함께 보기

팀 룸(p.150)

시간을 내어 '경계와 상호작용' 활동 중에 만든 커뮤니케이션 계획을 수행하는 것을 잊지 말라. 여러분의 헌신적인 리소스에 대해 관련 스폰서와 함께 후속 작업을 하는 것도 잊지 말라.

이해관계자 그룹과 처음 여러 차례 커뮤니케이션을 한 뒤에는 잠시 시간을 내어 커뮤니케이션 계획을 평가하고 개선하라. 시간이 지남에 따라 여러분의 커뮤니케이션은 편안하게 바뀔 것이다.

약 6개월마다 한 번씩 팀 컨텍스트를 점검함으로써 모든 사람의 기억과 정보를 최신 상태로 유지하고, 커뮤니케이션 계획을 수정하는 것이 좋다. 이해관계자와 본격적인 회의를 가질 필요는 없으며, 팀 룸에서 하는 간단한 검토로 충분하다. 그러나 프로덕트 매니저가 아직 팀에 포함돼 있지 않다면 포함시켜라.

질문

필요한 리소스를 갖지 못한 상태인데 스폰서가 요청을 듣지 않는다면 어떻게 하는가?

매우 어려운 상황이다. 프로덕트 매니저, 프로젝트 관리자, 코치 같이 정치적으로 뛰어난 사람들을 알고 있다면 메시지를 전달할 수 있도록 도움을 요청하라. 그동안 여러분이 할 수 있는 일을 하고, X, Y, Z를 수행해야 하지만 리소스 부족으로 X와 Z만 수행할 수 있음을 스폰서와 비즈니스 관계자들에게 계속 상기시켜라.

전제 조건

여기에서 설명한 컨텍스트 정보를 수집하려면 조직의 작동 방식에 대해 많은 지식을 가진 사람들의 참여가 필요하다. 필요한 관점을 가진 사람들을 포함시키라.

지표

팀을 둘러싼 컨텍스트를 이해하며 적절하게 약속된 리소스를 가진다면:

- □ 팀은 목적을 달성하기 위해 필요한 모든 것에 접근할 수 있다.

□ 팀은 이전에 알려지지 이해관계자 그룹이나 기대에 의해 외면당하지 않는다.

□ 이해관계자 그룹과의 커뮤니케이션은 원활하고 안정적이다.

대안과 실험

컨텍스트를 차터링을 통해 팀이 처한 상황에 관한 많은 정보를 얻을 수 있으며, 특히 다음 세 가지 결과가 중요하다.

1. 누가 이해관계자 그룹이며, 서로에게 무엇이 필요한지 학습한다.

2. 이해관계자와 커뮤니케이션 하는 방법을 결정한다.

3. 팀이 사용할 수 있는 스킬, 권한, 리소스에 맞게 목표와 이해관계자의 기대치를 조정한다.

여기에서 설명한 차터링 어젠다는 이런 결과를 달성하는 한 가지 방법일 뿐이다. 어떤 접근 방식이든 사용할 수 있다.

어떤 조직에서는 차터링 세션을 여는 대신 프로젝트 관리자나 비즈니스 분석가가 이해관계자와 인터뷰를 하고 일련의 문서를 작성하도록 한다. 이 방법 역시 효과가 있지만, 팀과 이해관계자가 서로의 관점을 학습하기 위해 직접 협력하는 것의 가치를 무시해서는 안 된다. 주요 이해관계자와 공동으로 차터링 세션을 갖는 것은 양방향의 연결과 공감을 만드는 데 좋다. 누군가는 전혀 읽지 않을 문서보다 훨씬 더 본능적이며 기억에 남는다.

차터링 세션의 기본 아이디어를 유지하면서도 충분히 실험을 할 수 있다. 설명을 따라 프랙티스를 연습하되, 가급적 숙련된 진행자의 도움을 받아 프랙티스가 어떻게 작동하는지 파악하라. 그런 다음 실행하라.

예를 들어 이틀에 걸친 대규모 회의는 상당히 피곤할 수 있다. 여러 차례의 소규모 회의로 분산시키면 어떻게 되겠는가? 구체적인 활동은 어떤가? 그것을 개선하거나 대체할 방법에 관해 생각할 수 있는가? 사전 작업을 더 많이 하면 어떻게 되겠는가? 혹은 다른 사람들을 포함하면 어떻게 되겠는가?

대규모 조직에 속해 있다면 자원해서 다른 팀을 위한 차터링 세션을 수행해 보라. 차터링 세션은 애자일 팀뿐만 아니라 모든 팀에 유용하다. 팀을 처음 구성할 때 꼭 수행하지 않아도 된다. 팀이 이전에 차터링을 하지 않았다면, 팀이 협업을 한 기간에 관계없이 차터링의 혜택을 받을 수 있다. 실험할 기회가 많고, 시도할 수 있는 것도 많다. 무엇을 학습할 수 있는지 확인해 보라.

정렬

대상
코치, 전체 팀

우리는 함께 일하는 방식에 동의한다.

'팀'이란 무엇인가? 단지 같은 방 안에 앉아있는 사람들만 팀이 아니다. 같은 작업을 하기 위해 배정된 집단도 아니다.

팀은 공유된 목표를 달성하기 위해 **서로 의존하는** 사람들의 그룹이다. 상호 의존성은 팀의 특징이다. 이런 상

> 상호 의존성은 팀의 특징이다.

호 의존성이 팀을 매우 성공적으로 만드는 이유이기도 하고, 팀을 어려움에 처하게 만드는 이유이기도 하다.

학교에서 그룹 과제를 수행했던 것을 기억해 보자. 그들은 최대한 견디는 경향이 있다. 우리 모두는 결국 그룹의 한 사람이 모든 일을 끝내 버리게 되고, 다른 사람들은 성적이 떨어졌다는 끔찍한 이야기를 들어봤다.

한편으로 놀라운 팀의 이야기도 들었다. 여러분도 훌륭한 스포츠 팀, 밴드, 자원봉사 그룹의 일원이 되는 경험을 했을 것이다. 팀은 일을 할 때 짜릿함을 느낀다.

나쁜 팀과 좋은 팀의 차이점은 무엇인가? 바로 정렬alignment이다. 정렬된 팀원들은 공유된 목표를 달성하기 위해 서로 의존할 뿐만 아니라, 협업하는 방식에 대해서도 동의한다.

정렬 차터링하기

차터링 세션은 정렬에 대해 논의하기에 적절한 시간이다(차터링 세션 계획하기(p.191) 참

조). 차터링 세션의 다른 부분(목적 및 컨텍스트)과 달리 이해관계자는 정렬 토론에 참여하지 않는다. 이 단계는 팀원 및 프로덕트 매니저 같이 팀과 긴밀하게 협력하는 이들을 위한 것이다.

함께 보기

목적(p.183)

컨텍스트(p.196)

다른 차터링 논의와 마찬가지로 정렬은 몇 가지 민감한 주제를 만들어낼 수 있다. 중립적인 퍼실리테이터가 있다면 가장 좋다. 좋은 퍼실리테이터는 갈등을 중재하고 모든 사람의 목소리를 들을 수 있도록 도울 것이다.

정렬 대화를 하는 동안 팀원들에 관해 배우고, 팀의 행동을 가이드할 워킹 어그리먼트를 만들고 표준을 설정하게 된다.[14]

서로 알아가기

서로를 더 잘 알아가는 것에서 정렬 토론을 시작하라. '연결 빌드 연습(p.180)'은 어색한 분위기를 깨는 좋은 방법이 될 것이다. 그 후 다음 질문에 대한 그룹 토론을 진행한다.

1. 나는 누구인가? 여러분의 배경에 대해 간략히 소개하고 '세부 사항을 중시하는', '인내심이 있는', '친절한' 같은 긍정적인 개인적 특성을 공유하라.

2. 사람들이 나를 알게 된 후 나에 관해 배우는 것은 무엇인가? 취미, 선호하는 휴가지, 사랑하는 애완 동물 등을 포함할 수 있다.

3. 이 그룹이 팀의 목적을 달성하는 데 적합하다고 생각하는 이유는 무엇인가?

4. 나와 효과적으로 협력하기 위해 다른 사람들이 알아야 할 가장 중요한 것은 무엇인가?

5. 나는 팀으로부터 무엇을 얻기 원하는가? 이 팀의 일원이 되어 우리의 목적을 달성함으로써 얻고 싶은 것은 무엇인가?

---

14 이 어젠다는 [Larsen2016]을 기반으로 조금 변경했다.

방을 돌아다니며 한 번에 하나의 질문을 던지고, 각 사람에게 대답하도록 요청하라. 생각할 시간이 필요한 경우 차례를 건너뛸 수는 있지만, 다음 질문으로 넘어가기 전에는 반드시 그들에게 돌아가야 한다.

이 토론을 통해 팀원들은 서로를 이름, 얼굴, 직책이 아니라 전체적인 사람으로 보기 시작한다. 원격 팀에서라면 비디오를 켜고 이런 대화를 할 수 있도록 추가적으로 노력해야 한다.

워킹 어그리먼트를 만들어라

워킹 어그리먼트는 서로에게 기대하는 바를 설명함으로써 팀의 행동을 가이드한다. 시간이 지남에 따라 합의 사항은 변경된다. 팀이 성숙해짐에 따라 일부 워킹 어그리먼트는 완전히 체화돼 목록에서 제외되기도 한다. 새로운 아이디어를 활용하기 위해 다른 아이디어가 추가될 것이다.

팀의 워킹 어그리먼트를 만들 때는 먼저 이전에 여러분과 협업했던 다른 팀의 이야기를 공유하라. 좋든 나쁘든 그들이 어떻게 함께 일했는지 설명하라. 그 뒤 다음으로 이야기하고 싶은 사람에 따라 순서대로, 혹은 무작위로 이 과정을 이어갈 수 있다.

1. 팀(스포츠 팀, 교회 그룹, 밴드, 합창단 등을 포함한 모든 종류의 팀)의 일원이었던 경험을 돌이켜 볼 때 가장 효과적이었던 때는 언제였는가? 당시의 경험에 관한 짧은 이야기를 들려 달라. 효과적인 팀워크를 촉진하는 일터의 조건은 무엇인가?

2. 팀에서 협력했을 때의 시간과 상황을 생각해 보라. 여러분, 혹은 기여를 하는 데 중요한 것은 무엇이었는가? 그 팀에 대해 가장 중요하게 생각하는 것은 무엇인가?

3. 조직에서 효과적인 팀을 생성하고 육성하며 유지하는 핵심 요소는 무엇이라고 생각하는가? 효과적인 팀워크를 생성하고 육성하며 유지하는 핵심 요소는 무엇이라고 생각하는가? 이 둘에 차이가 있는가?

4. 이 팀에서 가장 가치 있는 경험을 하기 위한 세 가지 소원을 빈다면 그것은 무엇인가?

사람들이 경험을 공유하는 동안, 잠시 멈춰서 잠재적인 워킹 어그리먼트 내용을 기록하라. "우리는 사람들이 말할 때 방해하지 않는다." 같은 행동 기준, "우리는 모든 프로덕션 코드에 대해 페어 프로그래밍을 이용한다." 같은 구체적인 프랙티스, "우리는 작업을 변경할 때 그룹 채팅에 메모를 남긴다." 같은 업무 습관 등 무엇이든 좋다. 팀이 더 잘 협업하는 데 도움이 된다면 무엇이든 포함하라. 제안을 비판하지 말고 그냥 수집하라.

여러분의 이야기를 공유한 뒤 다음 카테고리를 다루었는지 확인하라. 그렇지 않았다면 그 항목을 위한 워킹 어그리먼트를 제안하라. 채택할 필요는 없지만 고려 대상인지는 확인하라.

- 팀에서 사용할 프랙티스. 팀이 선택한 영역에 포함된 모든 프랙티스를 시작할 것을 권장한다.

- 원격 팀인 경우 커뮤니케이션 방법(원격 협업 디자인하기(p.165) 참조)

- 의사 결정 방법

- 대면 팀인 경우 거슬리는 배경 소음을 다루는 방법

- 페어링/모빙을 이용하지 않는 팀의 경우, 방해 없이 도움을 요청하는 방법(항상 질문하고 항상 도우라(p.153) 참조)

- 모든 사람과 협업 가능할 것으로 예상하는 핵심 시간

아이디어를 만들었다면 점 투표(동시에 작업하라(p.155) 참조)를 이용해 목록의 범위를 좁혀 상위 5개를 선택한다. 한두 개 많거나 적은 것은 관계없다. 참가자들에게 자동으로 해야할 것이 아니라 팀에서 더 많은 관심을 기울여야 한다고 생각하는 제안에 투표하도록 요청하라.

> 팀이 자동으로 수행할 수 있는 것이 아니라 주의를 기울여야 하는 것을 워킹 어그리먼트로 선택하라.

동의 투표를 통해 모든 사람이 최종 목록에 동의하는지 확인하라(동의를 구하라(p.157) 참조). 특정한 워킹 어그리먼트에 대한 동의를 얻을 수 없다면 당장은 목록에서 제외하라. 나중에 다시 확인할 수 있다.

워킹 어그리먼트를 수정하고 정리된 목록으로 옮겨 프랙티스를 마무리한다. 각 워킹 어그리먼트는 "… 일 때 우리는 최고로 협업한다."의 형태여야 한다. 하지 말아야 할 일 대신 해야 할 일을 설명하라. 다시 말해 "우리는 서로 방해하지 않는다." 대신 "우리는 사람들이 생각을 끝낸 뒤 우리 생각을 추가하도록 한다."고 표현하라.

최종 워킹 어그리먼트 사항을 팀 룸에 잘 보이도록 게시하라. 이는 즉시 활용할 수 있다.

함께 보기

팀 룸(p.150)

표준을 정의하라

표준standard은 특정한 유형의 업무에 적용되는 특별한 워킹 어그리먼트다. 코딩 표준, UI 디자인 가이드라인 및 운영 표준 등이 이에 속한다.

표준은 해결되지 않으면 갈등의 원인이 되는 경향이 있으므로 명확하게 정의하는 것이 좋다. 실제 내용은 크게 중요하지 않다. 내용은 시간이 지나면서 수정하고 개선할 수 있다. 애자일에 '취소할 수 없는 결정'은 거의 없음을 기억하라. 워드 커닝햄은 다음과 같이 말했다.

> 나는 모든 논쟁에서 이길 필요가 없음을 깨닫고 프로그래밍 경력의 큰 전환점을 맞았다. 누군가와 코드에 관해 이야기할 때 나는 "A가 가장 좋은 방법이라고 생각한다."고 말하고 싶어하고, 상대방은 "B가 가장 좋은 방법이라고 생각한다."고 말한다. 나는 "아니, 정말 A야." 라고 말하고, 상대방은 "글쎄, 우린 B를 하고 싶어."라고 말할 것이다. "좋아. 그럼 B로 하자. 내가 틀렸더라도 우리에게 그렇게 큰 상처를 주지는 않을 거야. 우린 실수를 바로잡을 수 있으니, 내가 옳고 당신이 B를 했다 하더라도 우리에게 크리 큰 상처를 주지는 않을 거야. 그러면 무엇이 실수인지 알 수 있겠지." 이것이 내가 말할 수 있는 전환점이었다.

다음 두 가지 지침을 이용해 표준을 정의하라.

1. 당신이 견딜 수 있는 최소한의 기준을 만들라.
2. 완벽보다 일관성과 합의에 중점을 두라.

첫 번째 표준으로는 작업 '완료done'가 무엇을 의미하는지 결정하라. 참가자들에게 업계 표준을 기준으로 제안하도록 요청하고 토론을 시작하라('완료'의 정의에 관해서는, 이 책 9장의 '완전 완료' 체크리스트를 이용할 수 있다). 여러분의 회사가 이미 표준을 정의하고 있다면 거기에서 시작하라.

함께 보기

'완전 완료'(p.379)

기본 표준에 대한 제안이 여럿이라면 잠시 시간을 내어 옵션에 대해 논의하고, 동의를 통해 하나를 선택하라. 토론 시간은 5분으로 제한한다. 그 시간 안에 하나에 동의할 수 없다면 기준선 없이 시작하라.

다음으로 추가 또는 변경 사항을 고려하기 위해 동시 브레인스토밍을 이용하라. 선호도 매핑을 이용해 아이디어를 그룹화한 뒤(동시에 작업하라(p.155) 참조) 점 투표를 이용해 가장 중요한 카테고리를 선택하라.

가장 많은 표를 받은 카테고리에서 시작하고, 구체적인 표준을 제안할 수 있는지 물어보라. 동의 투표를 수행하고 이의를 해결한 후 다음 제안으로 넘어가라.

각 동의에 대한 토론 시간은 5분으로 제한하라. 시간 내에 동의에 도달하지 못했다면 지금은 그 제안을 건너 뛰라. 다시 말하지만 나중에 표준을 수정할 기회가 있다. 전체 토론은 5분으로 제한하라.

'완료'에 대한 정의를 만들었다면 코딩 표준 같이 여러분에게 필요한 다른 표준에 대해 같은 과정을 이터레이션하라. 프로그래밍, UX 디자인, 운영 같은 전문 분야로 나눠 여러 작업을 동시에 수행할 수도 있다.

요약하면 다음과 같다.

1. 기본 표준에 동의하는 것에서 시작한다(시간 제한 5분).

2. 추가 사항이나 변경 사항을 브레인스토밍한다. 카테고리로 구분하고 점 투표를 한다.

3. 각 카테고리에 대한 특정 표준에 동의한다(시간 제한 5분).

4. 전체 토론은 45분으로 제한한다.

그룹이 어떤 표준을 선택했든 일부 표준은 처음에는 다소 거슬리거나 적어도 그렇게 느껴질 수 있다. 시간이 지남에 따라 그 표준은 더 편안해질 것이다. 여러 면에서 표준은 미학적 선택이다. 전문가의 특징 중 하나는 팀의 미학을 위해 개인적인 미학을 내려 놓는 의지다.

포매팅에서 벗어나기

나는 포매팅(formatting)에 대한 접근 방식이 크게 다른 4명의 프로그래머로 구성된 팀을 이끈 적이 있었다. 코딩 표준에 대해 논의할 때 괄호와 탭에 관한 세 가지 접근 방식을 분류했다. 각 접근 방식은 저마다 강력한 방어자가 있었다. 나는 논쟁에 갇히기를 원하지 않았기 때문에 그들이 원하는 모든 괄호 스타일을 이용할 수 있다고 말했다.

결과는 불 보듯 뻔했다. 코드 포매팅은 세 가지 접근 방식으로 이뤄졌으며, 심지어 하나의 짧은 메서드 안에서조차 다른 두 가지 방법의 들여쓰기가 이용됐다.

내가 놀란 게 무엇인지 아는가? 그게 그리 나쁘지 않았다는 사실이다. 물론 레이아웃은 흉했고 나는 일관성을 선호했지만, 그럼에도 코드는 여전히 읽을 수 있었다. 결국 포매팅보다 다른 코딩 표준이 훨씬 더 중요했다.

우리는 명확한 이름의 변수와 짧은 메서드가 중요하다는 점에 동의했다. 어설션(assertion)을 이용해 코드를 조기에 실패하도록 하고, 측정 없이 최적화하지 않으며, 객체 사이에 널 참조(null reference)를 전달하지 않는 것에 동의했다. 예외를 처리해야 하는 방법과 처리해서는 안 되는 방법, 코드 디버깅 시 수행할 작업, 이벤트를 기록하는 시점과 위치에 관해 동의했다. 이런 표준이 일관성 있는 포매팅보다 훨씬 많은 도움이 됐다. 각각 구체적인 이점이 있었기 때문에 포매팅에서는 그렇지 않더라도 이런 표준에 동의할 수 있었다.

내 말을 오해하지 않길 바란다. 일관된 포매팅이 훨씬 좋았을 것이다! 하지만 코딩 표준을 구성할 때 포매팅에 관해 논쟁하는 함정에 빠지지 말라는 것이다.

정렬 이터레이션하기

표준을 포함하지 않은 워킹 어그리먼트 목록은 현재 작업 중인 습관에 관한 것이다. 이 목록은 5개 정도로 제한하는 것이 가장 좋다. 합의가 습관이 되면 목록에서 삭제해 새로운 합의를 위한 여지를 만들라.

표준을 만드는 데는 약간의 시간이 걸린다. 표준에 관해 함께 일하기 시작한 지 며칠 후, 그리고 그 시점에서 몇 주 후에 표준에 관해 논의하기 위한 회의를 예약하라. 한 시간이면 충분하다. 이렇게 함으로써 표준을 실행으로 옮길 수 있다. 그런 다음 표준에 관한 이견이 있다면 순서대로 제안에 따라 실험하고 해당 질문을 다시 검토하라.

워킹 어그리먼트나 표준은 언제든 변경할 수 있다. 팀에 변경에 대한 의도를 알리고 동의를 얻은 뒤, 플립 차트(또는 가상 아이템)를 변경하면 된다. 회고 또한 워킹 어그리먼트 변경에 관해 논의하기 좋은 시간이다.

함께 보기

회고(p.450)

합의 준수하기

사람은 누구나 실수한다. 여러분의 동료는 전문가이며 선의를 가진 사람이라고 가정하라. 누군가 합의를 따르지 않는다면 반대 증거가 있다 하더라도 그에 합당한 이유가 있다고 가정하라. 여러분의 과제는 그 이유를 찾아 해결하는 것이다. 이 접근 방식은 다른 사람들에 대한 존중을 나타내는 동시에 여러분에 대한 존중을 높여줄 것이다.

페어링, 모빙, 집단적 코드 오너십은 모두 팀원이 실수를 발견하고 자제력을 유지하도록 돕는다. 또한 팀의 합의를 통해 해결되지 않은 질문에 관해 논의할 수 있는 방법도 제공한다. 이는 표준을 향상시키는 훌륭한 방법이다. 누군가와 먼저 상의한 뒤에 개선 사항을 제안하는 것이 훨씬 쉽다.

함께 보기

페어 프로그래밍(p.505)
몹 프로그래밍(p.520)
집단 코드 오너십(p.496)

자동화된 표준의 시행 효과는 떨어지는 경향이 있다. 어떤 사람들은 자동화 도구를 이용해 소스 코드의 코딩 표준 준수 여부를 확인하거나, 코드 체크인 시 자동으로 포매팅한다. 팀이 동의한다면 이런 접근 방식은 작동하겠지만 일반적으로 팀은 과도한 시행over-enforcement의 함정에 빠지게 된다.

그보다 더 나쁜 것은 사람들이 자신의 의견을 강요하기 위해 도구를 이용한다는 점이다. 대인관계 문제에 대해 기술적인 해결책을 제시하고 싶은 마음이 들겠지만, 이는 잘 작동하지 않는다. **먼저** 대인관계 문제를 해결해야 한다. 도구에는 뉘앙스가 없다. 기껏해야 의견 차이에 관한 문서만 만들어낼 것이다. 도구는 이런 문제를 해결하지 못한다. 그저 문제를 눈에 보이지 않는 곳으로 밀어둘 뿐 문제는 결국 곪아 터질 것이다.

대신 선의를 가정하고 시작하는 것이 가장 좋다. 아마도 상대방은 합의를 잘못 이해했거나 더 이상 합의가 적용되지 않는다고 느꼈거나, 삶의 무엇인가가 그들이 표준을 준수하기 어렵게 만들었을 것이다.

> 선의를 가정하고 시작하라.

누군가 지속적으로 팀의 합의를 위반한다면, 그들과 단독으로 이야기해서 의견 차이가 있는지 확인하라. 공동으로 문제를 해결하는 태도를 취하라 "우리가 이전에 동의한 방식으로 null을 처리하지 않는 이유는 무엇입니까?"라고 말하는 대신 "우리가 합의한 null 처리 표준에 대해 어떻게 생각합니까? 바꿔야 합니까?"라고 말하는 식으로 반대 의견을 충분히 고려하고 팀의 다른 구성원들과 함께 합의를 변경해야 할지 고려하라.

누군가 합의에 참여했지만 여전히 따르지 않는다면, 해당 합의가 모든 상황에 적절하지는 않은 것일 수 있다. 그가 발견한 특정한 사례에 관해 물어보라. 다시 말하지만 대립이 아니라 협력이다. "우리는 null을 처리하는 방법에 서로 합의했습니다. 이 함수에서 무슨 일이 일어났는지 설명해 주시겠습니까? 이 코드에서 null을 확인하지 않은 이유를 이해하지 못했습니다."라고 말하면 된다.

토론을 진행하는 과정에서 그들이 합의를 이해하지 못했음을 알게 될 수도 있다. 이 시점에서 여러분은 합의와 그 의미에 관해 논의할 수 있는 좋은 상황에 놓이게 될 것이다. 이들이 더 많은 도움이 필요한 주니어 팀원이라면 나머지 팀원들과 협력해 경험이 풍부한 구성원들로부터 충분한 멘토링을 받을 수 있게 하라.

애자일을 처음 접하는 팀이라면 그 이유가 또 다를 수 있다. 업무 습관을 바꾸는 것은 파괴적이며, 사람들은 통제력을 잃은 것처럼 느끼게 될 수 있다. 그들은 때때로 변화를 거부하는 작은 것을 선택해서 반응한다. 나머지 팀원의 의사와 관계없이 특정 표준이나 커뮤니케이션 스타일을 고수하려는 집요한 욕구가 이런 반응의 증상일 수 있다.

이 경우의 가장 좋은 해결책은 몇 달 정도 위반 사항을 내버려 두는 것이다. 시간이 지나면서 팀원들은 환경 변화에 더 익숙해지며, 긴장을 풀고 기꺼이 타협하게 된다.

> ## 워킹 어그리먼트와 코칭
>
> 워킹 어그리먼트도 코칭에 유용한 도구가 될 수 있다. 어떤 프랙티스는 사람들이 처음에 받아들이기 불편할 수도 있다. 코치로서 사람들이 내가 원하는 것을 하지 않는다고 말하기보다는 사람들이 하기로 동의한 것에 관해 이야기하는 것이 도움이 된다고 생각한다.
>
> 예를 들어 내가 페어 프로그래밍을 시도하기로 합의한 팀을 코칭하는 경우, 그들이 페어 프로그래밍을 하지 않는 것을 발견한다면 "페어링을 해야 합니다."라고 말하는 대신, "사람들이 페어 프로그래밍 워킹 어그리먼트를 따르지 않는 것을 알았습니다. 왜 그런다고 생각합니까?"라고 물을 것이다. 그 후 합의 내용이 여전히 적절한지 또는 변경해야 하는지 등을 물어보고 후속 조치를 취할 수 있다.

질문

표준이나 다른 워킹 어그리먼트에 동의할 수 없다면 어떻게 하는가, 또는 기타 작업 계약에 동의할 수 없으면 어떻게 하는가?

동의하지 않는 합의를 수락하도록 사람들에게 압력을 가할 수는 있지만 좋은 생각은 아니다. 다른 대화에서도 계속 의견 차이가 나타날 것이다.

대신 그냥 흘러가도록 내버려 두라. 워킹 어그리먼트가 그만큼이나 중요한가? 당신이 동의한 것에 집중하라. 작업이 진행됨에 따라 차이점은 해결될 것이다.

안전하게 무시할 수 있는 사항이 아니라면, 팀은 전문적인 중재자의 도움이 필요할 것이다. 코치나 매니저에게 도움을 줄 수 있는 사람을 찾는 것에 관해 상의하라. 인사부서에 누군가가 있을 수도 있다. 최악의 경우 여러분이 속한 그룹은 팀을 형성하기에 적합하지 않아 다른 사람들과 팀을 구성하는 것이 더 나을 수도 있다.

기존 작업 중 표준에 맞지 않는 것이 있다면 고쳐야 하는가?

고장 나지 않은 것을 고치기 위해 많은 시간을 들이는 것은 비용이 많이 들고 위험하다. 이전 작업이 잘 동작한다면 그대로 두라. 변경해야 할 때 각 조각을 표준으로 가져온다.

코드 포매팅 지정 같은 일부 표준은 자동화할 수도 있다. 너무 많은 시간을 할애하지 않고도 쉽게 할 수 있다면 그렇게 하는 것이 좋다. 팀의 나머지 구성원들과 자동 변경을 조정해 작업이 중단되지 않도록 하고, 자동 변경을 일반적인 변경과 분리해 버전 관리 기록을 쉽게 읽을 수 있게 하라.

전제 조건

팀원은 효과적인 워킹 어그리먼트를 만들기 전에 팀으로 협업할 의지를 가져야 한다. 팀을 끌어들이는 방법에 관한 자세한 내용은 5장을 참조하라.

지표

팀이 효과적인 워킹 어그리먼트를 만들었다면:

☐ 팀은 여러분의 합의를 이용해 충돌을 예방하고 해결한다.

☐ 표준은 코드 및 다른 결과물의 가독성과 유지보수성을 향상시킨다.

☐ 여러분의 표준을 통해 팀원은 시스템의 익숙하지 않은 부분을 더 쉽게 이해할 수 있다.

대안과 실험

일부 팀은 명확한 합의가 필요 없을 정도로 잘 협업한다. 이들의 합의는 암묵적이다.

그러나 새로운 팀과 대부분의 기존 팀의 경우에는 시간을 내어 합의에 관해 명시적으로 논의함으로써 미래에 방해가 될 수 있는 논쟁을 방지하는 데 도움을 얻을 수 있다. 토론의 정확한 형식은 중요하지 않다. 이 책에서의 형식은 상대적으로 빠르고 대립적이지 않기 때문에 선택했지만, 다른 접근 방식을 이용할 수도 있다.

몇 차례의 성공적인 정렬 논의를 경험할 때까지는 이 책에서 설명한 접근 방식을 지키도록 노력하라. 정렬은 특히 팀이 표준 같은 구체적인 합의에 도달해야 할 때 논쟁의 여지가 있을 수 있다. 그래서 이 책에서는 분열적인 합의를 따로 제쳐 두는 것을 강조한다.

경험이 쌓였다면 변화를 시도하라. 소그룹 토론이나 인터뷰가 도움이 될까? 사람들이 미리 준비할 수 있는 것이 있는가? 다른 활동이 더 빠르거나 효과적인가? 시도할 수 있는 것에는 한계가 없다.

활력 넘치는 업무

대상
코치, 전체 팀

우리는 최선을 다하고 가장 생산적인 일을 무한정 수행할 수 있는 속도로 일한다.

나는 내 일을 사랑한다. 나는 문제를 해결하고, 좋은 코드를 작성하고, 테스트가 통과하는 것을 즐긴다. 그리고 특히 리팩터링을 하면서 코드를 제거하는 것을 사랑한다.

하지만 목표가 불분명하고, 집단적인 책임이 거의 없고, 내분이 있는 팀에 있다면 출근하는 것이 두려워 잠에서 깨어날 것이다. 사무실에서 시간을 보내겠지만, 아침에는 이메일을 읽고 오후에는 코드를 골라내고, 그러면서도 거의 관련 없는 웹사이트를 돌아다니고 싶은 유혹에 빠질 것이다.

우리 모두 이런 상황을 경험해 봤다. 우리는 전문가이기 때문에 다소 사기가 떨어지더라도 좋은 품질의 제품을 만들기 위해 노력한다. 그래도 여러분의 경력에서 생산성이 가장 높았던 때를 떠올려 보라. 잠자리에서 일어나 일을 시작하고 싶어질 때 큰 차이가 느껴지는가? 여러분이 견고하고 유용한 것을 달성했다는 사실을 알고 정시에 일을 마무리하는 것이 훨씬 만족스럽지 않은가?

활력 넘치는 업무energized work란 전문가들이 비록 어려운 상황에서도 일을 해낼 수 있지만, 활력과 동기가 부여되면 가장 생산적인 일을 한다는 인식에 관한 것이다.

> 전문가들은 활력이 넘치고 동기가 부여될 때 최선을 다하고 가장 생산적인 일을 한다.

활력을 얻는 방법

활력을 얻는 간단한 방법 중 하나는 자신을 돌보는 것이다. 매일 정시에 퇴근하라. 일에서 벗어나 가족이나 친구들과 시간을 보내라. 건강한 음식을 먹고, 운동하고, 충분한 수면을 취하라. 업무가 아닌 다른 일로 바쁠 때, 여러분의 두뇌는 그날 있었던 일을 뒤집을 것이다. 때때로 아침에 새로운 통찰력을 얻게 될 것이다.

양질의 휴가가 활력 넘치는 작업의 음^{yin}이라면 집중 업무는 양^{yang}이다. 일하는 동안에는 온전히 주의를 기울여라. 가상 팀 룸의 일부가 아닌 경우 이메일, 인스턴스 메시징 같은 방해 요소를 차단하라. 휴대전화는 무음으로 설정하라. 상사에게 불필요한 회의와 조직 정치에서 여러분을 보호해 달라고 요청하라.

음양이 완벽하게 균형을 이루면 아침에 푹 쉬고 일어나 하루를 시작하고 싶은 마음이 들 것이다. 하루가 끝났을 때는 피곤하지 않고 여러분이 한 일에 만족할 것이다.

물론 쉽지 않다. 활력 넘치는 업무를 위해서는 직장과 가정 생활의 지지가 필요하다. 또한 개인의 선택이기도 하다. 누군가에게 힘을 내라고 강요할 방법이란 없다. 그러나 적어도 장애물은 제거할 수 있다.

활력 넘치는 업무 지원하기

코치로서 내가 매우 좋아하는 기술 중 하나는 정시 퇴근을 상기시키는 것이다. 사람들은 피곤해지면 실수를 하고 지름길을 선택한다. 그 결과 발생하는 오류로 인해 업무의 가치보다 더 많은 비용을 들이게 된다. 누군가 아픈 상태로 일하러 왔을 때 특히 그렇다. 업무의 품질이 떨어지는 것은 물론 다른 사람에게 전염이 될 수도 있다.

페어 프로그래밍은 활력 넘치는 작업을 장려하는 또 다른 방법이다. 내가 아는 다른 어떤 방식보다 집중할 수 있게 만든다. 하루 종일 페어 프로그래밍을 한 뒤에는 피곤하지만 만족스러울 것이다. 컨디션이 좋지 않을 때 페어 프로그래밍은 특히 유용

> **함께 보기**
> 페어 프로그래밍(p.505)
> 몹 프로그래밍(p.520)
> 정렬(p.204)

하다. 주의력이 뛰어난 사람과 짝을 이루는 것은 집중력 유지에 도움이 된다. 몹 프로그래밍은 페어 프로그래밍만큼의 효과는 없지만(증명하기 쉽다), 피곤할 때 발생하는 오류를 방지하는 데는 좋다.

애자일 팀은 고도의 협업과 지속적으로 의사 소통을 한다. 내향적인 사람에게는 악몽처럼 들릴지 모르겠지만, 내향적인 나 자신에게 말하자면 들리는 것처럼 나쁘지는 않다. 협

업은 잡담이 아니라 아이디어와 결과에 초점을 둔다. 하지만 내향적인 사람들이 재충전을 해야 할 필요성이 있다는 점을 존중하고, 활력을 유지함에 있어 서로를 지원할 수 있도록 워킹 어그리먼트를 만드는 것을 고려하라.

직장에서 건강에 좋은 음식을 섭취하는 것은 활력 넘치는 작업을 지원하는 또 다른 방법이다. 과일과 채소가 좋은 선택이다. 도넛이나 정크 푸드는 인기가 있겠지만 오후의 나른함을 불러 일으킨다.

업무의 성격도 차이를 만든다. 모든 팀이 가난한 사람들을 먹여 살리거나 NP-완전한 문제[NP-complete problems]를 해결하지는 못하지만, 명확하고 설득력 있는 목적이 있다면 큰 도움이 될

함께 보기
목적(p.183)

수 있다. 팀의 목적을 만들고 의사소통하는 것은 프로덕트 매니지먼트 스킬을 갖춘 팀원들의 책임이다.

설득력을 가지려면 팀의 목적 역시 달성할 수 있는 것이어야 한다. 달성할 수 없는 목표에 대한 책임은 사기를 가장 빠르게 꺾는 요인이다. 팀이 특정한 날짜, 범위를 가진 목표를 만족시

함께 보기
예측하기(p.411)

켜야 할 책임이 있다면, 목표가 현실적이며 팀의 예측에 기반한 것인지 확인하라.

목표에 관해 말하자면 모든 조직은 어느 정도의 정치적 견해를 갖는다. 때때로 정치는 건전한 협상과 타협으로 이어진다. 때로는 무리한 요구와 비난으로 이어지기도 한다. 정치에 정통한 팀원들은 조직에서의 정치를 다뤄야 하며, 다른 팀원들에게 중요한 내용을 알리고 중요하지 않은 것으로부터 팀을 보호해야 한다.

정치적으로 정통한 팀원들은 불필요한 회의나 전화 회의를 연기함으로써 팀을 도울 수도 있다. 정보가 풍부한 업무 공간과 적절한 로드맵을 제공해 상태 진척 회의의 필요성을 줄일 수 있다. 외부 방해 요소가 많은 환경에서는 매일 핵심 시간을 별

함께 보기
정보가 풍부한 업무 공간 (p.365)
로드맵(p.424)

도로 확보하는 것이 좋다. 처음 시작한다면 1~2시간 정도를 확보해 모두가 팀을 방해하지 않기로 동의하라.

모든 조직에는 팀이 이용해야 하는 표준 프로세스와 기술이 존재한다. 그러나 이런 표준이 팀의 업무에 방해가 된다면 팀원들에게 좌절감을 주고 사기를 저하시킬 수 있다. 이런 표준이 만들어진 '이유'와 '무엇'을 포함해 팀이 예외를 만드는 것에 대해 논의할 수 있는 방법을 제공하라. 팀 관리자는 이런 변화를 옹호함으로써 팀이 관료주의를 헤쳐 나가도록 도울 수 있다.

마지막으로 '규범화' 팀은 많은 에너지를 갖고 있다(규범기: 우리가 최고다(p.466) 참조). 그리고 매우 즐겁기도 하다. 팀원들이 함께 시간을 보내는 것을 얼마나 즐기는지 보면 알 수 있다.

함께 보기

팀 다이내믹(p.461)

구성원들은 함께 점심을 먹고, 농담을 주고받으며, 업무 시간 외에도 함께 사교 활동을 한다. 팀 역동에 주의를 기울여 '규범화' 팀을 개발하라.

휴식하기

업무에 진척보다 실수가 많다면 휴식을 취할 때다. 하지만 여러분이 나와 같다면 아마도 가장 멈추기 힘든 시기일 것이다. 난 해결책이 눈 앞에 있음을 느낀다. 비록 지난 45분의 회의 동안 거의 눈 앞에 있었지만 말이다. 나는 그 해결책을 찾을 때까지 멈추고 싶지 않다. 그렇기 때문에 다른 누군가가 내게 멈추라고 상기시키는 것이 도움이 된다. 휴식이나 숙면을 취한 뒤에는 스스로 실수를 바로 확인할 수 있다.

가끔 간식을 먹거나 주변을 산책하는 것만으로도 충분하다. 프로그래머들에게는 페어를 바꾸는 것도 도움이 된다. 하지만 이미 일과 시간이 지났다면 퇴근하는 것이 좋다.

함께 보기

페어 프로그래밍(p.505)
팀 룸(p.150)

물리적 팀 룸에서는 누군가에게 휴식이 필요한지 일반적으로 알 수 있다. 분노에 차서 집중하거나, 컴퓨터에게 분풀이를 하거나, 갑작스럽게 움직이는 것 모두가 징후다. 말없이 어두워지는 것 또한 휴식이 필요하다는 신호일 수 있다. 페어링을 하는 프로그래머들이 속삭이는 것을 보면 난 그들에게 마지막으로 테스트를 통과한 지 얼마나 지났는지 묻는다. 종종 수줍은 듯한 대답을 듣곤 하는데 나는 그럴 때 그들에게 휴식하라고 상기시킨다.

휴식을 제안하려면 어느 정도 섬세함이 필요하다. 누군가 여러분을 리더로서 존경한다면 그들에게 일을 멈추라고 할 수 있다. 그렇지 않다면 그들이 머리를 맑게 할 수 있도록 잠시 문제에서 벗어나게 하라. 그들에게 잠깐 동안의 도움을 요청하거나 여러분이 직면한 문제에 관해 논의하기 위해 짧은 산책을 하는 것도 좋다.

질문

스타트업에서 일하는데 보통 주중 근무만으로는 충분하지 않다. 더 오래 일할 수 있을까?

스타트업 환경은 많은 흥분과 동료애를 가진 경우가 많다. 이는 더 많은 에너지로 이어지며, 오랜 시간 일하면서도 집중할 수 있음을 의미할 수도 있다. 하지만 때때로 스타트업은 오랜 근무 시간을 스타트업의 목적이나 목표에 대한 헌신과 혼동한다. 여러분이 너무 지쳐서 유용한 기여를 할 수 없을 때는 커밋먼트로 인해 올바른 판단이 묻히지 않도록 주의하라.

중요한 마감일이 있어 무작정 밀고 나가지 않으면 해낼 수 없다. 그렇다고 현재 활력 넘치는 일을 미뤄야 하는가?

피자를 배달시키고, 모두 열심히 일하고, 모든 실린더가 불을 붙이고, 마지막 순간에 모든 결과물이 함께 모이는 심야 코드 페스트^{codefest}만큼 좋은 것은 없다. 결승점을 향해 질주하는 것은 팀이 역경에 직면했을 때 성취감을 주는 데 도움이 될 수도 있다. 그러나…

결승선까지 질주하는 것도 한 가지 방법이지만, 수 마일을 전력 질주하는 것은 또 다른 문제다. 연장된 초과 근무는 일정 문제를 해결하지 못한다. 사실 심각한 부

> 연장된 초과 근무가 일정 문제를 해결하지는 않는다.

정적인 결과를 낳는다. 톰 드마르코^{Tom DeMarco}는 연장된 초과 근무를 '중요한 생산성 저하 기술'이라 부르는데, 이는 품질 저하, 인력 소진, 직원의 이직률 증가, 정규 업무 시간의 비효율적인 이용으로 이어진다[DeMarco2002, 9장].

일주일 동안 야근을 했다면 그 다음 주에는 야근을 하지 말라. 나는 분기 또는 릴리스마다 팀이 이런 식으로 전력 질주하는 것을 보면 더 깊은 문제가 무엇인지 찾는다.

전제 조건

비생산적이기는 하나 일부 조직에서는 추가 근무 시간을 기준으로 직원을 판단한다. 이런 환경에서는 활력 있는 업무를 희생하고, 그저 장시간 일하는 것이 더 나을 수 있다. 그것은 여러분과 여러분의 가족이 할 수 있는 개인적인 판단이다.

반대로 활력 넘치는 업무는 다른 평계를 댈 수 있는 것이 아니다. 공정한 하루 일과를 통해 신뢰를 구축하라.

지표

팀에 활력이 넘치면:

- ☐ 팀은 흥분과 동료애를 느낀다.

- ☐ 팀은 업무에 열심히 참여하며, 더 나은 업무를 하기 위해 노력한다.

- ☐ 팀은 매주 꾸준히 발전하며, 여러분은 그 진척을 무한정 유지할 수 있다고 느낀다.

- ☐ 여러분은 단기적인 발전보다 건강을 중시하며 생산적이고 성공했다고 느낀다.

대안과 실험

이 프랙티스는 '지속 가능한 속도sustainable pace'라 불리며, 대안은 지속 가능하지 않다. 하지만 일부 조직에서는 여전히 활기찬 업무를 하기 어렵게 만든다. 여러분의 조직이 그런 경우, 페어 프로그래밍이나 몹 프로그래밍을 이용해 지친 팀원들이 집

> **함께 보기**
> 페어 프로그래밍(p.505)
> 몹 프로그래밍(p.520)

중력을 유지하고 서로 오류를 파악하는 데 도움을 줄 수 있다. 역설적이게도 소프트웨어 개발에 더 많은 시간이 필요할 수도 있다. 즉 지친 팀원들이 만들어낸 오류를 찾고 수정할 수 있으므로 그에 따라 계획을 조정하라.

일부 조직에서는 직원들에게 매주 많은 초과 근무를 요구한다. 안타깝게도 **크런치 모드**crunch mode라고도 불리는 이런 **죽음의 행진**death march은 이를 통해 얻을 수 있는

> 죽음의 행진이 가진 공통점 중 하나는 기대 가치가 낮다는 것이다.

막대한 가치 때문에 일어나는 것이 아니다. 오히려 정반대다. 톰 드마르코와 티모시 리스터Timothy Lister는 이에 관해 다음과 같이 설명한다.

> "우리의 경험에 따르면 죽음의 행진 프로젝트가 가진 공통적인 특성 중 하나는 기대 가치가 낮다는 것이다. 이 프로젝트는 그저 기념비적인 무의미한 제품을 출시하는 것을 목표로 할 뿐이다. 죽음의 행진에 관한 유일한 정당화 혹은 합리화는 그 가치가 너무 미미해서 정상적인 비용으로 프로젝트를 수행하면 분명히 이익보다 비용이 크다는 점이다… 프로젝트가 정말 중요하다면 회사가 그것을 제대로 하기 위해 시간과 돈을 쓰지 않을 이유가 있는가?"[DeMarco2003](21장)

이런 유형의 조직을 만났을 때 여러분이 시도할 수 있는 가장 좋은 실험에는 다른 조직이나 회사에 이력서를 보내는 것도 포함된다.

더 읽을거리

『피플웨어』(인사이트, 2014): 프로그래머의 동기와 생산성에 관한 고전이다. 모든 소프트웨어 개발 관리자의 첫 번째 필독서다[DeMarco2013].

『Slack: Getting Past Burnout, Busywork, and the Myth of Total Efficiency』(Currency, 2002): 연장된 초과 근무 및 과도한 일정의 영향에 관해 살펴본다[DeMarco2002].

『나는 즐거움 주식회사에 다닌다』(처음북스, 2014): 먼로 이노베이션Menlo Innovations에서 익스트림 프로그래밍의 변형을 이용해 활기찬 직장을 만드는 방법을 설명한다. CEO의 관점에서 쓴 즐거운 글이다[Sheridan2013].

플래닝

애자일은 예측하는 것이 아니라 적응하는 것이다. 이는 애자일을 차별화하는 요소 중 하나이며, 바로 그 이름의 근원이기도 하다! 그리고 애자일을 처음 접하는 조직이 받는 큰 문화 충격 중 하나다. 이는 애자일 팀이 작업을 계획하는 방식에서 가장 분명하게 나타난다.

8장에서는 효과적으로 계획을 수립하고 조정하는 데 필요한 프랙티스를 설명한다. 조직이 적응적 계획adaptive planning을 받아들이는 데는 시간이 걸릴 수 있으므로, 애자일 팀과 함께 예측적 계획을 수립하는 방법도 살펴본다.

- 스토리(p.224)는 팀이 작은 규모의 고객 중심 계획을 수립하는 데 도움을 준다.

- 적응적 계획하기(p.237)는 팀이 가치에 집중해 계획을 수립하도록 적응성과 예측 가능성의 균형을 유지하는 데 도움을 준다.

- 시각적 계획하기(p.258)는 컨텍스트와 옵션을 사이에서의 소통을 계획하는 데 도움을 준다.

- 플래닝 게임(p.277)은 팀의 다음 단계를 안내하는 세부 계획을 수립하는 데 도움을 준다.

- 실질적인 고객 참여(p.288)는 팀이 고객의 관점을 포함한 계획을 수립하도록 도움을 준다.

- 점진적 요구사항(p.295)은 세부적인 요구사항이 필요할 시점에 이들을 결정하는 데 도움을 준다.

8장 개요

애자일은 항상 적응적이었다. 익스트림 프로그래밍 1판의 부제는 "변화를 포용하라"였다[Beck 2000a]. 스크럼 1판의 서문에서는 가능한 빠르게 조정함으로써 위험을 줄이는 것을 강조했다.

적응성은 애자일의 핵심이지만, 구체적인 소스를 밝히기가 어렵다. **적응적 계획하기**는 『Software by Numbers』의 큰 영향을 받기는 했지만, 내가 수년 동안 보고 이용했던 아이디어의 조합이다[Denne 2004]. **점진적 요구사항**(incremental requirement)과 **실질적인 고객 참여**(real customer involvement) 역시 구체적인 소스를 찾기는 어렵다. 나는 익스트림 프로그래밍 2판에서 후자의 용어를 인용했다[Beck2004].

시각적 계획하기(visual planning)는 많은 애자일 팀의 실질적인 프랙티스에 바탕을 둔다. 제프 패튼의 스토리 맵(story map)과 고이코 아지치의 임팩트 맵(impact map)이 직접적인 영향을 미쳤으며, 이 책에서는 이를 모두 포함했다.

스토리는 매우 잘 알려진 애자일 프랙티스 중 하나다. XP에서 '사용자 스토리(User Stories)'라는 이름으로 시작했으며 2판에서는 '스토리(Stories)'로 단순화됐다. **플래닝 게임** 또한 XP에 기반을 둔다.

스토리

대상
전체 팀

우리는 고객 중심의 작은 조각으로 작업을 계획한다.

스토리는 애자일에서 가장 오해가 많은 아이디어일 수 있다. 스토리는 요구사항이 아니며, 사용 사례도 아니다. 심지어 내러티브도 아니다. 스토리는 그보다 훨씬 간단하다.

스토리는 계획을 위한 것이다. 스토리는 플래닝 게임을 하기 위한 일부다. 그게 전부다! 알리스테어 코크번은 스토리를 '미래의 대화를 위한 약속 어음'이라 불렀다. 각 스토리는 팀이 해야 할 일에 대해 대화를 하도록 상기시킨다. 인덱스 카드 또는 가상 카드에 기록돼 있으므로 카드를 집어서 이리저리 옮기면서 계획에 어떻게 들어맞는지 이야기할 수 있다.

> 각 스토리는 대화를 하도록 상기시킨다.

각 스토리는 대화를 하도록 상기시키기 위한 것뿐이므로 자세한 설명은 필요 없다. 오히려 자세한 스토리는 사람들이 요점을 놓치고 있다는 신호다. 여러분은 전체 팀과 팀 룸을 갖고 있으며, 정기적으로 함께 대화해야 한다. 스토리는 알림^{reminder}이며 세부 사항에 대한 대화를 촉진하는 수단이다.

함께 보기

전체 팀(p.130)
팀 룸(p.150)

스토리는 간략해야 하지만, 필요하다면 추가적인 메모를 덧붙이는 것도 좋다. 기억해야 할 중요한 사항이나 추적하려는 기술적 세부 사항이 있다면 함께 기록해 두라. 더 많은 세부 사항을 추가해야 할 의무를 느끼지 말라. 다시 말하지만 이 카드는 요구사항 문서가 아니라 단지 알림일 뿐이다.

CARGO CULT

작가들의 워크숍

"더 나은 스토리를 작성하는 방법에 관한 훈련이 필요합니다." 라파엘라(Rafaella)가 신음한다. "나는 팀이 잘못된 것을 만드는 것이 지겹습니다."

여러분은 그렇다고 확신하지 않는다. "하지만 스토리는 대화를 상기시켜 줄 수만 있다면 충분하지 않습니까?"라고 묻는다. "프로덕트 오너와 더 자주 대화하고, 질문하고, 작업 결과물을 보여줘야 합니다. 우리가 작업하면서 올바른 것을 만들고 있는지에 대한 피드백을 받아야 합니다."

라파엘라가 코웃음을 친다. "좋습니다. 행운을 빕니다. 아니 프로덕트 오너가 더 나은 스토리를 작성하도록 해야 합니다. 모두가 그에 대해 불평합니다. 교육 예산을 확인해보겠습니다. 나는 프로덕트 오너들이 학습할 내용을 알려줄 트레이너를 찾을 수 있을 거라 확신합니다."

스토리 만들기

일반적인 오버헤드인 경우를 제외하고 팀이 수행해야 할 모든 작업에는 스토리가 필요하다. 그래야 일의 우선순위를 정할 수 있다 팀에서 여러분이 맡은 역할에 관계없이 팀이 해야 할

함께 보기

플래닝 게임(p.277)

일에 관해 알게 되면 카드에 기록하고, 다음 번 플래닝 게임에서 논의할 수 있도록 대기열에 넣으라. 대화를 **시작**하고 미래에 사람들의 기억을 건드릴 수 있을 정도의 내용이면

된다. 예를 들어 다음과 같이 기록할 수 있다.

- 창고 재고 보고서

- 일자리 박람회를 위한 풀스크린 데모 옵션

- 로그인 화면의 커스터마이즈 가능한 브랜딩

어떤 사람들은 이야기를 작성할 때 "(역할)의 입장에서 나는 (결과)를 얻기 위해 (무엇)을 원한다."는 컨넥스트라Connextra 템플릿을 이용하기를 좋아한다. 원한다면 템 스토리 템플릿을 사용할 필요는 없다. 플릿을 이용할 수 있지만 필수는 아니다. 컨넥스트라 템플릿은 사용자에게 서비스를 제공하는 방법을 상기시키는 데 도움을 주기 위한 실험용으로 만들어진 것이다. 여러분 또한 자유롭게 실험할 수 있고, 그저 몇 개의 단어만 적어도 좋다.

스토리는 짧지만 여전히 두 가지 중요한 특징을 갖는다.

1. 스토리는 **고객의 가치**를 나타내며 고객의 언어를 이용해 기술된다. 스토리는 구현 세부 사항이 아니라 고객이 인식하고 가치 있게 여기는 작업을 설명한다. 이를 통해 현장 고객은 정보에 입각해 우선순위를 절충할 수 있다.

2. 스토리는 명확한 완료 기준completion criteria을 갖는다. 완료 기준을 카드에 기록할 필요는 없지만, 현장 고객은 스토리가 '완료'된다는 것을 이해하고, 질문을 받았을 때 설명할 수 있어야 한다.

다음은 **좋지 않은** 스토리의 예시다.

- '통합 구축 자동화'는 고객 가치를 나타내지 않는다.

- '방화벽 외부의 스테이징 서버에 배포'는 최종 결과가 아닌 구현 세부 정보를 설명하고 있다. 또한 고객의 용어를 이용하지 않으므로 현장 고객이 우선순위를 정하기 어려울 수 있다. "고객이 데모를 이용할 수 있게 한다."가 훨씬 나은 스토리일 것이다.

고객 가치

스토리는 **고객 중심**customer-centric이어야 한다. 고객 관점에서 작성하고 고객, 사용자 또는 비즈니스 이해관계자에게 이익이 되는 내용을 제공하는지 확인해야 한다. 현장 고객은 우선순위를 담당하므로 스토리가 가치 없다고 생각하면 계획에 포함시키지 않을 것이다.

고객 중심 스토리는 최종 사용자 관점에서는 반드시 가치 있는 것이 아니더라도 현장 고객의 관점에서는 항상 가치가 있어야 한다. 예를 들어 무역박람회 데모를 제작한다는 스토리는 최종 사용자에게 도움이 되지 않으나 비즈니스에서 제품을 판매하는 데는 도움이 된다.

마찬가지로 일부 스토리는 너무 작아서 고객이 신경 쓸 수 없을 정도다. 예를 들어 신용카드 결제 시스템을 만든다고 가정할 때, '판매자 거부 코드 54에 대한 특별 처리'가 스토리 중 하나일 수 있다. 하지만 현장 고객은 각 스토리가 전체에 어떻게 기여하는지 알아야 하며, 우선순위 트레이드 오프에 관한 결정을 내릴 수 있어야 한다(예: "지금은 코드 54에 대한 작업을 연기하되, 코드 41은 가짜 경고이므로 반드시 처리해야 한다." 등).

NOTE 여러분의 스토리가 고객 중심인지 확인하는 좋은 방법은 현장 고객이 스토리를 직접 작성하는 것이다.

고객 중심 스토리의 실용적인 결과 중 하나는 기술 문제에 관한 스토리가 없다는 점이다. 예를 들어 고객이 우선순위를 지정할 방법을 모르는 "도메인 레이어를 디자인한다." 같은 스토리는 존재하지 않는다. 개발자가 고객에게 기술 스토리의 우선순위를 지정하는 방법을 알려줄 수도 있겠지만, 이는 팀이 가치에 집중하는 데 방해가 됨은 물론 현장 고객이 자신의 권리를 박탈당하는 느낌을 받게 할 수 있다.

대신 모든 이야기에 기술적 고려 사항을 퍼뜨려라. 예를 들어 단일한 "도메인 레이어를 디자인한다." 스토리가 아니라, 모든 스토리에서 도메인 레이어의 디자인을 점진적으로 수정한다. 14장에서 설명할 진화적 디자인evolutionary design을 이용하면 이를 더 쉽게 수행할 수 있다.

> **함께 보기**
> 점진적 디자인(p.624)

개발자들은 종종 고객 중심 스토리를 작성하는 데 어려움을 겪는다. 계속 연습하라! 고객 중심 스토리 없이는 고객이 우선순위 결정을 잘 내리지 못한다. 그리고 무자비한 우선순위 결정은 조기 출시의 비결이다.

개발자 여러분들은 고객 중심의 스토리를 만들기 위해 현장 고객과 이야기해야 한다. 여러분이 만들고자 하는 결과를 설명하고, 고객에게 그들의 말로 스토리를

무자비한 우선순위 결정은 조기 출시의 비결이다.

쓰도록 요청하라. 필요하다면 스토리와 관련된 기술을 떠올릴 수 있는 메모를 추가할 수 있다.

예를 들어 팀이 다른 데이터베이스 기술로 전환해야 한다고 생각한다면 다음과 같이 설명할 수 있다. "전체 텍스트 검색을 더 잘 처리하는 데이터베이스로 기사를 이동해야 합니다. 검색은 이미 0.5초 이상 걸리고, 기사가 추가될수록 상황은 더 나빠질 것입니다." 고객이 "기사 검색 성능이 악화되는 것을 방지한다."고 쓰면 여기에 '전체 텍스트 검색 데이터베이스'를 추가할 수 있다.

스토리 분할 및 결합하기

스토리의 크기는 제한이 없다. 아이디어가 처음 떠올랐을 때는 스토리의 크기가 크고 모호할 수 있다. 예를 들어 온라인 쇼핑몰의 '체크아웃 페이지' 스토리가 있을 수 있다.

가시성과 통제력을 제공하기 위해 팀은 매주 여러 스토리를 끝내야 한다. 플래닝 게임 도중 큰 스토리를 작은 스토리로 나누고, 작은 스토리를 큰 스토리로 결합한다.

함께 보기

플래닝 게임(p.277)

스토리를 결합하기는 쉽다. 관련된 스토리를 몇 개 모아서 스테이플러로 찍은 뒤 추정을 이용한다면 맨 앞에 새 추정치를 적는다. 가상 팀 룸에서 스토리 설명을 잘라내 하나의 가상 카드에 붙인다.

스토리를 분할하는 것은 고객 중심 관점을 유지해야 하기 때문에 더 어렵다. 비결은 스토리가 포함하는 개별 단계가 아닌 스토리의 본질을 찾는 것이다. 스토리가 제공하는 근본 가치와 그 가치를 기반으로 하는 부가적인 것은 무엇인가? 근본적인 본질을 하나의 스토리, 부가적인 것을 추가적인 스토리로 작성하라.

이미지가 잘 그려지지 않는다면 마이크 콘^{Mike Cohn}의 책 『불확실성과 화해하는 프로젝트 추정과 계획』(인사이트, 2008)에서 설명한 스토리 분할 방법 관련 장을 참조하라[Cohn 2005]. 그는 다음의 옵션을 제안한다(예시는 내가 직접 만든 것이다).

- **우선순위**에 따라 분할한다. 예를 들어 '체크아웃 페이지' 스토리는 '체크아웃(높은 우선순위)', '쿠폰(중간-높은 우선순위)', '선물 영수증(중간-낮은 우선순위)', '선물 포장(낮은 우선순위)'으로 분할할 수 있다.

- 스토리가 지원하는 **데이터**의 경계를 따라 분할한다. 예를 들어 청구 정보 수집에 관한 스토리는 '신용 카드 정보 수집', '기프트 카드 정보 수집', '페이팔 정보 수집'으로 분할할 수 있다.

- 스토리 안에서 수행되는 **작업**을 기반으로 분할한다. 예를 들어 신용 카드 결제 처리에 관한 스토리는 '신용 카드 정보 수집', '신용 카드 정보 확인', '신용 카드 비용 청구'로 분할할 수 있다.

- 별도의 만들기^{create}, 읽기^{read}, 업데이트하기^{update}, 삭제하기^{delete}의 CRUD 작업으로 분할한다. 예를 들어 고객 데이터 관리에 관한 스토리는 '고객 정보 추가', '고객 정보 확인', '고객 정보 수정' 및 '고객 정보 삭제', '고객 목록 표시', '고객 목록 정렬'로 분할할 수 있다.

- 여러 버전의 스토리를 만들고 **교차**^{cross-cutting} 관심사(보안, 로깅, 오류 처리 등)에 따라 분할한다. 예를 들어 신용 카드 청구에 관한 스토리는 '신용 카드 비용 청구', '신용 카드 비용 청구 기록' 및 '신용 카드 거부 처리'로 분할할 수 있다.

- 성능, 안정성, 확장성 같은 **비기능적** 문제를 분할한다. 예를 들어 신용 카드 충전에 관한 스토리는 '신용 카드 충전'과 '분당 100~200회의 신용 카드 결제 거래 지원'으로 분할할 수 있다.

스토리의 우선순위를 개별적이고 순서에 관계없이 우선순위를 지정할 수 있는 것이 최고의 분할이다. 연습이 필요하며, 항상 가능한 것도 아니므로 이 과정에서 문제를 경험하더라도 걱정하지 말라.

작은 스토리

스토리를 나눌수록 고객 중심의 관점을 유지하기가 어려워질 수 있다. 포기하지 말라. 다른 스토리를 생각할 수 없으면 적어도 비즈니스 용어를 이용해 기술 작업을 설명하라. 현장 고객은 이를 통해 우선순위를 이해하고 통제할 수 있다. 또한 다른 사람들에게 계획과 진행 상황에 관해 더 쉽게 설명할 수 있다.

예를 들어 "송금이 완료되면 이메일을 보낸다"는 스토리가 있다면 프로그래머는 다음 작업이 포함된다고 생각할 수 있다.

1. 뱅킹 서비스에 콜백을 등록한다.

2. 웹훅 호출을 기록한다.

3. 웹훅을 보호한다.

4. 웹훅 트랜잭션 데이터를 파싱하고 데이터베이스에 질의한다.

5. 트랜잭셔널 이메일 서비스에 POST한다.

비즈니스 용어를 이용해 이들을 다시 스토리로 작성하라.

1. 은행에 송금이 완료되면 우리에게 알리도록 한다.

2. 송금 알림을 기록한다.

3. 위조된 송금 알림을 방지한다.

4. 송금 알림과 관련된 사용자를 찾는다.

5. 은행으로부터의 송금 알림을 받으면 고객에게 이메일을 보낸다.

다시 말하지만 스토리는 서로 독립적인 것이 좋다. 그러나 다른 무엇을 해야 할지 알 수 없을 때는 이것도 좋은 대안이다.

특별한 스토리

대부분의 스토리는 소프트웨어에 새로운 피처를 추가한다. 그러나 팀이 따로 시간을 들여야 하거나, 일상적인 작업의 일부가 아닌 모든 작업에는 스토리가 필요하다.

문서화 스토리

애자일 팀은 점진적 요구사항, 진화적 디자인을 이용하기 때문에 작업에 필요한 문서가 거의 없지만, 다른 이유로 문서를 만들어야 할 수도 있다. 일반적으로 이 문서는 더 큰 스토리를 위한 작업의 일부이지만, 그저 문서 자체에 관한 스토리일 수도 있다.

함께 보기

점진적 요구사항(p.295)
점진적 디자인(p.624)

문서 작성을 위한 스토리는 다른 스토리와 동일하다. 고객 중심의 스토리를 만들고 특정한 완료 기준을 식별할 수 있는지 확인하라. 예를 들어 '결제 설정을 위한 튜토리얼' 등이 있을 수 있다. 더 자세한 내용은 '문서화(p.300)'를 참조하라.

버그 스토리

이상적으로 팀은 버그를 발견하는 즉시 해당 버그를 수정한 뒤 스토리가 '완료'됐음을 선언한다. 그러나 완벽한 사람은 없으며, 몇 가지 버그는 놓치기도 할 것이다. '다중 사용자 편집 버그 수정' 같은 스토리를 이용해 이런 버그를 추적하라. 코드를

함께 보기

버그 없음(p.708)
'완전 완료'(p.379)

깨끗하게 유지하고 버그 추적 소프트웨어의 필요성을 줄이려면 가능한 이 스토리를 일찍 수행하도록 하라.

버그 스토리의 크기 측정은 어려울 수 있다. 디버깅할 때는 종종 무엇이 잘못된 것인지 파악하는 데 너무 많은 시간이 들기 때문에 완료 시점을 예측할 수 없다. 이럴 때는 그 주변에 타임박스를 두라. "우리는 이 버그를 조사하는 데 최대 하루를 보낼 예정입니다. 그때까지 수정하지 못하면 팀 전체에서 논의한 뒤 다른 스토리를 진행합니다."와 같이 선언하고 '타임박스 1일'이라고 적으라.

'비기능' 스토리

성능, 확장성, 안정성(비기능적 요구사항) 역시 스토리와 함께 계획해야 한다. 모든 스토리와 마찬가지로 구체적이고 고객에게 가치 있는 목표가 필요하다. 그러나 다른 스토리와 달리 목표를 정의하기 위해 개발자의 도움이 필요할 수 있다. "소프트웨어는 안정적이어야 한다.", "소프트웨어는 빨라야 한다."라는 것만으로는 충분하지 않다. 얼마나 안정적이고, 얼마나 빨라야 하는지 정확하게 설명할 수 있어야 한다.

비기능적 스토리를 만들 때는 만족스러운 결과를 얻기 위해 필요한 최소한의 성능인 **허용 가능한** 성능을 고려해야 하며, 추가적인 최적화를 하더라도 거의 가치가 더해지지 않는 지점인 가능한 **최고의 성능**에 관해 생각하라. 이 숫자를 카드에 적거나 즉시 결정할 필요는 없지만 그렇게 하는 것이 유용한 경우가 많다.

두 개의 숫자가 필요한 이유는 무엇인가? 비기능 요구사항, 특히 성능 최적화는 무한한 시간이 투입될 수 있다. 때때로 여러분은 '가능한 최고의' 목표에 일찍 도달한다. 이 숫자는 언제 멈춰야 할지 알려준다. 때때로 '허용 가능한' 목표를 달성하기 위해 고군분투할 때도 있다. 이 숫자는 계속해야 할지 알려준다. 예를 들어 웹 페이지에 대한 성능 기준은 "대기 시간 50~200ms, 분당 500~1,000개의 요청을 지원한다."일 수 있다.

버그 스토리와 마찬가지로 비기능적 스토리는 크기를 측정하기 어려울 수 있다. 이들을 위해서도 타임박스를 이용할 수 있다.

운영 및 보안 스토리

사용자를 위한 소프트웨어를 만드는 것만으로는 충분하지 않다. 온라인 소프트웨어라면 모니터링, 관리 및 보안도 필요하다. 예를 들어 성능이 저하되면 경고를 받고, 보안 감사를 수행하고 위반에 대응할 방법이 있어야 한다.

함께 보기

운영을 위한 빌드(p.667)
전체 팀(p.130)

현장 고객은 이런 종류의 스토리를 생각하는 데 종종 어려움을 겪는다. 따라서 운영 및 보안 스킬을 갖춘 사람이 계획 프로세스에 참여하는 것이 중요하다. 수행해야 할 기술 작업이 아니라 고객이 제공하는 가치 측면에서 이야기함으로써 현장 고객이 우선순위를 이해하도록 도와야 한다.

종종 그 가치는 감소된 리스크 형태로 제공된다. 예를 들어 분산 추적을 추가하는 스토리는 "성능과 관련된 비상 상황 발생 시, 성능 문제의 원인을 더 쉽게 찾을 수 있게 한다(분산 추적)."와 같이 설명할 수 있다.

스파이크 스토리

때때로 개발자들은 스토리를 구현하는 데 필요한 기술에 대해 충분히 알지 못하기 때문에 스토리의 크기를 조정하지 못하기도 한다. 이런 일이 발생하면 **스파이크 스토리**spike story를 만들어 해당 기술을 조사하라. 스파이크 스토리는 솔루션을 디자인하거나 상세히 조사하는 것이 아니라, **다른 스토리의 크기를 측정**하는 것이다. 예를 들어 "'HTML 이메일을 보낸다'라는 스토리를 분할해야 하는지 알아낸다." 또는 "스파이크: 'HTML 이메일을 보낸다.'" 같은 스토리가 될 수 있다.

> 스파이크 스토리는 다른 스토리의 크기를 측정하기 위한 것이다.

연구를 하기 위해 스파이크 솔루션을 자주 이용하기 때문에 스파이크 스토리라는 이름으로 부르지만, 꼭 그렇게 부를 필요는 없다.

> **함께 보기**
> 스파이크 솔루션(p.613)

정리 스토리

애자일 팀은 무한정 지속할 수 있는 방식으로 작업을 해야 하며, 여기에는 코드 베이스를 지속적으로 개선하기 위해 일정에 충분한 여유를 갖는 것도 포함된다. 슬랙을 올바르게 이용하면 정리clean-up 시간을 명시적으로 확보할 필요가 없다. 가장 자주 작업하는 코드는 시간이 지나면서 자동으로 더 깨끗해진다. 하지만 가끔은 지저분한 코드를 물려 받으므로 이를 정리하기 위한 추가 시간을 확보하는 것도 가치가 있다.

> **함께 보기**
> 슬랙(p.350)

다른 스토리와 마찬가지로 정리 스토리도 고객 중심이어야 한다. 이 스토리는 완전히 선택 사항이어야 한다. 단지 코드를 깔끔하게 유지하기 위한 정리 스토리는

> 코드를 깔끔하게 유지하기 위한 정리 스토리가 있어서는 안 된다.

없어야 한다. 여러분은 개발자가 필요한 작업을 수행하기 위해 고객에게 승인을 요청해야 하거나, 고객이 스토리를 무시하기 위해 개발자에게 승인을 요청해야 하는 상황을 원치 않을 것이다.

정리 스토리를 만들 때는 그것이 제공하는 비즈니스 이점에 관해 이야기하라. 종종 이는 개발 시간 단축의 형태로 나타날 수 있다. 너무 복잡한 코드는 버그가 발생하기 쉽고, 안전하게 변경하는 데 많은 시간이 걸리는 경향이 있다. 그러므로 예를 들어 '인증 서비스 리팩터링' 대신 '인증 버그 가능성 감소' 또는 '인증 변경에 필요한 시간 단축'이라고 말하라.

이 개선을 정량화할 수는 없겠지만, 이익을 설명하는 예시를 제공할 준비는 하라. 예를 들면 "로그인과 관련된 항목을 변경할 때마다 문제와 지연이 계속 발생한다는 것을 알고 있습니까? 이 스토리가 그것을 해결할 것입니다." 같이 말할 수 있다.

명확한 중단 지점이 없는 정리 스토리에는 타임박스를 이용하라. 시간이 다 됐을 때 멈출 수 있도록 하고, 코드를 다시 작성하지 말라. 대신 코드가 항상 작동되도록 유지하면서 점진적으로 리팩터링하라.

> **함께 보기**
> 반영적 디자인(p.650)
> 리팩터링(p.598)

회의와 오버헤드

플래닝 게임, 전체 회의, 다른 조직적인 오버헤드 같은 활동을 위한 스토리를 만들지 말라. 교육이나 현장 근무처럼 특별한 일정이 있는 경우에는 해당 주간에 완료되는 스토리가 줄어들 것으로 예상하라.

아키텍처, 디자인, 기술 인프라스트럭처

기술적인 세부 사항에 관한 스토리는 만들지 말라. 개발 작업은 스토리 구현 비용에 포함된다. 진화적 디자인과 아키텍처를 이용해 대규모의 기술적 전제 조건을 작은 조각으로 나누고, 점진적으로 구현하라.

> **함께 보기**
> 점진적 디자인(p.624)
> 진화적 시스템 아키텍처
> (p.694)

질문

우리 고객은 개발에 관해 이해하고 있다. 여전히 고객 중심 스토리를 작성해야 하는가?

개발자 중심 스토리보다 고객 중심 스토리를 만들기가 훨씬 어렵기 때문에 이를 피하기 위한 변명을 찾고 싶을 것이다. "우리 고객은 개발자 중심에 스토리가 있더라도 신경 쓰지 않는다."가 그런 변명 중 하나다.

고객이 개발자 중심 스토리를 이해하더라도 고객 중심 스토리는 더 나은 계획으로 이어진다. 계획은 가치에 관한 것이어야 하며 스토리 또한 그래야 한다.

> 계획은 가치에 관한 것이어야 하며 스토리 또한 그래야 한다.

개발자가 고객이라면(라이브러리나 프레임워크 같은 개발자용 소프트웨어를 개발하는 등) 스토리에 개발자 중심 언어를 이용해도 좋다. 그렇더라도 고객의 관점을 반영해야 한다. 구현에 관한 세부 사항이 아니라 고객의 요구사항에 관한 스토리를 만들라.

개발자는 기본적으로 소프트웨어를 빠르게 만들어야 하는 것 아닌가? 성능 스토리가 필요한 이유는 무엇인가?

소프트웨어 개발에서 공짜는 없다. 성능 스토리를 만들 필요는 없지만, 여러분이 처한 상황에서 '빠르다'가 무엇을 의미하는지 알아야 하며, 개발자는 이를 구현하기 위해 시간을 할애해야 한다. 비기능 요구사항을 별도 스토리로 분할해도 시간이 변경되지 않는다. 그 시간이 어떻게 소비되는지에 대한 더 많은 통찰력과 통제력을 제공할 뿐이다.

테스트 프레임워크 교체 같은 기술 인프라스트럭처 및 대규모 리팩터링을 위한 시간을 어떻게 마련해야 하는가?

이런 유형의 업무는 진화적 디자인과 슬랙을 이용해 점진적으로 수행하라. 대규모 리팩터링의 경우에는 정리 스토리를 사용할 수도 있지만, 일반적으로 점진적인 작업을 수행하는 것이 더 좋다.

함께 보기
점진적 디자인(p.624)
반영적 디자인(p.650)
슬랙(p.350)

전제 조건

스토리는 요구사항을 대체할 수 없다. 현장 고객 및 점진적 요구사항(애자일 방식) 또는 요구사항 문서(전통적 방식)를 통해 세부 정보를 얻는 다른 방법이 필요하다.

함께 보기
점진적 요구사항(p.295)

지표

여러분이 스토리를 잘 이용하면:

- □ 현장 고객은 자신이 승인하고 일정을 조정하는 모든 작업에 관해 이해한다.

- □ 팀이 무엇을 하고 있고 그것이 왜 중요한지 이해관계자에게 쉽게 설명할 수 있다.

- □ 여러분의 팀은 작고 관리하기 쉬운 부분에 대해 작업하고, 일주일에 여러 번 고객 가치가 높은 작업을 진행한다.

- □ 스토리 작성 비용은 저렴하고 폐기하기 쉽다.

대안과 실험

대부분의 계획에서 스토리와 작업 항목의 주요한 차이는 스토리가 고객 중심적이라는 것이다. 어떤 이유로 고객 중심 스토리를 이용할 수 없다면 고객은 효과적으로 계획에 참여할 수 없다. 이렇게 하면 애자일의 주요 이점 중 하나인 고객과 개발자 모두의 통찰력을 결합해 더 나은 계획을 수립할 수 있는 기능이 제거된다. 또한 이해관계자에게 진행 상황을 설명하는 데 어려움을 겪을 수 있다. 안타깝게도 다른 어떤 프랙티스도 도움이 되지 않는다.

스토리는 간단한 아이디어지만 계속 이터레이션되는 소프트웨어 개발 문제인 "무엇을 만들기로 결정할 것인가?"와도 관련이 있다. 간단한 아이디어와 중요한 문제는 **모든 사람**이 저마다의 스토리를 갖고 있음을 의미한다. 온라인에서 얼마든지 템플릿과 스토리 작성에 관한 많은 조언을 찾을 수 있다. 그 모든 방법이 이 문제를 해결하거나 팀이 더 나은 소프트웨어를 구축할 수 있게 해야 한다고 주장할 것이다.

이러한 실험은 요점을 놓치는 경향이 있다. 바로 스토리는 인덱스 카드가 아니라 **대화**에 관한 것이라는 점이다. 말하기보다 쓰기에 더 중점을 두는 모든 변화(템플릿, 세부 사항, 스토리 분류 체계)는 잘못된 방향으로 가고 있다.

마찬가지로 스토리는 무엇을 구축할지 결정하는 방법이 **아니다**. 그것은 그저 대화를 상기시켜줄 뿐이다. 고객과 비즈니스 요구를 이해하고, 이를 행동으로 옮기는 좋은 방법이 많이 있다(시각적 계획하기(p.258)에서 그중 일부를 다룬다). 비즈니스 이해를 돕기 위해 스토리를 이용하지 말라.

먼저 비즈니스에 대한 이해를 높이고, 결정을 내리고, 스토리를 이용해 이런 대화와 결정에 관해 상기시키라.

제프 패튼은 스토리가 휴가에서 찍은 사진과 같다고 말한다. 스토리는 그저 알림에 지나지 않으므로 복잡할 필요가 없다. 스토리를 이용한 실험을 할 때는 대화를 강조하되, 스토리 자체는 덜 강조하면서 사람들에게 논의되고 결정된 내용을 상기시키기에 충분할 정도로만 만드는 방법을 생각하라. 휴가에서 찍은 사진이 아니라 휴가 자체를 더 멋지게 만들라.

마지막으로 또 다른 일반적인 변경 사항으로 스토리를 인덱스 카드가 아니라 스프레드시트나 이슈 추적 도구를 이용해 추적할 수 있다. 스토리 목록은 더 쉽게 읽을 수 있겠지만, 시각화나 협업은 더 어려워진다. 충분한 경험이 없다면 감히 가늠하기 어려운 손해다. 대안을 시도하기 전 최소 3개월 동안은 인덱스 카드를 이용하라. 원격 팀이라 하더라도 스프레드시트나 이슈 추적 도구가 아니라 가상 화이트보드에서 인덱스 카드를 이용하라.

적응적 계획하기

대상
프로덕트 매니저, 고객

성공을 위해 계획한다.

미리 결정된 계획의 족쇄에서 여러분이 해방됐다고 상상해 보자. "투자 수익을 극대화하십시오."라고 여러분의 상사가 말한다. "우리는 이미 이 팀의 목적에 대해 이야기했습니다. 나는 여러분이 세부적인 사항을 해결하길 기대합니다. 여러분만의 계획을 세우고 출시 날짜를 설정하십시오. 우리가 좋은 가치를 얻을 수 있게 하십시오."

이제 무엇을 하겠는가?

가치 있는 증분

가치 있는 증분으로부터 계획을 세우라.[1] 가치 있는 증분은 다음과 같은 세 가지 특성이 있다.

> 가치 있는 증분으로부터 계획을 수립하라.

1. **출시 가능하다**Releasable: 증분에 관한 작업을 마치면 재작업을 하지 않고도 즉시 출시하고 그로 인한 이익을 얻을 수 있다.

2. **가치 있다**Valuable: 증분은 어떤 방식으로든 조직에 도움이 된다(조직의 가치는 무엇인가?(p.57) 참조).

3. **점진적이다**Incremental: 모든 작업을 수행하지 않지만 올바른 방향으로 나아가는 한 걸음이다.

'가치 있는 증분'과 애자일 커뮤니티에서 일반적으로 이용하는 또 다른 용어인 '잠재적으로 출시 가능한 증분potentially shippable increment'을 혼동하지 말라. 잠재적으로 출시 가능한 증분은 변경 사항을 출시하는 팀의 **기술적** 능력에 관한 것이며, 가치 있는 증분은 **실질적으로** 비즈니스에서 상당한 차이를 만드는 변화에 관한 것이다.

마찬가지로 가치 있는 증분은 그 가치를 달성할 수 있을 때만 '출시'된다. 지속적 배포continuous deployment를 이용하는 팀은 하루에도 여러 차례 소프트웨어를 배포하지만, 구성 스위치

> **함께 보기**
>
> 지속적인 배포(p.686)

configuration switch를 바꿔야만 소프트웨어가 의도한 대상에게 **릴리스**된다.

가치 있는 증분은 일반적으로 다음과 같은 범주로 구분할 수 있다.

---

1   이 책의 초판에서는 '가치 있는 증분(valuable increment)' 대신 '최소 출시 가능 피처(MMF, Minimum Marketable Feature)'라는 용어를 이용했다[Denne2004]. 가치 있는 증분 또한 아이디어는 동일하지만, 가치 있는 모든 것이 시장에 출시할 수 있는 또는 피처는 아니기 때문에 용어를 변경했다.

- **직접 가치**[Direct Value]: 가치가 있는 것을 만들거나 변경하거나 수정한다. 이는 조직이 이익을 얻을 수 있을 때 '출시'된다. 예를 들어 새 보고서를 추가함으로써 고객 유지율을 높일 수 있다고 생각되면 실제 고객이 실행할 수 있을 때 해당 보고서를 공개할 수 있다.

- **학습 가치**[Learning Value]: 가치를 높이는 방법에 대한 통찰력을 제공하는 실험을 수행한다. 실험 결과를 해석하는 방법에 관한 결정을 포함해 실험을 실행할 준비가 되면 '출시'한다. 예를 들어 가입 흐름을 변경해 고객 가입을 늘릴 수 있다고 생각하지만, 어떤 흐름이 가장 좋은지 확실하지 않다면 A/B 테스트를 만들 수 있다.[2] A/B 테스트가 준비됐을 때 실험은 '공개'된다. 이 지점에서는 데이터를 평가하는 시점, 새로운 흐름의 유지하거나 폐기하는 기준 또한 결정된다.

- **선택 가치**[Option Value]: 미래의 소중한 기회를 활용할 수 있도록 결정을 연기 또는 변경할 수 있는 역량을 만든다. 결정을 안전하게 연기 또는 변경할 수 있을 때 '출시'된다. 예를 들어 한 공급업체가 가격을 인상하기 위해 여러분을 그들에게 종속시키려 한다고 생각된 경우, 두 번째 공급업체를 지원할 수 있도록 소프트웨어를 수정할 수 있다. 공급업체를 여러분이 마음대로 전환할 수 있는 옵션이 출시된다.

학습 증분과 선택 증분을 이용하기 위해서는 구성원들이 불확실성과 모호함에 익숙해져야 하기 때문에 **최적화하기** 팀에서 이용하는 경향이 높다. 그러나 모든 팀이 이를 이용할 수 있다.

시각적 계획의 스토리를 이용해 증분을 추적한다. 예를 들어 앞의 예시는 'TPS 보고서', '가입 흐름 A/B 테스트', '인증 공급업체 독립성'으로 작성할 수 있다. 더 자세한 메모를 남길 수도 있지만, 내가 만난 대부분의 프로덕트 매니저들은 짧은 문구만을 이용해서 대화를 상기시키는 목적을 충분히 달성한다. 다음 세 가지를 분명히 할 수 있어야 한다.

> **함께 보기**
>
> 스토리(p.224)
> 시각적 계획하기(p.258)
> 목적(p.183)
> 점진적 요구사항(p.295)

---

2   A/B 테스트는 다른 그룹의 사람들에게 다른 대상을 보여 준 뒤, 어떤 대상이 가장 좋은 결과를 얻었는지 평가하는 방법이다.

1. 이 증분이 왜 가치 있는가?

2. 이 가치는 팀의 목적과 어떻게 연관되는가?

3. 상위 수준에서 이 증분이 '출시'됐을 때 어떻게 보이는가?

자세한 내용은 '계획을 세우는 방법(p.249)'에서 살펴본다.

한 번에 하나의 증분에 집중하라

이해관계자들은 팀이 여러 아이디어를 동시에 작업할 때 좋아한다. 많은 작업이 완료되고 모든 것이 최우선 순위가 되는 것처럼 느껴진다! 매우 쉽다. 그리고 대단히 낭비적이다. 한 번에 하나의 증분에 집중하는 것이 전달 속도를 개선하고 가치를 높인다.

> 한 번에 하나의 증분에 집중하는 것이 전달 속도를 개선하고 가치를 높인다.

가치 있는 증분 3개를 갖고 있는 팀을 생각해보자(그림 8-1). 단순한 설명을 위해 각 증분의 가치는 동일하다고 가정한다. 각 증분은 매월 4달러를 만들어 낸다. 각 증분을 완료하는 데는 2개월이 소요된다.

시나리오 A에서 팀은 세 가지 증분을 동시에 작업한다. 세 가지 증분을 모두 완료하는 데는 6개월이 걸리며, 완료 후에는 매월 12달러를 만들어 내기 시작한다.

시나리오 B에서 팀은 한 번에 하나의 증분에 초점을 맞춘다. 그들은 시나리오 A의 1/3 시점인 2개월 후에 첫 번째 증분을 출시한다. 다음 증분에 대한 작업을 하는 동안 돈을 벌기 시작한다. 일곱 번째 달이 끝날 때 시나리오 A에서는 12달러를 벌지만, 여기에서는 36달러를 번다. 이는 작업 전환 비용과 시장에 일찍 출시함으로 인해 얻는 이점은 무시한 것이다. 공짜 돈이다.

시나리오 C에서 볼 수 있듯이 더 자주 출시할수록 더 많이 얻게 된다. 팀이 각 증분을 절반으로 나누는 방법을 알아냈다는 점을 제외하면 시나리오 B와 동일하다.

> 더 자주 출시할수록 더 많은 가치를 얻을 수 있다.

2개월에 4달러를 버는 증분을 출시하는 대신 한 달에 2달러를 버는 증분을 릴리스한다.
7개월 후 팀은 42달러를 벌게 된다.

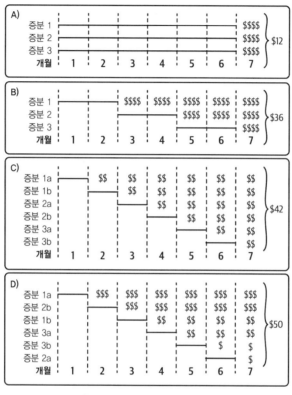

A) 증분에 관해 동시에 작업한다
B) 한 순간에 하나의 증분에 집중한다
C) 증분을 작은 릴리스로 쪼갠다
D) 높은 가치의 증분을 먼저 릴리스한다

그림 8-1 가치 집중의 영향

물론 어떤 아이디어의 가치는 다른 아이디어의 가치보다 더 높을 것이다. 시나리오 D에서는 가장 중요한 부분을 분리한 뒤 먼저 작업했을 때 발생하는 일을 보여준다. 이 시나리오는 시나리오 C와 동일하지만 각 증분의 가치가 다르다. 가장 가치 있는 증분을 먼저 출시하기 위해 증분을 정렬함으로써 시나리오 D에서는 50달러를 벌 수 있다. 시나리오 A와 비교할 때 약 **3개월**의 무료 자금을 벌어들이게 된다.

이것이 **집중하기 플루언시**의 본질이다. 작고 가치 있는 증분 작업에 **집중**하라. 한 번에 하나씩 출시하는 데 **집중**하라. 가장 가치 있는 아이디어에 먼저 **집중**하라. 출시할 때마다 학습한 새로운 정보를 활용하고, 계획을 조정하고, 남아있는 가치 중 가장 높은 것에 **집중**한다.

그림 8-1의 시나리오는 단순화한 것이다. 『Software by Numbers』[Denne2004]에서는 실제 제품을 기반으로 한 더 정교한 예시를 소개한다(표 8-1). 이 예시에서 저자는 2개의 프로젝트 종료 릴리스(시나리오 A)가 있는 5년짜리 프로젝트를 가치에 따라 정렬한 5개의 연간 릴리스(시나리오 B)로 변환한다. 각 시나리오에서 팀의 생산성은 동일했다.

표 8-1 가치 집중의 실제 예시

	시나리오 A	시나리오 B
총 비용	431만 2천 달러	471만 2천 달러
수익	560만 달러	780만 달러
투자	276만 달러	164만 달러
자금 회수	128만 8천 달러	308만 8천 달러
순 현재 가치 @ 10%	6억 천 6백만 달러	159만 4천 달러
내부 수익률	12.8%	36.3%

시나리오 A는 수익률이 12.8%인 한계 투자$^{marginal\ investment}$다. 280만 달러를 투자해 130만 달러의 수익이 발생한다. 소프트웨어 개발 위험을 고려하면 투자자는 그 돈을 다른 곳에 더 잘 이용할 수 있다.

시나리오 B는 동일한 제품을 더 자주 출시하며, 수익률이 36.3%인 탁월한 투자다. 시나리오 B는 더 많은 릴리스를 수행하기 때문에 더 많은 비용이 들지만, 이런 릴리스 방식을 채택하면 제품이 자체적으로 자금을 조달하게 된다. 결과적으로 투자 비용은 160만 달러 더 적고, 이익은 310만 달러 더 많이 발생한다. 이 시나리오는 투자할 만한 가치가 있다.

이 예시를 다시 살펴보라. 각각은 가치의 인상적인 증가를 보여준다. 하지만 **달라진 것**은 오로지 팀이 소프트웨어를 릴리스하는 방식뿐이다.

증분을 작게 나누라

앞의 예제에서 볼 수 있듯이 증분을 세밀하게 분할할수록 팀 작업에서 더 많은 가치를 추출할 수 있다. 그러나 그 이상으로 각 증분은 낭비 없이 방향을 변경할 수 있는 기회를 나타낸다. 증분 작업 도중에 방향을 바꾸면 부분적으로 완성된 결과물이 남기 때문에 별도로 보관하거나 파기해야 한다. 그러나 증분이 완료됐다면 작업을 낭비하지 않으면서 방향을 변경할 수 있다.

증분이 작을수록 계획을 더 자주 조정할 수 있으며, 결과적으로 더 민첩해질 수 있다. 완벽한 세상에서 여러분의 증분은 여전히 릴리스할 수 있는 가치를 갖는 가장 작은 기본 조각으로 나눠져야 한다.

> 증분의 크기가 작을수록 더 민첩해질 수 있다.

사실 처음부터 이 정도로 증분을 작게 만들기는 어렵다. 시간이 지나면서 여러분은 증분을 더 분할하는 방법을 찾아낼 것이다. 처음에는 추측으로 시작하고 나중에 분할해도 된다. 애자일은 이터레이션적이다. 증분을 개선할 수 있는 기회는 많다.

KEY IDEA

진행 중 업무를 최소화하라

진행 중 업무(WIP, Work In Progress)는 시작됐지만 아직 릴리스하지 않은 작업이다. 애자일 팀은 여러 가지 이유로 WIP를 최소화하고자 한다. 첫 번째, 수익을 기다리는 투자다. 그림 8-1에서 볼 수 있듯이 릴리스 빈도가 높을수록(즉 WIP가 작을수록) 작업 당 투자 수익은 높아진다.

다음으로 WIP는 변경 비용을 증가시킨다. 계획을 변경하는 경우 완료되지 않은 작업은 별도로 보관해야 한다. 시간이 지남에 따라 해당 작업을 위해 내린 결정은 구식이 되므로 작업 시작 시 결정을 다시 내려야 한다. 불완전한 증분을 위해 만들어진 코드는 특히 많은 비용이 든다. 이는 프로덕션 코드 베이스를 유지보수하는 데 드는 크기와 비용을 증가시키거나, 프로덕션으로 다시 병합하기 점점 더 어려워지는 별도 브랜치에 저장된다.

비유적으로 표현하자면 WIP는 녹슬어 버린다. 유지 관리, 재작업 또는 폐기해야 하며 이는 낭비다. WIP를 최소한으로 유지하라.

일찍 자주 릴리스하라

가치 있는 증분은 완료 즉시 출시할 수 있다. 또는 여러 증분을 단일 출시로 묶을 때까지 기다릴 수도 있다. 즉시 출시가 가장 높은 가치를 갖지만 때로는 여러 증분을 한 번에 하나씩 쏟

함께 보기

지속적인 배포(p.686)

아내는 것보다 함께 마케팅하는 것이 더 효과적일 수 있습니다. 마찬가지로 UI 변경이나 기타 출시 관련 비용이 있는 경우 계속해서 작은 변경을 하기보다 이러한 비용을 한 번에 흡수하는 것이 더 쉬울 수 있다.

NOTE 일부 팀은 지속적 배포를 이용해 하루에 여러 차례 코드를 배포하지만, 코드를 배포하는 것과 증분을 출시하는 것은 다르다. 증분은 실제 사용할 수 있을 때가 돼야 '출시'된다. 지속적 배포를 이용하는 팀에게 있어 '출시'한다는 것은 일반적으로 환경 설정의 변경을 의미한다.

종종 팀은 여러 증분을 함께 묶는데, 이는 기술적인 제약으로 인해 빈번한 출시에 비용이 너무 많이 들기 때문이다. 반드시 필요하다면 그렇게 해도 좋지만, 그 이유에 대해서는 스스로 솔직해야 한다. 이는 출시 비용을 높일 뿐만 아니라 진행 중인 작업 비용 또한 증가시킨다. **전달하기 플루언시**에 투자하면 두 비용을 모두 없앨 수 있다.

일부 팀은 릴리스 트레인을 이용해 릴리스 일정을 조율한다. **릴리스 트레인**release train은 매월 첫 번째 월요일 등과 같이 사전 조율된 일련의 릴리스다. 완성된 증분은

> 릴리스 트레인은 항상 정시에 출발한다.

'열차에 탑승'해 해당 릴리스에 포함된다. 다른 증분은 다음 릴리스 트레인을 기다린다. 증분이 얼마나 열차와 가까이 있는지는 중요하지 않다. 열차는 항상 정시에 출발한다.

NOTE Scaled Agile Framework(SAFe)에서는 '애자일 릴리스 트레인(Agile Release Train)'을 팀을 위한 컨테이너로 정의하지만 이는 사실 용어를 재정의한 것 뿐이다.[3] 이 책에서는 더 간단한 원래의 의미를 사용한다. 릴리스 트레인은 그저 사전 정의된 릴리스 일정일 뿐이다. 너무 깊이 생각하지 말라.

---

3 '릴리스 트레인'이라는 용어는 SAFe 훨씬 이전에 사용됐다. 내가 알기로 최초의 참조 자료는 썬 마이크로시스템즈(SUN Micro systems)의 소프트웨어 개발 프레임워크(Software Development Framework)(1993년)이며, 내가 이 책에서 정의한 바와 같은 방식으로 해당 용어를 정의했다. 이 문서는 공개적으로 이용할 수는 없지만 [Rothman1998]에서 이 용어를 참조한 유사한 정의를 이용했다. 귀중한 자료를 찾아준 하워드 피어(Howard Fear)와 데이브 한슬로우(Dave Hounslow)에게 깊은 감사를 전한다.

릴리스 트레인에는 많은 이점이 있다. 마케터들에게 축하 이벤트를 제공하며, 사용자에게는 기대할 수 있는 날짜를 제공한다. 또한 이해관계자에게 진행 상황의 예상 가능성에 관한 신뢰성을 제공하는 동시에 팀이 가진 압박을 덜어준다. 팀은 각 날짜에 정확히 무엇을 릴리스할지 걱정하지 않고 그 날짜를 약속할 수 있다.

반면에 일회성 릴리스로 묶거나 릴리스 트레인을 이용해 증분을 지연시키는 결정은 가치 전달을 지연하기로 결정하는 것이다. 조직은 또한 릴리스 트레인을 이용해 더 빈번한 릴리스를 방지하는 기술적이고 조직적인 결함을 문서화하는 경향이 있다. 릴리스 전략에 관해 고려할 때 증분을 릴리스로 묶는 이점을 가치 전달을 지연시키는 비용으로 트레이드 오프하고, 또한 지연의 이유에 대해 스스로 솔직하게 설명해야 한다.

소 달구지

 "다음 릴리스 트레인은 3개월 뒤에 출발합니다!" 릴리스 관리자인 이즈키엘(Ezekiel)이 전체 프로덕트 오너 회의를 소집했다. "여러분은 확실하게 무엇을 전달할 것입니까?"

여러분은 다른 프로덕트 오너 중 한 명인 라보나(Lavona)와 눈빛을 교환한다. 라보나가 채찍질하는 듯한 제스처를 한다. 이즈키엘이 여러분을 쳐다보자 여러분은 씁쓸한 미소를 지으며 최고의 '팀 플레이어'의 표정을 지었다.

지난 주에 팀에서 피처를 평가하고 약속하도록 했지만, 시간이 갈수록 피처에 관한 예상은 점점 암울해진다. 최고 개발자인 로즈(Rose)는 노트를 제출하기 직전 "해시 태그를 예상하지 못했습니다."고 말한다. 당신은 이즈키엘에게 그들의 커밋먼트를 공유하지만 앞으로 3개월이 어떻게 될지 두렵다.

회의장을 터벅거리며 나서는 데 라보나가 옆에서 끼어든다. "음메, 열차에 탄 소가 도살장으로 가는 게 사실인가요?"라며 그녀가 말한다. 여러분은 고개를 저으며 한숨을 쉰다. "우리가 전달하지 않으면 누가 책임을 져야 하는지는 나도 알아요."

라보나는 걸음을 멈추고 당신의 눈을 본다. "제가 조금 조사를 해봤는데요."라고 그녀가 입을 연다. "애자일은 이러면 안 돼요. 팀에게 채찍질을 해놓고 일이 잘못됐다고 그들을 비난해서는 안 되죠."

"물론이에요." 여러분은 말한다. "로즈는 우리가 애자일이 아닌 이터레이션적인 워터폴을 따른다고 했어요. 우리가 무엇을 할 수 있나요?"

라보나가 미소 짓는다. "여기서요? 할 수 있는 게 거의 없죠. 하지만 나는 새로운 회사에 고용됐고,

> 그들은 내게 다른 좋은 프로덕트 매니저를 데려 오기 원해요. 합류할래요?"
>
> 그녀가 세부 내용을 공유해준다. 여러분은 이내 기분이 전환된다. 그래. 이 열차에서 내릴 시간이다.

첫 번째 증분

첫 번째 증분은 까다로울 수 있다. 흥미를 끌기 위해서는 충분한 콘텐츠가 필요하지만, 출시를 연기할 정도까지는 아니다.

첫 번째 증분에 관해 생각하는 한 가지 방법은 **최소 기능 제품**^{MVP, Minimum Viable Product} 측면에서 생각하는 것이다. 이 용어에 관한 일반적인 이해와 달리 MVP는 성공적으로 출시할 수 있는 가장 작은 제품이 아니라 제품의 아이디어를 검증하는 방법이다. 에릭 리스^{Eric Ries}는 그의 영향력 있는 저서 『린 스타트업』(인사이트, 2012)에서 이 용어를 다음과 같이 정의한다.

> 최소 기능 제품(MVP)은 기업가가 가능한 빠르게 학습 프로세스를 시작하는 데 도움을 준다. 그러나 반드시 상상할 수 있는 가장 작은 제품일 필요는 없다. 최소한의 노력으로 구축-측정-학습(Build-Measure-Learn) 피드백 루프를 가장 빠르게 통과하는 방법이다.
>
> 일반적으로 오랜 시간이 걸리고, 사려 깊은 잠복기가 필요하며, 완벽한 제품을 위해 노력하는 전통적인 제품 개발과 달리, MVP는 학습 과정을 끝내는 것이 아니라 시작하는 것을 목표로 한다. 프로토타입이나 콘셉트 테스트와 달리 MVP는 제품 디자인이나 기술적인 질문에 답하기 위해 디자인된 것이 아니다. 그 목표는 근본적인 비즈니스 가설을 테스트하는 것이다[Ries2011].
>
> — 에릭 리스

MVP가 반드시 전통적인 의미의 릴리스 또는 제품이 아니어도 된다. MVP는 실험이며 하나 이상이 될 수 있다. 그렇기 때문에 진정한 MVP는 **최적화하기 팀**에서 가장 자주 이용한다.

첫 번째 증분이 에릭 리스가 의미하는 바의 MVP인지, 아니면 구매자와 사용자가 좋아할 가장 작은 증분인지는 여러분에게 달려 있다.

증분 예시

2005년에 한 소규모 팀이 온라인 워드 프로세싱 애플리케이션인 라이틀리(Writely)를 출시했다. 당시도 지금과 같이 워드 프로세서 시장은 매우 성숙한 상태였기 때문에, 첫 번째 작은 증분을 만드는 것이 불가능해 보일 수도 있다. 새롭고 매력적인 것을 제공하는 것은 고사하고, 경쟁에 맞추기 위해 해야 할 일이 너무나도 많다. 기본 서식, 맞춤법 검사, 문법 검사, 표, 이미지, 인쇄 등의 작업이 필요하다. 그 목록은 끝이 없다.

라이틀리는 다른 업체와 경쟁하기보다 차별화되는 기능인 공통 작업, 원격 문서 편집, 안전한 온라인 저장, 사용 편의성 제공에 중점을 뒀다. 이들은 자신들의 개념을 증명하는 데 필요한 최소한의 것만 구현했다. 벤처 투자가인 피터 립(peter Rip)에 의하면 개발자들은 라이틀리를 만들기로 결정한 지 2주후, 첫 번째 알파 버전을 출시했다고 한다.[4]

물론 여러분은 라이틀리라는 이름을 들어본 적이 없을 것이다. 점진적 접근 방법이 실패한 것인가? 전혀 그렇지 않다. 라이틀리는 출시된 지 8개월만에 인수됐고, 지금은 구글 문서도구(Google Docs)로 불리고 있다.

계획을 조정하라

코드 한 줄이 작성되기 전에 첫 번째 증분을 생각할 것이다. 이는 소프트웨어를 가치 있게 만드는 요소에 대해 가장 적게 아는 경우다. 물론 많이 알고 있을 수도 있지만 이해관계자와 대화하고, 데모를 보여주고, 출시한 후에는 항상 **더욱 많은** 것을 알게 될 것이다. 시간이 지남에 따라 가치에 관한 일부 초기 아이디어가 잘못됐음을 알게 될 것이다. 학습한 내용을 반영하도록 계획을 변경하고, 당신이 적응한다면 더 가치 있는 결과를 얻을 수 있다.

소프트웨어의 가치를 높이려면 학습할 기회를 만들어라. 계획은 **학습**과 동시에 **구현**을 위한 계획이라 생각하라. 모르는 것에 집중하라. 당신은 무엇에 관해 확신

> 계획은 학습을 위한 계획이며 동시에 구현을 위한 계획으로 간주하라.

이 없는가? 좋은 아이디어는 무엇인가? 어떤 좋은 아이디어를 실제로 증명할 수 있는가?

---

4   출처는 라이틀리의 웹사이트 및 피터 립의 블로그다. 해당 페이지는 더 이상 온라인 상태가 아닌 것처럼 보이지만 'Internet Archive: Writely'의 홈페이지에서 찾을 수 있다. "Writely is the seed of a Big Idea", "Writely—The Back Story"를 확인하라.

추측만 하지 말고 증분을 만들어 학습하라. 불확실한 것을 테스트하고 다음 계획을 조정하라.

예를 들어 여러분이 온라인 워드 프로세서를 만든다면 MS 워드 문서 가져오기에 대한 지원이 얼마나 광범위해야 하는지 잘 모를 수 있다. 어느 정도의 지원은 필요하겠지만 과연 어느 정도일까? 가능한 모든 워드 문서를 지원하려면 구현하는 데 오랜 시간이 걸린다. 아마도 다른 더 가치 있는 피처를 구현하기 위한 시간이 걸릴 수 있다. 지원이 너무 적으면 여러분의 신용은 떨어지고 고객을 잃게 될 것이다.

이러한 불확실성을 테스트하기 위해 소프트웨어에 기본적인 가져오기 기능(반드시 명확하게 '실험적'이라고 표시한다)을 추가하고 출시한 뒤, 실제 사용자가 가져오려는 문서 유형을 보고할 수 있게 하라. 수집한 정보는 계획을 조정하고 팀 가치를 높이는 데 도움이 된다.

> **NOTE** 웹 기반 소프트웨어 사용자는 '베타' 웹 애플리케이션 이용에 친숙하므로, 그런 맥락에서 실험적이고 불완전한 기능을 출시할 수 있다. 사용자가 관대하지 않은 제품에서는 시험판 프로그램, 포커스 그룹, 기타 피드백 메커니즘을 이용해야 할 것이다.

KEY IDEA

책임감 있는 마지막 순간(LRM, The Last Responsible Moment)

애자일 팀은 책임감 있는 마지막 순간까지 결정을 미룬다.[5] 책임감 있는 마지막 순간에 결정을 내림으로써 비용을 절감하고 민첩성을 향상시킨다.

여러분이 빡빡한 일정을 맞춰야 하는 사악한 독재자라고 상상해 보자. 여러분은 황제에게 행성을 폭파시키기 위한 새 장난감을 예정대로 주겠다고 약속했다. 그런데 난관에 봉착했다. 예상치 못한 복잡한 상황이 발생했다. 체면 유지를 위해 황제에게는 아직 새 장난감을 완성하진 못했지만, 그의 전투 기지가 완전 무장된 상태로 운영 중이라고 말한다. 다음으로 사진발을 잘 받는 한 무리의 젊은이들이 여러분의 '죽음의 별(Death Star)'을 파괴한다. 그리고 이터레이션한다.

일찍 결정을 내릴수록 중요한 것을 놓칠 가능성이 커진다. 그렇게 하면 작업을 다시 시작하거나 잘못된 결정을 견뎌야 한다. 그것은 낭비다. 책임감 있는 마지막 순간까지 기다림으로써 정보를 극대화하

---

5   린 컨스트럭션 인스티튜트(Lean Construction Institute)는 '책임감 있는 마지막 순간'이라는 용어를 만들었다. [Poppendieck2003]은 이를 소프트웨어 개발과 연관시켜 대중화했다.

고, 더 나은 결정을 내리며 낭비를 줄일 수 있다. 실행을 취소할 작업이 줄어들게 되므로 변경도 더욱 쉽다.

'마지막 가능한 순간'이 아니라 '마지막 책임감 있는 순간'이라는 점에 유의하라. [Poppendieck2003] 에서 말하듯 "결정을 내리지 못함으로 인해 중요한 대안이 사라지는 순간에 결정을 내리라. 책임감 있는 마지막 순간을 넘어 약속이 지연되면 자동적으로 결정이 내려지며, 이것은 결정을 내리는 데 있어 일반적으로 좋은 접근 방식이 아니다."

계획을 세우는 방법

가치 있는 증분은 계획을 만드는 구성 요소이지만, 세부 사항은 없다. 이러한 세부 사항을 위해서는 많은 시간과 노력이 필요하다. 또한 계획을 조정함에 따라 그런 세부 작업의 일부는 그대로 버려질 수도 있다.

낭비를 줄이고 계획을 더 쉽게 만들려면 **롤링 웨이브 플래닝**rolling-wave planning을 이용해 책임감 있는 마지막 순간에 계획하라. 롤링 웨이브 플래닝에서는 세부 사항이 필요하기 직전에 점진적으로 추가된다.

각 세부 수준에서 미래를 바라보는 거리를 **계획 범위**planning horizon라 부른다. 애자일 계획에는 여러 계획 범위가 있다(그림 8-2).

함께 보기

목적(p.183)
시각적 계획하기(p.258)
플래닝 게임(p.277)
태스크 플래닝(p.307)
점진적 요구사항(p.295)

1. 팀의 **목적**에서 시작하라. 이 목적은 팀의 미션을 포함한다.

2. **시각적 계획**을 이용해 미션을 달성하기 위해 가능한 가치 있는 증분 지도를 만든다.

3. 계속해서 **시각적 계획**을 이용해 처음 몇 개의 증분을 여러분이 생각할 수 있는 가장 작은 규모의 가치 있는 증분으로 나눈다.

4. **플래닝 게임**을 이용해 첫 번째 작은 증분을 '딱 맞는' 크기의 스토리로 더 세분화한다.

5. **태스크 플래닝**을 이용해 처음 몇 개의 스토리를 개발 태스크로 나눈다.

6. **스토리 개발**을 시작하기 전, **점진적 요구사항**을 이용해 세부 요구사항을 결정한다.

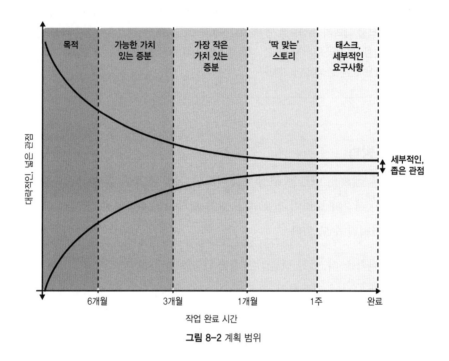

그림 8-2 계획 범위

'첫 번째 주(p.321)'에 시작하는 방법이 설명돼 있다. 계획을 수립했다면 **풀 시스템**pull system을 이용해 유지관리한다. 풀 시스템에서는 미리 정의된 간격이 아닌 요구에 따라 작업을 수행한다. 여기에서의 '풀(당김)'은 작업을 끝내는 것에서 기인한다.

1. 팀이 작업을 끝내면 더 많은 작업이 필요할 것이다. 태스크 플래닝을 이용해 시각적인 계획에서 스토리를 여러분의 태스크 보드로 **가져와** 작업으로 나눈다.

2. 더 많은 스토리가 필요할 수 있다. 그러면 플래닝 게임 세션의 일정을 잡고 다음의 작고 가치 있는 증분으로부터 이야기를 **끌어당긴다**.

3. 증분을 완료했다면 시각적 계획을 이용해 가능한 증분에서 새로운 작은 증분을 **끌어당긴다**.

4. 가능한 증분에 관한 더 많은 아이디어가 필요하면, 목적과 미션에서 새로운 아이디어를 **끌어당긴다**.

5. 마지막으로 미션 완료에 가까워지면, 스폰서에게 돌아가 여러분의 팀의 비전과 목표에서 새로운 미션을 **이끌어 낸다**.

세부 수준별로 다른 스킬이 필요하다(그림 8-3).

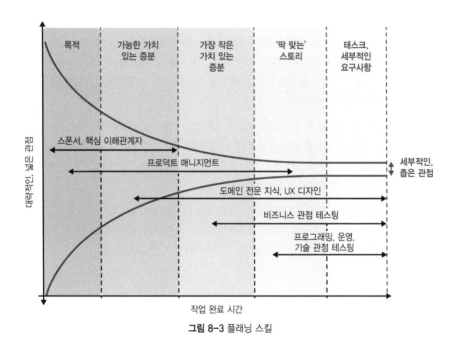

그림 8-3 플래닝 스킬

계획 예시

여러분의 팀이 온라인 쇼핑 사이트를 책임진다고 가정해보자. 롤링 웨이브 계획은 어떻게 효과를 발휘하는가? 다음은 세부 수준 사항이 어떻게 맞아 들어가는지 간단하게 보여준다.

1. **목적**: 팀의 전체적인 비전은 틈새 시장에서 최고의 판매자가 되는 것이다. 당신의 구체적인 임무는 전환율을 높이는 것이다. 즉 사이트를 방문하는 더 많은 사람이 실제로 무언가를 구매하도록 하는 것이다.

2. **가능한 가치 있는 증분**: 이 미션을 달성하게 위해서는 몇 가지 가치 있는 증분을 생각한다.

한 가지 아이디어는 모바일 기기에서 사이트가 더 잘 작동하도록 개선하는 것이다. 두 번째는 체크아웃 개선이다. 세 번째는 검색 개선이며, 네 번째는 선별된 제품 리뷰 제공이다.

3. **가장 작은 가치 있는 증분**: 다양한 이해관계자와 아이디어를 논의한 후 향상된 체크아웃 페이지가 비용 대비 효과가 가장 좋은 것이라 결정한다. 많은 고객이 체크아웃 페이지에 도달했을 때 사이트에서 이탈한다. 기프트 카드 지원, 신용 카드 정보 기억, 쿠폰 지원 기능 추가, 페이팔(payPal) 지원 기능 추가 등 생각할 수 있는 가장 작은 가치 있는 증분을 생각해낼 수 있다.

4. **'딱 맞는' 스토리**: 시장 조사에 따르면 유럽의 고객들은 온라인에서 신용 카드 이용을 불편해하며, 통계를 보면 유럽인이 쇼핑에서 카드 사용 포기 비율이 가장 높았다. 다음 증분으로 페이팔 지원을 결정한다. 팀 전체가 모여 증분을 더 세분화한다. "결제 페이지에 페이팔을 포함한다.", "제품 구독 결제에 페이팔을 허용한다.", "페이팔 오류를 처리한다.", "페이팔 중단을 처리한다.", "페이팔 청구를 환불한다.", "페이팔 청구를 위한 고객 지원 인터페이스" 등을 포함한 자세한 이야기를 제시한다.

5. **태스크**: 태스크 플래닝 중 팀이 우선 작업할 몇 가지 스토리를 선택하고, 개발자들은 태스크로 나눈다. "페이팔 청구를 위한 고객 지원 인터페이스"는 "CS UI를 프론트엔드 프레임워크의 현재 버전으로 마이그레이션한다.", "페이팔을 CS 프론트엔드에 추가한다.", "CS 백엔드에 페이팔을 추가한다." 같은 태스크를 만든다.

6. **세부 사항**: 개발자들이 기반 작업을 하는 동안, UX 디자이너는 UI의 잠재적인 수정 사항을 나타내는 목업을 만들어 고객 지원부서와 함께 검토한다. 준비가 되면 개발자는 목업을 이용해 변경 사항을 안내한 뒤, 다른 현장 고객 및 CS 부서와 함께 완성된 결과를 검토한다.

적응성과 예측 가능성의 균형

계획의 각 세부 수준에는 관련된 계획 범위가 있다. 예를 들어 그림 8-2는 태스크가 다음 주에 계획돼 있음을 보여준다. 스토리는 다음 달로 계획돼 있다. 다음 3개월 동안 작은 증분이 계획돼 있다. 또한 6개월 동안 가능한 증분이 계획돼 있다.

이런 범위는 단지 예시일 뿐이다. 적응성과 예측 가능성의 절충 방법에 따라 여러분의 계획 범위를 선택해야 한다. 예를 들어 계획이 많이 변경된다면 2주 전에만 '딱 맞는' 스토리를 만들고, 한달 전에는 작은 증분을 만들 수 있다. 한편 이해관계자가

> 적응성과 예측 가능성을 어떻게 절충할지에 따라 계획 범위를 선택하라.

많은 확신을 요구한다면 3개월 전에 '딱 맞는' 스토리를 만들고, 6개월 전에 작은 증분을 만들 수 있다.

계획 범위가 길어질수록 계획 변경에 따라 더 많은 작업이 버려지게 되므로, 더 많은 사람이 변경을 거부하게 된다. 반면에 좋은 로드맵을 만들기 위해서는 더 긴 계획 범위가 필요한 경우가 많으며, 스토리 계획 범위에 따라 릴리스 예측이 미래에 얼마나 적용될 수 있는지가 결정된다.

함께 보기

로드맵(p.424)
예측하기(p.411)

궁극적으로 계획 범위의 조정이란 낭비를 줄이고 민첩성을 높이는 것(짧은 계획 범위), 그리고 확실성과 예측 가능성을 높이는 것(더 긴 계획 범위) 사이의 절충이다. 정답도 오답도 없다. 절충 사이의 선택이 있을 뿐이다. 무엇을 선택해야 할지 잘 모르겠다면 그림 8-2의 범위부터 시작하라.

적응적 계획하기의 실제

나와 아내는 결혼하고 몇 년이 지난 뒤 유럽에서 두 달의 휴가를 보냈다. 우리가 했던 여행 중 가장 복잡한 여행이었다. 우리는 모든 것을 미리 계획할 수 없음을 알고 적응적 접근 방식을 취했다.

가장 먼저 여행의 비전에서 시작했다. 한 곳에 머물지 않고 다양한 도시를 방문하는 데 동의했다. 보고 싶은 나라에 관해서는 논의했지만, 특정한 지역을 방문해야 한다는 결정을 내리지는 않았다.

우리는 여행에서 다양한 결정에 관한 책임감 있는 마지막 순간이 있음을 확인했다. 항공권은 일반적으로 시간이 지날수록 더 비싸지기 때문에 런던행 왕복 항공권을 몇 개월 전에 예약하고, 여행의 시작과 끝은 그곳의 친척들과 함께 머물기로 계획했다. 그러나 호텔은 며칠 전에만 통보하면 된다.

우리는 더 많은 옵션을 마련했다. 유럽 전역을 다룬 좋은 가이드북을 찾았다. 유럽의 우수한 철도 시스템을 이용해 유럽 전역을 여행할 수 있는 유로레일(EuroRail) 패스를 구입했다. 우리는 더 많은 국가를 방문할 수 있는 패스에 추가 비용을 지불했다.

이런 일반적인 결정만 내리고, 세부 사항은 책임감 있는 마지막 순간으로 남겨뒀다. 여행을 하는 동안 다음 목적지로 떠나기 며칠 전에 방문할 나라와 도시를 결정했다. 기차역에 들러 출발 시간을 확인하고 필요할 때 예약을 했다. 가이드북에서 호텔을 찾고 가장 유망한 세 곳에 이메일을 보낸 뒤 다시 돌아가 도시를 즐겼다.

다음날, 호텔 예약 중 하나를 확정했다. 마지막 날에는 기차 출발 시간 목록에서 출발 시간을 선택했다.

그로부터 4~5시간 후, 우리는 새로운 도시에 도착해 호텔에 짐을 맡기고 탐험 길에 올랐다.

이런 접근 방식 덕분에 우리는 유연함을 얻었고, 계획 자체도 **쉽고 편안했다**. 호텔은 숙박하기 하루나 이틀 전에 예약했으므로 예약 사항을 분실하거나 혼동하지도 않았다. 특히 즐거운 도시에서는 더 오래 머물렀다. 도시가 마음에 들지 않으면 다음 도시로 일찍 떠났다. 신혼 여행에서는 사전에 계획된 여행 일정의 노예가 돼 여행 전체의 세부 사항에 대해 초조해 했다. 그러나 훨씬 더 길고 복잡했던 이번 여행에서 오히려 다음 며칠 동안의 세부 사항에 관해서만 생각하면 충분했다.

이 유연함은 다른 접근 방식에서 결코 경험할 수 없었던 것을 우리에게 안겨줬다. 이탈리아에 머물던 중 튀르키예로의 이동이 엄청난 시간이 걸린다는 사실을 발견했다. 그래서 유로레일 패스를 이용해 튀르키예 대신 북유럽으로 향했다. 방문할 것으로 예상하지 못했던 도시에서 가장 기억에 남는 경험을 하게 됐다.

대략적인 계획은 미리 세우되 선택의 가능성을 열어 두고, 책임감 있는 마지막 순간에 세부적인 결정을 내림으로써 훨씬 더 나은 휴가를 보낼 수 있었다. 마찬가지로 소프트웨어 개발에서 적응적 계획을 활용하면 소프트웨어의 가치를 높일 수 있는 예상치 못한 기회가 발생한다.

적응적 계획과 조직 문화

구체적인 계획 없이 두 달 동안 해외 여행을 간다는 생각이 무섭게 들리는가? 사실은 쉽고 편안하다. 그러나 적응적 계획을 이용한 유럽 여행(적응성과 예측 가능성의 균형(p.252) 참조)에 관해 사람들에게 이야기하면 사람들은 매우 긴장한다.

많은 조직 역시 적응적 계획에 유사한 반응을 보인다. 적응적 계획은 팀의 목적을 달성하기 위해 작동한다. 그러나 나와 아내가 특정 도시를 미리 정하지 않았어도 '유럽의 많은 도시를 방문하는 즐거움'이라는 목적을 달성한 것처럼, 적응형 팀은 무엇을 전달할지 정확히 말하지 못하더라도 그 목적을 달성할 것이다.

적응적 계획은 애자일의 여러 측면 중 조직 문화에 가장 크게 도전한다. 개발 팀은 물론 보고, 평가, 거버넌스에도 변화가 필요하다. 적응적 계획의 선택은 이해

> 적응적 계획은 애자일의 여러 측면 중 조직 문화에 가장 크게 도전한다.

관계자 커뮤니티의 놀랍도록 다양한 부분으로 확장되며, 사람들은 자주 그 아이디어에 충격을 받거나 감정적인 반응을 보인다.

결과적으로 여러분은 적응적 계획으로의 변경에 영향을 미치지 못할 수 있다. 고위 경영진의 지원이 없다면 일어나는 모든 변화는 아마도 느리고 점진적일 것이다. 리더십의 지원이 있다 하더라도 이런 변화에는 시간이 걸린다.

함께 보기

예측하기(p.411)

조직 문화 안에서 적응적 계획을 점진적으로 도입할 수 있게 하라. 점진적 계획을 이용하되 조직의 기대에 맞게 계획 범위를 설정하라. 일반적으로 유창하게 전달해야 하는 예측을 해야 할 수도 있다. 이해관계자가 여러분의 전달 능력을 신뢰하게 되면 계획 범위를 단축하고, 더 적응적 계획으로 마이그레이션하라.

질문

특정한 출시 날짜를 약속해야 한다면, 무엇을 해야 하는가?

'예측하기(p.411)'를 참조하라. 날짜와 범위 예측을 이용한다면, 계획 범위를 늘려야 할 수 있다. 또한 유용한 예측을 하기 위해서는 전형적으로 **전달하기** 플루언시가 필요할 것이다.

출시를 세부적으로 계획하지 않는다면, 이해관계자에게 계획에 관해 무엇을 알려야 하는가?

출시의 모든 세부 사항을 미리 계획할 수는 없지만 이해관계자와 로드맵을 공유할 수는 있다. 많은 세부 사항이 필요하다면 계획 범위를 늘려야 할 수 있다. '로드맵(p.424)'을 참조하라.

짧은 계획 범위를 이용해서 팀의 목적을 달성할 수 있다고 어떻게 확신할 수 있는가?

목적 달성을 확신할 수 없다면 무엇을 할 수 있는지 발견하는 데 계획을 집중하라. 중요한 개념을 테스트하기 위해 학습을 위한 증분을 생성하거나 계획 범위를 늘리거나, 작고 제한된 가용성 릴리스를 만들어야 할 수도 있다. 세부 내용은 상황에 따라 다르므로 방법을 잘 모르겠다면 멘토에게 조언을 구하라.

전제 조건

적응적 계획에는 관리자와 이해관계자의 전폭적인 협조가 필요하다(5장 참조). 모든 팀은 가치 있는 증분을 계획할 수 있다. 얼마나 전폭적인 협조를 받는지에 따라 그 정도가 다를 뿐이다.

한 번에 하나의 증분만 작업하는 것은 팀이 제공하는 가치를 증가시킬 수 있는 현명하고 쉬운 방법이다. 그 유용함에도 불구하고 일부 이해관계자들은 한 번에 한 가지 작업만 수행하는 것을 혐오하기도 한다. 주의해서 진행하라.

빈번하게 릴리스하려면 고객과 사용자가 자주 출시를 받아들일 수 있어야 한다. 웹 기반 소프트웨어의 경우에는 사용자가 업데이트를 받기 위해 아무것도 할 필요가 없으므로 고민의 여지가 없다. 다른 유형의 소프트웨어는 어려운 소프트웨어 배포가 필요하거나 값비싼 인증 테스트를 해야 할 수도 있다. 이는 빈번한 릴리스를 어렵게 만든다.

실험, 옵션, MVP를 만들려면 조직이 불확실성을 수용하고, 팀이 올바른 결정을 내릴 수 있는 시장에 대한 충분한 전문 지식을 갖고 있다는 신뢰가 필요하다. 이를 위해서는 팀이 **최적화하기** 플루언시를 가져야 할 것이다.

롤링 웨이브 플래닝을 하기 위해서는 명확한 목적과 계획을 정기적으로 업데이트해야 한다. 적어도 일주일에 한 번, 계획을 안정적으로 다듬을 수 있을 때 이를 이용하라. 팀에 계획을 업데이트하고 수정할 수 있는 스킬을 갖춘 사람들이 있는지 확인하라.

계획을 조정하려면 조직에서 "정시에 정의한 예산에 맞춰 제공한다."는 측면이 아니라 가치 측면에서 성공을 생각해야 한다. 일부 조직에서는 이런 사고 방식을 감당하기 어려워할 수도 있다. 특정 릴리스 날짜는 정의하되, 그 세부 사항은 정의하지 않음으로써 계획을 조정하는 것에 대한 두려움을 완화할 수 있다.

마지막으로 향후 3개월 이내에 릴리스가 없는 계획은 조심해야 한다. 이러한 릴리스 목표를 헌신으로 간주해서는 안 되지만, 확인 지점과 단기적인 목표의 긴급성이 없다면 코스에서 벗어나기 쉽다.

지표

좋은 계획을 만들고, 유지하고, 전달한다면:

- ☐ 계획은 팀이 목적을 달성하거나 그 방법을 학습하는 방법을 보여준다.
- ☐ 팀원들은 계획이 달성 가능하다고 확신한다.
- ☐ 정기적으로 지속적으로 가치를 릴리스한다.

여러분이 계획을 잘 조정하면:

- ☐ 여러분은 계획, 제품, 이해관계자에 관해 새로운 것을 학습할 수 있는 기회를 지속적으로 찾는다.
- ☐ 여러분은 학습하면서 새로운 통찰력을 활용하기 위해 계획을 수정한다.

대안과 실험

적응적 계획은 유연한 계획과 전략적인 릴리스를 통해 가치를 높인다. 폐기될 계획을 수립하는 데 소요되는 시간을 줄이고, 피드백 루프를 가속화하고, 계획을 더 자주 개선하고, 가치 실현 시간을 단축할 수 있는 기회를 찾아라.

전달하기 팀을 없는 경우 기술 인프라스트럭처를 계획하는 방법에 관한 질문에 직면할 수 있다. [Denne2004]는 그 질문을 해결할 수 있는 정교한 점진적 자금 조달 방법론을 제공한다.

함께 보기

점진적 디자인(p.624)

전달하기 플루언시를 가진 팀은 기술 인프라스트럭처를 점진적으로 구축할 수 있는 진화적인 디자인을 이용하기 때문에 이런 요구에서 벗어날 수 있다.

기존 제품을 보유한 팀은 정교한 계획을 항상 필요로 하지는 않는다. 이런 팀은 증분이나 릴리스 측면에서 생각하기보다는 적은 수의 작업 목록을 이용해 작업하면서, 사소한 변경 사항을 지속적으로 릴리스한다. 이는 계획 기간이 매우 짧은 적응적 계획으로 간주할 수 있다.

마지막으로 적응적 계획은 종종 예측적 계획의 대안으로 간주되지만, '적응성과 예측 가능성의 균형(p.252)'에서 볼 수 있듯이 다양한 계획 범위의 스펙트럼에 오히려 가깝다. 여러분이 예측적 계획이 필요한 환경에 있다면, 더 긴 계획 기관과 함께 얼마나 많은 적응적 아이디어를 이용할 수 있는지 확인하라.

더 읽을거리

『Software by Numbers』[Denne2004]: 빈번한 릴리스를 위한 설득력 있고 상세한 사례를 소개한다.

『린 소프트웨어 개발』(인사이트, 2007): 결정을 지연하고 옵션을 유지하는 방법에 관해 설명한다[Poppendieck2003, 3장].

『The Principles of Product Development Flow』: 적응적 계획의 기반이 되는 원칙을 깊이 파고 든다. 소프트웨어가 아닌 실제 제품을 대상으로 하지만 여전히 읽을 가치가 충분히 있다[Reinertson2009].

시각적 계획하기

대상
프로덕트 매니저, 고객

우리에겐 목적을 달성하기 위한 지도가 있다.

계획은 팀의 목적을 달성하는 열쇠다. "이것을 하고, 다음으로 이것을 하고, 그 뒤에 저것을 하라."고 말하기보다 선택 사항을 시각화하고 진행하면서 조정할 수 있는 계획을 만들어라. **시각적 계획하기**visual planning는 이를 수행하는 방법이다.

시각적 계획의 가능성은 무한하다. 여기에서는 네 가지 기법을 설명한다. 이 책에서 설명한 기법 중 하나를 그대로 따르거나, 이들을 조합하거나, 여러분만의 새로운 시각화를 만들 수 있다. 팀과 이해관계자에게 적합한 시각화가 올바른 시각화다.

> 팀과 이해관계자에게 적합한 시각화가 올바른 시각화다.

누가 계획하는가?

시각적 계획은 프로덕트 매니지먼트 스킬을 갖춘 팀원이 주도하되, 팀의 다른 현장 고객의 도움을 받는다. 최소한 상위 수준의 계획에는 주요 이해관계자를 포함하도록 노력하고, 실제 고객을 포함할 수 있는 기회를 찾으라. 그들의 관점은 여러분이 만드는 계획의 품질을 높여줄 것이다.

함께 보기

전체 팀(p.130)
실질적인 고객 참여(p.288)

개발자들은 팀의 기준에 따라 참여 여부를 결정한다. 일부 개발자들은 다른 회의에 참석하지 않는 것을 선호한다. 사실 시간을 다른 곳에 사용하는 것이 더 나을 수도 있다. 한편 개발자들은 계획을 깊이 이해함으로써 작업 과정에 도움을 얻을 수 있으며, 이들의 관점은 종종 더 나은 계획으로 만든다. 나는 개발자 개개인에게 결정을 맡기는 편이다.

개발자들이 계획에 참여하지 않더라도, 이들은 계획을 이해하고 피드백을 제공해야 한다. 개발자들과 계획에 관해 논의할 시간을 별도로 확보하라. 플래닝 게임이 적절한 기회일 수 있다.

함께 보기

플래닝 게임(p.277)

클러스터 매핑

클러스터 매핑cluster mapping(그림 8-4 참조)은 계획을 시각화하는 가장 간단하고 유연하면서도 효과적인 방법 중 하나다. 내 필수 테크닉이다.

1. 스토리를 브레인스토밍하라

클러스터 맵을 만들 때는 팀의 목적을 검토하는 데서 시작해서 동시 브레인스토밍을 이용해(동시에 작업하라(p.155) 참조) 해당 목적과 관련된 스토리를 만들어라. 여러분이 좋아하는 스토리를 만들 수도 있지만, 상위 수준을 유지하고 너무 세세한 부분까지 다루지는 말라. 장기적인 관점에서의 큰 그림에서 시작하라.

함께 보기

목적(p.183)
스토리(p.224)
적응적 계획하기(p.237)

예를 들어 여러분의 목적이 온라인 쇼핑 사이트의 전환율conversion rate을 개선하는 것이라면, '더 나은 모바일 지원', '전용 모바일 앱', '엄선된 제품 리뷰', '더 나은 체크아웃 페이지' 등의 스토리를 만들 수 있다.

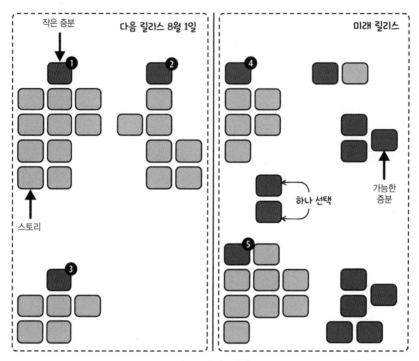

그림 8-4 클러스터 맵

2. 스토리를 증분으로 클러스터링하라

브레인스토밍을 마쳤다면 선호도 매핑을 사용해 스토리를 클러스터링한 다음(동시에 작업하라(p.155) 참조), 클러스터를 가치 있는 증분으로 나눈다(가치 있는 증분(p.238) 참조). 일부 스토리는 그 자체로 가치 있는 증분이 되며, 다른 스토리는 함께 모여 하나의 가치 있는 증분이 된다. 후자의 경우에는 가치 있는 증분 전체를 나타내는 새로운 스토리를 만든다.

스토리 하나가 가치 있는 증분 하나를 담당하게 하라. 실제 카드의 경우 별 모양이나 웃는 얼굴 모양의 귀여운 스티키를 이용한다. 가상 카드의 경우에는 카드의 색상을 바꾼다. 남은 스토리는 그 유용성을 판단해 보관하거나 버린다.

3. 증분을 조직화하라

한 걸음 물러서서 팀의 목적이라는 컨텍스트에 따라 증분을 생각해보고, 그 목적을 더 잘 달성할 수 있다고 생각하는 것을 잘 반영하도록 재구성하라. 일부 증분은 관련이 없거나 너무 먼 미래의 것일 수 있다. 이 증분은 버리거나 따로 떼어 둘 수 있다.

일부 증분은 동일한 결과를 달성하는 다른 방법을 나타낼 수도 있다. 무엇을 선택할지 모르겠다면, 모든 증분을 유지하라. 여러분의 계획은 지도이며 목적지로 가는 여러 경로를 보여준다. 심지어 여러 옵션 중 선택에 도움을 주는 학습과 관련된 증분을 추가할 수도 있다.

팀의 목적과는 직접적인 관련이 없지만 아무튼 만들어야 하는 증분이 있을 수도 있다. 이들 또한 보드에 추가하라.

4. 검토하고 다듬어라

작업을 마쳤다면 한 걸음 물러서서 지도를 한 번 더 검토한 다음 클러스터를 조정하고, 노트를 추가해 지도를 설명하기 쉽게 만들어라. 이 지도를 이용해 여러분의 팀이 목적을 달성하는 방법을 시각적으로 설명하라.

이 시점에서 팀이 작업할 수 있는 가능한 증분을 보여주는 높은 수준의 계획이 있을 것이다. 지금은 잠시 쉬면서 팀원, 실제 고객 및 지도 작성에 참여하지 않은 이해관계자들의 피드백을 받기 좋은 시점이다. 그 다음으로 세부 사항을 다루게 될 것이다.

> **함께 보기**
> 실질적인 고객 참여(p.288)

증분을 작게 나누기

'계획을 세우는 방법(p.249)'에서 설명한 것처럼 전체 계획은 여러 단계의 세부 사항으로 구성된다. 시각적 계획은 다음 수준을 포함한다.

> **함께 보기**
> 적응적 계획하기(p.237)

1. 목적

2. 가능한 가치 있는 증분

3. 가장 작은 가치 있는 증분

4. '딱 맞는' 스토리

여러분은 팀의 목적에서 시작해 가능한 증분을 만들었다. 이제 그들을 더욱 작게 나눌 차례다.

1. 스토리를 브레인스토밍하고 작은 증분으로 클러스터링하라

가장 작은 가치의 증분을 만드는 것은 가능한 증분의 첫 번째 세트를 만들었을 때와 같은 절차를 따르지만, 좀 더 집중한다. 가장 가치 있는 증분에서 시작하라. 그 증분을 달성하기 위해 필요한 스토리를 브레인스토밍하고, 이들을 클러스터링해서 독립적으로 릴리스할 수 있으며, 가치를 가진 작은 증분을 식별한다. 필요하다면 그 작은 증분에 관한 스토리 카드를 만들고, 가치 있는 증분을 나타내는 카드에 표시한다. 작게 나누기 이전의 큰 증분은 사용자가 제공하는 컨텍스트가 지닌 효용에 따라 버리거나 보관할 수 있다.

예를 들어 여러분의 제품이 온라인 스토어이고 '개선된 체크아웃 페이지' 증분을 가졌다면, 여러분은 이 증분을 '신용 카드 기억하기', '페이팔로 결제하기', '선물 포장하기', '쿠폰' 등으로 나눌 수 있다.

2. 필터링하고 이터레이션하라

그런 다음 새로운 증분을 필터링하고 관련이 없거나 너무 먼 미래의 것은 버린다(또는 따로 보관한다). 남은 증분은 '최우선순위'와 '최우선이 아닌 순위'로 나눈다.

단계 1과 단계 2를 이터레이션해 '최소한의 가치 있는 증분' 계획 범위를 채울 수 있도록 작고 우선순위가 높은 증분을 확보한다. 예를 들어 그림 8-2에서 표시한 계획 범위를 이용한다면, 약 3개월 정도에 달성할 작은 증분이 있을 때 중단할 수 있다.

NOTE 크기에 관해서는 직감을 이용하라. 실질적인 추정을 하는 것이 아니라 계획을 멈추는 시점을 결정하는 것이므로, 너무 일찍 중단할 수도 있다. 가장 중요한 것은 팀에서 첫 번째로 작업할 작은 증분을 찾는 것이다. 이후 언제든 더 많은 증분으로 나눌 수 있다.

마지막으로 아직 나누지 않은 증분을 살펴보자. 이미 여러분이 선택한 것보다 우선순위가 높은 작은 증분을 포함한 것이 있는가? 그렇다면 그들 또한 작게 나누라.

3. 우선순위를 정하라

작업을 마쳤다면 한 걸음 물러서서 새로운 아이디어가 떠올랐는지 확인하라. 다음으로 작고 우선순위가 높은 증분의 우선순위를 정할 방법을 결정하라. 최소한 하나는 먼저 릴리스하고, 다른 하나는 잠정적으로 다음에 수행하도록 표시하라. 나머지

함께 보기

로드맵(p.424)
예측하기(p.411)

는 로드맵과 예측 요구사항에 따라 우선순위를 정할 수도 있고 아닐 수도 있다.

실제 인덱스 카드를 이용한다면 작은 스티키 노트에 우선순위 번호를 써서 증분 카드에 붙인다. 우선순위가 바뀌면 숫자가 적힌 스티키 노트만 옮겨 붙이고, 카드는 그대로 이용할 수 있다. 이것으로 '작은 증분' 수준의 세부 사항을 마무리한다. 이 과정을 마쳤다면 잠시 쉬면서 피드백을 받는 것도 좋다.

4. 플래닝 게임을 하라

시각화 계획에 관한 세부적인 마지막 단계는 작은 증분을 '딱 맞는' 크기의 스토리로 나누는 것이다. 여기에서 플래닝 게임을 이용하라. 플래닝 게임을 마치면 가장 높은 우선순위의 각

함께 보기

플래닝 게임(p.277)

증분에 관한 일련의 스토리를 얻게 된다. 얻은 스토리를 관련된 증분과 가까운 보드에 붙인다. 릴리스를 예상한다면 릴리스 날짜를 보드에 추가할 수도 있다. 최종 결과는 그림 8-4와 같다.

임팩트 매핑

때로 여러분은 클러스터 매핑이 제공하는 이상의 구조를 원할 것이다. 그림 8-5에서 보는 임팩트 맵impact map은 그 선택지 중 매우 뛰어난 도구다.[6]

---

6   이번 절에 관한 많은 제안을 해 준 고이코 아지치에게 감사를 전한다

절대로 전체 맵을 구현하려 하지 말라. 대신 목표 지점에 도달하는 가장 짧은 경로를 찾아라[Adzic2012, pp. 12~13].

– 고이코 아지치

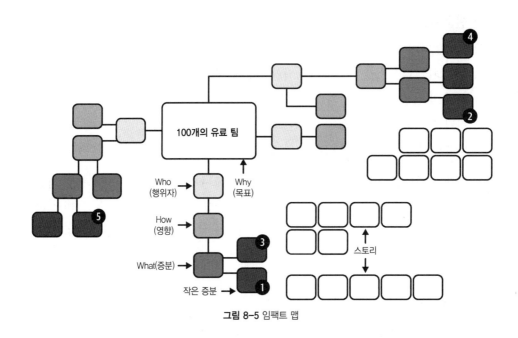

그림 8-5 임팩트 맵

임팩트 맵은 마인드 맵mind map의 한 유형이다. **마인드 맵**은 아이디어의 계층적 트리다. 마인드 맵의 중앙에는 핵심 아이디어가 있다. 핵심 아이디어와 관련된 아이디어가 가운데부터 갈라져 나와 자신의 노드를 만든다. **각 아이디어**에서 또 다른 아이디어가 가지를 친다.

임팩트 맵에서는 'Why(목표)'가 중간에 위치하고 그 주변으로 'Who(행위자)', 'How(영향)', 'What(증분)'이 따른다.

시각화 플래닝 보드를 이용해 임팩트 맵을 만든다. 가상 보드를 이용한다면 마인드 매핑 기능이 내장돼 있을 것이다. 실제 보드를 이용한다면 다양한 색상의 인덱스 카드로 노드를 표현하라. 그러면 필요에 따라 노드를 자유롭게 이동하기가 더 쉬워진다. 항상 특정한 사람에 의한 병목 현상이 발생하지 않도록 함께 동시에 작업하라.

1. 목표에서 시작하라

목표에서 시작하라. 이것은 임팩트 맵에서의 'Why'로 한 가운데 위치한다. 목표는 여러분의 팀의 목적과 어떤 방식이든 관련이 있어야 한다. 미션을 요약한 것이거나 다음 미션을 위

함께 보기

목적(p.183)

한 테스트 또는 두 가지 모두일 수도 있다. 임팩트 맵의 모든 것은 목표에서 비롯한다. 임팩트 맵은 여러분이 도달하는 방법을 알려줘야 하는 목적지다. 팀 사스콰치(목적 예시(p.187) 참조)의 예시에서라면 '100개의 유료 팀'일 수 있다.

2. 영향을 브레인스토밍하라

임팩트 맵의 다음 단계는 '행위자'이지만, 일반적으로 **영향**을 먼저 브레인스토밍하는 것이 효과적이다. 이것은 임팩트 맵의 'How'에 해당한다. 여러분의 팀 외부에 있는 사람들이 여러분

함께 보기

컨텍스트(p.196)

이 목표에 도달하도록 어떻게 **도울** 수 있는가? 또는 여러분을 어떻게 **방해**할 수 있는가? 여러분은 그들의 행동이 어떻게 달라지기를 원하는가? 컨텍스트 다이어그램(경계와 상호작용(p.198) 참조)을 만들었다면, 다이어그램의 이해관계자 그룹 목록을 이용해 이 아이디어를 다듬을 수 있을 것이다. 예를 들어 기존 고객은 여러분을 '소셜미디어에서 추천'하거나, 업계 저널에서 '긍정적인 리뷰를 게시'할 수 있다. '감사 요구사항을 증가시키는' 규제 당국 또는 '가격 모델을 바꾸는' 경쟁사 같은 부정적인 영향도 포함하라. 오늘과 행동이 달라지는 경우에 관해서도 의견을 나누라. 규제 당국이 이미 감사를 요구했다면 '감사 요청'이 아니라 '감사 요청 증가'가 영향을 미친다.

3. 행위자를 연결하라

여러분은 방대한 양의 잠재적인 영향을 식별했을 것이다. 추구할 가치가 없거나 너무 미래의 것은 무시하라. 나머지는 영향력을 창출할 **행위자**, 즉 조직 내 다른 그룹을 포함해 팀 외부의 그룹을 식별하라. 임팩트 맵의 'Who' 수준에서 지도에 넣는다. 한 걸음 물러나서 보드 전체를 살펴보라. 중요한 행위자가 누락됐는가? 그들이 만드는 영향을 생각하고 보드에 추가하라. 보드를 다시 검토하라. 누락된 영향을 찾고 관련 없는 영향은 제거하라.

4. 영향의 우선순위를 정하라

지금까지는 넓은 관점에서 옵션을 만들었다면 이제는 생각을 집중할 시간이다. 목표를 달성하는데 핵심적인 영향은 무엇인가? 낮게 달린 열매는 무엇인가? 테스트가 필요한 가정을 나타내는 것은 무엇인가? 가장 우선순위가 높은 영향을 선택하라. 그룹으로 점 투표를 하는 것도 도움이 된다(동시에 작업하라(p.155) 참조).

영향의 우선순위를 결정했다면 가장 높은 영향에 구체적인 대상을 연결하라. 예를 들어 "우리를 소셜미디어에서 추천한다."는 영향에는 '소셜미디어 추천 주당 100개'를 대상으로 설정할 수 있다. 이렇게 하면 진행 상황을 이해할 수 있다. 때로는 예상보다 빨리 목표를 달성하기도 하며, 우선순위를 변경할 수 있다. 또는 여러분의 노력이 큰 차이를 만들지 못하는 것을 발견하고 더 많은 가정을 테스트해야 할 수도 있다.

5. 증분을 브레인스토밍하라

이제 임팩트 맵의 'What'을 만들 준비가 됐다. 이것은 잠재적인 증분이다. 임팩트 맵에서 증분이 가장 중요한 것이라 생각하고 싶겠지만 그렇지 않다! 임팩트 매

> 임팩트 매핑의 목적은 목표와 영향에 집중하도록 하는 것이다.

핑을 하는 목적은 달성(혹은 완화)하려는 **목표와 영향**에 집중하는 것이다. 증분은 이를 위해 이용하는 것뿐이다. 이는 자동차가 도로 지도책road atlas의 가장 중요한 부분이라고 말하는 것과 같다. 자동차는 여행에 필요하기는 하지만 지도에 꼭 필요하지는 않다.

각 영향에 대해 팀이 그 영향을 **지원**할 수 있는 방법(긍정적인 영향), **완화**할 수 있는 방법(부정적인 영향), **더 학습**할 수 있는 방법(테스팅이 필요한 가정)에 관해 생각하라. 예를 들어 소셜미디어에서 여러분을 추천하는 고객들을 지원하기 위해 '스크린샷 자동 게시', '축하 자동 게시' 등을 추가할 수 있다.

증분에 대한 접근 방식으로 업무 흐름의 막힘을 없애거나 사람들의 행동에 변화를 만드는 방법을 생각할 수 있다. '스크린샷 자동 게시'는 두 가지를 모두 수행한다. 이는 업무 흐름의 막힘을 제거함으로써(스크린샷을 찍고 편집해 소셜미디어 앱을 열어 붙여넣기) 행동을 바꾼다(더 많은 소셜미디어 공유하기).

이 시점에서 여러분은 상위 수준의 계획을 손에 갖게 된다. 잠시 시간을 내어 피드백을 수집하라. 이제 잠재적인 증분을 가장 작은 가치 있는 증분으로 나눌 것이다.

6. 증분을 나누라

증분을 더 세분화하려면 먼저 증분 자체가 아니라 행위자와 영향을 나눌 수 있는지부터 살펴본다. 예를 들어 "소셜미디어에서 우리를 추천한다."라는 영향은 "트위터에서 우리를 추천한다."와 "페이스북에서 우리를 추천한다."로 나눌 수 있다. 행위자는 '신규 고객' 과 '기존 고객'으로 나눌 수 있다.

'증분을 작게 나누기(p.261)'에서 설명한 단계를 마무리하라. 최종 결과물은 그림 8-5와 같다.

전향적 분석

전향적 분석prospective analysis을 이용하면 미래 결과물을 상상함으로써 아이디어를 창출할 수 있다(그림 8-6). 특히 리스크 관리 도구에서 유용하다. 전향적 분석 자체를 계획 도구로 이용하거나 다른 계획 접근 방식과 함께 이용할 수 있다.

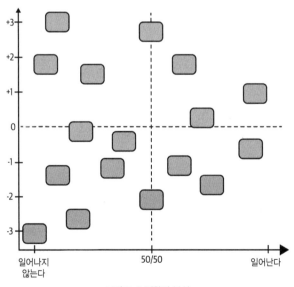

그림 8-6 전향적 분석

전향적 분석의 한 유형으로 영향 및 확률 차트Impact and Probability chart가 있다. 다이애나 라센과 아인슬리 니스가 쓴 책『Liftoff: Start and Sustain Successful Agile Teams』에서 소개됐으며 간단하고도 효과적이다[Larsen2016].

1. 차트를 만들어라

차트를 만들 때는 시각적 계획 보드 또는 가상의 보드에 큰 그래프를 그린다. 세로축에 '매우 나쁨'에서 '매우 좋음'을 의미하는 -3~+3의 라벨을 붙이고, '0'점에 맞춰 가로로 긴 점선을 그린다. 가로축에는 '일어나지 않는다', '50/50', '일어난다'는 라벨을 표시한다. '50/50'에 맞춰 세로로 긴 점선을 그린다.

2. 가능한 결과물을 브레인스토밍하라

이제 동시 브레인스토밍을 이용해 팀의 미래(팀, 이해관계자, 소프트웨어 등)에 어떤 일이 일어날지 생각한다. 각 아이디어를 인덱스 카드에 적는다. 긍정적인 결과는 물론 부정적인 결과도 생각하라. 참가자들은 자신들의 카드를 차트에 곧바로 붙이거나, 브레인스토밍이 끝나는 시점을 기다려 붙일 수 있다. 카드는 해당 카드에 기록한 발생 가능성likelihood(가로축)과 그 일이 발생했을 때의 영향(세로축)에 맞춰 보드에 붙인다.

3. 검토하고 다듬어라

카드를 보드에 붙였다면 시간을 내어 위치를 검토하고 조정한다. 이 과정은 동시에 진행할 수 있다. 다듬어진 결과는 그림 8-6과 같다.

4. 결과물의 우선순위를 정하고 계획을 만들라

다음으로 점 투표를 이용해 여러분의 팀이 해결할 가장 중요한 결과를 선택하라. 이 우선순위를 다른 시각화의 입력으로 이용할 수 있다. 전향적 분석을 독립적인 시각화에 이용한다면 긍정적인 결과를 달성하고, 부정적인 결과를 완화하는 데 도움이 될 잠재적인 증분을 브레인스토밍하라. 이들을 해당하는 카드와 화살표로 연결하라. 마지막으로 '증분을 작게 나누기(p.261)'에서 설명한 것처럼 잠재적인 증분을 작게 나누라.

스토리 매핑

스토리 맵(그림 8-7)은 여러분의 소프트웨어를 이용하는 방법에 집중하는 데 특히 유용하다.[7] 이들은 그 자체로 존재하기도 하며, 이들을 이용해 다른 접근 방식으로 만든 증분을 보완할 수 있다.

스토리 맵은 사용자들이 실제로 하는 일을 기술하기 때문에 실제 고객이나 사용자 또는 적어도 그들을 매우 잘 이해하는 사람들을 계획에 포함시키는 게 매우 중요하다. 그렇게 할 수

함께 보기

실질적인 고객 참여(p.288)

없다면 인터뷰를 하거나 사람들이 작업하는 것을 관찰함으로써 이해를 높여라. 그렇지 않으면 중요한 것을 놓칠 가능성이 높다.

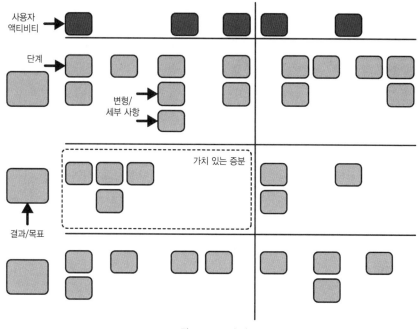

그림 8-7 스토리 맵

---

7   이 절의 제안에 대해 제프 패튼에게 감사한다.

1. 범위를 정한다.

스토리 맵을 만들 때는 목적과 컨텍스트 검토에서 시작한다. 여러분이 만들 소프트웨어의 **사용자**는 누구인가? 대가를 지불하는 **구매자**는 누구인가? 그와 상호작용하는 다른 **소프트웨어 시스템**은 무엇인가? 이들은 각각 어떤 이익을 얻는가? 그것이 여러분의 팀의 목적, 여러분의 조직이 기대하는 가치와 어떻게 연관되는가?

함께 보기

목적(p.183)
컨텍스트(p.196)

이 배경을 바탕으로 어떤 주제(또는 주제들)를 스토리 맵에서 다뤄야 할지 결정하라. 제프 패튼은 필자와의 개인적 대화에서 "맵을 만드는 것은 이야기를 하는 것

스토리 맵을 만드는 것은 이야기를 하는 것이다.

이다."라고 밝혔다. 스토리의 시작과 끝을 선택하라. 온라인 쇼핑 사이트 예시의 경우, 누군가가 아이템을 구매할 때 어떤 일이 일어나는지에 관한 스토리를 이야기하고자 할 수 있다.

다음으로 **현재 맵**$^{now\ map}$을 만들지, **미래 맵**$^{later\ map}$을 만들지 결정한다. '현재' 맵은 현재 사람들이 어떻게 행동하는지 설명한다. 이는 여러분이 사용자의 입장에 서보는 데 도움을 준다. 여러분이 만드는 소프트웨어가 사용돼야 하는 방법에 관해 충분히 이해하고 있지 않다면, 일반적으로 '현재' 맵에서 시작하라.

'미래' 맵은 사용자들이 여러분의 새로운 소프트웨어를 받은 후 어떻게 행동할지 설명한다. 일반적으로 소프트웨어가 상황을 어떻게 개선할지를 상상하면서 '현재' 맵을 '미래' 맵으로 바꾼다. 그러나 '미래' 맵을 곧바로 만들 수도 있다.

2. 단계를 정의한다

글자 그대로 무엇이 일어나는지에 관해 이야기하면서 스토리 맵을 만든다. "처음에는 이 일이 일어나고, 다음에는 저 일이, 그 다음에는 그 일이 일어난다." 같이 기술한다. "내가 이것을 하고 타티아나^{Tatyana}가 저것을 하면 백엔드 시스템은 그것을 수행한다."처럼 여러 사용자와 시스템이 관련될 수도 있다.

각 단계(사용자 태스크)[8]를 한 장의 인덱스 카드, 스티키 노트 또는 가상의 카드에 기록한다. 온라인 쇼핑 사이트 예시의 경우 '아이템 검색', '리뷰 읽기', '카트에 담기', '체크아웃 클릭' 등의 단계를 만들 수 있으며, 이들을 순서대로 나열한다.

'현재' 맵을 만든다면 이를 활용해 실제로 어떤 작업을 하는지에 관한 노트를 추가한다. 거친 부분과 잘 작동하는 부분에 관해 메모하라. 단계가 얼마나 오래 걸리는지 또는 얼마나 이 단계가 자주 발생하는지 등 개선을 생각할 때 도움이 될 만하다고 여겨지는 것은 무엇이든 기록한다.

NOTE 스토리 맵은 공간을 많이 차지할 수 있다. 실제 팀 룸이 있다면 화이트보드나 인덱스 카드보다 큰 벽과 스티키 노트를 이용하고 싶을 것이다. '초강력 스티키' 노트는 긴 주말을 보내고 돌아오더라도 벽에서 떨어지지 않을 만큼 접착력이 강하다!

단계를 만들었다면 전체 맵을 처음부터 끝까지 검토하면서 부족한 부분을 채우고 확장한다. 다른 사람들은 어떤 다른 방식을 이용하는가? 무언가 잘못되면 어떻게 되는가? 모든 것이 완벽하게 진행된다면 어떻게 되는가? 새로운 스티키 노트에 그런 변화를 적어 관련된 단계에 수직으로 붙인다. 마지막으로 원래의 단계를 살펴보면서 추가 세부 사항으로 보이는 것은 관련된 단계의 아래로 옮긴다.

작업 과정에서 새로운 아이디어가 나타나고, 이로 인해 맵을 재구성해야 할 수도 있다. 이는 바람직한 현상이다. 작업을 마치고 나면 일련의 단계로 구성된 하나의 수평선을 얻을 수 있으며, 이는 사용자들이 무엇을 하는지에 관한 하나의 스토리가 된다. 그리고 그 수평선을 따라 변형, 대안, 세부 사항을 담은 수직선을 얻을 수 있다. 여러분은 그 지도를 따라 걸을 수 있어야 한다. 즉 맵의 처음부터 끝까지 각 칼럼의 다른 단계를 선택하면서 동일한 스토리의 다른 버전을 이야기할 수 있어야 한다.

모든 사람이 단계의 순서에 동의하지 않을 수 있다. 가장 전형적인 순서를 선택하라. 납득이 되는 스토리를 이야기할 수 있다면 단계의 정확한 순서는 중요하지 않다.

---

8   제프 패튼은 [Patton2014]에서 '사용자 태스크(user task)'라는 용어를 이용했지만 이후 이를 '단계'로 바꿨으며, 개발 태스크와의 혼돈을 피한다.

3. 사용자 액티비티를 정제한다

이제 맵에서 **사용자 액티비티**^{user activity}를 정제한다. 사용자 액티비티는 함께 수행되는 단계의 집합을 나타낸다. 예를 들어 '청구 주소 입력', '배송지 주소 입력', '신용 카드 정보 입력'은 하나의 '체크아웃' 사용자 액티비티로 묶을 수 있다. 각 액티비티의 첫 번째 단계에는 다른 색상의 스티키 노트로 라벨을 붙인다. 일부 액티비티는 단일 단계일 수 있다.

4. 결과물과 목표를 식별한다

마지막으로 사용자들이 가질 수 있는 서로 다른 결과물과 목표에 관해 생각한다. 이들을 추가 스티키 노트에 적어 맵의 왼쪽에 붙인다. 이들은 맵을 이용해 여러분이 이야기할 수 있는 스토리의 다른 버전을 의미한다. 예를 들어 "특정 아이템을 빠르게 구입한다.", "아이템을 탐색한다.", "유사한 여러 아이템 중에서 선택한다." 등이 될 수 있다.

우선순위에 따라 결과물의 순서를 정하고, 변형이나 세부 사항을 포함해 각 단계를 이동해서 관련된 결과물에 정렬한다. 각 결과물에 대한 스토리를 이야기하는 데 필요한 단계를 추가한다. 하나의 단계가 여러 결과물과 관련이 있다면 이를 높은 우선순위의 결과물로 둔다. 수평선을 그려서 각 결과물을 분리한다(벽에 스티키 노트를 붙였다면 블루 테이프(마스킹 테이프)가 도움이 될 것이다).

5. '미래' 맵을 만든다

'현재' 맵을 만들었다면 이제 이를 '미래' 맵으로 바꿀 수 있다. 액티비티와 결과물을 보면서 소프트웨어가 어떻게 더 잘 작동할 수 있는지 생각한다. 다른 색상의 스티키 노트에 무엇을 추가, 변경, 삭제해야 하는지 기록한다.

각 변경에 관해 고려할 때 '좋은-더 나은-최고의^{good-better-best}' 게임을 시도해 보라. 각 경우에 관해 이렇게 질문한다. "사용자들에게 **충분히 좋은**^{good enough} 방법은 무엇인가?", "**더 나은**^{better} 방법은 무엇인가?" "**최고의**^{best} 방법은 무엇인가?" 각 아이디어는 개별 스티키 노트에 기록한다. 이것은 증분을 결정하고 계획을 조정할 때 선택할 수 있는 절충안이 된다.

작업을 마쳤다면 잠시 시간을 내어 팀 구성원, 사용자, 참석하지 않은 이해관계자들의 피드백을 받는다.

6. 증분으로 나눈다

스토리 맵을 완성했으므로 이를 가치 있는 증분으로 나눈다. 사용자 액티비티(가장 윗줄)를 살펴보는 것에서 시작한다. 이들을 분할해서 여러 가치 있는 증분으로 만들 수 있는가? 항상 그렇게 할 수는 없겠지만 가능하다면 수직선을 그어서 해당 액티비티를 증분으로 그룹화한다. 각각의 증분은 그 자체로 가치 있고 릴리스할 수 있어야 한다.

예를 들어 온라인 쇼핑 맵의 액티비티가 '아이템 찾기', '체크아웃', '배송 조회' 등인 경우, '아이템 찾기 + 체크아웃', '배송 조회'라는 두 개의 증분을 만들 수 있을 것이다.

다음으로 결과물(수평선)을 살펴본다. 개별적으로 릴리스할 수 있는 것은 무엇인가? 때때로 각 결과물은 가치 있는 증분을 나타낸다. 한 결과물을 만드는 단계를 여러 증분으로 나눌 수도 있다. 또는 여러 결과물을 하나로 묶어서 하나의 증분을 만들 수도 있다. 테두리를 그려서 증분을 표시한다. 그 결과는 그림 8-7과 유사할 것이다. 잠시 시간을 내어 피드백을 받으라.

7. 플래닝 게임을 한다

앞에서 그린 테두리는 최소한의 가치 있는 증분을 나타낸다. 이제 플래닝 게임을 통해 이들을 한층 정제한다. 각 테두리 안의 '미래' 단계, 세부 사항, 변형 등은 플래닝 게임에 이용할 스

함께 보기

플래닝 게임(p.277)

토리다. 작업을 마쳤다면 결과로 얻은 스토리를 스토리 맵에 다시 가져다 놓는다.

시각적 계획 이터레이션하기

어떤 시각화 방법을 선택했든 자두 업데이트하고 개선하라. 내가 아는 어떤 프로덕트 매니저들은 끊임없이 계획을 검토하고 수정한다. 어떤 관리자는 클러스터

여러분의 계획을 자주 업데이트하고 개선하라.

맵을 신발 가방에 넣고 어디든 항상 갖고 다닌다(그는 바인더 클립을 이용해 카드를 클러스터로 구성한다). 여러 회의에서 그것을 펼쳐 놓고 조금씩 변경한다.

적어도 한 주에 한 번은 계획을 검토하라. 팀이 스토리와 증분을 완료하면 계획 범위를 확인하고 세부 사항을 끌어내라(계획을 세우는 방법(p.249) 참조).

질문

시각적 계획을 만들 수 없는 기업용 도구를 이용해야 한다면 어떻게 해야 하는가?

도구가 시각적 계획을 만들거나 커스터마이징하는 것을 방해가 되지 않게 하라. 제한적인 도구를 이용해야만 한다면 '기업용 추적 도구(p.429)'에서 설명한 대로 그것을 단지 실제 계획에 대한 다른 보기 정도로 간주하라. 물론 중복된 노력의 투입은 낭비이지만 좋은 시각적 계획은 그럴 만한 가치가 있다.

시각적 계획을 조직과 이해관계자가 보고 싶어하는 형식으로 변환하려면 어떻게 해야 하는가?

조직이 원하는 세부적인 정도에 따라 다양한 옵션을 선택할 수 있다. '로드맵(p.424)'을 참조하라.

전제 조건

시각적 계획을 위해서는 협업을 위해 디자인된 팀 룸이 필요하다. 가상의 팀 룸에서는 가상 화이트보드 도구가 필요하다. 실제 팀 룸에서는 큰 테이블, 자석 화이트보드, 인덱스 카드 또는 스티키 노트 등이 필요하다.

<aside>
함께 보기

팀 룸(p.150)
</aside>

계획을 위해 애자일 라이프사이클 관리^{Agile Lifecycle Management} 도구나 이슈 추적 도구를 이용하지 말라. 이들은 커다란 카고 컬트 애자일 기업에 맞게 만들어진 것일 뿐이며 여러분의 민첩성을 떨어뜨릴 것이다. 도구의 제한 없이 자유로운 형태로 시각화할 수 있어야 한다. 화이트보드 또는 가상의 화이트보드가 가장 좋은 방법이다.

대면 팀이라면 실제 맵이 가상 맵보다 훨씬 낫다. 손으로 만질 수 있는 대규모의 특성은 두뇌와 직접 연결되며, 이는 스크린으로는 이룰 수 없다. 여러분이 직접 경험하기 전에는 그 차이를 알 수 없을 것이다. 실제 보드와 카드를 이용하는 데 많은 노력을 기울여라.

시각적 계획을 위해서는 프로덕트 매니지먼트 및 고객 스킬을 가진 이들의 리더십이 필요하다. 이들이 참여하지 않아도 시각적 계획을 만들 수는 있겠지만 좋은 계획이 되지 않을 수 있다. 명확한 목적 또한 필수적이다.

함께 보기

전체 팀(p.130)
목적(p.183)

최고의 결과를 위해서는 플래닝 세션에 핵심 이해관계자와 실제 고객들을 포함시켜야 한다. 그렇지 않다면 최소한 그들에게 여러분이 만든 초기 계획에 관한 피드백을 받아야 한다. 피드

함께 보기

실질적인 고객 참여(p.288)

백을 받지 않으면 동굴 속의 비전을 실행할 위험만 존재할 뿐이다. 여러분이 보기에 올바르겠지만, 사람들의 실질적인 필요를 만족시키지 못하는 것을 만들 수 있다.

지표

여러분이 시각적인 계획을 잘 만들고 커뮤니케이션한다면:

- ☐ 이해관계자들과 팀원들은 무엇을 해야 하는지 뿐만 아니라 왜 그것을 해야 하는지도 이해한다.

- ☐ 계획을 구성하는 각 부분 사이의 관계를 쉽게 확인할 수 있다.

- ☐ 이해관계자들과 팀원들 컨텍스트를 깊이 이해함으로써 새로운 아이디어에 기여한다.

대안과 실험

이 프랙티스를 이용해 즉시 실험을 해볼 수 있다. 이 절에서 설명한 각 맵을 시도하고, 이들을 조합해 여러분만의 아이디어를 포함시켜라. 정답은 없으므로 여러분의 아이디어를 포함해 가능한 많은 실험을 하라. 무엇인가를 변경하는 것 또한 두려워하지 말라. 나 역

시 몇 달마다 시각화 방식을 변경하며, 그럴 때마다 가능성에 관한 새로운 통찰력과 신선한 즐거움을 얻는다.

시각화 계획 방법은 매우 다양하다. 내가 협업했던 한 스타트업에서는 '사업개발', '비용통제', '리스크 관리', '수용량 개선'이라는 4개의 카테고리로 나눠 차트를 만들었다. 각 아이디어는 스티키 노트에 기록하고 우선순위에 따라 정렬한다. 수없이 많은 아이디어가 있었지만 일부 아이디어만 가장 높은 우선순위를 받았다. 나머지 아이디어는 스타트업 창업자들이 새로운 아이디어를 내고, 오래된 아이디어를 재고함에 따라 끊임없이 움직이고 있었다.

어떤 팀은 날짜를 기준으로 한 작은 약속이 많았다. 이 팀은 매주 열이 있는 약속 달력을 만들었다. 각 칼럼에는 매주 약속의 기한을 나타내는 카드를 붙였다. 팀은 매주 예정된 약속을 리뷰하고, 이들을 그 주의 태스크 계획에 포함시켰다.

다양한 옵션이 있으므로 자유롭게 실험해 보라.

더 읽을거리

『Impact Mapping』(Provoking Thoughts, 2012): 임팩트 맵에 관한 완전한 가이드다. 짧고 쉽게 읽을 수 있으며, 유용한 조언을 가득 담고 있다. 임팩트 맵을 이용한다면 꼭 읽어봐야 한다[Adzic2012].

『사용자 스토리 맵 만들기』(인사이트, 2018): 스토리 매핑에 관한 완전한 참조 자료다. 스토리와 플래닝에 관한 일반적인 내용을 많이 담은 매력적인 책이다[Patton2014].

『이노베이션 게임』(에이콘출판, 2008): 시각화 및 계획 수립에 도움이 되는 수많은 활동을 담고 있다. 이 책에서 소개한 시각화 기법을 커스터마이즈할 준비가 됐다면 참조하라[Hohmann2006].

플래닝 게임

대상
전체 팀

우리의 계획은 비즈니스와 개발 전문성을 모두 활용한다.

무엇을 릴리스하고 싶은지는 알지만 단계별 계획은 어떻게 세울 것인가? 바로 이때 플래 닝 게임이 필요하다.

이름은 게임이지만 플래닝 게임이 그저 재미를 위한 것은 아니다. 경제학에서 '게임'이란 '플레이어가 행동을 선택하고 다른 모든 행동에 따라 보상이 결정되는' 상황을 말한다.[9] 플래닝 게임도 동일하다. 가능한 최고의 보상을 얻기 위해 디자인된 협력적 게임이다.

플래닝 게임은 여러분의 계획에 기여하는 정보의 양을 최대화하는 방법으로 유명하며, 놀라울 정도로 효과적이다. 플래닝 게임에도 제한은 있지만, 그 제한 안에서 일한다면 계 획의 세부 사항을 결정하는 최고의 방법일 것이다.

플래닝 게임은 계획 프로세스 중 일부일 뿐이며, 가치 있고 릴 리스 가능한 증분을 더 작은 스토리로 나누는 방법이다. 플래 닝 게임을 마치면 개발에 '딱 맞는' 일련의 스토리를 갖게 된다. 요약하자면 다음과 같다.

함께 보기

스토리(p.224)
목적(p.183)
시각적 계획하기(p.258)

1. **목적**은 전체 목표와 현재의 방향을 제공한다.

2. **시각적 계획**에서는 가치 있는 증분을 위한 옵션을 식별한다.

3. **플래닝 게임**에서는 각 증분의 개발에서 이용할 단계별 계획을 제공한다.

CARGO CULT

플래닝 데이

여러분이 두려워하는 플래닝 데이가 돌아왔다. 여러분은 무슨 일이 일어날지 정확하게 알고 있다. 먼저 자차리아(Zachariah)와 미시(Missy)는 5~10분 정도 늦는다. 다음으로 라도나(Ladonna)가 이슈 추적 화면을 벽에 띄운다. 라도나는 모든 세부적인 요구사항

---

9   이 정의는 디어도프(Deardoff)의 국제 경제학 용어집(Glossary of International Economics)의 설명을 따랐다.

과 완료 기준 및 모든 것을 포함한 스토리를 읽는다. 모두가 거기에 대해 말하며, 그러고 나면 플래닝 포커 추정을 한다. 존(Jone)은 추정이 너무 크다고 불평한다. 클레오(Cleo)는 스토리를 나눠야 한다고 말한다. 필리스(phills)는 자신이 이미 해당 스토리에 관한 작업을 했으며, 이제 와서 스토리를 변경하는 것은 너무 많은 작업이 될 것이라 말한다. 코넬(Cornell)은 모두에게 그냥 계속하라고 말한다. 마지막으로 10분 정도의 고통스러운 논쟁이 끝나면 하나의 추정 값을 얻는다. 라도나가 추정 값을 입력하고 다음 스토리로 넘어간다.

계속해서 이터레이션된다. 끔찍하고도 긴 시간이 흐른다. 분명 더 좋은 방법이 있다.

플래닝 게임 진행 방법

플래닝 게임의 목적은 최고의 투자 수익을 제공하는 작업에 팀을 집중시키는 것이다. 결국 어떤 것을 한다는 모든 결정은 다른 무엇인가를 하지 **않는다**는 결정이기도 하다.

> 어떤 것을 한다는 모든 결정은 다른 무엇인가를 하지 않는다는 결정이기도 하다.

개발자들이 비용에 관한 가장 많은 정보를 갖고 있기 때문에 하나의 스토리를 구현하는 데 필요한 작업량을 말할 수 있으므로 이들이 스토리의 **크기**를 정한다.

현장 고객들은 가치에 관해 많은 정보를 갖고 있기 때문에 무엇이 중요한지 말할 수 있으므로 이들이 스토리의 **우선순위**를 정한다.

개발과 고객 전문성을 가진 팀원들은 플래닝 게임의 두 부분을 모두 진행할 수 있지만, 한 가지 역할에 집중하는 것이 훨씬 낫다. 플래닝 게임은 가치와 비용 사이에서 발생하는 본질적인 긴장을 해소함으로써 보상을 얻기 때문이다. 두 역할을 병행하면 스스로를 속이고 그러한 긴장감을 무시하게 되기 쉽다.

1. 고객들은 계획의 범위를 결정한다

프로덕트 매니저들은 시각화 계획에서 우선순위가 높은 증분을 선택해 플래닝 게임을 준비한다. 스토리 플래닝 범위를 채울 정도의 증분을 선택한다(계획을 세우는 방법(p.249) 참조).

함께 보기

시각적 계획하기(p.258)

예를 들어 그림 8-2의 플래닝 범위를 이용한다면 한 달 정도 길이의 증분을 선택할 수 있다.

플래닝 게임을 시작한다. 팀의 목적을 검토한 뒤 선택한 증분이 전체적인 계획에 어떻게 적합한지, 증분이 왜 중요하며 처음 처리해야 하는지 설명한다. 증분이 가치 있는 이유와 이들을 릴리스하기 전에 무엇을 해야 하는지 설명하고 팀의 질문에 대답한다.

2. 전체 팀은 스토리를 브레인스토밍한다

동시 브레인스토밍(동시에 작업하라(p.155) 참조)을 이용해 각 증분을 릴리스하는데 필요한 스토리를 찾아낸다. 각 스토리는 인덱스 카드 또는 가상의 가드에 적는다.

<table>
<tr><td>함께 보기</td></tr>
<tr><td>스토리(p.224)</td></tr>
</table>

가장 중요한 증분과는 관계가 없지만 아무튼 완료돼야 하는 예정된 약속, 요구사항, 액티비티가 존재할 수도 있다. 그것을 위한 스토리도 만든다. 팀이 일반적인 오버헤드 외에 다른 일을 해야 한다면 그에 해당하는 스토리가 필요하다.

3. 개발자들은 스토리의 크기를 결정한다

개발자들은 스토리 카드를 검토하고, 다음과 같은 여러 그룹으로 나눈다.

- 딱 맞는 스토리
- 너무 큰 스토리
- 너무 작은 스토리
- 이해할 수 없어 크기를 결정할 수 없는 스토리
- 기술적인 미지수로 인해 크기를 결정할 수 없는 스토리

전체 팀이 일주일에 4~10개, 혹은 평균 6개 정도를 마칠 수 있다면 그 스토리는 '딱 맞는' 정도다. 시간이 지남에 따라 언제 스토리가 '딱 맞는' 크기인지 직관적으로 알게 될 것이다. 하지만 그 직관을 얻기 전까지는 '스토리 추정하기(p.332)'에 소개한 여러 추정 기법 중 하나를 사용하는 것도 좋다.

NOTE 왜 일주일에 4~10개의 스토리가 적절한가? 사실 '딱 맞는' 크기란 정해진 것이 없다. 그러나 4~10개가 좋은 시작점이 될 것이다. 그보다 많다면 스토리를 만들고, 구성하고, 추적하는 데 너무 많은 시간을 쓰게 된다. 그보다 적다면 꾸준하게 진행하는 데 어려움을 겪을 것이다.

너무 큰 스토리는 고객과 협업해 작은 스토리로 나눠라. '스토리 분할 및 결합하기(p.228)'의 방법을 이용하라. 너무 작은 스토리는 다른 스토리와 결합시켜라. 인덱스 카드를 이용한다면 글자 그대로 카드를 스테이플러로 고정하면 된다.

스토리를 이해하지 못한다면 현장 고객에게 물어 명확히 하라. 때로 이해하기 위해 시간이 더 필요할 수도 있다. 현장 고객들이 작업하는 동안 나머지 스토리를 계속 다룬다.

기술적인 미지수를 포함한 스토리에 대해서는 스파이크 스토리를 만들어라(스파이크 스토리(p.233) 참조). 크기를 알 수 없는 원래 스토리에 표시를 남겨라. 나는 주로 스토리 카드 모서리에 '스파이크'라고 표시해 둔다.

4. 고객들은 스토리의 우선순위를 결정한다

개발자들이 '딱 맞는' 스토리를 만들고 나면, 고객들은 대략적인 우선순위에 따라 스토리를 여러분의 시각적 계획에 붙인다.

함께 보기

시각적 계획하기(p.258)

관련된 증분이 없는 스토리가 있다면 팀에서 가장 합당하다고 생각하는 곳에 추가한다. 이것을 우선순위에 따라 다른 스토리 사이에 두면 이들을 잊지 않고 기억하는 데 도움이 된다.

일부 스토리는 추가할 가치가 없을 수 있다. 중요하지 않거나 너무 먼 미래에 대한 스토리일 것이다. 그런 스토리는 과감하게 폐기하라. 다시 그 스토리를 보게 될 시점에는 구식이 돼 있을 것이기 때문이다. 스토리를 도저히 버릴 수 없다면 어딘가 눈에 보이지 않는 곳에 보관하라.

고객 여러분은 여러분이 추가한 각 스토리를 이해해야만 한다. 여러분은 릴리스마다 어떤 스토리를 포함시키고 포함시키지 않을지, 해당 스토리가 어떤 순서로 구현될지 결정해야 하며, 이는 스토리가 **여러분**의 관점과 일치해야 함을 의미한다. 여러분이 이해하지 못하는 스토리를 개발자들이 그냥 추가하도록 하지 말라.

개발자 여러분은 어떤 스토리가 '딱 맞는' 것이며, 우선순위를 정할 준비가 됐는지 확인해야만 한다. 고객들이 나눠질 수 있거나 스파이크로 처리해야 할 스토리를 그냥 받아들이도록 하지 말라.

5. 계획을 완료할 때까지 이터레이션한다

스토리 계획 범위를 채울 때까지 스토리를 만들고, 크기를 결정하고, 위치를 정하는 과정을 이터레이션하라. 예를 들어 여러분이 일주일에 6개의 스토리를 목표로 준비하고 있으며, 스토리 계획 기간이 4주라면 24개의 스토리를 가질 때까지 이를 이터레이션하라. 한 걸음 물러서서 계획을 다시 확인하라.

- □ 개발 스킬을 보유한 팀원들이 모든 스토리를 '딱 맞는' 크기라고 판단했는가?

- □ 크기가 결정되지 않은 모든 스토리는 우선순위가 그에 앞서는 스파이크를 갖고 있는가?

- □ 고객 스킬을 보유한 팀원들이 스토리의 우선순위를 올바르게 판단했는가?

- □ 전반적으로 계획이 합리적이며 팀이 목적을 달성하도록 이끌 수 있는가?

팀원들에게 계획에 동의하도록 요청하라(동의를 구하라(p.157) 참조). 팀원들이 동의하면 여러분이 할 일은 모두 끝났다.

옵션을 열어 두라

여러분이 언제든지 릴리스할 수 있게 하는 계획을 만들도록 시도하라. **실제로** 항상 릴리스할 필요는 없지만, 증분에 대한 작업을 하는 동안일지라도 언제나 **릴리스할 수 있어야** 한다.

왜 이렇게 해야 하는가? 여러분은 옵션을 열어둘 수 있다. 일반적으로 증분을 구현하는 도중 흥미진진한 새로운 기회가 생긴다면 증분이 완료될 때까지 기다리거나, 부분적으로 완료된 작업을 버리거나, 비유적으로 녹슬도록 따로 보관해야 한다(진행 중 업무를 최소화하라(p.243) 참조). 그러나 여러분이 언제든 릴리스할 수 있도록 계획하면 증분 가치의 절반이 아무것도 없는 것보다는 낫다고 결정할 수 있으며, 여러분이 구현한 것을 릴리스하고, 새로운 기회에 대한 작업을 즉시 시작할 수 있다.

옵션을 열린 채로 유지하려면 각각의 스토리를 완료한 후 릴리스할 수 있게 계획을 세워야 한다.

예를 들어 여러분이 사용자의 신용 카드에 청구하는 체크아웃 페이지를 만든다고 가정하자. 가장 먼저 '결제 정보 가져오기', '결제 정보 저장', '결제 정보를 지불 프로세서에 보내기' 같이 아키텍처의 각 레이어에 대한 스토리를 만들 것이다. 이들은 종종 **수평적 줄무늬**horizontal stripe라 불린다. 이는 스토리를 쉽게 만드는 방법이기는 하지만, 세 개의 스토리를 모두 완료하기 전에는 소프트웨어를 릴리스할 수 없다. 그것은 모두 있거나 혹은 아무것도 없는 덩어리를 형성한다.

더 나은 방법은 세 개의 수평 레이어를 모두 포함하지만 개별 유틸리티를 제공하는 것이다. 예를 들어 '결제 처리', '하나의 카드 정보 저장', '다양한 카드 정보 저장 및 관리' 같은 스토리를 만들 수 있다. 이들은 **수직적 줄무늬**vertical stripe라 불린다(그림 8-8). 각 스토리는 이전 스토리 위에 구축되지만, 각각을 릴리스할 수 있다.

그림 8-8 수평적 및 수직적 스트라이프

각 스토리를 이런 방식으로 만들지 못한다 하더라도 너무 걱정하지는 말라. 연습이 필요하다. 각 스토리 이후에 릴리스를 할 수 있게 되면 여러분은 유연함을 얻겠지만, 약간의 스토리 덩어리가 있다 해도 괜찮다. 경험을 통해 조금 덜 엉성한 계획을 만드는 방법을 배우게 될 것이다.

플래닝 게임에서 승리하려면

개발자와 현장 고객이 함께 모여 플래닝 게임을 하면 놀라운 일이 일어난다. 나는 이를 **협력의 기적**이라 부른다. 갑자기 시간이 나타나기 때문이다.

여러분도 상상할 수 있겠지만 이 기적은 달성하기 쉽지 않다. 개발자가 스토리를 나눠야 한다고 말하면, 고객은 종종 "왜 그렇게 비용이 많이 듭니까?"라며 개발자가 이를 갈 만한 질문을 던진다.

본능적으로 이런 질문에는 방어적으로 대응한다. "소프트웨어 개발이 어려우니 비용이 많이 듭니다! 왜 내게 묻는 겁니까?"

개발자 여러분, 더 나은 대응 방법이 있다. 머릿속에 있는 질문을 이렇게 바꿔 말해보라. "내가 선택할 수 있는 옵션을 이해하도록 도와주십시오". 무엇이 쉽고, 무엇이 어려운지 이야기하는 것으로 대답한다.

예를 들어 여러분이 토스터를 만들고 있고, 프로덕트 매니저는 토스트가 만들어지면 자동으로 빵이 올라오는 스토리를 갖고 있다고 생각해보자. 개발자들은 해당 스토리를 나눌 필요가 있다고 말하자 프로덕트 매니저는 이유를 묻는다. 개발자들은 "완성된 토스트를 위로 올리기는 쉽습니다. 전자석에 공급되는 전력을 끊기만 하면 되니까요. 하지만 토스트가 완성된 시점을 찾아내는 건 새로운 것입니다. 이미지 센서가 있어야 하고, 모든 종류의 빵이 노릇하게 구워져 있는지 정확하게 학습하기 위한 머신러닝도 필요하죠. 호밀의 마블링은… 꽤 까다로울 겁니다. 패스트리는 말할 것도 없고요!"라고 침착하게 대답한다.

프로덕트 매니저는 이러게 물을 것이다. "그럼 다른 토스터는 어떻습니까? 토스트가 완성된 것을 어떻게 판단합니까?"

개발자들은 얼굴에 미소를 띤다. "아, 그건 완전한 눈가림입니다. 토스트가 언제 완료됐는지 감지하지 않습니다. 그저 타이머를 이용할 뿐입니다."

프로덕트 매니저는 이렇게 대답할 수 있다. "그걸로 충분합니다. 우리 고객들은 최첨단 토스터를 원하지는 않습니다. 그저 보통의 토스터를 원할 뿐입니다. 다른 토스터처럼 타이머를 이용하죠!"

"아, 그렇군요. 그렇다면 전혀 어렵지 않을 겁니다. 결국 이 스토리는 나누지 않아도 되겠네요."

일반적으로 고객은 무엇이 쉬운지 모르기 때문에 구현하기 어려운 스토리를 만들게 된다. 마찬가지로 개발자들은 고객이 무엇을 중요하게 생각하는지 모르기 때문에 가치 없는 스토리를 만들어 낸다.

개방적이고 솔직한 커뮤니케이션을 활용해 이런 상충되는 경향을 조화롭게 만들 수 있다. 고객이 중요하지 않지만 어려운 것을 요구하면 개발자가 비용을 지적하고 더 쉬운 대안을 제시한다. 고객은 방향을 바꾼다. 없던 시간이 어디선가 나타난다. 바로 이것이 협업의 기적이다.

개발 결정의 우선순위 결정하기

현장 고객들은 견고하고 사용할 수 있는 제품을 릴리스하기를 원한다. 고객들은 비용을 절약하려는 욕구와 시장의 기회를 충족하고자 하는 욕구의 균형을 맞춰야 한다. 그 결과 이들은 종종 개발자에게 중요한 기술 작업을 건너뛰도록 요청한다. 이들은 개발자 방식으로 하는 트레이트오프를 이해하지 못하기 때문이다.

개발자 여러분, 고객이 비즈니스 문제에 관한 결정을 내릴 수 있는 자격을 가진 것처럼 여러분도 개발과 관련된 문제에 관한 결정을 내릴 수 있는 자격이 있다. 선택적인 개발 관련 의사 결정을 할 수 없다면 그것은 스토리가 아니다. 고객이 기술 문제에 관한 우선순위를 정하도록 요청하지 말라. 그냥 하라. 작업에 관해 언급조차 하지

> 선택적인 개발 관련 의사 결정을 할 수 없다면 그것은 스토리가 아니다.

284

말라(세부 사항이다). 아니면 비즈니스 관련 비용의 일부라고 언급하라.

첫 번째 스토리를 구현할 때 자동화된 빌드를 만들어야 한다. 그래서 '페이지 제목 표시'처럼 매우 작은 첫 번째 스토리가 필요하다.

비즈니스에서 결정할 선택 사항이 **있다면** 고객이 기술 옵션을 선택하도록 요청하지 말라. 대신 기술을 **해석해서** 그 옵션을 비즈니스 영향 측면에서 기술하라.

광학 센서와 타이머의 선택을 설명하기보다 토스터 예시를 다시 살펴보자.

우리는 최적의 릴리스 감지를 위해 위즐-프로비츠의 Mark 4 광학 센서를 이용하는 것을 생각하고 있다. 다른 옵션은 555 스타일 IC를 이용하는 것이다. 광학 센서가 더 뛰어나지만 커스텀 머신러닝을 학습시켜야만 한다. 어떤 것을 선호하는가?

대신 이렇게 시도하라.

두 가지 방법으로 토스트가 언제 완료되는지 결정할 수 있다. 카메라나 타이머를 이용할 수 있다. 카메라를 이용하면 사용자의 선호도에 정확하게 맞춰 빵이 구워졌는지 알 수 있지만, 좀 더 많은 스토리가 필요하다. 타이머는 추가 작업은 필요하지 않지만, 사용자들은 빵을 덜 굽거나 너무 많이 굽게 될 수 있다. 어떤 것을 선호하는가?

현실을 직시하기

고객 여러분, 플래닝 게임에서 주어지는 정보는 거의 확실히 여러분의 마음에 들지 않을 것이다. 팀이 예측을 하지 않더라도 플래닝 게임의 결과를 참조하면 여러분은 팀이 얼마나 많은 일을 해야 하는지에 관해 대략적인 아이디어를 얻을 것이다. 그리고 거의 확실히 여러분이 기대했던 것보다 많을 것이다.

메신저를 비난하고 플래닝 게임을 중단시키고 싶은 유혹을 느낄 수 있다. 혹은 개발자에게 스토리를 나누지 말라고 압력을 가할 수도 있다. 그렇다면 실수하는 것

> 달갑지 않은 현실을 무시한다고 작업 시간이 줄어들지는 않는다.

이다. 달갑지 않은 현실을 무시한다고 작업 시간이 줄어들지는 않는다. 그저 지연으로 인해 눈이 멀게 될 뿐이다. 데이빗 슈말츠David Schmaltz의 말을 빌리자면, "모든 릴리스는 그

와 관련된 어느 정도의 실망을 포함한다. 플래닝 게임을 이용해 측정한 용량에 대한 실망을 해소하거나 끝까지 저장할 수 있다."라고 설명한다.

계획이 여러분이 원하는 것보다 클 수도 있다. 개발자들이 스토리를 분할하도록 요청한다면 이는 그들이 현실적인 기대를 설정하기를 원할 가능성이 크다. 실제로 나는 개발자들이 처음에는 스토리를 **충분히** (작게) 나누지 않으며 오히려 그 반대라는 것을 발견했다. 하지만 그들이 스토리를 너무 작게 만든다면 그것은 이들이 더 많은 스토리를 완료할 것이며, 다음 플래닝 게임에서 여러분이 이를 보상할 수 있음을 의미한다.

플래닝 게임 이터레이션하기

팀이 스토리를 완료했다면 계획에서 해당 스토리를 제거하라. 예를 들어 24개 미만으로 스토리 계획 범위보다 스토리가 작아졌다면 다시 플래닝 게임을 할 시간이다. 시각화 계획에 더 많은 증분을 추가해야 하는지 다시 확인하라.

함께 보기

시각적 계획하기(p.258)

이해관계자들도 새로운 아이디어나 피처를 제안할 수 있다. 일부는 굳이 수행할 가치가 없으며 버려질 수 있다(정중하게 하라!). 다른 일부는 미래 증분을 위한 좋은 아이디어가 될 것이며, 시각화 계획의 덜 세부적인 부분에 추가될 수 있다. 하지만 여러분이 곧 하려는 아이디어에는 스토리가 필요하다. 이 스토리는 팀에서 크기와 우선순위를 결정한다.

충분한 연습을 했다면 스토리에 관해 논의하고, 크기를 조정하고, 우선순위를 지정하는 데는 몇 분 밖에 걸리지 않는다. 일부 팀은 새로운 스토리가 들어오는 날 검토한다. 다른 팀은 매주 또는 격주로 더 큰 규모의 플래닝 게임을 계획한다. 내 경험에 의하면 작은 규모의 빈번한 세션이 큰 규모의 덜 빈번한 세션보다 덜 피곤하지만 두 가지 접근 방법 모두 작동한다.

때때로 이해관계자들은 프로그래머와 직접 대화하면서 우선순위를 정하는 프로세스를 마치려고 한다. 이에 대한 올바른 대응은 그들의 요청을 듣고 기록해 두는 것이다. 나는 이런 목적으로 인덱스 카드를 항상 갖고 다닌다. 그리고 그들에게 다음 번에 팀이 계획을 세울 때 해당 요청의 우선순위를 정할 것이라고 말하라. 그리고 기록한 메모를 현장 고객에게 전달하고 후속 조치를 취할 수 있다.

질문

이해관계자가 스토리를 이용해 변경 요청을 하도록 권장하려면 어떻게 해야 하는가?

그럴 필요는 없다. 대신 고객 스킬을 가진 팀원들은 이해관계자들이 아이디어를 해석하고, 그것을 팀을 위한 스토리로 바꾸도록 한다.

기술 인프라스트럭처에 관해서는 무엇을 해야 하는가?

애자일 플래닝은 여러분이 작업을 작은 고객 중심의 스토리로 나눌 수 있으며, 그와 함께 기술적인 인프라스트럭처를 구축할 수 있다는 가정에서 시작한다. 진화적 디자인을 참조하라.

함께 보기

점진적 디자인(p.624)

전제 조건

플래닝 게임은 여러 단순한 가정에 의존한다.

함께 보기

전체 팀(p.130)

- 현명한 우선순위에 대한 결정을 내릴 수 있는 고객 스킬을 가진 팀원들

- 안정적으로 스토리의 크기를 정할 수 있는 개발 스킬을 가진 팀원들

- 의존성을 최소화하는 고객 중심의 스토리

마지막으로 기술 인프라스트럭처는 점진적으로 구축해야 한다. 이 과정에서 문제를 겪는다면 **전달하기** 플루언시 또는 적어도 진화적 디자인이 필요하다.

또한 팀이 동시에 작업할 수 있는 형태로 스토리를 유지해야 한다. 일반적으로 이는 추적 도구를 이용하기보다 인덱스 카드나 그에 상응하는 가상 환경에 스토리를 기록하는 것을 의미한다.

지표

플래닝 게임을 잘 진행한다면:

- ☐ 고객들과 개발자들 모두 자신이 계획에 기여한다고 느낀다.

- ☐ 압박감이나 스트레스는 개인이나 그룹이 아니라 계획의 제약 사항과 가능한 옵션에 집중된다.

- ☐ 개발자들은 작업량을 줄이는 옵션을 제안하면서도 여전히 팀의 목적을 달성한다.

- ☐ 고객은 팀의 목적을 가장 잘 지원하는 스토리의 우선순위를 거침없이 정한다.

대안과 실험

플래닝 게임의 핵심 아이디어는 고객과 개발자가 **함께** 모여 각자 만들었을 때보다 더 나은 계획을 만드는 것이다. 이는 개인 기반 접근 방식이 아니라 팀 기반 접근 방식이며, 태스크가 아니라 결과에 중점을 둔다.

이 핵심 아이디어를 깨뜨리는 것은 아직 보지 못했지만, 여전히 실험의 여지는 있다. 예를 들어 일부 팀은 한두 시간 안에 끝낼 수 있는 매우 작은 크기의 스토리 만들기를 선호한다(하지만 이들 또한 고객 중심을 유지해야 한다! 그렇지 않다면 그것은 그저 태스크일 뿐이다!) 플래닝 게임 어젠다에 관한 실험도 할 수 있다. 예를 들어 사람 수 조정이나 계획의 빈도 조절 등을 포함해 스토리를 만들고, 크기 결정을 비동기적으로 수행할 수 있다.

실질적인 고객 참여

대상
고객

우리는 고객 및 사용자의 목표와 좌절을 이해한다.

나는 질량 분석기 데이터를 분석하기 위해 소프트웨어를 구축하는 팀과 일한 적이 있다. 팀의 도메인 전문가는 화학자였으며, 이전에 근무했던 회사의 오래된 소프트웨어를 이용했다. 그녀의 가치는 셀 수 없을 정도로 중요했다. 이전 소프트웨어 버전에서 무엇이 작동하고 그렇지 않았는지에 관한 통찰력이 있었다. 그녀가 우리 팀원이라는 것은 행운이었으며, 그 덕분에 우린 더욱 가치 있는 제품을 만들었다.

애자일 팀에서 현장 고객, 즉 고객, 사용자, 비즈니스 이익을 대변하는 스킬을 가진 팀원들은 스토리를 선택하고 우선순위를 정하는 책임을 진다. 팀의 작업의 가치는 그들 손에 달려있다.

함께 보기
전체 팀(p.130)

이는 대단히 큰 책임이다. 현장 고객으로서 무엇을 선택해야 할지 어떻게 알 수 있는가?

일부 지식은 여러분의 배경과 전문성에서 온다. 하지만 여러분이 모든 것을 생각해낼 수는 없다. 일상의 세부 사항에 사로잡혀 실제 고객들의 이익을 놓쳐버릴 수도 있다.

여러분의 관점을 넓히려면 실제 고객과 사용자들을 참여시켜야 한다. 여러분이 만드는 소프트웨어가 누구를 대상으로 하는가에 따라 최선의 접근 방식은 각각 다르다.

KEY IDEA

피드백과 이터레이션

애자일은 피드백을 강조하며, 이는 성공의 큰 이유 중 하나다.

소프트웨어가 어떻게 받아들여질지 예측하기는 매우 어렵다. 심지어 어떻게 작동될지 상상하기조차 어렵다. 그 결과 팀은 종종 소프트웨어의 첫 번째 릴리스에 예상치 못한 결함이 있음을 알게 된다. 정확하게는 버그가 아니라 무엇을 해야 하는지에 관한 오해다.

애자일이 도입되기 전, 팀은 몇 년이 지난 뒤에야 첫 번째 릴리스를 할 수 있었다. 피할 수 없는 오류가 발견되는 시점은 너무 늦고, 변경 비용이 너무 커서 변경을 할 수 없었다. 애자일의 혁신적인 아이디어는 첫 달에 소프트웨어를 릴리스한 뒤 자주 릴리스함으로써 실수를 조기에 식별하고 수정할 수 있게 하는 것이다.

가능한 일찍 많은 피드백을 얻어 실수를 방지하라. 고객, 사용자, 비즈니스 이해관계자를 계획 프로세스에 참여시키라. 목업을 보여주고, 진행 중 업무에 대한 코멘트를 요청하라. 작동하는 소프트웨어를 점진적으로 릴리스하고, 사람들이 실제로 그것을 어떻게 이용하는지 관찰하라.

다음으로 피드백에 대해 행동하라. 계획을 변경하고, 개선하고, 이터레이션하라.

개인 개발

내가 주로 완성도를 위해 포함하는 **개인 개발**에서 개발 팀은 자체 고객이다. 그들은 자신들이 이용하기 위한 소프트웨어를 개발한다. 다른 누구의 개입도 필요 없다. 팀이 실제 고객이다.

플랫폼 개발

수평으로 확장된 팀의 그룹(수평으로 확장하기(p.117) 참조)에서 일부 팀만 다른 팀이 이용하는 소프트웨어를 만든다. 이런 플랫폼 개발에서는 그 클라이언트 팀이 실제 고객이다.

플랫폼 개발자들은 '사용하기 쉬운' 도구와 라이브러리를 만드는 함정에 자주 빠진다. 그것은 클라이언트 팀이 실제로 필요로 하는 것이 아니다. 클라이언트 개발 팀에게는 마법이 아니라 유연성, 자율성, 오너십이

> 클라이언트 개발 팀에게는 마법이 아니라 유연성, 자율성, 오너십이 필요하다.

필요하다. 그들은 여러분의 팀이 만드는 변경에 의존하지 않고 작업할 수 있어야 한다. 일반적으로 이는 명확한 책임, 최소한의 부작용, 필요할 때 팀이 세부 사항을 파고들 수 있는 '탈출 해치escape hatch'가 있는 단순한 프로그래밍 인터페이스를 우선해야 함을 의미한다.

NOTE 일부 조직은 팀을 플랫폼을 구축하는 시니어 개발자와 해당 플랫폼을 커스터마이즈해서 제품을 만드는 주니어 개발자로 나눈다. 이런 접근 방식을 피하라. 이 접근 방식은 너무나도 자주 상아탑 플랫폼(ivory-tower platform)을 만든다. 상아탑 플랫폼은 '쉬운' 커스터마이즈를 시도하지만, 사실상 경험이 부족한 개발자들은 끊임없이 그 차이를 메워야 한다. 결과적으로 유지보수가 어려운 난장판이 된다.

API를 디자인하고 그 역량을 결정할 때는 팀의 대표자들과 밀접하게 협업하라. 고객이 스스로 문제를 해결할 수 있게 하는 데 집중하고, 그들의 작업의 병목 현상이 발행하지 않도록 하라. 이해를 높이는 한 가지 방법으로 '교환 프로그램'이 있다. 이 프로그램에서는 여러분의 개발자들과 고객 팀의 개발자들을 몇 주 정도 맞바꾼다.

여러분의 팀이 특정한 팀이 아니라 일반적인 관점에서 개발자들을 돕는 소프트웨어를 만든다면 '수직적 시장 소프트웨어(p.292)'를 참조하라.

조직 내 맞춤형 개발

조직 내 맞춤형 개발in-house custom development은 팀이 속한 조직에서 이용하기 위한 것을 구축할 때 일어난다. 이는 전통적인 IT 개발이다. 여기에는 운영을 간소화하기 위한 소프트웨어 작성, 기업의 공장 자동화, 회계 보고서 생성 등을 포함할 수 있다.

이런 환경에서 팀은 소프트웨어의 비용을 **지불하는** 경영진 후원자, 그 소프트웨어를 이용하는 최종 사용자

> 실제 고객을 현장 고객으로 바꿔라.

등의 여러 고객에게 서비스를 제공한다. 이들의 목표는 일치하지 않을 수 있다. 최악의 경우 스폰서 위원회와 여러 이용자 그룹을 만족시켜야 할 수도 있다.

이런 어려움에도 불구하고 조직 내 맞춤형 개발을 통해 실제 고객이 쉽게 액세스할 수 있기 때문에 실제 고객을 손쉽게 참여시킬 수 있다. 최고의 접근 방법은 여러분의 고객을 팀에 참여시켜 **실제** 고객을 **현장 고객**으로 바꾸는 것이다.

NOTE 고객에게 팀에 참여하라고 요청하는 대신 팀이 고객 옆에 가는 것이 쉽다.

그렇게 하기 위해서는 경영진 스폰서나 신뢰받는 후보자를 여러분의 프로덕트 매니저로 만들어라. 프로덕트 매니저는 우선순위를 결정하고, 이 과정에서 경영진 스폰서의 욕구를 반영해 조직에 가치를 제공하는 소프트웨어를 만든다.

또한 몇몇 소프트웨어 최종 사용자를 도메인 전문가로 모집하라. 앞부분에서 소개했던 화학자처럼 실제 사용자가 소프트웨어를 이용하는 방법에 관한 귀중한 정보를 제공할 것이다. 그들은 소프트웨어를 이용함으로써 삶을 더 낫게 하는 최종 사용자의 욕구를 반영할 것이다.

터널 비전을 피하기 위해 프로덕트 매니저와 현장 고객은 이해관계자 데모를 수행하고, 로드맵을 공유함으로써 동료로부터 피드백을 받아야 한다.

> **함께 보기**
> 이해관계자 데모(p.401)
> 로드맵(p.424)

스폰서 또는 사용자를 팀에 합류시키는 데 문제가 있는 경우, 다음 섹션에서 아웃 소싱 개발에 대한 논의를 참조하라. 여러 스폰서 또는 사용자 그룹이 있는 경우 '수직적 시장 소프트웨어(p.292)'를 참조하라.

외주 맞춤형 개발

외주 맞춤형 개발outsourced custom development은 사내 개발과 유사하지만, 사내 팀이 수행하는 연결성 등을 갖지 못한다. 결과적으로 실제 고객을 현장 고객으로 고용할 수 없게 된다.

하지만 시도해야 한다. 실제 고객들에게 여러분의 팀에 참여하도록 요청하는 대신, 여러분의 팀을 그들의 사무실로 보내는 것도 한 가지 방법이다.

실제 고객을 팀에 참여시킬 수 없다면 다른 방법으로 그들을 참여시키도록 노력해야 한다. 프로젝트 시작 후 첫 번째 또는 두 번째 주에 실제 고객들과 직접 만나 여러분의 목적과 컨텍스트, 시각적 계획에 관해 논의하고 서로를 파악한다. 물리적으로 가까운 거리에 있다면 이해관계자 데모, 플래닝 세션, 간헐적인 회고를 통해 그들과 만나라.

함께 보기

목적(p.183)
컨텍스트(p.196)
시각적 계획하기(p.258)
이해관계자 데모(p.401)
플래닝 게임(p.277)
회고(p.450)

물리적으로 먼 거리에 있어 정기적인 방문이 불가능하다면 화상 회의 또는 전화 회의를 통해 만나라. 원격 팀 환경이라면 고객들이 가상 팀 룸에 접근할 수 있게 하는 것도 고려하라. 한 달에 한 번은 만나서 계획에 관해 논의하라. 대면 팀이라도 가상 화이트보드를 이용해 시각화 계획을 더 쉽게 논의하고 공유하는 것을 고려하라.

수직적 시장 소프트웨어

맞춤형 개발과 달리 **수직적 시장 소프트웨어**vertical-market software는 여러 조직에서 개발된다. 그러나 맞춤형 개발과 마찬가지로 특정한 업계에서의 사용을 위해 개발되며, 각 구매자에 맞춰 커스터마이즈된다. 대부분의 서비스로서의 소프트웨어SaaS, software as a service 제품이 이 분류에 속한다.

수직적 시장 소프트웨어는 다양한 고객이 있으며, 각 고객의 요구가 다르므로 실제 고객이 제품의 방향을 너무 많이 통제하지 않도록 주의해야 한다. 현장 고객의 요구에는 완전히 적합하지만 나머지 고객은 소외되는 제품을 만들게 될 수도 있다.

대신 팀에는 실제 고객의 요구사항을 완벽하게 이해하는 프로덕트 매니저를 포함시켜야 한다. 이들의 일은 어렵고 힘들다.

함께 보기

목적(p.183)

모든 실제 고객의 요구를 고려해 하나의 완벽한 목적으로 결합하는 것이다. 제품을 구매하는 사람들의 욕구와 실제 제품을 이용하는 사람들의 요구와 균형을 이뤄야 한다. 수직적 시장 소프트웨어의 경우 그들의 목적은 다른 경우가 많으며, 심지어 서로 충돌하기도 한다.

실제 고객을 팀원으로 참여시키는 것보다는 그들의 피드백을 도출할 수 있는 기회를 만들어라. 일부 기업은 가장 중요한 고객들로 구성된 **고객 리뷰 위원회**customer review board를 만들기도 한다. 이 고객들에게 릴리스 계획을 공유하고, 실제 시도해볼 수 있는 데모를 제공한다.

> 실제 고객에게 피드백을 도출할 수 있는 기회를 만들어라.

고객과의 관계에 따라 실제 사용자들을 현장 도메인 전문가로 팀에 합류하도록 요청할 수도 있을 것이다. 또는 도입부에서 소개한 화학자처럼 이전 사용자들을 도메인 전문가로 고용할 수도 있다. 무역박람회나 다른 전통적인 소스로부터 피드백을 도출할 수도 있다.

수평적 시장 소프트웨어

수평적 시장 소프트웨어horizontal-market software는 소프트웨어 개발이라는 빙산에서 수면 위로 드러난 끝 부분이다. 즉 다양한 업계에 거쳐 사용될 것을 의도한 소프트웨어. 고객 웹사이트, 게임, 많은 모바일 앱, 오피스 소프트웨어 등이 이 범주에 속한다.

수직적 시장 소프트웨어와 마찬가지로 실제 고객이 수평적 시장 소프트웨어의 방향을 너무 많이 통제하도록 해서는 안 된다. 수평적 시장 소프트웨어는 광범위한 고객의 관심을 끌어야 하며, 실제 고객은 그런 관점을 가질 가능성이 낮다. 수평적 시장 소프트웨어에서는 모든 고객의 요구에 기반해 완전한 전략과 시장 출시 전략을 수립하는 프로덕트 매니저가 매우 중요하다

수평적 시장 조직은 수직적 시장 조직만큼 고객과 밀접한 연결 고리를 갖지 못할 수 있다. 그렇기 때문에 고객 리뷰 위원회는 좋은 옵션은 아닐 수 있다. 대신 포커스 그룹, UX 테스트, 커뮤니티 리뷰, 조기 액세스와 베타 릴리스 같은 방법을 이용할 수 있다.

질문

우리는 마케팅 부문을 위한 웹사이트를 만든다. 이것은 어떤 유형의 개발인가?

얼핏 보기에는 맞춤형 개발처럼 보일 수 있다. 웹사이트의 실제 사용자는 외부 세계이기 때문이다. 업종에 따라 수직적 시장 또는 수평적 시장 개발에 가까울 수 있다. 가능하다면 마케팅 부문에서 프로덕트 매니저를 섭외해야 하겠지만, 웹사이트에 방문할 사람들에게도 피드백을 요청해야 한다.

전제 조건

실제 고객을 참여시킬 때의 위험 중 하나는 그들이 **모든** 고객의 요구를 반드시 반영하지는 않는다는 것이다. 그들이 자신들에게만 유용한 소프트웨어를 만드는 쪽으로 여러분을 속이지 않

함께 보기

목적(p.183)

도록 주의하라. 팀의 목적을 북극성으로 삼아라. 고객이 목적을 위한 정보를 제공하거나 심지어 변경할 수도 있지만, 궁극적으로는 프로덕트 매니지먼트 스킬을 가진 팀원이 팀의 방향에 대한 최종적인 책임을 가져야 한다.

마찬가지로 사용자들은 완전히 새로운 업무 방식을 찾기보다는 기존의 업무 방식을 개선하는 관점에서 생각을 더 잘한다. 그렇기 때문에 최종 사용자들은 **참여**해

> 최종 사용자는 참여해야 하지만 (제품의 방향을) 통제해서는 안 된다.

야 하지만, **통제**해서는 안 된다. 팀에 혁신이 중요하다면 선구자 같은 프로덕트 매니저나 UX 디자이너 같은 혁신적인 사고를 하는 이들에게 팀에서 중요한 역할을 부여하라.

결과

실제 고객과 사용자를 참여시키면:

- ☐ 고객이 실제로 소프트웨어를 이용하는 방법에 관한 지식을 개선한다.

- ☐ 고객의 목표와 두려움을 더 잘 이해한다.

- ☐ 고객의 피드백을 이용해 여러분의 계획과 소프트웨어를 수정한다.

□ 진정으로 유용하고 성공적인 제품을 제공할 수 있는 기회를 늘린다.

대안과 실험

피드백은 필수적이지만 실제 사용자의 직접적인 참여는 그렇지 않다. 최고의 소프트웨어는 때때로 강한 비전을 갖고 있고, 끊임없이 그것을 달성하는 사람들로부터 나온다. 그렇게 만들어진 소프트웨어는 완전히 새롭거나 기존 제품을 상당히 개선하는 경향을 보인다.

실제 고객의 피드백은 심지어 여러분이 그것을 무시하기로 선택하더라도 항상 유익하다. 이 프랙티스는 실제 피드백을 받는 것이다. 목표는 여러분의 팀과 조직이 **상상한 것**이 아니라, 고객과 사용자의 **실제**적인 필요를 만족시키는 소프트웨어를 만드는 것이다.

이 프랙티스를 실습할 때는 커뮤니케이션과 피드백에 중점을 둔다. 여러분이 만든 소프트웨어가 현실 세계에서 어떻게 인식되는지에 대한 더 나은 통찰력을 어떻게 얻는가? 아이디어를 만든 시점에서 피드백을 받기까지의 시간을 어떻게 줄일 수 있는가? 피드백을 바탕으로 어떻게 더 나은 결정을 내리는가? 여러분이 더 많은 정보를 가질수록 여러분의 팀이 더 나은 의사 결정을 내릴 수 있다.

점진적 요구사항

대상
고객

세부 요구사항은 필요하기 직전에 결정한다.

전통적인 프로세스는 하나의 요구사항 문서를 만든다. 이론적으로 이 문서는 소프트웨어가 어떻게 동작해야 하는지를 정확하게 설명한다. 이 문서는 사전 요구사항 수집 단계에서 비즈니스 분석가들이 만든다.

그러나 애자일 팀에는 이런 단계가 필요치 않으며, 스토리 카드는 요구사항 문서의 미니어처가 아니다. 그렇다면 애자일 팀은 무엇을 만들어야 할지 어떻게 아는가?

살아있는 요구사항 문서

애자일 팀은 대면 커뮤니케이션을 선호한다(대면 대화(p.152) 참조). 현장 고객, 즉 구매자, 사용자, 비즈니스 이해관계자를 대표하는 스킬을 가진 팀원들은 요구사항에 관련된 질문에 대답할 책임이 있다. 이들은 팀에게 있어 **살아있는 요구사항 문서**처럼

함께 보기

전체 팀(p.130)
팀 룸(p.150)
실질적인 고객 참여(p.288)

활동한다. 이들은 대화, 예시, 화이트보드 스케치 등을 통해 팀의 나머지 구성원들과 커뮤니케이션한다. 이는 문서를 전달하는 것, 특히 복잡한 주제에 관해 더 빠르고 오류가 덜하다. 개발자들이 요구사항을 이해할 필요가 있다면 그냥 물어보면 된다.

현장 고객은 질문을 받기 직전에 요구사항을 파악해야 한다. 이를 성공적으로 하기 위한 핵심은 전문성이다. 소프트웨어의 필요에 따라 프로덕트 매니지먼트 스킬을 가진 구성원(무엇을 왜 개발해야 하는지 생각한다), 도메인 전문성을 가진 구성원(소프트웨어가 지원하는 직업의 핵심을 이해한다), UX 디자인 스킬을 가진 구성원(사용자를 연구함으로써 그들의 작업을 이해하고 생산적인 UI를 만든다), 실제 사용자(실제 업무에서 그 소프트웨어가 사용되는 컨텍스트를 제공한다)를 포함한다. 예를 들어 내가 작업했던 보험 계리 제품actuarial product의 경우 프로덕트 매니저는 보험 계리인이었고, 스폰서는 그 기업의 시니어 보험 계리인이었다. 화학 분석 제품의 경우 프로덕트 매니저는 화학 박사 학위를 보유했으며, 전담 사용자 경험 디자이너와 도메인 전문가는 분석적인 화학자였다.

심지어 전문가들도 의사 결정에 앞서 수많은 옵션을 고려하고 리서치를 해야 한다. 고객들이여! 여러분은 구매자, 사용자, 다른 이해관계자들과 대화를 나눌 수 있으며 또 그래야만 한다(피드백과 이터레이션(p.289)

> 여러분의 소프트웨어가 어떻게 받아들여질지 상상만 하지 말고 가서 확인하라.

참조). 여러분의 소프트웨어가 어떻게 받아들여질지 상상만 하지 말고 가서 직접 확인하라. 질문을 던지고, 실험을 하고, 작동하는 소프트웨어를 보여주라.

다른 팀원도 자유롭게 참여시킬 수 있다. 예를 들어 사용자 인터페이스 가능성을 고려하는 UX 디자이너라면 팀의 프로그래머와 그에 관해 논의함으로써 인상적인 UI와 낮은 구현 비용 사이의 균형을 맞출 수 있다.

고객은 자신이 무엇을 학습했고 결정했는지 기억하는 방법을 스스로 결정한다. 여러분이 무엇을 이용하든 이들을 임시 노트로 취급하라. 현장 고객이 서로 협업할 수 있다는 것만이 중요하다. 영구적인 노트나 공식적인 문서는 나중에 얻게 될 것이다(문서화 (p.300) 참조).

전문가들이 팀에 속해 있지 않다면

비록 애자일 팀이 교차 기능적이며, 뛰어난 고객 전문성을 가진 이들을 포함한다 해도 많은 조직에서는 팀을 이런 식으로 구성하는 데 어려움을 겪는다. 대신 조직은 개발자들과 전문성을 가진 이들 사이에서 중개자 역할을 할 사람들을 선택한다. 예를 들어 도메인 전문가 대신 비즈니스 분석가를 선택하고, 프로덕트 매니저 대신 의사 결정 권한을 갖지 못한 누군가를 선택할 수 있다.

이런 상황에 있는 사람들은 마치 문지기처럼 전문가의 진술을 중재하고 해석하는 역할을 하기 일쑤다. 이런 실수를 저지르지 말라. 현장 고객들이 전문가가 아니라면 이들은 팀과 전문가 사이의 대화를 **촉진해야** 하며, 이를 통해 팀원 모두가 소스로부터 직접 학습할 수 있게 해야 한다. 그런 다음 팀은 협력해서 요구사항을 점진적으로 구체화한다. 이에 관해서는 이후에 설명한다.

때때로 여러분의 팀은 개발자로만 구성되기도 할 것이다. 상황은 비슷하다. 팀의 일부 구성원들은 전문가와의 대화를 촉진하고, 전체 팀은 함께 요구사항에 대해 협력한다.

점진적으로 작업한다

고객은 초기의 요구사항 수집 단계가 아니라 팀의 나머지 작업과 병행해 요구사항을 **점진적으로** 처리한다. 이를 통해 작업을 더 쉽게 수행할 수 있으며, 나머지 팀원들이 작업을 시작하기 전에 요구사항 분석이 완료될 때까지 기다릴 필요가 없다.

적응적 계획의 계획 범위를 이용해 세부 사항이 많지 않은 큰 그림에서 시작하고, 필요한 시점이 되면 세부 사항을 고려한다. 현장 고객은 이 작업을 완수하기 위해 협업하며, 일반적으로

> **함께 보기**
> 적응적 계획하기(p.237)

프로덕트 매니저는 큰 그림에 집중하고, 다른 현장 고객은 세부 사항에 집중한다(그림 8-3).

목적과 시각적 계획

처음부터 팀의 목적과 시각적 계획을 식별한다.

함께 보기

목적(p.183)
시각적 계획하기(p.258)
플래닝 게임(p.277)

플래닝 게임

각 플래닝 게임 세션에 앞서 시각적 계획을 보고, 어떤 증분이 다음 플래닝 게임의 대상인지 결정한다. 고객 스킬을 가진 모든 사람은 그 증분이 왜 가치가 있으며, 증분을 완료한다는 것이 어떤 의미인지 동일하게 이해해야 한다. 개발자의 시간을 절약하기 위해 플래닝 게임에 앞서 증분을 더 작은 스토리로 나눌 수도 있다. 그렇지만 플래닝 게임을 진행하는 동안 변경하는 것에 대해서도 준비해야 한다.

플래닝 게임을 진행하는 동안 개발자들은 증분과 스토리에 관한 여러분의 기대에 관해 질문할 것이다. 질문을 예상하고 대답을 준비하라(시간이 지남에 따라 개발자들이 어떤 유형의 질문을 하는지 학습하게 될 것이다). 스토리의 시각적인 측면을 간단히 스케치해보는 것도 도움이 된다. 여러분은 몇몇 개발자와 협업을 통해 미리 준비하는 것을 원할 수도 있다.

목업, 고객 사례 및 완료 기준

각 스토리에 관한 세부 사항은 개발자들이 해당 스토리에 관한 작업을 시작하기 직전에 생각하라. 시각적 계획을 보면 언제 이야기해야 할지 알 수 있을 것이다. UX 디자이너들은 작업이 완료됐을 때 어떤 모습을 예상하는지 보여주는 목업을 만든다.

함께 보기

고객 예시(p.372)
'완전 완료'(p.379)

도메인 전문가들은 까다로운 도메인 컨셉의 사례를 제공할 수 있도록 한다. 이를 활용해 각 스토리가 '완료'됐다는 의미를 결정하라.

고객 리뷰

스토리에 대한 작업이 진행 중이며 완료되기 전에 작업이 원하는 대로 진행되는지 확인하라. 애플리케이션을 적극적으로 테스트할 필요는 없지만, 개발자가 자신의 작업을 테스트하도록 맡겨라. 그러나 여러분은 개발자와 함께 앉아서 개발자가 여러분과 다르게 생각한 영역이 있는지 확인해야 한다. 이런 영역에는 용어, 화면 레이아웃, 화면 요소 사이의 상호 작용 등을 포함한다.

애플리케이션이 실제로 동작하는 것을 보기 전까지 모든 대화는 이론에 지나지 않는다. 여러분은 개발자와 옵션이나 비용에 관해 논의할 수 있지만, 실제로 동작

> 작동하는 소프트웨어만이 여러분이 얻을 수 있는 것을 보여준다.

하는 소프트웨어를 갖기 전까지는 어느 누구도 자신들의 선택이 실제로 어떻게 느껴질 것이라 상상할 수 있을 뿐이다. 오로지 동작하는 소프트웨어만이 여러분이 무엇을 갖게 될 것인지 보여준다.

때때로 개발자는 여러분이 요구한 것을 정확하게 제공하지만, 실제로 여러분이 바라던 대로 작동하지는 않을 것이다. 또한 때때로 잘못된 커뮤니케이션이나 오해가 있을 수 있다. 두 경우 모두 해결책은 동일하다. 개발자와 변경에 관해 논의하라. 개발자가 수정 작업을 할 때 페어링할 수도 있다.

많은 변경은 사소할 것이며, 개발자들은 일반적으로 팀 일정의 틈을 이용해 수정할 것이다. 그러나 주요한 변경은 현재 스토리에서 수정하기에 너무 클 수도 있다. 고객의 관점에서는 사

> **함께 보기**
> 슬랙(p.350)

소하게 보이는 변경일지라도 이런 현상이 발생할 수 있다. 개발자와 협업하며 그런 변경을 위한 새로운 스토리를 만들라. 시각적인 계획에 스토리를 위한 일정을 잡기 전에 변경이 비용을 뛰어넘는 가치가 있는지 고려하라.

협업을 계속함에 따라 개발자는 소프트웨어에 여러분이 기대하는 것이 무엇인지 학습할 것이다. 여러분이 발견하는 변경 사항의 숫자는 시간이 지남에 따라 줄어들 것이다.

문서화

애자일 팀은 대면 커뮤니케이션으로 문서를 대체하지만, 일부 문서는 여전히 가치를 지닌다. 이들은 다른 작업과 마찬가지로 스토리가 짜여져 있다. 경우에 따라 문서 업데이트는 더 큰 스토리의 일부에 불과하지만, 문서만을 위한 스토리도 가질 수 있다(문서화 스토리(p.231) 참조).

그러나 문서화를 위한 문서화는 하지 않도록 주의하라. 팀이 하는 다른 모든 작업과 마찬가지로 문서화를 통해 누가 이익을 얻는지, 왜 그것이 가치 있는지 명확하게 판단하라.

제품 설명서

제품 설명서product documentation는 고객에게 전달된다. 사용자 매뉴얼, 도움말 페이지, API 참조 문서 등이 여기에 속한다. 내가 함께 일했던 한 팀은 테스트 결과를 공식 문서에 포함시켜 고객이 법률적 승인을 통과하도록 돕기도 했다.

소프트웨어에 아무런 제품 문서가 없는 경우에도 향후 팀에서 참조하기 위해 여전히 소프트웨어가 수행하는 작업을 문서화할 수도 있다. 구성원들의 기억이 생생할 때 팀에서 '완료'에 대한 정의의 일부로 각 스토리의 일부를 그렇게 하는 것이 가장 좋다.

> **함께 보기**
> '완전 완료'(p.379)

운영 문서

런북runbook이라 불리기도 하는 운영 문서operations documentation는 다양한 상황에 대한 표준 프랙티스와 절차를 기술하며, 소프트웨어 배포 방법, 경고 및 장애 대응 방법, 추가 리소스 프로비저닝 방법 등을 포함할 수 있다.

> **함께 보기**
> 운영을 위한 빌드(p.667)

거버넌스 문서

조직에서 여러분에게 거버넌스나 감사를 목적으로 특정한 문서를 만들도록 요구할 수도 있다. 이 문서를 최소한으로 유지하거나, 더 가치 있는 것을 창의적으로 용도 변경함으로써 요구사항을 충족하도록 하라. 예를 들어 어떤 팀은 자동화된 인수 테스트, 코드 커버리지 보고서, 소스 통제 이력을 이용해 추적성과 관련된 요구사항을 만족시켰다.

감사가 특정 프로세스를 요구한다고 가정하지 말라. 그들은 종종 여러분이 선택한 특정 프로세스를 **갖고 있고**, 그것을 따르는지 입증할 수 있는지를 요구한다. 결과적으로 이는 여러분이 생각하는 것보다 거버넌스 문서를 줄일 수 있는 선택권을 준다. 예를 들어 공식적인 코드 리뷰를 수행하는 대신, 팀은 페어 프로그래밍을 이용하고 코멘트를 입력함으로써 '동료 리뷰' 감사 요구사항을 만족시킬 수 있다. 감사 그룹에 일찍 선의의 의견을 전달하고 창의적인 해결책을 만들 기회를 잡으라.

준공 문서

애자일 팀은 그들이 하는 일과 그 목적을 잘 이해한다. 그러나 문서를 통해 커뮤니케이션하지 않기 때문에 팀이 해산되면 그 이해 또한 사라진다.

팀이 해산하거나 혹은 다른 목적을 위해 움직이게 된다면, 시간을 할애해 팀이 무엇을 했는지 문서화하라. 이것은 여러분이 만든 소프트웨어의 마지막 증분이다.

> 준공 문서는 소프트웨어의 마지막 증분이다.

이는 옷을 좀벌레에 포장하는 것과 같다. 당장은 도움이 되지 않겠지만, 이 소프트웨어를 물려받는 누군가는 여러분의 시간에 감사할 것이다. 여러분의 목표는 누군가 여러분이 만든 코드를 지속하고 유지보수할 수 있도록 개요를 제공하는 것이다.

준공 문서^as-build documentation^는 서면 문서 또는 연습 비디오의 형태를 취할 수 있다. 이 문서는 일반적으로 아키텍처, 디자인, 주요 피처에 관한 중요한 개념을 개괄적으로 설명하며, 코드와 테스트는 세부 사항을 전달한다. 알리스테어 코크번은 시스템을 설명하는 능숙한 팀원과의 화이트보드 대화를 녹화해 시스템에 익숙하지 않은 프로그래머에게 제공할 것을 제안한다. 대화의 각 부분에 대한 타임스탬프를 제공하는 목차를 비디오와 함께 제공하라.

질문

문서의 양을 줄이는 것이 위험하지는 않은가?

그럴 수도 있다. 문서를 줄이기 위해서는 다른 형태의 커뮤니케이션을 이용해야 한다. 그렇기 때문에 애자일 팀은 요구사항 문서를 현장 고객으로 대신하는 것이다. 그러나 여전히 팀이 구현한 것에 관해서는 문서를 남겨야 한다. 가치가 있다고 판단했다면 문서화를 위한 스토리를 만들고 우선순위를 정하거나 '완료' 정의에 문서화를 포함시키라.

우리 고객은 팀이 무엇을 구현해야 하는지 모른다. 어떻게 해야 하는가?

명확하고 설득력 있는 목적에서 시작하라. 현장 고객이 그 목적을 추구하는 방법을 모른다면, 여러분의 팀에는 중요한 고객 스킬이 누락된 것이다. 이런 경우에는 [Wiegers1999] 같은 전통적인 요구사항 수집 기법을 이용할 수 있다. 하지만 여러분

함께 보기

목적(p.183)
전체 팀(p.130)
컨텍스트(p.196)

에게 필요한 스킬을 가진 사람들을 팀에 포함시키는 것이 더 낫다. 아직 이렇게 하지 못했다면 팀의 상황을 차터링하고, 이를 이용해 여러분에게 필요한 스킬을 더 잘 이해하고 주장하는데 사용하라.

고객 리뷰에서 우리가 다룰 수 없을 정도의 많은 문제를 발견하면 어떻게 해야 하는가?

이런 현상은 새로운 팀에서 팀의 개발자와 고객이 협업하는 방법을 학습하기 전에 많이 일어난다. 단기적으로 필요한 변경을 위한 새로운 스토리를 작성하면 된다. 더 장기적으로 고객은 개발자와 그들의 경험에 관해 이야기를 나누고, 진행 중인 작

함께 보기

몹 프로그래밍(p.520)
페어 프로그래밍(p.505)

업을 리뷰하는 데 더 많은 시간을 이용할 수 있다. 몹 프로그래밍은 이 아이디어를 궁극적으로 표현한 것이다. 고객/개발자 페어링도 선택할 수 있는 옵션이다. 연습을 통해 서로에게 무엇이 필요한지 예상하는 방법을 알 수 있을 것이다.

프로그래머로서 나는 고객이 리뷰에서 찾은 몇 가지 사항으로 인해 기분이 상한다. 고객은 너무 까다롭다.

화면의 배경색이나 UI의 픽셀 단위 정렬 등 프로그래머에게 까다롭게 보일 수 있는 것이

고객에게는 세련됨과 전문성을 의미한다. 이는 양방향으로 진행된다. 높은 품질의 코드와 리팩터링 같이 프로그래머에게 중요해 보이는 일부 사항은 고객에게는 불필요한 완벽주의처럼 보인다.

이런 관점의 차이에 기분 나빠하기보다는 여러분의 고객이 무엇을 왜 신경 쓰는지 배우기를 시도하라. 학습하는 과정에서 여러분은 고객의 필요를 더 잘 예상할 수 있으며, 변경의 필요 또한 줄일 수 있다.

전제 조건

이 프랙티스를 사용하려면 팀에 세부 요구사항을 다룰 수 있는 시간과 스킬을 가진 사람을 포함시켜야 한다. 그들이 없다면 여러분의 팀은 충분하지 않고, 분명하지 않은 요구사항을 다루는 데 어려움을 겪을 것이다.

함께 보기

전체 팀(p.130)
버그 없음(p.708)
시각적 계획하기(p.258)

고객 리뷰를 버그 찾기 세션으로 생각하지 말라. 개발자는 버그가 거의 없는 코드를 작성할 수 있어야 한다. 대신 리뷰의 목적은 고객의 기대와 개발자의 작업을 정렬하는 것이어야 한다.

일부 조직에서는 서면 문서를 중요시하기 때문에 요구사항 문서를 제거할 수 없을 것이다. 경영진과 해당 문서가 중요한 이유와 직접적인 커뮤니케이션으로 문서를 대체할 수 있는지 이야기하라. 어쩌면 준공 문서가 받아들일 수 있는 수준의 타협안일 수도 있다. 그렇지 않다면 시각적 계획에 필요한 문서를 작성하기 위한 스토리를 포함시켜라.

지표

고객이 요구사항을 점진적으로 해결한다면:

- ☐ 개발자는 만들어진 스토리에 관해 작업할 수 있으며, 그 동안 고객은 미래 스토리의 세부 사항을 생각한다.

- ☐ 고객은 요구사항에 관한 질문에 대한 답을 갖고 있으며, 이를 통해 플래닝과 개발

을 신속하고 부드럽게 진행할 수 있다.

☐ 스토리는 완료되는 시점에 고객의 기대를 반영한다.

대안과 실험

점진적 요구사항은 본질적으로 전통적인 사전 요구사항 수집 단계를 소프트웨어 개발의 전체 단계로 확산시킨다. 고객이 문서를 작성하고 개발자에게 전달하면 개발자가 그 문서를 읽는 것이 아니라, 세부 사항이 필요할 때 고객은 개발자에게 직접 말한다.

사람들은 일반적으로 근본적인 아이디어를 희석하면서 실험한다. 대부분 팀에는 고객 스킬을 가진 구성원이 없기 때문에, 다시 단계 중심 접근 방식과 문서 전달 형태로 후퇴한다. 이는

> **함께 보기**
>
> 몹 프로그래밍(p.520)

민첩성을 떨어뜨린다. 실험할 기회를 찾고 있다면 그 방향을 바꿔라. 커뮤니케이션을 늘리고, 전문성을 높이고, 핸드오프를 피하라. 몹 프로그래밍은 이런 유형의 실험의 결과다.

더 읽을거리

케이시 시에라[Kathy Sierra], 『Badass: Making Users Awesome』(O'Reilly Media, 2015): 사람들이 사랑하는 제품을 만드는 방법에 관한 멋진 책이다[Sierra2015].

오너십

> 최고 수준의 실행은 세부 사항을 정확하게 파악하는 데 있으며, 실제로 일을 하는 사람이
> 세부 사항을 가장 잘 이해한다[Poppendieck2003].
>
> – 린 소프트웨어 개발: 애자일 툴킷

애자일 팀은 자신들의 작업을 소유한다. 무엇을 할지, 작업을 태스크로 어떻게 구분할지, 누가 그 일을 할지 스스로 결정한다. 이는 '작업을 하는 사람이 무엇을 해야 하는지 가장 잘 이해한다'는 근본적인 애자일 원칙에 기인하기 때문이다. 그래서 세부 사항을 결정하기에 가장 적합한 사람이다.

오너십은 단순히 통제에 관한 것만은 아니다. 이는 **책임**responsibility에 관한 것이기도 하다. 팀이 자신의 작업에 관한 오너십을 가지면 또한 그것을 완수할 책임도 갖는다.

9장에서는 작업에 관한 오너십을 갖고, 성공적으로 완료하는 데 필요한 프랙티스를 소개한다.

- 태스크 플래닝(p.307)에서는 팀이 스토리를 태스크로 나누고, 그것을 어떻게 완료할지 결정하는 데 도움이 된다.
- 수용량(p.327)에서는 팀이 완료할 수 있는 항목에만 등록하도록 보장한다.
- 슬랙(p.350)에서는 수용량을 개선하고 팀이 신뢰할 수 있는 단기적인 헌신을 만드는 것에 관한 도움을 얻을 수 있다.

- 스탠드업 회의(p.357)에서는 팀원들이 작업을 조율하는 것에 관한 도움을 얻을 수 있다.

- 정보가 풍부한 업무 공간(p.365)은 유용한 정보로 여러분의 팀을 둘러싸고 있다.

- 고객 예시(p.372)에서는 팀이 전문가와 협업하는 것에 관한 도움을 얻을 수 있다.

- 완료, 완료는 팀이 릴리스할 수 있는 소프트웨어를 만드는 데 집중하는 것에 관한 도움을 얻을 수 있다.

9장 개요

자기 조직화와 집단 오너십은 언제나 애자일의 중심에 있었다.

팀이 각기 태스크를 계획하는 방법은 다양하다. 익스트림 프로그램과 스크럼에서는 모두 '이터레이션(iteration)' 또는 '스프린트(sprint)'라 불리는 짧은 사이클을 이용한다. 워드 커닝햄의 에피소드(EPISODES) 패턴 언어 같은 다른 메서드는 지속적인 업무 흐름을 이용한다[Cunningham1995]. XP와 스크럼은 주류로 자리 잡았지만, 지속적인 흐름은 데이비드 앤더슨(David Anderson)이 2005년 '칸반' 메서드를 소개할 때까지 큰 주목을 받지 못했다.

태스크 플래닝(Task Planning)은 이터레이션과 지속적인 흐름을 모두 포함한다. 이터레이션에 관한 접근 방식은 XP에 기반하며, 지속적인 흐름에 관한 접근 방식은 아로 벨시(Also Belshee)가 칸반을 변형한 '네이키드 플래닝(Naked Planning)'에 기반을 두고 있다.

수용량(Capacity)은 XP에 뿌리를 두고 있으며, 이는 기본적으로 '부하 팩터(load factor)'라는 계산을 포함한다. 마틴 파울러와 켄트 백은 그들의 저서 『Planning Extreme Programming』에서 이를 간단한 '벨로시티(velocity)'라는 개념으로 풀어냈다[Beck2000b]. 몇몇 일반적인 오해를 피하기 위해 나는 이를 '수용량'이라고 이름을 변경했다.

슬랙(Slack)은 『익스트림 프로그래밍 제2판』(인사이트, 2006)에서 소개됐다[Beck2004]. 나는 켄트 백이 [DeMarco2002]에서 영향을 받았다고 생각한다. 두 소스와 [Goldratt1992]에서 영감을 받았지만 내가 내린 결론은 꽤 독특하다.

스탠드업 회의(Stand-Up Meeting)에 관한 내 접근 방식은 다양한 소스를 통해 필터링됐다. 스크럼의 '데일리 스크럼(Daily Scrum)'이 가장 바탕이 됐다. XP는 여기에 '일어선다'는 개념을 더해 "데일리 스탠드업(Daily Stand-Up)"을 만들었으며, 이것이 내가 처음 배운 방법이다. 모던한 '보드 앞에서 걷기(walk the board)' 접근 방식은 2007년 열린 강연에서 브라이언 매릭이 발표한 내용에서 비롯된 것으로 보인다[Marick2007b].

정보가 풍부한 업무 공간(Informative Workspace)은 XP 1판에서 소개한 '거대한 시각화 차트(Big Visible Chart)'와 XP 2판에서 소개한 '정보가 풍부한 업무 공간', 알리스테어 코크번의 '정보의 대류(Convection Currents of Information)'를 조합한 것이다[Cockburn2006].

고객 예시(Customer Example)는 워드 커닝햄과 그의 통합 테스트를 위한 프레임워크(Fit, Frame work for Integrated Test)에 관한 작업에서 많은 영감을 받은 것이다. 고객은 Fit을 이용한 테스트를 통해 의사소통할 수 있다. 이 책의 1판에서는 이 프랙티스를 '고객 테스트(Customer Test)'라 불렀다. 이후 Fit을 이용하고 가르친 경험의 결과 '고객 예시'로 발전했다.

'완전 완료'는 특정한 출처가 없는 일반적인 아이디어다. 이와 관련된 용어인 '완료 정의(Definition of Done)'는 빌 웨이크가 고안한 것으로 일반적으로 알려졌지만, 정작 개인적인 대화를 통해 알게 된 사실은 그렇지 않다고 한다. 완료 정의는 이후 스크럼의 중심이 됐다.

태스크 플래닝

대상
전체 팀

우리는 이번 주에 해야 할 작업에 관한 계획이 있다.

8장에서 설명한 프랙티스를 따르면 다양한 수준의 세부 사항을 가진 시각적 계획을 얻게 될 것이다. 장기적으로 달성할 수 있는 가치 있는 증분, 중기적으로 완료될 수 있는 작은 가치 있는 증분, 단기적으로 완료할 수 있는 구체적인 스토리가 포함돼 있을 것이다.

그 계획은 **태스크 플래닝**을 통해 구현된다. 스토리를 태스크로 나누고 팀의 진행 상황을 확인한다. 애자일 팀은 자기 조직화된 팀이므로(자기 조직화 팀(p.146) 참조) 태스크 생성, 할당, 추적은 관리자가 아니라 팀이 직접 수행한다.

태스크 플래닝은 케이던스, 태스크 생성, 시각적 추적으로 구성된다.

케이던스

케이던스^{cadence}는 태스크 플래닝의 빈도다. 애자일 커뮤니티에는 일반적인 두 가지 접근 방식이 있다. 한 가지는 **스프린트**[1]라고 불리기도 하는 이터레이션이고, 다른 한 가지는 **칸반**으로도 부르는 지속적인 흐름^{continuous flow}이다.

이터레이션이란 정해진 길이의 시간으로 1주 또는 2주 정도 지속된다. 이터레이션의 시작마다 완료할 일련의 스토리를 선택하고, 이들이 해당 기간 내에 모두 완료되리라 예상한다. 반면 지속적인 흐름은 스토리의 끝나지 않는 흐름이다. 이전 스토리가 완료되면 새로운 스토리를 선택한다.

애자일을 처음 접하는 팀은 이터레이션을 이용해야 한다. 이터레이션이 더 쉽기 때문이 아니라(사실 더 어렵다), 엄격한 이터레이션의 케이던스는 팀이 개선해야 할 방법에 관한 중요한 피드백을 제공하기 때문이다. 또한 이터레이션 수용량을 잘 이용하면 개선을 할 수 있는 여유도 얻을 수 있다.

함께 보기
수용량(p.327)
슬랙(p.350)

지속적인 흐름은 이터레이션이 제공하는 것 같은 개선의 기회를 제공하지 않는다. 팀이 탈선하지 않았는지 확인하거나 개선에 드는 시간을 정당화하기가 더 어렵다. 즉 지속적인 흐름이 스트레스가 덜하기 때문에 많은 팀이 지속적이 흐름을 선호한다.

이터레이션

소프트웨어 개발은 서서히 끝난다. 처음엔 모든 것이 괜찮다. "이 테스트만 마치면 태스크를 완료할 수 있을 것이다." 그러고는 맥이 빠져서 "이 버그만 고치면 태스크를 완료할 수 있을 것이다."라고 말한다. 이제는 숨을 헐떡이며, "아니, 정말 이 API 오류만 확인하면 완료할 수 있을 것이다…" 그 사실을 알기 전에 두 시간이면 완료할 것으로 예측했던 태스크는 이틀이 지나야 끝난다.

팀에도 서서히 진행되는 끝이 다가온다. 모든 문제는 몇 시간 혹은 하루 만에 해결되기 때문에 문제처럼 생각되지 않지만, 릴리스에 포함되는 수백 개의 태스크에 걸쳐서 증가한다. 누적된 효과는 팀과 그 이해관계자들을 곤혹스럽게 한다.

---

[1] '스프린트(단거리 달리기)'는 오해의 소지가 많은 이름이다. 소프트웨어 개발은 스프린트의 연속이 아니라 오히려 마라톤과 같다. 무한히 유지할 수 있는 속도로 작업해야만 한다.

이터레이션을 통해 문제를 조기에 발견할 수 있다. 이터레이션은 시간을 엄격하게 제한한다. 시간이 되면 이터레이션은 종료된다. 이터레이션 시작 시점에서(각 이터레이션은 일반적으로

함께 보기

'완전 완료'(p.379)

1~2주 길이다) 여러분은 수용량을 예측하고, 그 수용량에 맞는 스토리를 선택한다. 이터레이션 종료 시점에 모든 스토리가 '완전 완료'돼야 한다. 그렇지 않다면 무언가 잘못된 것이다. 물론 이것이 문제를 **예방**하지는 않지만, 적어도 그 문제를 드러내기 때문에 잠재된 이슈를 해결할 수 있는 기회를 얻을 수 있다.

이터레이션은 일관적인 일정을 따른다.

함께 보기

이해관계자 데모(p.401)
회고(p.450)
지속적인 배포(p.686)

1. 이전 이터레이션 결과를 이해관계자들에게 시연한다 (30분).

2. 이전 이터레이션에 대한 회고를 진행한다(1시간).

3. 이터레이션 태스크를 계획한다(30분).

4. 스토리를 개발한다(남은 이터레이션)

5. 지속적인 배포를 이용하지 않는다면 직접 배포한다(자동화됨).

많은 팀은 월요일 아침에 이터레이션을 시작하지만, 나는 수요일이나 목요일 아침에 이터레이션 작업을 선호한다. 이렇게 함으로써 팀원들은 중요한 이벤트를 놓치지 않고 긴 주말을 보낼 수 있다. 또한 주말에 일하고자 하는 욕구를 줄이기도 한다.

이터레이션의 길이에는 제한이 없지만 대부분의 팀은 1주 또는 2주 길이의 이터레이션을 이용한다. 애자일을 처음 접하는 팀이라면 1주 길이의 이터레이션이 가장 좋다. 팀은 몇 주를 경험했느냐가 아니라, 몇 번의 이터레이션을 처리했는가에 따라 애자일에 대한 이해도를 높일 수 있기 때문이다. 이터레이션의 길이가 짧을수록 개선 속도가 빨라진다.[2]

한편 1주 길이의 이터레이션은 팀에 더 많은 스트레스를 준다. 에너지로 가득한 업무를 더욱 어렵게 만들며, 리팩터링을 위한 시간을 갖지 못하게 할 수도 있다. 1주 길이의 이터

---

2   90분 길이의 이터레이션에서 실제 소프트웨어를 개발하는 학생들을 가르쳐봤다. 이 학생들은 일주일 단위의 이터레이션을 이용하는 팀에서 내가 봤던 동일한 개선을 경험했다.

레이션에서는 인터럽트나 휴일 등이 상대적으로 큰 중단이기 때문에 수용량을 예측하기가 더 어렵다. 팀이 안정적으로 이터레이션마다 스토리를 끝낼 수 있게 되면 2주 길이의 이터레이션으로 실험하도록 한다.

함께 보기

활력 넘치는 업무(p.215)
리팩터링(p.598)
수용량(p.327)

2주보다 긴 이터레이션은 일반적으로 좋지 않다. 팀은 작업을 마치기 위해 더 시간이 필요하다고 느끼는 경우 긴 길이의 이터레이션을 이용하지만 이는 문제를 종이로 덮는 것에 불과하다. 이터레이션의 길이를 늘린다고 시간이 늘어나지는 않는다. 그저 진행 정도를 확인하는 빈도가 달라질 뿐이다.

이터레이션 종료 시점에 모든 작업을 마치는 데 문제가 있다면, 그것은 시간이 부족해서가 아니다. 점진적으로 일하는 방식을 더 연습해야 한다. 이터레이션의 길이를 **줄이고**, 스토리를 작게 만들고, 스토리를 완료하는 것을 방해하는 문제를 해결하는 데 집중하라.

> 스토리를 완료하는 데 문제가 있다면 더 짧은 이터레이션을 이용하고, 스토리를 더 작게 만들어라.

지속적인 흐름

지속적인 흐름 Continuous flow은 글자 그대로, 특정한 시작이나 끝이 없는 스토리의 지속적인 흐름을 의미한다. 팀이 매주 무엇을 할 수 있는지 예측하는 대신, 팀이 한 번에 작업할 수 있는 스토리의 수인 '진행 중 업무 제한work-in-progress limit'을 만들라. 1에서 3이 좋으며 숫자가 적을 수록 좋다(진행 중 업무를 최소화하라(p.243) 참조). 제한 값에 이르면 어떤 스토리도 시작할 수 없다. 스토리가 '완료'되고 목록에서 제거되면, 새로운 스토리를 시작할 수 있다.

이론적으로 지속적인 흐름은 이터레이션보다 낭비가 적다. 수용량을 예측하거나 이터레이션 길이에 맞게 스토리를 만들지 않아도 되기 때문이다. 실제로는 그런 경우를 보지 못했다. 엄격한 이터레이션 타임박스는 팀이 스토리를 완료하는 데 집중하도록 유지한다. 지속적인 흐름을 이용하는 팀은 문제를 수정하거나 범위를 줄이는 등의 긴급함을 갖지 않는다. 애자일을 처음 접하는 팀이라면 이터레이션을 마스터한 뒤 지속적인 흐름을 시도할 것을 권한다.

지속적인 흐름은 작고 예측할 수 없는 많은 스토리를 다루는 팀, 다시 말해 많은 유지보수나 버그 수정 작업을 하는 팀에게 적합하다. 계획이 너무 자주 변경돼 1주일 길이의 이터레이션마저 길다면, 지속적인 흐름을 이용하는 것이 좋다.

KEY IDEA

집단 오너십

애자일 팀은 결과에 대한 책임을 공유한다. 전체 팀은 협력해 스토리를 완료한다. 모든 구성원은 그들이 가장 잘 아는 작업으로 모여들고, 도움이 필요한 이들을 돕고, 그들이 아직 잘하지 못하는 작업에 기여하는 방법을 학습한다. 무언가 잘못되면 팀은 함께 문제를 해결한다. 무언가 잘 되면 팀 전체가 신용을 얻는다.

어떤 팀은 스토리를 개별 팀원에게 할당해서 독립적으로 작업하게도 하나, 최고의 애자일 팀은 스토리를 '함께' 다룬다. 한 번에 하나의 스토리 또는 감당할 수 있다면 하나에 가까운 스토리만 처리하며, 조정과 협업을 통해 모든 것이 함께 진행되도록 한다. 그렇게 함으로써 다른 구성원들이 모르는 사이에 특정 구성원이 곤란에 처하거나 진척을 지연시키지 않도록 한다.

전달하기 팀에서는 공유된 오너십이 코드에까지 확장된다. '집단 코드 오너십(p.496)'을 참조한다.

태스크 생성하기

스토리를 선택해 태스크 플래닝을 시작하라. 이터레이션을 이용한다면 이터레이션 수용량에 따라 스토리를 선택한다. 예를 들면 6개의 스토리 또는 12 포인트 등으로 정할 수 있다. 지속적인 흐름을 이용한다면 진행 중 업무 제한에 맞춰 스토리를 선택하고, 하나의 스토리를 완료할 때마다 새로운 스토리를 계

함께 보기

수용량(p.327)
시각적 계획하기(p.258)
플래닝 게임(p.277)

획하라. 어떤 접근 방식을 선택하든 완료할 수 있는 스토리만 선택하라. 서드 파티 의존성이 해결됐거나 서드 파티가 참여할 준비가 돼 있는 것만 선택하라.

현장 고객은 시각적인 계획에서 우선순위가 가장 높은 스토리를 선택한다. 그들은 이 스토리를 테이블 또는 가상 화이트보드에 펼쳐 놓고 나머지 팀원들에게 이에 관해 설명한다. 이 작업은 그리 많은 시간이 걸리지 않는다. 팀은 이미 플래닝 게임에서 해당 스토리를 봤기 때문이다.

다음으로 동시 브레인스토밍(동시에 작업하라(p155) 참조)을 이용해 각 스토리를 완료하기 위해 필요한 태스크를 확인한다. 몇 시간 정도의 작업으로 끝날 수 있도록 작은 규모로 만들어라. 각 태스크를 한 장의 카드 또는 가상의 카드에 적어서 관련된 스토리 옆에 붙인다.

어떤 것이든 태스크가 될 수 있다. 스토리를 완료하기 위한 모든 것이 포함돼야 한다. '빌드 스크립트 업데이트', 'Customer 클래스 추가', '청구 양식 목업 제작'이 포함될 수 있다. 대부분의 태스크는 개발자가 만들지만 누구라도 태스크를 만드는 데 참여할 수 있다.

태스크 플래닝은 **디자인** 액티비티다. 전체 팀이 동일 선상에 서도록 하는 방법이다. 모든 팀원이 소프트웨어를 어떻게 개발해야 하는지에 관해 동일한 아이디어

태스크 플래닝은 디자인 액티비티다.

를 가진다면 개발 과정은 빠르게 진행될 수밖에 없다. 그렇지 않다면 개발을 시작하기 전에 심도 있게 논의할 수 있는 좋은 기회가 될 것이다.

개별 태스크에 너무 깊게 빠져들 필요는 없다. 태스크 플래닝은 모든 구성원을 동일한 선상에 두기 위한 것이지, 무엇을 해야 할지 구체적으로 결정하기 위한 것이 아니다. 실무자들이 세부 사항을 결정하도록 여지를 남겨두자. 예를 들어 'Customer 클래스 추가'라는 태스크가 있다고 가정하자. 모든 프로그래머가 Customer 클래스가 계획에 어떻게 들어맞는지 이해하는 한, 여러분은 이 클래스가 어떤 메서드를 포함해야 하는지 굳이 말하지 않아도 된다.

작업하는 동안 개발자는 각 스토리의 세부 사항에 관한 의문을 가질 수 있다. 고객 스킬을 가진 팀원이 이러한 질문에 대답할 수 있게 하라.

태스크 플래닝 작업은 10~30분 안에 완료돼야 한다. 그보다 오래 시간이 걸린다면 세부 사항에 너무 집중했다는 의미다. 어떤 문제에 막히는 경우 회의 중에는 그 문제를 해결하지 말라. 대신 그 질문 자체를 디자인 태스크로 추가하라. 예를 들어 사람이 어떤 인증 라이브러리를 이용해야 할지 결정하고자 한다면 '인증 라이브러리 선택'이라는 태스크를 추가하는 것이다.

팀이 집단적으로 팀의 작업을 소유해야 한다는 점을 기억하라. 디자인 태스크를 만들

었다면 그로 인해 영향을 받는 모든 팀원이 해당 결정 사항에 관여했는지 확인하라. 그들은 함께 작업을 할 것이다.

다른 방법으로 팀은 이 태스크를 일부 구성원(옵션을 가진)에게 위임하고, 더 큰 그룹에 보고하도록 할 수도 있다. 그러나 두 가지 방법 모두 첫 번째 태스크 플래닝 회의 이후 진행돼야 할 일이다.

태스크 플래닝 회의 결과, 태스크의 초기 세트를 얻을 수 있다. 작업을 진행하면서 새로운 태스크를 발견할 수 있다. 디자인 태스크가 있을 때는 특별히 이런 상황이 더 많이 발생한다. 예를 들어 '인증 라이브러리 선택'이라는 태스크는 '인증 콜백 엔드포인트 만들기', '비밀번호 재설정 이메일 사본 작성', '재설정 이메일을 추가해 스크립트 배포' 같은 새로운 태스크가 발생할 수도 있다.

모든 태스크가 준비되면 팀이 스토리를 완료하는 데 필요한 모든 것이 계획에 포함돼 있는지 다시 한번 확인한다. 계획이 달성 가능한지 팀에 질문하라. 대부분 달성 가능한 것이지만 만약 그렇지 않다면 적절한 시점까지 스토리를 제거하거나 대체하라.

마지막으로 동의 투표를 실시한다(동의를 구하라(p.157) 참조). 팀이 계획에 동의하면 이제 실행하면 된다. 태스크 추적 보드를 만들고, 짧은 스탠드업 회의를 통해 가장 먼저 무엇을 실행할지를 결정한 뒤 작업을 시작하자.

> **함께 보기**
> 스탠드업 회의(p.357)

시각적으로 추적하기

애자일 팀은 작업에 대한 오너십을 공유한다(집단 오너십(p.311) 참조). 태스크는 특정한 사람에게 할당되지 않는다. 대신 누군가 태스크에 관한 작업을 시작할 준비가 되면 작업 가능한 태스크를 살펴보고, 자신들이 기여할 수 있거나 작업을 통해 학습할 수 있는 다음 태스크를 선택한다. 진행 상황을 파악하고 필요할 때 도움을 주는 것은 팀 전체의 책임이다.

팀의 전체적인 진행 상황을 희생하면서 자신의 작업에 몰두하기는 쉽다. 더 큰 그림을 염두에 두고 개별 작업의 완료보다 팀의 성공을 우선해야 한다. 스탠드업 회의는 한 걸음 물러서서 큰 그림에 관해 생각하는 데 도움이 되지만, 그보다 중요한 도구는 작업 추적 보드다. 이는 정보를 제공하는 업무 공간의 중심 부분이다.

함께 보기

정보가 풍부한 업무 공간 (p.365)

내가 선호하는 태스크 추적 도구는 커다란 자석 화이트보드다. 나는 바퀴가 달린 가로 길이 1.8m 정도의 화이트보드를 자주 이용한다. 보드의 한쪽에 시각적 계획, 다른 한쪽에 태스크 계획을 붙인다. 원격 팀이라면 가상 화이트보드를 이용할 수 있다. 동일한 가상 보드에 시각적 계획과 태스크 계획을 함께 두는 것이 편리하다.

태스크 보드는 실제든 가상이든 팀 룸의 중심이다. 진행 상황을 항상 시각적으로 볼 수 있다. 태스크 보드를 항상 최신 상태로 유지하자. 태스크에 관한 작업을 시작했다면 여러분의 이름이나 이니셜로 보드에 표시하라. 대면 팀에서는 재미있는 그림을 이용해 맞춤형 자석을 만들어서 이용하기도 한다. 원격 팀에서는 재미있는 이미지를 업로드할 수도 있다.

실제 팀 룸에서는 태스크 카드를 여러분의 자리로 가져갈 수 있다. 직접 보드로 가서 카드를 가져오는 작업은 팀의 나머지 사람들이 상황 인식을 하는 데 도움이 된다. 사람들이 움직이는 것을 보는 것만으로도 팀의 상태를 이해할 수 있다.

원격 팀에서는 팀원들에게 태블릿을 제공해 가상 화이트보드를 이용하도록 함으로써 상황 인식에 관한 같은 영향을 줄 수 있다(어쨌든 좋은 아이디어다. 태블릿은 효능에 비해 저렴하며, 쉽게 화이트보드 스케치를 할 수 있게 돕는다). 태블릿을 켜고 태스크 보드에 로그인해 둠으로써 변화를 항상 관찰할 수 있다. 집중력을 떨어뜨린다면 전원을 꺼둘 수도 있다.

방법이 무엇이었든 여러분의 팀에 가장 효과적인 방법을 이용해 태스크 계획을 시각화하라. 두 가지 옵션을 소개하니 다른 방법과 함께 자유롭게 실험해 보라. 그

시각적이고 가벼운 태스크 플래닝 접근 방식을 유지하라.

렇지만 실제든 가상이든 화이트보드를 이용해 시각화하고 가볍게 유지하라.

NOTE 지라(Jira) 등 소위 애자일 계획 도구라 불리는 것은 마찰을 많이 일으킨다. 애자일 팀은 지속적으로 개선과 새로운 업무 방식을 실험한다. 계획 도구는 그저 여러분의 걸음을 방해할 뿐이다.

태스크 그리드

태스크 그리드task grid는 이를 소개한 모든 팀에서 큰 효과를 발휘했다. 태스크 그리드는 단순하고 간결하다. 태스크 그리드를 만들 때는 스토리를 우선순위에 따라 위에서 아래로 정렬한다. 각 스토리의 오른쪽에는 해당 스토리와 관련된 태스크를 수평으로 나열한다. 가장 자연스럽게 느껴지는 순서로 태스크를 나열한다. 순서가 뒤섞여도 관계는 없다.

태스크를 수행할 준비가 됐다면 가장 왼쪽 위에서 시작해 작업할 준비가 완료된 카드를 선택한다. 각 태스크를 완료했다면 해당 태스크에 표시를 한다. 초록색 마커로 동그라미를 표시하

함께 보기

'완전 완료'(p.379)

거나 녹색 자석을 붙이거나 가상 카드라면 색상을 바꿔도 좋다(단 카드 위에 무언가를 기록하는 것은 피한다. 때때로 태스크를 다시 확인해야 할 수도 있다). 한 스토리에 대한 모든 태스크가 완료되면 팀의 완료 정의를 검토하고, 필요한 최종 변경 사항을 반영한 후 스토리 카드도 녹색으로 표시한다.

태스크 그리드는 이터레이션을 이용하는 팀에 큰 효과를 발휘한다. 그림 9-1은 태스크 그리드의 예시다.

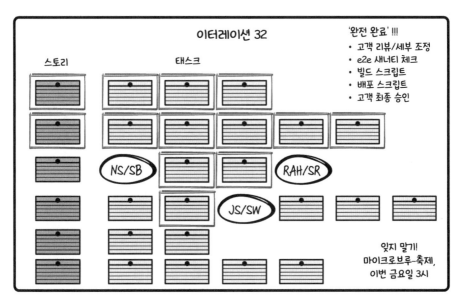

그림 9-1 태스크 그리드

탐정의 화이트보드

범죄 드라마나 영화를 보면 사건에 관한 모든 정보가 담긴 화이트보드가 존재한다. 용의자 사진, 증거, 이곳에서 저곳으로 향하는 화살표가 있다. 이것이 바로 **탐정의 화이트보드** Detective's whiteboard이며, 정확하게 이 시각화가 동작하는 방식이다.[3] 그림 9-2는 탐정의 화이트보드의 예다.

모든 스토리는 자체의 보드나 보드의 일부를 가지며, 태스크, 목업, 문서를 포함해 스토리와 관련된 모든 것이 보드 위에 놓인다. 팀이 이해할 수 있는 어떤 형태로든 그룹화된다.

태스크나 정보의 조각이 완료되거나 더 이상 관련이 없어지면 팀은 해당 정보를 보드에서 제거한다. 또는 다른 것이 도움이 된다고 판단하면 그것을 보드에 추가한다. 보드가 깨끗하게 비워지면 그 스토리는 완료된다. 탐정의 화이트보드는 지속적인 흐름을 이용하는 팀에서 효과를 발휘한다.

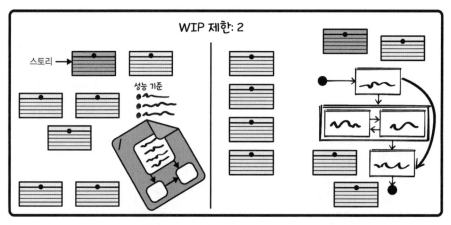

그림 9-2 탐정의 화이트보드

교차 팀 디펜던시

일부 스토리는 팀 외부의 사람들의 작업에 의존한다. 스토리는 일반적으로 작업 시간이 하루 정도로 짧기 때문에 팀이 협업할 경우 이러한 서드 파티 의존성이 해결될 때까지

---

3   아를로 벨시(Arlo Belshee)는 그가 고안한 네이키드 플래닝 프로세스의 한 부분으로 탐정의 화이트보드를 내게 소개했다.

기다리는 것이 최선이다. 마찬가지로 스토리를 완료하는 데 팀에 일시적으로 누군가가 합류해야 한다면 그 사람이 참여할 때까지 기다려야 한다. 그렇지 않으면 부분적으로 완료된 작업으로 끝나게 될 것이다(진행 중 업무를 최소화하라(p.243) 참조).

조금 더 구체적으로 말하면 태스크 플래닝을 위한 스토리를 선택할 때는 의존성이 충족되지 않은 스토리를 선택하지 말라. 이터레이션을 이용한다면 다음 이터레이션까지 대기시켜야 한다. 지속적인 흐름을 이용한다면 다음 슬롯이 열릴 때까지 대기시켜야 한다.

의존성이 충족되지 않은 스토리를 선택하지 말라.

스토리에 관한 작업을 시작한 뒤 의존성이 있음을 발견했다면 계획에 남겨둬도 좋다. 하지만 하루나 이틀 정도의 짧은 타임박스를 설정하라. 설정한 때까지 의존성이 해결되지 않으면 계획에서 제거하고 교체하라. 나는 빨간색으로 만료 날짜를 기록해 둔다.

어떤 스토리는 여러분의 팀, 다른 팀, 그리고 다시 여러분의 팀이 작업을 해야 할 수도 있다. 그런 스토리는 두 개의 스토리로 나눈다. 첫 번째 스토리는 다른 팀을 위해 준비하는 것, 두 번째 스토리는 다른 팀이 작업을 한 뒤에 여러분의 팀이 작업을 하는 것이다. 이들을 고객 중심으로 유지하는 것을 잊지 말라(고객 가치(p.227) 참조).

일반적으로 애자일 팀은 팀이 개발하는 각 스토리에 대한 완전한 책임을 질 수 있어야 한다. 여러분의 팀이 교차 팀의 의존성으로 인해 많이 기다려야 한다면 무엇인가 잘못된 것이다. 전

함께 보기

전체 팀(p.130)

체 팀이 없거나 여러분의 조직이 잘못된 확장 방식을 선택했을 수도 있다(6장 참조). 멘토에게 도움을 요청하라.

이터레이션 커밋먼트를 만들고 만족시키기

이터레이션은 소프트웨어를 안정적으로 제공하는 팀의 능력을 개선하는 강력한 도구다. 이 장점을 충분히 이용하기 위해 여러분의 이터레이션 계획을 커밋먼트, 즉 달성하기 위해 최선을 다할 것이다.

함께 보기

이해관계자 신뢰(p.391)

우선 이터레이션 계획을 달성하는 데 문제가 생길 것이므로, 팀 내에서 개인적으로 약속하라. 이해관계자가 아니라 자신에게 헌신하라. 하지만 프랙티스와 함께 여러분은 이해관계자와 약속을 공유할 수 있을 만큼 충분한 일관성을 유지할 수 있으며, 그것이 바로 신뢰를 구축하는 훌륭한 방법이다.

그러나 어쨌든 **커밋먼트란 팀이 스스로 내린 선택**이다. 애자일 팀은 자신의 작업을 소유한다. 관리자는 팀에 커밋먼트를 강요하지 말라. 좋지 않은 끝맺음을 얻을 뿐이다.

물론 약속을 지킨다고 해서 여러분이 계획한 모든 것을 항상 끝낼 수 있는 것은 아니다. 무언가 잘못될 것

> 커밋먼트는 팀이 스스로 내린 선택이다.

이다. 그렇다. 커밋먼트는 합당한 범위 안에서 이터레이션을 제시간에 완료하기 위해 필요한 것을 하는 것에 관한 것이지만 문제를 해결하고, 해결할 수 없는 문제가 발생했을 때 명확하고 솔직한 커뮤니케이션을 하는 것이기도 하다.

커밋먼트를 달성하기 위해서는 문제를 너무 늦기 전에 알아차려야 한다. 일일 스탠드업 회의를 하면서 팀의 진행 상황을 검토하라. 이전 스탠드업 회의 이후로 계속 진행 중인 태스크가 있는가? 그렇다면 문제일 수 있다. 이터레이션의 절반이 지난

함께 보기

스탠드업 회의(p.357)
'완전 완료'(p.379)
슬랙(p.350)

시점에 절반의 카드가 녹색으로 표시돼 있는가? 그렇지 않다면 제시간에 모든 것을 완료할 수 없을 것이다. 또한 스토리의 절반이 녹색으로 표시돼 있는가? 태스크는 완료됐지만 스토리는 그렇지 않다면 이터레이션의 마지막 날에 스토리를 '완료'하기 위한 추가 업무로 정신이 없을 것이다.

이터레이션 커밋먼트를 위협하는 문제를 발견한다면 커밋먼트를 달성하기 위해 계획을 변경할 수 있는 방법이 있는지 확인하라. 슬랙을 이용하는 것이 도움이 되겠는가? 단순화하거나 연기할 수 있는 태스크가 있는가? 팀과 함께 옵션을 논의하고 계획을 수정하라.

때로는 계획이 감당할 수 없을 만큼 클 수도 있다. 이런 경우에는 일반적으로 이터레이션의 범위를 줄여야 한다. 일반적으로 한 스토리를 나누고 작업의 일부를 지연시키거나 한 스토리 자체를 제거한다.

한 스토리 전체를 제거한다고 하더라도 이터레이션에 대한 통제를 유지하라. 현재 계획에 있는 모든 스토리를 전달하는 이터레이션 작업은 처음보다 작은 계획이라도 모두 성공이다. 그러나 그 어떤 상황에서도 이터레이션의 마감일은 변경하지 말아야 한다. 항상 제시간에 이터레이션을 종료하라. 그래야만 여러분은 스스로를 속이지 않을 수 있다.

완료되지 않은 스토리

이터레이션 종료 시점에는 모든 스토리가 '완료'돼야 한다. 부분적으로 완료된 스토리는 거의 없어야 한다. 다시 말해 그런 일은 가끔, 특히 여러분이 학습을 하는 동안 발생할 것이다.

함께 보기

'완전 완료'(p.379)

수용량(p.327)

불완전한 코드는 해롭다. 다음 이터레이션에서 즉시 스토리를 완료할 계획이 아니라면 불완전한 코드는 코드베이스에서 제거하고, 스토리를 시각적 계획으로 되돌려라. 그 작업을 완료할 계획이라면 해야 할 작업을 나타내는 새로운 스토리를 만들라. 추정을 이용한다면 해당 스토리에 대한 새로운 추정을 하라. 이 부분적으로 완료된 작업이 여러분의 수용량에 영향을 주지 않기를 원할 것이다. 만약 그렇다면 너무 많은 재작업을 할 것이 뻔하기 때문이다.

때로는 여러분이 최선을 다하더라도 어떤 것도 완료하지 못할 수도 있다. 어떤 팀은 이런 상황에서 **이터레이션을 잃었다고 선언**한다. 그들은 코드를 원복하고 마치 그 이터레이션을 진행하지 않았던 것처럼 다시 시작한다. 가혹하게 들릴 수도 있지만 이는 좋은 프랙티스다. 이터레이션은 짧으므로 많은 코드를 버리게 되지는 않으며, 코드를 처음 작성했을 때 학습한 모든 것을 되돌릴 수 있다. 두 번째 시도에서는 더 나은 코드를 만들 것이다.

능숙한 팀은 완료하지 않은 스토리가 거의 없다. 스토리를 완료하는 데 문제를 겪는다면 접근 방식을 변경하라. 계획한 수용량을 줄이고, 스토리를 작게 나누고,

> 스토리를 완료하는 데 문제가 있다면 접근 방식을 바꿔라.

팀이 다음으로 넘어가기 전에 각 스토리를 완료하도록 조율하라. 이 방법이 효과가 없다면 무언가 잘못된 것이다. 멘토에게 조언을 구하라.

긴급 요청

긴급 요청은 피할 수 없다. 스토리를 완료하는 중이고 모든 것이 잘 진행되지만, 이해관계자가 불쑥 나타나 "이 새로운 스토리를 끼워 넣어야 합니다."라고 말한다면 어떻게 할 것인가?

먼저 이해관계자가 요청한 스토리가 긴급한지 팀에서 결정하라. 다음 태스크 플래닝 회의는 아마도 불과 며칠 뒤에 열릴 것이다. 팀의 작업에 혼란을 끌어들이는 대신, 새로운 스토리는 다음 기회까지 기다릴 수 있을지도 모른다. 비즈니스 전문성이 가장 뛰어나고 정치적인 노련함을 가진 팀원들이 결정을 이끌어야 한다.

긴급한 스토리의 우선순위를 정하기로 결정했다면, 이터레이션 혹은 지속적인 흐름 이용 여부에 따라 접근 방식이 달라진다.

이터레이션을 이용한다면 시작되지 않은 스토리를 제거하고, 이를 동일한 크기의 스토리로 교체할 수 있다. 제거된 스토리는 시각적 계획으로 되돌린다. 이미 모든 스토리가 시작됐더라도 스토리를 제거할 수 있다. 물론 얼마나 많은 것을 제거할 수 있는지 추측하고, 해당 코드도 제거해야 한다. 그래야 불완전한 코드가 작업을 방해하지 않는다.

지속적인 흐름을 이용하는 팀은 주로 긴급한 스토리만을 위한 별도의 진행 중 업무 제한을 만든다. 해당 제한은 가능한 작게 유지한다. 슬롯은 하나로 유지하는 것이 가장 좋다. 두 번째 긴급 스토리가 발생하고 대기할 수 없다면 기존 스토리를 제거할 수 있지만, 그와 관련된 코드도 제거해야 한다.

끊임없이 작은 긴급 사항이 발생한다면, 이들은 스토리보다는 오버헤드로 다뤄야 한다. 그것을 태스크 보드에 올리되 수용량으로 세지 말라. 여러분의 수용량은 스토리 작업에 소요되는 시간을 줄이면서 긴급 상황에 대처할 수 있는 충분한 시간을 제공하도록 자동으로 조정된다.

긴급 요청이 많거나 지속적인 지원이 필요하다면, 예비 개발자(또는 개발자들)를 확보해 해당 요청을 처리할 수 있다. 이들은 긴급 요청 사이에 방해가 되지 않는 모든 작업을 할 수 있으며, 일반적으로 스토리에 관한 작업은 배제된다. 번아웃을 방지하기 위해 매일 또는 매주 새로운 인원에게 이 역할을 준다.

첫 번째 주

여러분의 팀이 처음으로 애자일을 시도한다면 첫 두 달은 매우 혼란스러울 것이다. 첫 한 달 동안 현장 고객은 시각적 계획을 생각하고, 개발자는 기술적인 인프라스트럭처를 구축하고, 모든 구성원은 애자일 프랙티스를 이용해 협업하는 방법을 학습할 것이다

어떤 사람은 이런 혼란을 극복하는 최고의 방법으로 계획이나 기술적 인프라스트럭처에 대한 작업을 1~2주 정도 미리 하는 '스프린트 제로Sprint Zero'라는 방법을 꼽는다. 이 아이디어에는 약간 장점이 있기는 하지만, 애자일 팀은 팀이 유지되는 모든 기간에 이터레이션적이고 지속적으로 계획을 세우고 기술적 인프라스트럭처를 구축한다. 첫째 날부터 실질적인 업무를 시작하는 것이 좋은 습관을 구축하고, 실제 필요한 것에 집중해서 작업을 유지하는 데 도움을 준다.

1주 단위의 이터레이션을 먼저 이용하고, 첫 번째 이터레이션을 계획함으로써 첫 번째 날을 시작하라. 보통 이는 시각적 계획에서 스토리를 선택하는 작업이 포함되지만, 아직은 계획이 없을 것이다. 대신 첫 번째 릴리스에 반드시 포함될 가치 있는

함께 보기

적응적 계획하기(p.237)
시각적 계획하기(p.258)
플래닝 게임(p.277)

증분 하나를 생각하고, 그 증분에 대한 미니어처 플래닝 게임 세션을 진행하라. 모든 사람이 잘 이해할 수 있는 10~20개의 '딱 맞는' 스토리를 만들어라.

첫 스토리는 여러분이 만들 소프트웨어의 '수직적 줄무늬'로, '워킹 스켈레톤walking skeleton'으로 부르기도 한다. 이들은 첫 번째 증분을 위해 필요한 모든 기술의 조각을 구현해야 하며, 결과적으로 실제로 동작하는 소프트웨어를 볼 수 있어야 한다. 증분이 사용자 인터랙션을 포함한다면 초기 화면이나 웹 페이지를 표시하는 스토리를 만들어라. 증분이 데이터베이스를 포함한다면 소량의 데이터를 쿼리하는 스토리를 만들어라. 증분이 보고서를 포함한다면 기본 보고서를 위한 스토리를 만들어라.

초기 스토리에 너무 많은 것을 기대하지 말라. 개발자는 기술적 인프라스트럭처를 만들어야 할 것이다. 그 결과 스토리는 매우 작을 수 있다. 초기 화면은 로고만 표시하는 것에 그칠 수도 있다. 데이터베이스 쿼리는 하드코딩된 파라미터를 갖고 있을 수도 있다. 보고서에는 머릿글과 바닥글뿐일 수도 있다.

초기 스토리를 만들었다면 태스크 플래닝을 할 준비가 된 것이다. 여러분은 수용량에 관한 정보가 없기 때문에 한두 개의 스토리에 대한 태스크를 만드는 것에서 시작하라. 여러분의 첫 번째 태스크는 기술적 인프라스트럭처를 만드는 것이다. 버전

함께 보기

수용량(p.327)
제로 프릭션(p.536)
'완전 완료'(p.379)

관리, 자동화된 빌드 등이 이에 속한다. 지금은 최소한의 것만 하라(점진적으로 자동화하라 (p.545) 참조).

이터레이션을 진행하는 동안 한 번에 하나 또는 두 개의 스토리에만 집중하라. 이터레이션이 끝날 때까지 새로운 스토리를 추가하기 전에 각 스토리를 완료하라. 완료한 스토리를 통해 다음 이터레이션의 수용량을 설정하라(초기 수용량(p.341) 참조). 그렇지 않은 스토리는 원복하거나 새로운 스토리로 변경하라(완료되지 않은 스토리(p.319) 참조).

장기적으로 몹 프로그래밍을 이용할 계획이 없더라도, 첫 스토리 몇 개는 프로그래머와 운영자가 함께 그룹으로 작업하도록 하는 것도 좋은 방법이다. 사람들이 키보드를 차례로 다루는

함께 보기

몹 프로그래밍(p.520)

동안 프로젝터나 공유 화면을 이용해서 모두가 참여할 수 있게 하라. 공식적인 몹 프로그래밍 접근 방식을 이용할 필요는 없지만 도움이 될 것이다.

그룹으로 첫 스토리를 작업하는 것은 사람들이 협업할 때 발생하는 혼란을 줄이는 데 도움이 된다. 디렉터리 구조, 파일명이나 네임스페이스, 기본 디자인 선택, 인프라스트럭처 관련 결정 등과 같은 초기 규칙을 공동으로 설정하는 데 도움이 된다. 버전 관리나 프로그래밍 워크스테이션 설치 같은 필요한 이슈를 처리하기 위해 일부 개발자를 분리할 수도 있지만, 대부분의 과정은 팀으로 진행해야 한다.

프로그래머와 운영자가 함께 작업하는 동안 현장 고객과 테스터는 시각적 계획에 관한 작업을 해야 한다. 대략의 목적을 아직 만들지 않았다면 목적에서 시작하라. 다른 팀원들은 고객 또는 개발자와 함께 작업할 수 있다.

함께 보기

적응적 계획하기(p.237)
시각적 계획하기(p.258)
목적(p.183)

다음 주는 더 원활하게 진행될 것이다. 개발자는 스토리를 나누는 방법을 학습하고, 고객은 이후 이용할 수 있는 시각적 계획을 만들 것이다. 팀의 수용량은 안정될 것이다. 혼돈

의 느낌은 줄어들고 팀은 안정적이고 예측 가능한 리듬으로 작업하기 시작할 것이다.

질문

태스크 플래닝을 어떻게 10~30분 이내에 마칠 수 있는가? 항상 그보다 훨씬 오래 걸린다.

효과적인 태스크 플래닝을 위한 트릭은 오로지 태스크 플래닝을 위해서만 그것을 이용하는 것이다. 많은 팀은 태스크 플래닝 세션을 이용해 스토리를 추정하고 나누는데 이용한다. 하지

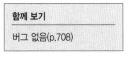

함께 보기

플래닝 게임(p.277)

만 그것은 별도의 플래닝 게임 세션에서 하는 것이 낫다. 태스크 플래닝은 태스크에만 집중해야 한다. 이를 시작하기 전에 스토리가 준비돼 있어야 한다.

다른 트릭은 이슈 추적 도구가 아니라 자유 형식^{freeform} 접근 방식을 이용해 동시에 작업하는 것이다(동시에 작업하라(p.155) 참조). 이슈 추적 도구를 이용하는 팀은 해당 도구를 통제하는 한 사람이 병목 현상을 일으키며, 이로 인해 모든 것이 지연된다.

이 두 가지 트릭과 연습을 통해 팀은 쉽게 태스크 플래닝을 30분 이내에 마칠 수 있다. 여전히 오래 걸린다면 사람들이 무엇을 해야 할지 합의하는 데 문제를 겪고 있기 때문일 수도 있다. 열린 질문에 대한 태스크를 만들고, 태스크 플래닝 세션에서 그것을 해결하려 하지 말라. 이 방법이 잘 동작하지 않는다면 멘토에게 도움을 구하라.

버그 수정을 위한 시간을 어떻게 계획해야 하는가?

버그를 찾을 때마다 버그가 여러분의 계획에 포함된 스토리와 관련이 없다 하더라도, 현장 고객은 해당 버그에 대해 '수정' 또는 '수정 안 함'이라는 결정을 내린다. 버그를 수정해야 한다

함께 보기

버그 없음(p.708)

면 현재 스토리와 연관성 여부에 관계없이 버그를 수정하는 태스크를 계획에 추가하라. 이 버그 수정 태스크는 오버헤드의 일부이며, 수용량을 판정하는 데 영향을 미치지 않는다.

일부 버그는 너무 커서 현재 이터레이션에 수용할 수 없을 것이다. 이 버그와 관련된 스토리 카드를 만들고 다음 이터레이션의 일정을 조율하라. 버그를 즉시 수정하는 것은 여

러분이 마주할 버그의 수를 줄이는 데 도움이 된다.

버그가 많은 레거시 코드 베이스가 있다면 버그 데이터베이스를 검토해 다음 릴리스에서 '수정' 또는 '수정 안 함'이라는 결정을 내려라. '수정 안 함'이라고 결정한 버그는 닫거나 미루고, 나머지는 스토리로 바꾼다.

우리 계획의 모든 태스크는 다른 사람이 작업 중인 코드에 의존한다. 어떻게 해야 하는가?

완성되지 않은 코드에 의존하는 코드를 작성할 수 있다. 다른 태스크를 가진 사람들에게 이야기하고 모듈, 클래스, 메서드 명에 합의하고, 합의한 내용을 그들의 작업에 포함시킨다(집단 코드 오너십(p.496) 참조).

전제 조건

이터레이션과 지속적인 흐름은 팀이 협업할 경우 하루 정도에 완료할 수 있는 모두 작은 스토리에 의존한다. 큰 스토리는 눈치채지 못한 사이에 사태를 그르치기 쉽게 한다.

팀이 완료하는 모든 스토리는 현장 고객이 알 수 있는 진척(프로덕션이 아니라면 최소한 스테이징 환경에서는 확인할 수 있는)을 보여야 한다. 이를 위해서는 스토리가 고객 중심적이며 기술적 인프라스트럭처는 즉시 만들어져야 한다.

함께 보기

스토리(p.224)
점진적 디자인(p.624)
수용량(p.327)
슬랙(p.350)

이터레이션 커밋먼트를 지속적으로 만족시키려면 수용량을 판단해야 하며, 이는 측정한 현실에 기반해야 한다. 절대 팀의 수용량을 의도적으로 높이지 말라. 그러한 경우에도 상황은 잘못될 것이므로, 이런 문제를 다룰 수 있는 여유가 이터레이션에 포함돼야 한다.

커밋먼트를 클럽처럼 이용하지 말라. 팀원들이 동의하지 않은 계획에 헌신하도록 강요하지 말라. 이터레이션의 커밋먼트를 달성한 실적이 있을 때까지는 팀 외부에 커밋먼트를 공개하지 말라.

지표

태스크를 잘 계획하면:

- ☐ 전체 팀은 스토리를 완료하기 위해 무엇을 해야 하는지 이해한다.

- ☐ 팀은 계획을 달성하기 위해 협업한다.

- ☐ 팀은 일이 잘 진행되는지 여부를 파악하고, 문제를 바로 잡기 위해 행동한다.

이터레이션을 잘 이용하면:

- ☐ 팀은 일관적이고 예측 가능한 수용량을 갖는다.

- ☐ 이해관계자들은 팀에 무엇을 기대해야 하는지 알고, 팀이 그 이터레이션 커밋먼트에 기반해 전달할 것을 신뢰한다.

- ☐ 팀은 실수를 빠르게 발견하고, 이터레이션 커밋먼트에 영향을 주지 않고 이를 신속하게 다룰 수 있다.

대안과 실험

애자일 태스크 플래닝과 비애자일 태스크 플래닝 사이의 두드러진 차이점은 집단적 오너십이다. 애자일 팀은 자체 계획을 책임질 뿐만 아니라 협업을 통해 그 계획을 완료한다. 비애자일 팀에서는 일반적으로 관리자가 태스크를 할당하며, 팀원들은 개별적인 태스크에만 집중한다.

또 다른 차이는 애자일의 반복적이고 점진적인 특성이다. 작은 스토리는 지속적이고 점진적으로 진행된다. 팀은 매주 또는 격주마다 동작하는 소프트웨어를 통해 진행 상황을 보인다. 그들은 그 소프트웨어를 이용해 피드백을 받고, 이를 이용해 계획을 이터레이션해 나간다.

태스크 플래닝과 관련된 실험 방법을 고려할 때는 이 핵심적인 차이점을 항상 염두에 둬야 한다. 그러나 너무 의욕만 앞서 실험에 실패하지 말라. 특히 이터레이션의 경우 태스크 플래닝에는 여러 가지 변형이 있으므로 다른 대안을 시도하기 전에 1주일 길이의 이터레이션을 만들고, 만족하는 일에 능숙해지는 데 집중하라. 최소한 몇 개월 정도는 연습하라.

실험할 준비가 됐다면 한 가지 분명한 실험은 이터레이션보다 지속적인 흐름을 시도해보는 것이다. 또는 이터레이션의 길이나 스토리 크기를 달리해서 실험해볼 수도 있다. 어떤 팀은 몇 시간이면 완료할 수 있는 매우 작은 스토리를 이용하는 것을 선호하기도 한다. 이런 팀에게는 태스크가 필요하지 않다. 스토리는 매우 작기 때문에 그 자체로 태스크처럼 취급된다.

곧바로 실험을 시작할 수 있는 부분은 태스크 보드 시각화다. 팀의 진행 상황에 관한 시각적인 표현으로서, 프로세스 개선에 관한 아이디어가 있다면 언제든지 바꿀 수 있고 바꿔야 한다.

일반적인 태스크 시각화 기법의 하나로 수직의 '수영 레인$^{swim\ lane}$'을 만드는 것을 들 수 있다. 이 수영 레인은 여러 개발 단계를 통해 스토리의 진행 상황을 나타낸다. 애자일은 모든 '단계'에서 동시에 작업할 때 가장 잘 작동하므로 개인적으로는 이 방식을 피하고 싶지만, 이는 전달하는 프랙티스에 따라 다르다. 전달하기 플루언시를 추구하는 팀이 아니라면 하나의 수영 레인 다이어그램으로 충분할 것이다.

더 읽을거리

『불확실성과 화해하는 프로젝트 추정과 계획』[Cohn2005]과 『Planning Extreme Programming』(Addison-Wesley, 2000): 이터레이션 계획에 관한 접근 방식에 대한 대안적인 방법을 제공한다[Beck200b].

『칸반』(인사이트, 2014): 지속적인 흐름은 종종 '칸반'이라 불리지만, 사실 칸반은 지속적인 흐름 이상이다. 이 책은 칸반에 관해 관한 충분한 학습거리를 제공한다[Anderson 2010].

수용량

우리는 가능한 작업량을 알고 있다.

이터레이션을 이용하는 팀은 이터레이션마다 그에 포함된 모든 스토리를 완료해야 한다. 하지만 얼마나 완료할 수 있는지 어떻게 알 수 있는가? 그것은 바로 수용량을 통해서 알 수 있다. 수용량은 팀이 단일 이터레이션 안에서 얼마나 달성할 수 있는지 신뢰할 수 있는 예측값이다.

수용량은 오로지 다음 이터레이션에서 얼마나 많은 항목을 포함할 수 있는가에 관한 예측값이다. 특정한 스토리 세트가 릴리스될 시점을 예측하고 싶다면 대신 '예측하기 (p.411)'를 참조하라.

이터레이션보다 지속적인 흐름을 이용한다면 수용량에 관해 걱정할 필요가 없다. 이전 스토리가 끝나면 새로운 스토리를 시작하면 될 것이다.

NOTE 수용량은 처음엔 **벨로시티**(속도)라고 불렸다. 나는 그 용어를 더 이상 이용하지 않는다. 속도는 존재하지 않는 수준의 통제를 의미하기 때문이다. 자동차가 한 대 있다고 생각해 보자. 자동차 속도를 증가시키기는 쉽다. 그냥 가속 페달을 밟기만 하면 된다. 그러나 차의 수용량을 증가시키려면 더 과감하게 변경해야 한다. 팀의 수용량도 마찬가지다. 수용량은 쉽게 변하지 않는다.

어제의 날씨

수용량은 논쟁의 여지가 있는 주제다. 고객은 팀이 매주 더 많은 것을 전달하기를 원한다. 개발자는 서두르거나 압박을 받고 싶어하지 않는다. 고객은 팀 스폰서의 귀를 기울이기 때문에 그들은 단기적으로 성공하는

> 팀이 그 역량을 초과해서 전달하는 것에 헌신하도록 압박을 받으면 결국 모두가 실패한다.

경향이 있다. 장기적으로 팀이 그 역량을 초과해서 전달하는 것에 헌신하도록 압박을 받으면 결국 모두가 실패한다. 현실이 우세하고 개발은 예상보다 오래 걸린다.

이 문제를 피하려면 여러분의 수용량을 **측정하라**. 예상하지 말고 희망하지도 말라. 그냥 측정하라. 측정하기는 매우 쉽다. 여러분은 아마도 지난 주에 완료한 만큼 이번 주에도

완료했을 것이다. 오늘의 날씨는 어제의 날씨와 비슷할 것이라고 예측할 수 있기 때문에 이는 **어제의 날씨**yesterday's weather라고 불리기도 한다.

좀 더 구체적으로 말하자면, 수용량은 이전 이터레이션에서 시작해서 완료한 스토리의 숫자다. 부분적으로 완료한 스토리의 수는 포함하지 않는다. 예를 들어 지난 이터레이션에서 7개의 스토리를 시작했고 그중 6개의 스토리를 완료했다면 여러분의 수용량은 6이며, 다음 이터레이션에서 6개의 스토리를 선택할 수 있다.

NOTE 여러 번의 이터레이션에서 평균을 내지 말라. 직전 이터레이션만 이용하라. '수용량 안정화하기(p.329)'에서 평균을 구하지 않고 안정적인 수용량을 만드는 방법을 설명한다.

스토리의 숫자를 세는 방법은 모든 스토리가 거의 비슷한 크기일 때만 유효하다. 스토리를 나누거나 조합해서 '딱 맞는' 크기로 만들 수 있다(스토리 분할 및 결합하기(p.228) 참조). 시간이 지나면서 여러분의 팀은 스토리를 같은 크기로 나누는 방법을 배울 것이다.

여러분이 처음 만든 스토리의 크기는 제각각일 것이다. 이런 경우에는 '스토리 추정하기(p.332)'에서 설명한 것처럼 대신 스토리를 추정할 수 있다. 추정을 이용해 수용량을 측정할 때는 지난 이터레이션을 진행하는 동안 시작하고 완료한 스토리에 집중하라. 그 스토리의 추정값을 더하면 그 값이 수용량이 된다.

예를 들어 지난 이터레이션에서 시작한 6개의 스토리를 완료했고, 그 추정값이 '1, 3, 2, 2, 1, 3'이었다면 수용량은 1 + 3 + 2 + 2 + 1 + 3 = 12다. 다음 이터레이션에서 추정값의 합이 12 이내인 한 어떤 스토리든 원하는 것을 고를 수 있다.

'어제의 날씨'는 단순하지만 놀랄 만큼 정교한 도구다. 마법 같은 효과를 내는 피드백 루프다. 팀이 업무량을 과소 평가해 이터레이션 마감일에 모든 스토리를 끝낼 수 없다면 여러분의 수용량은 감소하고, 다음 번에는 더 적은 업무를 하게 된다. 업무량을 과대 평가해 일찍 완료하면 팀은 더 많은 스토리를 처리할 수 있고, 수용량이 증가하며, 더 많은 일을 하게 된다.

이것은 팀의 업무량의 균형을 맞추는 매우 효과적인 방법이다. 슬랙과 조합함으로써 여러분은 수용량을 이용해 이터레이션

함께 보기

슬랙(p.350)

마다 완료할 수 있는 업무량을 높은 신뢰도로 예측할 수 있다.

수용량 및 이터레이션 타임박스

'어제의 날씨'는 엄격한 이터레이션 타임박스에 의존한다. 수용량이 제대로 작동하려면 이터레이션 종료 시점에 '완료'되지 않는 스토리의 수는 **절대** 세면 안 된다. 단 몇 시간일지라도 이터레이션의 종료 시점을 늦추지 말라.

조금만 타협해 이터레이션의 종료 시점을 약간 지연시키거나 **거의** 완료한 스토리의 수를 포함시키고 싶은 충동을 느낄 것이다. 그렇게 하지 말라! 확실히 수용량은

> 인위적으로 수용량을 늘리는 것은 약속 이행을 어렵게 만들 뿐이다.

증가하겠지만, 피드백 루프는 엉망이 될 것이다. 팀이 실제로 완료할 수 있는 양을 초과해 작업하게 될 것이며, 다음 이터레이션에서는 문제를 한층 키우고 여러분의 약속을 달성하기 더욱 어렵게 만들 것이다.

내가 함께 일했던 한 프로젝트 관리자는 이터레이션 작업의 시작에 며칠을 추가해 팀이 '운영을 시작'할 수 있게 하고, 관리자에게 한층 인상적인 수용량을 공유할 수 있었다. 그렇게 함으로써 그는 팀이 실패하게 만들었다. 이어진 이터레이션에서는 같은 속도를 유지하지 못했다. 수용량은 한 이터레이션에 적합한 작업량을 예측하는 것이지 생산성을 나타내는 것이 아님을 기억하라.

팀이 처음 구성됐거나 애자일 학습을 막 시작한 시점에서는 수용량이 안정되지 않는 경향을 보인다. 수용량이 안정되기까지는 3~4번 이터레이션해야 한다. 그 후에는 휴일 등이 포함되지 않는 한 모든 이터레이션에서 같은 수용량을 갖게 된다. 이터레이션 슬랙을 이용해 일관적으로 모든 스토리를 완료하도록 보장하라. 팀의 수용량이 분기에 1~2번 이상 바뀐다면 더 깊이 숨은 문제를 찾아 내고, 멘토에게 도움을 요청할 것을 고려하라.

수용량 안정화하기

팀이 계획한 모든 것을 완료하지 못하면 수용량을 줄여야 한다. 이는 다음 이터레이션에서 작업을 완료하기 위해 더 많은 시간

> **함께 보기**
> '완전 완료'(p.379)

을 들여야 함을 의미하며, 결과적으로 여러분의 수용량은 새로운, 더 낮은 수준에서 안정화된다.

하지만 수용량을 어떻게 다시 늘리는가? 직관과 다르겠지만 빠르게 수용량을 감소시킨다음 서서히 증가시켜야 한다. 계획했던 모든 스토리를 끝냈을 뿐만 아니라 깔끔하게 정리하면서 작업한 코드의 거친 부분을 정리하고, 자동화와 인프라스트럭처를 개선하고, 작업한 스토리와 관련된 긴급하지 않지만 중요한 것을 다루는 등 진행할 수 있을 정도의 충분한 시간이 있을 때만 수용량을 늘려라.

진행하면서 깔끔하게 정리할 수 있는 충분한 시간을 확보했다면, 추가 스토리에 관해 작업할 수 있다. 이터레이션 종료 전에 해당 스토리를 완료하면 수용량은 증가한다.

> 깔끔하게 정리하면서 진행할 수 있을 정도의 충분한 시간이 있을 때만 수용량을 늘려라.

여러 팀과 협업하는 과정에서 내가 본 공통적인 문제 중 하나는 과도한 일정의 압박이다. 과도한 일정 압박은 백이면 백, 팀의 성과를 떨어뜨린다. 팀은 서두르고, 지름길을 선택하고, 실수를 저지른다. 그 지름길과 실수는 내부의 코드 품질, 자동화, 인프라스트럭처 품질을 손상시키며 낮은 품질은 모든 것이 더 오래 걸리도록 만들고, 역설적이게도 작업할 수 있는 시간을 줄인다. 일정 압박은 더욱 커지고 성과는 낮아지는 악순환이 일어난다.

이런 상황에서 팀의 성과를 개선하는 가장 효과적인 방법은 일정 압박을 줄이는 것이다. 수용량이 자동으로 조절할 것이므로 자연스럽게 두라. 그림 9-3이 이를 설명한다.

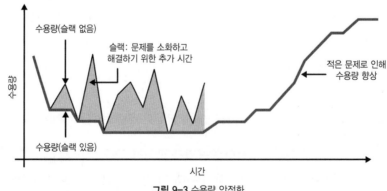

그림 9-3 수용량 안정화

가늘고 들쭉날쭉한 선은 팀의 '높은 압박'에서의 수용량을 나타낸다. 이는 팀원들이 할 수 있는 한 서두를 때의 수용량이다. 그리고 이 수용량은 변동이 매우 크다. 몇 주는 모든 것이 부드럽게 진행되지만, 또 다른 몇 주는 버그나 내부 품질 문제에 시달린다.

굵은 매끄러운 선은 팀의 '낮은 압박'에서의 수용량을 나타낸다. 이것은 '빠르게 감소시키고 서서히 증가시키는' 규칙을 따른 결과다. 팀이 계획한 모든 것을 전달하는 데 실패할 때마다 팀원들은 팀의 수용량을 감소시키며, 낮아진 수용량을 한동안 증가시키지 않는다.

음영 처리된 피크는 팀의 슬랙을 나타내며, '낮은 압박'에서의 수용량과 팀이 스토리를 완료하기 위해 필요한 시간의 차이가 된다. 어떤 주에는 슬랙이 많고, 또 다른 주에는 슬랙이 거의

함께 보기

슬랙(p.350)

없다. 팀이 많은 슬랙을 가지면 팀원들은 이를 활용해 내부 품질을 개선하고 팀의 속도를 늦추는 이슈를 해결한다.

시간이 지나면서 추가적인 노력의 보상을 받는다. 팀원들은 최대로 서두르지 않기 때문에 점진적으로 내부 품질을 개선하고 문제를 해결한다. 결과적으로 팀은 편안함과 통제하고 있음, 정리에 활용할 수 있는 더 많은 시간을 소유함을 느낀다. 바로 이때 수용량을 늘린다. 결과적으로 팀이 최대로 서두를 때보다 더 나은 수용량을 갖고 작업을 즐기게 된다.

이 그래프는 추상적인 이론이 아니라 내 실제 경험을 묘사한 것이다. 나는 실제 여러 팀에서 이터레이션적으로 이런 이 그래프의 변형을 봤다. 팀이 많은 압박

> 슬랙은 여러분의 팀이 작업할 수 있는 양을 개선하는 최고의 옵션이다.

아래 있을 때는 수용량을 안정시키기가 어렵지만 해볼 만한 가치가 있다. 여러분의 팀이 할 수 이는 작업의 양을 실제적으로 개선하기 위한 가장 좋은 옵션이다.

정확도 추정이 중요하지 않은 이유

수용량은 다음과 같이 부정확한 추정을 자동으로 조정한다.

팀이 이터레이션당 하루에 30명이 있다고 가정하자. 간단하게 설명하기 위해 모든 스토리의 추정값

은 3일로 일정하다고 가정한다. 추정이 완벽하게 정확하다면 팀은 이터레이션당 10개의 스토리를 완료할 것이다(이터레이션당 30명/day ÷ 스토리당 3 추정일).

하지만 그 추정이 완벽하게 정화하지는 않은 것으로 밝혀졌다! 사실 비슷하지도 않다. 실제로 각 스토리를 완료하는 데는 3명/day이 아니라 6명/day이 소요된다. 이터레이션 종료 시점에 5개의 스토리만 완료한다(이터레이션당 30명/day ÷ 스토리당 6 추정일 참조).

팀의 측정된 수용량은 15개다. 팀원들은 3일에 하나씩, 총 5개의 스토리를 한 이터레이션에서 완료한다. 그러므로 다음 이터레이션에서는 5개의 스토리만 작업할 수 있다(수용량 15 ÷ 스토리당 3 추정일 참조). 심지어 그 추정이 완전히 잘못됐음에도 팀은 모든 스토리를 끝낸다(30명/day ÷ 6일 = 5개 스토리).

이 계산은 딱 떨어지므로 피드백 루프를 이해할 수 있다. 실제 환경에서 다른 어떤 계산도 필요하지 않다. 수용량과 슬랙은 놀랍도록 단순하고 탄력적이다. 앞에서 설명한 것처럼 여러분의 수용량을 안정화하라. 항상 문제없이 작동할 것이다.

스토리 추정하기

'어제의 날씨'는 일관성에 의존한다. 그러나 팀은 스토리 크기를 일관성 있게 만드는 데 어려움을 겪을 수도 있다. 괜찮다. 그럴 때는 대신 추정을 이용하면 된다.

사이드바에서 논의한 것처럼 일관성을 유지하기만 한다면 추정의 정확성은 중요하지 않다. 그것은 좋은 것이다. 프로그래머는 추정을 끔찍하게 못하는 경향을 보이기 때문이다. 내가 일했던 어떤 팀에서는 스토리 작업에 걸리는 실제 시간을 측정했다. 우리는 그것을 18개월 동안 작업했다. 추정이 정확한 적은 단 한 차례도 없었다. 팀은 실제로 필요한 시간의 60%로 평균을 구했다.

하지만 그것은 중요하지 않았다. 팀의 추정에는 적어도 전체적으로는 **일관성**이 있었기 때문이다. 팀은 안정된 수용량을 갖고 일관성 있게 모든 스토리를 수 개월이 걸려 결국 완료했다.

그러므로 스토리를 추정할 때는 정확성에 너무 신경 쓰지 말라. 일관성에 집중하라. 그 방법을 소개한다.

- **제약 사항만 추정하라**: 특정한 유형의 작업(일반적으로 프로그래밍)은 팀의 병목 현상을 일으킬 것이다. 모든 스토리를 병목이 되는 작업의 관점에서 추정하라. 제약 사항이 일정을 결정하기 때문이다. 때때로 예외가 있겠지만, 그것들은 이터레이션 슬랙에 흡수될 것이다.

- **전문가들에게 추정을 맡겨라**: 그 작업에 가장 적합한 팀원은 해당 스토리가 얼마나 걸릴 것이라 생각하는가?

- **'이상적인' 시간 또는 날짜로 추정하라**: 팀에서 뛰어난 팀원 중 하나가 그 스토리에 관한 작업을 하고, 어떠한 방해도 받지 않으며, 팀원 누구에게나 질문을 할 수 있고, 팀 외부의 사람들을 기다리지 않고, 모든 것이 잘 된다면 얼마나 걸리겠는가?

- **태스크를 생각하라**: 추정에 어려움을 겪는다면 머릿속에서 스토리를 태스크로 작게 나누고, 각 태스크를 완료하기 위해 필요한 시간을 더하라.

- **3개의 '양동이'에 담아라**: 큰 것은 나눠야 하고, 작은 것은 조합해야 한다. 양동이를 선택할 때는 수용량을 12로 나눈 뒤 2와 3을 곱하라. 필요하다면 결과를 조정하라. 예를 들어 여러분의 수용량이 9에서 14사이라면 양동이는 1, 2, 3이 된다. 수용량이 3에서 8사이라면 양동이는 $\frac{1}{2}$, 1, $1\frac{1}{2}$이 된다. 목표는 이터레이션당 최소 4개의 스토리, 평균 6개의 스토리를 완료하는 것이다.

이 접근 방식은 이상적인 시간 또는 날짜의 관점에서 추정을 제공한다. 실제 작업은 훨씬 오래 걸리지만 그것은 중요하지 않다. 중요한 것은 정확성이 아니라 일관성이다. 사람들이 우발적으로 추정을 커밋먼트로 해석하지 않도록 '시간', '일'이라는 용어보다 '포인트'라는 용어를 이용하라.

어느 정도의 경험이 쌓이면 다음 기법을 이용해 더 나은 효과를 얻을 수 있다.

- **다른 스토리를 연결하라**: 이 스토리와 비슷한 다른 스토리를 어떻게 추정했는가? 같은 추정을 이용하라.

- **다른 스토리와 비교하라**: 이 스토리는 다른 스토리에 비해 두 배 더 많은 작업을 필요로 하는가, 또는 절반의 작업을 필요로 하는가? 추정값을 두 배 또는 절반으로 정하라.

- **직감대로 하라**: 맞다고 생각되는 숫자라면 무엇이든 써라.

여러분이 이용할 수 있는 두 가지 유형의 추정 세션에 관해 설명한다. 한 가지는 대화 기반 추정^{Conversational Estimating}, 다른 한 가지는 친화도 추정^{Affinity Estimating}이다. 두 유형 모두 해당 작업을 하기에 충분한 모든 사람(추정자)과 최소 한 명의 현장 고객을 참여시켜라. 다른 팀원들이 포함하면 논의에서 더 많은 정보를 얻을 수 있겠지만 필수는 아니다.

대화 기반 추정

팀은 함께 모여 스토리에 대한 추정을 한다. 현장 고객 중 한 명인 엘리사(Elissa)가 논의를 시작한다. 케나(Kenna), 잉가(Inga), 오스틴(Austin)은 모두 프로그래머.

엘리사: 다음 스토리를 봅시다. (그녀는 크게 소리를 내어 스토리를 읽고, 테이블에 올려 둔다) "창고 내 부품 재고 보고"

케나: 이것은 재고 불일치 해결의 일부이지요? (엘리사가 끄덕인다) 수많은 보고서를 만들어왔기 때문에 새로운 보고서를 만드는 것은 큰 문제는 아닙니다. 일반적으로 보고서당 1포인트면 충분합니다. 이미 부품 재고를 추적하고 있기 때문에 다뤄야 할 새로운 데이터도 없습니다. 이 보고서에 특별한 점이 있습니까?

엘리사: 그렇게 생각하지 않습니다. 목업을 함께 봅시다. (그녀는 인쇄된 종이를 꺼내 케나에게 건넨다)

케나: 상당히 직관적인데요. (그녀는 종이를 테이블 위에 올린다. 다른 프로그래머들이 종이를 살펴본다)

잉가: 엘리사, 여기 있는 '나이(age)' 칸은 무엇을 의미합니까? 나이와 재고 불일치가 연관이 있을 것 같지는 않는데요.

엘리사: 사실 전혀 연관은 없습니다. 그 칸은 부품이 창고에 입고된 날 이후의 업무일 수입니다. 나중에 유용할 것이라고 생각했습니다.

잉가: 평일 기준인가요? 휴일을 포함한 게 아니라?

엘리사: 맞습니다.

잉가: 휴일은 어떻게 합니까?

엘리사: 실제로 운영하는 날짜 수만 세고자 합니다. 주말도 휴일도 계획된 휴무도 모두 제외합니다.

오스틴: 잉가, 무엇을 신경 쓰는지 알겠습니다. 엘리사, 우린 부품이 창고에 입고된 날짜는 알지만 현재는 계획된 유무를 추적하지 않습니다. 그 정보를 알려면 새로운 UI나 데이터 피드가 필요합니다. 이

것은 관리자 화면을 복잡하게 만들 텐데, 당신과 브랫포드(Bradford)는 손쉬운 관리가 당신에게 중요하다고 말했습니다. 그냥 일수로 보고를 하면 어떨까요?

엘리사: 음, 정확한 숫자는 중요하지 않지만 사람들은 근무 일수 기준으로 생각합니다. 정보를 제공하고자 한다면 그 정보가 정확한 것을 선호합니다. 휴일은 어떻습니까? 반영할 수 있을까요?

잉가: 매년 휴일이 동일하다고 가정해도 됩니까?

엘리사: '반드시'라고 할 수는 없지만, 휴일은 그렇게 자주 변경되지 않을 겁니다.

잉가: 좋습니다. 그러면 지금은 새로운 UI를 만들지 않고 설정 파일에 휴일을 넣어둘 수 있습니다. 훨씬 쉬운 방법일 겁니다.

엘리사: 그렇다면 이 스토리는 나중으로 미루겠습니다. 이 필드는 우리가 집중하는 부분이 아니고 개발 비용을 추가하는 것 역시 그만한 가치가 없을 것 같습니다. 지금은 잠시 빼둡시다. 별도로 이를 위한 스토리를 만들겠습니다. (그녀는 한 장의 카드를 집어 들고 '부품 재고 보고서에 age 칸을 추가'라고 쓴다)

오스틴: 좋습니다. 그렇다면 이 보고서는 매우 쉽겠네요. UI는 필요합니까?

엘리사: 보고서 화면의 보고서 목록에 이것을 포함시키기만 하면 됩니다.

잉가: 저는 추정을 할 준비가 됐습니다. (다른 프로그래머들을 바라본다) 제게는 이 보고서가 매우 표준 보고서에 가까운 것으로 보입니다. 사소한 몇 가지 로직 변경을 수반하는 보고서 레이어를 추가하는 것뿐입니다. 케나의 말에 동의합니다. 이 스토리는 1포인트입니다.

(오스틴도 끄덕인다)

케나: 1포인트. (그녀는 스토리 카드에 '1'을 쓴다) 엘리사, 'age' 스토리는 어떤 UI가 필요한지 정확하게 알기 전에는 추정하지 못할 것 같은데요.

엘리사: 그렇네요. (age 카드에 '근무 일? UI?'를 적은 스티키 노트를 추가하고 옆으로 밀어 둔다) 다음 스토리는…

대화 기반 추정

대화 기반 추정에서 팀은 한 번에 한 스토리만 추정한다. 이는 다소 귀찮을 수 있지만 모든 사람이 무엇을 해야 하는지 동일하게 이해하는 좋은 방법이다.

현장 고객이 하나의 스토리를 선택하고 간략한 설명을 제공함으로써 추정을 시작한다. 추정자는 질문을 할 수 있지만, 그 대답이 그들의 추정을 바꿀 수 있는 경우에만 질문해야 한다. 모든 추정자가 필요한 정보를 모두 얻었다고 느끼면 하나의 추정을 제시한다. 이런 과정이 자유롭게 이뤄지도록 한다. 제일 편안함을 느낀 사람이 먼저 입을 여는데, 주로 추정값을 결정하는 데 가장 적합한 사람인 경우가 많다.

제안된 추정값이 옳다고 판단되지 않거나 그 추정값이 어디에서 기인한 것인지 이해하지 못한다면 세부 내용을 요청하라. 여러분이 추정자라면 여러분의 추정값을 제안하고 그 이유를 설명하라. 확실한 논의는 추정값을 명확하게 만들어 줄 것이다. 추정자들이 모두 합의했다면 그 추정값을 스토리 카드에 기록하라.

처음에는 팀원마다 얼마나 많은 시간이 걸릴지에 관해 서로 다르게 생각할 것이다. 이는 일관성 없는 추정으로 이어진다. 충분히 이야기를 나누고, 합의가 이뤄지지 않는다면 가장 낮은 추정값을 이용하라(기억하라. 중요한 것은 정확성이 아니라 일관성이다). 팀이 계속해서 함께 추정을 하면 일반적으로 3~4번 정도의 이터레이션 내에 추정값이 동기화된다.

참가자들이 스토리와 기반 기술을 이해한다면 각 스토리에 대한 추정값을 정하는 데 1분도 걸리지 않는다. 기술에 관해 논의하거나 고객에게 질문을 해야 하는 경우에는 추정 시간이 더 오래 걸릴 수 있다. 나는 추정에 5분 이상 소요되는 경우 그 토론을 마무리할 방법을 찾는다. 모든 스토리에 자세한 논의가 필요하다면 문제가 있는 것이다(추정이 어렵다면(p.338) 참조).

NOTE 어떤 사람들은 추정을 할 때 플래닝 포커[4]를 즐겨 이용한다. 플래닝 포커를 할 때 참석자들은 은밀하게 각자의 추정값이 적힌 카드를 선택한 뒤, 그 카드를 동시에 내고 논의한다. 재미있게 들리기는 하지만 불필요한 논의를 많이 유발하는 경향이 있다. 참가자들 모두가 말하기 어려워하는 상황에서는 도움이 되지만, 그렇지 않은 상황이라면 먼저 말하기 편하게 느끼는 누군가가 이야기를 시작하는 것이 훨씬 빠르다.

친화도 추정

친화도 추정은 많은 스토리를 빠르게 추정하는 멋진 기법이다.[5] 플래닝 범위가 길 때 매우 유용하다.

---

4   플래닝 포커는 제임스 그레닝(James Grenning)이 2002년에 고안했으며[Grenning2002], 이후 마이크 콘에 의해 유명해졌다
     [Cohn2005]. 콘이 운영하는 마운틴 고트 소프트웨어 LLC(Mountain Goat Software, LLC)가 해당 용어의 판권을 소유하고 있다.
5   친화도 추정은 로웰 린드스트롬(Lowell Lindstrom)이 익스트림 프로그래밍 초기에 발명했다.

친화도 추정은 조용한 매핑의 변형이다(동시에 작업하라(p.155) 참조). 한 명의 현장 고객이 추정할 스토리 카드 무더기를 테이블 또는 가상 화이트보드에 올려 놓는다. 한 끝은 '가장 작은' 추정값, 다른 한 끝은 '가장 큰' 추정값으로 식별된다. 추정자는 스펙트럼을 따라 스토리 카드를 정렬하고, 이들을 유사한 크기의 클러스터로 그룹화한다. 고객의 명확한 설명이 필요한 카드는 별도 클러스터로 구분한다. 스파이크 스토리가 필요한 카드도 마찬가지로 별도로 구분한다(스파이크 스토리(p.233) 참조).

이 모든 과정은 침묵 속에서 진행된다. 추정자는 카드의 위치에 동의하지 않으면 언제든 카드를 옮길 수 있지만, 논의할 수는 없다. 침묵 속에서 이 작업을 함으로써 추정값을 논의할 때 발생하는 주변 추적sidetracking을 방지할 수 있다. 그 결과 추정값 매핑이 매우 신속하게 진행된다. 지인 중 한 명은 이 프랙티스를 처음 시도했을 때 60개의 스토리를 45분 만에 추정했다고 말했다.

모든 스토리를 그룹화한 뒤 팀은 각 클러스터에 추정값을 라벨로 붙인다. 상대적인 크기만 정확하다면 정확한 숫자는 중요하지 않다. 즉 '2'라는 라벨이 붙은 클러스터의 스토리는 '1'이라는 라벨이 붙은 클러스터의 스토리보다 두 배 더 길면 된다. 그러나 대화 기반 추정과의 일관성을 유지하기 위해 실제 시간 또는 날짜에 맞춰 추정을 하는 것도 유용할 것이다. 각 클러스터를 추정하는 데 필요한 시간은 1~2분을 넘지 않아야 한다.

마지막으로 추정 '양동이'(앞에서 설명했다)와 일치하는 세 개의 클러스터를 선택한다. 예를 들어 여러분의 수용량이 15라면 1, 2, 3으로 추정된 클러스터를 선택할 수 있다. 더 큰 클러스터의 스토리는 작게 나눠져야 하며, 보다 작은 클러스터의 스토리는 조합돼야 한다.

마지막 세 개의 양동이에 담긴 카드를 가져가면 된다. 각각에 대한 추정을 기록하라. 나머지 카드는 소속된 클러스터에 따라 나누고, 조합하고, 논의하고, 스파이크를 만들어야 한다. 이는 동시에 진행될 수 있으며, 다른 매핑 세션을 이어서 진행할 수도 있고 혹은 대화 기반의 추정을 통해 한 번에 하나씩 진행할 수도 있다.

추정이 어렵다면

이제 막 팀을 구성했다면 추정은 다소 느리고 고통스러울 수도 있다. 연습을 통해 점점 나아질 것이다.

오랜 시간이 소요되는 추정의 일반적인 원인 중 하나는 현장 고객의 준비 부족을 들 수 있다. 우선 추정자는 고객이 고려하지 않은 질문을 한다. 어떤 경우에는 고객은 대답에 이견을 보일 수도 있기 때문에 이를 해결해야 한다.

고객이 간략하게 문제에 관해 논의하고, 결정을 내린 후 되돌아오는 **고객 허들**customer huddle 은 이를 다룰 수 있는 방법 중 하나다. 그들이 모이는 동안 추정자들은 그들이 이미 이해한 스토리의 추정을 계속한다.

또 다른 옵션으로 질문을 스티키 노트에 적어서 카드에 붙이는 방법이 있다. 고객은 해당 카드를 가져가 자신들의 속도에 맞춰 세부 사항에 관해 작업한 뒤, 이후 추정 세션에 카드를 다시 갖고 온다.

개발자의 경험 부족이 추정을 느리게 만들 수도 있다. 추정자가 스토리를 잘 이해하지 못한다면, 추정에 앞서 질문을 많이 해야 한다. 하지만 그저 기술을 이해하지 못하는 것이라면 스파이크 스토리를 만들고(스파이크 스토리(p.233) 참조) 이후 과정을 진행하라.

일부 추정자는 추정을 하기 전에 스토리의 모든 세부 사항을 알고자 한다. 추정 과정에서 중요한 것은 해당 추정이 다른 양동이에 해당하는지 판단하는 것임을 기억하자. 추정 자체를 변경하는 세부 사항에만 집중하고 나머지는 이후를 위해 남겨두라.

세부 사항에 대한 이런 과도한 주의는 추정자가 추정하기를 꺼리는 경우 종종 발생한다. 이는 과거 자신의 추정치를 사용했던 프로그래머 사이에서 흔히 볼 수 있다. 이들은 '충분히 좋은' 일관성보다 추정값을 정확하고 완벽하게 만들기 위해 노력할 것이다.

추정자가 머뭇거리는 것은 조직의 어려움이나 과도한 일정 압박의 징후일 수 있거나 현재 팀과 관련이 없는 과거 경험에서 비롯된 것일 수도 있다. 후자인 경우 추정자는 일반적으로 시간이 지남에 따라 팀을 신뢰하게 된다.

추정 과정에서의 이런 문제를 해결하기 위해 다음과 같은 질문을 던져볼 수 있다.

- **고객이 문제를 겪고 있다면:** 이 질문에 관해 고객이 고민하게 해야 할 필요가 있는 가? 이 질문을 스토리에 넣고 나중에 다시 확인해야 하는 것은 아닌가?

- **추정자가 기술에 관해 불확실하다면:** 이를 위한 스파이크 스토리를 만들어야 하는가?

- **추정자가 질문을 많이 한다면:** 스토리 추정을 위한 충분한 정보를 갖고 있는가? 그 질문에 답함으로써 여러분의 추정이 변경되는가?

- **한 스토리를 추정하는 데 5분 이상의 시간이 걸린다면:** 이 스토리는 다음에 다시 다뤄야 하는가?

추정 방어하기

이는 거의 자연 법칙이다. 현장 고객과 이해관계자는 팀의 수용량에 언제나 만족하지 않는다. 때로 무례한 방식으로 그들의 실망을 표현한다. 좋은 소셜 스킬을 가진 팀원들이 이런 상황을 중화하는 데 도움을 줄 수 있다. 때로는 사람들의 말투를 무시하고, 그들의 코멘트를 직접적인 정보 요청으로 취급하는 것도 도움이 된다.

사실 어느 정도의 논쟁은 건전하다. '플래닝 게임에서 승리하려면(p.283)'에서 다뤘던 내용처럼 추정에 관한 질문은 고객이 가진 아이디어의 고부가가치와 저비용에 집중한 더 다은 스토리로 이어질 수 있다.

그러나 신중해야 한다. 질문은 추정자가 그들의 추정을 의심하는 것으로 받아들일 수도 있다. 개발자 여러분의 추정은 거의 정확하거나 적어도 일관적일 것이며, 그것이 정말 중요하다. 단지 완전히 새로운 무엇인

> 압박이 느껴진다면 공손하게, 그러나 확고하게 여러분의 추정을 변경하는 것을 거부하라.

가를 배웠을 때만 추정을 변경하라. 압박을 느꼈다는 이유로 추정을 변경하지 말라. 여러분이 스토리를 구현할 사람이며 그렇기 때문에 추정할 수 있는 가장 정확한 자격을 갖춘 사람이다. 예의를 지키되 단호하라.

여러분이 이런 추정을 좋아하지 않는다는 것에 사과한다. 우리는 그것이 정확하다고 생각하지만 너무 비관적이라면 수용량이 자동으로 증가해 그것을 보상할 것이다. 우리는 여러분과 이 조직에 전문가적 의무가 있다. 우리가 알고 있는 최선의 추정을 제공하는 것이며,

실망스럽더라도 그것이 바로 우리가 하는 일이다.

이해관계자가 여러분을 신뢰하지 않거나 협박한다면, 그들은 자신들이 얼마나 무례한지 깨닫지 못한 것일 수도 있다. 때로 그들의 행동을 깨닫게 하는 것도 도움이 된다.

나는 당신이 우리의 전문성을 존중하거나 믿지 않는다는 인상을 받았다. 당신이 의미하는 바가 그것인가?

이해관계자는 추정을 함에 있어 포인트를 이용하는 것에 혼란을 느낄 수도 있다. 그렇기 때문에 나는 수용량과 추정을 팀 외부로 공유하기를 꺼린다. 대신 우리가 작업하는 스토리와 증분에 관해 보고한다. 그러나 설명이 필요하다면 다음과 같이 간단하게 설명한다.

함께 보기

로드맵(p.424)

일관성에 집중하는 것이 추정 기법의 포인트다. 측정된 결과에 기반해 단기적인 예측을 가능케 해 준다. 측정한 우리의 수용량은 12포인트이며, 이는 우리가 지난 주에 12포인트의 작업을 완료했다는 의미다. 그러므로 이번 주에도 12포인트의 일을 완료할 수 있을 것으로 예측한다.

때로 사람들은 수용량을 측정하는 것에 대해 논쟁할 것이다. "팀에 6명의 프로그래머가 있고 이터레이션이 5일이라면, 수용량은 30포인트라야 하는 것이 아닌가?" 이상적인 시간 추정이 작동하는 방법을 설명하려 시도할 수도 있겠지만 내게는 효과가 없었다. 나는 상세한 정보를 제공할 것을 제안한다.

수용량은 측정에 기반하며 맨-데이 값보다 작다. 당신이 원한다면 다음 주에 우리가 하는 작업을 면밀하게 조사해 시간이 어떻게 사용되는지 정확하게 알려주겠다. 그렇게 하면 당신에게 도움이 되겠는가?

상대방은 이 시점에서 한 걸음 뒤로 물러설 것이다. 하지만 누군가 "그렇다."라고 한다면 실제로 일주일 동안 모두의 시간을 상세하게 추적하라. 대단히 성가신 일이겠지만 우려는 해소해야 한다. 다른 누군가가 같은 요청을 한다면 같은 보고서를 다시 이용할 수 있다.

이런 질문은 이해관계자가 팀의 전달 능력을 신뢰하게 되면 사라지는 경향을 보인다. 그렇지 않거나 신뢰 부족이 문제가 된다면 여러분의 관리자나 멘토에게 도움을 구하라.

함께 보기

이해관계자 신뢰(p.391)

초기 수용량

첫 번째 이터레이션을 계획하는 시점에는 과거의 데이터를 갖고 있지 않을 것이며, 수용량 또는 추정 양동이가 존재하지 않을 것이다.

일주일 길이의 이터레이션과 $\frac{1}{2}$일, 1일, $1\frac{1}{2}$일짜리 추정 양동이를 이용해 시작하라. 동시에 한두 개의 스토리에 관한 작업을 하라(첫 번째 주(p.321) 참조). 첫 번째

부분적으로 완료된 작업은 절대로 세지 않는다.

이터레이션이 끝나면 다음 이터레이션에 이용할 수 있는 수용량을 갖게 될 것이다. 완료하지 않은 스토리는 세지 말라. 완료하지 않은 스토리는 버리고, 남은 작업의 양을 나타내는 새로운 스토리를 만들어 다시 추정하라(그렇다. 부분적으로 완료된 일은 세지 말라. 부분적으로 완료된 작업은 절대로 세어서는 안 된다).

4개 미만의 스토리를 완료했다면 다음 이터레이션에서는 추정 양동이를 절반으로 자르라(2시간, 4시간, 6시간 양동이를 이용하라). 12개 이상의 스토리를 완료했다면 추정 양동이를 두 배로 늘려라(1일, 2일, 3일). 수용량이 안정될 때까지 이를 이터레이션하라.

네 번째 이터레이션 이후에는 수용량이 안정된다. 경험이 쌓이면 스토리의 크기를 적절하게 조정함으로써 이터레이션마다 같은 숫자의 스토리를 완료하게 될 것이다. 완전히 습관이 되면 추정을 완전히 멈추고 스토리의 숫자만 세면 된다. 그러나 여전히 고객과는 스토리에 관해 그 크기가 적절한지 대화해야 한다.

수용량을 개선하려면

이해관계자는 항상 더 많은 수용량을 원한다. 물론 **늘리는 것 자체는 가능**하다. 하지만 그만한 대가가 따른다. 몇 가지 옵션을 선택할 수 있다.

내부 품질을 개선한다

내가 봤던 가장 일반적인 수용량 관련 문제는 좋지 않은 내부 품질이다. 결함이 있는 코드, 느리고 신뢰성이 떨어지는 테스트, 열악한 자동화, 부서지기 쉬운 인프라스트럭처 같은 것이며, 이를 **기술 부채**^technical debt라 부른다.

내부 품질은 그 어떤 요소보다 팀 수용량에 큰 영향을 준다. 내부 품질의 우선순위를 높이면 팀 수용량은 극적으로 개선될 것이다. 그러나 단기간에 달성할 수 있는 것은 아니다. 내부 품질 문제를 깔끔하게 해결하는 데는 수개월 혹은 수년이 걸리기도 한다.

문제를 해결하기 위해 작업을 멈추기보다는 '수용량 안정화하기(p.329)'에서 설명한 것처럼 슬랙을 이용해 점진적으로 품질을 개선해야 한다. 여러분이 손대는 모든 것을 지속적으로 개

함께 보기
슬랙(p.350)

선하는 습관을 확립하라. 인내심을 가져라. 대부분의 경우 사기는 곧바로 오르겠지만 실제 수용량이 개선되기까지는 몇 개월이 걸릴 것이다.

고객 스킬을 개선한다

팀에 현장 고객이 포함돼 있지 않거나 현장 고객이 개발자의 질문에 적절한 대답을 할 수 없다면 개발자는 대답을 기다리거나 추측할 수밖에 없다. 이 두 상황 모두 수용량을 감소시킨다.

함께 보기
전체 팀(p.130)

개발자의 고객 스킬을 개선함으로써 현장 고객에 대한 의존도를 줄일 수 있다.

에너지 넘치는 작업을 지원한다

지치고 번아웃된 개발자는 많은 비용이 드는 실수를 하며, 모든 노력을 기울이지 못한다. 조직이 팀에 많은 압박을 가하고 있거나 개발자가 많은 시간 초과 근무를 한다면, 이들을 조직

함께 보기
활력 넘치는 업무(p.215)

의 압박으로부터 보호하는 동시에 초과 근무를 하지 않는 정책을 세울 것을 고려하라.

의무를 덜어내라

제약 사항에서 작업할 수 있는 팀원들은(주로 이들은 프로그래머다) 다른 사람들이 할 수 있는 모든 작업에서 손을 떼야 한다. 불필요한 회의에서 이들을 제외하는 방법을 찾고, 인터럽트로부터 이들을 보호하고, 타임 시트나 경비 보고 등의 조직 관료적인 절차를 대신 신경 써 줄 수 있는 사람들을 구하라. 팀에 비서를 할당하는 방법도 있다.

제약 사항을 지원하라

제약 사항과 관계된 태스크에 기여하지 못하는 사람들은 종종 여유 시간을 가질 것이다. 제약 사항에서 작업하는 사람들이 절대 그들을 기다릴 필요가 없게 해야 하지만, 너무 앞서 나가서도 **안 된다**. 이는 그저 추가 작업 중인 제한 재고를 만들 뿐이다(진행 중 업무를 최소화하라(p.243) 참조).

대신 여유 시간을 이용해 제약 사항에 관한 부담을 줄여라. 전통적인 예시는 테스트다. 어떤 팀은 너무 많은 수동 테스트를 해야 하기 때문에 이터레이션 마지막

> 자투리 시간을 이용해 제약 사항에 관한 부담을 줄여라.

날에는 테스트 밖에 하지 못한다. 피처의 다음 세트를 처리하는 대신, 프로그래머는 자동화된 테스트를 작성함으로써 테스트에 대한 부담을 낮출 수 있다.

필요한 리소스를 제공하라

대부분의 팀은 필요한 모든 리소스를 가진다('리소스'란 사람이 아닌 장비나 서비스를 의미한다). 그러나 팀이 느린 컴퓨터나 충분하지 않은 RAM이나 적절하지 않은 도구 때문에 불평한다면 팀원들이 원하는 리소스를 제공하라. 기업이 소프트웨어 팀에 인색한 것을 보면 항상 놀랍다. 장비 비용에서 5,000달러를 절약하기 위해 모든 사람의 시간을 하루 30분씩 빼앗는 것이 상식적인가? 6명으로 구성된 팀은 한 달 안에 그 비용을 회수할 수 있다. 또한 느린 릴리스로 인한 기회 비용은 어떻게 하겠는가?

인원을 추가하라(단 주의하라)

수용량은 팀의 제약 사항에 따라 작업하는 구성원의 수와 관계 있지만, 팀에 인력이

턱없이 부족하고 동시에 숙련된 인력을 쉽게 구할 수 없다면 인력을 추가한다고 즉각적인 효과가 나타나지는 않는다. [Brooks1995]에서 언급한 "지연된 프로젝트에 인력을 추가하면 프로젝트는 더 늦어질 뿐이다."라는 말은 유명하다. 새로운 팀원은 한두 달이 지나야 생산성을 발휘할 것이다. 긴밀한 협업을 통해 그 시간을 단축할 수 있다.

함께 보기

페어 프로그래밍(p.505)
몹 프로그래밍(p.520)
집단 코드 오너십(p.496)
팀 룸(p.150)

마찬가지로 대규모 팀에 인원을 추가하는 것은 생산성을 저하시키는 커뮤니케이션 문제가 발생할 수 있다. 나는 페어 프로그래밍을 이용하는 팀의 경우 6명의 프로그래머를 선호하며, 뛰어난 프로그래머를 포함시켜 쉽게 그 지점에 도달한다. 6명이 초과하는 경우에는 신중을 기하며, 아무리 많아도 8명을 초과하는 경우는 거의 없다. 다른 스킬은 그 숫자에 비례한다(전체 팀(p.130) 참조).

수용량은 생산성이 아니다

조직이 공통적으로 흔히 저지르는 실수는 수용량과 생산성을 혼동하는 것이다. 여기서 분명히 하자. 수용량은 생산성의 척도가 아니다. 그저 예측용 도구일 뿐

> 수용량은 예측 도구이지, 생산성 지표가 아니다.

이다. 물론 생산성 변화에 **영향**을 주지만 수용량이 생산성을 **측정**하지는 않으며, 사실 그 관련성도 매우 미미하다. 무엇보다 수용량을 기준으로 팀을 비교할 수 없다.

수용량은 수많은 요소가 융합된 결과다. 제약 사항에 관해 작업하는 인원 수, 이들이 작업하는 시간, 작업 추정 시간과 실제 시간의 비율, 소프트웨어의 내부 품질, 다른 사람을 기다리기 위해 사용한 시간, 조직적인 오버헤드에 사용한 시간, 선택한 지름길의 수, 팀이 확보한 슬랙의 양 등의 영향을 받는다.

이 요소는 팀마다 다르므로 수용량을 이용해 다른 두 팀을 비교할 수 없다. 한 팀의 수용량이 다른 팀의 두 배라면 그 팀이 오버헤드가 덜하다는 의미일 수도 있겠지만… 오히려 그 팀이 다른 접근 방식으로 추정할 가능성이 높다.

또한 팀은 수용량에 영향을 주는 대부분의 요소를 통제하지 못한다. 단기적으로 팀은 오

로지 작업 시간과 선택하는 지름길의 숫자만 제어할 수 있다. 그러므로 수용량에 따라 판단되는 팀은 초과 근무를 하거나 조잡한 작업을 하거나 슬랙을 잘라내 버린다. 단기적으로 수용량을 높이기는 하겠지만 결국 팀의 실질적인 전달 능력을 **감소**시킨다.

수용량을 외부 팀에 공유하지 말라. 여러분이 관리자라면 안정된 수용량을 독려하는 것이 아닌 이상 수용량을 추적하거나 보상하거나, 심지어 입 밖으로 꺼내지도 말라. 그리고 절대로 그것을 생산성이라고 부르지 말라.

대신 무엇을 해야 할지에 관해서는 '매니지먼트(p.434)'를 참조하라.

CARGO CULT

더, 더 빨리!!

 "좀 더 속도를 높여야 합니다!" 베키(Backie)가 소리쳤다. 그녀는 여러분의 매니저의 매니저다. "실바(Silva)의 팀은 여러분의 두 배의 수용량을 갖고 있습니다. 여러분의 생산성은 절반밖에 안 됩니다. 괜찮겠습니까?"

"좋습니다…" 여러분은 말한다. 경력 제한 운동(Career Limiting Move)에 참여하고 싶은 충동을 억누르며 말한다. "우선 실바의 팀은 우리와 다른 방식으로 작업합니다. 그렇기 때문에 수용량을 비교할 수는 없습니다. 그리고" 여러분은 애써 웃지어 보인다. "저 역시 수용량을 늘리기를 원합니다. 하지만 크리스티안(Christiane)과 이야기를 좀처럼 나눌 수 없습니다. 그녀는 우리가 이해관계자와 직접 이야기하기를 원하지 않습니다. 하지만 그녀는 우리 팀의 플래닝 세션에도 참가하지 않습니다. 결과적으로 재작업을 이터레이션하게 됩니다."

"아니, 그래서는 안 됩니다." 베키는 받아들이지 않는다. "크리스티안은 바쁩니다. 여러분은 애자일 방식으로 개발을 하고 있습니다. 즉 여러분이 오너십을 가진다는 것이죠. 여러분이 고치면 됩니다."

경력 제한 운동이 그렇게 나쁜 것은 아니다. 그렇지 않은가? 다행히 여러분의 관리자인 대릴(Darryl)이 다가온다.

"베키! 오랜만입니다. 크리스티안에 관해서 나누는 이야기를 들었습니다. 제게 좋은 아이디어가 있습니다. 오너십에 대해 당신이 말한 것은 옳습니다. 크리스티안의 일을 조금 줄이는 것은 어떨까요? 우리가 이해관계자들과 이야기하는 것을 담당하면, 그녀가 자유롭게 다른 일에 집중할 수 있을 겁니다." 대릴은 베키를 데리고 사라진다. 여러분은 안도의 숨을 내쉰다. 대릴이 베키의 요구를 처리해준 것이 너무나도 기쁘다.

아니면 그저 더 높은 수용량으로 눈속임을 해도 좋다. 간단하다. 모든 추정값을 세 배로 늘려라.

질문

부분적으로 완료된 스토리를 어떻게 계산해야 하는가?

부분적으로 완료된 스토리는 세지 말라. 이터레이션 종료 시점에 부분적으로 완료된 스토리가 있다면 남은 작업을 위한 새 스토리를 만들어라. 추정을 이용한다면 그 스토리를 새로 추정하라(완료되지 않은 스토리(p.319) 참조). 이번 이터레이션에서 완료된 부분은 여러분의 수용량에 영향을 미치지 않으며, 이는 수용량이 줄어든다는 것을 의미한다.

가혹하게 들리겠지만 여러분이 이터레이션, 수용량, 슬랙을 올바르게 이용한다면 부분적으로 완료된 스토리는 거의 없어야 한다. 부분적으로 완료된 스토리가 있다면? 뭔가 잘못된 것이다. 수용량을 줄이면 팀은 그 문제를 해결하기 위한 슬랙을 갖게 된다.

인력을 늘리거나 줄인다면 수용량을 어떻게 변경해야 하는가?

한 사람만 늘리거나 줄인다면 수용량을 유지하면서 어떤 일이 일어나는지 관찰하라. 혹은 인원 변경 비율에 맞춰 수용량을 조절할 수도 있다. 어떤 접근 방식을 선택하든 다음 이터레이션이 완료된 뒤에는 올바른 수용량으로 조정될 것이다.

안정적인 수용량을 어떻게 얻을 수 있는가? 구성원들은 휴가를 가거나 병가를 쓰는 등 다양한 상황이 있다.

이터레이션의 슬랙을 이용해 예상치 못한 개인의 접근성에 관한 사소한 변수를 통제해야 한다. 많은 팀원들이 휴가로 인해 자리를 비웠다면 그 이터레이션에서의 수용량은 감소할 것이다. 이는 자연스러운 현상이다. 다음 이터레이션에서 이를 초기화할 수 있다.

팀의 규모가 작은 경우 하루만 빠져도 수용량에 큰 영향이 미친다는 것을 알 수 있다. 이런 경우에는 2주 길이의 이터레이션을 이용하라. 이와 관련한 트레이드 오프에 관해서는 '이터레이션(p.308)'을 참조하라.

모두가 함께 스토리를 추정하는 것은 시간 낭비 아닌가?

여러 사람이 함께 추정을 하는 데는 많은 시간이 필요하지만, 이 시간이 낭비는 아니다. 추정 세션은 추정으로 그치는 것이 아니다. 달성해야 하는 것이 무엇인지에 관해 소통하고 명확히 하기 위한 중요한 첫 번째 단계다. 개발자는 질문을 하면서 세부 사항을 명확히 하며, 이는 현장 고객이 생각지도 못한 아이디어로 이어지는 경우가 많다. 때때로 이런 협업은 전체적인 비용을 줄이기도 한다(플래닝 게임에서 승리하려면(p.283) 참조).

모든 개발자는 자신들이 무엇을 만들 것인지 이해했다는 것을 보장하기 위해 참석해야 한다. 개발자들이 함께 추정에 참여하면 일관성 또한 개선된다.

가장 역량이 뛰어난 팀원을 기준으로 측정하는 것은 위험하지 않은가? 팀원들의 평균을 이용하거나 가장 역량이 낮은 구성원을 기준으로 추가적인 안전성을 확보하는 것이 좋지 않은가?

'어제의 날씨'의 피드백 루프는 추정 정확성의 필요를 제거한다. '정확도 추정이 중요하지 않은 이유(p.331)'에서 논의한 것처럼 모두 동등하게 안전하다. 결과적으로 중요한 것은 일관성이며, 이상적인 시간과 가장 자격을 갖춘 팀원의 관점에서 생각하는 것이 가장 쉬운 방법이다.

언제 스토리에 관해 재추정을 해야 하는가?

스토리에 관한 추정은 일관적이어야 하므로, 범위가 변하지 않는 한 스토리를 재추정해서는 안 된다. 또한 작업을 시작했다면 스토리에 관해 재추정을 해서는 안 된다. 일관된 추정을 하기에는 구현 세부 정보를 너무 많이 알게 될 것이기 때문이다.

반면 제약 조건이 변경되고 다른 사람들이 추정을 하게 되면, 추정과 수용량을 처음부터 다시 시작해야 한다.

측정을 하기 위해 기술적인 디자인에 관한 몇 가지 가정을 한다. 디자인이 변경되면 어떻게 해야 하는가?

애자일은 여러분이 디자인을 점진적으로 만들고, 시간이 지남에 따라 전체 디자인을 개선한다고 가정한다. 그 결과 추정은 일반적으로 서로 일정하게 유지될 것이다.

스토리 사이의 기술적 의존성은 어떻게 다뤄야 하는가?

점진적인 디자인을 적절히 이용한다면 기술적 의존성은 아주 없지는 않겠지만 매우 희박해진다. 의존성이 존재하는 경우에 나는 주로 '6(스토리 A가 먼저 완료된다면 4)'이라고 추정한다.

이런 추정이 많다면 점진적 디자인에 관한 접근 방식이 잘못된 것일 수 있다. 진화적 디자인을 활용하면 도움을 얻을 수 있다. 멘토에게 도움을 요청하는 것도 고려하라.

함께 보기

점진적 디자인(p.624)

전제 조건

수용량은 이터레이션 사용을 전제로 하며, 사소한 문제와 비일 관성을 완화하기 위해 슬랙이 필요하다.

함께 보기

태스크 플래닝(p.307)
슬랙(p.350)
이해관계자 신뢰(p.391)

추정에는 신뢰가 요구된다. 개발자는 자신이 그 어떤 공격도 받지 않고 정확한 추정을 할 수 있다고 믿어야 한다. 고객과 이 해관계자는 개발자가 정직하게 추정을 제공하리라고 믿어야 한다. 이런 신뢰는 한 번에 만들어지지 않으며, 이런 신뢰를 만드는 것이 우선이다.

추정과 수용량에 관해 어떤 방식으로 접근하든, 어떤 경우에도 개발자를 공격하기 위한 도구로 수용량이나 부정확한 추정을 이용하지 말라.

지표

여러분이 수용량을 잘 이용한다면:

- 수용량은 일관적이며 이터레이션마다 예측 가능해진다.
- 이터레이션 커밋먼트를 만들고 그것을 달성한다.
- 추정은 빠르고 쉽게 이뤄지거나 전혀 필요하지 않다.
- 스토리의 크기를 1~2분 안에 결정할 수 있다.

대안과 실험

수용량의 중심 아이디어는 '어제의 날씨'다. 정확성보다는 일관성에 집중하며, 과거의 측정을 바탕으로 한 예측에 기반하며, 이를 이용해 스스로를 자동으로 보정하는 피드백 루프를 만든다.

추정과 예측에는 셀 수 없이 많은 방법으로 접근할 수 있다. '어제의 날씨'는 간단하며 신뢰할 수 있다는 장점이 있다. 물론 완벽하지는 않으며, 슬랙을 이용해 그 부족함을 보완해야 한다.

함께 보기

슬랙(p.350)

다른 접근 방식은 정밀함을 얻기가 훨씬 복잡하다. 그런 추가적인 복잡함에도 불구하고 '어제의 날씨'와 '슬랙 피드백 루프'의 조합만큼 효과를 발휘하는 방법을 보지 못했다.

수용량을 결정하는 더 나은 방법을 시도해 보는 것은 매우 환영할 일이지만, 당장은 하지 말라. 우선 이 책에서 설명한 접근 방식을 따라 신뢰할 수 있게 이터레이션을 완료하라. 몇 개월 정도 지속하라. 수용량 계획의 변경에 따른 파급 효과는 매우 심오하기 때문에 경험해 봐야만 알 수 있다.

내가 본 접근 방법 중에서는 과거의 이터레이션이 아닌 이전 이터레이션의 평균값에 기반해 수용량을 결정하는 방법이 가장 널리 이용됐다. 또 다른 접근 방식으로는 한 이터레이션에서 시작해 다른 이터레이션에서 완료된 스토리 수를 세는 것이 있다. 나는 두 접근 방식 모두 잘못됐다고 생각한다. 이 방식은 모두 수용량을 늘리려는 의도에 기반한 것이지만, 팀의 **실질적인 전달 능력**을 증가시키지 않은 채 수용량만 증가시킨다. 이는 팀이 그들의 약속을 달성하지 못하도록 문제를 일으킬 뿐이다. 팀의 실제 업무 수행 능력을 높이려면 더 적은 수용량을 계획하고, 그 결과 발생하는 슬랙(여유로움)을 활용하는 것이 좋다.

다른 인기 있는 대안으로 추정을 완전히 배제하는 #NoEstimates 운동이 있다. #NoEstimates에는 두 가지 접근 방식이 존재하며, 그 두 가지 방법을 이 책에 모두 담았다. 첫 번째 접근 방식은 이 프랙티스에서 설명한 것처럼 추정 대신 스토리 수를 세는 것이다. 일부 팀은 이를 위해 이터레이션당 12개 이상의 매우 작은 스토리를 이용한다. 두 번째 접근 방식은 이터레이션을 전혀 이용하지 않고, 대신 지속적인 흐름을 이용하는 것이다(태스크 플래닝(p.307) 참조). 기본을 익힌 뒤에는 두 접근 방식 모두 시도해 볼 만한 가치가 있다.

슬랙

우리는 이터레이션적인 약속을 전달한다.

여러분이 이용하는 워크스테이션의 전원 케이블이 벽의 콘센트에 딱 닿을 만큼만 길다고 생각해보자. 케이블을 팽팽하게 당기면 간신히 콘센트에 꽂을 수 있지만, 조금만 흔들려도 콘센트에서 빠져 워크스테이션의 전원이 꺼진다. 그리고 작업하던 모든 내용이 사라진다.

나는 그런 사소한 흔들림 때문에 컴퓨터의 전원이 꺼지는 것을 참을 수 없다. 내 작업은 그렇게 잃어버리기엔 너무 중요하다. 이런 상황에서 컴퓨터를 콘센트 가까이 옮겨서 사소한 움직임에 의한 사고를 예방할 것이다(그리고 전원 케이블을 바닥에 테이프로 고정해서 사람들이 넘어다니지 못하게 하고, 무정전 전원 공급장치를 설치하고, 지속적인 백업 솔루션에 투자하겠다).

여러분의 이터레이션 계획 또한 이런 사소한 흔들림 때문에 방해받기에는 너무 중요하다. 전원 케이블 같이 이터레이션 계획에도 여유가 필요하다.

얼마나 많은 슬랙이 필요한가?

필요한 여유의 양과 여러분이 가진 문제의 수는 관계가 없다. 문제의 무작위성에 의존한다. 이터레이션 마다 정확히 20시간의 문제를 늘 경험한다면 수용량이 자동으로 이를 보상할 것

함께 보기
수용량(p.327)

이다. 하지만 20~30시간의 문제를 경험한다면 수용량은 급격하게 증가하거나 감소할 것이다. 이런 상황에서는 수용량을 안정시키고 약속을 이행하기 위해 10시간의 여유가 필요하다.

NOTE 팀은 스스로 무엇을 약속할지 결정하며 그 약속은 팀 외부에 공유된다는 점을 기억하라. 더 자세한 내용은 '이터레이션 커밋먼트를 만들고 만족시키기(p.317)'를 참조하라.

이 숫자는 단지 설명을 위한 것이다. 문제에 소요한 시간을 측정하는 대신, '수용량 안정

화하기(p.329)'에서 설명한 것처럼 수용량 피드백 루프의 장점을 이용하라. 수용량이 크게 증가하면 수용량 이상의 스토리에 관해 작업하는 것을 멈추라. 여러분의 수용량은 다소 작은 값에서 안정될 것이며, 팀은 충분한 여유를 확보할 수 있게 될 것이다. 반면 팀이 작업하던 것을 정리하는 것을 포함한 모든 작업을 일찍 완료한다면, 다음 이터레이션에서 작은 추가 스토리에 관한 작업을 함으로써 슬랙을 줄이라.

슬랙을 이용하는 방법

수용량 피드백 루프를 잘 이용하면 팀은 자동으로 충분한 양의 슬랙을 확보하고, 이터레이션마다 모든 스토리를 완료하게 될 것이다. 그렇다면 슬랙을 어떻게 이용해야 하는가?

먼저 팀의 제약 사항을 위해서만 슬랙을 이용한다. 팀의 병목 현상이 되는 유형이 존재하며, 이는 일반적으로 프로그래밍이다. 팀의 슬랙은 그 제약 사항을 완화하기 위해서만 이용해야 한다.

이를 위한 한 가지 방법으로 이터레이션 작업의 마지막 일부를 슬랙으로 확보하고, 스토리가 모두 완료되면 일찍 퇴근하는 것이 있다. 물론 시간 낭비가 발생한다. 다른 한 가지 방법은 모든 것을 완료했다면 다른 스토리에 관한 작업을 하는 것이다. 하지만 이는 슬랙을 확보하지 않고 그저 할 수 있는 한 많은 작업을 하던 시절로 돌아가는 것과 다르지 않다.

아니다. 슬랙을 가장 잘 사용하는 방법은 여러분의 **전달하는 능력을 증가시키는 것**이다. 이는 제약 사항이 무엇인지에 따라 다르다. 세 가지 좋은 선택지가 있다. 특히 내부 품질 개선하기는 모든 팀이 반드시 선택해야 한다.

> 슬랙을 가장 잘 사용하는 방법은 여러분의 전달하는 능력을 증가시키는 것이다.

내부 품질 개선하기

팀의 성과는 팀이 다루는 코드, 테스트, 자동화, 인프라스트럭처의 품질과 밀접하게 연관된다. 이 모든 요소는 소프트웨어의 **내부 품질**이다.

아무리 훌륭한 팀일지라도 내부 품질 문제는 쌓여 간다. 여러분은 늘 소프트웨어를 가능한 깨끗하게 만들고자 하지만, 훌륭한 작업도 결과적으로 여러분의 필요와 맞지 않게 된다.

여러분의 제약 사항이 프로그래밍이라면 내부 품질 개선은 수용량을 증가시키는 확실한 방법이다. 이터레이션마다 최소한의 깨끗한 필수 코드를 작성하는 동시에, **기존** 코드를 개선할

함께 보기

반영적 디자인(p.650)

수 있는 기회를 찾으라. 이를 일상적인 작업의 일부로 만들어라. 변수나 메서드 이름을 보고 의문이 든다면 변경하라. 더 이상 사용되지 않는 코드를 발견했다면 삭제하라.

이러한 작은 개선과 함께 더 큰 변경을 할 수 있는 기회를 찾아라. 너무 많은 역할을 담당하는 모듈, 확률적으로 실패하는 테스트, 느린 빌드 단계 등을 살펴보라. 이런 문제가 여러분의 작업에 영향을 준다면 점진적으로 개선하라.

개선을 일괄 처리하지 말라. 이터레이션하는 동안 매일 개선하라. 이쪽의 구조를 캡슐화하는데 한 시간, 저쪽의 배포 스크립트를 수정하는데 두 시간이 걸린다.

> 이터레이션 전체에서 매일 개선하라.

모든 개선은 구체적이고 상대적으로 작은 문제를 해결해야 한다. 때때로 더 큰 문제의 일부만을 수정할 수밖에 없는 경우도 있겠지만, 코드를 더 좋게 만드는 것이라면 괜찮다. 다음 번에 해당 시스템의 부분을 작업할 때 다시 개선할 수 있는 다른 기회를 얻을 수 있을 것이다.

시작하기 전에 태스크 보드를 확인하고 이터레이션의 남은 시간과 비교해보라. 이터레이션 경과 시간에 비해 많은 태스크를 처리했는가? 그렇다면 팀이 일정보다 앞서 있는 것이므로 정리

함께 보기

태스크 플래닝(p.307)

작업을 진행해도 된다. 팀이 일정보다 뒤쳐져 있는 것으로 보이는가? 그렇다면 이터레이션 약속에 집중하라. 다음 이터레이션에서 다시 기회를 찾을 수 있을 것이다. 내부 품질에 사용하는 시간을 조정함으로써, 대부분의 이터레이션이 계획대로 진행됨을 보장할 수 있다.

NOTE 여러분에게 주어진 시간에 관계없이 코드와 다른 시스템을 조금 더 나은 상태로 유지하라. '엉성함'과 '깨끗함' 사이에서의 선택이 아닌 '약간 깨끗함'과 '매우 깨끗함' 사이에서의 선택이다. 좋은 작업을 위한 시간을 늘 만들어라. 지저분한 작업은 시간을 절약하는 것이 아니라 오히려 낭비하게 만든다.

여러분이 실제 작업하는 코드, 테스트, 시스템의 개선에 집중하라. 여러분이 가장 많이 작업하는 것이 가장 많이 변할 것이다. 이 간단한 피드백 루프는 정리를 위한 노력을 가장 잘할 수 있는 곳으로 여러분을 마술처럼 인도할 것이다.

고객 스킬을 개발하라

애자일 팀은 전체 교차 기능 팀이지만 많은 기업이 고객 스킬을 가진 사람들을 간과한다. 고객, 사용자, 비즈니스 요구에 관한 지식 부족이 팀의 제약 사항이라면 슬랙을 이용해 이들을 학습

<table>
<tr><td>함께 보기</td></tr>
<tr><td>전체 팀(p.130)</td></tr>
</table>

하라. 도메인을 연구하라. 회의에 프로덕트 매니저를 참여시켜라. 사용자와 인터뷰를 하고 이해관계자와 대화하라.

내부 품질 개선과 함께 이런 시간을 이터레이션 전체에 포함시켜라. 팀의 진행 상황을 이용해 여러분이 여기에 사용할 시간을 판단하라.

탐험과 실험을 위한 시간을 확보하라

개발자들은 본질적으로 호기심이 많은 경향을 보이며, 꾸준히 자신들의 스킬을 개선해야 한다. 호기심을 충족할 시간이 주어지면 이들은 종종 팀에서 작업을 향상시키는 것을 배운다.

탐험과 실험을 위해 확보된 시간은 **연구 시간**research time이라 부르기도 하며, 이는 슬랙을 이터레이션에 추가하면서 학습을 독려하는 훌륭한 방법이다. 다른 기법과 달리 이 시간은 이터레이션의 마지막 날 반나절 정도를 떼어 둔다. 업무 진행이 더디다면 연구 시간을 활용해 약속을 달성하라.

연구 시간을 이용한다면 이터레이션 완료 시점이 아니라 연구 시간의 **시작** 시점에 완료한 스토리에 기준으로 수용량을 계산하라. 연구 시간을 사용하게 되면 결과

연구 시간은 버퍼이긴 하지만 이에 의존해서는 안 된다.

적으로 수용량이 줄어들 것이므로, 다음 이터레이션은 연구 시간을 다시 확보할 수 있다. 연구 시간은 버퍼이긴 하지만 이에 의존해서는 안 된다.

팀의 각 구성원은 연구 시간 블록을 이용해 각자 선택에 따라 주도적으로 탐색을 수행한다. 새로운 기술을 연구하거나, 코드의 애매한 부분을 학습하거나, 새로운 프랙티스를 시도하거나, 새로운 제품 아이디어를 탐색하거나, 흥미로운 것이라면 무엇이든 될 수 있다. 그러나 단 한 가지 규칙은 있다. 어떤 스토리를 구현하거나 프로덕션 코드를 커밋하지 말라.

NOTE 사람들이 시간을 헛되이 쓰는 것이 걱정된다면, 다음 날 점심을 제공하면서 비공식적인 동료 토론을 통해 학습한 내용을 공유하도록 요청하라. 이들의 장난이 걱정된다면 다음날 점심을 제공하고 비공식 동료 토론을 통해 배운 내용을 공유하도록 요청하라. 서로 학습한 내용을 나눌 수 있는 훌륭한 방법이다.

나는 지금까지 여러 팀에 연구 시간을 도입했고, 그때마다 시간은 달랐다. 어떤 조직에서는 연구 시간을 도입하고 2주가 지난 뒤, 프로덕트 매니저가 연구 시간이 지금까지 팀이 사용한 어떤 시간보다 가치가 있었다면서 시간을 두 배로 늘리자고 제안했다.

팀원 여러분, 연구 시간을 효과적으로 이용하기 위해서는 이 시간에도 집중력을 유지하고, 실제 업무로서 다뤄야 한다. 연구 시간을 지연된 회의를 따라잡는 기회로 생각하기 쉽다. 방해받지 않도록 엄격하게 관리하라. 이메일을 무시하고, 문자 메시지 알림을 끄고, 캘린더에 시간을 확보하고, 실질적인 연구가 아닌 웹 브라우징을 제한하라.

연구 시간을 처음 채택할 때는 무엇을 해야 할지 결정하는 데 어려움을 겪을 것이다. 최근에 여러분을 고민하게 만든 것에 관해 생각하라. 여러분이 다루는 UI 프레임워크나 코드에 관해 더 많이 학습하고 싶은가? 시도해 보고 싶지만 여러분 조직에서는 이용하지 않는 프로그래밍 언어가 있는가? 실시간 네트워킹에 언제나 매력을 느끼는가?

연구를 할 때는 작고 독립적인 프로그램으로 스파이크 솔루션을 만들어 여러분이 학습한 것을 시연하라. 프로덕션 코드에서 실험을 한다면 쓰고 버릴 브랜치를 만들어라. 일반적으로 유용한 것을 만들려고 시도하지 말라. 핵심 아이디어를 구현하기 위해 필요한 시간이 줄어든다. 개념을 증명할 정도로만 시도하고, 다음 주제로 넘어가라.

> **함께 보기**
> 스파이크 솔루션(p.613)

초과 업무의 역할

초과 업무^{overtime}는 수용량 피드백 루프에서 발생하지 않지만, 슬랙의 소스다. 신중하게 이용하라. 여러분이 어떤 스토리나 태스크를 완료하기 위해 **자발적으로** 추가 시간을 쓰는 것이라면

함께 보기

활력 넘치는 업무(p.215)

문제없다. 하지만 그것을 습관이 되게 하지는 말라. 또한 하루 한 시간 이상은 초과 업무를 하지 말라. 다음 날 생산성을 유지하기 위해서는 재충전의 시간이 필요하다. 여러분이 가진 에너지에 주의를 기울이고, 팀의 기준을 낮춘 것에 대한 핑계로 초과 업무를 이용하지 말라.

질문

커밋먼트가 위태롭다면 일시적으로 페어 프로그래밍, 리팩터링, 테스트 주도 개발 등을 멈춰야 하는가? 커밋먼트를 달성하는 것이 가장 중요하지 않은가?

충분한 경험이 쌓이면 이 프랙티스는 여러분의 속도를 낮추는 것이 아니라 오히려 높여준다. 하지만 학습에는 시간이 필요하다. 이들을 멈추면 확실히 더 쉽게 커밋먼트를 일찍 지킬 수 있다는 것은 사실이다.

그러나 이를 슬랙의 소스로 이용해서는 안 된다. 이 프랙티스는 고품질의 코드를 전달하는 능력을 유지하도록 해준다. 이 프랙티스를 하지 않는다면 내부 품질이 저하돼 결과적으로 여러분의 속도를 늦출 것이다. 이번 이터레이션의 커밋먼트는 달성하겠지만 다음 이터레이션에서 이를 보상하게 될 것이다.

약속을 달성할 충분한 슬랙이 없다면 여러분의 기준을 낮추지 말라. 대신 계획을 수정하라. '이터레이션 커밋먼트를 만들고 만족시키기(p.317)'를 참조하라.

함께 보기

페어 프로그래밍(p.505)
몹 프로그래밍(p.520)

연구 시간에 페어나 몹을 해야 하는가?"

이런 목적이라면 몹은 다소 지나치다. 한 주제에 대해 협업을 하고 싶다면 페어링 정도는 괜찮을 것이다. 그러나 꼭 필요하지는 않다.

슬랙과 정리 스토리는 어떤 관계가 있는가?

정리 스토리는 내부 품질을 개선하기 위한 목적의 특별한 스토리다(정리 스토리(p.233) 참조). 솔직히 이들은 일종의 실수다. 팀은 슬랙을 이용해 지속적으로 코드와 다른 시스템을 개선해야 한다. 정리 스토리는 필요하지 않다.

그러나 때로는 추가 정리 작업을 통해 속도를 향상시킬 수 있는 소프트웨어를 상속받는다. 이런 경우 현장 고객은 정리 스토리의 우선순위를 결정한다. 하지만 이들이 필수여서는 안 된다. 이는 어디까지나 현장 고객의 재량이며, 현장 고객의 추가 정리가 주는 이익과 팀이 할 수 있는 다른 작업이 주는 이익을 저울질해야 한다. 이것은 슬랙을 이용해 진행하는 개발자의 재량에 따른 정리와는 대조된다.

전제 조건

슬랙의 위험은 사람들이 내부 품질 개선이나 고객 스킬 개발 활동이 중요하지 않다고 생각하게 할 수 있다는 점이다. 이들은 사실 매우 중요하며, 이들이 없다면 팀은 시간이 지남에 따라 느려질 것이다. 슬랙은 이터레이션 커밋먼트만큼은 시간에 중요하지 않다. 꾸준히 개선할 수 있도록 충분한 슬랙을 확보하라. 그렇지 않다면 수용량을 조금 줄여서 슬랙을 확보하라.

또한 슬랙이라는 이름으로 작업을 대충하지 말라. 여러분이 결정한 절차를 따르면서 이터레이션 커밋먼트를 달성할 수 없다면 이터레이션 계획을 다시 수정하라.

지표

여러분의 팀이 슬랙을 이터레이션과 잘 융합한다면:

- 팀은 지속적으로 이터레이션 커밋먼트를 달성한다.
- 팀원들은 초과 업무를 거의 혹은 전혀 하지 않는다.
- 팀의 내부 품질은 꾸준하게 개선되며, 작업은 더 쉽고 빨라진다.

대안과 실험

표면적으로 슬랙은 커밋먼트를 이행하는 것처럼 보이며, 사실 이것이 중요한 부분이다. 하지만 진정한 혁신은 애초에 느슨함을 필요로 하는 문제를 해결하기 위해 슬랙을 이용하는 것이다. 슬랙은 수용량과 함께 현명한 작은 피드백 루프를 형성하고, 팀의 약점을 이용해 팀을 더 강하게 만든다.

많은 조직은 생산성에 스트레스를 받으며, 그로 인해 팀원에게 수용량을 최대로 하라고 압박한다. 팀은 모든 이터레이션마다 수용량을 높이기 위해 밀어붙이기 때문에 슬랙을 도입하지 않는다. 아이러니하게도 이는 팀의 실제 수용량을 개선하는 것을 방해하고, 그들의 커밋먼트 달성도 어렵게 만든다. 이는 차례로 압박의 증가로 이어지고 수많은 실패를 일으킨다.

슬랙을 실험할 때는 현명한 작은 피드백 루프를 항상 염두에 두라. 그저 슬랙을 추가할 방법을 찾으려고 하지 말라. 슬랙을 이용해 팀의 수용량을 개선할 방법을 찾아라.

더 읽을거리

『Slack: Getting Past Burnout, Busywork, and the Myth of Total Efficiency』(Currency, 2002): 조직 전체에 슬랙을 제공하는 설득력 있는 사례들을 제공한다[DeMarco2002].

『더 골』(동양북스, 2019)과 『한계를 넘어서』(동양문고, 2004): 비즈니스 소설이며 추정을 여유롭게 하는 대신 슬랙 또는 버퍼를 이용해 커밋먼트를 보호하고 처리량을 높이는 사례를 제공한다[Goldratt1992, Goldratt1997].

스탠드업 회의

대상
전체 팀

우리는 조정을 통해 작업을 완료한다.

나는 상태 공유 회의에 특별한 반감을 갖고 있다. 여러분도 알고 있다. 관리자가 태스크 목록을 읽고 각각에 관해 차례로 질문한다. 질문은 끝없이 이어질 것처럼 보인다. 내가 말할 시간은 단지 5분 밖에 되지 않는데 말이다. 10분 정도는 새로운 것을 배운다. 나머지 45분은… 시간 낭비다.

물론 조직은 상태 공유 회의를 개최하는 충분한 이유가 있다. 사람들은 무슨 일이 진행되는지 알고 싶어한다. 그러나 애자일 팀은 더 효과적인 메커니즘을 갖고 있다. 즉 정보가 풍부한 업무 공간은 상태를 제공하며, 데일리 스탠드업 회의를 통해 조정한다.

함께 보기

정보가 풍부한 업무 공간
(p.365)

CARGO CULT

앉아서 진행하는 스탠드업

오전 10시 3분. 여러분의 팀은 스탠드업 회의실 앞에 모여 앞서 진행되는 회의가 끝나길 기다리고 있다.

"왜 또 이 회의실입니까?" 스티비(Stevie)가 묻는다. "다른 회의실은 모두 예약됐습니다." 스크럼 마스터인 비센트(Vicente)가 대답한다. "그리고 프로젝터가 필요하니까요. 이제 회의가 끝난 것 같네요."

5분 뒤, 여러분 모두는 편안하게 자리에 앉는다. 비센트가 프로젝터로 이슈 추적 도구를 벽에 비춘다. "스탠드업을 시작하죠." 비센트가 의자에 기대며 말한다. "저스틴(Justine)?"

저스틴이 전화기에서 눈을 돌린다. "아, 네. 음… 저는 어제 스토리 #1106에 관한 작업을 했습니다. 오늘도 같은 작업을 합니다. 장애물은 없습니다."

"좋습니다." 비센트가 대답한다. "아드리아나(Adriana)?"

"#1109에 관한 작업을 계속하고 있습니다. 장애물은 없습니다."

비센트는 방안에 모인 사람들에게 차례로 물으면서 주문처럼 대답하는 내용에 따라 도구에서 몇 가지를 업데이트한다.

"좋습니다. 모두 감사합니다. 스토리 상태를 업데이트하는 것을 잊지 마십시오. 회의에서는 업데이트를 하지 않도록 말입니다. 내일 뵙겠습니다."

10시 20분. 여러분은 책상으로 돌아와 스탠드업 회의를 돌이켜본다. 적어도 분명히 빠르다. 하지만 … 쓸모없다. 비센트가 도구에서 모든 사람의 상태를 업데이트하는 것 외에는 낭비로 느껴진다. 무엇이 빠진 것일까?

데일리 스탠드업 진행 방법

데일리 스탠드업 회의는 매우 간단하다. 매일 정해진 시간에 팀 전체가 모여 간단하게 5~10분간 회의를 진행한다. 대면 팀은 태스크 추적 보드 주위에 모인다. 원격 팀은 화상 회의를 이용

함께 보기

태스크 플래닝(p.307)

하고 가상 태스크 보드에 로그인한다. 팀원들이 늦더라도 정시에 시작하는 습관을 만든다.

스탠드업은 **조정**을 위한 회의이지 **상태 공유**를 위한 회의가 아니다. 상태 공유가 필요하다면 태스크 플래닝 보드를 보라. 그러나 팀은 오너십을 공유하고 협업을

> 스탠드업은 조정을 위한 회의이지 상태 공유를 위한 회의가 아니다.

통해 스토리를 완료하기 때문에(집단 오너십(p.311) 참조) 팀원들은 그들의 작업을 조정할 방법이 필요하다. 이것이 바로 스탠드업 회의의 목표. 팀원들은 동기화를 함으로써 애드혹ad-hoc 기반으로 하루 동안 조정을 계속할 수 있다.

NOTE 스탠드업은 팀의 작업을 방해한다. 아침 스탠드업은 특히 문제가 된다. 팀원들은 스탠드업 회의가 방해라는 사실을 알기 때문에 때로 그저 스탠드업 회의가 시작될 때까지 기다린다. 점심 시간 직전 같이 일과 중 다소 늦은 시간으로 스탠드업 회의를 옮기면 이 문제를 완화할 수 있다.

스탠드업 회의와 관련해 내가 봤던 가장 효과적인 접근 방법은 '워크 더 보드walk the board'다. '워크 더 보드'는 네 부분으로 구성된다.

1. 보드를 따라 걷는다

스탠드업 회의는 팀원들이 함께 완료에 가까운 스토리부터 태스크 보드의 스토리를 하나하나 살펴보는 것으로 시작한다. 스토리별로 해당 스토리에 관한 작업을 하는 팀원들이 변경 내용과 남은 작업을 설명한다. 또한 팀원들이 알아야 할 새로운 정보도 전달한다.

예시: (보드를 가리키며) "제나Genna와 저는 이 태스크를 마쳤습니다." (바비Bobbi가 말한다.) "나Na와 저는 저 태스크를 마쳤고, 이 스토리는 마지막 리뷰를 받을 수 있습니다. 로드니Rodney에게 공유했고 로드니는 자신이 리뷰를 하고 싶다고 했지만 갑작스러운 일이 생겨서 오늘 오후에 사무실로 돌아가야 한다고 합니다. 이 스토리는 오늘 녹색으로 표시할 수

있을 것이라 생각합니다. 변동은 없을 것입니다."

팀원들은 하루 종일 필요에 따라 도움을 요청하고 즉석 협업 세션을 가질 수 있지만, 스탠드업 회의는 덜 긴급한 조정을 위한 좋은 시간이다. 예를 들면 다음과 같다.

- **도움이 필요한 구성원**: "프론트엔드 CSS 테스트에 관해 다소 혼란스럽습니다. 스탠드업 후에 저를 도와 주실 분이 있습니까?"

- **새로운 정보를 가진 구성원**: "루실라^{Lucila}와 저는 새로운 태스크매니저^{TaskManager} 라이브러리를 테스트했고, 매우 잘 작동했습니다. 이후 동시성^{concurrency}을 다룰 때 살펴보면 좋을 것 같습니다."

- **협업 세션이 필요한 구성원**: "크기를 정해야 할 새로운 스토리가 있습니다. 점심 시간 후에 신속한 플래닝 게임을 할 수 있을까요?"

스탠드업 회의를 처음 한다면 익숙해질 때까지 퍼실리테이터가 필요할 수도 있다. 팀이 리더십을 공유할 수 있도록 역할은 돌아가면서 하는 것이 가장 좋다. 퍼실리테이터는 회의를 주도하지 않게 주의해야 한다. 퍼실리테이터의 역할은 각 스토리를 가리키고 팀이 말할 수 있도록 돕는 것이다.

2. 완료에 집중한다

보드를 따라 걸은 뒤에는 해소되지 않은 블로커^{blocker}를 포함해 작업을 완료하는 데 필요한 사항에 잠시 집중한다. 이터레이션을 이용한 팀이라면 이터레이션 커밋먼트를 확인할 수 있다. "이번 이터레이션은 이틀 남았고, 이터레이션의 60%를 진행했습니다. 60% 이상의 태스크를 완료한 것으로 보이지만, 스토리는 하나만 완료됐습니다. 다른 스토리도 오늘 완료할 수 있도록 집중해야 합니다."

3. 태스크를 선택한다

마지막으로 모든 구성원 각자 다음 할 작업을 결정한다. 이는 일반적인 결정이 아니라 대화다. "나^{Na}가 스토리를 완료하는 것에 대해 말했듯이 이 태스크를 가장 우선해야 할 것 같습니다. 저랑 같이 작업하실 분 있을까요?" (나^{Na}가 자원하고 해당 카드를 보드에서 떼어

낸다) "그리고 오늘 오후에 로드니와 저 스토리를 리뷰하겠습니다."

마찬가지로 누군가 여러분이 정보를 갖고 있는 태스크를 선택했다면, 그에 관해 언급하는 것을 잊지 말라. "저 태스크에 관한 작업을 시작할 때는 저나 세이무어^{Seymour}에게 이야기해 주세요. 작업할 때 알아야 할 페치 래퍼^{fetch wrapper}를 변경했습니다."

4. 세부 대화는 별도로 진행한다

모든 사람이 팀이 진행할 사항을 명확하게 이해했다면 회의를 마친다. 회의는 몇 분 내에 완료돼야 한다. 누군가 특정한 주제에 관해 심도 있는 대화를 해야 한다면 그에 관해 스탠드업 회의에서 언급하고, 해당 주제에 흥미를 가진 누구나 스탠드업 회의를 마친 후 '별도로' 세부적인 대화를 진행한다.

틀에 박힌 스탠드업 회의

일부 팀은 스탠드업에서 스토리보다는 구성원에 초점을 둔다. 각 구성원은 차례로 돌아가면서 팀이 함께 알아야 할 새로운 정보를 가볍게 설명한다. 주로 세 개의 질문에 대답하는 형태를 보인다.

1. 내가 어제 한 일은 무엇인가?
2. 내가 오늘 할 일은 무엇인가?
3. 일을 하는 데 방해가 되는 것은 무엇인가?

이런 회의는 조정을 위한 회의가 아니라 상태 공유 회의로 변질되기 쉽다. 그렇기 때문에 나는 '워크 더 보드'를 선호한다. 이런 형태의 회의는 시간이 늘어지거나 내용이 없는 순차 발언이 되기 쉽다.

짧게 하라

스탠드업 회의의 목적은 전체 팀을 짧은 시간에 조정하는 것이다. 일어난 일을 빠짐없이 공유하는 목적이 아니다. 스탠드업 회의의 첫 번째 미덕은 간결성^{brevity}이다. 그렇기 때문에 대면 팀은 서서 진행한다. 다리가 아프기 때문에 회의를 짧게 마치도록 상기시켜준다.

스토리당 몇 마디의 말이면 된다. 30초에서 60초면 충분하다. 다음 예시를 참고하라.

- **프로그래머**: "이 스토리에 관해 디나^{Dina}와 저는 (보드를 가리키며) 이 태스크를 마쳤습니다. 테스트 중에 몇 가지 문제를 발견했고, 서비스 추상화 부분을 리팩터링했습니다. 결과적으로 (한 태스크를 가리키며) 저 태스크도 쉬워질 것입니다. 검토 사항을 함께 살펴보고 싶다면 저희 중 한 명에게 알려 주십시오."

- **프로덕트 매니저**: "무역박람회에서 막 돌아왔습니다. 제품 시연 과정에서 UI에 관한 훌륭한 피드백을 받았습니다. 시각적 계획에 약간의 변경이 있을 것입니다. 오늘 해당 작업을 진행하겠습니다. 세부적인 내용을 알고 싶다면 언제든 환영입니다."

- **도메인 전문가**: "어제 신시아^{Cynthia}가 제게 이 스토리의 회계 규칙에 관해 질문했습니다. 그 부분과 관련해 테이텀^{Tatum}과 이야기를 나눴고, 제가 생각했던 것 이상의 무언가가 있음을 알았습니다. 저는 (태스크를 가리키며) 예시를 업데이트하는 태스크를 추가했습니다. 프로그래머 또는 테스터 분과 함께 기본적인 내용을 모두 다뤘는지 확인하고 싶습니다."

대부분 스탠드업 회의는 5분 전후, 길어도 10분 이내에 완료해야 한다. 지속적으로 10분 이상 계속된다면 무언가 잘못된 것이다. 늘어지는 스탠드업 회의의 이유는 주로 다음과 같다.

> 스탠드업 회의는 5분 전후, 길어도 10분 이내에 완료해야 한다.

- 카드나 화이트보드(실제 혹은 가상)가 아니라 이슈 추적 도구를 이용한다.

- 태스크 보드를 업무 시간 중이 아닌 스탠드업 회의에서 업데이트한다.

- 업무 시간 중에 대화를 하지 않고 스탠드업 회의에서 몰아서 한다.

- 세부 사항에 관해 별도로 이야기하지 않고 스탠드업 회의에서 이야기한다.

- 스탠드업 회의를 팀 룸이 아니라 별도 회의실에서 진행한다.

- 정시에 시작하지 않고 사람들이 오기를 기다린다.

이런 원인이 아닌 다른 것이 원인이라면 멘토에게 도움을 구하라.

질문

팀 외부인이 스탠드업 회의에 참석해도 되는가?

그렇다. 하지만 스탠드업 회의는 팀이 소유하며 팀의 이익을 위해 진행돼야 한다. 팀 외부인이 미팅으로 인해 기분이 상하거나 팀원이 그들을 불편해한다면 참석하지 않게 해야 한다.

함께 보기

이해관계자 데모(p.401)
로드맵(p.424)

정치적으로 능숙한 팀원들이 그 메시지를 전하게 하면 가장 좋을 것이다. 이해관계자 데모나 로드맵을 이용해 그런 참석자들에게 정보를 제공하라.

여러 팀이 협업하는 환경에서는 팀원 중 일부를 서로 긴밀하게 협업하는 다른 팀의 스탠드업 회의에 참여시키는 것도 도움이 된다. 이 경우 협의를 통해 회의에 사람들을 참여시키고, 방해가 되지 않게 기여하는 방법을 결정하라.

스탠드업 회의에 늦는 사람이 있다면 어떻게 해야 하는가?

그들이 없이 시작하라. 스탠드업 회의는 몇 분 안에 종료되므로 그들이 도착했을 때는 이미 회의를 마쳤을 것이다. 필요하다면 그들이 다른 사람에게 부탁했을 것이다. 정시에 시작하는 것이 정시에 도착하는 문화를 만드는 데 도움이 된다.

몹 프로그래밍을 이용하더라도 데일리 스탠드업 회의가 여전히 필요한가?

함께 보기

몹 프로그래밍(p.520)

몹 프로그래밍을 이용하는 팀은 계속해서 조정하기 때문에 기술적으로는 스탠드업 회의가 필요하지 않다. 그러나 매일 잠깐 동안 진행 사항을 검토하고 다음 단계를 생각하는 시간을 갖는 것은 여전히 유용하다. 몹을 이용하는 팀에서는 자연스럽게 이뤄질 것이지만, 그렇지 않다면 명시적으로 스탠드업 회의를 하는 것이 도움이 된다.

전제 조건

데일리 스탠드업 회의가 소통을 막지 않도록 하라. 일부 팀원들은 필요할 때 누군가에게 말하기보다 스탠드업 회의를 기다린다. 여러분이 이런 상황을 발견한다면 스탠드업 회의를 잠시 중단하는 것이 실질적인 소통의 개선에 도움이 될 수 있다.

스탠드업 회의를 주도하는 리더들은 주의하라. 리뷰어인 조나단 클라크^{Jonathan Clark}는 이상적인 퍼실리테이터를 "카리스마가 있지만 인내심이 부족해 연사들을 재촉하고 부추기는 동료다."라고 적절하게 표현했듯이 팀과 스탠드업 회의는 동료들이 모여서 진행하는 것이다. 그 누군가가 주도를 해서는 안 된다.

지표

여러분이 데일리 스탠드업 회의를 잘 진행한다면:

- ☐ 팀은 작업을 조정하고 태스크 계획을 완수하기 위해 꾸준히 진척을 보인다.

- ☐ 팀은 작업이나 스토리가 중단됐을 때 이를 인식하고 그것을 해제하기 위한 조치를 취한다.

- ☐ 팀원들은 다른 구성원들이 어떤 작업을 하는지, 그 작업이 자신들의 작업에 어떤 영향을 미치는지 인식한다.

대안과 실험

상태가 아닌 조정이 스탠드업 회의의 기본 아이디어다. 애자일을 처음 접하는 팀은 이 부분에서 문제를 겪는다. 그들에게 스탠드업 회의는 더 짧고 빈번한 상태 공유 회의처럼 보인다. 그러나 이는 핵심을 놓치고 있는 것이다.

스탠드업 회의에 형식을 도입하지 않게 주의하라. 사람들은 종종 특정한 구조, 즉 템플릿 또는 대답해야 할 질문 목록을 만들어 실험하지만, 이런 형식은 협업을 늘리지 않고 오히려 줄인다. 대신 팀이 집단적으로 해당 작업을 소유하는 능력을 개선할 수 있는 방법에 집중하라.

내가 함께 일했던 한 팀은 '워크 더 보드'를 통해 상당한 효과를 거뒀으며, 팀원들은 매우 짧은 스탠드업 회의를 하루에 여러 차례 진행하기 시작했다. 스탠드업 회의를 위해 별도의 시간을 정하지 않고 태스크를 완료하면 그냥 모였다. 30~60초 안에 그들은 다음에 작업할 것을 조정하고 보드에서 태스크를 갖고 돌아갔다.

"It's Not Just Standing Up: Patterns for Daily Standup Meetings": 스탠드업 회의에 관한 실험을 할 수 있는 훌륭한 아이디어를 제공한다[Yip2016].

정보가 풍부한 업무 공간

대상
전체 팀

우리는 진행 상황에 주파수를 맞춘다.

여러분의 업무 공간은 개발 노력의 조종석 같은 공간이다. 조종사가 비행을 위해 필요한 정보로 자신을 둘러싸듯이 정보가 풍부한 업무 공간을 이용해 팀원들이 업무를 진행하는 데 필요한 정보로 둘러싸라.

정보가 풍부한 업무 공간은 팀 룸으로 정보를 방출한다. 대면 팀에서는 휴식을 취할 때 구성원들은 업무 공간을 오가면서 그들 주위의 정보를 본다. 이러한 작은 구역은 발견에 있어서 깨달음의 순간$^{aha\ moment}$을 초래할 수 있다.

원격 팀에서는 이 같은 '항상 보이는' 효과를 얻기가 힘들지만 동일한 원칙이 적용된다. 사람들이 의식적으로 정보를 찾지 않고도 습득할 수 있는 기회를 만들어라.

또한 정보가 풍부한 업무 공간은 팀 룸을 한 번 돌아보는 것만으로(가상 팀 룸이라면 로그인하는 것만으로) 사람들이 팀의 진행 현황을 알 수 있게 해준다. 팀원을 방해하지 않고도 상태 정보를 전달하고 이해관계자의 신뢰를 높이는 데 도움이 된다.

미묘한 단서

정보가 풍부한 업무 공간의 핵심은 **정보**다. 정보가 풍부한 업무 공간은 지속적으로 팀에 정보를 방출한다. 이것은 다음 절에서 설명하는 것처럼 '큰 시각적 차트'

> 정보가 풍부한 업무 공간은 지속적으로 팀에 정보를 방출한다.

형태로 나타난다. 그러나 팀원들이 상황 인식을 유지할 수 있도록 하는 미묘한 단서의 형태도 띤다.

상황 인식의 소스 중 하나로는 사람들이 무엇을 하는지 보는 것이다. 실제 팀 룸에서 누군가가 시각적 계획을 변경하고 있다면 새로운 일이 시작될 것이라고 생각할 수 있다. 누군가 태스크 보드 옆에 서 있으면 그들은 아마도 다음에 무엇을 할지 논의를 시작하고 있을 것이다. 이터레이션의 중반 시점에 태스크 보도에 있는 카드의 절반이 완료되지 않았다면 팀 속도는 예상보다 느린 것이다.

팀 룸의 분위기 역시 하나의 단서다. 건강한 팀은 에너지가 넘친다. 공기 중에 액티비티의 소음이 돌아다닌다. 사람들은 반대를 하고, 협업을 하고, 때때로 농담을 하기도 한다. 서두르지 않

함께 보기

활력 넘치는 업무(p.215)

지만 분명히 생산적이다. 한두 사람이 도움을 요청하면 다른 사람이 알려주거나 조언을 하고 자신들의 태스크로 돌아간다. 누군가 태스크를 완료하면 모두가 그 순간을 축하해준다.

건강하지 않은 팀은 매우 조용하고 긴장돼 있다. 팀원들은 이야기를 많이 하지 않는다(혹은 전혀 이야기를 하지 않는다). 분위기가 칙칙하다. 사람들은 근무 시간에 맞춰 출근하고 퇴근한다. 심지어 누가 먼저 퇴근하는지 눈치를 살핀다.

원격 팀에서는 이런 단서는 누락된다. 대신 상태와 분위기를 소통하기 위해 추가 노력이 필요하다. 그룹 채팅으로 메모를 남기거나 함께 확인할 수 있는 방법을 제공하는 등의 정보 공유와 관련된 워킹 어그리먼트를 수립해야 한다.

함께 보기

정렬(p.204)

정보가 풍부한 업무 공간은 사람들에게 소통할 수 있는 방법도 제공한다. 대면 팀에서는 벽을 둘러싼 수많은 화이트보드와 인덱스 카드 더미가 이에 해당한다. 화이트보드에 그려진 협력적 디자인 스케치를 이용하면 30분짜리 프레젠테이션보다 아이디어를 더 빠르고 효과적으로 소통할 수 있다. 인덱스 카드는 회고, 계획, 시각화 정보 작성에 효과적이다.

원격 팀에서는 팀의 가상 화이트보드 도구를 같은 목적으로 이용한다. 어떤 팀은 하나 또는 두 개의 공유 문서를 만들고 팀의 유용한 정보를 담은 '벽'으로 설정한다. 또는 별도 모니터나 태블릿에 가상 태스크 플래닝 보드를 항상 띄워 두고, 사람들이 변경할 때마다

알 수 있게 함으로써 상황 인식을 개선할 수 있다.

큰 시각적 차트

정보가 풍부한 업무 공간의 핵심적인 측면은 **큰 시각적 차트**, 또는 **정보 방열기**^{information} ^{radiator}라 부른다. 큰 시각적 차트의 목표는 간단하고 명확하게 정보를 표시해서 팀 룸 전체에 정보를 제공하는 것이다. 원격 팀은 자신들의 '룸'을 나타내는 하나의 가상 화이트보드를 이용해 유사한 효과를 얻을 수 있다.

태스크 플래닝 보드(그림 9-1 참조)와 시각적 플래닝 보드(그림 8-4)는 큰 시각적 차트의 전형적인 예시다. 여기에서 변형된 형태의 보드는 모든 애자일 팀에서 볼 수 있다. 그러나 많은 팀들은 이를 이슈 추적 도구 안에 숨기는 실수를 한다.

또 다른 유용한 차트는 팀의 달력이며 중요한 날짜, 이터레이션, 팀원들의 부재(적절하다면 연락처 정보를 포함) 정보를 표시한다. 대면 팀에서는 큰 플라스틱 만년 달력을 이용한다.

나는 또한 팀의 목적(비전, 미션, 미션 테스트)을 눈에 띄게 붙여 두는 것을 좋아한다. 몇 주정도가 지나면 뒤로 사라지겠지만 필요할 때 바로 가리키기 좋기 때문이다.

정보가 풍부한 업무 공간을 디지털화하려는 반사적인 유혹을 피하라. 누군가 좋은 아이디어를 떠올리는 즉시 팀은 프로세스를 변경할 수 있어야 한다. 플립 차트

> 전자 도구가 여러분의 행동을 제한하게 하지 말라.

용지, 테이프, 마커를 사용하면 아이디어를 벽의 차트로 옮기는데 2~3분이면 충분하다. 실제 팀 룸에서 이보다 편리한 것은 없다. 전자 도구는 시간이 더 오래 걸리고 프로그래밍에도 제한이 있다. 그들이 여러분의 행동을 제한하게 하지 말라.

원격 팀은 물론 전자 도구를 이용할 수밖에 없지만, 자동화를 시도하기보다는 쉽게 변경하고 업데이트할 수 있는 도구를 선호해야 한다. 가상 화이트보드의 기본 카드, 스티키 노트, 그리기 도구면 충분하다.

개선 차트

개선 차트는 큰 시각적 차트의 하나로 팀이 개선하려는 특정한
이슈를 측정한다. 주로 이러한 이슈는 회고 과정에서 드러난다.
팀 룸에 영구적으로 고정돼 있는 플래닝 보드 또는 팀 달력과
달리, 개선 차트는 몇 주 동안만 게시된다.

함께 보기

회고(p.450)

팀 결정에 따라 개선 차트를 만들고 팀의 책임으로 차트를 유지하라. 차트를 만들기로 합
의했다면 최신 상태를 유지하는 데에도 합의하라. 어떤 차트의 경우 이는 모든 구성원이
자신들의 상태가 변경됐을 때 몇 초 안에 보드를 업데이트해야 함을 의미한다. 일부 차트
는 일과를 마무리하는 시점에 정보를 수집하기도 한다. 이런 차트는 특정 구성원이 차트
업데이트를 담당한다.

개선 차트는 팀이 다루는 문제에 따라 다양하다. 이 모든 차트의 기본 원칙은 동일하다.
바로 개선에 대한 우리의 내적 요구에 호소한다. 공동 목표를 향한 진행 상태를 눈으로
보면 사람들은 일반적으로 그들의 상태를 개선하기 위해 시도한다.

여러분이 겪고 있는 문제와 차트의 유형을 고려한다면 도움이 될 것이다. 애자일 팀이 차
트를 이용해 성공적으로 개선하는 영역의 예시는 다음과 같다.

- **페어링의 양**: 페어로 작업한 시간과 단독으로 작업한 시간의 비율을 추적한다.

- **페어 교체**: 각 이터레이션과정에서 페어링할 수 있는 조합 중 실제 페어링을 한 횟
  수를 추적한다(그림 9-4a).

- **빌드 성능**: 초당 실행된 테스트 수를 추적한다(그림 9-4b).

- **응답성 지원**: 지원 요청이 처리되지 않은 기간을 추적한다(단지 오래된 요청의 수만
  추적하던 초기 차트에서는 요청의 난이도가 무시됨).

- **불필요한 인터럽션**: 각 이터레이션에서 스토리와 관련되지 않은 작업에 사용한 시
  간을 추적한다.

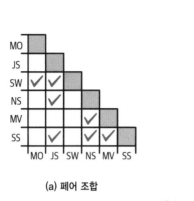

(a) 페어 조합

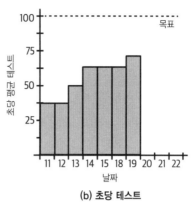

(b) 초당 테스트

그림 9-4 개선 차트 예

개선 차트를 과도하게 채우지 말라. 너무 많은 개선 사항을 게시하면 오히려 효율성이 떨어진다. 나는 태스크 보드 같은 영구 차트를 포함하지 않고, 한 번에 게시하는 개선 사항은 2~3의 제한을 유지하려고 한다.

그렇다고 소수의 차트만 붙이라는 것은 아니다. 팀의 상징물, 장난감, 진행 중인 작업도 환영한다. 중요한 차트가 눈에 잘 띄는지 확인하라.

게이밍

너무 많은 개선 차트가 있으면 그 영향이 줄어들지만, 그보다 큰 문제는 팀이 개선 차트의 숫자를 개선하려는 의지가 **너무 높을 때** 일어난다. 그들은 종종 게임 프로세스를 시작한다. **게이밍**Gaming은 사람들이 전체 프로세스를 희생하고 숫자에만 집중할 때 발생한다.

내가 본 일반적인 예시로는 프로그래머가 테스트 접근 방식의 품질을 개선하기보다는 테스트 **숫자**나 코드 커버리지를 높이는 데 집중하는 경우가 있다. 가치가 없는 사소하거나 유지보수가 어렵거나 느리게 실행되는 테스트를 만들어낸다. 심지어 자신들이 그런 작업을 하고 있다는 사실조차 깨닫지 못한다.

이 문제를 완화하려면 개선 차트를 신중하게 이용하라. 새 차트에 관해 팀 전체가 토론하라. 관찰하려는 전반적인 개선 사항을 명확하게 하라. 차트에 효과가 있는지 매주 확인하고 한 달 이내에 차트를 없애라. 그 시점에서는 차트는 역할을 다했거나 더 이상 도움이 되지 않을 것이다.

무엇보다 업무 공간의 차트를 성과 평가의 목적으로 이용하지 말라. 팀 외부에서는 그에 관해 논의조차 하지 말라. 차트 결과에 따라 자신의 성과를 평가받는다

> 업무 공간의 차트를 성과 평과의 목적으로 이용하지 말라.

고 느끼는 사람들은 게임에 참여할 가능성이 훨씬 높다. 대신 무엇을 해야 할지에 관한 아이디어는 '매니지먼트(p.434)'를 참조하라.

질문

정기적으로 팀 업무 공간을 방문할 수 없거나 방문하지 않을 사람들과 상태를 공유해야 한다. 컴퓨터로 처리된 차트가 없다면 어떻게 하는가?

무엇보다도 정보가 풍부한 업무 공간은 팀을 위한 것이다. 팀 외부의 사람들과 상태를 공유하려면 이해관계자 데모와 로드맵을 이용하라.

> **함께 보기**
> 이해관계자 데모(p.401)
> 로드맵(p.424)

우리 차트는 계속해서 최신 상태에서 벗어나 있다. 팀원들이 이를 업데이트하게 하려면 어떻게 해야 하는가?

가장 먼저 "팀이 정말로 이 차트에 동의했는가?"를 확인해야 한다. 정보가 풍부한 업무 공간은 팀의 이익을 위한 것이므로 팀원이 차트를 최신 상태로 유지하지 않으면 가치가 없다고 생각할 수 있다. 팀원들이 차트를 원하지 않는다고 말하기보다 수동적이지만 공격적으로 차트를 무시할 수 있다.

개인적인 경험에 따르면 여러분이 차트를 너무 통제하고 있는 것일 수도 있다. 스스로가 차트에 얼마나 관여했는지 되짚어보면 팀을 개입시키기 충분하다. 때때로 완벽하지 않은 차트나 엉성한 손 글씨를 참는 것을 의미할 수도 있지만 그만한 가치가 있다.

모든 방법이 실패하면 회고나 스탠드업 회의에서 해당 문제를 논의하라. 불만 사항을 공유하고 문제 해결을 위해 팀의 도움을 요청하라. 팀이 원하지 않는다면 일부 차트를 포기

할 준비도 하라.

전제 조건

실제든 가상이든 팀 룸이 없다면 정보가 풍부한 업무 공간을
만들 수 없다.

함께 보기

팀 룸(p.150)

실제 팀 룸이 있으면 정보가 풍부한 업무 공간을 쉽게 만들 수 있다. 원하는 차트를 붙이기만 하면 된다. 가상 팀 룸이 있으면 정보를 표시하고, 상황 인식을 생성하기 위해 추가 노력을 해야 한다.

지표

팀에 정보가 풍부한 업무 공간이 있다면:

- ☐ 팀이 직면한 모든 중요한 문제에 대한 최신 정보를 얻을 수 있다.
- ☐ 현재 계획에서 얼마나 멀리 왔고, 얼마나 멀리 가야 하는지 정확히 안다.
- ☐ 팀의 작업이 잘 진행되고 있는지, 어려움을 겪고 있는지 안다.
- ☐ 팀이 문제를 얼마나 잘 해결하고 있는지 안다.

대안과 실험

팀 룸이 없지만 팀에 인접한 칸막이나 사무실이 있다면 홀이나 공용 공간에 정보를 게시해 정보가 풍부한 업무 공간의 이점을 얻을 수 있다.

실험적인 측면에서 보면 하늘이 한계다. 이 프랙티스의 핵심은 조종석 비유다. 필요한 모든 정보를 지속적으로 볼 수 있으므로 상황이 변경될 때 자동으로 알아차리고, 무언가 잘 못됐을 때 무의식적으로 깨달을 수 있다. 시각화 자료 및 포스터에 관한 실험을 할 때 이점을 염두에 두라. 실험을 바로 시작할 수 있다.

더 읽을거리

『Agile Software Development』(Addison-Wesley Professional, 2006)의 3장에서는 흥미로운 논의를 제공한다[Cockburn2006]. '소통하고 협력하는 팀Communicating, Cooperating Teams'에서 정보를 열로 표현하고, 주의를 산만하게 하는 것을 초안에 비유해서 설명했다. 이것이 '정보 방열기' 비유의 원천이다.

고객 예시

대상
고객, 전체 팀

까다로운 세부 사항을 올바르게 구현한다.

일부 소프트웨어는 간단하다. 그저 다른 데이터베이스 위에 있는 또 다른 UI일 뿐이다. 그러나 가치 있는 소프트웨어는 종종 전문화된 지식을 포함하는 소프트웨어다.

이 전문 지식 또는 **도메인 지식**은 이해하기 어렵고 잘못되기 쉬운 세부 사항으로 가득하다. 이런 세부 정보를 전달할 때는 **고객 예시** Customer Example 를 이용하라. 도메인 규칙을 설명하는 구체적인 예시를 만들어라. 고객 예시는 어디서든 볼 수 있는 언어로

함께 보기
유비쿼터스 언어(p.527)
전체 팀(p.130)
실질적인 고객 참여(p.288)

쓰여야 한다. 즉 프로그래머, 도메인 전문가가 이용하는 언어와 코드 자체를 모두 통합해야 한다.

고객 예시를 만들려면 도메인 전문 지식을 갖춘 사람들이 필요하다. 이상적으로 이는 팀의 일부다. 그렇지 않다면 이들을 외부에서 찾아야 한다.

여러분의 팀에는 도메인에 관해 일반인의 이해를 발전시킨 사람들을 포함할 수 있다. 프로그래머, 테스터, 비즈니스 분석가들이 종종 이 범주에 속한다. 그들은 스스로 고객 예시를 만들어 낼 수 있다. 그렇다 하더라도 실제 전문가들과 이 예시를 검토하는 것이 좋다. 일반인이 잘못 생각할 수 있는 까다로운 세부 사항이 있을 수 있다.

예시를 만들고 이용하려면 **설명**describe, **시연**demonstrate, **개발**develop의 프로세스를 따르라.

설명하라

작업 계획의 스토리를 보고 개발자가 오해할 만한 세부 사항이 있는지 결정한다. 이러한 세부 사항의 예시를 만들기 위한 작업을 추가한다. 모든 상황에 대한 예시가 필요하지는 않으며,

함께 보기

태스크 플래닝(p.307)

까다로운 세부 사항만 있으면 된다. 고객 예시는 소프트웨어가 작동하는지 증명하기 위한 것이 아니라 **커뮤니케이션**을 위한 것이다.

예를 들어 스토리 중 하나가 '인보이스 삭제 허용'인 경우, 인보이스 삭제 예시는 필요하지 않다. 개발자는 이미 무언가를 삭제한다는 것의 의미를 이해하고 있다. 그러나 특히 인보이스의 부적절한 삭제를 막기 위한 복잡한 규칙이 있다면 **언제** 인보이스를 삭제해도 되는지에 관한 예시가 필요할 수 있다.

개발자가 오해할 수 있는 것이 무엇인지 모르겠다면 질문하라! 적어도 처음에는 너무 많은 예시를 제공하는 데서 오류가 발생한다. 도메인 전문가와 개발자가 처음으로 예시를 만들기 위해 만났을 때, 서로의 오해 정도에 종종 놀라곤 한다.

예시 작업을 할 때가 되면 화이트보드 주위에 팀을 모은다. 팀이 멀리 떨어져 있다면 문서를 공유하라. 팀 전체가 참여할 수 있다. 최소한 도메인 전문가, 모든 프로그래머, 모든 테스터를 포함하라. 그들은 오너십을 공유할 수 있도록 세부 사항을 이해할 수 있어야 한다(집단 오너십(p.311) 참조).

도메인 전문가는 이야기와 관련된 규칙을 요약하는 것으로 시작한다. 짧게 하라. 이는 단지 개요일 뿐이다. 세부 사항은 예시를 위해 남겨두라. 예를 들어 인보이스 삭제에 관해서는 다음과 같이 논의할 수 있다.

> 전문가: 스토리 중 하나는 인보이스 삭제에 관한 지원을 추가하는 것입니다. 우리가 제공하는 UI 목업 외에도 몇 가지 고객 예시가 좋은 아이디어라고 생각했습니다. 감사 추적을 유지해야 하므로 인보이스 삭제는 보기만큼 간단하지 않습니다.
>
> 이 문제와 관련해 많은 규칙이 있습니다. 일반적으로 고객에게 전송되지 않은 인보이스는 삭제해도 문제가 되지 않습니다. 그래야 사람들이 실수를 삭제할 수 있습니다. 단 고객에게 발송된 인보이스는 관리자만 삭제할 수 있습니다. 그럼에도 불구하고 감사 목적으로 사본을 저장해야 합니다.

팀이 도메인에 대해 막 배우기 시작했다면 더 자세한 대화가 필요할 수 있다. 이 경우에는 어디에서나 이용할 수 있는 언어를 만드는 것을 고려하라.

함께 보기

유비쿼터스 언어(p.527)

시연하라

도메인 전문가가 개요를 제공했다면 규칙을 계속 설명하도록 유도하려는 유혹을 이겨내라. 대신 예를 들어 규칙을 구체적으로 만들어라. 말 그대로 "그에 관한 예시를 들어줄 수 있습니까?"라는 질문이 일을 진행하는 데 도움이 될 것이다.

예를 요청함으로써 구체적인 규칙을 만들어라.

참가자는 예제를 제안해 일을 진행할 수도 있지만 도메인 전문가가 주도하도록 노력하라. 한 가지 요령은 고의적으로 실수를 하고 도메인 전문가가 수정하도록 하는 것이다.[6]

표는 종종 예시를 제공하는 가장 자연스러운 방법이지만, 그 형식에 관해 걱정할 필요는 없다. 화이트보드나 공유 문서에서 예제를 얻으라. 시나리오는 다음과 같이 계속될 수 있다.

> 프로그래머: 따라서 인보이스가 전송되지 않은 경우 계정 담당자는 인보이스를 삭제할 수 있고, 전송된 경우에는 삭제할 수 없습니다. (마커를 들고 화이트보드에 쓴다)

사용자	전송	삭제 가능?
계정 담당자	N	Y
계정 담장자	Y	N

> 전문가: 맞습니다.

> 프로그래머(의도적으로 잘못 이해): 하지만 CSR은 할 수 있습니다.

---

6 나는 이 요령을 워드 커닝햄에게 배웠다. 나중에 스티븐 맥기디(Steven McGeady)가 조금 변형해 커닝햄의 법칙으로 대중화됐다. "인터넷에서 답변을 얻는 가장 좋은 방법은 질문하는 것이 아니라 오답을 게시하는 것이다."

사용자	전송	삭제 가능?
계정 담당자	N	Y
계정 담당자	Y	N
CSR	N	Y
CSR	Y	Y

전문가: 아니요, CSR은 할 수 없고 관리자가 할 수 있습니다. (프로그래머는 전문가에게 마커를 건넨다)

사용자	전송	삭제 가능?
계정 담당자	N	Y
계정 담당자	Y	N
CSR	N	Y
CSR	Y	N
관리자	Y	Y, 그러나 감사 필요

테스터: CSR 감독자는 어떻습니까? 아니면 관리자?

전문가: CSR 감독자는 관리자로 간주되지 않지만 관리자는 관리자로 간주됩니다. 그러나 관리자도 감사 추적을 남깁니다.

사용자	전송	삭제 가능?
계정 담당자	N	Y
계정 담당자	Y	N
CSR	N	Y
CSR	Y	N
매니저	Y	Y, 감사 필요
CSR 최고 관리자	Y	N
관리자	Y	Y, 감사 필요

전문가: 또 다른 설명을 추가하자면 '전송'은 실제로 고객이 실제 인보이스를 봤는지 여부에 관계없이 인보이스를 볼 수 있도록 했음을 의미합니다.

'전송'
이메일
인쇄
PDF로 내보내기
URL로 내보내기

테스터: 미리보기는 어떻습니까?

전문가: 그 질문은 지금까지 누구도 한 적이 없었는데요. 글쎄, 분명히… 음… 이건 나중에 다시 설명할게요.

이 대화는 모든 세부 사항이 해결될 때까지 계속되며, 프로그래머와 테스터는 질문을 통해 간격을 좁힌다. 고객이 이전에 고려하지 않은 몇 가지 질문이 있을 것이다. 유비쿼터스 언어를 이용한다면 모델의 관련된 부분을 스케치하고 진행하면서 수정하라.

세부 사항을 자세히 살펴보면서 구체적인 예시를 만들어라. "**누구나** 전송되지 않은 인보이스는 삭제할 수 있다" 같이 일반적으로 표현하고 싶겠지만, "**계정 담당자**는 전송되지 않은 인보이스를 삭제할 수 있다" 같이 구체적인 예시를 만드는 것이 좋다. 이것은 사람들이 가진 생각의 격차를 드러내는 데 도움이 될 것이다.

생각보다 토론할 내용이 더 많다는 사실을 알게 될 수도 있다. 구체적인 예시를 만드는 행위는 종종 고객이 고려하지 않은 시나리오를 드러낸다. 테스터는 특히 이러한 격차를 찾는 데 능숙하다. 논의할 내용이 많다면 고객과 테스터가 추가 예제를 추적하는 동안 프로그래머가 구현을 시작할 수 있도록 분할을 고려하라.

개발하라

대화를 마쳤다면 나중에 참조할 수 있도록 결과를 기록하라. 화이트보드 사진이나 스크린샷이면 충분하다.

고객 예시는 종종 애플리케이션에서 가장 중요한 로직 중 일부를 나타낸다. 문서화하라. 나는 자동화된 테스트를 만드는 접근 방식을 선호한다. 모든 예시를 관련된 테스트에 맹목적으로 복

함께 보기
_____
테스트 주도 개발(p.564)

사하는 대신, 더 신중하게 생각해야 하는 테스트를 위한 영감이자 이후 다른 프로그래머가 참조할 수 있는 문서로 예시를 이용한다. 이렇게 하기 위해 예시 사본을 인쇄하고, 테스트 주도 개발을 이용해 테스트와 코드를 점진적으로 빌드한다. 각 테스트와 해당 코드를 작성하면서 테스트에서 다루는 예시를 확인한다.

유비쿼터스 언어와 도메인 모델이 있다면 가장 쉽다. 예를 들어 도메인 모델에는 can Delete() 메서드를 가진 Invoice 클래스가 포함돼 있을 수 있다. 이 경우 "보내지 않은 인보이스는 누구나 삭제할 수 있다" 및 "전송된 인보이스는 관리자만 삭제할 수 있다" 같은 테스트가 있을 수 있다.

개발자가 코드를 작업할 때는 엄격한 코드 요구사항에 의해 원래 논의의 일부가 아닌 일부 극단적인 경우를 드러낼 가능성이 높다. 화이트보드로 돌아가도 좋다. 질문을 하고 답을 얻어 코딩해도 좋다. 어떤 방식을 택하든 테스트와 기타 문서를 업데이트하라.

질문

스토리 개발을 시작하기 전에 예제를 만들어야 하는가?

그럴 필요는 없다. 예시를 만드는 것이 일반적으로 첫 번째 개발 작업이 될 수 있다. 스토리 크기를 결정하기 위해 플래닝 게임 과정에서 몇 가지 예시를 탐색해야 하는 경우도 있지만, 일반적으로 그렇게 할 필요는 없다. 고객 예시를 포함한 요구사

함께 보기
_____
플래닝 게임(p.277)
점진적 요구사항(p.295)

항은 소프트웨어의 나머지 부분과 함께 점진적으로 개발돼야 한다는 점을 기억하라.

전제 조건

많은 스토리가 고객 예시가 필요 없을 정도로 간단하다. 꼭 필요하지 않다면 예시를 강요하지 말라.

고객 예시가 필요하면 도메인 전문 지식도 필요하다. 팀에 전문가가 없다면 그들을 참여시키기 위해 더 많은 노력을 기울여라.

지표

팀에서 고객 예시를 잘 활용한다면:

- ☐ 소프트웨어에는 도메인 로직 버그가 거의 없다
- ☐ 팀은 구체적이고 명확한 용어로 도메인 규칙에 관해 논의한다.
- ☐ 팀은 종종 아무도 고려하지 않은 특별한 경우의 도메인 규칙을 발견하고 설명한다.

대안과 실험

일부 팀은 큐컴버Cucumber 같은 자연어 테스트 자동화 도구를 이용해 고객 예시를 자동화된 테스트로 바꾸기를 좋아한다. 나 역시 그중 하나였다. 워드 커닝햄의 핏Fit은 애자일 커뮤니티에서 이런 목적으로 이용된 첫 도구였고, 나는 그것에 깊이 관여했다.

그러나 시간이 지나면서 나는 예시의 가치가 자동화가 아닌 **화이트보드 대화**whiteboard conversation에 있음을 알았다. 이론상으로 고객은 팀의 진행 상황에 대한 확신을 얻기 위해 핏을 이용한 테스트를 작성하고, 그 출력을 이용하는데 도움을 줄 것이다. 하지만 실제로 그런 일은 거의 발생하지 않았고 추가적인 가치도 없었다. 정기적인 테스트 주도 개발은 자동화하기 쉬운 방법이었고 잘 작동했다. 큐컴버 같은 도구도 마찬가지다.

큐컴버는 다니엘 테어호스트-노스Daniel Terhorst-North가 설립한 행동 주도 개발BDD, behavior-driven development 커뮤니티에서 유래했다. 다니엘은 고객 협업을 오랫동안 강력하게 지지했다. 큐컴버 같은 도구가 필수적이라고 생각하지는 않지만, BDD 커뮤니티 역시 실험을 위한 좋은 아이디어 소스다. 이런 아이디어 중 하나로 인덱스 카드를 이용해 예시를 수집하는 **예시 매핑**example mapping이 있다[Wynne2015].

고객 예시를 만들기 위한 다른 옵션도 탐색할 수 있다. 어떤 사람들은 큐컴버 같은 도구가 의사 소통의 구조화에 유용하다고 생각하고, 일부 팀에서는 감사나 서드 파티 검증을 간소화하기 위해 큐컴버를 이용했다. 단순하고 협업적인 화이트보드 기반 접근 방식을 우선 여러 번 시도해 비교 기준선을 확보하라. 다른 옵션을 실험할 때 고객 예시는 자동화나 테스트가 아닌 **협업과 피드백**을 위한 도구임을 기억하라. 실험을 통해 핵심 원칙을 향상시키고 손상되지 않게 하라.

더 읽을거리

『성공적인 프로젝트를 관통하는 핵심 실천법Specification by Example』(위키북스, 2014): 이 책의 7장에서는 고객 예시를 요청하는 유용한 팁을 제공한다. 물론 책 전체도 읽을 가치가 충분하다[Adzic2011].

	대상
'완전 완료'	전체 팀

프로덕션 준비가 되면 완료된 것이다.

CARGO CULT

일부 완료(Some Done)

"발렌티나(Valentina)!" 셜리(Shirley)는 발렌티나의 사무실에 머리를 내민다. "새로운 피처는 완료됐나요?

발렌티나가 고개를 끄덕인다. "잠시만요." 그녀는 타이핑을 멈추지 않고 말한다. 키보드를 두드리는 소리의 크기가 절정에 다다를 때 그녀가 소리친다. "완료!" 그녀는 의기양양하게 몸을 돌리고 셜리를 바라본다. "반나절 만에 끝났어요."

"인상적이네요." 셜리가 말한다. "하루나 이틀은 걸릴 거라고 생각했어요. 지금 살펴봐도 될까요?"

"음, 아직이요." 발렌티나가 말한다. "아직 새 코드를 통합하지 않았어요."

"알았어요." 셜리가 말했다. "하지만 통합을 하면 제가 볼 수 있겠죠? 새 고객에게 보여주고 싶어서요. 고객은 이 피처 때문에 특별히 우리를 선택했어요. 난 고객들이 그것을 사용할 수 있도록 테스트 베드에 새로운 빌드를 배포하려고 해요."

발렌티나가 인상을 찌푸린다. "음, 아직 아무에게도 보여주지 않을 거예요. 아직 테스트를 하지 않았고, 원하는 곳에 배포할 수도 없어요. 아직 배포 스크립트나 마이그레이션 도구를 업데이트하지 않았어요."

"이해가 안 되네요." 셜리가 투덜거린다. "완료됐다고 말했잖아요."

"맞아요." 발렌티나가 주장한다. "셜리가 사무실에 들어왔을 때 코딩을 마쳤어요. 코드를 보여드릴게요."

"아니, 아니, 내가 코드를 볼 필요는 없어요." 셜리가 대답한다. "고객들에게 보여줘야 해요. **완벽하게 끝내야 해요.**"

"글쎄, 왜 그렇게 말하지 않았나요?" 발렌티나가 말한다. "피처는 완료됐어요. 코드 작성도 끝났어요. 아직 완전히 **완료**되지 않았을 뿐이예요. 며칠만 더 주세요."

한 번 이야기를 끝내고 다시 그 이야기로 돌아갈 필요가 없는 것이 좋지 않겠는가? 바로 이것이 '**완전 완료**done done'다. 완성된 스토리란 통합되지 않거나 테스트되지 않은 코드 덩어리가 아니다. 완성된 스토리란 출시할 수 있는 것이다. 현재 릴리스를 위해 계획된 다른 스토리가 완료되면 추가 작업 없이 릴리스할 수 있다.

'진행 중 업무를 최소화하라(p.243)'에서 설명한 것처럼 부분적으로 완료된 스토리는 진행 중 업무와 비용을 증가시킨다. 버튼을 눌러 릴리스하는 대신, 예측할 수 없는 양의 작업을 완료해야 한다. 이는 이것은 릴리스 계획을 불안정하게 만들고 커밋먼트를 만들거나 지키지 못하게 한다.

이 문제를 피하려면 스토리가 '완료'됐는지 확인하라. 이터레이션 기반 태스크 플래닝을 이용한다면, 이터레이션의 모든 스토리는 해당 이터레이션에서 완료돼야 한다. 지속적인 흐름을

함께 보기

태스크 플래닝(p.307)

이용할 때는 스토리를 보드에서 꺼내기 전에 완료해야 한다. 실제로 그렇게 하지 않더라도 완성된 모든 스토리를 공개할 수 있는 기술적 능력을 보유하고 있어야 한다.

스토리가 '완전 완료'되려면 무엇이 필요한가? 그것은 조직에 따라 다르다. 팀의 스토리 완료 기준을 보여주는 **완료 정의**를 만들라. 나는 태스크 플래닝 보드에 내 완료 기준을 기록한다. 다음은 그 예시다.

- 테스트 완료(모든 자동화 테스트 작성 및 통과)

- 코드 작성(모든 코드 작성)

- 디자인 완료(팀이 만족할 수 있도록 코드 리팩터링)

- 통합(스토리는 일반적으로 UI에서 데이터베이스로 끝에서 끝까지 작동하며 나머지 소프트웨어에 적용)

- 빌드(빌드 스크립트는 변경 사항과 함께 작동)

- 배포(배포 스크립트는 변경 사항을 배포)

- 마이그레이션(배포 스크립트는 필요한 경우 데이터베이스 스키마를 업데이트하고 데이터를 마이그레이션함)

- 현장에서 검토(고객은 업데이트된 소프트웨어가 기대치를 충족하는지 확인)

- 수정(알려진 모든 버그가 수정됐거나 별도 스토리로 예약)

- 현장에서 승인(고객은 스토리가 완료됐음에 동의)

일부 팀은 이 목록에 '문서화'를 추가한다. 이는 스토리에 문서, 도움말 텍스트가 있으며 다른 문서 표준을 충족한다는 의미다(문서화(p.300) 참조).

다른 팀에는 성능, 확장성 기대치 같은 비기능적 기준을 포함한다. 이것은 조기 최적화 또는 스토리 완료의 어려움으로 이어질 수 있으므로 이런 종류의 비기능적 요구사항을 전용 스토리로 계획하기를 선호한다. 타협안으로 '완료' 체크리스트의 과정으로 기대치를 **확인**할 수 있지만, 반드시 그에 따라 **행동**하지는 않아도 된다.[7] "응답 시간을 확인한다. 만약 500ms보다 오래 걸린다면 최적화하거나 성능 스토리를 만든다."

---

7   이 제안에 관해 빌 웨이크에게 감사한다.

시간이 지남에 따라 소프트웨어에 필요한 새로운 사실을 배우고, 개발 접근 방식을 개선할 수 있다. 예를 들어 완료에 대한 정의에서 '수동으로 테스트됨' 항목에서 시작할 수 있다. 테스트에 대한 접근 방식이 향상되면 '자동화 테스트 작성 및 통과'를 추가하고, 궁극적으로 '수동으로 테스트됨' 항목을 제거할 수 있다. 회고는 완료 정의에 대한 변경 사항을 고려하기에 좋은 시기다.

함께 보기

회고(p.450)

'완전 완료'하는 방법

애자일은 단계적으로 작업하거나 스토리를 '완료'하기 위해 이터레이션의 마지막 며칠을 예약하기보다 일상의 작업의 모든 측면에서 조금씩 진전을 이룰 때 가장

일상의 작업의 모든 측면에서 조금씩 진전을 이뤄라.

잘 작동한다. 이것은 익숙해지면 작업하기 더 쉬운 방법이며, 이터레이션이 끝났을 때 완료되지 않은 작업이 존재할 위험을 줄이다. 그러나 일부 **전달하기** 영역의 프랙티스에 의존한다.

프로그래머는 테스트 주도 개발을 이용해 테스트, 코딩, 디자인을 결합한다. 작업하면서 지속적인 통합을 이용해 팀의 나머지 작업과 통합한다. 필요한 모든 작업과 함께 빌드 및 배포 자동화를 점진적으로 개선하라. 데이터 마이그레이션을 위한 태스크를 생성하고, 필요하다면 각 스토리의 일부로 해당 태스크에 관해 작업하라.

함께 보기

테스트 주도 개발(p.564)
지속적인 통합(p.550)
제로 프릭션(p.536)

마찬가지로 중요한 것은 현장 고객을 참여시키는 것이다. UI 태스크에 관한 작업을 한다면 UI가 아직 작동하지 않더라도 현장 고객에게 진행 상황을 보여준다. 고객은 UI를 처음 볼 때 종종 수정하고 싶어한다. 이것은 놀라운 양의 막판 작업으로 이어질 수 있다.

마찬가지로 태스크를 완료하고 스토리의 다양한 부분을 통합할 때 코드를 실행해 모든 것이 함께 작동하는지 확인하라. 이것이 자동화된 테스트를 대신할 수는 없지만, 당황하지 않기 위해 건전성 테스트를 하는 것이 좋다.

이 과정에서 실수, 오류 또는 명백한 버그를 찾을 수 있다. 그럴 때는 즉시 수정하고, 작업 습관을 개선해 이런 오류가 다시 발생하지 않게 하라.

함께 보기

버그 없음(p.708)

사건 분석(p.728)

경우에 따라 스토리의 크기를 크게 증가시키는 버그 또는 다른 놀라움을 발견하기도 한다. 이런 때는 현장 고객과 협력해 추가 작업을 별도의 스토리(혹은 스토리들)로 예약하는 것이 좋다. 그것이 코딩이나 디자인 오류에 의한 결과인 경우 다음 이터레이션이나 스토리 슬롯에 즉시 예약하라. 이러한 유형의 오류는 개발 비용을 증가시키고, 시간이 지남에 따라 수정하는 데 더 많은 비용이 드는 경향이 있기 때문이다.

하지만 자만하지 말라. 이런 종류의 추가된 스토리는 드물어야 한다. 그러나 분기마다 몇 차례 이상 발생한다면 문제가 있는 것이다. 놀라움이 요구사항을 놓치거나 잘못 이해한 것과 관련된 경우에는 고객 참여 개선에 집중하라. 코딩 오류와 관련된 것이라면 **전달하기** 플루언시를 개선하라. 그 어떤 옵션으로도 효과를 얻지 못한다면 멘토에게 도움을 구하라.

스토리가 '완전 완료'됐다고 판단되면 최종 검토 및 승인을 위해 현장 고객에게 보여준다. 개발 전반에 걸쳐 진행 상황을 검토했으므로 이 작업은 몇 분 밖에 걸리지 않는다.

시간 확보하기

여러분의 팀은 매주 4~10개의 스토리를 완료해야 한다. 이렇게 많은 스토리를 '완전 완료'하기는 불가능할 정도로 많은 양으로 보일 수도 있다. 요령의 일부는

'완전 완료'의 비결은 작은 스토리를 만드는 것이다.

단계적이 아니라 앞에서 설명한 것처럼 점진적으로 작업하는 것이다. 하지만 진짜 비결은 작은 스토리를 만드는 것이다.

애자일을 처음 접하는 많은 팀은 '완료'하기에는 너무 큰 스토리를 만든다. 코딩은 완료하지만 모든 것을 완료할 시간은 충분하지 않다. UI는 다소 어긋나 있고, 테스트는 불완전하며, 버그가 틈을 통해 몰래 스며든다.

여러분의 일정은 **여러분이** 소유한다는 점을 기억하라. 진행할 스토리 수와 크기를 여러분이 결정한다. 스토리가 너무 크다면 작게 만들라. '스토리 분할 및 결합하기(p.228)'를 참조하라.

큰 이야기를 만드는 것은 자연스러운 실수이지만 일부 팀에서는 "음, 그 작은 버그만 제외하면 스토리를 **정말** 완료했다."고 생각하며 문제를 복잡하게 만든다. 그들은 그것을 수용량으로 간주하고 문제를 영속화한다.

함께 보기

수용량(p.327)

'완전 완료'되지 않은 스토리는 수용량에 반영하지 않는다. 스토리에 사소한 UI 버그가 몇 개 있거나 몇 가지 마지막 자동화 테스트를 제외한 모든 작업을 완료했다고 해도 수용량은 0으로 계산된다. 이렇게 하면 수용량을 줄어들어 다음 번에는 모든 작업을 완료할 수 있는 시간이 늘어난다.

이렇게 하면 수용량이 너무 작아져 일주일에 1~2개의 스토리만 완료할 수 있다는 것을 알게 된다. 이는 여러분의 스토리가 시작하기 너무 컸음을 의미한다. 여러분이 가진 스토리는 나누고 이후의 스토리는 더 작게 만들라.

이터레이션이 아닌 지속적인 흐름을 이용하는 팀은 수용량을 추적하지는 않지만, 동일한 아이디어를 적용한다. 한 주에 4~10개의 스토리를 **시작하고 마쳐야 하며**, 각 스토리는 '완전 완료'돼야 한다. 그렇지 않다면 스토리를 작게 만들라.

조직적 제약

팀이 스스로 스토리를 릴리스할 능력이 없을 수도 있다.[8] 애자일의 이상은 4장에서 설명한 것처럼 작업을 완료하는 데 필요한 모든 기술과 권한을 갖춘 교차 기능 팀이지만, 그것이 항상 가능하지는 않다.

예를 들어 법무 부서는 기사가 발표되기 전에 텍스트를 검토해야 할 수 있다. 운영 부서에서 자체 배포 수행을 허용하지 않을 수도 있다. 또는 서드 파티 보안 리뷰를 수행하거

---

8 이번 절의 내용에 도움을 준 바스 보드, 토마스 오웬, 켄 푸에게 감사를 전한다.

나, 사용자 승인 테스트를 해야 할 수도 있다.

'교차 팀 디펜던시(p.316)'에서 설명한 것처럼 스토리에 관한 작업을 시작하기 전에 가능한 많은 디펜던시를 해결하라. 예를 들어 법무 부서에서 텍스트를 승인해야 한다면 텍스트를 만들어서 스토리에 관한 작업을 하기 전에 승인을 받아라.

보안 검토 또는 사용자 승인 테스트 같은 사전 릴리스 디펜던시의 경우, 실제로 릴리스하는 것이 아닌 검증과 릴리스를 위해 소프트웨어를 전달하는 것을 '완료'로 정의할 수 있다. 완료에 대한 정의에는 여러분이 제어하는 부분만 포함하라. 그러나

함께 보기
버그 없음(p.708)
고객 예시(p.372)
장애물 제거(p.480)

가능한 한 이런 최종 단계는 안전망으로 간주하라. 최종 단계에서 문제가 발견되면 프로덕션에서 발견한 결함과 마찬가지로 심각하게 취급하라.

시간이 지남에 따라 서드 파티 디펜던시에 필요한 시간을 줄이기 위해 노력하라. 예를 들어 일부 팀은 자동화된 고객 예시를 이용해 서드 파티 검증을 간소화한다. 관리자의 도움을 받아 조직 요구사항을 변경하고 필요한 기술을 팀에 도입하라.

질문

이터레이션을 마쳤을 때 스토리가 '완전 완료'되지 않으면 어떻게 하는가?

나중에 다시 시도하거나 남은 스토리에 관한 새 스토리를 만들어라. '완료되지 않은 스토리(p.319)'를 참조하라.

목록에서 '테스트됨'이 '프로그래밍됨' 및 '디자인됨' 앞에 오는 이유는 무엇인가? 디자인하고 프로그래밍한 뒤 테스트해야 하지 않는가?

'완전 완료' 목록은 순서대로 따라야 하는 단계 또는 목록이 아니다. 아무것도 잊지 않았는지 확인하는 마지막 점검이다. 애자일은 개발 '단계'를 한 번에 하나씩이 아니라 점진적으로 동시에 수행할 때 가장 잘 작동한다. 3부에서는 이것이 어떻게 작동하는지 설명한다.

목록에 수동 테스트가 없는 이유는 무엇인가?

수동 테스트는 개발이 끝날 때 '테스트 및 수정' 단계로 이어지며, 안정적인 작업 완료를 어렵게 만든다. 3부에서는 '테스트 및 수정' 단계를 점진적인 자동화 테스트로 대체하는 방법을 설명한다.

내가 제시한 목록은 예시일 뿐이다. 팀에서 수동 테스트를 사용하거나 추가 작업 요구사항이 있거나 스토리를 완료하기 위해 다른 작업을 수행해야 한다면 목록에 포함시켜라.

전제 조건

스토리를 '완전 완료'하려면 전체 팀(최소한 고객, 가능하다면 테스터, 운영자, 기술문서 작성자 등을 포함)이 필요하다. 팀은 실제든 가상이든 팀 룸을 공유해야 한다. 그렇지 않으면 너무 많은 전달 지연으로 스토리를 빠르게 완료하지 못할 수 있다.

<table>
<tr><td>함께 보기</td></tr>
<tr><td>전체 팀(p.130)</td></tr>
<tr><td>팀 룸(p.150)</td></tr>
<tr><td>테스트 주도 개발(p.564)</td></tr>
<tr><td>점진적 디자인(p.624)</td></tr>
</table>

또한 짧은 시간 안에 각 스토리의 테스트, 코딩, 디자인을 위해 테스트 주도 개발 및 진화적 디자인이 필요할 수도 있다.

지표

스토리가 '완전 완료'되면:

- □ 예상치 못한 배치 작업을 피할 수 있다.

- □ 이터레이션을 이용하는 팀은 이터레이션 전체에 걸쳐 마무리와 다듬는 작업을 진행한다.

- □ 현장 고객과 테스터는 안정적인 작업량을 가진다.

- □ 고객 인수는 몇 분 밖에 걸리지 않는다.

대안과 실험

이 프랙티스는 애자일 계획의 초석이다. 모든 스토리 혹은 이터레이션이 '완전 완료'되지 않으면 수용량과 추정을 신뢰할 수 없게 된다. 마음대로 릴리스할 수 없다. 이는 릴리스 계획을 방해하고, 커밋먼트를 만들고 달성하는 것을 막아 이해관계자의 신뢰를 손상시킨다. 이는 팀에 스트레스와 압박을 증가시키고, 팀 사기를 저하시키며, 활력 있는 업무에 대한 팀의 능력을 손상시킬 수 있다.

'완전 완료'의 대안은 일정의 마지막을 보충 작업으로 채우는 것이다. 버그를 수정하고 UI를 다듬고 데이터를 마이그레이션하는 등의 작업이 불확실하게 된다. 많은 팀이 이런 방식으로 운영되지만, 이는 여러분의 신뢰성과 전달하는 능력을 손상시킬 것이다. 그렇기 때문에 이 방식은 추천하지 않는다.

책임

애자일 팀이 업무와 계획을 소유한다면 조직은 팀이 올바른 일을 하고 있는지 어떻게 알 수 있는가? 팀이 주어진 리소스, 정보, 구성원을 통해 최선의 작업을 한다고 어떻게 알 수 있는가?

조직은 팀이 애자일 접근 방식을 따르기를 원하고, 심지어 갈망할 수도 있겠지만 그렇다고 애자일 팀이 원하는 무엇이든 할 수 있는 전권을 가진다는 의미는 아니다. 팀은 여전히 조직에 책임을 다해야 한다. 팀은 자신들이 조직에게 부여받은 시간과 비용을 적절하게 사용하고 있음을 증명해야 한다.

10장에서는 책임을 다하기 위한 프랙티스에 관해 살펴본다.

- 이해관계자 신뢰(p.391): 팀이 이해관계자와 효과적으로 협업할 수 있게 한다.

- 이해관계자 데모(p.401): 팀의 진행 상황에 관한 피드백을 제공한다.

- 예측하기(p.411): 소프트웨어 출시 시기를 예측할 수 있다.

- 로드맵(p.424): 팀의 진행 상황과 계획을 공유한다.

- 매니지먼트(p.434): 팀의 우수성을 돕는다.

10장 개요

애자일에서 책임(accountability)은 더 암묵적이다. 익스트림 프로그래밍이 한창이던 시기, 한 커뮤니티에서는 '고객 권리 장전(customer bill of rights)'에 관해 이야기했다. 첫 번째 XP 책의 서문에서 고객 관리 장전의 초기 버전을 확인할 수 있다.

> XP는 고객과 관리자에게 프로그래밍이 진행되는 매주 최대한의 가치를 얻을 수 있게 할 것을 약속한다. 몇 주마다 고객과 관리자는 그들이 중요하게 생각하는 목표에 관한 구체적인 진전을 보게 될 것이다. 고객과 관리자는 막대한 비용을 들이지 않고도 개발 도중에 프로젝트의 방향을 바꿀 수 있을 것이다[Beck2000a].
>
> – 익스트림 프로그래밍, 1판

이는 책임에 관한 강력한 선언이다. "우리는 여러분에게 가장 가능한 가치를 줄 것이다." 하지만 XP에서는 책임을 입증하는 **방법**에 대해 많은 것을 말하지 않는다. 대신 팀의 소프트웨어가 스스로 설명한다고 가정한다. **이해관계자 데모**(Stakeholder Demo)는 책임을 보여주는 한 예시다. 이는 스크럼의 '스프린트 리뷰(Sprint Review)'를 기반으로 한다.

그러나 관리자와 조직은 팀에서 소프트웨어 이상의 것을 바란다. 그들은 팀이 효과적으로 작업하고 있는지도 알고 싶어한다. 그래서 나는 애자일 프로세스가 일반적으로 무시하는 프랙티스를 명시적으로 정의하게 됐다.

10장에서 소개하는 첫 번째 프랙티스는 **이해관계자 신뢰**(Stakeholder Trust)다. 이는 매우 근본적인 아이디어다. 너무나도 근본적이기 때문에 이 구체적인 기법이 어디에서 왔는지조차 말할 수 없다. 프랙티스는 내가 수년간 들었던 아이디어를 적용하고 가장 잘 작동하는 것에 관해 알게 된 것에 바탕을 둔다. **로드맵**(Roadmap)에 관해서도 동일하게 말할 수 있다. 나는 수많은 아이디어를 시도해봤고 효과를 얻은 것을 공유했다.

예측(Forecasting) 또한 소프트웨어 초기 시대부터 존재하던 아이디어의 하나이며, 주로 추정(estimating)이라 불렸다. 말할 수 없이 다양한 소스를 통해 이 아이디어를 채용했다. 물론 내가 가장 선호하는 소스는 예측 접근 방식은 아니다. 토드 리틀(Tood Little)은 [Little2006]에서 수백 개의 예측과 실제 릴리스 일자를 비교했다. 그리고 불확실성과 예측성에 관한 강력한 결론을 이끌어냈다. 그의 기사는 예측에 관한 내 생각에 큰 영향을 미쳤으며, 이 책에서 다루는 논의의 기초가 됐다.

매니지먼트(Management)에 관한 논의는 로버트 오스틴(Robert Austin)의 『Measuring and Managing Performance in Organizations』(Dorset House, 1996)과 다이애나 라센과 수년 동안 함께 했던 작업에서 얻은 아이디어에서 강한 영감을 받았다[Austin1996].

이해관계자 신뢰

대상
프로덕트 매니저, 전체 팀

우리는 이해관계자와 두려움 없이 효과적으로 일한다.

내 지인은 한 회사에서 두 개의 개발 팀과 일했다. 한 팀은 애자일 팀으로, 커밋먼트를 달성하고 정기적으로 릴리스를 했다. 옆 사무실의 다른 팀은 고전을 겪고 있었다. 일정이 늦어지고 작동하는 소프트웨어는 찾아볼 수 없었다. 그러나 기업이 규모를 줄였을 때 오히려 애자일 팀을 없애 버렸다.

그 이유를 알겠는가? 경영진은 고전을 하고 있는 팀을 관찰하면서 벽에 붙어 있는 멋진 다이어그램과 오랫동안 근무하는 프로그래머를 봤다. 그러나 애자일 팀을 관찰했을 때 그들은 대화하고 웃고 떠들며 정시에 퇴근하는, 그러면서도 화이트보드에 간단한 스케치와 차트만 그려 놓은 사람들을 봤다.

이 이야기를 좋아하든 말든, 여러분의 팀은 어딘가에 따로 존재하지 않는다. 애자일은 처음에는 이상하게 보이기 십상이다. "제대로 일을 하고 있는 것인가?"라고 외부인은 궁금해한다. "시끄럽고 혼란하다. 나는 저런 식으로 일하고 싶지 않다. 만약 성공한다면 저들이 내게도 같은 방식을 강요할 것인가?"

아이러니하게도 애자일이 성공할수록 이런 걱정도 커진다. 알리스테어 코크번은 이를 **조직적 항체**organizational antibody라 불렀다(그는 론 홀리데이Ron Holiday가 이 말을 사용했다고 생각한다). 조직적 항체를 그대로 내버려두면 결국 애자일 팀을 압도하고 무너뜨릴 것이다.

이해관계자와 스폰서의 선의가 없다면 여러분이 얼마나 효과적으로 일하든 문제에 봉착한다. 그렇다. 소프트웨어를 전달하고 기술적인 기대를 만족시키는 것은 물론 도움이 되겠지만, 팀이 보여주는 대인 관계 스킬은 팀 안에서의 신뢰를 구축하는 데 마찬가지로 중요하다.

> 이해관계자의 선의가 없다면 여러분이 얼마나 효과적으로 일하든 문제에 봉착한다.

불공평하며 비논리적으로 들리는가? 분명 높은 품질의 소프트웨어를 전달하는 것은 실제로 정말 중요하다.

불공평하다. 비논리적이다. 하지만 사람들은 그렇게 생각한다. 이해관계자가 여러분을 믿지 않는다면 그들은 여러분의 팀과 협업하지 않을 것이며, 결과적으로 귀중한 소프트웨어를 전달하는 여러분의 능력에 손상을 줄 것이다. 심지어 그들은 여러분을 반대할 수도 있다.

여러분이 이해관계자에게 어떤 도움을 줄 수 있는지 그들이 깨달을 때까지 기다리지 말고 보여줘라.

허슬을 보여라

몇 년 전 나는 한 작은 지역 이삿짐 회사를 고용해 아파트에 있던 짐을 다른 아파트로 옮긴 적이 있다. 작업자들이 도착했을 때는 나는 그들이 보여준 **허슬**hustle에 감명을 받았다. 그들은 매우 빠르게 이삿짐 차량에서 아파트로 움직였다. 나는 시급 지불 조건으로 계약했기 때문에 이는 전혀 예상치 못한 것이었다. 빠르게 움직인다고 그들에게 이득이 되는 것이 없었기 때문이다.

작업자들은 나를 감동시켰다. 나는 그들이 내 요구를 만족시키는 동시에 내 지갑을 존중한다고 생각했다. 내가 여전히 그 도시에 살고 있고 다시 짐을 옮겨야 한다면 주저하지 않고 그들을 고용할 것이다. 그들은 내 선의, 다시 말해 내 신뢰를 얻었다.

소프트웨어 팀에게 허슬은 에너지 넘치고 생산적인 작업이다. 팀이 정당한 급여를 위해 정당한 일을 하고 있다는 의미다. 에너지 넘치는 작업, 정보가 풍부한 업무 공간, 이해관계자 데모, 적절한 로드맵은 생산성을 느끼는 데 도움을 준다. 그러나 가장 중요한 것은 태도일 것이다. 업무 시간 동안에는 업무를 피하는 것이 아니라 완전히 집중할 최우선순위로 환영해야 한다.

함께 보기

활력 넘치는 업무(p.215)

정보가 풍부한 업무 공간 (p.365)

이해관계자 데모(p.401)

로드맵(p.424)

공감을 보여라

개발 팀은 종종 핵심 비즈니스 이해관계자와 논쟁 관계에 있다. 개발자의 관점에서 보면 이는 불공평한 요구, 관료제, 특별히 외부에서 결정한 데드라인과 일정 압박의 형태로 나타난다.

그렇기 때문에 많은 이해관계자에게 있어 개발자가 모든 카드를 쥔 유일한 존재라고 여긴다는 것을 안다면 다소 놀랄 수도 있다. 특히 소프트웨어 판매 사업을 하지 않는 기업의 이해관계자는 두려운 상황에 놓여있다. 잠시 숨을 돌리고 어떤 상황일지 생각해보자.

- 스폰서, 프로덕트 매니저, 핵심 이해관계자의 커리어는 동일 선상에 있는 경우가 많지만 개발자의 커리어는 그렇지 않은 경우가 많다.

- 개발자는 이해관계자보다 확실히 많은 소득을 올린다. 개발자는 이해관계자처럼 힘든 일을 하거나 노력을 들이지 않는데도 말이다.

- 개발자는 이해관계자보다 훨씬 늦게 출근하는 경우가 많다. 이해관계자보다 퇴근이 늦을지도 모르지만, 어쨌든 이해관계자는 개발자가 퇴근하는 것을 보지 못한다.

- 외부인에게 개발자는 종종 성공에 투자하지 않는 것처럼 보인다. 개발자는 새로운 기술을 학습하거나, 다음 이직을 준비하거나, 워라벨을 찾거나 탁구 테이블과 무료 간식 같은 사무실 특혜에 흥미를 느끼는 듯 보인다.

- 경험이 풍부한 이해관계자는 그들이 필요할 때 원하는 소프트웨어를 전달하지 못한 개발자를 오랫동안 봐왔다.

- 이해관계자는 오만함을 드러내는 것부터 다소 의미는 있지만 도움은 되지 않는 컴퓨터 전문 용어technobabble에 이르기까지 모든 진척 상황, 추정, 커밋먼트에 관한 질문에 반응하는 개발자에게 익숙하다.

- 많은 이해관계자가 대규모 기술 기업이 소프트웨어를 잘 제공하는 것을 알지만, 자신들은 거의 그렇지 못한 것을 보며 그 이유를 알지 못한다.

개발자가 못된 존재이거나 이런 인식이 반드시 참이라는 것은 아니다. 이해관계자에게 성공과 실패가 무엇을 의미하는지, 외부에서 볼 때 여러분의 팀이 이해관계자의 성공을 충분히 존중하는 듯이 보이는지 생각해보라는 것이다.

> 여러분의 팀은 이해관계자의 성공을 충분히 존중하는 것처럼 보이는가?

커밋먼트에 맞춰 전달하라

이해관계자가 소프트웨어 팀과 협업을 해봤다면 아마도 그들은 어그러진 일정, 고쳐지지 않은 결함, 낭비된 예산 같은 수많은 전쟁의 상처를 입었을 것이다. 그러나 동시에 그들은 스스로 소프트웨어를 개발할 능력을 갖고 있지 않을 것이다. 그들은 이전에 처참한 결과를 얻었으면서도 여러분의 작업에 의존해야 하는, 여러분의 작업 결과가 더 나을 것이라 말하지 못하는 불편한 상황에 있게 된다.

한편 여러분의 팀은 매달 수천만 원의 비용을 급여와 지원금 명목으로 소비한다. 대체 어떻게 해야 이해관계자는 여러분이 자신들의 예산을 현명하게 사용하고 있음을 알 수 있는가? 팀이 **경쟁력**을 가졌는지를 어떻게 알 수 있는가?

이해관계자는 여러분의 진행 상황을 평가하는 방법은 모르지만, 여러분이 만든 결과는 판단할 수 있다. 적어도 두 가지 결과는 그들에게 명확하다. 작동하는 소프트웨어와 커밋먼트에 맞는 전달이다. 어떤 이에게는 이 두 가지가 책임, 다시 말해 여러분이 하겠다고 한 것을 여러분이 했다는 증거다.

또한 여러분의 커밋먼트는 여러분의 이해관계자가 **그들의** 이해관계자에게 커밋먼트를 할 수 있게 한다. 여러분이 신뢰할 수 있는 기록을 갖고 있다면 그들의 불안감은 줄어들 것이다. 그러나 여러분이 커밋먼트를 준수하지 못함에도 미리 어떠한 주의

함께 보기

태스크 플래닝(p.307)
이해관계자 데모(p.401)
예측하기(p.411)

도 주지 않는다면, 그들은 여러분이 의도적으로 자신들을 배제했다고 생각하기 쉽다.

다행히 애자일 팀은 믿을 수 있는 커밋먼트를 만들 수 있다. 이터레이션 기반 태스크 계획을 이용해 매주 커밋먼트를 만들고, 정확히 일주일 뒤 커밋먼트를 지켰는지 이해관계자 데모에서 시연할 수 있다. 또한 릴리스 트레인을 이용해 릴리스마다 비슷한 케이던스를 만들고, 계획을 조정해 시간에 정확히 릴리스할 수 있다(미리 정해진 릴리스 날짜(p.413 참조) 참조).

나는 지금까지 매주 전달을 하는 것 이상으로 이해관계자의 신뢰를 구축하는 좋은 방법을 보지 못했다. 이는 대단히 강력하다. 여러분은 그저 달성할 수 있는 계

> 나는 지금까지 매주 전달을 하는 것보다 이해관계자의 신뢰를 구축하는 좋은 방법을 보지 못했다.

획을 세우고 그 계획을 달성하면 된다. 그리고 이를 이터레이션하는 것뿐이다.

문제를 관리하라

"여러분은 그저 … 하면 된다."라고 내가 말했는가? 사과한다. 그렇게 쉽지는 않다.

첫 번째, 여러분은 계획을 잘 세우고 실행해야 한다(8장과 9장 참조). 두 번째, 어느 시인이 말한 것처럼 "생쥐와 사람이 아무리 계획을 잘 짜도 일이 제멋대로 어긋난다."[1] 달리 말하자면 일부 릴리스는 마지막 날에 항구로 부드럽게 항해하지 못한다. 여러분의 잘 정돈된 계획이 엉망이 되면 어떻게 할 것인가?

사실 이는 여러분이 역량을 선보일 기회다. 계획대로 진행되는 삶에서는 누구나 좋은 것을 볼 수 있다. 예상치 못한 문제를 다룰 때 여러분의 진정한 특성이 드러난다.

가장 먼저 해야 할 일은 문제에 노출되는 것을 제한하는 것이다. 가장 어렵고도 불확실한 스토리에 관한 작업을 릴리스 초반에 시작하라. 그러면 문제를 더 일찍 발견하고, 이를 수정할 시간을 더 많이 확보할 수 있게 된다.

문제가 발생하면 팀 전체가 그 문제에 관해 알게 하라. 아무리 늦어도 다음 스탠드업 미팅에서는 해당 문제를 공유하라. 이렇게 함으로써 팀 전체가 문제를 해결하는 데 도움을 줄 수 있는 기회를 만들어라.

함께 보기

스탠드업 회의(p.357)
태스크 플래닝(p.307)
슬랙(p.350)

이터레이션은 무언가가 계획대로 흘러가지 않았을 때 알아차릴 수 있는 좋은 방법이다. 모든 스탠드업 회의에서 진행 상황을 확인한다. 후퇴가 상대적으로 작다면 이터레이션 슬랙의 일부를 이용해 후퇴를 흡수할 수 있다. 그렇지 않다면 '이터레이션 커밋먼트를 만들고 만족시키기(p.317)'에서 설명한 것처럼 계획 자체를 수정해야 할 것이다.

여러분이 처리할 수 없는 문제를 발견했다면 핵심 이해관계자에게 알려라. 이해관계자는 그 문제를 반기지 않을지라도 여러분의 전문성에 감사할 것이다. 나는 우리가 해결한

---

[1]　생쥐에게(To a Mouse): 스코틀랜드의 시인 로버트 번스(Robert Burns)의 시다. 이 시는 "Wee, sleekit, cow'rin, tim'rous beastie, O, what a panic's in thy breastie!(작고, 교활하고 움츠린 동물아, 너의 마음은 얼마나 혼란에 빠져있는가!)"라고 시작한다. 이 시는 1년짜리 피처 브랜치를 통합하도록 요구받았을 때 내가 느꼈던 감정을 떠오르게 한다.

문제는 데모에서 설명하기까지 기다리지만, 더 큰 문제는 즉시 알려 이해관계자의 주목을 끈다. 정치적 식견이 있는 팀원들은 누구에게 언제 이야기할지 알고 있다.

이해관계자가 가장 화를 내는 이유는 문제가 발생해서가 아니라 그들의 눈이 가려졌기 때문이다.

문제를 일찍 발견할수록 충분한 시간을 갖고 해결할 수 있다. 혼란 또한 줄인다. 일찍 발견할수록 사람들은 데드라인에 스트레스를 덜 받으며 더 긍정적으로 문제를 해결한다. 마찬가지로 여러분의 이해관계자가 문제를 일찍 알수록(날 믿으라. 그들도 언젠가는 알 것이다) 그들이 문제를 더 오래 다룰 수 있다. 이해관계자를 가장 화나게 하는 것은 문제가 발생행서가 아니라 **그들의 눈이 가려졌기 때문이다**.

이해관계자에게 문제를 알릴 때는 그를 완화할 방법도 함께 제시하라. 문제를 설명하는 것도 좋지만, 문제에 대처할 방법을 함께 설명하면 더욱 훌륭하다. 이러한 논의를 하려면 많은 용기가 필요하다. 그러나 문제를 성공적으로 해결함으로써 신뢰를 구축할 수 있다.

그저 해결책을 찾지 못했다는 이유로 문제 공유를 미루지 말라. 대신 문제를 설명하고 이를 완화하기 위해 여러분이 무엇을 하고 있는지 설명하고, 더 많은 정보를 언제 전달할 수 있는지 알려라.

잃어버린 시간을 보상하기 위해 초과 근무를 하거나 게으름을 피우려는 유혹에 주의하라. 한두 주는 가능하겠지만 이런 방법으로는 시스템에 의한 문제를 해결하지 못하며, 이를 지속하면 스스로 다른 문제를 만들 것이다.

고객의 목표를 존중하라

애자일 팀이 처음 만들어지면, 팀원 개인은 잠깐 동안 스스로를 단일 팀의 일원이라고 생각한다. 처음에는 개발자와 고객이 종종 스스로를 분리된 그룹이라 생각한다.

함께 보기

팀 다이내믹(p.461)

새로운 현장 고객은 특히 잘 놀란다. 개발 팀의 일원이라는 점은 어색하게 느껴진다. 이들은 이전의 사무실에서 평범한 동료와 더 많이 협업한다. 뿐만 아니라 현장 고객이 행복하지 않으면 주로 팀의 핵심 이해관계자와 직접적으로 연결된 동료들이 가장 먼저 이에 관해 듣는다.

새로운 애자일 팀을 꾸릴 때는 현장 고객을 환영하는 노력을 기울여야 한다. 이렇게 하는 효과적인 방법의 하나는 고객의 목표를 존중하며 다루는 것이다. 이는 한동안 냉소적인 개발자가 일정과 양복에 관한 농담을 하는 것을 억제해야 한다는 것을 의미할 수도 있다.

(물론 존중은 양방향으로 작용하며, 고객 또한 일정에 대해 불평하거나 추정에 관해 논쟁하는 본능적인 경향을 억누른다. 내가 고객의 필요를 강조하는 이유는 그것이 이해관계자의 인식에 큰 역할을 하기 때문이다.)

개발자가 고객의 목표를 심각하게 받아들이는 또 다른 방법은 그들의 목표를 달성할 수 있는 창의적인 대안을 제공하는 것이다. 만약 고객이 오랜 시간이 걸리거나 막대한 기술적 위험을 포함하는 무언가를 원한다면, 더 적은 비용으로 동일한 근본적인 목표를 달성할 수 있는 제안을 제시하라. 마찬가지로 고객이 미처 고려하지 못했지만 목표를 달성할 수 있는 더 좋은, 그리고 구현이 너무 어렵지 않은 방법이 있다면 제시하라.

팀이 이런 대화를 나누다 보면 장벽은 무너지고 신뢰가 쌓일 것이다. 이해관계자가 이를 보게 되면 팀에 대한 신뢰도 꽃피울 것이다.

이해관계자와 직접적인 신뢰를 구축할 수도 있다. 이렇게 상상해보라. 한 이해관계자가 복도에서 여러분을 부르고 무언가를 요청했을 때 여러분이 즉시 유쾌하게 해당 요청을 듣고, 인덱스 카드에 스토리로 적어서 프로덕트 매니저에게 가져다 주면서 일정을 수립하거나 더 구체적인 논의를 할 수 있게 한다면 어떤 일이 일어나겠는가?

작업이 10분 정도 중단될 수도 있지만 이해관계자가 어떻게 느낄지 상상해보라. 여러분은 그들의 걱정에 반응하고, 걱정을 표현하도록 돕고, 그것을 즉각 계획에 반영하는 단계를 취했다. 요청 추적 시스템이라는 블랙홀에 이메일을 보내는 것보다 그들에게 훨씬 가치 있는 행동임에 분명하다.

이해관계자를 멋지게 보이도록 만들어라

여러분에게 직접적인 영향을 주는 이해관계자가 여러분을 사랑한다 할지라도, 그들은 자신들의 상사가 여러분을 사랑하도록 설득해야만 한다. 이해관계자가 무엇을 필요로 하는가? 그들이 처한 상황, 그들이 평가받는 방법, 여러분이 그들을 지원하기 위해 할 수 있는 일이 무엇인지 생각하라.

비즈니스 이해관계자가 그들의 상사와 공유할 수 있는 '가치 책value book'을 만드는 것은 좋은 방법이다. 가치 책은 정기적으로 업데이트되는 문서이며, 여러분이 이해관계자에게 제공하는 가치를 담고 있다. 이해관계자는 가치 책을 통해 여러분이 제공한 것을 기억할 수 있으며, 나머지 조직 구성원에게 여러분 작업의 정당성을 알릴 수 있다. 예를 들면 "릴리스 X는 처음 두 달 동안 20,000개 이벤트를 처리했으며, 에러율을 8% 줄였다."등을 기록할 수 있다.

이는 다소 마케팅 활동처럼 보이지만(사실 그렇다), 이는 팀이 가치에 집중하도록 돕는 귀중한 방법이기도 하다. 가치 책을 업데이트하는 것은 팀원들에게 스스로 이해관계자와 고객을 위해 무엇을 했는지 반영하게 한다. 결과적으로 팀이 스스로를 스토리를 전달하는 단순한 공장이라 여기는 사고에서 벗어나도록 도와준다.

정직하라

진행 상황을 보여주고자 하는 열정이 있더라도, 선을 넘지 않도록 주의하라. 경계선을 넘는 행동은 이해관계자 데모에서 발견한 결함을 얼버무리기, 100% 완료하지 못한 스토리에 대한 평계 대기, 이터레이션 플랜에 포함된 모든 것을 완료하기 위해 이터레이션 데드라인을 며칠 연장하기 등을 포함한다.

이런 식으로 사실을 숨기면 이해관계자는 여러분이 실제 한 일보다 더 많은 일을 했다고 생각하게 된다. 이해관계자는 여러분이 첫 번째 세트를 마치지 않았음에도 불구하고 남은 스토리를 빠르게 완료하길 기대한다. 여러분은 완료된 것처럼 보이지만 실제로는 그렇지 않은 작업의 백로그backlog를 만들게 될 것이다. 어느 시점에선가 여러분은 해당 백로그를 완료해야 할 것이고, 그로 인한 지연은 혼란, 실망, 심지어는 분노를 유발하게 된다.

심지어 꼼꼼하고 정직한 팀조차 이런 상황에 빠질 수 있다. 좋게 보이기 위한 욕구 때문에 팀은 종종 그들이 잘 구현할 수 있는 것보다 더 많은 스토리를 가져온다. 스토리는 완료하겠지만 이들은 지름길을 선택하고, 충분한 디자인과 리팩터링은 하지 않는다. 디자인은 나빠지고 결함이 스며든다. 그리고 팀은 내부 품질을 개선하고자 할 때 갑자기 느려지는 것을 발견한다.

마찬가지로 일부만 완료한 스토리를 수용량에 포함하려는 유혹을 떨쳐내라. 스토리가 완전하게 끝나지 않았다면 0으로 계산하라. 부분적인 숫자를 세지 말라. 여기 "90%의 작업을 완료하는데 90%의 시간이 걸리고… 나머지 10%의 작업을 완료하는데 90%의 시간이 걸린다."라는 오래된 프로그래밍 격언이 있다. 스토리가 완전히 끝날 때까지는 전까지는 얼만큼의 작업이 완료됐는지 확신할 수 없다.

질문

신뢰를 만드는 것이 왜 우리 책임인가? 이해관계자도 무언가 해야 하지 않는가?

여러분은 그저 여러분에 대한 책임만 지면 된다. 이상적이라면 이해관계자 또한 그 관계를 만들기 위해 노력할 것이다. 그러나 그것은 여러분의 통제 범위 밖이다.

실제로 좋은 것이 좋게 보이는 것보다 중요하지 않은가?

둘 다 중요하다. 훌륭한 작업을 하고 사람들에게 알려라.

당신은 개발자가 일정에 관한 농담은 비밀로 해야 한다고 말했다. 이는 그저 아무리 터무니없어도 개발자는 군말 없이 그 일정을 지켜야 한다고 말하는 것과 같지 않은가?

전혀 그렇지 않다. 모든 팀원들은 문제를 발견하면 언제든 이야기해야 한다. 그러나 실제 문제를 논의하는 것과 그저 냉소적인 것은 전혀 다르다.

고객의 커리어는 종종 선 위에 있음을 기억하라. 그들은 진짜 농담과 농담으로 가장한 불평의 차이를 구별하지 못할 수 있다. 적절하지 않은 농담 한마디가 마치 실제 문제처럼 그들의 아드레날린을 솟구치게 할 수 있다.

전제 조건

커밋먼트는 신뢰를 구축하는 강력한 도구이지만, 여러분이 **그것을 달성할 때만** 그렇다. 팀 안에서 은밀하게 약속을 하고 이행하는 능력을 증명하기 전에는 이해관계자에게 커밋먼트를 만들지 말라. 더 자세한 내용은 '이터레이션 커밋먼트를 만들고 만족시키기(p.317)'를 참조하라.

지표

여러분의 팀이 조직 및 이해관계자와 신뢰를 구축했다면:

- ☐ 이해관계자는 팀이 자신들의 필요를 충족시킬 수 있는 능력을 가졌음을 믿는다.

- ☐ 여러분은 실수, 어려움 및 문제가 곪아 터지기 전에 이들을 숨기지 않고 알린다.

- ☐ 참여하는 모든 사람들은 비난하기보다 해결책을 찾는다.

대안과 실험

이해관계자의 신뢰는 매우 중요하다. 다른 대안은 없다.

그러나 신뢰는 여러 가지 방법으로 구축할 수 있다. 신뢰 구축은 오랫동안 논의된 주제다. 애자일은 그저 이터레이션을 이용해 매주 커밋먼트를 만들고 달성하는 능력이라는 아이디어를 수면 위로 끌어올린 것뿐이다. 이 밖에도 관계 구축과 신뢰에 관한 기존의 많은 리소스에서 자유롭게 영감을 얻기 바란다.

더 읽을거리

『Trust and Betrayal in the Workplace』(Berrett-Koehler, 2015): 신뢰를 구축하는 방법과 신뢰가 깨졌을 때 무엇을 해야 하는가에 관해 자세히 설명한다[Reina2015].

『NO 이기는 협상의 출발점The Power of a Positive No: How to Say No and Still Get to Yes』(동녘라이프, 2007): 중요한 관계를 유지하면서 아니라고 말하는 방법을 설명한다. 다이애나 라센은 이 능력이 "아마도 신뢰를 구축하는 데 있어 다른 어떤 협상 스킬보다 중요하다."고 설명했다[Ury2007].

이해관계자 데모

대상

프로덕트 매니저, 전체 팀

우리는 실물을 유지한다.

애자일 팀은 첫 번째 주부터 매주 작동하는 소프트웨어를 만들 수 있다. 이는 불가능하게 들릴 수도 있지만 그렇지는 않다. 그저 어려울 뿐이다. 이를 잘 학습하는 방법의 핵심은 피드백이다.

이해관계자 데모는 팀에 필요한 피드백을 제공하는 강력한 방법이다. 글자 그대로 핵심 이해관계자에게 팀이 최근 완료한 내용을 이해관계자가 직접 그 소프트웨어를 이용할 수 있는 방법을 따라 시연하는 것이다.

피드백 루프

이해관계자 데모는 다양한 방식의 피드백을 제공한다. 첫 번째는 명확함이다. 이해관계자는 여러분의 소프트웨어를 어떻게 생각하는지 이야기할 것이다.

이 피드백은 가치가 있지만 이해관계자 데모에서 여러분이 얻을 수 있는 가장 가치 있는 피드백은 아니다. 팀의 현장 고객은 개발 과정 내내 이해관계자와 협업하기 때문에 이들은 이미 이해관계자가 무엇을 원하고 기대하는지 알고 있어야 한다.

함께 보기

점진적 요구사항(p.295)
실질적인 고객 참여(p.288)

따라서 이해관계자가 제공하는 진짜 피드백은 피드백 자체가 아니라 그 피드백이 얼마나 놀라운지에 대한 것이다. 피드백이 예상에 없던 **놀라운 것**이라면, 여러분은 이해관계자를 이해하기 위해 더 노력해야 한다.

다른 피드백은 관련된 사람들의 반응이다. 팀원들이 자신의 작업을 자랑스러워하고 이해관계자가 그것을 보고 행복해한다면 그것은 좋은 징조다. 팀원들이 자랑스러워하지 않거나 완전히 지쳤다면 또는 이해관계자가 행복하지 않다면 무언가 잘못됐다는 의미다.

참석한 사람들 역시 또 다른 형태의 피드백이다. 여러분이 이해관계자라고 고려하지 않았던 사람들이 참석했다면, 그리고 특히 그들이 적극적으로 참여했다면 여러분은 그들에게 관해 더 자세히 알아보도록 해야 한다. 마찬가지로 여러분의 작업에 큰 흥미를 보일 거라 예상했던 사람들이 **참여하지 않았다면**, 그 이유에 관해 배울 좋은 기회다.

데모는 팀의 입장에서 '타이어가 도로에 처음으로 닿는' 순간이다. 데모를 통해 여러분의 팀은 작업을 완료하는 역량에 대한 피드백을 얻는다. 이해관계자에게 시연할 수 없다면 스스로 작업을 완료했다고 속이기는 더 어려울 것이다.

마지막으로 데모는 이해관계자에게도 피드백을 제공한다. 데모는 여러분의 팀이 책임감을 가지며, 이해관계자의 요구를 듣고 꾸준한 발전을 이루고 있음을 보여준다. 이는 이해관계자에게 여러분의 팀이 그들의 이익에 전념하고 있다는 신뢰를 심는 데 필수다.

함께 보기

이해관계자 신뢰(p.391)

데모 케이던스

매주 이해관계자 데모를 여는 것에서 시작하라. 만약 1주보다 긴 이터레이션을 이용한다면 이터레이션마다 데모를 실시하라. 항상 같은 시간에 같은 장소에서 데모를 한다. 이를 통해 리듬을 만들어 내고, 사람들이 쉽게 참여할 수 있게 유도할 수 있으며, 시작 시점부터 강한 자신감을 보일 수 있다.

팀 작업이 비공개가 아닌 한, 회사 안에서 흥미를 가진 모든 사람을 초대하라. 전체 팀, 핵심 이해관계자, 경영진 스폰서는 가능한 자주 참석해야 한다. 필요하다면 실제 고객을 포함하라.

함께 보기

실질적인 고객 참여(p.288)

근처에서 일하는 다른 팀, 애자일에 호기심을 가진 사람들 역시 환영의 대상이다.

이터레이션을 이용한다면 이터레이션 종료 후 즉시 데모를 수행한다. 나는 다음날 아침에 가장 먼저 하는 것을 좋아한다. 이렇게 하면 다음 번 이터레이션으로 작업을 늘릴 수 없기 때문에 팀이 원칙을 유지하는 데 도움이 된다.

데모는 일반적으로 30분 정도의 일정으로 진행한다. 물론 더 길게 진행할 수도 있지만, 가장 중요한 이해관계자는 다른 업무에도 시간을 써야 할 것이므로 정기적으로 참석할 수 있도록 짧은 회의를 계획하는 것이 효과적이다. 그들의 관심과 이용할 수 있는 시간에 따라 결정을 이끌도록 하라. 데모를 마친 후에도 그들에게 후속 조치를 취할 수 있음을 기억하라.

데모 발표와 함께 이해관계자가 스스로 데모를 시연할 수 있는 방법을 제공하라. 스테이징 서버^{staging server} 또는 피처 플래그 ^{feature flag}를 사용해서 이해관계자의 계정에만 특별한 권한을 부여할 수도 있다.

함께 보기

피처 플래그(p.680)

몇 차례의 데모를 진행하고 새로운 작업에 대한 흥분이 가라앉은 뒤, 여러분은 몇몇 핵심 이해관계자에게는 데모가 너무 자주 발생한다는 사실을 발견할 수 있다. 그러면 격주 또는 한 달 간격으로 데모를 조정할 수 있다. 그러나 그 이상으로 기간을 늘리지는 말라. 너무 간격이 길어지면 좋은 피드백을 받을 수 없다. 데모 프레젠테이션 주기와 관계없이 매주 또는 이터레이션마다 데모 소프트웨어는 계속해서 공유하라.

이해관계자 데모 진행 방법

팀원 누구든 이해관계자 데모를 진행할 수 있다. 일반적으로 이해관계자와 제일 밀접하게 협업하는 사람인 프로덕트 매니저가 가장 적합하다. 이들은 이해관계자의 언어로 말하며, 이해관계자의 관점을 가장 잘 이해하고 있다. 또한 이해관계자가 팀의 작업을 조정하는 방법을 강조한다.

프로덕트 매니저는 종종 개발자에게 대신 데모를 진행해 달라고 요청한다. 프로덕트 매니저 스스로가 자신은 팀원이 아니라고 생각하거나 소프트웨어를 잘 모른다고 생각하는 경우, 이렇게 행동하는 것을 자주 봤다. 이런 요청은 거부하라. 개발자는 프로덕트 매니저를 위해서 소프트웨어를 만들지 않는다. 프로덕트 매니저가 **포함된** 전체 팀과 이해관계자를 위한 소프트웨어를 만든다. 프로덕트 매니저는 그 노력의 최전선에 있으므로 이들이 데모를 진행해야 한다. 스토리를 구현할 때 프로덕트 매니저와 함께 리뷰를 함으로써 그들이 더 편안함을 느낄 수 있도록 도우라.

데모를 진행하는 시간은 10분 미만이어야 한다. 모든 세부 사항을 보일 필요는 없다. 발표 도중에는 질문이나 피드백을 허용하되 항상 정시에 끝내라. 많은 피드백을 받아 시간이 더 필요하다면 그것은 데모를 더 자주해야 한다는 신호다. 반면 참석자의 관심을 끄는 데 문제가 있거나 전혀 흥미를 보이지 않는다면, 데모를 더 빈번하게 함으로써 충분한 정보를 공유할 수 있다.

NOTE 데모 참석자가 많다면 질문이나 인터럽트에 관한 기본 규칙을 설정해, 데모가 너무 오랫동안 진행되는 것을 방지하라.

데모는 매우 짧게 진행되므로 참석자들이 늦더라도 정시에 시작하는 것이 좋다. 이는 여러분이 참석자의 시간을 중요하게 여긴다는 메시지를 전달한다. 데모 자체가 끝난 뒤에도 발표자나 데모(소프트웨어)는 추가 논의와 탐색을 위해 이용할 수 있어야 한다.

참석자에게 팀이 현재 작업하고 있는 가치 있는 증분과 팀의 시간을 가장 중요하게 생각하는 이유를 간략하게 설명하면서 발표를 시작한다. 주의를 완전히 기울이지 않은 이들을 위해 무대를 설정하고 컨텍스트를 제공한다. 그리고 지난 데모 이후 팀이 작업한 스토리에 관해 간단히 설명한다.

이해관계자가 신경 써야 할 계획의 변화가 있다면 무슨 일이 있었는지 설명하라. 사탕발림을 하거나 문제를 포장하지 말라. 완전한 공개가 여러분의 신뢰도를

> 차분하게 문제와 그 문제를 여러분이 다루는 방법을 설명하라.

높인다. 문제를 단순화하지도 과장하지도 말고 문제를 전문적으로 다루는 팀의 능력을 설명하라.

> 시연자: 지난 2주 동안 우리는 항공기 예약 시스템을 다듬는 데 집중했습니다. 이미 완성된 시스템이고 이대로 릴리스해도 문제가 없지만 '즐거움을 주는 요소(delighter)'를 추가해 고객이 더 감흥을 느낄 수 있게 했습니다.
>
> 계획한 모든 스토리를 완료했지만 경로 표시를 변경해야 했습니다. 잠시 후 시연하겠습니다. 구현 비용이 너무 높아 다른 해결책을 찾아야 했습니다. 우리가 계획했던 것과 일치하지는 않지만 결과에 만족합니다.

여러분의 소개가 끝난 후 팀이 작업한 스토리를 살핀다. 각 스토리를 글자 그대로 읽지 말고, 스토리를 인용해 컨텍스트를 제공한다. 스토리를 조합하거나 이해관계자의 관심이 낮은 세부 사항은 적절히 건너 뛰어도 좋다. 그리고 소프트웨어에서 결과를 시연한다. 사용자 인터페이스가 없는 스토리는 적절히 생략하거나 구두로만 설명해도 된다.

> 시연자: 처음 두 개의 스토리는 사용자가 로그인한 상태일 때 청구 정보를 자동으로 입력하는 것과 관련이 있습니다. 먼저 테스트 사용자로 로그인하고 '예약'을 클릭하면 이렇게 청구 정보가 자동으로 입력됩니다.
>
> 청중: 사용자가 청구 정보를 바꾸면 어떻게 됩니까?
>
> 시연자: 그때는 변경된 정보를 저장할지 물어봅니다(시연한다).

이해관계자는 종종 피드백을 한다. 대부분 그 피드백은 사소할 것이다. 혹 피드백이 방향을 바꿀 만큼 중요하다면, 다음 개발 기간 동안 이해관계자를 더 개입시킬지 생각하라. 그러면 여러분은 놀라지 않을 것이다. 제안을 기록하고 후속 조치를 약속하라.

> 청중: 저장된 청구 정보의 유효 기간이 지났다면 고객에게 알림을 제공합니까?
>
> 시연자: 현재는 아니지만 좋은 아이디어입니다(노트한다). 확인하고 나중에 공유하겠습니다.

아직 진행하지 않은 스토리가 있다면 그대로 설명하라. 방어하지 말고 그저 무슨 일이 있었는지 설명하라.

> 시연자: 다음 스토리는 여정 시각화와 관련이 있습니다. 앞에서 이야기했듯이 이에 관한 계획을 바꿔야 했습니다. 당초 계획은 3D 애니메이션을 이용해 비행 경로를 보여주는 것이었습니다. 프로그래머는 성능에 관해 우려했고 테스트를 진행했습니다. 그 결과 렌더링 애니메이션은 클라우드 이용 비용을 크게 증가시킬 수 있음을 확인했습니다.
>
> 청중: 비용이 그렇게 비싼 이유는 무엇입니까?(시연자가 개발자를 가리킨다)
>
> 프로그래머: 일부 모바일 기기에서 이용되는 브라우저는 3D 애니메이션을 렌더링하지 못하거나, 하더라도 부드럽게 보여주지 못합니다. 그래서 클라우드에서 렌더링을 미리 해야 합니다. 하지만 클라우드 GPU 시간이 매우 비쌉니다. 클라우드에서 렌더링하는 버전과 기기에서 렌더링하는 버전을 모두 만들거나 일부 애니메이션을 캐시할 수 있지만, 그게 얼마

나 도움이 될지는 실제로 사용량을 확인해봐야 알 수 있습니다.

시연자: 이 피처는 꼭 필요하지는 않지만 있으면 좋은(nice-to-have) 피처이고, 증가한 클라우드 비용만큼의 가치는 없습니다. 또한 이를 구현하기 위해 추가로 개발 시간을 들이고 싶지 않았기 때문에 이를 일반적인 2D 지도로 변경했습니다. 경쟁사 중 누구도 지도조차 표시하지 않습니다. 지도를 애니메이션 처리할 만큼 충분한 시간은 없었지만 결과를 확인한 뒤(시연한다), 깔끔하고 멋지게 보인다고 결정했습니다. 여기에 시간을 더 투입하기보다는 다음 스토리에 관한 작업을 할 것입니다.

데모를 마친 뒤에는 이해관계자에게 직접 소프트웨어를 실행하는 방법을 알려주라. 데모가 길어진다면 이렇게 마무리하는 것도 좋은 방법이다. 참석자에게 직접 시도하는 방법을 알려주고, 개인적인 도움이 필요하면 피드백이나 질문을 달라고 요청하라.

준비하라

데모를 하기 전 시연해야 할 모든 스토리가 '완전 완료' 상태이며, 이들이 모든 포함된 소프트웨어를 확보했는지 확인하라. 참석자가 직접 데모를 시도할 수 있는 방법이 있는지 확인하라.

함께 보기

'완전 완료'(p.379)

데모를 위해 화려한 그래픽으로 세련된 프레젠테이션을 만들 필요는 없지만, 어느 정도의 준비는 필요하다. 시연은 5~10분 정도 진행되므로 여러분은 자료에 관해 정확하고 알고 간결해야 한다.

마지막 데모 이후 완료된 스토리를 리뷰하고, 이들을 일관성 있는 이야기로 구성하라. 설명을 위해 어떤 스토리를 조합할지 결정하라. 팀의 목적과 시각적 플랜을 보면서 각 스토리의 집합이 여러분의 현재 가치 있는 증분, 다가올 릴리스, 팀의 전체

함께 보기

목적(p.183)
시각적 계획하기(p.258)

적인 미션과 비전에 어떻게 연결되는지 결정하라. 말할 내용의 개요를 그려라.

마지막으로 여러 차례 리허설을 하라. 대본을 준비할 필요는 없다. 목을 가다듬으며 말하는 것이 훨씬 자연스럽게 들린다. 그러나 **연습은 해야 할** 것이다. 모든 것이 예상대로 작동하고, 모든 예시 데이터가 있는지 확인하기 위해 시연할 계획을 살펴보라. 그리고 할 말

을 연습하라. 편안함과 자신감을 갖게 될 때까지 연습을 몇 차례 이터레이션하라.

데모를 할 때마다 준비와 연습을 하는 데 필요한 시간이 줄어들 것이다. 결국 이 과정은 몸에 배일 것이고 데모를 준비하는 데는 몇 분 밖에 걸리지 않을 것이다.

상황이 잘못 흘러간다면

때로 상황이 계획대로 흘러가지 않을 수 있다. 보여줄 만한 것이 아무것도 없거나, 있다 하더라도 실망스러운 것뿐일 수 있다.

이런 경우 가짜 시연을 하고 싶은 유혹에 빠지기 쉽다. 실제로 아무런 로직이 구현되지 않은 UI를 보여주거나 심각한 결함을 가진 행동을 의도적으로 보여주지 않고 싶은 유혹에 빠진다.

어렵지만 여러분은 일어난 일에 솔직해야 한다. 소프트웨어의 제한 사항과 그에 관한 대책을 명확히 하라. 가짜 진척 상황은 이해관계자에게 여러분이 실제로 하

> 소프트웨어의 제한 사항과 그에 관한 대책을 명확히 하라.

는 것보다 더 큰 수용량을 가졌다고 믿게 만든다. 이해관계자는 여러분이 계속해서 빠른 작업을 하리라고 기대할 것이며, 여러분은 꾸준히 뒤처질 것이다.

대신 개인이나 특정 그룹을 비난하는 대신 팀으로서 책임을 갖고, 방어적으로 대응하지 말고, 여러분이 동일한 상황이 이터레이션되지 않도록 무엇을 하고 있는지 이해관계자가 알게 하라. 예를 들면 다음과 같이 말할 수 있다.

> 이번 주에는 유감스럽게도 시연할 수 있는 것이 아무것도 없습니다. 실시간 항공기 추적 기능을 보이려고 계획했지만, 백엔드 항공 시스템과의 통합의 어려움을 과소평가했습니다. 실제보다 데이터가 더 깨끗할 것이라 기대했으며, 자체 테스트 환경을 만들어야 한다는 점도 알지 못했습니다.
>
> 이 문제는 일찍 발견했고 이를 해결할 수 있다고 생각했습니다. 실제로 이 문제는 해결했지만 여러분에게 보여드릴 수 있는 무언가를 완료하기에는 시간이 부족했습니다. 작은 기능을 구현해서 무언가를 보여줄 수 있도록 계획을 변경해야 했지만 그렇지 못했습니다. 향후 계획을 변경해야 하는 경우에는 더 적극적으로 대응할 것입니다.

향후 유사한 문제가 항공 시스템에서도 발생할 것으로 예상합니다. 변경 사항에 대응하기 위해 더 많은 스토리를 추가해야 했습니다. 이를 위해 버퍼의 대부분을 사용했습니다. 우리는 아직 라이브 마케팅 날짜에 맞춰 진행하고 있지만, 현재와 그 날짜 사이에 다른 중요한 문제가 발생한다면 일부 피처를 제외해야 할 것입니다.

좋지 않은 소식을 전하게 돼 죄송합니다. 질문에 답변하겠습니다. 현재는 몇 가지 답변만 가능합니다. 이번 주 후반에 계획을 수정을 마치면 더 많은 정보를 얻을 수 있을 것입니다.

질문

이해관계자가 데모 도중 계속 중단하고 질문하면 어떻게 대처해야 하는가?

질문이나 중단은 환영하라. 이해관계자가 데모에 참여하고 관심을 보인다는 증거다.

30분이라는 시간 제한을 지킬 수 없을 만큼 중단이나 질문이 많다면, 데모를 더 자주 열어야 할 것이다. 또는 특히 누군가 한 사람이 그렇다면 회의를 마친 후에 별도로 질문하도록 요청하라. 처음 한두 달에는 30분 이상의 데모를 계획하는 것도 좋다.

이해관계자가 우리의 선택을 계속 트집 잡는다면 어떻게 대처해야 하는가?

데모를 하기 시작했을 때 그러한 현상은 매우 일반적이며 흥미를 보인다는 표시다. 너무 개인적으로 받아들이지 말라. 다른 스토리처럼 아이디어를 카드에 적고 회의를 마친 후 우선순위를 결정하라. 미팅에서 문제를 확인하고, 우선순위를 정하고, 해결책을 디자인하려는 유혹에서 빠져 나오라. 이는 회의 시간을 늘릴 뿐만 아니라 일반적인 플래닝 프랙티스의 원칙에도 어긋난다.

처음 한두 달 이후에도 선택을 트집잡는 현상이 계속되면 현장 고객이 무엇인가 놓치고 있다는 신호일 수 있다. 더 깊은 문제가 있는지 그들의 불평을 면밀하게 살펴라.

이해관계자는 그들이 보고 싶은 것에 흥분해 더 많은 피처를 추가하고 싶어한다. 좋은 아이디어지만 우리는 다른 것을 해야 한다. 어떻게 해야 하는가?

데모 중에는 "아니오"라고 말하지 말라. 물론 "네"라고도 말하지 말라. 그저 이해관계자의 제안에 감사하고 스토리처럼 카드에 적어라. 데모를 마친 뒤 현장 고객은 그 제안과 팀의 목적과 관련된 가치를 자세히 판단한다. 제안이 팀의 일정에 맞지 않으면 프로덕트 관리 스킬을 가진 팀원이 이해관계자와 다시 이야기를 나눌 수 있다.

사람들이 데모에 오지 않거나, 오더라도 참여하지 않는다면 어떻게 해야 하는가?

데모를 너무 자주 열거나 데모 시간이 너무 긴 것일 수 있다. 데모를 덜 자주 열고 간결하게 말하는 것을 연습하라. 사람들이 여러분의 소프트웨어가 그들과 관련이 없다고 생각할 수도 있다. 핵심 이해관계자와 데모를 더 유용하고 관련있게 만들기 위해 무엇을 할 수 있을지 논의하라.

여러 팀이 같은 소프트웨어에 대한 작업을 하고 있다면 어떻게 하는가?

각 팀의 작업 결과물을 조합해 하나의 데모를 하는 것이 의미가 있을 수 있다. 이때는 한 사람이 모든 사람의 작업을 보여주게 하라. 이를 위해서는 팀 간 조율이 필요하다. 이는 이 책의 주제 범위를 벗어나지만 확장 접근 방식의 일부로 교차 팀 조율을 해야 한다. 6장의 아이디어를 참고하라.

작업 결과물을 하나의 데모로 조합하는 것에 의미가 없다면 각 팀의 작업에 대해 별도로 데모를 진행해도 된다. 어떤 조직은 이들을 전부 모아 큰 규모의 미팅을 하는 것을 선호하지만, 이는 잘 확장되지 않는다. 대신 여러 개의 조합된 데모를 만들어라. 예를 들어 고객과 직접 접촉하는 팀이 모인 데모, 내부 관리를 위한 데모, 개발 지원을 위한 데모 등으로 구성할 수 있다. 관심 있는 사람들이 선택해서 참여할 수 있도록 일정을 조율하라.

전제 조건

버그를 숨기거나 완료되지 않은 스토리를 보여줌으로써 이해관계자를 절대 속이지 말라. 여러분을 스스로 얽매는 결과를 불러올 뿐이다.

속이지 않고 진행 상황을 시연할 수 없다면 그것은 여러분의 팀이 문제에 처해있다는 분명한 신호다. 속도를 늦추고 무엇이 잘못됐는지 파악하라. 이터레이션을 사용하지 않는다면 시도

함께 보기

태스크 플래닝(p.307)

해보라. 이터레이션을 이용한다면 '이터레이션 커밋먼트를 만들고 만족시키기(p.317)'를

다시 참조하거나 멘토에게 도움을 구하라. 문제는 너무 많은 것을 동시에 하려고 시도하는 것처럼 간단한 것일 수도 있다.

지표

여러분의 팀이 이해관계자 데모를 잘 수행한다면:

☐ 여러분은 이해관계자와 신뢰를 만들 수 있다.

☐ 이해관계자가 무엇에 가장 열정적인지 알 수 있다.

☐ 팀은 전달하는 능력에 자신을 가진다.

☐ 여러분은 문제에 솔직하므로 팀이 통제 불능 상태로 문제가 발생하는 것을 방지할 수 있다.

대안과 실험

이해관계자 데모는 여러분의 전달 능력을 명확하게 보여준다. 여러분은 시연할 스토리를 완료했거나 그렇지 못한다. 이해관계자는 여러분의 작업에 만족하거나 그렇지 못한다. 이만큼 가치 있는 피드백을 제공하는 다른 어떤 대안도 나는 보지 못했다.

이해관계자 데모의 중요한 부분은 바로 **피드백**이다. 팀의 전달 능력에 관한 피드백, 이해관계자의 만족에 관한 피드백, 이해관계자의 반응을 관찰하고 그들의 질문과 의견을 통해 얻는 피드백 등을 제공한다.

이해관계자 데모를 이용한 실험을 한다면 이런 피드백을 반드시 유지하라. 데모는 그저 여러분이 하는 것을 공유하는 자리가 아니다. 이해관계자로부터 배우는 자리다. 간단한 비디오 녹화를 이용해 데모를 간소화하는 팀도 있다. 현명한 아이디어이며 시도해 볼만한 가치가 있다. 그러나 여러분은 충분한 피드백을 얻을 수는 없다. 어떤 방식의 실험을 하든 완료된 작업을 전달하는 여러분의 능력을 확인하고, 이해관계자로부터 배울 수 있는 방법을 포함하라.

어떤 팀은 데모를 역으로 디자인한다. 팀이 작업한 결과를 이해관계자에게 보이는 대신, 이해관계자가 소프트웨어를 다루는 모습을 관찰한다. 대면할 수 있는 상황에서 이는 가장 효과적이다. 여러 대면 팀에서 수행할 때도 효과를 발휘한다. 참여자 모두를 큰 방에 모아 놓고 바자회bazaar나 전시회trade show 스타일의 데모를 열 수 있다. 이해관계자는 팀 간을 옮겨 다니며 작업 결과를 확인할 수 있다.[2]

예측하기

대상
프로덕트 매니저

우리는 언제 릴리스할 수 있는지 예측할 수 있다.

"언제 완료됩니까?" 프로그래머가 가장 두려워하는 질문이다. 소프트웨어 개발에는 세부 사항이 너무 많아 시간이 얼마나 걸릴지는 말할 것도 없고, 남은 작업이 무엇인지조차 정확하게 알 수 없다. 그러나 이해관계자는 순수하게 작업이 얼마나 오래 걸리는지 알아야 한다. 그들은 예산을 수립하고 서드 파티와 조율해야 하기 때문이다. 신뢰를 만들고 책임을 보여주기 위해서는 릴리스 시점을 예측할 수 있어야 한다.

이런 예측을 일반적으로 **추정하기**라 부르지만 이는 잘못된 표현이다. 추정하기는 예측하기 위한 기법의 하나이며, 심지어 가장 중요한 기술도 아니다. 예측predicting의 진짜 비밀은 불확실성과 리스크를 이해하는 것이다. 그래서 나는 이것을 추정하기가 아닌 **예측하기**라 부른다.

불확실성과 리스크

얼핏 보기에 애자일은 예측에 관한 완벽한 해결책을 제공한다. 여러분이 이터레이션을 이용한다면 스토리(또는 그 추정값)를 전부 더하고, 수용량으로 나누면 완료하기까지 남은 이터레이션 수를 얻을 수 있다. 결국 수용량과 슬랙이 여러분에게 커밋

함께 보기
수용량(p.327)
슬랙(p.350)

---

2   이 접근 방식은 바스 보드에게 배웠다. '바자회' 접근 방식은 '과학 박람회(science fair)' 기법[Schatz2004]에 대략 기반을 두고 있다.

먼트를 지속적으로 만들고 달성할 수 있는 능력을 준다. 그렇다면 신뢰할 수 있는 릴리스를 약속할 수 있다는 의미가 되지 않는가?

안타깝게도 그렇지 않다. 릴리스 하기 전에 30개의 스토리를 완료해야 하는 팀에 여러분이 속해 있다고 생각해 보자. 팀은 지속적으로 매주 6개의 스토리를 완료한다. 그러면 릴리스하는 데 5주가 걸릴 것이다. 그렇지 않은가? 지금이 1월 1일이므로 여러분은 비즈니스 이해관계자에게 5주 후인 2월 5일에 릴리스할 것이라 말한다. 이해관계자는 새로운 릴리스에 관해 열정적으로 고객에게 이야기하기 시작한다. "다음 번에 무엇을 보게 될지 기대하십시오! 바로 2월 5일입니다!"

다음 한 주 동안 6개의 스토리를 완료했다. 그러던 중 버그 하나를 발견한다. 큰 문제는 아니지만 어쨌든 릴리스 전에 수정해야 한다. 수정 스토리를 다음 이터레이션에 추가한다. 1월 8일, 완료해야 하는 스토리는 25개가 됐다. 여러분은 이해관계자에게 2월 5일보다 일정이 조금 늦어질 것이라 말한다. 이해관계자는 여러분에게 서두르라 요청한다. 그들은 이렇게 말한다. "어떻게든 날짜를 맞춰야 합니다. 고객은 2월 5일 릴리스를 손꼽아 기다리고 있습니다!"

1월 15일 이해관계자 데모 과정에서 이해관계자는 한 피처 중 하나에 더 많은 감사 제어 기능이 필요하다는 것을 알게 된다. 그 요구사항을 처리하기 위해 여러분은 4개의 새로운 스토리를 추가한다. 이번 주에도 6개의 스토리를 완료했으므로 이제 23개의 스토리가 남았다. 이는 여러분이 절대로 2월 5일까지 완료하지 못한다는 것을 의미한다. 여러분은 릴리스 날짜를 맞추기 위해 한 가지 기능을 제거할 것을 제안하지만, 이해관계자는 주저한다. "이미 고객에게 그 피처에 관해 이야기했습니다. 한 주 정도 릴리스가 지연된다고밖에 이야기할 수 없습니다."

다음 주에는 모든 것이 부드럽게 진행된다. 여러분은 다시 6개의 스토리를 완료했고 1월 22일 기준, 17개의 스토리가 남아 있다. 이대로라면 문제없이 2월 12일에 릴리스할 수 있을 것이다.

그 뒤 몇 주는 잘 진행되지 않는다. 다른 팀으로부터 특별한 UI 컴포넌트를 받기 위해 계속 대기한다. 그 팀은 1월 초에 컴포넌트를 전달할 것이라 약속했지만, 약속한 날짜는 계속 미뤄지고 있다. 그 UI 컴포넌트 없이 완료할 수 있는 스토리는 모두 마쳤다. 계속 작업을 하기 위해 추가적인 '있으면 좋은' 것을 추가한다. 다른 주와 마찬가지로 6개의 스토리를 완료했지만, 이들 대부분은 새로운 것이다. 1월 29일, 여전히 15개의 스토리가 남아 있다.

그 뒤 UI 구성 요소에 관한 작업을 하던 팀이 예상치 못한 기술 문제를 맞닥뜨리게 된다. 여러분이 받기로 했던 UI 컴포넌트는 적어도 다음 달까지는 완성되지 않을 것이다. 여러분은 누락된 구성 요소를 해결하기 위한 스토리를 추가해 계획을 변경한다. 2월 5일, 6개의 스토리를 완료했음에도 불구하고 아직 13개의 스토리가 남아 있다. 이해관계자는 두려워하기 시작한다. "마지막으로 릴리스를 1주일 연기하겠습니다. 마지막입니다. 마른 수건까지 짜내서 마지막 스토리를 완료해야 합니다. 더 이상은 연기할 수 없습니다. 트위터가 우리를 잡아먹을 겁니다."

다음 2주는 재미 따위는 찾아볼 수 없다. 누락된 UI 구성 요소를 보완하기 위해 새로운 스토리가 계속 발견된다. 릴리스 날짜를 맞추기 위해 모든 구성원이 초과 근무를 한다. 테스트나 슬랙은 무시한다. 수용량은 잊혀지고 초과 근무로 감당할 수 있을 것이라는 가정해야 더 많은 스토리에 대한 작업을 시작한다.

그러나 이 방식은 효과가 없다. 처음엔 모든 것이 괜찮아 보인다. 2월 12일 여러분은 9개의 스토리를 완료한다! 그러나 그 다음 주 여러분은 버그와 누락된 가정 때문에 9개 중 4개의 스토리를 재작업해야 한다는 사실을 알게 된다. 새로운 UI 스토리까지 구현해야 하므로 도저히 시간을 맞출 수 없다. 2월 19일, 아직 4개의 스토리가 남았다.

결국 한 주가 더 지난 2월 26일에 릴리스하게 된다. 분명 여러분은 매주 최소 6개의 스토리를 완료했다. 하지만 결과적으로 처음 계획했던 30개의 스토리를 출시하는 데 8주가 걸렸다. 이런 종류의 지연을 **일정 리스크**^{schedule risk}라 부른다.

미리 정해진 릴리스 날짜

일정 리스크는 예측할 수 없다. 예측할 수 있다면 리스크가 아닌 계획의 일부일 것이다. 일정 리스크는 피할 수도 없다. 그렇기 때문에 예측을 하는 최고의 방법은 릴리스 **대상**이

아니라 **시점**을 정의하는 것이다. 이렇게 함으로써 여러
분은 예상치 못한 놀라움을 만났을 때 계획을 조정할
수 있다. 예를 들어 이해관계자가 고객에게 무엇을 기
대할지 정확하게 이야기하지 않았다면, 팀은 몇 가지

피처를 제외하고도 여전히 일정에 맞춰 릴리스할 수 있었을 것이다.

여러분이 릴리스 **대상**과 **시점**을 사람들에게 이야기하는 것 또한 기민함을 떨어뜨린다. 기
민함은 새로운 정보를 탐색하고, 그 결과에 따라 계획을 변경하는 것을 포함한다. 여러분
이 정확하게 무엇을 할지 사람들에게 이야기한다면 계획을 바꿀 때마다 예측을 변경해야
한다. 기껏해야 이는 이전 예측에 투입된 시간과 노력이 낭비됐음을 의미한다. 또한 사람
들은 예측을 커밋먼트로 생각하기 때문에 여러분이 이를 변경하면 화를 낸다.

대신 오로지 릴리스 일정만 예측하라. 계획을 유연하게 조정하
므로 그 날짜에 가장 가치가 있는 증분을 릴리스할 수 있게 준
비하라. 완료한 작업에 관계없이 여러분은 정한 날짜에 릴리스

함께 보기

적응적 계획하기(p.237)

할 수 있다. 이 아이디어를 변형한 일반적인 형태가 일련의 릴리스 날짜를 미리 정의해
두는 **릴리스 트레인**이다(일찍 자주 릴리스하라(p.244) 참조).

계획 조정 방법

미리 정의된 릴리스 일정을 맞추는 비결은 작업을 여러분이 달성할 수 있는 가장 작은 가
치 증분으로 나누는 것이다. 가능한 빠르게 릴리스할 수 있는 상태에 도달하는 데 집중하
라. 그러기 위해서는 반드시 공개할 필요가 없는 모든 스토리는 제쳐 둔다.

이 최소한의 것이 여러분의 첫 번째 증분이다. 첫 번째 증분을 식별했다면 제쳐 둔 스토
리를 확인하고, 그 자체로 추가적인 증분으로 완료될 수 있는 것을 결정하라. 일부 증분
은 단일 스토리 정도로 규모가 작을 수 있다(사실 이것이 이상적이다). 완벽한 세상에서는
각각의 스토리가 그 자체로 다른 추가 스토리가 구현되기를 기다리지 않고 릴리스될 수
있어야 한다. 그래야 여러분은 계획을 최대한 자유롭고 유연하게 조정할 수 있다. 더 자
세한 내용은 '옵션을 열어 두라(p.281)'를 참조하라.

최소한 증분은 릴리스 날짜 이전에 하나를 쉽게 완료할 수 있을 정도로 작아야 한다. 작업을 마치면 시간이 얼마나 남았는지 확인하고, 그에 따라 다음에 할 작업을 결정한다. 시간이 많이 남았다면 새로운 방향으로 소프트웨어를 움직일 수 있는 크고 새로운 증분을 만들 수도 있다. 시간이 그리 많이 남지 않았다면 세련미와 즐거움을 추가하는 작은 증분에 집중한다.

직감적으로 증분의 크기를 판단할 수도 있다. 더 엄격하게 크기를 판단해야 한다면 임시 날짜와 범위 예측(뒤에서 설명)을 이용해 무엇이 적절한지 확인한다. 다만 이런 예측은 공유하지 말라. 이를 그래야만 팀이 이후 유연하게 계획을 변경할 수 있다.

실행 가능성 예측

때로는 그저 세부 계획을 세우는 시간과 비용을 들이지 않고 여러분의 아이디어가 추구할 가치가 있는지 알고 싶을 수도 있다. 세부 계획을 포함하지 않는 모든 접근 방식은 직감에 의존하지만, 그렇다 해도 아무 문제가 없다. 경험이 풍부한 사람들은 직감적으로 좋은 결정을 내릴 수 있다.

실행 가능성을 예측할 때는 팀의 스폰서, 경험이 많은 프로덕트 또는 프로젝트 매니저, 한두 명의 시니어 프로그래머(팀에 소속된 인원이 좋다)를 모은다. 회사에서 경험이 많은 사람을 선택하라.

스폰서에게 개발 목표, 개발 착수 시점, 팀원, 비용을 지불할 수 있는 최신 릴리스 날짜에 관해 문의하라. 그 뒤 프로덕트 매니저와 프로그래머에게 해당 일정이 가능한지 문의하라.

얼마나 오래 걸릴지 물어보는 것이 아님에 유의하라. 그것은 대답하기 어려운 질문이다. 여기에서 찾고자 하는 것은 직감적인 반응이다. 확고한 기대 관점에서 질문을 표현하면 직감적 반응을 더 신뢰할 수 있다.

그들의 대답이 무조건적인 "네"라면 한두 달의 개발 기간을 투자할 가치가 있으며, 실제 계획 수립과 예측을 할 수 있을 것이다. 전문가들이 머뭇거리거나 "아니오"라고 대답한다면 무언가 리스크가 존재한다고 판단할 수 있다. 그 리스크에 관해 더 나은 예측을 위해 투자할 가치가 있는지는 스폰서에게 달려 있다.

날짜와 스코프 예측

릴리스 **대상**이 아니라 **시점**을 예측하는 것이 가장 좋지만, 때로는 두 가지를 모두 예측할 필요가 있다. 이 두 가지를 정확하게 예측하려면 일정 리스크를 고려해야 한다. 따라서 문제를 소화해낼 수 있도록 **리스크 조정**risk adjustment이라는 여유를 반드시 추가해야 한다. 다음 공식을 이용하라.[3]

남은 주 수 = 남은 스토리 수(또는 전체 추정값) ÷ 주간 처리량 × 리스크 조정

미리 정의된 릴리스 날짜까지 완료할 수 있는 스토리 수는 다음과 같이 예측할 수 있다.

완료된 스토리 수(또는 전체 추정값) = 남은 주 수 × 주간 처리량 ÷ 리스크 조정

위 공식의 각 항목의 의미는 다음과 같다.

- **남은 주 수**: 현재와 릴리스 날짜 사이의 시간의 양

- **스토리 수**(또는 전체 추정값): 릴리스 이전 또는 릴리스 날짜까지 완료돼야 하는 '딱 맞는' 크기의 스토리 수. 추정을 이용한다면 그 스토리 추정값의 총합

- **주간 처리량**: 이터레이션을 이용한 경우에는 지난 주 완료한 스토리 수(또는 스토리들의 추정값 총합)을 이터레이션한 주 수로 나눈 값. 지속적인 흐름을 이용하는 경우에는 지난 주 완료한 스토리 수. 여러 번 이터레이션 혹은 몇 주 동안의 평균값을 이용하지 않는다. 이는 리스크 조정에서 다뤄야 한다.

- **리스크 조정**: 표 10-1을 확인한다.[4] 팀이 집중하기/전달하기 플루언시 모두에 도달하지 않았다면 '높은 리스크 팀' 열을 이용한다. 행에서 예정된 날짜를 충족하거나 더 빨리 달성하려는 가능성을 선택한다. 예를 들어 10번 중 9번은 예정된 날짜를 충족하거나 그보다 빨리 달성한다면 '90%'를 이용해 예측하면 된다.

---

3   이 기법에 대한 피드백을 준 토드 리틀에게 감사를 전한다.

4   이 수치는 학습에 의한 추측에 기반한다. '높은 리스크' 수치는 [Litle2006] 및 토드 리틀과의 추가 대화에서 얻었다. '낮은 리스크' 수치는 드마르코와 리스터(Lister)의 RISKOLOGY 시뮬레이터 4a 버전에서 얻었다(https://systemsguild.eu/riskology). 표준 설정에서 생산성 편차(productivity variance)만 비활성화했다. 수용량이 그 리스크를 자동으로 보정하기 때문이다.

표 10-1 리스크 조정 가능성 법칙

가능성	낮은 리스크 팀	높은 리스크 팀
10%(거의 불가능)	1	1
50%(동전 던지기)	1.4	2
90%(거의 확실함)	1.8	4

날짜와 범위 예측은 플래닝 게임에서 '딱 맞는' 크기로 정의한 스토리에 의존한다. 모든 스토리를 이 수준으로 나누지 않았다면 릴리스를 예측할 수 없을 것이다. 먼저 플래닝 게임을 통해 모든 스토리의 크기를 조정하라.

> **함께 보기**
>
> 플래닝 게임(p.277)

마찬가지로 릴리스에 스파이크 스토리가 포함돼 있다면, 스파이크 스토리를 모두 완료한 뒤 예측해야 한다. 그렇기 때문에 스파이크 스토리는 계획에 포함되지 않는다. 때로는 리스크를 해소하고 예측을 할 수 있도록 스파이크 스토리에 관한 일정은 조기에 잡는 것이 좋다.

이터레이션을 종료할 때마다 또는 지속적인 흐름을 이용한다면 일주일에 한 번씩 예측을 업데이트한다. 릴리스 날짜가 가까워질수록 예측은 실제 릴리스 날짜로 '좁혀질' 것이다. 시간에 따라 예측된 릴리스 날짜를 그래프로 표시하면 경향을 보는 데 도움이 될 것이다. 특히 처리량이 안정되지 않았을 때 효과를 볼 수 있다.

날짜와 범위 예시

도입부에서 들었던 예시를 다시 살펴보자. 남은 주 수를 계산하기 위해서는 남은 스토리 수와 팀의 처리량을 알아야 한다. 예시와 마찬가지로 팀은 30개의 스토리를 완료해야 하고, 매주 6개의 스토리를 완료한다고 가정하자.

다음으로 리스크 조정(리스크 상수)을 결정한다. 나는 주로 50~90% 사이 범위의 날짜에서 예측한다. 내가 절반 정도는 초과 달성할 수 있는 상대적으로 좁은 범위를 얻을 수 있다. 관계자가 범위 기반 예측을 받아들이지 못한다고 판단했을 때는 90%의 숫자만 이용한다.

구체적인 리스크 조정은 높은 리스크 팀인지 낮은 리스크 팀인지에 따라 다르며, 이는 팀의 플루언시에 기반한다. 여기에서는 팀이 **집중하기** 영역과 **전달하기** 영역에 모두 익숙하다고 가정했다. 그러므로 낮은 리스크 팀이 된다. 이에 따라 리스크 조정 상수는 50% 가능성에서 1.4, 90% 가능성에서 1.8이며 예측값은 다음과 같이 계산할 수 있다.

- **50% 가능성**: 30 (스토리) ÷ 6 (주당 완료 스토리) × 1.4 (리스크 조정 상수) = 7.0 (주)

- **90% 가능성**: 30 (스토리) ÷ 6 (주당 완료 스토리) × 1.8 (리스크 조정 상수) = 9.0 (주)

이 예측을 그래프로 나타내면 다음과 같다(그림 10-1).

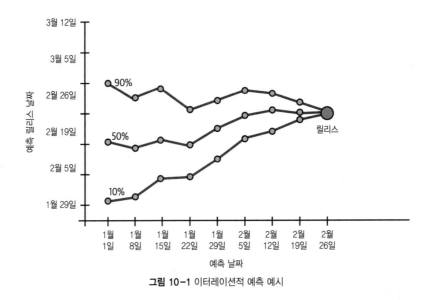

그림 10-1 이터레이션적 예측 예시

팀이 1월 1일에 예측을 했다면 팀원들은 이해관계자에게 '2월 19일에서 3월 5일 사이에' 릴리스를 할 것이라고 말할 수 있다. 팀은 매주 다음과 같이 업데이트된 예측을 제공한다.

- 1월 1일: 30개 스토리 남음. 예측: 2월 19일~5월 5일(7.0~9.0주)

- 1월 8일: 25개 스토리 남음. 예측: 2월 19일~3월 5일(5.8~7.5주)

- 1월 15일: 23개 스토리 남음. 예측: 2월 26일~3월 5일(5.4~6.9주)

- 1월 22일: 17개 스토리 남음. 예측: 2월 19일~3월 5일(4.0~5.1주)

- 1월 29일: 15개 스토리 남음. 예측: 2월 26일~3월 5일(3.5~4.5주)

- 2월 5일: 13개 스토리 남음. 예측: 2월 26일~3월 5일(3.0~3.9주)

- 2월 12일: 9개 스토리 남음. 예측: 3월 5일(2.1~2.7주)

- 2월 19일: 4개 스토리 남음. 예측: 2월 26일~3월 5일(1.0~1.4주)

- 실제 릴리스: 2월 26일

이 예시에서 팀은 많은 문제를 만났지만 리스크 조정 상수를 이용해 정시에 릴리스할 수 있다.

리스크 줄이기

높은 리스크 팀은 유용한 예측을 하는 데 문제를 겪는다. 3개월에 완료할 수 있는 분량의 스토리에 대한 50~90% 예측값은 6~12개월이다. 이런 큰 불확실성은 이해관계자가 받아들이기 쉽지 않다.

이런 리스크를 줄이는 가장 쉬운 방법은 증분을 작게 만드는 것이다. 3개월 분량의 스토리를 릴리스하는 대신 2주 분량의 스토리를 릴리스하라. 동일한 기준으로 예측하면 4~8주가 된다. 아주 나쁘지는 않다.

좀 더 어렵지만 더욱 효과적인 방법은 여러분의 개발 프랙티스를 개선하는 것이다. 리스크 조정 테이블의 '낮은 리스크' 열을 이용하기 위해 완벽하게 **집중하기** 영역과 **전달하기** 영역의 플루언시를 갖추지는 않아도 된다. 다음 질문에 "네"라고 답할 수 있다면 그것으로 충분하다.

- 지난 4번의 이터레이션에서의 처리량이 동일했는가?(지속적인 흐름을 이용한다면 지난 4주 동안 동일한 숫자의 스토리를 완료했는가?)

- 이터레이션을 이용한다면 지난 3번의 이터레이션에서 모든 스토리가 '완전 완료' 였는가?

- 지난 4번의 이터레이션(혹은 4주)에서 새로운 버그 수정 스토리가 추가되지 않았는가?

- 가장 최근 릴리스에서 스토리를 완료한 뒤 추가 작업이나, QA 대기 또는 다른 지연 없이 곧바로 릴리스할 수 있었는가?

처음 두 개의 질문은 '수용량 안정화하기(p.329)'에서 설명한 것처럼 슬랙을 도입함으로써 해소할 수 있다. 나중 두 개의 질문은 테스트 주도 개발과 지속적인 통합을 비롯해 **전달하기** 영역의 프랙티스를 도입함으로써 해소할 수 있다.

> **함께 보기**
>
> 슬랙(p.350)
> 테스트 주도 개발(p.564)
> 지속적인 통합(p.550)

커스텀 리스크 조정

표 10-1의 리스크 조정은 학습에 의한 추측에 기반한다. 점 더 정확하고 덜 비관적인 예측을 하고 싶다면, 여러분이 스스로 리스크 조정 테이블을 만들 수 있다. 그러나 수많은 데이터가 필요하므로 노력에 비해 얻는 것이 적을 수도 있다.

아무튼 여러분만의 리스크 조정 테이블을 만들려면 과거의 릴리스 추정 정보가 필요하다. 매주 또는 이터레이션마다 **베이스라인 릴리스 추정**baseline release estimate을 만들어라. 베이스라인 릴리스 추정 공식은 '남은 주 수 = 남은 스토리 수(또는 추정값 총합) ÷ 주간 처리량'이다.

다음으로 실제로 릴리스를 한 뒤, 뒤로 돌아가서 각 추정 날짜로부터 **실제** 릴리스까지 얼마나 걸렸는지 주 단위로 계산한다. 예정보다 일찍 릴리스하도록 압박을 받았거나 릴리스에 많은 버그나 수정 사항이 발생했다면, **실제** 릴리스를 한 날짜, 즉 소프트웨어가 실제로 완료된 날짜를 이용해 예측 결과 팀이 실행 가능한 릴리스를 생성하는 데 실제로 필요한 시간을 나타낼 수 있다.

결과적으로 몇 쌍의 숫자를 얻게 될 것이다. 주 단위의 추정값, 실젯값을 얻을 수 있다. 각 숫자 쌍에 대해 실젯값/추정값을 계산한다. 표 10-2는 이 숫자의 예시를 나타냈다.

표 10-2 릴리스 추정값 기록

날짜	베이스라인 추정값	실젯값	실젯값/추정값
1월 1일	5.00주	8주	1.60
1월 8일	4.17주	7주	1.68
1월 15일	3.83주	6주	1.57
1월 22일	2.83주	5주	1.76
1월 29일	2.50주	4주	1.60
2월 5일	2.17주	3주	1.38
2월 12일	1.50주	2주	1.33
2월 19일	0.67주	1주	1.50

마지막으로 실젯값/추정값을 오름차순으로 정렬한다. 각 행에 비율 열을 추가한다. 다시 말해 테이블에 8개 행이 있다면 첫 번째 생의 비율은 '1÷8=12.5%'가 된다. 이 테이블이 여러분의 리스크 조정 테이블이다. 이 비율은 리스크 가능성이며 실젯값/추정값 비율은 리스크 조정 상수다. 표 10-3 같이 나타낼 수 있다.

표 10-3 커스텀 리스크 조정 상수 예시

가능성	리스크 조정 상수
12.5%	1.33
25.0%	1.38
37.5%	1.50
50.0%	1.57
62.5%	1.60
75.0%	1.60
87.5%	1.68
100.0%	1.76

수집한 릴리스 데이터가 많을수록 리스크 조정 상수의 정확도도 높아진다. 정확성을 최고로 높이려면 팀마다 데이터를 각각 추적해야 하지만, 시작 단계에서는 비슷한 팀의 데

이터를 조합하는 것도 좋다.

질문

처리량이 자주 변하기 때문에 예측이 계속해서 변동한다. 더 안정된 값을 얻기 위해 처리량의 평균을 이용해도 되는가?

수용량과 슬랙을 이용해 처리량을 안정시키는 것이 가장 좋다. 그렇게 할 수 없다면 최근 3주(또는 3번의 이터레이션) 동안의 처리량 평균값을 이용해 예측을 안정시켜도 좋다. 또는 예측값 그래프에 추세선trend line을 함께 그리는 것도 좋다.

함께 보기

수용량(p.327)
슬랙(p.350)

예측값에 따르면 릴리스가 너무 늦을 것으로 보인다. 어떻게 할 수 있는가?

범위를 줄여야 한다. 더 자세한 내용은 '로드맵이 충분하지 않다면(p.431)'을 참조하라.

당신의 경험적 리스크 조정은 그 범위가 너무 크다. 비율을 낮춰도 되는가?

예측값이 달갑지 않으면 만족할 수 있는 정도로 숫자를 줄이고 싶은 유혹에 빠질 것이다. 이미 그것을 시도해봤고, 그것을 증명할 데이터를 갖고 있는 사람으로서 말하자면 완전한 시간 낭비다. 숫자를 바꾼다고 소프트웨어가 실제 릴리스되는 시점이 바뀌지는 않는다. 과거 릴리스 데이터가 있다면 커스텀 리스크 조정 상수 테이블을 만들 수 있겠지만, 그렇지 않다면 손 안의 달갑지 않은 데이터를 마주 하고 범위를 줄이는 것이 가장 좋은 방법이다.

전제 조건

미리 정해진 릴리스 날짜와 실행 가능성 예측은 모든 팀에 적합하다.

날짜와 범위 예측을 하기 위해서는 예측할 실제 소프트웨어에 대해 작업하는 팀이 있어야 한다. 최소 4주의 개발 이력 데이터가 있어야 플래닝 게임에서 '딱 맞는' 크기로 조정된 스토리로

함께 보기

플래닝 게임(p.277)

만 증분을 예측할 수 있다.

그러나 여러분에게 실제로 예측이 필요한지가 더 중요하다. 너무 많은 기업이 그저 습관적으로 예측을 요구한다. 예측을 하기 위해서는 개발 시간을 빼야 한다. 예측 자체를 하기 위한 시간뿐만 아니라 예측과 관련된 팀원과 이해관계자의 정서적인 반응을 관리하는 시간도 포함된다. 여러분의 계획에 적응하기 위한 저항도 포함된다.

팀이 하는 모든 활동에 대해 날짜와 범위 예측을 통해 누가, 왜, 얼마나 이익을 얻는지 명확하게 한다. 그리고 이 가치를 팀이 시간을 들여 얻을 수 있는 다른 것과 비교해 보라. 미리 정해진 릴리스 일정이 대부분 더 나은 선택일 것이다.

지표

여러분의 팀이 예측을 잘 한다면:

- ☐ 마케팅 캠페인 같이 리드 타임이 긴 외부 이벤트와 조율할 수 있다.

- ☐ 비즈니스 이해관계자와 다가올 제공 날짜를 조율할 수 있다.

- ☐ 팀이 사용하는 비용이 그 가치를 초과하는 시점을 이해할 수 있다.

- ☐ 비현실적인 기대와 데드라인에 대응할 수 있는 데이터를 확보한다.

대안과 실험

날짜와 범위를 예측하는 다양한 접근 방식이 존재한다. 앞에서 내가 설명한 접근 방법은 정확성과 편의성을 모두 제공한다. 그러나 이 접근 방식은 '딱 맞는' 크기의 스토리에 의존하기 때문에 사전 개발 예측에 많은 노력이 든다. 또한 커스텀 리스크 조정 상수를 이용하기 위해 많은 양의 과거 데이터가 필요하다는 단점이 있다. 그러나 경험상 이 접근 방식은 충분히 좋은 경우가 많다.

데이터 분량이 적다면 몬테 카를로Monte Carlo 시뮬레이션을 대안으로 이용할 수 있다. 트로이 마겐니스Troy Magennis의 '처리량 예측기Throughput Forecaster' 스프레드시트는 유명하다 (https://www.focusedobjective.com/w/support).

마겐니스의 스프레드시트와 유사한 추정 도구는 과거 데이터를 사용하는 대신 불확실성의 소스를 기반으로 추정하는 것이 단점이다. 예를 들어 마겐니스의 스프레드시트에서는 추가될 스토리 수의 범위와 함께 남은 스토리의 **범위**를 추측하도록 요구한다(스프레드시트에서는 'split'이라는 용어 이용). 이런 추측은 예측에 큰 영향을 미치지만 이들은 그저 추측일 뿐이다. 범위가 증가할수록 추측 대신 실제 데이터를 이용하면 이 스프레드시트의 효과는 크게 늘어난다.

날짜와 범위 예측에 대한 대안을 실험하기 전에 예측을 하는 최고의 방법은 미리 정해진 릴리스 날짜를 선택하고, 해당 날짜에 맞춰 계획을 조정하는 것이다.

더 읽을거리

『Software Estimation: Demystifying the Black Art』(Microsoft · 2006): 날짜 및 범위 예측에 관한 전통적인 접근 방식을 포괄적으로 설명한다[McConnell2006].

'불확실성의 원뿔을 둘러싼 일정과 불확실성 추정'에서는 경험적 데이터를 이용해 '불확실성의 원뿔cone of uncertainty'에 대한 의문을 제기한다[Little2006]. 불확실성의 원뿔은 맥코넬의 책에서 논의된 전통적 예측의 핵심 아이디어 중 하나다(리틀의 작업은 이 책에서 설명한 날짜와 범위 예측의 기반이기도 하다). 『The Leprechauns of Software Engineering: How Folklore Turns Into Fact and What to Do About It』은 2장에서 설명한 불확실성의 원뿔의 기원을 추적하며, 아무런 경험적 근거가 없음을 밝힌다[Bossavit2013].

로드맵

대상
프로덕트 매니저

이해관계자는 우리에게 무엇을 기대할 수 있는지 안다.

궁극적으로 책임이란 조직의 투자에 걸맞은 좋은 가치를 제공하는 것이다. 완벽한 세상이라면 여러분의 이해관계자는 면밀한 감독 관리가 없이도 여러분의 팀이 그러리라 믿을 것이다. 현실에서도 이는 달성할 수 있지만, 안정적으로 소프트웨어를 전달할 수 있는 데는 보통 1~2년 정도 걸린다.

반면 조직은 팀의 작업을 감독하고 싶어할 것이다. 이해관계자 데모가 도움이 되지만 관리자는 여러분이 무엇을 하고 있으며, 그들이 무엇을 기대해야 하는지 알고 싶어한다. 이런 정보는 **로드맵**을 이용해 공유한다.

함께 보기

이해관계자 신뢰(p.391)
이해관계자 데모(p.401)

애자일 로드맵은 전통적인 소프트웨어 로드맵과는 그 형태가 다르다. 나는 이 용어를 매우 대략적으로만 이용한다. 왜냐하면 팀이 진행 상황 및 계획과 관련된 정보를 공유하는 다양한 방법을 포괄하기 위해서다. 일부 로드맵은 관리자와 공유하기 위해 매우 상세한 정보를 포함하지만, 다른 로드맵은 고객에게 정보를 공유하기 위한 상위 수준의 개략적인 정보만 포함한다.

애자일 거버넌스

여러분이 제공하는 로드맵의 유형은 조직이 거버넌스에 접근하는 방식에 따라 결정된다. 여러분의 조직은 팀이 효율적으로 일하고 올바른 방향으로 나아갈 수 있도록 어떻게 보장하는가?

고전적인 접근 방식은 **프로젝트 기반 거버넌스**project-based governance다. 계획 수립, 비용 및 가치 추정을 포함한다. 프로젝트의 전체 가치가 전체 비용을 충분히 초과하면 재원을 확보하게 된다. 재원을 확보하면 프로젝트가 계획에 따라 진행되는지 보장하기 위해 세세하게 추적한다.

이것은 거버넌스에 대한 예측적 접근 방식이며 애자일하지 않다. 이 접근 방식에서는 계획이 미리 정의돼 있어야 한다. 변화는 신중하게 통제되며 성공은 계획 준수에 맞춰 결정된다. 경영진에게는 세부적인 계획, 비용 추정 및 진행 상황 완료를 포함한 로드맵이 필요하다.

애자일 접근 방식은 **제품 기반 거버넌스** product-based governance다. 이 접근 방식에서는 지속적으로 '정상적인 비즈니스business as usual' 예산을 할당하고, 시간이 지남에

> 애자일 접근 방식은 제품 기반 거버넌스다.

따라 팀이 만들어낼 가치를 추정한다. 제품은 지속적인 가치가 지속적인 비용을 충분히

뛰어넘을 때 재원을 확보하게 된다. 일단 재원을 확보하게 되면 실제 제공되는 피처와 관계없이 원하는 투자수익을 달성할 수 있도록 제품의 가치와 비용을 주의 깊게 모니터링한다. 추정했던 것과 가치가 다르다면 그에 따라 비용과 계획을 조정한다.

이는 거버넌스에 대한 적응적 접근 방식이다. 이 접근 방식에서는 팀이 정보와 새로운 기회를 찾은 다음 학습을 통해 얻은 장점을 활용하기 위해 계획은 변경한다고 가정한다. 성공은 투자 대비 수익return on investment 같은 비즈니스 지표를 이용해 정의한다. 경영진에게는 지출 비용, 수익 같은 가치 지표, 비즈니스 모델을 포함한 로드맵이 필요하다.

애자일은 예측적이 아닌 적응적이지만 많은 애자일 팀은 프로젝트 기반 거버넌스를 채용한다. 여러분의 로드맵은 이런 현실을 수용해야 한다. 나는 여러분에게 가장 적응적인 것부터 가장 예측적인 것을 포함한 네 가지 선택지를 적용할 것이다. 여러분이 선택할 수 있는 가장 번호가 작은 옵션을 선택하라. 상황에 따라 경영진 보고용, 세일즈와 마케팅용 등 복수의 로드맵을 만들어야 할 수도 있다.

팀의 로드맵을 만드는 형태와 세부 수준은 원하는 대로 제시할 수 있다. 내부 로드맵인 경우 작은 슬라이드나 이메일 또는 위키 페이지wiki page를 주로 이용하기도 한다. 외부에 공개되는 로드맵은 세련되고 세부 정보가 적은 웹 페이지 또는 마케팅 비디오를 많이 이용한다.

선택 1: 사실만 담는다

'사실만 담은just the facts' 로드맵은 전통적인 용어의 관점에서는 로드맵이라 할 수 없다. 대신 여러분의 팀이 지금까지 한 작업을 미래에 관한 전망이 없이 서술한 것이다.

책임과 커밋먼트의 관점에서 보면 이는 가장 안전한 유형의 로드맵이다. 이미 발생한 일만 공유하기 때문이다. 미래 계획에 관해 어떤 것도 약속할 필요가 없으므로 도입하기 가장 쉬운 방법이기도 하다. 이 로드맵은 다음 사항을 포함한다.

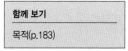

함께 보기

목적(p.183)

- 팀의 목적

- 다음 릴리스를 위해 완료하고 준비한 것

- 미리 정한 릴리스 날짜를 이용하는 경우 다음 릴리스 날짜(미리 정해진 릴리스 날짜 (p.413) 참조)

추가로 경영진을 위한 로드맵인 경우 **최적화하기** 팀은 로드맵에 다음을 포함한다.

- 현재 비즈니스 가치 지표(수익, 고객 만족도 등)

- 현재 비용

- 비즈니스 모델

경영진이 좀 더 예측적인 로드맵을 필요로 한다 해도 '사실만 담은' 로드맵은 영업과 마케팅 부문에 효과를 발휘한다. '사실만 담은' 접근 방식의 장점은 그 누구도 여러분이 계획을 변경하는 것에 화내지 않는다는 점이다. 이는 계획이 바뀐 것조차 모르기 때문이다. 릴리스 트레인과 조합해(일찍 자주 릴리스하라(p.244) 참조), 사람들이 **지금 바로** 이용할 수 있는 흥미로운 새로운 피처를 정기적으로 알릴 때 활용할 수 있다.

이 접근 방식을 잘 이용하는 것은 애플Apple이다. 애플은 신제품을 구매할 준비가 돼 있을 때만 새로운 제품을 발표한다. 비디오 게임 업계에서도 많이 이용된다. '새로운 소식'이라는 제목의 마케팅 비디오 등으로 전달되는 정기적인 업데이트 소식을 통해 흥미와 참여를 다시 불러 일으킨다.

선택 2: 일반적인 방향

이해관계자는 종종 사실 이상을 알고 싶어한다. 그들도 무슨 일이 일어날지 알고 싶어한다. '일반적인 방향general direction' 로드맵은 이 둘의 균형을 맞춘다. 추측은 여전히 최소한으로 유지하므로 팀은 상황에 따라 계획을 조정할 수 있으며, 이해관계자도 미래에 관해 어느 정도는 파악할 수 있다.

이 로드맵은 '사실만 담은' 로드맵의 모든 항목을 포함하며, 다음 항목이 추가된다.

- 팀이 현재 작업하고 있는 가치 있는 증분과 그것이 최우선순위인 이유

- 다음에 작업할 가능성이 가장 높은 가치 있는 증분(또는 증분들)

증분 정보는 날짜를 포함하지 않고 제시한다. **최적화하기** 팀은 다가올 릴리스의 비즈니스 결과에 대한 가정도 포함한다.

선택 3: 날짜와 대략적인 범위

'날짜와 대략적인 범위date and approximate scope' 로드맵은 '일반적인 방향' 로드맵에 예측한 릴리스 날짜를 추가한다. 이 로드맵은 기민함을 줄이고 리스크를 늘린다. 여러분이 아무리 많이 경고한다 해도 사람들은 이런 유형의 로드맵을 커밋먼트로 받아들이는 경향이 있기 때문이다.

> **함께 보기**
>
> 예측하기(p.411)

성공 확률이 90%인 예측 같이 보수적인 예측을 사용해 비관적인 릴리스 날짜를 제공하거나 성공 확률이 50%인 예측처럼 더 낙관적인 예측을 사용해 릴리스 날짜를 지키지 못할 위험이 있다. 또한 이용할 수 있는 시간을 늘리기 위해 작업을 늘리는 경향이 있으므로, 예측이 보수적일수록 완료되는 작업은 더 적을 가능성이 높다.

그러나 로드맵은 각 증분의 세부 사항은 담고 있지 않으므로, 팀은 여전히 '미리 정해진 릴리스 날짜(p.413)'에서 살펴본 것처럼 계획을 조정할 수 있다. 모든 스토리가 완료됐을 때 예측하는 대신, 계획에 포함된 '필수' 스토리에 대해서만 보수적인 예측을 하고 이를 미리 정해진 릴리스 날짜처럼 처리하라. 이렇게 함으로써 너무 멀지 않은 미래에 달성할 수 있는 예측을 제공할 수 있을 것이다. 그런 다음 시간이 남는다면(그리고 대부분 그렇겠지만 예측이 정말로 보수적이라면) 그 시간을 이용해 작업 결과를 다듬거나 다른 '있으면 좋은' 스토리를 추가하라.

최적화하기 팀은 보통 이런 유형의 로드맵을 이용하지 않는다. 비즈니스 비용이 이익만큼의 가치가 없기 때문이다. 그러나 무역박람회나 다른 마케팅 이벤트 등을 위해 서드 파티와 조율을 해야 한다면 이런 로드맵이 유용할 수 있다.

선택 4: 상세한 계획과 예측

이 옵션은 가장 덜 애자일하며 리스크는 가장 높다. 이 로드맵은 팀의 계획에 포함된 모든 스토리를 포함한 '날짜와 대략적인 범위' 로드맵이다. 따라서 팀은 변경을 정당화하지 않고는 계획을 조정할 수 없다. 결과적으로 더 보수적인 예측은 시간 낭비의 가능성이 더 크고, 변경 의지도 더 줄어든다.

이는 가장 위험한 유형인 동시에 조직에서는 가장 선호하는 유형의 로드맵이다. 실제로는 가장 안전하지 않은 접근 방식임에도 불구하고 가장 안전하다고 **느낀다**. 불확실성은 사람들을 불편하게 만들고, 이 로드맵은 확실성을 갖고 말할 수 있게 해준다.

그러나 이 확실성은 환상이다. 소프트웨어 개발은 본질적으로 불확실하다. 인위적인 확실성은 변화하는 상황에 적응하는 것을 더욱 어렵게 만들 뿐이다.

> 인위적인 확실성은 변화하는 상황에 적응하는 것을 더욱 어렵게 만들 뿐이다.

그러나 때로 여러분은 이 로드맵을 제공해야 할 것이다. 그렇게 하기 위해서는 '필수' 스토리뿐만 아니라 모든 스토리를 포함해 예측해야 한다. 선택 3과 마찬가지로 신뢰할 수 있지만 낭비가 될 수 있는 보수적인 예측과 달성하지 못할 수 있는 더 낙관적인 예측 사이에서 결정을 내려야 한다.

집중하기 플루언시와 **전달하기** 플루언시를 갖추지 못한 팀은 일반적으로 많은 리스크를 겪는다. 즉 적절히 보수적인 예측을 통해 얻은 릴리스 날짜는 너무 먼 미래이기 때문에 이해관계자는 이를 받아들이지 않게 된다. 일반적으로 조금 덜 보수적인 예측을 해야 하지만 그렇게 되면 릴리스 날짜를 맞추지 못할 가능성이 높아진다. 이를 해결하는 방법 중 하나는 할 수 있다면 단기 릴리스만 예측하는 것이다. 자세한 내용은 '리스크 줄이기 (p.419)'를 참조한다.

최적화하기 팀은 이런 유형의 로드맵을 이용하지 않는다.

기업형 추적 도구

기업은 종종 팀의 작업을 추적하고 자동으로 보고서를 만들 수 있도록 팀에 이른바 애자일 라이프사이클 관리 도구 또는 다른 플래닝 도구를 이용하도록 요구하는 경우가 있다. 이는 실수다. 쉽게 변경하고 이터레이

> 플래닝 도구를 이용해 팀을 추적하는 것은 실수다.

션할 수 있는 자유로운 시각화가 필요한 팀에 해를 끼칠 뿐만 아니라 관리에 대한 명백한 비애자일 접근 방식을 강화한다.

애자일 관리는 팀 스스로 효과적인 결정을 내리는 시스템을 만드는 것이다. 관리자가 할 일은 팀이 충분한 정보와 컨텍스트를 가졌는지 보장하고 필요한 지원을 하는 것이다. '애자일' 플래닝 도구는 애자일과는 거리가 멀다. 이 도구는 팀을 활성화

함께 보기

매니지먼트(p.434)
목적(p.183)
이해관계자 데모(p.401)

하는 것이 아니라 팀을 추적하고 통제하기 위해 만들어졌다. 기껏해야 이 도구는 값비싼 혼란일 뿐이다. 이런 도구를 이용하지 말라. 여러분의 기민함에 상처를 입힐 것이다.

그렇다고 해서 팀에 지침이 없다는 의미는 아니다. 경영진은 여전히 운전대에 손을 올려두고 있어야 한다. 그러나 이는 각 팀의 목적을 이터레이션하고, 이해관계자 데모에서 감시와 피드백을 제공하며, 가능한 가장 적응적인 로드맵을 이용하고, 효과적이고 참여적인 레벨 관리를 통해 수행된다.

팀에서 기업용 추적 도구를 이용해야만 한다면 경영진이 요청하는 정보만 입력하라. 일상 업무는 이 책에서 설명한 다른 플래닝 프랙티스를 이용하고, 필요한 정보만 도구에 복사해서 붙여 넣어라. 여러분의 로드맵에 스토리가 아닌 가치 있는 증분만 포함한다면, 이 작업이 큰 부담이 되지 않을 것이다.

그러나 개인적으로 추천하지 않지만 로드맵에 스토리를 추가해야만 한다면, 가능한 부담 없이 가볍게 할 수 있는 방법이 있는지 찾아보라. 도구에 일일이 적는 대신 시각적 계획의 사진

함께 보기

시각적 계획하기(p.258)

을 업로드할 수 있을 수도 있다. 관리자를 플래닝 세션에 더 자주 참여하거나 그들이 실제 필요하지 않은 것을 요구할 수도 있다.

그래도 그들이 계속 주장한다면 스토리를 기업용 추적 도구에 옮겨 쓸 수 있다. 이 작업은 일주일에 한 번 또는 상황이 도저히 여의치 않다면 하루에 한 번만 하고, 각 스토리는 요구사항 문서의 미니어처가 아니라 짧은 문구로만 기록하라.

관리자들이 도구에 더 많은 세부 사항을 기록하고 유지하도록 요구하거나 개별 태스크를 추적해야 한다고 주장한다면 문제가 있다. 경영진이 문제 해결에 어려움을 겪고 있거나

조직이 애자일에 적합하지 않을 수 있다. 멘토에게 도움을 구하라.

로드맵이 충분하지 않다면

결국 누군가 여러분에게 예측한 날짜가 담긴 로드맵을 요구하고, 예측 날짜가 너무 멀어 더 빨리 전달해야 한다고 말할 것이다.

여기 확실하게 더 빨리 전달할 수 있는 유일한 방법은 범위를 줄이는 것뿐이다. 계획에서 스토리를 덜어내야 한다. 그 외에 모든 것은 그저 희망 고문이다.

> 더 빠르게 전달하는 유일하고도 확실한 방법은 범위를 줄이는 것뿐이다.

수용량을 개선하거나(수용량을 개선하려면(p.341) 참조) 플루언시를 개발할 수도 있겠지만, 우선 범위를 잘라내는 것부터 시작하라. 다른 노력은 시간이 걸리며, 그 영향을 예측하기도 어렵다. 다른 노력에서 효과를 거뒀다면 잘라낸 스토리를 다시 넣을 수 있다.

범위를 잘라내지 못할 때도 있다. 이런 경우에는 힘든 선택을 해야 한다. 현실은 바꿀 수 없으니 정치적 선택에 갇히게 된다. 여러분의 입장을 고수하고 예측 변경을 거부하면서 해고당할 리스크를 감당하거나, 덜 보수적인 예측을 하고 괜찮아 보이는 날짜를 제시하되 늦게 릴리스할 리스크를 감당해야 할 수 있다.

결정을 내리기에 앞서 기업 안의 다른 팀을 살펴보라. 릴리스 날짜를 놓쳤을 때 어떤 일이 벌어졌는가? 많은 기업에서 릴리스 날짜는 일종의 괴롭힘, 즉 사람들이 더 열심히 일하도록 압박하기 위한 수단으로 이용되지만, 릴리스 날짜를 놓쳤다고 실제로 무언가가 일어나지는 않는다. 일부 기업에서는 릴리스 날짜가 신성한 커밋먼트이기는 하다.

여러분이 만든 로드맵이 충분하지 않고, 범위를 잘라낼 수 있는 능력도 없다면 도움을 요청하라. 조직 안에서의 정치를 이해하는 팀원들에게 의지하고, 믿을 수 있는 관리자들과 선택지에 관해 논의하라. 여의치 않다면 멘토에게 조언을 구하라.

하지만 기억하라. 가능하다면 예측에 대한 가장 좋은 접근 방식은 미리 정해진 릴리스 날짜를 선택하고, 계획을 변경하면서 해당 날짜에 정확하게 맞추는 것이다.

데드라인

이 이야기는 실화다. 내가 코치했던 가장 도전적인 팀은 마감시한이 촉박했다(사실 모든 팀이 그렇지 않은가?). 팀의 고객은 매우 중요한 클라이언트였다. 조직 수입의 대부분이 이 클라이언트에게서 나왔다. 이 클라이언트를 만족시키지 못하면 핵심 비즈니스의 큰 부분을 잃을 리스크에 처해 있었다. 날짜와 범위가 모두 이미 정해져 있고 바꿀 수 없었다.

문제를 확인하고 나는 신뢰할 수 있는 예측을 최우선 과제로 삼았다. 6주가 지났을 때 우리는 첫 6주 동안의 스토리를 모두 구현했을 뿐만 아니라 수용량을 측정하고, 남은 스토리에 대한 완전한 추정 목록을 만들고, 완료 시점까지 예측했다.

결과는 우리가 늦을 것임을 보여줬다. 그것도 아주 많이. 우리에게 주어진 시간은 7개월이었지만, 예측 결과는 13개월이었다.

나는 예측 결과를 책임자에게 가져갔고 상황이 악화됐다. 책임자는 우리가 고객과 이 소식을 절대 공유하지 못하게 했다. 대신 그는 우리에게 모든 수단을 동원해 원래의 마감일을 맞추라고 명령했다.

우리는 마감일을 맞출 수 없음을 알고 있었다. 인원을 추가할 수도 없었다. 우리는 이미 인원이 꽉 차 있었고, 새로운 프로그래머가 코드베이스에 익숙해지는 데는 너무 오랜 시간이 걸릴 것이었다. 고객에게 문제를 알릴 수 없었기 때문에 범위를 줄일 수도 없었다.

작업은 진행 중이었고, 우리는 그것을 작동시키기 위해 노력했다. 우린 브룩스의 법칙(Brooks' Law)(일정이 지연된 소프트웨어 프로젝트에 인원을 추가할수록 프로젝트는 더 지연된다[Brooks1995], p.25 참조)을 무시하고 많은 프로그래머를 고용했고, 높은 생산성을 가진 팀원을 방해하지 않으면서 이들이 그들이 가능한 빠르게 적응하도록 할 수 있는 모든 일을 했다. 최선을 다했음에도 결함이 있는 소프트웨어를 계획보다 6개월 늦게 릴리스했다. 처음 예측했던 것보다 고작 몇 주 빠른 시점이었다. 그리고 우리는 그 고객을 잃었다.

나는 그 후로 다시는 정보를 숨기는 일에 관여하지 않았다. 일정은 비밀로 할 수 없다. 극적인 반전은 없으며, 실제 릴리스 날짜는 결국 알려지게 마련이다.

나는 대신 내가 그릴 수 있는 가장 정확한 그림을 제시하기 위해 최선을 다한다. 이번 릴리스에서 결함을 수정해야만 한다면 다음 스토리를 진행하기 전에 해당 수정 일정을 계획한다. 수용량이 내가 원한 것보다 작다면 바로 실제 수용량에 따라 예측을 변경했다. 그것이 현실이고, 현실에 정직해야만 그 결과를 효과적으로 관리할 수 있다.

질문

로드맵을 얼마나 자주 업데이트해야 하는가?

새로운 정보가 있을 때마다 업데이트하라. 이해관계자 데모는 로드맵 변경 사항을 공유하기 매우 좋은 기회다.

함께 보기

이해관계자 데모(p.401)

예측 가능성에 대해 이해관계자에게 무엇을 이야기해야 하는가?

내 경험상 이해관계자는 예측 가능성은 이해관계자가 이해하기 어려워한다. 나는 날짜 범위를 제공하지만 확률에 관한 세세한 설명은 생략한다.

팀이 세부 계획을 보고하지 않는다면, 팀 레벨 관리자는 팀이 무엇을 하는지 어떻게 이해할 수 있는가?

팀 레벨 관리자는 팀의 플래닝 보드를 직접 볼 수 있다. 팀 관리에 관한 자세한 내용은 '매니지먼트(p.434)'를 참조하라.

전제 조건

누구나 로드맵을 만들 수 있지만, 효과적면서도 가벼운 로드맵을 만들기 위해서는 애자일 거버넌스와 팀이 자신의 작업을 소유할 수 있게 하는 의지가 필요하다. 4장의 내용을 참조하라.

지표

여러분이 로드맵을 잘 이용한다면:

☐ 관리자와 이해관계자는 팀이 어떤 이유로 무슨 작업을 하는지 이해한다.

☐ 팀은 어떤 방해도 받지 않고 계획을 수정한다.

대안과 실험

로드맵을 제시하는 방법은 매우 다양하며, 특정한 제시 방법을 구체적으로 설명하지는 않을 것이다. 자유롭게 실험하라! 개인적으로는 짧은 슬라이드 형태를 많이 봤지만, 영상을 만들거나(특별히 '사실만 담은' 로드맵인 경우) 위키 페이지를 만들거나 상태 업데이트 이메일을 보내기도 한다. 무엇이 이해관계자에게 도움이 될지 이야기를 나눠라.

실험을 진행하면서 여러분의 적응력을 개선하고 예측을 줄일 수 있는 방법을 모색하라. 시간이 지나면서 이해관계자는 여러분의 팀을 신뢰하게 될 것이므로, 그들이 무엇을 기대하는지 다시 확인하라. 과거에는 확고했던 요구사항이 이제는 더 이상 중요하지 않다는 것을 알게 될 수도 있다.

더 읽을거리

『실천가를 위한 실용주의 프로젝트 관리』(위키북스, 2007): 요한나 로스먼^{Johanna Rothman}은 이 책의 7장에서 기대를 관리하는 방법에 관해 훌륭한 논의를 제공한다[Rothman2005].

매니지먼트

대상
매니저

우리는 팀이 탁월해지도록 돕는다.

이해관계자 데모와 로드맵을 통해 관리자는 자신의 팀이 무엇을 만드는지 볼 수 있다. 그러나 관리자는 더 많은 것이 필요하다. 관리자는 팀이 효과적으로 일하는지, 그들을 어떻게 도울 수 있는지 알아야 한다.

이 책에서 설명하는 팀원을 대상으로 하는 다른 프랙티스와 달리 이 프랙티스는 관리자를 위한 것이다. 주로 팀 레벨 관리자를 위한 내용이지만, 중간급 또는 상급 관리자에게도 적용할 수 있다. 팀이 스스로 해야 할 일을 결정하는 환경에서(자기 조직화 팀(p.146) 참조) 관리자는 무엇을 해야 하며, 팀이 탁월해질 수 있도록 어떻게 도울 수 있을까?

대부분의 조직은 **측정 기반 매니지먼트**measurement-based management를 한다. 측정 기반 매니지먼트에서는 지표를

수집하고, 보고서를 요청하고, 올바른 행동을 장려하기 위한 보상을 디자인한다. 이는 과거 조립 라인의 발명까지 거슬러 올라가는 유서 깊은 매니지먼트 방식이다.

단 한 가지 문제가 있는데 그것은 바로 동작하지 않는다는 것이다.

CARGO CULT

최대 가속

엔지니어링 부사장이 『디지털 트랜스포메이션 엔진(Accelerate)』을 손에 들고 "이 책에 따르면"이라고 말을 시작한다.[5] "높은 성과를 내는 조직은 자동화된 테스트를 수행합니다. 이 시점 이후로 체크인하는 모든 코드는 최소 90%의 테스트 커버리지를 만족해야 합니다. 필수 요구사항입니다. 여기에 동의하지 않는 사람은 누구든 다른 일자리를 찾아봐도 좋습니다."

침묵 속에서 누군가 기침을 한다. "상관 관계(correlation)와 인과 관계(causation)는 다릅니다." 긴 기침은 마치 그렇게 말하는 듯하다. 부사장이 여러분이 있는 쪽을 쳐다본다.

"넬리아(Nelia), 꼭 그렇게 해야 하나요?" 여러분은 뒤에서 불평한다." 여기에서 승진하는 것은 충분히 어려울 것 같습니다."

"미안하군요." 그러나 그녀는 전혀 미안한 기색이 없어 보인다. "저는 이전에 이미 경험을 해봤습니다. 다음에 무슨 일이 일어날지 알려드리겠습니다. 첫 번째, 모두가 겁에 질릴 것입니다. 일자리가 걸려있기 때문이죠. 두 번째, 관리자는 그 어떤 마감일도 변경되지 않는다고 말할 것입니다. 그들은 마감일을 지키는 것으로 보너스를 받기 때문입니다. 세 번째, 우리는 세상에 가장…" 그녀는 벌금통(swear jar)을 힐끗 쳐다본다. 그녀가 낸 금액은 지난 네 번의 도넛 프라이데이 중 3번의 구입비용을 지원했다. "음, 겉만 번지르르한 테스트 묶음을 갖게 될 것입니다. 그저 작성하기 쉽고 아무런 어설션도 하지 않는 매우 느린 테스트를 갖게 될 것입니다. 테스트가 실행되기를 기다리고 가짜 테스트 실패를 처리하느라 모든 시간을 소비할 것입니다. 그리고 아무것도 나아지지 않습니다."

"이래서 내가 애자일 같은 헛소리를 싫어하는 것입니다." 그녀는 말을 잇는다. "바쁜 일 투성이지만 실질적인 결과는 없습니다. 그냥 코드를 작성하면 안 되는 겁니까?"

---

5 『디지털 트랜스포메이션 엔진(Accelerate)』(에이콘출판, 2020)은 훌륭한 책이다[Forsgren2018]. 나는 책 자체를 비판하는 것이 아니라, 그 책이 오용되는 것을 봤는지 강조하고 있다.

X이론과 Y이론

1950년대 더글러스 맥그리거^{Douglas McGregor}는 2개의 상반된 매니지먼트 유형을 식별하고, X 이론^{Theory X}과 Y 이론^{Theory Y}이라 이름 붙였다. 두 매니지먼트 유형은 각각 근본적으로 상이한 근로자의 동기 부여 이론에 기반한다.

X 이론을 따르는 관리자는 근로자가 일을 싫어하며 회피하려 한다고 믿는다. 근로자는 강요와 통제 아래 있어야 한다. 급여, 혜택 및 보상 같은 외적 동기부여 요인^{extrinsic motivator}이 직원에게 필요한 일을 할 수 있게 하는 주요 메커니즘이다. X 이론의 매니지먼트에서는 측정이나 보상 같은 도구를 이용해 외적 동기부여 요인을 디자인하고 구현하는 것이 좋은 매니지먼트의 핵심이다.

Y 이론을 따르는 관리자는 근로자가 일을 즐기며, 스스로 방향을 정할 능력이 있다고 믿는다. 근로자는 책임을 추구하고 문제 해결을 즐긴다. 좋은 일을 하는 만족감, 그룹의 노력에 대한 기여, 어려운 문제 해결 같은 내적 동기부여 요인^{intrinsic motivator}이 직원의 행동을 이끄는 주요 요인이다. Y 이론의 매니지먼트에서는 컨텍스트와 영감을 제공함으로써 근로자가 세세한 감시 없이도 일을 할 수 있게 하는 것이 좋은 매니지먼트의 핵심이다.

측정 기반 매니지먼트는 X 이론의 접근 방식이다. 이는 외적 동기부여 요인을 이용해 올바른 행동을 장려하는데 기초한다. 애자일은 대조적으로 Y 이론의 접근 방식이다. 애자일 팀원은 내적 동기부여 요인에 따라 문제를 해결하고 조직의 목표를 달성한다. 스스로 무엇을 할지, 누가 그것을 할지, 어떻게 작업을 완료할지 결정한다.

이러한 가정은 애자일의 근간에 깃들어 있다. Y 이론의 매니지먼트는 애자일의 성공을 위해 필요하다. X 이론의 매니지먼트는 작동하지 않는다. 이는 측정과 보상에 의존하며, 행동을 왜곡시키고 기능 장애를 일으킨다. 이에 관해서는 잠시 후에 설명할 것이다.

> 애자일은 Y 이론의 매니지먼트가 필요하다.

애자일 매니지먼트의 역할

일부 관리자는 애자일 환경 안에 자신들이 설 자리가 없다고 걱정한다. 그러나 이는 사실과는 거리가 멀다. 관리자의 역할은 **바뀌었을 뿐** 줄어들지 않았다. 사실 세부 사항을 팀에 위임함으로써 관리자는 더 영향력이 큰 액티비티에 자유롭게 집중할 수 있다.

애자일 관리자는 개별 업무가 아닌 작업 시스템을 관리한다. 그들은 성공을 위해 팀을 구성한다. 그들이 할 일은 각 팀이 명확한 매니지먼트의 개입이 없이도 올바른 선택을 할 수 있도록 팀의 컨텍스트를 안내하는 것이다. 실질적으로는 이는 팀 관리자가 다음과 같은 일을 한다는 의미다.[6]

- ☐ 팀이 작업에 필요한 모든 스킬을 갖고 있거나 얻을 수 있도록 적합한 사람이 팀에 있는지 확인한다. 이는 채용과 승진의 조율을 포함한다.

- ☐ 팀에 필요한 코치가 있는지 확인한다.

- ☐ 대인 관계의 충돌을 중재하고, 팀원이 변화의 혼돈을 헤쳐나갈 수 있도록 돕고, 팀원이 한 팀으로 끈끈하게 뭉치도록 돕는다.

- ☐ 팀원 개개인이 커리어를 개발하도록 돕는다. 개인들의 멘토가 돼 미래의 리더로 육성하고, 팀원이 서로 가르치도록 독려함으로써 특정한 구성원이 나가더라도 팀이 탄력을 유지하게 한다.

- ☐ 플루언시에 관한 팀의 진행 상황을 모니터링하고(2, 3, 4부 도입부의 체크리스트 참조), 팀 코치와 협조해 팀이 플루언시에 도달하기 위해 필요한 훈련이나 다른 리소스를 구매한다.

- ☐ 팀 생산성 향상을 위해 필요한 도구, 장비, 기타 리소스를 구매한다.

- ☐ 팀에 그들의 업무가 조직의 큰 그림에 어떻게 부합하는지 이해하도록 한다. 차터를 만들고, 정기적으로 업데이트하도록 한다(차터링 세션 계획하기(p.191) 참조).

- ☐ 팀이 그 차터를 얼마나 잘 이행하는지, 이해관계자 특히 경영진과 비즈니스 이해관계자가 팀의 작업을 어떻게 인식하고 있는지에 관한 통찰을 제공한다.

- ☐ 팀과 이해관계자 사이의 관계에 대한 인식을 유지하고, 팀이 그 관계가 잘 유지되

---

6   이 목록을 함께 만들어준 다이애나 라센에게 감사의 마음을 전한다.

지 않는 시기와 이유를 이해하도록 돕는다.

☐ 조직 안에서 팀을 옹호하고 동료 관리자와 협조해 서로의 팀을 대변한다. 팀이 조직의 관료주의를 극복하는 것을 돕고, 팀 성공을 위해 장애물을 제거한다.

☐ 예산, 거버넌스, 보고 같은 주제에 대한 조직의 기대치가 충족되는지 확인한다. 팀을 위해 도움이 된다면 그러한 요구사항을 완화할 것을 신중하게 추진한다.

측정 기능 장애

이 목록에서 여러분은 지표를 **볼 수 없을 것이다**. 측정 기반 매니지먼트는 행동을 왜곡시키고 기능 장애를 일으키기 때문이다. 몇 가지 예시를 소개한다.

> 측정 기반 매니지먼트는 행동을 왜곡시키고 기능 장애를 일으킨다.

스토리와 스토리 포인트

한 팀의 관리자는 팀이 생산적인지 알고 싶었고, 이터레이션마다 팀이 완료한 스토리 수를 추적했다. 팀은 테스트, 리팩터링 및 디자인을 분리함으로써 더 많은 스토리를 완료할 수 있었다. 결과적으로 내부 품질이 낮아지고 결함은 증가했으며 생산성은 떨어졌다. 수용량을 측정하는 것도 같은 결과를 일으킨다. 더 일반적인 실수에 관해서는 '수용량은 생산성이 아니다(p.344)'를 참조하라.

코드 커버리지

한 경영진이 모든 새 코드를 반드시 테스트해야 하며, 목표는 85% 코드 커버리지라고 요구했다. "모든 새로운 코드에는 테스트가 필요합니다."라고 그는 말했다.

좋은 테스트는 작고, 빠르며, 대상이 명확하기 때문에 섬세한 주의와 사고를 요한다. 이 경영진의 팀은 대신 가장 빠르고 쉬운 방법으로 이 지표를 이터레이션시키는 작업에 집중한다. 이들은 많은 코드를 커버하는 테스트 코드를 작성한다. 그러나 이 테스트는 느리고 유지보수가 어려우며, 무작위로 실패하고, 종종 중요한 사항을 확인하지 않았다. 코드 품질은 계속 낮아지고, 생산성이 떨어지며, 유지보수 비용은 늘어났다.

코드 라인 수

생산성을 독려하는 노력의 일환으로 한 기업은 하루당 추가, 변경, 삭제한 코드 수에 기반한 보상을 제공했다(하루당 커밋 수도 비슷한 지표다). 팀원들은 디자인에 관해 생각하는 대신 코드를 자르고 붙이는 데 많은 시간을 썼다. 코드 품질은 낮아지고, 유지보수 비용이 늘어났으며, 수정했다고 생각한 버그가 계속 튀어나와 어려움을 겪었다.

말하기/실행 비율

커밋먼트를 달성하는 것은 신뢰를 구축하는 데 중요하지만, 좋은 지표는 아니다. 그럼에도 불구하고 한 기업에서는 커밋먼트를 달성하는 것을 핵심 가치로 정의했다. "여기에서는 책임이 매우 중요합니다."라고 그들은 말했다. "여러분이 특정한 날짜까지 무언가를 하기로 했다면 반드시 해야 합니다. 예외는 없습니다."

팀은 커밋먼트에 매우 보수적이 됐다. 그들의 업무는 시간을 채우기 위해 부풀려졌고, 처리량은 줄어들었다. 관리자는 지나치게 긴 일정을 반려하기 시작했다. 팀의 사기는 저하되고, 관리자와 팀 사이에는 긴장이 일었다. 팀은 작업을 서두르고 지름길을 택했다. 그 결과 내부 품질은 낮아지고, 결함과 유지보수 비용이 증가했으며, 고객 불만족을 초래했다.

결함 수

팀이 만드는 결함의 수를 줄이는 것과 '결함'의 정의를 바꾸는 것 중 어떤 쪽이 더 쉽겠는가? 결함 수를 추적하는 조직은 무엇을 세어야 하는가에 관한 논쟁으로 시간을 많은 시간을 낭비했다. 정의가 너무 엄격하면 팀은 그다지 중요하지 않은 결함을 고치는데 시간을 들여야 했다. 반대로 너무 느슨하면 버그가 고객에게 전달되고, 고객 만족도를 떨어뜨렸다.

측정 기능 장애가 불가피한 이유

사람들이 자신의 성과가 측정에 의해 판단될 것이라 믿게 되면, 더 나은 측정값을 얻기 위해 다르게 행동한다. 그러나 사람들의 시간은 제한돼 있다. 그렇기 때문에 그 측정값을 얻기 위한 작업을 더 **많이** 하고, 다른 작업은 더 **적게** 한다. 사람들은 최고의 **결과**를 달성하는 작업이 아닌, 최고의 **점수**를 달성하는 작업을 한다.

사람들은 최고의 결과를 달성하는 작업이 아닌, 최고의 점수를 달성하는 작업을 한다.

지표가 문제를 일으킬 수 있다는 것은 모두가 알고 있다. 그러나 그것은 단지 관리자가 좋지 않은 지표를 선택했기 때문이다. 그렇지 않은가? 뛰어난 관리자는 지표의 균형을 세심하게 맞춤으로써 그런 문제를 방지할 수 있다. 그렇지 않은가?

안타깝지만 그렇지 않다. 로버트 오스틴은 『Measuring and Managing Performance in Organizations』(Dorset House, 1996)에서 그 이유를 다음과 같이 설명한다.

> 이 책의 근본적인 메시지는 **조직 측정**이 어렵다는 것이다. 조직 환경은 측정이 단순하다 생각했던 사람들이 디자인한 측정 시스템의 뒤틀린 잔해로 가득 차 있다. 만약 여러분 또한 스스로 "신중하게 지표를 선택하기만 한다면 성공적인 측정 시스템을 쉽다."고 생각한다면 주의하라. 역사가 그렇지 않음을 증명한다[Austin1996, 19장].

여러분이 소프트웨어 개발에서 중요한 모든 것을 측정할 수 있다면 상황은 달라질 것이다. 그러나 불가능하다. 어떤 방식으로는 측정할 수 있기는 하나 내부 품질, 유지보수 비용, 개발 생산성, 고객 만족 및 입소문 등 **잘** 측정할 수 없는 중요한 것이 너무 많기 때문이다. 다시 오스틴의 말을 들어보자.

> 정신적인 내용이 많고 회전(이터레이션)되지 않는 전문적인 액티비티로서, 소프트웨어 개발은 특히 측정 기반 관리에 적합하지 않은 것으로 보인다… 소프트웨어 개발이 측정 기능 장애를 겪는다는 증거가 있다(12장).

특히 소프트웨어 개발에 종사하는 사람들은 그의 메시지를 싫어한다. 우리는 완벽하게 합리적이고 이성적인 세상에 사는 환상을 사랑한다. 측정 지표만 잘 선택하면 아무 문제가 없다!

아름다운 이야기지만 그것은 함정이다. 소프트웨어 개발에서 중요한 모든 것을 측정할 방법은 존재하지 않는다. 그 결과 기능 장애, 새로운 측정 기준 및 새로운

소프트웨어 개발에서 중요한 모든 것을 측정할 수 있는 방법은 존재하지 않는다.

기능 장애로 이어지는 측정 프로그램의 무한 이터레이션이 발생한다.

> 기능 장애가 발견돼 완전한 [측정]이 되지 않았음이 밝혀지더라도 [관리자]는 여전히 완전한 [측정]을 할 수 없다는 결론에 저항할 수 있다. 관리자는 대신 마지막 업무 재디자인을 시도했을 때 단순히 잘못 생각했다고 결론지을 수도 있다. [관리자]가 이를 바로잡기 위해 진지하게 노력함에 따라 작업 재디자인 시도가 끝없이 이어질 수 있다… 그 결과 소프트웨어 생산 시스템의 디자이너들은 오래된 제어 모드를 영구적으로 재디자인하고 교체하며, 성공하지 못할 것으로 예측되는 새롭지만 구조적으로 유사한 모드로 대체하고 있다(14장).

위임 경영

효과적인 측정 시스템이 가능하다 하더라도 측정은 핵심을 놓치고 있다. 애자일에는 X 이론의 매니지먼트가 아니라 Y 이론의 매니지먼트가 필요하며, Y 이론의 매니지먼트는 측정이나 보상 시스템이 아닌 **내적** 동기부여 요인을 기반으로 한다.

측정과 보상에 관해 생각하기보다는 무엇이 팀원을 내적으로 동기를 부여하는지에 집중하라. 여러분의 팀원들은 그들이 하는 업무의 무엇을 사랑하는가? 고객이

> 여러분의 팀원들은 그들이 하는 업무의 무엇을 사랑하는가?

사랑하는 '대단히 훌륭한' 무언가를 만드는 것인가? 기술적 성취의 한계를 추구하는 것인가? 높은 성과를 내는 끈끈한 팀을 만드는 과정에 참여하는 것인가? 혹은 생산적인 작업의 흐름에서 길을 잃는 것인가?

동기부여 요인이 무엇이든 간에 그들의 작업이 그들의 필요를 채워준다는 것을 보여줌으로써 팀에 영감을 불어넣으라. 팀에 필요한 리소스와 정보를 제공하라. 그리고 한 걸음 물러서서 그들이 오너십과 탁월함을 갖게 하라.

측정이 중요하지 않게 하라

측정과 데이터가 유용하지 않다는 말이 아니다. 사실 유용하다! 문제는 사람들이 측정 결과가 자신들의 성과를 평가하는 데 이용된다고 생각할 때 발생한다. 안타깝게도 사람들(특히 소프트웨어 개발자)은 이런 것에 냉소적인 경향이 있다. 중요한 것은 관리자가 **말하는**

것이 아니라 사람들이 **생각하는 것**이 기능 장애를 일으키는 것이다.

기능 장애를 피하려면 데이터를 **구조적으로 오용할 수 없게** 만들어야 한다.

가장 쉬운 방법은 정보를 팀 안에서만 비공개로 이용하는 것이다. 팀은 데이터를 수집하고, 수집한 데이터를 분석하고, 데이터를 폐기한다. 기본 데이터는 보고하지 않고 결과와 결정만 보고한다. 다른 사람이 데이터를 보지 않는다면 왜곡될 리스크도 없다.

이렇게 하는 것이 불가능하다면 데이터를 모두 **합쳐서** 한 개인이 특정되지 않게 하라. 부하 직원을 평가하기 위해 데이터를 이용하지 말고, 여러분 **스스로를** 평가하라. 이는 조직의 모든 레벨에 적용할 수 있다. 팀 관리자는 개인 지표가 아닌 팀 지표를 본다. 책임자는 팀 지표가 아니라 부문의 지표를 본다.

현장으로 가라

관리자가 부하 직원에 관한 지표를 수집하지 않는다면 사람들이 성과를 내는지 어떻게 알 수 있는가? 바로 현장으로 가야 한다.

"현장으로 가라."는 말은 린 제조$^{Lean\ Manufacturing}$에서 왔다. 이는 "직접 가서 보라."는 의미다.[7] 관리자는 숫자를 보는 것보다 **실제 작업을 봄으로써** 필요한 것에 관해 더 많이 학습할 수 있다는 아이디어다.

관리자들이여, 여러분의 팀에 대해 알아보려면 직접 가서 보라. 코드를 보고 UI 목업 리뷰에 참여하라. 이해관계자 인터뷰와 플래닝 미팅에 참여하라.

> 여러분의 팀에 대해 배우고 싶다면 직접 가서 보라.

그런 다음 팀을 어떻게 개선시킬지 생각하라. "왜 구성원들이 저 일을 스스로 하지 않는가?"라고 스스로에게 질문하라. 긍정적인 의도를 가정하라. 대부분의 경우 동기부여 문제가 아니라 능력이나 조직적 장애물의 문제일 수 있다. 또는 이 점을 무시하지 말라. 그 아이디어는 이미 고려됐지만, 여러분이 인식하지 못한 합리적인 이유로 보류됐을 수 있다.

---

7 겐바(現場, Gemba): '무언가가 실제로 일어나는 장소(현장)'라는 의미의 일본어다. "현장에 가라."는 말 그대로 "실제 장소에 가라."는 의미다.

『Crucial Accountability』(McGraw-Hill, 2013)은 다음으로 해야 할 일에 관한 훌륭한 책이다[Patterson2013].

"현장으로 가라."는 의미를 마이크로 매니지먼트의 핑계로 이용하지 말라. 이는 여러분의 이해를 개선하기 위한 방법이지, 통제를 실행하기 위한 수단이 아니다.

팀에 질문하라

유창한 애자일 팀은 자신들의 작업의 세부 정보에 관해 다른 누구보다 잘 알고 있다. 측정을 요구하는 대신 관리자는 그들에게 "팀이 더 효과적으로 일할 수 있도록 제가 무엇을 도울 수 있을까요?"라고 간단한 질문을 할 수 있다. 대답을 경청하고, 행동하라.

목표와 가드레일을 정의하라

작업은 팀이 소유하지만 해당 작업의 목표는 매니지먼트가 정의한다. 요구사항과 경계를 함께 설정하는 것이 좋다. 예를 들어 한 책임자는 자신의 팀이 외부에서 들어오는 데이터를 효과적으로 처리하고 있다는 것을 확인해야 했다. 그는 매니저 팀을 모아 자신이 필요한 것에 관해 설명하고, 팀이 판단을 두려워하지 않고 스스로를 추적할 수 있는 측정 지표를 만들어 달라고 요청했다. 책임자는 측정 결과를 볼 필요가 없었다. 팀이 최고 수준을 유지할 수 있는지, 그렇지 않다면 최고 수준을 유지하기 위해 무엇이 필요한지 알아야 했다.

예시: 코드 커버리지

조직은 종종 코드 커버리지 지표를 강요함으로써 품질 문제에 대응한다. 앞에서 살펴본 것처럼 이는 일반적으로 테스트 프랙티스의 기능 장애로 연결된다. 올바른 접근 방식은 어떤 모습이어야 하는가?

첫 번째, 코드 커버리지와 관련된 근본적인 동기부여 요인을 이해해야 한다. 팀에 정말로 필요한 것은 무엇인가? 현장으로 가라. 코드를 보고, 이해관계자의 이야기를 듣고, 고객 피드백을 읽고, 팀원들과 이야기를 나누고 그들이 무엇을 추천하는지 물어보라. 팀이 확신하지 못한다면 멘토에게 조언을 구하라. 다음은 팀이 추구할 수 있는 몇 가지 선택 사항이다.

- 팀의 테스트에 위험한 공백이 있는가? 팀 안에서 코드 커버리지 분석을 수행하고, 가공되지 않은 코드 커버리지 대신 공백을 보고하고, 팀이 가장 좋다고 여기는 수준까지 테스트를 추가할 시간을 마련하라.

- 팀이 테스트 작성 규칙을 개선할 필요가 있는가? 코칭을 제공하고 페어 프로그래밍이나 몹 프로그래밍 같은 개선된 프랙티스를 이용하라.

- 팀이 테스트되지 않은 많은 레거시 코드를 갖고 있는가? 코드 작업의 일부로 테스트를 추가하는 습관을 길러라. 팀이 가장 자주 작업하는 20% 전후의 코드에 매우 빠르게 테스트가 추가될 것이다. 나머지 80%의 코드는 천천히 할 수도 있다.

이런 조치는 모두 커버리지 지표보다 크고 즉각적인 영향을 미친다. 무엇보다 팀이 결정을 강요받기보다 주도하기 때문에 실행하려는 동기가 더욱 커진다. 관리자의 역할은 대화가 이뤄지도록 하고, 팀원들이 안전지대에서 벗어나도록 자극하고, 팀이 필요로 하는 리소스를 제공하는 것이다. 이 사려 깊은 위임 접근 방식은 모든 측정 항목을 대신해 이용할 수 있다.

지표가 필요한 시점

관리자의 손은 너무나 자주 거대한 조직 시스템에 묶여 있다. 로버트 오스틴의 말을 다시 빌린다.

> 깨달아야 할 핵심 사실은 계층적 조직에서 모든 관리자는 [또한 측정된다]는 점이다 ··· 관리자의 성과는 그나 그녀의 조직, 다시 말해 [근로자]들이 [관리자가] 설치한 측정 시스템에 맞춰 얼마나 성과를 내는지에 따라 평가된다. [관리자]는 쉽게 악용할 수 있는 측정 시스템을 설치하는데 관심을 둔다. 그래서 [관리자]와 [근로자]는 서로의 이익을 위해 조용히 담합한다.

여러분이 무언가를 보고해야 한다면 오용될 수 있는 정량적인 측정 지표가 아닌 서술적이고 정성적인 정보를 제공하라. 여러분의 팀이 무엇을 했는지, 무엇을 학습했는지에 관한 스토리를 이야기하라.

물론 충분하지 않을 수 있다. 정확한 숫자를 보고하도록 요구받을 수도 있다. 할 수 있는 한 이런 요청은 거부하라. 그러나 너무 잦은 거부는 여러분은 통제권을 앗아갈 수도 있다.

측정 지표를 여러분이 통제할 수 있다면 가능한 실제 세계의 결과물과 유사하게 측정하라. **가치 벨로시티** value velocity를 예로 들 수 있다.

가치 벨로시티는 생산성 측정 지표의 하나다. 시간에 따른 팀의 성과를 측정한다. 이를 계산하려면 팀이 릴리스하는 가치 있는 증분마다 두 개의 숫자, 다시 말해 수익 등으로 나타나는 영향impact, 그리고 개발이 시작된 시점과 해당 증분이 릴리스된 시점 사이의 주 (또는 일) 수를 의미하는 리드 타임lead time을 측정해야 한다. 그런 다음 영향을 리드 타임으로 나누면 된다. 즉 '영향÷리드 타임=가치 벨로시티'가 된다.

많은 경우 영향은 쉽게 측정할 수 없다. 그때는 각 증분의 영향을 대신 **추정**할 수 있다. 이는 팀 외부의 스폰서나 핵심 이해관계자가 수행해야 한다. 모든 추정은 동일한 사람 또는 긴밀한 팀이 수행함으로써 추정값 사이의 일관성을 보장하라.

그러나 가치 벨로시티 또한 다른 지표와 마찬가지로 행동을 왜곡시킨다는 점을 기억하라. 어떤 지표를 수집하든 팀을 기능 장애로부터 보호할 수 있는 모든 조치를 취하라. 대부분의 지표는 측정하기 어렵고 단기적인 변경을 일으키기 때문에 내부 품질, 유지보수 비용, 생산성, 고객 만족 및 장기적인 가치에 영향을 미친다. 팀에 이런 요소의 중요성을 강조하고, 정직하게 그럴 수 있다면 이 지표를 성과 평가 목적으로 이용하지 않을 것이라 약속하라.

질문

"측정할 수 없다면 관리할 수 없다"라는 말은 어떻게 이해해야 하는가?

"측정할 수 없다면 관리할 수 없다."는 표현은 통계학자이자 엔지니어이며 경영 컨설턴트인 W. 에드워드 데밍W. Edwards Deming이 말한 것으로 알려져 있다. 그는 린 제조, 린 소프트웨어 개발, 애자일에 영향을 줬다.

데밍의 영향력은 실로 컸기 때문에 그가 한 말이 잘 알려진 것은 당연하다. 하지만 한 가지 문제가 있는데, 그것은 그가 정반대로 말했다는 점이다.

측정하지 못하면 관리할 수 없다고 가정하는 것은 잘못이다. 매우 값비싼 신화일 뿐이다. [8]

전제 조건

위임 매니지먼트를 위해서는 측정 기능 장애를 이해하는 조직 문화가 필수다. 수십 년이 지났음에도 불구하고(적어도 데밍은 1982년에 측정 기반 관리를 제거해야 할 필요성을 분명하게 밝혔다)[9] 이는 여전히 널리 이해되거나 받아들여지지 않고 있다.

애자일은 측정 기반 환경에서도 여전히 작동할 수 있다. 그러나 이 책의 목표는 단순히 작동하는 것이 아니라 탁월한 것에 관해 말하는 것이다. 위임 매니지먼트는 **탁월하다**. 여러분이 이용할 수 있다면 말이다.

지표

여러분이 위임 매니지먼트를 잘 이용한다면:

- ☐ 팀은 그들이 성공할 준비가 됐다고 느낀다.

- ☐ 팀은 그들의 작업을 소유하고 매니지먼트의 적극적인 참여 없이 좋은 결정을 내린다.

- ☐ 팀원은 최고의 점수가 아니라 최고의 성과를 만들어내는 것을 할 자신이 있다.

- ☐ 팀원과 관리자는 서로를 비난하거나 멸시하고 싶은 유혹을 느끼지 않는다.

- ☐ 관리자는 그들의 팀이 무엇을 하고 있으며, 그들이 어떻게 도울 수 있는지에 관해 세심하고 정교하게 이해한다.

---

8   이 인용문은 W. Edwards Demings Institute에서 설명했으며, 문맥에 맞게 이용했다.

9   데밍의 14가지 경영 요점 중 12번째 항목은 다음과 같다. a) 시간제 근로자의 장인정신에 대한 권리를 박탈하는 장벽을 제거하라. 감독자의 책임은 숫자에서 품질로 바뀌어야 한다. b) 매니지먼트와 엔지니어링 부문의 사람들에게 장인정신에 대한 권리를 빼앗는 장벽을 제거하라. 이것은 특히 연간 또는 성과 등급과 목표 관리의 폐지를 의미한다.

대안과 실험

측정 기반 매니지먼트가 기능 장애를 초래한다는 이번 프랙티스의 메시지는 많은 조직에서 받아들이기 어려운 문제일 것이다. 정교하게 균형 잡힌 방법을 통해 측정 기능 장애를 해결할 것이라 약속하는 대안을 이용하고 싶은 유혹을 느낄 수도 있다.

그런 대안을 이용하기 전에 애자일은 개발에 대한 Y 이론 접근 방식임을 기억하라. 애자일 팀을 관리하는 올바른 방법은 측정 기반 매니지먼트가 아닌 **위임 매니지먼트**다.

대안적인 지표와 관련된 아이디어를 검토할 때는 매우 주의해야 한다. 측정 기능 장애는 즉시 명확하게 드러나지 않는다. 명백해지려면 수년의 시간에 걸쳐 나타날 수 있기 때문에 종이 위에 쓰인 아이디어는 훌륭하게 느껴질 것이며, 심지어 처음에는 효과가 있는 것처럼 보일 수도 있다. 시간이 지나기 전에는 문제를 발견하지 못할 것이며, 문제를 발견한 뒤에는 다른 것으로 문제를 돌리기 쉽다.

다시 말해 최소한 [Austin1996] 만큼 엄격하지 않다면 모든 지표 접근 방식에 대해 회의적이어야 한다. [Austin1996]는 오스틴의 수상 경력에 빛나는 경제학 박사 학위 논문을 바탕으로 한 것이다.

애자일 관리에 대한 훌륭하고 사려 깊은 견해도 있다. 실험할 기회를 찾는다면 협력적이면서 위임에 기반한 Y 이론의 접근 방식을 강조할 기회를 찾아보라. 더 읽을거리에서 소개한 리소스가 좋은 출발점이 될 것이다.

더 읽을거리

『턴어라운드: 맡기는 리더십으로 꼴찌에서 1등이 된 미 핵잠수함 산타페의 감동 실화Turn the Ship Around! A True Story of Turning Followers into Leaders 』(세종서적, 2020): 흥미진진함과 함께 위임 매니지먼트에 관해 학습할 수 있는 매력적인 책이다[Marquet2013]. 저자는 미국 핵 잠수함의 함장으로, 그가 위임 매니지먼트를 선원들에게 적용하는 방법을 어떻게 배웠는지 설명한다.

『Measuring and Managing Performance in Organizations』(Dorset House, 1996): 이번 프랙티스에서 다룬 많은 논의에 영감을 준 책이다. 매력적이고 접근하기 쉬우면서도

엄격한 경제 모델을 제시한다[Austin1996].

『Crucial Accountability: Tools for Resolving Violated Expectations, Broken Commitments, and Bad Behavior』(McGraw-Hill, 2013): 직원을 돕기 위해 개입해야 하는 관리자를 위한 훌륭한 리소스다[Patterson2013].

개선

정기적으로 팀은 어떻게 하면 더 효과적이 될지 숙고하고, 이에 따라 팀의 행동을 조율하고 조정한다.

– 애자일 소프트웨어 개발 선언

피드백과 적응은 애자일의 중심이며, 이는 애자일 자체에 대한 팀의 접근 방식에도 적용된다. 바로 도입해서 활용할 수 있는 애자일 메서드로 시작할 수도 있지만, 모든 팀은 팀에 맞게 그 메서드를 커스터마이즈해야 한다.

애자일의 다른 기능과 마찬가지로 이 커스터마이즈 역시 이터레이션, 반영, 피드백을 통해 실행된다. 효과가 있는 것은 강화하고, 그렇지 않은 것은 개선한다. 이를 위해 다음 프랙티스가 도움이 될 것이다.

- 회고(p.450): 팀이 지속적으로 개선할 수 있게 돕는다.

- 팀 다이내믹(p.461): 팀의 협업 능력을 개선한다.

- 장애물 제거(p.480): 팀의 개선 노력을 가장 큰 차이를 만들 수 있는 곳에 집중시킨다.

11장 개요

지금은 회고가 공통적인 애자일 프랙티스지만 오리지널 XP와 스크럼 서적[1]에서는 이러한 방식이 포함되지 않았다. 아니 사실 개선을 위한 명확한 프랙티스가 포함되지 않았다. 초기 애자일리스트는 명확하게 지속적인 개선을 염두에 두고 있었고, 애자일 개발 선언에도 함축적인 의미를 담았지만, 회고 자체는 한참 뒤에 프랙티스로 그 형태를 갖추게 됐다. 내 기억으로 회고를 애자일 메서드에 처음 접목한 것은 조슈아 케리에프스키(Joshua Kerievsky)가 2000년대 초에 쓴 인더스트리얼 XP(IXP, Industrial XP)였다.

IXP에서의 회고는 놈 커스(Norm Kerth)의 프로젝트 회고(project Retrospectives)를 기반으로 한다 [Kerth2001]. 이후 놈 커스와 긴밀하게 협업했던 다이애나 라셋은 에스더 더비(Esther Derby)와 함께 그 유명한 『애자일 회고: 최고의 팀을 만드는 애자일 기법(Agile Retrospectives: Making Good Teams Great)』(인사이트, 2008)을 출간했다[Derby2006]. 이후 회고는 스크럼에 편입됐고, 애자일 커뮤니티에서 확산된다.

수십 년의 실험과 경험을 통해 회고에 관한 내 접근 방식은 상당히 정제됐다. 지속적인 개선과 관련된 내 초기 실험은 애자일보다 조금 앞선 시대의 기법인 프로젝트 포스트모템(project postmortem)에서 영감을 얻었다. 이후 [Kerth2001]의 아이디어를 적용했고, 그 뒤에 조슈아 케리에프스키와 IXP 팀에서 협업했다. 그리고 지금도 [Derby2006]을 읽으면서 적용하고 있다. 최종적인 결과는 라셋의 접근 방식과 호환되기는 하지만 역시 약간의 차이는 있다.

다이애나 라셋은 그녀는 회고에 관한 구루(guru)인 동시에 조직과 팀 다이내믹(team dynamic)에 관한 전문가이기도 하다. 감사하게도 그녀가 11장의 팀 다이내믹과 장애물 제거 프랙티스 부분을 써줬다. 이 두 프랙티스는 조직과 팀 다이내믹에 관한 그녀의 많은 경험을 바탕으로 하며, 모두 애자일보다 앞선 것이다.

회고

대상
전체 팀

우리는 지속적으로 업무 습관을 개선한다.

---

1   나는 특히 『Extreme Programming Explained, 1st』(Addison-Wesley, 1999)[Beck2000a]과 『스크럼』(인사이트, 2008)을 언급한다[Schwaber2002].

지속적인 개선

모든 애자일 팀은 다르다. 팀원이 다르고, 이해관계자가 다르고, 팀이 해야 할 일도 다르다. 즉 모든 팀의 프로세스도 또한 달라야만 한다.

이 책에서 설명한 프랙티스 같이 일반적으로 즉시 활용할 수 있는 프로세스로 시작하면서 애자일에 관해 학습하는 것이 가장 좋지만, 그것은 시작일 뿐 끝은 아니다. 팀의 프로세스가 더 잘 작동하게 하는 방법은 언제나 존재하며, 상황이 바뀌면 프로세스도 함께 바뀌어야 한다.

애자일 팀은 끊임없이 프로세스, 업무 습관, 관계, 환경을 개선할 기회를 찾는다. 그들이 일을 더 잘할 수 있게 만드는 것이라면 무엇이든 고려 대상이다.

조직은 팀 프로세스에 어느 정도 제약을 둘 수는 있지만, 모든 팀이 정확하게 같은 프로세스를 가질 것으로 기대해서는 안 된다. 팀이 자신들의 필요에 따라 프로세스를 커스터마이즈하면 할 수록 그들은 더 효과적으로 일할 수 있게 된다.

팀은 지속적으로 개발 프로세스를 업데이트하고 개선해야 한다. 회고는 이를 위한 훌륭한 방법이다.

회고 유형

가장 일반적인 회고인 **하트비트 회고**heartbeat retrospective는 정기적인 케이던스로 수행한다 (이터레이션 회고라고도 부른다). 이터레이션을 이용하는 팀의 경우 이터레이션 끝에 회고를 진행한다. 지속적인 흐름을 이용한 팀은 매주 혹은 격주마다 정한 시간에 회고를 진행한다.

하트비트 회고 외에도 중요한 마일스톤마다 좀 더 길고 집중적인 회고를 진행할 수도 있다. 이런 **마일스톤 회고**milestone retrospectives를 통해 여러분의 경험을 더 깊이 성찰하고, 핵심 교

> **함께 보기**
> 사건 분석(p.728)

훈을 요약해 조직의 다른 구성원과 공유하는 기회를 만들 수 있다. 이런 회고의 하나로 이후에 설명하는 사건 분석incident analysis이 있다.

다른 유형의 마일스톤 회고는 이 책의 논의 범위에서 벗어난다. 이 회고는 중립적인 관점

에서 진행될 때 가장 효과가 크기 때문에 경험이 많은 회고 퍼실리테이터를 초빙하는 것을 고려하라. 일부 큰 조직에서는 이런 퍼실리테이터가 근무하고 있기도 하다(인사부서에 우선 물어보라). 또는 외부 컨설턴트를 초빙할 수도 있다. 여러분이 직접 퍼실리테이션을 하고 싶다면 [Derby2006]과 [Kerth2001]이 훌륭한 리소스가 될 것이다.

하트비트 회고 진행 방법

모든 회고에 전체 팀 및 프로덕트 매니저 등 팀과 긴밀하게 협업하는 사람들이 모두 참여해야 한다. 그 외 다른 사람은 참여하지 않는다. 그래야 참여자들이 마음속 이야기를 자유롭게 나눌 수 있다.

누구나 회고를 퍼실리테이션할 수 있다. 사실 자주 퍼실리테이터를 바꾸는 것이 가장 좋다. 이렇게 함으로써 회고에 대한 흥미를 지속할 수 있다. 퍼실리테이션 경험이 있는 사람부터 시작하되 회고가 부드럽게 흘러가기 시작하면 다른 사람에게도 퍼실리테이션할 수 있는 기회를 주도록 하라.

퍼실리테이터는 회고 자체에는 참여하지 않는다. 퍼실리테이터의 역할은 회고가 잘 진행되도록 하고, 모든 사람이 의견을 나누도록 보장하는 것이다. 팀원들이

> 퍼실리테이터는 회고 자체에는 참여하지 않는다.

중립성을 유지하는 데 어려움을 겪는다면 팀은 퍼실리테이터를 바꿈으로써 팀 외부의 중립적인 퍼실리테이터를 확보할 수 있다. 모든 퍼실리테이터는 회고에서 있었던 일을 절대 외부로 유출하지 않는 데 동의해야 한다.

나는 60~90분 정도의 길이로 회고를 운영한다. 여러분이 회고를 한다면 처음 몇 차례 회고에서는 아마도 90분을 모두 이용할 것이다. 약간의 시간은 추가할 수 있지만, 정중하게 마무리하고 다음 단계로 넘어가는 것을 부끄러워하지 말라. 전체 팀은 프랙티스에 점점 익숙해질 것이며, 모든 사안을 논의하지 못했더라도 1~2주만 지나면 다음 회고를 할 수 있다.

[Derby2006]에서 설명한 것처럼 회고는 무대 설정$^{Set the Stage}$, 데이터 수집$^{Gather Data}$, 인사이트 생성$^{Generate Insight}$, 할 일 결정$^{Decide What to Do}$ 및 회고 마무리$^{Close the Retrospective}$라는 5단

계로 구성된다. 다음 섹션에서 간단하고 효과적인 접근 방식을 설명할 것이다. 시점을 정확하게 일치시키려 하지 말라. 이벤트가 자연스럽게 진행되도록 하라.

이 형식에 익숙해졌다면 그 뒤에 변화를 주라. 회고는 새로운 아이디어를 실험할 수 있는 멋진 장이다. '대안과 실험(p.460)'에서 다양한 제안을 참조하라.

시작하기에 앞서 명심할 것이 있다. 회고는 서로를 공격하기 위해 이용하면 큰 상처를 줄 수 있다. 팀이 서로를 존중하는 데 문제를 겪고 있다면 안전감과 팀 다이내믹에 먼저 집중하라.

함께 보기

안전감(p.171)
팀 다이내믹(p.461)

단계 1: 제1원칙(5분)

뉴욕시 소방서장 프랭크 몬태그나^{Frank Montagna}는 그의 에세이 "The Effective Post-Fire Critique"에서 다음과 같이 썼다.

> 소방관 역시 사람이기에 당연히 실수를 한다. 그러나 소방관의 실수는 그 자신은 물론이고 동료나 그들이 서비스를 제공하는 시민들의 생명을 위협한다. 그럼에도 불구하고 소방관은 계속해서 실수를 하고, 때로 그 실수를 이터레이션한다[Montagna1996].

생명이 걸린 순간에도 모두가 실수한다. 회고는 학습과 개선을 위한 기회이므로 모든 사람은 안전하게 그들의 경험과 의견을 나눌 수 있어야 한다. 절대로 개인을 비난하거나 공격하기 위한 목적으로 회고를 이용해서는 안 된다.

> 절대로 개인을 비방하거나 공격하기 위한 목적으로 회고를 이용해서는 안 된다.

퍼실리테이터로서 여러분이 할 일은 파괴적인 행동의 싹을 뿌리뽑는 것이다. 사람들에게 심리적 안전감이 필요함을 상기하도록 돕기 위해, 나는 회고를 시작할 때 가장 먼저 놈 커스의 **제1원칙**^{Prime Directive}을 이터레이션한다.

> 우리가 발견한 것이 무엇이든 모든 사람이 그 당시 알려진 것, 그들이 가진 능력과 기술, 이용할 수 있는 리소스 및 주어진 상황을 고려할 때 그들이 할 수 있는 최고의 작업을 했음을 이해하고 진실로 믿어야 한다[Kerth2001].

모든 참가자에게 차례로 이 제1원칙에 동의하는지 질문한 뒤 구두로 "예"라고 대답하길 기다려라. 동의하지 않는다면 회고를 진행하는 동안에만 회의론을 내려놓을 수 있는지 요청한다. 여전히 동의하지 않는다면 회고를 연기한다. 구성원 사이에 존재하는 대인 관계의 문제를 해결한 뒤에만 회고에서 열린 마음으로 솔직하게 이야기할 수 있다. 그 이슈가 무엇인지 확인할 수 없다면 멘토에게 도움을 구하라.

어떤 사람은 구두로 동의를 요청하는 것에 당황스러움을 느끼지만 그만한 이유가 있다. 첫 번째, 누군가가 진정으로 반대하는 경우 큰 소리로 동의해야 한다면 그렇게 말할 가능성이 더 크기 때문이다. 두 번째, 회고에서 한 번이라도 말을 하면 계속해서 말하기 쉬워지기 때문이다. 구두로 동의하는 것은 참여를 독려한다.

단계 2: 브레인스토밍(20분)

모든 참여자가 제1원칙에 동의했다면 화이트보드에 즐거웠던 것^{enjoyable}, 불만스러운 것 ^{frustrating}, 의아했던 것^{puzzling}, 유지할 것^{keep}, 더 많이 할 것^{more}, 덜 할 것^{less} 같이 카테고리를 적는다.

팀원들에게 마지막 회고 이후 발생한 이벤트를 떠올릴 것을 요청하고, 동시에 브레인스토밍(동시에 작업하라(p.155) 참조)을 이용해 그들의 반응(즐거웠던 것, 불만스러운 것, 의아했던 것)과 선호도(유지할 것, 더 많이 할 것, 덜 할 것)을 기록하라.

사람들이 시작하는 데 어려움을 겪는다면 지난 회고 이후 어떤 일이 일어났는지 간략하게 요약한다("수요일 아침에는 태스크 플래닝 세션을 진행했습니다…"). 이벤트마다 사람들이 아이디어를 적을 수 있도록 잠시 멈춘다. 다른 사람들도 그들의 기억에 따라 설명을 더할 수 있다.

아이디어가 모였다면 시간을 확인하라. 추가 시간이 남아 있다면 침묵을 지킨다. 누군가 종종 스스로 참았던 말을 하게 되는데 이는 새로운 아이디어의 시작점이 될 수도 있다. 시간이 다 됐다면 다음 단계로 넘어가도 좋다.

단계 3: 침묵의 매핑(15분)

다음으로 침묵의 매핑을 이용해 카드를 클러스터로 정렬한다. 작업을 마쳤다면 점 투표를 이용해 개선할 하나의 클러스터를 선택하라(침묵의 매핑과 점 투표는 모두 '동시에 작업하라(p155)'에서 설명했다). 명확하게 투표를 통해 클러스터를 선택할 수 없다 해도 거기에 너무 많은 시간을 쓰지 마라. 동전을 던지는 등의 간단한 방법으로 한 개의 클러스터를 선택하라.

다른 클러스터의 카드는 버린다. 누군가 개인적으로 작업하기 위해 카드를 가져가길 원할 수 있다. 그렇게 해도 좋지만 꼭 그럴 필요는 없다. 1~2주 후에 다시 회고를 한다는 점을 기억하라. 중요한 문제라면 다음 회고에서 다시 등장할 것이다.

NOTE 여러분이 선호하는 카테고리가 선택되지 않아 실망했는가? 몇 개월만 기다려보라. 중요한 사안이라면 결국 선택될 것이다.

단계 4: 인사이트 생성하기(10~30분)

이 액티비티의 첫 단계는 반응과 직감을 유도하기 위해 디자인됐다. 이제 분석할 시간이다. 이는 편안한 상태에서의 자유로운 형식의 대화가 될 수도 있다. 핵심 아이디어를 메모하고 사람들에게 조용히 그들의 생각을 물어보라. 여러분의 해석을 담기보다 **참가자**가 핵심 아이디어라 생각하는 것을 반드시 적어야 한다.

'이유^{why}'를 묻는 질문으로 대화를 시작하라. 선택된 클러스터가 개선을 위해 가장 중요한 이유는 무엇인가? 현재 상태가 충분히 좋지 않은 이유는 무엇인가? 작업이 이 방식으로 진행된 이유는 무엇인가? 이 질문에서 대화가 자연스럽게 진행되도록 하라. 편안한 페이스를 유지하면서 아이디어를 탐험하는 데 집중하라. 성급하게 해결책을 찾으려 하지 말라.

단계 5: 회고 목표(10~20분)

이제 개선을 위한 방안을 마련해야 한다. 팀에 선택한 카테고리를 개선하기 위한 아이디어를 생각해 보라고 요청하라. 어떤 아이디어든 환영이다. 특정한 액션을 수행하거나, 프로세스를 변경하거나, 행동을 변경하거나 완전히 다른 것도 될 수 있다. 완벽하거나 완전한 해결책을 찾아내려 하지 말라. 상황을 조금이라도 좋게 할 만한 **실험**이라면 충분하다. 팀이 제어할 수 있는 것과 팀에 영향을 주는 것 같은 원과 수프circles and soup 관점에서 생각하는 것도 도움이 된다(원과 수프(p.481) 참조).

너무 세부 사항까지 다루지 말라. 일반적인 방향 결정이면 충분하다. 예를 들어 '페어링' 카테고리를 선택했다면 "페어를 더 자주 바꾼다", "페어링을 주고받는다", "일정을 정해서 페어를 바꾼다" 등은 모두 유효한 아이디어다.

동시 브레인스토밍 액티비티나 자유 대화를 통해 이 단계를 진행할 수 있다. 사람들이 대화를 잠깐 쉬고 싶어한다면 '1-2-4-모두1-2-4-All' 기법을 이용할 수도 있다. 우선 참가자는 조용히 옵션에 대해 생각한다. 각자 스티키 노트나 인덱스 카드에 옵션을 하나씩 쓰고 상위 3개를 좁힌다. 이를 위해 3분 정도의 시간을 준다.

그 다음 두 사람씩 짝을 지어 그룹으로 나눈다. 각 페어는 총 6개의 아이디어를 3개로 좁힌다. 이때도 3분 정도의 시간을 준 다음, 페어를 네 개의 그룹으로 나눈다. 4명을 위한 상위 2개로 아이디어를 좁힌다. 이때는 4분을 준다. 네 사람으로 구성된 각 그룹은 자신들의 결과를 전체 팀과 공유한다.

어떤 그룹은 하나의 좋은 아이디어를 중심으로 통합될 것이다. 다른 그룹에서는 다양한 제안이 경쟁할 수도 있다. 그럴 때는 점 투표를 이용해 하나의 아이디어를 선택한다. 이는 다음 **회고** 전까지 전체 팀이 작업할 개선 사안이다. 팀이 집중할 수 있게 아이디어는 하나로 제한하라.

회고 목표를 얻었다면 구성원 중 누군가에게 자원해서 세부 사항을 확인하고, 후속 조치를 하도록 요청하라. 목표를 추진하거나 소유하는 것은 개인의 업무가 아니라 전체 팀을 위한 것이지만, 이들이 필요할 때 다른 구성원들이 목표를 기억하도록 도울 것이다. 다른 팀원들도 원한다면 자원해서 도울 수 있다.

동의 투표로 회의를 마무리한다(동의를 구하라(p.157) 참조). 모든 참가자가 동의하면 회고를 종료한다. 어떤 이유로 동의에 이르지 못한다면 다른 아이디어를 고르거나 다음 회고에서 다시 시작한다.

후속 조치

회고를 마치고 "어쨌든 다음 주까지는 끝나겠지."라고 생각하기 쉽다. 회고 목표를 실제 수행했는지 확인하라. 아무것도 달라지지 않는다면 그 회고는 효과가 없는 것이다.

아무것도 달라지지 않는다면 그 회고는 효과가 없는 것이다.

팀이 후속 조치를 취할 수 있도록 회고 목표를 가시화한다. 무언가 하기로 결정했다면 해당 태스크를 계획에 추가하라. 프로세스를 바꾸기로 결정한 경우 플래닝 보드를 업데이트해서 변경 내용을 가시화하라. 사람들이 행동을 바꾸기 원한다면 큰 시각적 차트를 이용해 행동을 추적하라. 워킹 어그리먼트를 바꾸기로 결정했다면 워킹 어그리먼트 포스터를 업데이트하라.

함께 보기

정보가 풍부한 업무 공간 (p.365)
스탠드업 회의(p.357)

매일 회고 목표를 확인하라. 스탠드업 회의는 이를 확인하고 팀원들에게 후속 조치를 상기시키기에 좋다.

질문

퍼실리테이터로서의 최선을 다했음에도 불구하고, 우리의 회고는 언제나 비난과 논쟁으로 변질된다. 어떻게 해야 하는가?

지금은 회고를 중단하고 팀 다이내믹과 심리적 안전감을 구축하는 것에 집중하라. 잘 되지 않는다면 외부의 도움이 필요할 수도 있다. 조직 개발 전문가를 초빙해 도움을 받는 것을 고려하라. 인사부문의 스태프 중 해당 전문가가 있을 수도 있다.

함께 보기

팀 다이내믹(p.461)
안전감(p.171)

우리는 좋은 회고 목표를 만들었지만 아무 일도 일어나지 않는다. 우리가 무엇을 잘못하고 있는가?

아이디어 규모가 너무 크지 않은가? 다음 회고까지는 1~2주의 시간이 있을 뿐이고, 그 기간에 여러분은 다른 일도 해야 한다는 점을 기억하라. 몇 시간 정도의 작업에 해당하는 작은 규모의 계획을 세우고 매일 후속 조치를 하라.

또는 일정에 슬랙이 충분하지 않을 수도 있다. 작업량이 완전히 가득 차면 작업 습관 개선 같은 불필요한 작업은 취소된다 (슬프게도 역설적이지만 작업 습관을 개선하면 더 많은 시간을 확보할 수 있다).

함께 보기

슬랙(p.350)

마지막으로 팀원들이 자신의 의견이 회고에 잘 반영되지 않았다고 생각할 수도 있다. 여러분이 회고를 진행한 방법을 정직하게 살펴보라. 촉진보다는 지시로 팀을 리드하지는 않았는가? 다음 회고에서는 다른 사람이 퍼실리테이션을 하는 방안도 고려하라.

어떤 이들은 회고에서 한 마디도 하지 않는다. 그들의 참여를 독려하려면 어떻게 해야 하는가?

그들이 그저 부끄러워하는 것일 수도 있다. 항상 모든 사람이 참여할 필요는 없다. 다음 회고를 시작할 때는 아이스브레이킹 액티비티를 시도해 보고 도움이 되는지 확인하라.

또는 말하고 싶은 것이 있지만 그럴 수 있을 만큼 안전하다고 느끼지 않을 수 있다. 그때는 팀의 심리적 안전감을 개발하는 것에 집중하라.

특정한 한 그룹(테스터 등)의 의견은 항상 투표에서 뒤처진다. 그들의 필요도 만족시키기 위해서는 어떻게 해야 하는가?

시간이 지남에 따라 모든 중요한 이슈는 적정한 양의 관심을 받는다. 특정 그룹의 권한이 박탈당했다고 결정하기 전에 몇 개월 정도는 회고를 진행해 보라. 내가 함께 일했던 한 팀에는 자신들의 우선순위가 항상 무시된다고 느꼈던 몇 명의 테스터들이 있었다. 한 달 뒤, 팀이 다른 문제를 해결한 뒤 테스터들이 걱정하던 이슈는 모든 사람의 목록의 최상위에 있었다.

시간이 충분하지 않다면 가중치를 반영한 점 투표를 이용할 수 있다. 잘 다뤄지지 않는 전문 분야 지식을 가진 사람들에게 더 많은 표를 주라.

우리 회고는 늘 너무 오래 걸린다. 더 빠르게 진행하려면 어떻게 해야 하는가?

퍼실리테이터로서 일을 마무리하거나 계속 진행하기를 결정하는 것은 괜찮다. 항상 다음 번이 있다. 그룹이 아이디어를 브레인스토밍하거나 침묵의 매핑을 하는 데 너무 많은 시간이 걸린다면, "좋습니다. 이제 시간이 부족합니다. 앞으로 2분 동안 여러분의 마지막 생각이나 마지막 변경을 적어주십시오. 그리고 다음으로 넘어가겠습니다."라고 말할 수 있다.

하지만 나는 회고 시간이 다소 길어지더라도 처음에는 자연스러운 과정을 취하도록 내버려두는 것을 선호한다. 이는 사람들에게 시간에 너무 신경 쓰지 않고 회고의 흐름에 익숙해지도록 하는 데 도움이 된다.

회고는 좀처럼 성과를 거두지 못한다. 회고의 빈도를 줄이는 것은 어떤가?

여러분의 팀이 선택한 플루언시 영역에서 능통하고, 모든 것이 순조롭게 진행된다면 개선할 것이 그리 많지 않을 수도 있다. 이런 경우에는 회고의 빈도를 줄여볼 수 있다. 그러나 적어도 한 달에 한 번은 회고를 진행하라.

하지만 이런 경우는 거의 없을 것이다. 회고가 진부해졌을 가능성이 더 높다. 회고를 바꿔보라. 퍼실리테이터를 바꾸고 새로운 액티비티를 하거나 집중할 영역을 설정하라.

전제 조건

회고의 가장 큰 위험은 회고가 건설적인 문제 해결이 아닌 신랄한 비판의 장이 될 수 있다는 점이다. 사람들이 자신의 진정한 의견을 공유할 수 있는 환경이 조성됐는지 확인하라. 다른

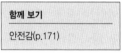

함께 보기

안전감(p.171)

사람을 비난 또는 공격하거나 비난하는 경향을 보이는 팀원이 있다면 회고를 하지 말라.

지표

여러분의 팀이 회고를 잘 수행한다면:

- ☐ 소프트웨어를 개발하고 전달하는 능력이 꾸준히 개선된다.

- ☐ 전체 팀은 더 가까워지고 응집력이 높아진다.

- ☐ 팀 내의 각 전문 분야는 다른 전문 분야가 직면한 문제를 존중한다.

- □ 팀원은 성공과 실패에 대해 정직하고 개방적이다.

- □ 팀은 변화에 편안하다.

대안과 실험

모든 회고는 시간이 지나면 언젠가는 진부해진다. 회고를 바꿔라. 이 책에서 설명한 형식은 쉽게 시작할 수 있지만 부드럽게 진행할 수 있다면 그 즉시 다른 아이디어를 실험하라. [Derby2006]은 회고를 구성하는 방법을 학습할 수 있는 좋은 리소스이며, 여러분이 시도해볼 수 있는 다양한 액티비티를 제공한다. 이 아이디어를 습득했다면 다음 링크(https://www.tastycupcakes.org)에서 더 많은 아이디어를 찾아보라.

어떤 이들은 만족스러운 회고를 진행하기에 60분이 너무 짧다고 생각해서 90분, 혹은 2시간을 선호하기도 한다. 짧은 시간 또는 긴 시간의 회고를 자유롭게 실험하라. 일부 액티비티를 수행할 때는 더 많은 시간이 걸린다. 실험을 할 때는 간략한 '회고의 회고retrospective on the retrospective'를 통해 어떤 실험을 지속하고 중단할지 평가하라. [Derby2006]의 8장 '회고 종료를 위한 액티비티Activities to Close the Retrospective'에서 아이디어를 얻을 수 있다.

새로운 액티비티를 시도하면서 프로세스 개선에 완전히 다른 접근 방식을 실험해볼 수 있다. 아를로 벨시는 지속적인 접근 방식을 시도했다. 사람들은 일주일 내내 관찰한 내용을 항아리에 담아뒀다가 주말에 관찰 내용을 검토했다. 우디 주일Woody Zuill은 매일 마지막에 '좋은 것 켜기turn up the good'라 부르는 활동을 한다. 일과를 마치면 5분짜리 회고를 진행하면서 잘 된 것을 선택하고, 더 잘할 수 있는 방법을 결정한다. 그러나 일반적인 하트비트 회고에 우선 익숙해져야 여러분의 실험이 개선인지 아닌지 알 수 있다.

더 읽을거리

『Project Retrospectives』(Dorset House, 2001): 마일스톤 회고에 관한 결정적인 리소스다[Kerth2001].

『애자일 회고: 최고의 팀을 만드는 애자일 기법Agile Retrospectives: Making Good Teams Great』(인사이트, 2008): 놈 커스가 마무리한 부분을 다루며, 모든 종류의 애자일 회고를 수행하는 기법을 소개한다[Derby2006].

"The Effective Postfire Critique": 생사를 책임지는 전문가가 회고에 접근하는 방식을 멋지게 설명한다(https://www.fireengineering.com/firefighting/the-effective-postfire-critque/#gref)[Montagna1996].

팀 다이내믹

대상
전체 팀

다이애나 라센 지음

우리는 꾸준히 협업하는 능력을 개선했다. 팀의 협업 능력은 소프트웨어를 개발하고 전달하는 능력의 근본을 만든다. 여러분에게는 협업 스킬, 리더십 역할을 공유하는 능력, 팀이 시간에 따라 진화하는 방법을 이해하는 것이 필요하다. 이 세 가지 스킬이 어우러져 팀 다이내믹을 만든다.

팀 다이내믹은 눈에 보이지 않는 내적 흐름이며 팀 문화를 결정한다. 팀 다이내믹은 구성원들이 상호작용하고 협업하는 방식이다. 건강한 팀 다이내믹은 성취와 웰빙의 문화를 형성한다. 건강하지 않은 팀 다이내믹은 실망과 기능 장애의 문화로 이어진다.

팀에 있는 모든 구성원은 이런 다이내믹에 영향을 미치는 역할을 갖는다. 이 프랙티스를 이용해 팀원의 협업 역량을 개선하는 방법을 제안하라.

무엇이 팀을 만드는가?

팀은 그저 사람들을 모아둔 그룹이 아니다. 존 카첸바흐Jon Katzenbach와 더글라스 스미스Douglas Smith는 그들의 고전인 『The Wisdom of Teams』에서 팀을 구분하는 여섯 가지 특성을 다음과 같이 소개한다.

> 진정한 팀은 공동의 목적, 성과 목표 및 상호 책임을 유지하기 위한 접근 방식을 달성하는 데 필요한 상호 보완적 스킬을 가진 소수의 사람들 모임이다[Katzenback2015].
>
> – 『The Wisdom of Teams』(5장, 나의 것 강조하기(emphasis mine))

아를로 벨시는 **공유된 역사**shared history라는 다른 특성을 제시한다. 그룹 구성원은 함께 시간을 보내면서 자신들이 팀이라는 느낌을 얻게 된다.

여러분이 이 책의 프랙티스를 따른다면, 위대한 팀을 만들기 위해 필요한 사전 조건을 모두 가진 것이다. 이제 협업하는 능력을 기르기만 하면 된다.

팀 개발

1965년 부르스 W. 터크만Bruce W. Tuckman은 잘 알려진 그룹 개발 모델을 만들었으며, 이 모델은 매우 유명해졌다. 그는 이 책에서 형성기forming, 격동기storming, 규범기norming, 성과기performing, 해체기adjourning라는 그룹 발전의 5단계를 제안했다(초기에는 해체기를 제외한 4단계였으나 이후 확장됐다). 그의 모델에서는 시간이 지남에 따른 친숙함과 상호 작용의 변화를 개략적으로 설명한다.

세상에 완벽한 모델은 없다. 터크만 모델이 완전히 단계적으로 진행된다고 해석하지 말라. 팀은 첫 네 단계에서의 행동을 모두 보여줄 수 있다. 구성원 영입이나

> 터크만 모델이 반드시 완전히 단계적으로 진행된다고 해석하지 말라.

이탈 같은 구성원의 변화는 팀을 초기 단계로 되돌아가게 할 수 있다. 대면 근무에서 원격 근무로 바뀌거나 혹은 반대의 환경 변화를 경험하면, 팀은 뒤쪽 단계에서 이전 단계로 후퇴할 수도 있다. 그럼에도 불구하고 터크만 모델은 유용한 단서를 제공한다. 이를 팀원 사이의 행동 패턴을 인식하고, 서로를 가장 잘 지원할 방법에 대한 토론의 기초로 활용할 수 있다.

형성기: 학급의 새로운 아이

팀이 만들어지고 함께 일하기 시작한다. 팀원 개개인은 학급의 새로운 학생이 되는 것 같은 느낌을 갖는다. 다른 사람들과 함께 일하는 데 전념하지는 않지만, 어쨌든 나머지 그룹에 포함되거나 제외되지 않는다고 느끼고 싶어한다. 팀원들은 새로운 영역에서 올바른 방향을 찾고 안전하다고 느끼기 위해 필요한 정보를 얻기 위해 분주히 움직인다.

팀원들에게서 다음과 같은 반응을 볼 수 있을 것이다.

- 흥분, 기대, 낙관주의

- 개인 스킬에 대한 자부심

- 사기 증후군[imposter syndrome]에 대한 우려(부적격자로 노출되는 것에 대한 두려움)

- 팀에 관한 초기, 일시적 애착

- 예상되는 팀 노력에 대한 의심과 불안

팀을 구성하는 동안 팀은 작업 목표와 관련된 결과물을 거의 생산하지 못할 수도 있다. 이는 정상적인 현상이다. 다행스러운 소식은 **적절한 지원을 통해** 대부분의 팀은 이 단계를 비교적 빠르게 통과한다는 점이다. 형성기의 팀은 팀 경험이 있는 시니어 팀원, 그룹 결속 액티비티에 몰두하는 팀원, 팀 협업과 관련된 코칭 등을 통해 지혜를 흡수한다.

리더십과 명확한 방향으로 팀 동료들을 지원하라(팀 리더십 역할에 관해서는 뒤에서 설명한다). 팀원들이 업무나 동료에 관해 알 수 있도록 하는 방법을 찾는 것에서 시작하라. 팀으로 결합된 강점과 개성에 관한 공감대를 확립하라. 목적, 컨텍스트, 정렬 차터링이 큰 역할을 할 것이다. '연결 빌드 연습(p.180)' 같은 다른 활동 또한 서로에 관해 아는 데 도움을 줄 것이다.

차터링을 진행하면서 팀의 계획에 관해 논의하고 개발하는 시간을 가져라. '할 수 있는 일[do-able]'에 집중하라. 무언가를 완료하면 조기 성공에 관한 감각이 형성된다(첫 번째 주(p.321)에서 시작하는 방법을 참조하라). 정보, 트레이닝 및 지원처럼 팀이 이용할 수 있는 리소스를 찾고 커뮤니케이션하라.

함께 보기
목적(p.183)
컨텍스트(p.196)
정렬(p.204)

새로움, 양가 감정[ambivalence], 혼란, 짜증 등의 감정을 인정하라. 이 단계에서의 자연스러운 감정이다. 차터링 세션을 통해 팀 책임을 명확히 하는 데 도움을 얻을 수 있다. 업무 기대치, 권한과 책임의 경계, 워킹 어그리먼트에 관한 나머지 질문도 명확히 해야 한다. 팀이 같은 제품에 관한 업무를 하는 다른 팀과 어떻게 조화를 이룰지 알게 하라. 대면 팀에서는 직접적인 관련이 없더라도 주변 팀의 업무를 소개하라.

형성기의 팀원들에게는 다음 스킬이 필요하다.

- □ 동료 커뮤니케이션과 피드백

- □ 그룹 문제 해결 능력

- □ 대인 관계에서의 마찰 관리

팀의 필요에 따라 이런 스킬에 관한 코칭, 멘토링, 트레이닝을 제공한다.

격동기: 집단 청소년기

이 단계에서는 단순한 개인의 집단에서 팀으로 변화하기 시작한다. 팀원들이 아직 능력을 완전히 발휘하지는 않지만 서로를 이해하기 시작한다.

격동기 동안 팀은 불쾌한 문제를 처리한다. 이 시기는 공동의 방향을 선택하고 함께 결정을 내리는 격동의 시기다. 그래서 터크만은 이를 '폭풍'이라 불렀다. 팀원들은 서로의 아이디어에 동의하지 않을 수 있을 만큼 충분히 편안함을 느낀다. 그들은 서로에 관해 잘 이해하고 있기 때문에 의견이 일치하지 않는 영역이 어디인지 알고 있으며, 의견의 차이를 스스럼없이 내보인다. 이런 다이내믹은 처리 방식에 따라 창조적인 긴장 또는 파괴적인 갈등으로 이어질 수 있다.

격동기에서는 다음과 같은 행동을 볼 수 있다.

- 작업을 계속하기를 꺼리거나 수행 방법에 관한 다양한 의견 제시

- 지속적인 개선이라는 접근 방식에 관한 경고

- 팀과 팀의 성공 기회에 관한 태도의 급격한 변화

- 진행 상황이나 다른 팀원의 부족으로 인한 불만

- 근본적인 문제에 동의한 경우에도 발생하는 팀원 사이의 논쟁

- 팀 구성을 선택한 사람들의 지혜에 관한 의문 제기

- 팀에 다른 구성원을 지정한 사람들의 동기에 관한 의심(이런 의심은 구체적이거나 일반적일 수 있으며, 현재 상황보다 과거 경험에 기초하는 경향이 많다)

방어, 팀원 사이의 경쟁, 편 가르기, 질투 같은 파괴적인 행동을 면밀히 살피면서 격동기의 팀을 지원하라. 팀 안의 긴장과 스트레스가 증가할 것을 예상하라.

이런 행동이 관찰된다면 여러분이 본 패턴을 설명하면서 개입할 준비를 해야 한다. 예를 들면 "디자인 접근 방식에 관한 많은 갈등이 있었고, 구성원들이 편을 가르기 시작했다는 사실을

함께 보기
안전감(p.171)

알았습니다. 이와 관련해서 더 공개적으로 논의할 방법이 있습니까?" 같이 말할 수 있다. 투명성, 솔직함, 피드백을 유지하면서 갈등의 문제를 수면으로 끌어내라. 심리적 안전감과 건강한 갈등 사이의 연관성을 포함해 창의적인 문제 해결 과정에서의 갈등과 압력의 역할을 공개적으로 논의하라. 팀의 작은 성과를 축하하라.

일반적으로 팀이 처음 구성된 뒤 몇 주 정도가 지나 격동기의 행동이 누적되는 것을 발견했다면, 팀을 한데 모아 신뢰에 대한 토론을 진행하라.

1. 팀원으로서 그동안 경험했던 것을 떠올려봅시다. 팀원들을 가정 믿었던 때는 언제였습니까? 당시에 관해 간략하게 이야기를 들려주십시오. 신뢰를 구축하기 위해 어떤 조건이 필요합니까?

2. 인생에서 여러분을 신뢰할 수 있었던 때와 상황에 관해 떠올려봅시다. 여러분은 스스로에 관해 무엇을 중요하게 생각합니까? 여러분은 다른 사람들과 어떻게 신뢰를 쌓아왔습니까?

3. 조직에 대한 신뢰를 만들고 유지하기 위한 핵심 요소는 무엇이라 생각합니까? 팀원 사이에서 신뢰를 만들고, 키우고, 유지하는 핵심 요소는 무엇이라 생각합니까?

4. 이 팀 안에서 신뢰와 건강한 커뮤니케이션을 강화하기 위해 여러분이 하고 싶은 세 가지는 무엇입니까?

격동기는 어려운 단계지만 팀원들이 지혜를 얻고, 동시에 다음 단계를 위한 토대를 마련하는 데 도움이 될 것이다. 그룹의 결속력이 커지는 것을 관찰하라. 응집력이 커짐에 따라 각 구성원이 다양한 의견을 계속 표현하게 하라. 잘못된 조화를 위해 그들의 입을 닫게 하지 말라(갈등을 피하지 말라(p.179) 참조).

규범기: 우리가 최고다

팀원들은 하나의 그룹으로 결속돼 있다. 스스로에게 편안한 작업 케이던스를 찾았고, 협업을 즐긴다. 그들은 팀으로 인식한다. 이제 그들은 스스로를 밀접하게 동일시하며, 즐겁게 협업하기 때문에 작업 공간에 소속감의 상징이 드러난다. 완전히 동일하거나 매우 비슷한 티셔츠, 팀 이름이 새겨진 머그컵, 조화로운 노트북 스티키 등을 볼 수 있다. 원격 팀은 '모자 쓰는 날', '하와이언 셔츠 입는 날' 행사를 하기도 한다.

규범기의 팀은 구조와 작업 관계에 관해 합의했다. 비공식적이고 암묵적인 행동 규범은 팀의 워킹 어그리먼트를 보완하면서 협업을 통해 발전한다. 팀 외부의 사람들이 팀의 '팀다움teamliness'을 알아채고 언급하기도 한다. 특히 팀원들이 자신의 성공을 과시하거나 그들이 팀이 '최고'라 선언하면 누군가는 이를 부러워하기도 한다.

그들의 자부심은 정당하다. 규범기의 팀은 목표 달성을 향해 중요하고도 규칙적인 진전을 만들어낸다. 팀원들은 함께 위험에 직면하고 잘 이겨낸다. 다음과 같은 행동을 볼 수 있다.

- 비평을 건설적으로 표현하는 새로운 능력
- 팀원 사이의 차이점에 대한 수용과 인식
- 이 모든 것이 결국 잘 되리라는 안도감
- 더 많은 친근함
- 개인적인 스토리와 자신감의 더 많은 공유
- 팀 다이내믹에 관한 공개 토론
- 다른 팀과의 워킹 어그리먼트를 및 경계 문제를 검토하고 업데이트하려는 욕구

여러분은 규범기의 팀을 어떻게 격려하는가? 팀 경계를 벗어나 팀원의 초점을 넓혀라. 고객과 공급업체와의 연결을 촉진하라(현장 방문 등도 좋다!) 팀의 작업이 다른 팀의 작업과 관련돼 있다면 각 팀을 연계한 교육을 요청하라.

팀의 결속력을 높이고 시야를 넓혀라. 팀원이 함께 자원하거나 조직의 다른 구성원에게

발표하는 등 공유의 경험을 할 기회를 찾아라. 이런 기회가 모든 팀원에게 적합한지 확인해 여러분의 좋은 의도로 인해 그룹 내외에 분열이 생기지 않게 하라.

규범기 팀에는 다음 스킬이 필요하다.

- ☐ 피드백과 경청
- ☐ 그룹 의사 결정 프로세스
- ☐ 팀의 작업에 대한 조직적 관점 이해

『What Did You Say? The Art of Giving and Receiving Feedback』[Seashore2013] 및 『민주적 결정방법론』(쿠퍼북스, 2017)은 팀이 두 가지 스킬을 처음 학습하는 데 도움이 될 것이다[Kaner1998]. 조직 리더와의 토론에 전체 팀을 포함시키면 세 번째 스킬을 학습하는 데 도움이 될 것이다.

갈등을 피함으로써 조화를 유지하려는 시도를 조심하라. 격동기로 돌아가기를 꺼리는 팀원들은 **집단 사고** groupthink 현상을 보일 수 있다. 팀원들이 정당한 경우에

> 갈등을 피함으로써 조화를 유지하려는 시도를 조심하라.

도 의견 불일치를 피하는 것은 잘못된 조화의 한 형태다. 『Groupthink: Psychological Studies of Policy Decisions and Fiascoes』는 이런 현상을 탐구하는 고전적인 책이다 [Janis1982].

집단 사고의 징후가 보인다면 팀 의사 결정 접근 방식에 관해 논의하라. 한 가지 징후는 팀원들이 평화를 유지하기 위해 비판적인 발언을 자제하고 있는 것이다. 팀이 방향을 바꾸기에

함께 보기

안전감(p.171)

너무 늦은 후에 비판을 제기하는 것은 특히 문제다. 팀원들에게 비판을 요청하고, 동의하지 않아도 안전하다는 것을 확신시켜라.

집단 사고를 피하는 한 가지 방법은 바람직한 결과를 정의함으로써 토론을 시작하는 것이다. 문제에서 **멀어지기보다** 결과를 **향해** 노력하라. 팀의 의사 결정을 위해 다음 기본 원칙을 이용해 실험해 보라.

- 각 팀원은 비판적인 평가자 역할을 하는 데 동의한다.

- 입장을 밝히기보다 공개 질의를 장려한다.

- 선택하기 전 **최소한** 세 가지 실행 가능한 옵션의 식별을 포함하는 결정 프로세스를 채택한다.

- 반대 사례를 찾기 위한 '반대론자contrarian'를 지정한다.

- 독립적인 토론을 위해 팀을 소그룹으로 나눈다.

- 의사 결정을 검토하기 위한 '두 번째 기회second chance' 회의 일정을 잡는다.

성과기: 팀 시너지

팀의 초점은 작업을 완료하는 것으로 바뀌었다. 성과와 생산성을 가장 우선한다. 팀원은 더 큰 조직의 임무를 자신의 역할과 연결한다. 그들은 친숙하고 확립된 절차를 따라 결정을 내리고, 문제를 해결 및 협력적인 작업 환경을 유지한다. 이제 팀은 많은 작업을 하고 있다.

성과기의 팀은 기대를 뛰어넘는다. 팀은 더 큰 자율성을 보이고, 더 높은 성취에 도달하며, 신속하고도 높은 품질의 의사 결정을 내리는 능력을 가진다. 팀원들은 각자의 노력을 합해 예상했던 것보다 더 많은 것을 함께 달성한다. 팀원들은 서로에 대한 충성과 커밋먼트를 계속 보여주며, 상호 작용과 작업에 관한 감정을 이전 단계에서보다 적게 표현한다.

성과기에서는 다음과 같은 행동이 나타난다.

- 개인 및 팀 프로세스에 관한 중요한 통찰

- 촉진적인 코칭은 거의 필요하지 않다. 촉진적 코치는 팀 내부의 필요보다 더 큰 조직과의 연락과 조정에 많은 시간을 할애한다.

- 팀원들의 강점과 한계를 이해하는 협업

- "팀과 함께 일하는 것이 기대된다.", "빨리 일하러 오고 싶다.", "내 인생 최고의 일이다.", "어떻게 하면 더 큰 성공을 거둘 수 있을까?" 같은 표현

- 서로에 대한 신뢰, 각 팀원이 팀 목표를 달성하기 위해 자신의 역할을 할 것이라는 믿음
- 문제 및 파괴적인 갈등의 예방 또는 해결

성과기의 팀에서 일했던 사람들은 항상 자신의 경험을 기억한다. 이들은 팀원과 긴밀한 유대감을 느꼈던 스토리를 갖고 있다. 팀이 오랜 성과기를 거치면 팀원들은 잠재적인 팀 해체나 재정비 관해 매우 감정적일 수 있다.

성과기의 팀은 팀 개발의 정점에 있지만, 여전히 팀 외부의 사람들과 잘 협력하는 방법을 학습해야 한다. 성과기의 팀원들은 이전 단계로 돌아가는 것에 대한 면역이 없다. 팀원의 변화는 조직의 큰 변화와 기존 업무 습관의 혼란과 마찬가지로 팀의 균형을 깨뜨릴 수 있다. 또한 항상 더 나은 개선을 위한 기회가 있다. 학습과 성장, 개선을 계속하라.

해체기: 이별과 전진

팀은 언젠가는 해체된다. 최종 목적을 달성하거나 팀원들이 헤어질 시점을 결정했을 때다.

효과적으로 일하며 생산성이 높은 팀은 이 단계를 인정한다. 이들은 팀이 함께했던 시간을 축하하고, 팀원들이 또 다른 도전을 할 수 있게 돕는 '의식'의 이점을 알고 있다.

커뮤니케이션, 협업 및 상호 작용

팀원의 커뮤니케이션, 협업 및 상호 작용은 그룹의 결속력을 형성한다. 이는 팀의 효과적인 업무 능력 여부에 영향을 미친다.

내가 제안하는 팀 커뮤니케이션 모델(그림 11-1)을 고려하라. 이 모델은 효과적인 팀 커뮤니케이션이 상호 연결되고, 상호 의존적인 일련의 커뮤니케이션 스킬을 개발하는 데 필요한 방법을 보여준다.

시작할 만큼의 충분한 신뢰를 구축하는 것에서 시작한다. 각각의 새로운 스킬은 팀을 위쪽 단계로 끌어올리며, 뒤따르는 지원 스킬을 강화한다.

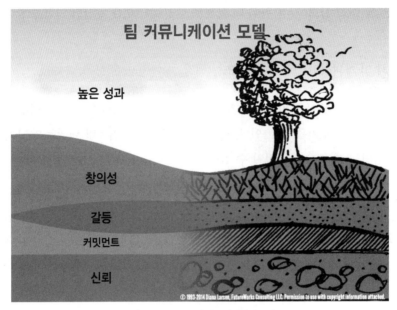

그림 11-1 라센의 팀 커뮤니케이션 모델

강력한 신뢰를 기반으로 시작하라

팀을 구성할 때는 팀원들이 서로 신뢰할 수 있도록 돕는 데 집
중하라. 깊은 신뢰가 필요하지는 않다. 함께 일하기로 동의하고
일에 전념할 수 있을 정도면 충분하다. 정렬 차터링과 심리적
안전감을 강조하는 것 모두 도움이 된다.

함께 보기

정렬(p.204)
안전감(p.171)

3가지 커밋먼트로 성장하는 신뢰를 지원하라

여러분의 팀은 신뢰를 기반으로 팀 커밋먼트의 3가지 본질을
탐색하기 시작할 것이다.

함께 보기

목적(p.183)

- 팀 목표에 대한 커밋먼트

- 서로의 웰빙에 대한 커밋먼트

- 팀 전체 웰빙에 대한 커밋먼트

목적과 정렬 차터링을 통해 커밋먼트 구축을 도울 수 있다. 커밋먼트가 확고해지면 신뢰가 성장하기 시작한다. 구성원들의 심리적 안전감 또한 따라서 성장한다.

일단 커밋먼트와 신뢰가 심리적 안전감을 개선하기 시작하면, 팀 안에 있는 힘의 다이내믹을 확인하기 좋은 시점이다. 팀이 아무리 평등하다고 해도 힘의 다이내믹은 늘 존재한다. 이는 인간의 본능이다. 이를 해결하지 않거나 숨겨진 채로 두면 그 다이내믹이 파괴적으로 변한다. 힘의 다이내믹을 공개적인 상태로 유지함으로써 팀이 스스로 그 수준을 평평하게 유지하도록 시도하게 하는 것이 좋다.

힘의 다이내믹은 서로에 대한 영향력, 일이 진행되게 하는 능력, 우대에 관한 개개인의 인식에서 비롯된다. 팀 안에 존재하는 힘의 다이내믹과 이것이 협업에 미치는 영향에 관한 토론함으로써 이를 공개적으로 만들어라. 팀의 집단적이고 다양한 힘을 이용해 전체 팀을 도울 수 있는 방법에 관해 논의하라.

적절한 크기의 갈등과 피드백

팀원들이 서로의 커밋먼트를 많이 인식할수록 갈등에 대한 접근 방식 또한 적응하게 된다. 구성원들은 '내게 맞서는 당신'이 아니라 '문제에 맞서는 우리'로 갈등에 접근하기 시작한다. '피드백을 주고받는 방법을 학습하라(p.175)'에서 설명한 것처럼 팀원들의 피드백을 주고받는 능력에 집중하라. 다음과 같은 목표를 갖고 피드백에 접근하라.

- 우리가 주고받는 피드백은 건설적이고 유용하다.
- 우리의 피드백은 배려심과 존중에 기반한다.
- 피드백은 업무에 필수적인 부분이다.
- 피드백으로 누구도 놀라지 않는다. 명시적인 동의 후 피드백을 제공한다.
- 우리는 행동을 **장려**하고, 억제하거나 변화시키기 위한 피드백도 제공한다.

동료 피드백은 개인 간 갈등을 처리하는 데 도움이 된다. 이를 해결하지 않으면 이 작은 분노의 언덕은 불신의 산으로 성장할 수도 있다. 팀원들이 팀 내 피드백을 위해 개발하는 기술은 팀 외부 세력과 더 큰 갈등을 겪을 때 도움이 될 것이다.

창의성과 혁신을 촉진한다

팀의 혁신과 새로운 잠재력의 불꽃을 튀게 하는 아이디어의 충돌이란 무엇인가? 불꽃이 튀는 동안 건강한 업무 관계를 유지하는 것은 팀의 스킬이다. 이는 갈등에 참여하고, 그 갈등을 원하는 결과로 전환하는 능력에서 비롯된다. 이는 더 큰 혁신과 창의성을 자극한다. 팀 문제 해결 능력이 향상된다.

어려운 학습 과제와 재미있는 접근 방식을 제공함으로써 팀의 창의성을 개발하라. 팀의 일상 업무에 그 과정을 포함시켜라. '탐험과 실험을 위한 시간을 확보하라(p.353)'에서 설명한 것처

함께 보기

회고(p.450)

럼 슬랙을 활용해 새로운 기술을 탐색하라. 회고를 이용해 새로운 아이디어를 실험하라. 기발하고도 독창적인 부적절함을 위한 공간을 만들어라(서로 저글링하는 방법을 가르쳐보라!).

높은 성과를 유지하라

협업 및 커뮤니케이션 기술이 태스크 중심 스킬과 결합되면, 높은 성과가 일상화된다. 이제는 높은 성과를 유지하는 것이 과제다. 안주하지 말라. 팀으로서 신뢰를 구축하고, 작업에 전념하고, 피드백을 제공하며 창의성을 불러일으키는 스킬을 계속 다듬어라. 탄력성을 구축하고 더 개선할 수 있는 기회를 찾아라.

리더십 분담(공유된 리더십)

'현대 경영의 어머니'라고도 알려진 경영 전문가 메리 파커 폴렛Mary Parker Follett은 조직 이론과 행동 분야의 선구자였다. 리더십의 역할에 대해 논의하면서 그녀는 다음과 같이 썼다.

> 권력은 일반적으로 누군가를 누르는 힘(power-over), 다시 말해 어떤 사람이나 집단이 다른 사람 혹은 다른 집단에 적용하는 힘을 의미한다. 그러나 내가 보기에 함께하는 힘(power-with)의 개념을 개발할 수 있을 것 같다. 이 힘은 공동으로 개발되는 힘이며, 강압적인 힘이 아닌 협력하는 힘이다. 리더와 추종자 모두 눈에 보이지 않는 리더의 공동 목적을 따른다[Graham1995, pp.103, 172].
>
> – 메리 파커 폴렛

효과적인 애자일 팀은 모든 팀원들이 '함께하는 힘'을 키운다. 구성원들은 리더십을 공유한다(자기 조직화 팀(p.146) 참조). 그렇게 함으로써 이들은 협력과 전체 팀으로서의 기술을 최대한 활용한다.

함께 보기
전체 팀(p.130)

메리 파커 폴렛은 '상황의 법칙^{the law of the situation}'을 설명했는데, 이는 당면한 상황에 관해 가장 잘 알고 있는 사람이 이끄는 대로 따르는 것이라 주장한다. 이것이 바로 애자일 팀의 작동 방식이다. 이는 모든 팀원이 리더십 역할을 수행할 잠재력을 가졌음을 의미한다. 모든 사람은 때때로 동료 리더를 이끌고 다른 동료를 따른다.

팀원은 표 11-1에 요약된 것처럼 다양한 리더십 역할을 수행할 수 있다.[2] 한 사람이 다양한 역할을 동시에 수행하거나, 여러 사람이 한 역할을 수행할 수도 있다. 중요한 것은 커버리지다. 팀은 팀원들로부터 이 모든 유형의 리더십을 얻을 수 있어야 한다.

표 11-1 리더십 역할

	태스크 지향	협업 지향
방향	개척자(pioneer), 교육자(instructor)	외교관(diplomat), 인플루언서(influencer), 추종자(follower)
안내	해설자(commentator), 조정자(coordinator)	촉진자(promoter), 평화주의자(peacemaker)
평가	비평가(critic), 문지기(gatekeeper), 반대론자(contrarian)	리뷰어(reviewer), 모니터(monitor)

- **개척자**(태스크 지향, 방향): 질문을 하고 데이터를 찾는다. 그들은 다음에 무엇이 올지 발굴하고, 새로운 접근 방식을 찾아 팀에 신선한 아이디어를 제공한다.

- **교육자**(태스크 지향, 방향): 질문에 대답하고 데이터를 제공하며, 태스크와 관련된 스킬을 다른 이들에게 가르친다. 이들은 팀을 관련된 정보 소스와 연결한다.

- **외교관**(협력 지향, 방향): 팀원을 팀 외부 사람 및 그룹과 연결한다. 연락 창구의 역할을 하며 외부 회의에서 팀을 대변한다.

---

2   외교관을 제외한 이런 역할은 다이애나 라센과 에스더 더비가 [Benne1948]을 기반으로 개발했다.

- **인플루언서**(협력 지향, 방향): 차터링, 워킹 어그리먼트 작성 및 팀 문화에 관한 인식을 구축하는 다른 액티비티를 하도록 팀을 독려한다.

- **추종자**(협력 지향, 방향): 지원과 격려를 제공한다. 이들은 한발 물러서 다른 구성원들의 강점 분야나 강점을 개발하고 있는 영역을 주도할 수 있게 돕는다. 그들은 팀 워킹 어그리먼트를 준수한다. '추종자'는 구성원을 이끌 것으로 예상되는 사람들에게 특히 강력한 역할이다.

- **해설자**(태스크 지향, 안내): 데이터를 설명하고 분석한다. 정보를 컨텍스트에 담는다.

- **조정자**(태스크 지향, 안내): 개별 작업을 의미 있는 방식으로 묶는다. 이들은 데이터를 연결하고 통합하며, 팀 액티비티를 태스크에 할당한다.

- **촉진자**(협업 지향, 안내): 이들은 공정한 팀원들의 참여에 중점을 준다. 모든 팀원이 참여하고 도울 수 있는 기회를 갖게 한다. 이들은 조용한 팀원에게 팀에 영향을 미치는 문제에 자신의 견해를 제시하도록 독려한다.

- **평화주의자**(협업 지향, 안내): 이들은 공통의 입장을 위해 일한다. 조화, 합의 및 필요하다면 타협을 추구한다. 팀원들이 스스로 해결하기 어려운 분쟁을 중재하기도 한다.

- **비평가**(태스크 지향, 평가): 이들은 관련된 데이터를 평가하고 분석하며, 팀의 접근 방식에 대한 리스크와 약점을 찾는다.

- **문지기**(태스크 지향, 평가): 이들은 업무 원칙을 독려하고 워킹 어그리먼트를 유지보수한다. 또한 간섭을 방지하기 위해 팀의 경계를 관리한다.

- **반대론자**(태스크 지향, 평가): 이들은 의도적으로 다른 관점과 습관적 사고에 반대함으로써 팀이 그룹 사고에 빠지지 않도록 보호한다. 또한 팀의 가치와 원칙에 따라 팀의 의사 결정을 검토한다.

- **리뷰어**(협력 지향, 평가): 이들은 팀이 인수 기준을 만족하고 고객 요구에 부응하는지 확인한다.

- **모니터**(협력 지향, 평가): 이들은 전체 팀이 함께 일하는 방식에 주의를 기울인다(팀

원들이 잘하고 있는가? 또는 그렇지 않은가?) 이들은 팀의 심리적 안전감을 지키고, 팀원들 사이의 건전한 업무 관계를 양성한다.

리더십 역할에 '추종자'를 포함시킨 것이 이상하게 보일 수도 있다. 그러나 다른 사람들의 리드를 적극적으로 따름으로서 팀은 리더십의 책임을 분담하는 방법을 학습한다. 이는 시니어 팀원과 같이 구성원을 이끌 것이라 **예상되는** 사람들에게 특히 강력한 역할이다.

> '추종자'는 구성원을 이끌 것이라 예상되는 사람들에게 특히 강력한 역할이다.

이런 역할로 리더십을 공유하는 팀을 **리더적인 팀**leaderful team이라 부를 수 있다. 리더적인 팀을 개발하려면 이런 리더십 역할에 관해서도 함께 논의하라. 팀 참여가 고르지 않거나 의사 결정 과정에서 한 사람에게 지나치게 의존하는 것을 발견할 때가 적절한 시점이다. 역할 목록을 공유하고 다음 질문을 하라.

- 각 팀원이 자연스럽게 수행하는 리더십 역할은 몇 개인가?

- 리더십 역할로 인해 과부하가 걸린 사람이 있는가? 혹은 원하지 않는 역할을 채우는 사람이 있는가?

- 이 역할 중 여러 사람이 채워야 하는 역할은 어떤 것인가?(예를 들면 반대론자 역할은 여러 팀원이 돌아가면서 하는 것이 가장 좋다.)

- 팀에서 누락된 역할이 있다면 무엇인가? 이런 역할을 할 수 있는 사람이 없다면 어떤 영향이 발생하는가?

- 부족한 역할을 어떻게 채울 수 있는가? 이런 측면의 리더십을 연습해보려는 사람은 누구인가?

- 이 역할에 관해 달리 알게 된 점은 무엇인가?

팀원이 리더십 역할을 담당함으로써 효과적인 협업을 보장하는 방법을 선택하는 데 집중하도록 하라. 이 대화에서의 응답에 따라 기꺼이 새로운 워킹 어그리먼트를 만들라.

일부 팀원들은 타고난 반대론자일 수도 있다. 그러나 항상 그 역할을 수행하면 다른 팀원들이 그들의 의견을 무시해버리는 함정에 빠질 수 있다. "신경 쓰지 맙시다. 리니는 항상 사물의 가장 비관적이고 암울한 면을 봅니다!"라며 말이다. 특히 반대론자 역할은 여러 팀원들이 공유함으로써 그 효과가 유지되도록 해야 한다.

독소적 행동

독소적 행동^{toxic behavior}이란 안전하지 않은 환경을 만들고, 팀 다이내믹을 저하시키거나 팀이 목적을 달성하는 능력을 손상시키는 모든 행동을 말한다.

팀원이 독소적 행동을 보인다면, 회고의 제1원칙을 기억하는 것에서 시작하라. "우리가 발견한 것이 무엇이든 모든 사람이 그 당시 알려진 것, 그들이 가진 능력과 기술, 이용할 수 있는 리소스 및 주어진 상황을 고려할 때 그들이 할 수 있는 최고의 작업을 했음을 이해하고, 진실로 믿어야 한다."는 것이 제1원칙이다. 그 사람은 할 수 있는 최선을 다하고 있다고 가정하라[Kerth2001, 1장].

가장 먼저 환경적인 압력이 있는지 확인하라. 예를 들어 팀원은 이제 아이를 낳고 충분한 수면을 취하지 못했을 수 있다. 혹은 새로운 팀원이 아직 잘 알지 못하는 중요한 하위 시스템을 혼자 책임지고 있을 수도 있다. 팀은 이런 팀원들이 행동을 개선하는 데 도움이 되도록 함께 조정할 수 있다. 예를 들면 조금 늦게 와도 되도록 아침 스탠드업 회의 시간을 조정하거나, 중요한 하위 시스템에 대한 책임을 나누는 것 등이 있다.

다음으로 당사자에게 피드백을 제공하라. '피드백을 주고받는 방법을 학습하라(p.175)'에서 설명한 프로세스를 이용해 그들의 행동이 미치는 영향을 설명하고 변화를 요청하라. 대부분의 경우 그것만으로도 충분하다. 그들은 그저 자신들의 행동이 팀에 어떤 영향을 미치는지, 자신들이 얼마나 잘하는지 깨닫지 못했을 뿐이다.

종종 팀은 실제로 잘못된 일을 하지는 않았는데도 구성원을 독소적이라고 분류하기도 한다. 이는 사람들이 정기적으로 반대론자 역할을 하는 사람들에게 쉽게 일

> 반대론자를 독소적이라 잘못 인식하지 않도록 주의하라.

어날 수 있다. 이들은 팀의 나머지 팀원의 아이디어를 따르지 않거나, 다른 사람들이 놓친 위험이나 장애물을 그대로 두지 않는다. 반대론자를 독소적이라 잘못 인식하지 않도

476

록 주의하라. 그룹 사고를 피하기 위해서는 반대론자가 필요하다. 그러나 역할 순환에 관해서는 충분히 논의하라.

누군가가 정말로 독소적 행동을 보인다면 그들은 팀의 피드백을 무시하거나, 팀의 심리적 안전감의 필요에 맞춰 자신의 행동을 조정하기를 거부할 수도 있다. 이런 상황이 일어나면 그

함께 보기

안전감(p.171)

들은 더 이상 팀에 잘 맞지 않는다. 때로는 개인적인 충돌이거나 다른 팀에서 덜 잘할 것이다.

이 시점에서는 관리자 또는 팀원을 할당한 사람을 불러야 한다. 상황을 설명하라. 훌륭한 관리자는 팀원들의 성과가 팀의 나머지 팀원들에게 달려있음을 이해한다. 유능한 리더는 돕기 위해 개입할 것이다. 이를 위해 팀원들은 필요한 사항이 무엇인지, 올바른 행동을 독려하기 위해 그들이 이미 취한 단계는 무엇인지를 알려야 한다.

일부 관리자는 팀원을 팀에서 빼내는 것을 거부할 수도 있다. 그 팀원이 '뛰어난 성과자 star performer'라면 특히 그렇다. 그들은 팀이 그의 행동을 수용해야 한다고 제안할 수 있다. 그러나 불행히도 이는 팀 전체의 성과를 저하시키는 경향을 보인다. 아이러니하게도 그 '뛰어난 성과자'는 주변 사람들을 누르기 때문에 더 스타처럼 보일 수 있다.

이런 상황에서는 팀의 일원이 됨으로써 얻을 수 있는 이점이 여러분이 경험하는 독소적 행동보다 가치가 있는지 여부를 스스로 결정해야 한다. 그렇지 않다면 다른 팀이나 조직으로 이동하는 것이 최선이다.

질문

한 팀에 한 명의 리더, 즉 '문제가 생겼을 때 비틀 수 있는 목'이 있는 것이 중요하지 않은가? 리더 풀 팀에서는 어떻게 동작하는가?

'문제가 생겼을 때 비틀 수 있는 목'은 복잡한 문제를 단순하게 만드는 데는 만족스러운 방법이지만, 목이 비틀리는 사람에게는 그다지 만족스러운 방법이 아니다. 이는 집단 오너십이라는 애자일의 이상에도 위배된다(집단 오너십(p.311) 참조). 팀 전체에 책임이 있다. 성공과 실패는 여러 참가자와 원인 사이의 복잡한 상호 작용의 결과이므로 일이 잘

못됐을 때 책임을 지고, 일이 잘 됐을 때 보상을 얻는 희생양이란 없다. 모든 팀원의 기여가 중요하다.

이는 단지 추상적인 철학이 아니다. 리더적인 팀은 업무를 더 잘하고, 고성과 팀으로 빠르게 발전한다. 리더십을 공유함으로써 팀은 더욱 강해진다.

팀 다이내믹을 개선하는 데 도움이 되는 기술이 없다면 어떻게 해야 하는가?

팀워크 스킬을 이용하는 것이 불편하더라도 괜찮다. 당신은 여전히 팀에 도움을 줄 수 있다. 협업 지향의 리더십 역할을 수행하는 사람들을 살펴보라. 그들의 노력을 지원하라. 그런 역할을 기꺼이 수행할 팀원이 없다면 팀 다이내믹에 관한 스킬을 가진 코치나 다른 팀원들을 제공하도록 여러분의 관리자나 스폰서와 상의하라(코칭 스킬(p.137) 참조).

전제 조건

이런 아이디어를 실현하려면 팀과 조직이 모두 참여해야 한다. 팀원들은 함께 일을 더 잘하기 위해 활력과 동기부여를 받아야 한다. 사람들이 그저 출퇴근 시간과 시키는 일을 하는 것에만 관심이 있다면 효과가 없을 것이다. 마찬가지로 조직은 팀워크에 투자해야 한다. 여기에는 전체 팀 만들기, 팀 룸 만들기, 애자일 친화적인 관리 접근 방식이 포함된다.

함께 보기

활력 넘치는 업무(p.215)

전체 팀(p.130)

팀 룸(p.150)

매니지먼트(p.434)

지표

여러분의 팀이 건강한 팀 다이내믹을 갖고 있다면:

□ 팀원들은 즐겁게 일하러 온다.

□ 팀원들은 커밋먼트를 이행하기 위해 동료들에게 의지할 수 있고, 달성할 수 없을 때 대화할 수 있다고 말한다.

□ 팀원들은 모두 팀원이 팀 목적을 달성하기 위해 최선을 다한다고 믿는다.

□ 팀원들은 서로의 장점을 알고, 서로의 부족함 점을 지원한다.

□ 팀원들은 잘 협업하며 진척과 성공을 축하한다.

대안과 실험

이 프랙티스에서 소개한 자료는 팀, 팀 다이내믹, 갈등 관리, 리더십 및 팀 효율성에 영향을 미치는 수많은 주제 중 극히 일부다. 이 프랙티스에서 소개한 참조 자료와 '더 읽을거리' 섹션의 풍부한 자료도 참조하라. 하지만 이 자료조차 빙산의 일각일 뿐이다. 멘토에게 그들이 좋아하는 것에 관해 질문하라. 계속 학습하고 실험하라. 이것은 평생의 여행이다.

더 읽을거리

『그룹 지니어스: 1등 조직을 만드는 11가지 협력 기술』(북섬, 2008): 키스 소여[Keith Sawyer]는 효과적인 협력에서의 창의성, 혁신, 즉흥[improvisation]의 근원을 탐색했다. 이 책에서 그는 인사이트 넘치는 일화와 아이디어를 제공한다[Sawyer2017].

『클래식 리더십: CEO 마에스트로에게 길을 묻다』(에쎄, 2009): 로저 니른버그[Roger Nierenberg]의 회상록이자 리더를 위한 지침서다. 리더십에 관한 새로운 사고 방식을 제공한다. 그는 또한 다음 링크(http://www.musicparadigm.com/videos/)에서 그의 기법을 시연한 비디오를 제공한다[Nierenberg2009].

『The Wisdom of Teams: Creating the High-Performance Organization』(McGraw-Hill, 2005): 고성과 팀, 고성과 팀의 특성, 이들을 양성하는 환경에 관한 고전이자 기본서다[Katzenback2015].

『Shared Leadership: Reframing the Hows and Whys of Leadership』(Sage Publications, Inc, 2002): 리더적인 팀과 조직에 관한 최고의 아이디어를 집대성한 책이다. 다소 읽기 어렵지만 누가 리더인지, 리더란 무엇인지에 관한 여러분의 아이디어를 확장하기 위해 읽어볼 가치가 충분하다[Pearce2002].

장애물 제거

다이애나 라센 지음

우리는 우리를 느리게 만드는 문제를 고친다.

장애물^impediment, 블로커^blocker, 방해물, 장벽, 장애, 걸림돌, 위협적인 리스크(다가올 미래의 장애물) 등 이 모든 단어는 팀 성과를 방해하는 문제를 설명한다. 이들은 "네트워크가 다운됐다."처럼 명확할 수 있으며, "고객의 필요를 잘못 이해했다. 처음부터 다시 시작해야 한다." 또는 "우리는 궁지에 몰렸다."처럼 모호할 수도 있다.

어떤 장애물은 평범한 일상 속에 숨어있다. 어떤 장애물은 복잡한 상황에서 튀어나온다. 어떤 장애물은 더 큰 문제의 징후이며, 어떤 장애물은 하나의 원인이 아니라 수많은 머리를 가진 히드라^hydra 같다. 어떤 장애물은 악천후처럼 그 뒤에 있는 문화나 전통 때문에 멈출 수도 없다. 그리고 어떤 장애물은 여러분이 통제할 수 있고 쉽게 해결할 수 있다.

그 출처가 무엇이든 장애물은 팀 속도를 늦추며, 심지어 팀의 업무 진행을 완전히 중단시킬 수도 있다. 장애물을 **제거**함으로써 팀이 다시 속도를 높일 수 있다.

일부 팀원들은 리더십 직함을 가진 사람들이 장애물을 제거할 것이라 기대하지만, 장애물을 제거하는 것은 **팀**의 책임이다. 코치나 관리자가 팀의 장애물을 식별하고 해결할 때까지 기다리지 말라. 스스로를 돌보라.

> 장애물을 제거하는 것은 팀의 책임이다.

마찬가지로 일부 팀은 장애물 또는 리스크 보드를 만들어서 그들의 길을 가로막는 모든 것을 추적한다. 그러나 나는 이 역시 권장하지 않는다. 대신 장애물을 인식하자마자 해결하라. 장애물을 다음 스탠드업 회의, 회고, 태스크 플래닝 세션에 가져가라. 그리고 이를 어떻게 극복할지 결정하라.

함께 보기

스탠드업 회의(p.357)
회고(p.450)
태스크 플래닝(p.307)

장애물 식별

장애물을 없애려면 먼저 장애물이 무엇인지 알아야 한다. 다음과 같은 질문을 해보라.

- "무엇이 우리를 느리게 만드는가?"

- "아직 우리가 갖지 못한 것 중 필요한 것은 무엇인가?"

- "… 한다면 어디에서 더 많은 성과를 얻을 수 있는가?"

- "우리를 … 하지 못하도록 막는 것은 무엇인가?"

- "이터레이션적으로 결함에 원인을 제공하는 것은 무엇인가?"

- "아직 우리가 갖지 못한 스킬 중 필요한 스킬은 무엇인가?"

팀이 진전을 이룰 수 없지만, 가로막는 장매물은 없는 것처럼 보이면 윌렘 라센^{Willem} ^{Larsen}의 TRIPE^{Tools, Resources, Interaction, Progresses, Environment}를 이용해 보라. 각 카테고리를 앞 목록의 질문에 포함해보면 된다. 예를 들어 "어떤 **도구**가 우리를 느리게 만드는가?", "어 떤 리소스가 우리를 느리게 만드는가?", "어떤 상호 작용이 우리를 느리게 만드는가?" 같 은 질문으로 바꿀 수 있다.

원과 수프

장애물에 대해 어떤 조치를 해야 하는가? '원과 수프'의 관점에서 생각해 보자. 각 팀 주 변으로 그들이 제어할 수 있는 것을 포함한 상대적인 작은 원을 그리고, 그들이 영향을 줄 수 있는 것을 포함한 상대적인 큰 원을 그린다. 그 바깥은 수프^{soup}다. 수프는 팀이 바 꾸거나 영향을 미칠 수 없는 것이다. 오로지 팀이 반응하는 것만 바꿀 수 있다.

다음 액티비티는 [Larsen2010]에 기반한 것으로, 이를 이용하면 팀이 장애물에 어떻게 대응할지 결정하는 데 도움을 얻을 수 있다.

1단계: 팀의 작업 수행 능력을 높일 수 있는 작업 항목을 식별하기 위해 동시 브레인스토 밍(동시에 작업하라(p.155) 참조)을 이용한다. 각 아이디어는 물리적 또는 가상의 스티키 노트에 각각 기록한다.

2단계: 화이트보드에 3개의 동심원을 그린다. 각 원에 스티키 노트를 위한 공간을 남겨 둔다(그림 11-2).

3단계: 모든 구성원이 함께 각 카테고리에 다음 규칙을 따라 스티키 노트를 붙인다.

- **팀이 통제한다**: 팀이 이 활동을 직접 수행한다.

- **팀이 영향을 미친다**: 팀이 변경을 제안하거나 다른 구성원을 설득해 도울 수 있다.

- **수프**: 팀은 전혀 통제력이 없거나 거의 영향을 미치지 못한다.

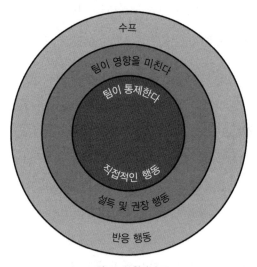

그림 11-2 원과 수프

4단계: 가장 안 쪽 원부터 시작해 하나씩 항목을 선택하고, 그 항목을 위한 태스크를 만든다. 필요한 만큼 이터레이션한다.

함께 보기

태스크 플래닝(p.307)

항상 "이 문제가 우리를 다시 가로막지 않도록 하기 위해서 우리는 달리 무엇을 할 수 있는가?"라는 질문과 함께 마무리하라.

통제: 직접 행동한다

매일 열리는 스탠드업 회의에서 몇몇 팀원들이 장애물을 공유한다. "도움이 필요합니다.

우리는 이 스토리에 대한 비즈니스 규칙을 이해할 수 없습니다." 다른 팀원은 "저는 전에 본 적이 있습니다."라고 말한다. 회의를 마친 후 그 문제에 친숙한 몇몇 팀원들이 모여 오해를 해소한다. 또한 향후 비슷한 오해를 피할 수 있는 방법에 관해서도 논의한다.

휴식 전 짧은 회고에서 한 원격 몹 프로그래밍 팀에서 새로운 배경 소음에 관해 논의했다. 그 소음 때문에 서로의 말을 듣기 어려웠다. 팀원들이 모였다. "그건 제 선풍기입니다. 선풍기가 마이크를 향하고 있는지 몰랐습니다." 팀원이 선풍기 방향을 조정하자 배경 소음도 사라진다.

팀이 장애물에 대한 해결책을 통제한다면 직접 행동하고 고칠 수 있다.

영향: 설득 또는 권장

주간 회고에서 팀은 '명확하지 않는 비즈니스 규칙'을 계속되는 장애물로 꼽았다. 팀은 과거 언제 비슷한 이슈가 발생했는지 기록했고, '주제 전문가에게 더 나은 접근성'을 해결책으로 파악했다. 시니어 엔지니어는 자원해서 이 예시를 팀의 한 핵심 이해관계자에게 제시함으로써 그들이 해결책을 함께 수행할 수 있게 했다.

팀이 장애물에 대한 해결책을 통제하지 않지만, 여러분의 이해관계자가 통제한다면 그들에게 도움을 요청하라.

효과적인 영향력 있는 행동은 여러분이 이해관계자를 이해하는 정도에 따라 다르다. 팀의 컨텍스트를 차터로 만들었다면 이해관계자 그룹을 보여주는 컨텍스트 다이어그램이 있어야

> **함께 보기**
> 컨텍스트(p.196)

한다(경계와 상호작용(p.198) 참조). 팀의 이해관계자는 팀의 작업에 **영향을 미치거나**, 팀의 작업에 의해 **영향을 받는** 모든 사람이다.

이해관계자에게 영향을 미칠 수 있는 방법을 더 잘 이해하기 위해 이해관계자 커밋먼트 차트stakeholder commitment chart를 만들어라(그림 11-3).[3]

---

3   이해관계자 커밋먼트 차트는 [Beckhard1992]에서 도입했다.

	일이 되는 것을 막는다	일이 벌어지게 둔다	일이 되도록 돕는다	일이 되도록 만든다
베키 밈즈		X———————————————→O		
윌리엄 다커스		O	X	
리젯 셰로드				OX

그림 11-3 이해관계자 커밋먼트 차트

차트의 각 행은 팀을 돕는 이해관계자의 커밋먼트를 나타낸다.

- **일이 되는 것을 막는다**: 이해관계자는 여러분을 막으려고 할 것이다.

- **일이 벌어지게 둔다**: 이해관계자는 여러분을 돕지 않겠지만, 방해하지도 않는다.

- **일이 되도록 돕는다**: 이해관계자는 여러분이 주도한다면 여러분을 돕는다.

- **일이 되도록 만든다**: 이해관계자는 적극적으로 일을 주도한다.

이 차트는 다음과 같이 이용한다.

1. **핵심 이해관계자**: 첫 번째 열에 핵심 이해관계자를 적는다. 이해관계자가 그룹이라면 그룹과 소통하는 팀 담당자 이름을 적는다.

2. **필요한 커밋먼트**: 팀이 각 이해관계자에게 요구하는 커밋먼트 수준을 적는다. 해당 열에 'O' 마크로 표시한다(목표).

3. **현재 상태**: 장애물을 제거하는 것과 관련해 각 이해관계자의 커밋먼트 수준을 기입한다. 정치적인 수완을 가진 팀원들의 조사가 필요할 수 있다. 해당 열에 'X' 마크로 표시한다.

4. **결정 필요**: 'X' 마크(현재 상태)가 'O' 마크(필요한 커밋먼트) 열보다 왼쪽이라면, 왼쪽에서 오른쪽으로 향하는 화살표로 이들을 연결한다. 팀은 이를 통해 누가 움직여야 하는지 알 수 있다. 이동해야 할 항목이 많다면 가장 먼저 이해관계자와 함께 우선순위를 조정하라.

5. **전략 수립**: 팀으로서 어떻게 각 이해관계자에게 여러분이 필요한 수준의 커밋먼트에 관해 영향을 줄지 결정하라.

필요한 커밋먼트를 확보했다면 '일이 되도록 돕는' 또는 '일이 되도록 만드는' 이해관계자에게 여러분이 장애물을 없앨 수 있도록 도움을 요청하라.

수프: 여러분의 반응을 바꿔라

연간 성과 검토 후, 팀은 몇몇 구성원들이 다른 구성원들보다 높은 성과를 거뒀고, 그에 따라 더 많은 보너스를 받은 것을 알고 실망했다. 팀원들은 매우 효과적인 팀이며, 모든 구성원이 팀 성공에 기여했기 때문에 화가 나 있었다. 더 공평한 상황을 만들기 위한 노력은 물거품이었다. 수직적인 성과 순위는 회사의 정책이었다. 그래서 팀은 내년에는 가장 보너스 비율이 높은 구성원이 팀 전체를 위한 파티를 열기로 했다. 그들이 원하는 솔루션은 아니지만 분열의 가능성이 있는 상황을 그들은 기대할 수 있는 것으로 바꿨다.

수프는 여러분의 조직 안에서 '상황이 흘러가는 방식'이다. 이는 조직 문화, 비즈니스 전략, 비즈니스 환경과 밀접한 관계가 있다. 여러분의 장애물에 대한 해결책이 '수프' 안에 있다면, 여러분이 할 수 있는 일이란 반응하는 방식을 바꾸는 것뿐이다.

문제가 되는 상황에서 우리는 세 가지로 반응할 수 있다. 첫 번째는 상황을 바꾸는 것, 두 번째는 다른 사람을 바꾸는 것, 세 번째는 우리 자신을 바꾸는 것이다. 수프는 바꿀 수 없으며, 다른 사람을 바꾸는 것은 실용적이지 않으므로 결론은 하나로 좁혀진다. 우리 자신을 바꾸는 것이다. 장애물이 사라지지 않는다는 것을 인식하고, 가능한 장애물에 직면하는 것을 더 즐겨라.

'수프'에 해당하는 장애물을 만나면 적어도 이에 반응할 방법 세 가지를 생각하라. 5가지에서 10가지 반응을 생각해낼 수 있다면 도움이 될 것이다. 그중 일부는 황당무계해도 좋다. 가장 쓸 만한 세 개로 선택지를 좁히고, 시도할 한 가지를 선택하라.

질문

팀원은 아무 것도 방해가 안 된다고 하지만, 진전이 없으면 어떻게 해야 하는가?

누군가 가로막힌 것 같은데도 계속해서 아무런 방해도 없다고
보고한다면 직접 확인하라. 개인 생활에서 발생한 일이 직장에
서 주의를 빼앗고, 그럼에도 불구하고 그렇다고 인정하기에는
취약하고 안전하지 않다고 느낄 수 있다. 실제로는 완전히 가

<table>
<tr><td>함께 보기</td></tr>
<tr><td>안전감(p.171)</td></tr>
<tr><td>페어 프로그래밍(p.505)</td></tr>
<tr><td>몹 프로그래밍(p.520)</td></tr>
</table>

로막혀 있지만 일에 너무 집착한 나머지, 도움을 요청하지 못하고 스스로 해결하려고 할
수도 있다.

대화할 시간을 만들고 인정을 보여라. 여러분이 직접 확인하도록 만든 행동에 관해 물어
보라. 그것이 장애를 인정하는 데 장애를 발견할 수 있는 유일한 방법이다. 팀원이 보고
한 것과 실제 결과 사이의 단절을 알아차릴 수 있도록 돕고, 그들이 문제를 공유하도록
격려하라. 팀이 공동으로 작업을 소유하고(집단 오너십(p.311) 참조), 도움을 요청하거나
다른 사람에게 작업을 넘기더라도 언제나 괜찮다는 점을 강조한다. 페어링이나 모빙은
이런 문제를 방지하는 데 도움이 된다.

우리가 가진 모든 장애가 다른 사람 또는 팀 때문이라면 어떻게 해야 하는가?

물론 여러분의 문제에 대해 '그들'을 비난하기는 쉽다. 그러나 비난은 팀이 통제하는 행
동을 선택하지 못하게 한다. 팀의 행동이 어떻게 그 문제에 기여하는지 생각해 보라. 다
른 방식으로 참여할 수 있는 방법은 없는가? 여러분이 수용할 수 있는 다이내믹 요소를
찾아라.

'그들'과 함께 장애물이 무엇인지 탐색할 수 있는 대화의 일정을 세워라(대화를 중재하기
위해 중립적인 조직에 도움을 요청할 수도 있다). 팀에 미치는 영향을 설명하고, 상호 만족할
수 있는 해결책을 찾으라.

전제 조건

모든 팀은 장애물을 만난다. 하지만 모든 장애물을 제거할 수 있는 것은 아니다. 일부 문
제는 팀에 미치는 영향에 관계없이 팀의 범위에서 벗어나 있다.

486

넓은 시각에서 장애를 보라. 국지적인 팀의 장애만 바라보는 좁은 시각으로 만들어진 해결책은 다른 새로운 문제를 일으키거나, 장애물을 다른 팀으로 전가한다. 장애물에 접근할 때는 시스템 사고 방식system thinking을 유지하도록 노력하라.

느린 진행에 대한 평계로 장애물을 이용하지 않도록 주의하라. 장애물을 희생양으로 돌리기는 너무나도 쉽다.

지표

여러분이 장애물을 잘 제거한다면:

- ☐ 팀은 스스로를 가로막는 장애물을 처리하는 것을 즐기는 방법을 학습한다.

- ☐ 팀은 장애물이 나타나는 즉시 해결한다.

- ☐ 팀이 장애물을 해소하는 데 쓰는 시간이 점점 줄어든다. 대신 팀은 작업에 도움이 되는 프랙티스와 환경적 요인을 강화한다.

대안과 실험

장애물 제거는 궁극적으로 팀의 속도와 효율성을 높이는 데 도움이 된다. 자유롭게 실험하라.

예를 들면 감사 질문appreciative inquiry은 상황을 반전시킨다. 팀 문제에 집중하기보다 팀에 에너지를 불어넣는 요소를 찾고 더 많이 수행하라. 팀의 업무 진행 상황을 발전시키는 프랙티스나 이벤트를 추적하라. 잘 진행되는 부분을 분석하고, 유사한 이점을 더 창출할 수 있는 방법을 탐색하라. 팀의 강점을 확장하는 데 집중하는 것은 종종 부수적으로 문제를 줄이는 효과가 있다.

린 개선Lean Improvement은 장기적 관점에서 장애물에 집중하는 또 다른 접근 방식이다. 제스퍼 보에그Jesper Boeg의 『Level Up Agile with Toyota Kata』는 소프트웨어 관점에서 이에 접근한다. 이 접근 방식은 높은 품질의 제품을 생산하는 데 방해가 되는 장애물을 해결하는 데 매우 적합하다.

더 읽을거리

『The Little Book of Impediments』(Leanpub, 2016): 매우 작은 전자책으로 장애물을 발견하고, 추적하고, 제거하는 방법에 관한 철저한 검토 내용을 담았다[Perry2016].

## 3부

신뢰성 있게 전달하기

올해도 10월이 찾아왔다. 지난 1년 동안(2부 참조) 여러분의 팀은 **전달하기** 플루언시를 키우기 위해 노력했으며, 그 성과를 충분히 이뤘다. 그 어느 때보다도 작업은 즐거웠다. 전문적인 소프트웨어 개발과 관련된 약간의 번거로움과 마찰(깨진 빌드, 답답한 버그 사냥, 힘든 변경 분석 등)은 모두 사라졌다. 이제 태스크를 시작하고 몇 시간 후면 프로덕션에서도 이용할 수 있다.

단 한 가지 아쉬운 점은 여러분의 팀이 처음부터 **전달하기** 플루언시를 추구하지 않았다는 것이다. 돌이켜보면 함께 하는 것이 더 빠르고 쉬웠을 텐데, 구성원들은 천천히 하고 싶어했다. 그러나 이제 알 것 같다.

팀 룸으로 들어오면서 여러분은 발레리Valeri와 보Bo가 페어링 스테이션에서 함께 작업하는 모습을 본다. 두 사람은 출근길 교통 체증을 피하기 위해 아침 일찍 출근한다. 발레리는 여러분이 백팩을 내려 놓는 모습을 보고는 여러분의 주의를 끈다.

"오늘 아침에 함께 페어링할 수 있을까요?" 그녀가 묻는다. 그녀는 잡담이라는 것을 한 적이 없다. "보와 함께 실시간으로 업데이트를 하고 있는데, 보가 말하길 당신이 네트워킹 코드 테스트와 관련된 좋은 아이디어가 있을 것 같다고 해서요."

여러분은 고개를 끄덕인다. "어제 던컨Duncan과 함께 뭔가 확실한 것을 찾아냈어요. 페어 프로그래밍을 할까요? 아니면 셋이서 미니 몹을 할까요?"

"발레리와 페어를 하는 게 좋겠어요." 보가 말하더니 자리에서 일어나 스트레칭을 한다.

"네트워킹 코드에서 잠깐 떨어져야겠어요." 그가 조롱하듯 말한다. "CSS가 차라리 이보다 낫겠어요." 발레리가 눈을 올려 뜨더니 고개를 가로 젓는다. "같이 할 수 있게 준비할게요." 그녀가 여러분에게 말한다. "그 전에 커피가 더 필요해요."

30분 후에 여러분과 발레리는 네트워킹 코드에서 상당한 진전을 만들어낸다. 워크스테이션에서 부드러운 알림 소리가 꾸준히 들린다. 변경 사항을 저장할 때마다 감시 스크립트는 테스트를 실행한다. 잠시 후 테스트 통과 또는 실패 여부를 나타내는 알림 소리가 울린다.

여러분은 일정한 리듬을 탄다. 지금은 여러분이 드라이버고 발레리가 내비게이터다. "좋아요. 이제 메시지가 비어 있을 때 오류가 발생하는지 확인하죠." 그녀가 말한다. 땡! 테스트를 추가한다. 잠깐의 기다림도 없이 테스트는 실패한다. 잠시도 멈추지 않고 프로덕션 코드로 전환해 if문을 추가하고 저장한다. 딩동! 테스트가 성공한다, "이번에는 메시지가 손상되었을 때에 관한 확인이에요." 발레리가 말한다, 테스트에 행을 추가한다. 땡! 다시 if문을 추가한다. 딩동! 발레리가 입을 연다. "좋아요. 더 많은 경계 값에 관한 내용이 있지만 우선 이 if문을 정리하는 게 좋겠네요. validateMessage() 메서드를 추출하면 도움이 될 것 같아요." 여러분은 고객을 끄덕이고 코드를 선택한 뒤 메서드를 추출하는 키스트로크를 누른다. 딩동! 테스트에 아무 문제가 없다.

이 알림 소리는 몇 달 전에 있었던 실험의 결과였다. '파블로프의 프로그래머Pavlov's programmer'라는 농담에도 불구하고 이 방법은 인기를 얻었다. 팀은 대부분 여러분이 기대하는 바를 정확하게 수행하는 아주 작은 코드 단계에서 작업한다. 증분 테스트를 실행하는 시간은 1초도 채 걸리지 않으므로 소리는 즉각적인 피드백으로 작용한다. 문제가 발생했을 때만 테스트 러너test runner를 확인하면 된다. 나머지 시간에는 작업 영역에 머물면서 테스트, 코드, 리팩터링을 왔다갔다하면 된다. 여러분이 정상 궤도에 있으며, 여전히 제어할 수 있음을 확인시켜주는 알림 소리가 꾸준하게 들린다.

30분 후, 네트워킹 변경은 완료됐다. 여러분은 기지개를 켜고, 발레리는 통합 브랜치에서 최신 코드를 받아 전체 테스트 그룹을 실행한다. 1분 후 모든 테스트가 성공하고, 그녀는 배포 스크립트를 실행한다. "끝이네요!" 그녀가 말한다. "커피를 마셔야겠어요. 배포 상태를 좀 봐주시겠어요?"

여러분은 의자에 등을 기대고 배포 스크립트가 실행되는 상황을 지켜본다. 배포 스크립트는 여러분의 코드를 별도 머신에서 테스트하고, 코드를 공유된 통합 브랜치로 병합한다. 모든 팀원은 몇 시간마다 이 브랜치에서 코드를 받고 다시 병합한다. 이로 인해 팀은 동기화되며, 병합 충돌이 발생했을 때 문제가 되기 전에 빠르게 해결한다. 그 후 스크립트가 코드를 카나리아 프로덕션 서버에 배포한다. 몇 분 후 배포가 완료되고, 배포 스크립트는 저장소에 성공 태그를 남긴다.

여러분은 태스크 보드로 돌아가 네트워킹 작업을 녹색으로 표시한다. "보! 완료했어요." 당신은 보를 부른다. "CSS에 관한 작업도 준비됐나요?"

전달하기 영역에 온 것을 환영한다

전달하기 플루언시 영역은 소프트웨어를 신뢰성 있게 전달하기 원하는 팀을 위한 것이다. 팀원들은 기술적 스킬을 개발함으로써 소프트웨어의 유지보수 필요성을 낮추고, 쉽게 개선과 배포를 할 수 있게 하고, 버그

> 전달하기 영역은 소프트웨어를 신뢰성 있게 전달하기 원하는 팀을 위한 것이다.

수를 매우 작게 한다. 특히 **전달하기** 플루언시를 가진 팀은 다음과 같은 특성을 갖는다. [1]

- □ 비즈니스 이해관계자들이 원할 때마다 언제든 최소한의 리스크와 비용으로 최신의 작업 결과를 릴리스한다.

- □ 오류를 프로덕션 라이프사이클 조기에 빠르게 발견하고 수정함으로써 피해를 일으키지 않는다.

- □ 유용한 예측을 제공할 수 있다.

- □ 결함율이 낮으므로 팀은 버그를 수정하는 데 더 적은 시간을 쓰고, 피처를 구축하는 데 더 많은 시간을 사용한다.

- □ 내부 품질이 뛰어난 소프트웨어를 만들기 때문에 더 저렴한 비용으로 빠르게 변경할 수 있다.

---

1   목록은 [Shore2018b]에서 인용했다.

☐ 직무 만족도와 사기가 높아 팀에서 오래 근무하며 성과도 개선된다.

이런 이익을 달성하기 위해서는 팀은 다음 스킬을 개발해야 한다. 이를 위해서는 4장에서 설명한 투자가 필요하다.

비즈니스의 요구에 반응하는 팀의 특성은 다음과 같다.

☐ 팀의 코드는 프로덕션 수준이며, 최신 작업은 적어도 매일 프로덕션과 동등한 환경에 배포된다.

☐ 팀의 비즈니스 대표자는 팀의 최신 작업 결과를 기꺼이 릴리스한다.

☐ 팀은 비즈니스 대표자와의 요청에 따라 유용한 릴리스 예측을 제공한다.

☐ 팀은 비즈니스 이해관계자들과 협업해 소프트웨어를 저렴하면서도 오랫동안 유지보수할 수 있는 방법으로 개발한다.

팀으로써 효과적으로 작업하는 팀의 특성은 다음과 같다.

☐ 개발자들은 코드 및 그와 유사한 결과물을 개인이 아닌 팀의 소유로 간주하며, 이를 변경하고 개선하는 책임을 공유한다.

☐ 일상에서 팀의 작업을 디자인, 개발, 테스트, 배포, 모니터, 유지보수하는 데 필요한 모든 스킬은 팀에서 즉시 접근할 수 있다.

기술적 우수성을 추구하는 팀의 특성은 다음과 같다.

☐ 팀원들은 소프트웨어를 변경할 때마다 내부 품질을 이전보다 조금씩 더 좋게 만든다.

☐ 팀은 오류를 일으킬 가능성이 있는 기반 시스템을 적극적으로 개선함으로써 미래의 오류 발생 가능성을 줄인다.

☐ 배포와 릴리스는 자동화돼 있으며, 수작업으로도 10분 이상 걸리지 않는다.

☐ 배포 전에 수동 테스트가 필요하지 않다.

☐ 팀원은 자신들의 기술이 팀의 목표 달성과 내부 품질 향상 능력에 어떤 영향을 미

치는지 알고 있으며, 이런 스킬을 개선하기 위해 적극적으로 노력한다.

전달하기 플루언시 달성하기

3부에서 소개하는 프랙티스는 여러분이 **전달하기** 영역의 스킬에 대한 플루언시를 달성하는 데 도움을 줄 것이다. 대부분의 프랙티스는 **동시 단계**simultaneous phase를 중심으로 한다.

심지어 애자일 팀을 포함한 대부분의 팀도 개발에 단계 기반 접근 방식을 이용한다. 팀은 이터레이션을 이용해 작업하지만, 각 이터레이션 안에서는 요구사항 분석, 디자인, 코딩, 테스팅, 배포 같은 단계 기반 접근 방식을 이용한다(그림 Ⅲ-1의 (a), (b) 참조). 지속적인 흐름을 이용하는 팀 역시 각 스토리를 일련의 단계를 따라 개발하는 경향이 있으며, 수영 라인 시각화를 이용해 그 진행 상황을 추적한다.

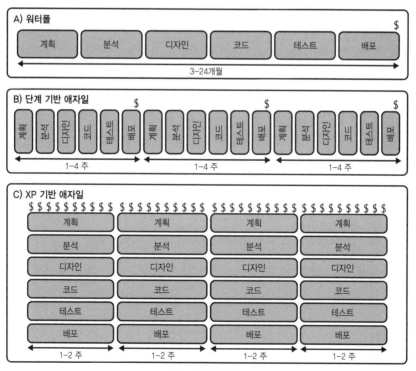

$ = 릴리스 역량

그림 Ⅲ-1 소프트웨어 개발 라이프사이클

493

그러나 애자일은 근본적으로 이터레이션적이고 점진적이다. 각 스토리는 하루나 이틀 정도 걸리는 작업이다. 이는 높은 수준의 단계를 거치기에는 충분하지 않은 시간이다. 실제로는 디자인과 테스트가 부족하다. 코드 품질은 시간이 지나면서 저하되고, 팀은 필요한 인프라스트럭처 및 디자인 작업을 예약하는 방법을 파악하는 데 어려움을 겪으며, 테스트 및 버그를 수정하기 위한 시간도 부족하다.

이런 문제를 방지하기 위해 익스트림 프로그래밍에서는 소프트웨어 개발을 실제로 점진적으로 만드는 소프트웨어 개발 기법을 소개했다. 단계 기반으로 작업하는 대신 XP 팀은 개발의 모든 측면에 대한 작업을 점진적이고 지속적으로 수행한다(그림 III-1, (c) 참조).

1990년대에 만들어졌음에도 불구하고 XP의 테스팅, 코딩, 디자인 프랙티스는 여전히 최신 기술을 유지하고 있다. 이들을 이용해 만들어진 코드는 지금까지 내가 본 코드 중 가장 품질이 높고 생산적이었다. 이들은 이후 데브옵스 운동을 통해 현

<table>
<tr><td>함께 보기</td></tr>
<tr><td>적응적 계획하기(p.237)</td></tr>
<tr><td>점진적 요구사항(p.295)</td></tr>
</table>

대의 클라우드 기반 배포로 확장됐다. 팀은 점진적 계획 수립 및 요구사항 분석과 함께, 이 기법을 이용함으로써 높은 품질의 소프트웨어를 정기적이고 믿을 수 있게 전달할 수 있다.

3부에서 소개하는 프랙티스는 XP를 기반으로 한다. 이들을 완전하고 확실하게 적용한다면 팀은 전달하기 플루언시를 달성할 것이다. 3부는 5개 장으로 구성된다.

- 12장에서는 팀으로서 소프트웨어를 만드는 방법을 설명한다.

- 13장에서는 점진적으로 빌드, 테스트, 자동화하는 방법을 설명한다.

- 14장에서는 점진적으로 코드를 디자인하는 방법을 설명한다.

- 15장에서는 소프트웨어를 안정적이고 자유롭게 배포하는 방법을 설명한다.

- 16장에서는 목적한 대로 동작하는 소프트웨어를 만드는 방법을 설명한다.

협업

모든 애자일 팀에서 기대되는 팀워크에 더해(7장), 전달하기 팀은 기술적 우수성과 협업에 관한 높은 표준을 갖고 있다. 이들은 높은 내부 품질을 유지하고, 가장 중요한 비즈니스 우선순위를 전달하기 위해 협력해야 한다.

다음 프랙티스는 여러분의 팀이 협업하는 데 도움을 줄 것이다.

- 집단 코드 오너십(p.496) - 팀원들이 서로의 코드를 개선하도록 독려한다.

- 페어 프로그래밍(p.505) - 아이디어를 교환하고 팀원들이 서로의 작업을 이해할 수 있게 돕는다.

- 몹 프로그래밍(p.520) - 여러분의 전체 팀이 협업하도록 돕는다.

- 유비쿼터스 언어(p.527) - 팀원들이 서로를 이해하도록 돕는다.

12장 개요

전달하기 영역에서 일반적인 경우와 마찬가지로, 12장에서 소개하는 대부분의 프랙티스는 어느 정도 XP에서 기인한다.[1] **집단 코드 오너십**(Collective Code Ownership)과 **페어 프로그래밍**은 XP에 직접적으로 뿌리를 둔다.

---

1   XP의 영감은 물론 그 이전으로 거슬러 올라간다. 특히 주목할 만한 것으로 워드 커닝햄의 EPISODES 패턴 언어를 들 수 있다[Cunning ham1995]. EPISODES 패턴 언어는 페어 프로그래밍을 포함한 많은 아이디어를 담고 있으며, 이후 XP로 이어졌다.

몹 프로그래밍은 페어 프로그래밍의 변형이다. 우디 주일은 헌터 인더스트리(Hunter Industries)에서의 경험을 바탕으로 이 프랙티스를 공식화했다. 우디는 이 프랙티스를 '전체 팀 프로그래밍(Whole Team Programming)'이라 불렀지만 이후 비슷한 액티비티를 '몹 프로그래밍'이라 불렀으며, 이 이름으로 굳어졌다[Hohman2002]. 몹 프로그래밍은 **앙상블 프로그래밍**(ensemble programming)이라고도 불린다.

유비쿼터스 언어(Ubiquitous Language)에 관해서는 조슈아 케리에프스키를 통해 처음 알게 됐다. 그는 인더스트리얼 XP 방법론에서 이를 처음 소개했다[Kerievsky2005]. 이것은 XP의 '메타포' 프랙티스를 대신하는 것이며, 메타포 프랙티스는 뚜렷한 효과를 나타내지 못했기 때문에 XP 2판에서는 삭제됐다. 나는 케리에프스키가 에릭 에반스의 훌륭한 책인 『도메인 주도 설계: 소프트웨어의 복잡성을 다루는 지혜(Domain-Driven Design: Tackling Complexity in the Heart of Software)』에서 영감을 얻었으리라 확신한다[Evans2003]. 에반스의 책은 내 논의의 근거다.

집단 코드 오너십

대상
개발자

우리 모두는 우리의 모든 코드에 책임을 진다.

애자일 팀은 집단적으로 그들의 작업을 소유한다(집단 오너십(p.311) 참조). 하지만 이를 어떻게 코드에 적용하는가?

집단 코드 오너십은 팀이 코드에 대한 책임을 공유한다는 것을 의미한다. 모듈, 클래스, 스토리를 특정 개인에게 할당하는 것이 아니라 팀이 전체를 소유한다. 팀은 언제든지 팀이 소유한 코드의 모든 측면을 개선할 권리와 **책임**을 갖는다.

사실 개선된 코드 품질은 집단 코드 오너십을 통해 얻을 수 있는 숨겨진 이점 중 하나다. 집단 오너십은 실질적으로 모든 사람에게 그들이 찾은 문제를 수정하도록 허용한다. 중복, 불분명한 이름, 좋지 않은 자동화, 심지어 잘못 디자인된 코드까지 작성자가 누구인지는 중요하지 않다. 그것은 **여러분**의 코드다. 바로 수정하라!

> 어디에서 문제를 발견했든 문제를 해결하라.

집단 오너십 실현하기

집단 코드 오너십은 디자인과 계획의 세심한 조정이 필요
하다. 여러분이 몹 프로그래밍을 이용한다면 이런 조정은 저절
로 이뤄진다. 그렇지 않다면 태스크 플래닝 회의가 논의를 시

함께 보기

몹 프로그래밍(p.520)
태스크 플래닝(p.307)

작할 수 있는 좋은 지점이 된다. 태스크를 나누는 방법을 논의할 때, 디자인에 관해 이
야기하라. "UserReportController에 엔드포인트 추가", "ContactRecord 업데이트",
"GdprConsent 데이터베이스 테이블에 칼럼 추가" 같이 디자인이 어떻게 변경될지에 관
한 태스크를 작성하라.

새로운 태스크에 관해 작업할 준비가 됐다면 플래닝 보드에서 어떤 태스크든 선택할 수
있다. 많은 경우 목록의 가장 위에 있는 태스크를 집어 들겠지만, 여러분이 흥미 있거나
여러분에게 잘 맞는 것이라고 생각되는 어떤 태스크를 선택해도 관계없다.

이상적인 세계에서 팀은 각각의 스토리를 가득 채울 것이다.
모두 같은 스토리에 대한 태스크를 선택하고 '완전 완료'한 뒤
다음 스토리로 넘어갈 것이다. 이렇게 함으로써 진행 중 업무

함께 보기

'완전 완료'(p.379)

를 최소화하고(진행 중 업무를 최소화화라(p.243) 참조) 위험을 조기에 노출시킨다.

실제로는 어떤 이들은 스토리를 거의 완료했을 때 다
른 스토리로 건너뛰기도 한다. 하지만 조심하라. 집단
오너십이 생소할 때는 모든 사람이 실제로 함께 작업

> 조정 방법을 모른다고 다른 스토리로
> 건너뛰지 말라.

하기보다는 사실상 개별 스토리에 대한 오너십을 갖게 되는 실수가 발생하기 쉽다. 조정
방법을 모른다고 다른 스토리로 건너뛰지 말라.

다른 사람 또는 다른 페어와 밀접하게 관련된 태스크를 선택했다면 그에 관해 빠르게 토
론하라. 그들은 프론트엔드 태스크를 진행하고, 여러분이 그에 해당하는 백엔드 태스크
를 잡았을 수 있다. 잠시 시간을 내어 API에 대한 입장을 통일해라. 둘 중 하나 또는 둘 모
두 아무 작업도 하지 않는 코드로 API를 스텁stub으로 만들 수 있고, 그러면 둘 중 하나가
이를 작성할 수 있다. 두 번째로 코드를 커밋하는 사람은 해당 코드가 잘 작동하는지 다
시 확인해야 한다.

코드에서 작업을 하다 보면 여러 아이디어가 떠오를 것이고, 이는 다른 사람들의 작업에 영향을 줄 것이다. 페어링을 하면 이런 아이디어를 팀 전체로 퍼뜨릴 수 있다. 또한 데일리 스탠

함께 보기

페어 프로그래밍(p.505)

드업을 이용해 이런 아이디어를 공유할 수 있다. 페어링이나 모빙을 이용하지 않는다면 일일 디자인 리뷰를 추가하는 것도 고려하라.

어떤 아이디어는 즉각적인 논의가 필요하다. 실제 팀 룸에서라면 자리에서 일어나 여러분이 무엇을 이야기하고 싶어하는지 알려라. 사람들이 여러분과 함께할 것이다. 원격 팀에서라면 그룹 채팅에 해당 주제를 선언하고, 참여할 사람들을 화상 회의에 초대하라. 더 자세한 내용은 '필요할 때마다 들르라(p.154)' 내용을 참조하라.

객관화 프로그래밍

집단 코드 오너십을 위해서는 자아를 어느 정도 버려야 한다. 여러분의 코드가 아니라 **여러분의 팀** 코드에 자부심을 가져라. 여러분이 작성한 코드를 누군가가 수정하는 것에 불평하지 말고, 여러분이 코드에 대한 작업을 하지 않아도 코드가 개선되는 방식을 즐겨라. 개인적인 비전을 고집하지 말고, 팀 동료들과 디자인 가능성에 관해 논의하고 공유된 해결책에 합의하라.

집단 오너십은 팀원들 사이에 좋은 코드를 만들겠다는 공동의 커밋먼트를 요구한다. 문제를 발견했다면 수정하라. 새로운 코드를 작성할 때는 다른 누군가가 여러분이 만든 문제를 해결할 것이라 가정하지 말라. 여러분이 작성할 수 있는 최고의 코드를 작성하라.

한편 집단 코드 오너십은 여러분이 완벽하지 않아도 된다는 것을 의미한다. 여러분이 작성한 코드가 작동하지만 더 좋게 개선할 방법을 모른다면 그대로 두라. 필요할 때 다른 누군가가 코드를 개선할 것이다.

반대로 여러분이 '다른 사람이 작성한' 코드(물론 '다른 사람이 작성한' 코드가 아니라 여러분의 것이다!)에 대한 작업을 한다면, 코드로 작성자에 대한 개인적인 판

> 항상 여러분이 코드를 발견했을 때보다 조금 더 좋게 만들어라.

단을 내리고 싶은 유혹을 피하라. 항상 여러분이 코드를 찾았을 때보다 조금 더 좋게 만

들어라. 개선의 기회를 발견했다면 부끄러워하지 말라. 누군가에게 허락을 구할 필요는 없다. 개선하라!

갈등 없는 협업

먼저 집단 코드 오너십은 갈등의 기회다. 동료들의 업무 스타일에 관한 사소한 성가심은 밝은 보라색 형광펜으로 밑줄을 두 줄 긋는다. 이는 정말 좋은 일이며, 여러분의 스타일을 맞출 수 있는 기회가 되기 때문이다. 하지만 처음에는 다소 답답할 수 있다.

프로세스가 잘 진행되도록 하기 위해 정렬 차터링 세션에서 중요한 코딩, 디자인, 아키텍처 표준을 결정한다. 집단 코드 오너십을 처음 도입할 때는 1~2주 정도 몹 프로그래밍을 시도해 중요한 차이를 발견하라. 일치하지 않는 부분을 회고에서 논의하고, 이를 해결할 계획을 만들어라. 팀 다이내믹에 주의를 기울이라.

함께 보기

정렬(p.204)
몹 프로그래밍(p.520)
회고(p.450)
팀 다이내믹(p.461)

몹 프로그래밍을 이용하지 않는다면 일상 업무에서 서로의 발을 밟지 않도록 하는 방법을 찾아야 할 것이다. 데일리 스탠드업 회의는 간결하고 집중력 있게 진행되는 한 이를 위한 좋은 방법이다. 특히 여러분의 자리에 앉아서 태스크 플래닝 보드를 볼 수 있다면 상황 인식을 유지할 수 있다.

함께 보기

스탠드업 회의(p.357)
태스크 플래닝(p.307)
페어 프로그래밍(p.505)
지속적인 통합(p.550)

페어 프로그래밍을 이용하면 다른 사람들의 변경을 파악할 수 있다. 여러분의 파트너는 종종 여러분이 깨닫지 못한 변경을 눈치챌 것이며, 여러분 역시 그럴 것이다. 그렇지 않은 경우 페어 프로그래밍을 통해 다른 페어에게 요청하기가 더 쉽다. 페어를 이루는 사람들은 작업 진행을 방해받지 않으면서 방해를 처리할 수 있다. 한 사람은 파트너가 방해를 처리하는 동안 작업을 계속 진행한다.

사실 핵심은 사람들이 어려움에 처했을 때 누군가에게 도움을 요청하도록 격려하는 것이다. 팀원 중 다른 누군가가 이미 답을 알고 있는 문제를 해결하기 위해 30분 동안 머리를 쥐어 싸매는 것은 아무런 의미가 없다.

마지막으로 지속적인 통합은 고통스러운 병합의 충돌을 방지하고, 모든 사람의 코드를 동기화할 수 있다.

익숙하지 않은 코드로 작업하기

여러분이 **지식 사일로**knowledge silos를 가진 프로젝트, 즉 한두 명만 이해하고 있는 코드에서 작업한다면 집단 코드 오너십이 다소 위압적으로 보일 수 있다. 여러분이 이해하지 못하는 코드에 대한 오너십을 어떻게 가질 것인가?

적어도 시작에 있어서는 몹 프로그래밍이 최선의 선택일 수 있다. 몹 프로그래밍을 이용하면 전체 팀이 빠르게 지식을 공유할 수 있다. 몹 프로그래밍이 여러분의 취향에 맞지 않는다면 페어 프로그래밍이 효과가 있을 것이다.

페어링을 이용해 지식을 확장하려면 여러분이 이해하지 못하는 태스크에 대한 자발적인 작업을 해야 한다. 그 시스템에 관해 아는 이들에게 여러분과 페어 프로그래밍을 하도록 요청하라. 페어 프로그래밍을 하는 과정에서는 그저 가만히 앉아 지켜보고 싶은 유혹을 이겨내라. 대신 키보드에 손을 올리고 그들에게 가이드를 부탁하라. 키보드를 통제함으로써 흐름을 제어하라. 질문을 하고, 여러분이 요청받은 것을 이해했는지 확인하라. 더 자세한 내용은 '페어링을 통해 가르치기(p.511)'를 참조하라.

아무도 코드를 이해하지 못한다면 추론 스킬을 연습하라. 코드의 모든 행을 정확하게 이해할 필요는 없다. 잘 디자인된 시스템이라면 여러분은 각각의 패키지, 이름 공간 또는 폴더가 어떤 역할을 하는가만 알면 된다. 그 후 여러분은 상위 레벨 클래스의 책임과 메서드의 동작을 그들의 이름에서 추론할 수 있다. 더 자세한 정보는 '디자인 역 엔지니어링하기(p.655)'를 참조하라.

잘 작성된 테스트는 문서이자 안전망safety net의 역할도 한다. 테스트의 이름을 살펴보면 해당 프로덕션 코드가 무엇을 하는지 알 수 있다. 소프트웨어가 어떻게 동작하는지 모른다면 코드를 바꾼 뒤 테스트 코드의 결과를 확인해 보라. 효과적인 테스트 세트는 여러분의 가정이 잘못됐을 때 알려준다.

> **함께 보기**
>
> 테스트 주도 개발(p.564)
> 리팩터링(p.598)

학습을 마쳤다면 코드를 리팩터링해서 여러분의 개선된 이해도를 반영하라. 혼동되는 이름을 수정하거나 변수 및 함수를 추출하라. 이를 통해 여러분의 이해를 코드로 바꾸고, 다음에 코드를 볼 사람을 도우라. 아를로 벨시의 '프로세스로서의 이름 짓기^{Naming as a Process}' 기법은 이를 훌륭하게 공식화했다[Belshee2019].

여러분이 잘못 디자인되고, 누구도 이해할 수 없으며, 어떠한 테스트도 없는 코드로 작업하고 있다면 잃을 것이 없다. **특성 분석 테스트**^{characterization test}를 이용해 안전하게 리팩터할 수 있다. 더 자세한 내용은 '기존 코드에 테스트 추가하기(p.595)'를 참조한다.

프로그래머를 위한 이점

> 물론 아무도 그것을 이해할 수 없다. 그것은 직업 비밀이다!
>
> – 오래된 프로그래머의 농담

집단 오너십은 **조직** 관점에서는 매우 상식적이다. 이는 리스크를 줄이고, 사이클 타임을 개선하며, 코드에 더욱 신경을 쓰도록 함으로써 품질을 개선한다. 하지만 **프로그래머**에게도 이점이 있을까? 집단 오너십으로 인해 여러분의 기여를 인정받기가 더 어려워지는 것은 아닌가?

솔직히 말하자면 그럴 수 있다. '해로운 인사 정책을 바꿔라(p.81)'에서 설명한 것처럼 애자일은 여러분의 조직에 개인의 영웅적 행동보다 **팀**의 기여를 인정하고 가치를 두도록 요구한다. 여러분의 조직이 그렇지 않다면 집단 코드 오너십은 적합하지 않을 수 있다.

조직이 팀워크에 가치를 둔다 하더라도 훌륭한 코드를 여러분의 손에서 놓기는 쉽지 않다. 특히 영리하거나 우아한 해결책에 대한 공로를 인정받고자 하는 욕구는 억제하기 어려울 수 있다.

그러나 이는 사실 프로그래머로서의 여러분에게도 **좋다**. 그 이유가 궁금한가? 전체 코드베이스가 여러분의 것이기 때문이다. 수정뿐만 아니라 지원과 개선도 여러분의 몫이다. 여러분의 기술적인 스킬을 확장하게 된다. 새로운 디자인과 코딩 기법을 팀의 다른 구성원으로부터 배울 수 있다. 여러분이 가진 전문성을 다른 사람들에게 알려줌으로써 여러분은 멘토링 스킬도 익힐 수 있다.

여러분이 작성한 모든 코드에 대한 유지보수의 부담을 덜 수 있다. 전체 팀이 여러분을 지지할 것이다. 시간이 지나면서 여러분과 팀원들은 서로의 코드에 관해 알게 되고, 여러분은 질문이나 긴급 상황으로 불려가지 않고도 편안하게 휴가를 즐길 수 있게 된다.

처음에는 시스템의 어떤 부분에서 작업하는지 모르는 상태에서 작업하기가 두렵겠지만, 이내 편안해진다. 밤을 새거나 주말을 온전히 투자해야 할 긴 하위 프로젝트는 더 이상 존재하지 않는다. 여러분은 다양성과 도전, 변화를 얻을 것이다. 시도해 보라. 분명 마음에 들 것이다.

질문

우리는 정말로 뛰어난 프론트엔드 개발자/데이터베이스 프로그래머/확장성 전문가를 보유하고 있다. 이런 스킬을 활용하는 것은 어떨까?

당연히 활용하라! 집단 코드 오너십은 모두가 시스템의 모든 부분에 기여한다는 것을 의미하지만, 여전히 전문가들이 그러한 활동을 이끌게 해야 한다.

어떻게 모든 사람이 전체 코드베이스를 학습할 수 있는가?

사람들은 자연히 시스템의 특정 부분에 끌린다. 그들은 특정한 영역에서 전문가가 된다. 모두가 전체 코드베이스에 관해 일반적으로 이해할 수는 있지만, 모든 세부 사항을 알지는 못한다.

함께 보기

단순한 디자인(p.638)
테스트 주도 개발(p.564)
페어 프로그래밍(p.505)
몹 프로그래밍(p.520)

여러 가지 방법을 통해 이런 접근 방식을 사용할 수 있다. 단순한 디자인과 코드 명확성에 집중하는 것은 낯선 코드를 쉽게 이해하는 데 도움을 준다. 테스트는 안전망이자 문서의 역할을 한다. 페어링과 모빙을 이용하면 여러분이 알지 못하는 세부 사항을 아는 사람들과 협업할 수 있다.

우리 팀의 다른 프로그래머는 다른 제품을 책임진다. 팀이 이 모든 제품을 집단적으로 소유해야 하는가?

여러분이 단일 팀에서 조합된 프로그래머를 데리고 있다면 그렇다. 전체 팀은 그들의 모든 코드를 책임져야 한다. 여러 팀을 데리고 있다면 확장성에 대한 접근 방식에 따라 팀 사이의 오너십 공유 여부를 결정하라. 더 자세한 내용은 6장을 참조하라.

전제 조건

집단 코드 오너십은 사회적으로 어렵다. 어떤 조직은 개인의 보상과 책임을 포기하는 데 문제를 겪는다. 어떤 프로그래머는 개인의 신용을 얻는 데 어려움을 겪거나, 특정한 프로그래밍 언어 사용을 거부하기도 한다. 이런 이유가 있기 때문에 집단 코드 오너십을 시도하기 **전에는** 관리자와 팀원 사이에 충분한 대화를 해야 한다. 이런 우려 사항은 애자일의 시도 여부에 관한 초기 논의에 포함돼야 하며(5장 참조), 정렬 세션 과정에서 다시 다뤄져야 한다.

함께 보기

정렬(p.204)
안전감(p.171)
팀 룸(p.150)
태스크 플래닝(p.307)
스탠드업 회의(p.357)
몹 프로그래밍(p.520)
페어 프로그래밍(p.505)
지속적인 통합(p.550)
단순한 디자인(p.638)
테스트 주도 개발(p.564)

안전은 중요하다. 팀원들이 비판을 표현하거나 받는데 안전하다고 느끼지 않거나, 그들이 아이디어나 우려 사항을 드러냈을 때 공격을 받는다고 두려워한다면 그들은 코드 오너십을 공유하지 못할 것이다. 대신 작은 세력권이 나타난다. "그 코드는 아직 바꾸지 마세요. 안토니가 해당 변경에 관해 동의하는지 먼저 이야기해야 합니다."

집단 오너십을 위해서는 좋은 커뮤니케이션이 필요하다. 물리적이든 가상이든 사람들이 자유롭게 소통할 수 있는 팀 룸이 필요하다. 태스크 플래닝과 태스크 보드를 이용해 사람들이 작업을 이해하도록 돕고, 스탠드업 회의를 통해 작업을 조정하라.

팀 전체에 변경에 관한 지식이 확산됐는지 보장할 수 있어야 한다. 누구나 언제든 수정할 수 있기 때문에 길을 잃기 십상이다. 몹 프로그래밍이나 페어 프로그래밍은 이를 위한 가장 쉬운 방법이다. 그러나 몹이나 페어 프로그래밍을 할 수 없다면 변경에 관한 커뮤니케이션을 위해 추가 노력을 해야 한다. 보통 코드 리뷰만으로는 충분하지 않다. 대부분의 사람들은 본능적으로 문서화를 해결책으로 이용하지만, '대면 대화(p.152)'에서 설명한 것처럼 문서화에는 많은 비용이 든다. 더 가벼운 해결책을 먼저 시도하라. 매일 30분 정도의 '디자인 요약'을 통해 새로운 아이디어나 최근의 변경 사항에 관한 논의한 것도 좋은 방법이다.

집단 코드 오너십은 사람들이 동일한 코드에서 작업할 가능성을 높이기 때문에, 여러분은 고통스러운 병합 충돌의 가능성을 최소화해야 한다. 지속적인 통합이 가장 좋은 선택지가 될 것이다. 새로운 코드베이스에서는 코드 자체가 적어서 병합 충돌이 훨씬 자주 일어난다. 몹 프로그래밍은 장기적으로 이용할 계획이 없더라도 코드베이스를 단단히 만드는 좋은 방법이다.

반드시 필요한 것은 아니지만 단순한 디자인과 테스트 주도 개발 역시 집단 코드 오너십을 이용한 팀에 시도해볼 수 있는 좋은 아이디어다. 이 프랙티스를 이용하면 더 이해하고 변경하기 쉬운 코드를 만들 수 있다.

이런 많은 전제 조건에도 불구하고, 집단 코드 오너십은 필요한 조건만 만족되면 시도해보기 쉬운 프랙티스다. 팀의 모든 구성원이 코드의 어느 부분에서든 작업할 수 있고, 필요할 때마다 도움을 구하거나 제공할 수 있다는 공동의 합의만 있으면 된다. 모든 사람이 코드의 전체를 알 필요도 없다. 팀원들은 그저 코드의 낯선 부분에 관한 작업을 할 때 질문을 할 수 있고, 그 질문에 도움을 줄 수 있을 만큼 관대하기만 하다면 충분하다.

지표

여러분의 팀이 집단 코드 오너십을 잘 연습한다면:

- □ 팀원은 지속적으로 코드의 모든 부분을 조금씩 개선한다.

- □ 팀원들이 허가를 받지 않고 코드를 변경하는 것에 대해 누구도 불평하지 않는다.

- □ 처음 작성했던 코드에서 다시 작업할 때, 여러분의 개입 없이 코드가 개선된 것을 발견한다.

- □ 팀원이 팀을 떠나거나 휴가를 가더라도, 팀의 나머지 구성원들이 아무런 방해 없이 그들의 작업을 처리한다.

대안과 실험

집단 코드 오너십의 주요 대안은 **약한 코드 오너십**weak code ownership과 강한 코드 오너십strong code ownership이다. 약한 코드 오너십의 경우 구성원들은 코드의 모든 부분을 수정할 수 있지만, 일부 프로그래머가 품질을 책임지므로 그들과 변경 사항에 관해 조정해야 한다. **강한 코드 오너십**의 경우 모든 변경 사항은 소유자를 통해 이뤄진다.

약한 코드 오너십이 강한 코드 오너십보다는 낫지만, 이 두 접근 방식 모두 팀워크를 강조하는 애자일과는 거리가 멀다. 페어링이나 모빙을 이용하지 않는 팀 또는 코드를 발견했을 때보다 조금 더 개선하는데 문제가 있는 사람들에게는 이 두 접근 방식이 유용할 수 있다.

그러나 가능하다면 집단 코드 오너십을 이용하도록 시도해 보라. 집단 오너십은 자주 간과되는 애자일의 아이디어 중 하나지만 사실 매우 필수적이다. 집단 오너십이 항상 집단 **코드** 오너십을 의미하지는 않지만, 나는 이것이 등식의 중요한 부분이라고 생각한다. 집단 코드 오너십이 없이도 유창한 **전달하기** 팀을 구성할 수 있을지 모르지만, 적어도 나는 아직 보지 못했다. 유창한 **전달하기** 팀으로서 충분히 많은 경험을 쌓기 전까지 이 프랙티스를 고수하라.

페어 프로그래밍

대상
개발자, 전체 팀

우리는 서로 성공하도록 돕는다.

누군가 어깨 너머로 하루 종일 당신이 무엇을 하는지 보기를 원하는가? 누군가가 코딩하는 것을 지켜보면서 음침한 침묵 속에 여러분의 시간 중 절반을 낭비하고 싶은가?

당연히 그렇지 않을 것이다. 다행히 페어 프로그래밍은 그런 방식으로 작동하지는 않는다.

페어 프로그래밍에서는 두 사람이 같은 컴퓨터에서 작업하면서 같은 시간에 같은 일을 한다. 페어 프로그래밍은 가장 논란이 많은 애자일 아이디어이기도 하다. 두 사람이 같은 컴퓨터에서 작업한다? 이상하다. 페어 프로그래밍은 대단히 강력하며, 여러분이 익숙해진다면 대단히 큰 즐거움을 준다. 내가 아는 대부분의 프로그래머는 한 달 정도 페어 프로그래밍을 경험하자 혼자 프로그래밍하는 것보다 페어 프로그래밍을 선호하게 됐다.

가장 중요한 것은 페어 프로그래밍이 집단 코드 오너십을 달성하고, 팀 단위로 코드에 협업하는 가장 효과적인 방법의 하나라는 점이다.

함께 보기

집단 코드 오너십(p.496)

왜 페어링을 해야 하는가?

페어링은 단순히 지식을 공유하는 데서 멈추지 않는다. 페어링을 하면 결과물의 품질도 향상된다. 페어 프로그래밍은 여러분 두뇌의 힘을 두 배로 늘려 주기 때문이다.

페어 프로그래밍을 할 때 한 사람은 **드라이버**가 된다. 드라이버는 코드를 작성한다. 다른 한 사람은 **내비게이터**가 된다. 내비게이터는 생각을 한다. 내비게이터로서 때때로 여러분은 드라이버가 키보드로 무엇을 입력하고 있는지 생각한다(그렇지만 세미 콜론이 빠졌다고 지적하지 말라. 굉장히 짜증난다). 때때로 여러분은 다음에 무엇을 해야 할지 생각한다. 때때로 여러분은 전체 디자인에 여러분의 작업이 가장 잘 들어맞는 방법을 생각한다.

이런 정렬을 통해 드라이버는 큰 그림에 관해 걱정하지 않고, 엄격하고 구문적으로 올바른 코드를 만드는 전술적 과제를 자유롭게 수행할 수 있다. 그리고 내비게이터는 코딩의 세부 사항에 주의를 빼앗기지 않고 전략적 문제에 관해 고려할 수 있다. 드라이버와 내비게이터가 함께 작업하면 각자 두 가지 역할을 동시에 할 때 만들 수 있는 것보다 더 빠르게 높은 품질의 결과물을 만들 수 있다.[2]

페어링은 또한 좋은 프로그래밍 스킬을 강화한다. **전달하기** 프랙티스를 실천하려면 많은 자기 훈련이 필요하다. 페어링을 할 때 여러분은 할 일을 해야 한다는 긍정적인 동료의 압력을 받는다. 여러분은 또한 팀 전체에 코딩 지식과 팀을 확산시킬 것이다.

놀랍게도 여러분은 완전히 코드에 집중하는 생산성이 높은 상태인 **몰입**flow 상태에서 더 많은 시간을 보낼 것이다. 이는 여러분이 혼자 작업할 때의 몰입과는 완전히 다르며, 방

---

2   한 연구 결과에 따르는 페어 프로그래밍은 개별 작업을 할 때보다 15% 정도의 노력을 더 요구하지만, 더 빠르게 결과물을 만들어 내고 결함도 15% 적다[Cockburn2001]. 모든 팀은 다르므로 이 결과는 절대적이지는 않다.

해에 더 탄력적이다. 우선 여러분이 다른 사람과 함께 일하고 있으면 사무실의 동료가 방해할 가능성이 훨씬 적다는 것을 알게 될 것이다. 만약 누군가 방해한다면 페어 중 한 명이 그 방해를 처리하고, 다른 한 명은 계속 작업한다. 또한 주변 소음이 덜 산만함을 알게될 것이다. 페어링 파트너와 대화함으로써 작업에 계속 집중할 수 있다.

이것뿐만 아니라 페어링은 실제로 매우 재미있다. 늘어난 두뇌의 힘은 여러분이 장애물을 더 쉽게 지나가도록 돕는다. 대부분의 경우 현명하고도 생각이 비슷한 사람들과 협업하게 된다. 또한 손목이 아프다면 키보드를 파트너에게 넘기고 계속해서 생산성을 유지할 수 있다.

페어링 스테이션

페어 프로그래밍을 즐기려면 대면 팀이든 원격 팀이든 좋은 업무 공간이 필요하다. 대면팀에서는 두 사람이 나란히 앉을 수 있는 충분한 공간을 확보하라. 구석에 모니터를 둔일반적인 칸막이 방은 효과가 없다. 이 공간은 불편하며, 한 사람이 다른 사람 뒤에 앉게된다. 결과적으로 동료 협업이라는 의미에 대한 심리적 장벽과 물리적 장벽을 추가한다.

좋은 페어링 스테이션을 만들기 위해 멋진 가구가 필요한 것도 아니다. 깔끔한 테이블 하나면 충분하다. 폭 180cm 정도의 테이블이면 두 사람이 편안하게 나란히 앉을 수 있다. 각 테이블에는 고성능 개발 워크스테이션이 필요하다. 두 개의 키보드와 두 개의 마우스를 연결해서 각자 한 세트씩 이용할 수 있게 하라. 사람들이 선호하는 키보드나 마우스가 있다면 그것을 가져와서 이용할 수 있다. 이 경우에는 USB 포트를 쉽게 이용할 수 있도록 해야 한다.

두 사람 모두가 명확하게 볼 수 있도록 대형 모니터에 돈을 많이 써라. 특히 글꼴 크기나 색상과 관련해 사람들의 시각적 요구사항의 차이를 존중해야 한다. 어떤 팀은 두 개의 외부 모니터를 미러링한 세 개의 모니터를 이용해, 각 사람은 자신의 앞에 있는 모니터의 코드를 볼 수 있게 하고, 중간 모니터를 추가 자료로 이용한다. 이런 환경을 이용할 경우에는 마우스가 바탕화면 가장자리를 감싸도록 하는 유틸리티를 설치해 보라. 두 프로그래머가 모두 가운데 화면을 쉽게 이용할 수 있다.

원격 팀이라면 협업 코드 편집기와 비디오 화상 기기를 준비하라. 여러 스크린을 준비해 서로의 얼굴과 코드를 동시에 볼 수 있게 하라.

CodeTogether, Tuple, Floobits, Visual Studio의 Live Share 같이 협업 편집을 위한 다양한 IDE 플러그인 및 독립 실행형standalone 도구를 이용할 수 있다. 화상 회의 도구를 통해 화면을 공유할 수도 있지만, 협업 코드 편집기를 이용하면 드라이브를 훨씬 쉽게 전환할 수 있다. 그러나 화면 공유를 이용해야 하는 경우라면 코드를 임시 작업 브랜치로 분기한 뒤 푸시해서 제어 권한을 넘길 수도 있다. 약간의 스크립트를 작성해 이런 프로세스를 자동화하라.

제프 랭어Jeff Langr는 원격 코드 협업 옵션에 관한 좋은 정보를 제공한다[Langr2020].

페어링 방법

나는 모든 프로덕션 코드에 대해 페어링할 것을 권장한다. 페어링을 항상 하지는 않지만 자주 하는 팀은 개인이 작성한 코드에서 더 많은 결함을 발견한다고 말한다. 이는 페어링이 더 높은 품질의 코드를 생성한나는 [Cockburn2001] 같은 페어 프로그래밍 연구 결과와 일치한다. 경험에 따르면 테스트와 자동화를 포함해 유지 관리해야 하는 모든 항목에 대해 페어링하는 것이 좋다.

태스크에 관한 작업을 시작할 때 다른 프로그래머에게 협업을 요청하라. 누군가 여러분에게 도움을 요청한다면 시간을 내어 그들을 도우라. 관리자가 파트너를 지정해서는 안된다. 페어링은 유동적이다. 자연스럽게 만들어지고 하루 종일 움직인다. 일주일 동안 팀의 모든 개발자와 페어링을 하라. 이를 통해 팀의 결속력이 향상되고 팀 전체에 스킬과 지식이 확산될 것이다.

새로운 관점이 필요하다면 파트너를 바꾼다. 나는 보통 답답하거나 막힐 때 파트너를 교대한다. 한 사람이 계속 작업을 수행하도록 하고, 새로운 파트너에게 작업 속도를 내도록 하라. 때로 새로운 사람에게 문제를 설명하는 것만으로도 문제 해결에 도움이 된다.

막힌다고 느껴지지 않더라도 하루 중 여러 차례 파트너를 바꾸는 것도 좋은 아이디어다.

이는 모든 사람에게 충분한 정보를 제공하고 빠르게 이동하도록 돕는다. 나는 태스크를 마칠 때마다 파트너를 바꾼다. 큰 태스크에 관한 작업을 할 때는 4시간 안에 파트너를 바꾼다.

파트너를 교대함으로써 새로운 관점을 확보하라.

일부 팀은 파트너 교대 간격을 엄격하게 정의한다. [Belshee2005]에서는 90분 간격으로 파트너를 전환했을 때 관찰한 흥미로운 결과를 보고한다. 이것은 짝을 바꾸는 좋은 습관을 들이는 방법일 수 있지만, 먼저 모든 구성원이 그것을 시도할 의향이 있는지 확인해야 한다.

페어링을 위해 자리에 앉았을 때 물리적으로 편안한지 확인하라. 같은 공간에서 작업한다면 파트너와 의자를 옆으로 나란히 놓고, 각자의 개인적인 공간을 확보하고, 모니터가 잘 보이는지 확인하라. 드라이버를 할 때는 키보드를 정확히 여러분의 앞에 놓으라. 페어링을 처음 하는 사람들은 키보드와 마우스를 자신에게 가까이 옮기지 않고 몸을 비틀어 키보드와 마우스를 조작하기도 한다. 이런 행동에 주의하라.

여러분과 파트너의 개인적인 선호도에 관해서도 잠시 시간을 들여 확인하라. 드라이버를 할 때 내비게이터가 스스로 생각할 시간을 주기를 원하는가? 아니면 당신이 코딩을 멈추거나 생각할 필요가 없도록 그들이 일을 계속하기를 원하는가? 내비게이터를 할 때 드라이버가 생각을 말로 표현해서 그들이 어디로 가는지 여러분이 이해할 수 있기를 원하는가? 아니면 다음 해야 할 일에 집중할 수 있기를 원하는가? 드라이버와 내비게이터의 역할을 엄격하게 분리하기를 원하는가? 아니면 캐주얼하고 비공식적인 접근 방식을 원하는가?

드라이버를 할 차례가 됐을 때, 처음에는 서툴고 손이 떨리는 느낌을 받을 수 있다. 내비게이터가 여러분보다 더 빠르게 아이디어와 문제를 본다고 느낄 수도 있다. 내비게이터는 운전자보다 생각할 시간이 더 많다. 여러분이 내비게이터가 되면 그 상황이 반전된다. 시간이 지나면 자연스럽게 느껴질 것이다.

페어는 대화를 통해 코드를 만든다. 작업할 때는 큰 소리로 생각하라. 테스트 주도 개발이 효과적인 작은 단계를 밟아 가설, 단기 목표, 일반적인 방향 및 관련된 모든 이력을 이야기하라. 무언가 혼란스러운 점이 있다면 질문을 하라. 그 논의를 통해 여러분은 물론 파트너도 무언가 깨달을 것이다.

함께 보기

테스트 주도 개발(p.564)

페어링할 때는 드라이버와 내비게이터의 역할을 자주 바꿔라. 적어도 30분에 한 번씩은 바꾸고, 가능하다면 몇 분마다 바꿔라. 여러분이 내비게이터 역할을 하는 도중, 드라이버에게 어떤 키를 누를지 이야기하는 여러분을 발견한다면 키보드를 요청하라. 여러분이 드라이버 역할을 하는 도중 휴식이 필요하다면 여러분의 내비게이터에게 키보드를 전달하라.

하루를 마무리할 때는 매우 피곤함을 느낄 것이다. 페어링은 일반적으로 혼자 작업할 때보다 열심히 일하고 더 많은 것을 달성한 것처럼 느껴진다. 매일 페어링할 수 있는 능력을 유지하기 위해 활력 넘치는 작업을 연습하라.

함께 보기

활력 넘치는 업무(p.215)

효과적인 내비게이팅

내비게이팅할 때 여러분은 흐름을 깨고 들어가 파트너에게서 키보드를 빼앗고 싶은 충동을 느낄 수도 있다. 인내심을 가져라. 여러분의 드라이버는 말과 코드로 아이디어를 제공할 것이다. 그들은 오타를 내거나 약간의 실수도 할 것이다. 그들이 스스로 수정할 수 있는 시간을 주라. 여러분은 남는 시간을 더 큰 그림에 관해 생각하는 데 사용하라. 어떤 다른 테스트를 작성해야 하는가? 이 코드가 시스템의 나머지 코드와 어떻게 어울리는가? 제거해야 하는 중복이 있는가? 코드를 더 명확하게 만들 수 있는가? 전체적인 디자인이 더 나아질 수 있는가? 다듬어야 할 마찰이 있는가?

드라이버가 무엇을 필요로 하는지에도 주의를 기울여라. IDE나 코드베이스에 익숙하지 않은 사람들은 구체적인 가이드가 필요할 수도 있다. 하지만 마이크로 매니지먼트의 충동은 피하라. 그들이 원한다면 스스로 생각할 수 있는 여유를 제공하라.

내비게이터로서 여러분의 역할은 드라이버가 생산적일 수 있게 돕는 것이다. 다음에 무슨 일이 일어날지 생각하고 제안을 준비하라. 나는 내비게이터를 할 때 내 앞에 인덱스 카드를 두는 것을 좋아한다. 내가 무언가를 생각할 때 드라이버를 방해하는 대신, 나는 인덱스 카드에 아이디어를 적은 뒤 드라이버가 행동을 멈추길 기다린다. 페어링 세션이 끝나면 인덱스 카드를 찢어서 버린다.

마찬가지로 질문이 생기면 드라이버가 작업하는 동안 잠시 시간을 들여 대답을 찾는다. 어떤 팀은 이를 지원하기 위해 보조 랩톱을 지참하기도 한다. 몇 분 이상의 시간이 필요하다면 코

함께 보기
스파이크 솔루션(p.613)

딩을 멈추고 해결책을 함께 찾는다. 이런 경우에는 종종 떨어져서 각자 질문에 대한 답을 찾은 뒤 학습한 내용을 공유하는 방법이 최선이기도 한다. 스파이크 솔루션 역시 강력한 접근 방식이다.

물론 일반적으로 내비게이터가 드라이버에 비해 생각할 시간이 더 많지만, 그렇다고 해서 드라이버가 마음이 없는 자동 기계라는 의미는 아니다. 그들 역시 디자인 아이디어를 갖고 있다. 드라이버가 그들의 생각을 공유하도록 독려하라. 그들이 디자인 아이디어를 제시하면 메모해 두라고 요청하라. 만약 여러분이 까다로운 디자인 질문을 받았다면 코딩을 멈추고, 화이트보드를 가져와서 아이디어를 검토하는 데 함께 시간을 쓰는 것도 좋다.

페어링을 통해 가르치기

페어링이 동료 협업에서 가장 잘 작동하기는 하지만, 때로는 다른 수준의 경험을 가진 사람들이 협업하기도 할 것이다. 이때는 동료의 균형을 맞추는 것이 중요하다. 각 구성원이 갖고 있는 스킬을 강조하라. 한 사람이 다른 사람에게 코드를 가르쳐줘야 한다면 이를 학습자의 능력 부족 또는 교사의 우월이 아니라 쉽게 고칠 수 있는 지식의 부족으로 다루라.

여러분의 파트너에게 코드의 일부를 빠르게 알려줘야 한다면 인내심을 가져야 한다. 파트너에게 코드 작동 방식을 가르치는 동안에는 속도가 느려지지만, 그 목

> 목표는 팀의 성과를 최대화하는 것이다.

표는 **여러분**의 성과가 아닌 **팀**의 성과를 최대화하는 것이다. 훌륭한 개발자는 빠르게 잘 작업하지만, 최고의 개발자는 **모든 사람이** 그렇게 하도록 돕는다.

페어링을 이용해서 누군가에게 코드를 가르칠 때는 그들이 먼저 드라이버 역할을 하게

하라. 그들이 속도를 조절할 것이다. 그들에게 가이드를 제공할 때는 정확하게 무엇을 해야 할지 가르치지 않도록 주의하라. 대신 큰 그림에서의 방향을 제공하라. 화이트보드 다이어그램에서 시작하는 것도 좋다. 세부적인 사항은 그들이 생각할 수 있게 여유를 주라.

예를 들어 서비스를 변경할 때는 "SuperMailClient를 변경해야 합니다. source…를 클릭하고, 이제 infrastructure를 클릭하고, 다음은 rest를 클릭하고…" 같이 **말하지 말라**. 대신 컨텍스트와 방향을 제시하라. "우리는 거래용 메일 벤더인 SuperMail을 BetterMail로 교체할 것입니다. 이 둘은 모두 REST APIs를 이용하고 있으므로 SuperMail 래퍼를 BetterMail로 교체하기만 하면 됩니다. (화이트보드에 프로젝트의 구조를 스케치한다) 모든 REST 클라이언트는 infrastructure/rest 폴더에 있으며, 클라이언트별로 고유의 래퍼를 가갖 있습니다." 그 뒤 여러분의 파트너가 프로젝트 파일을 탐색하고, 해당 파일을 찾아 스스로 작업하도록 하라.

여러분이 가르치는 사람이 그들의 방식을 찾는다면 이제 역할을 변경할 수 있다. 그들이 내비게이터 역할을 하고 **여러분에게** 다음으로 무엇을 해야 할지 말해줄 것을 요청하라. 하지만 주의하라. 여러분이 드라이버 역할을 할 때는 여러분이 알고 있는 것을 하기 위해 서두르는 유혹에 빠지기 쉽다. 가르치는 기법으로 페어 프로그래밍을 이용한다면, 그런 유혹을 버리고 여러분의 파트너가 속도를 낼 수 있게 하라.

도전 과제

페어링은 처음에는 어색하거나 불편할 수 있다. 이런 감정은 자연스러운 것이며 보통 한두 달 후에 사라진다. 다음은 몇 가지 일반적인 문제와 그 해결 방법이다.

편안함

반복한다. 불편한 페어링은 재미가 없다. 페어링을 할 때 편안하게 앉을 수 있도록 위치와 장비를 조정하라. 책상에서 잡동사니를 치우고 다리, 발, 무릎을 위한 공간이 충분한지 확인하라. 글꼴 크기 및 모니터 위치에 대해 파트너와 확인하라. 원격으로 페어링한다면 모든 도구가 잘 설정됐고 마찰이 없는지 시간을 들여 확인하라.

어떤 사람들(나처럼)은 더 많은 개인 공간을 필요로 한다. 다른 사람들은 가까이에서 개인적으로 만나기를 좋아한다. 페어링을 시작할 때 개인적인 공간 요구사항을 논의하고 파트너의 공간에 대해 물어보라.

마찬가지로 개인 위생이 필수임은 말할 필요도 없지만 커피, 마늘, 양파, 매운 음식 같은 강한 맛은 입냄새를 유발할 수 있음을 기억하라.

내향성과 사회적 불안

내향적인 사람들은 종종 페어링이 그들에게 효과가 없을 거라고 걱정한다. 나 역시 내향적인 사람이지만 실제로 그건 사실이 아님을 발견했다. 페어링은 피곤할 수는 있지만 아이디어와

함께 보기

정렬(p.204)

결과에 집중한다. 잡담이 끼어들 여지가 없으며, 여러분이 잘 알고 존중하는 사람들과 주로 협업을 하게 된다. 페어 프로그래밍은 매우 생산적이고, 매우 지적인 협업이며, 대단히 재미있을 것이다. 내가 만난 대부분의 내향적인 사람들은 페어링을 해보고 초기 학습 곡선을 넘은 뒤에는 그것을 좋아했다.

물론 사람들은 미리 정의된 성격 특성에 완전히 들어맞지는 않는다. 사회적 불안social anxiety을 가진 사람들에게는 페어링(일반적으로 애자일)이 어려울 수 있다. 여러분이나 팀원에게 페어링이 어렵다고 생각된다면 페어링을 더 편안하게 만드는 방법이나 팀이 집단코드 오너십을 달성할 수 있는 다른 방법이 있는지 이야기를 나눠라. 정렬 세션은 이 대화를 나누기에 좋은 시간이다.

커뮤니케이션 스타일

새로운 드라이버는 때때로 파트너를 참여시키는 데 어려움을 겪는다. 이들은 키보드를 점령하고 커뮤니케이션을 중단한다. 페어링하는 동안 커뮤니케이션과 역할 전환을 연습할 때는 **핑퐁 페어링**ping-pong pairing을 고려하라. 핑퐁 페어링에서는 한 사람이 테스트를 작성한다. 다른 사람은 그 테스트를 통과하고 새로운 테스트를 작성한다. 그 다음 다시 첫 번째 사람이 테스트를 통과하고 다른 테스트를 작성하는 과정을 이터레이션한다.

시도해 볼 만한 또 다른 접근 방식은 **강력한 스타일 페어링**strong-style paring이다. 르웰린 팔코 Llewellyn Falco가 발명한 강력한 스타일 페어링에서는 모든 아이디어가 다른 사람의 손가락을 통과해야 한다[Falco2014]. 그래서 아이디어가 떠오르면 키보드를 상대에게 넘기고 그 구현 방법을 알려줘야 한다. 그리고 나서 그들이 아이디어를 떠올리면 키보드를 여러분에게 전달하고 수행할 작업을 알려준다. 비록 이것이 여러분이 항상 하고 싶은 일이 아닐지라도, 여러분의 파트너와 소통을 연습하는 좋은 방법이다.

너무 적은 커뮤니케이션의 반대는 너무 많은 커뮤니케이션, 혹은 너무 **무뚝뚝한** 의사소통이다. 코드와 디자인에 관한 솔직한 비판은 가치가 있음에도 처음에는 받아들이기 어려울 수 있다. 사람마다 기준이 다르므로 파트너가 여러분의 의견을 받아들이는 방식에 주의를 기울여라. 선언(예: "이 메서드는 너무 깁니다.")을 질문이나 제안("이 메서드를 좀 더 짧게 만들 수 있을까요?" 또는 "이 코드 블록을 새로운 메서드로 추출해야 할까요?")으로 변환해 보라. 협력적 문제 해결의 태도를 취하라. 더 많은 아이디어는 '피드백을 주고받는 방법을 학습하라(p.175)'를 참조하라.

도구와 키 바인딩

끝나지 않는 vi 대 emacs 편집기 전쟁의 희생양까지는 되지 않더라도, 동료가 이용하는 도구 기본 설정이 다소 짜증나게 느껴질 수 있다. 특정한 도구 집합에서 표준화를 시도하라. 어떤

> **함께 보기**
>
> 정렬(p.204)

팀은 표준 이미지를 만들어 버전 관리 시스템에서 관리하기도 한다. 정렬 논의 중에서 워킹 어그리먼트에 관해 논의할 때 이런 문제에 관해서도 논의하라.

키보드와 마우스는 또 다른 논쟁의 원인이 될 수 있다. 만약 그렇다면 이들까지 표준화할 필요는 없다. 입력 장치에 대한 선호도가 높은 사람은 페어링 스테이션을 변경할 때 자신의 장치를 휴대할 수 있다. 그런 경우에는 USB 포트에 쉽게 접근할 수 있는지 확인하라.

질문

두 사람이 한 가지 작업을 한다면 낭비가 아닌가?

페어 프로그래밍을 하는 동안 두 사람은 정확하게 같은 일을 하지는 않는다. 한 번에 하나의 키보드만 이용하지만 프로그래밍에는 타이핑보다 더 많은 기능이 있다. 한 사람은 프로그래밍을 하고, 다른 한 사람은 미리 생각하고, 문제를 예상하고 전략을 짠다.

팀과 조직이 페어 프로그래밍을 시도하도록 어떻게 설득할 수 있는가?

실험을 해도 되는지 허락을 구하라. 한 달 정도를 따로 마련해 모든 사람이 모든 프로덕션 코드에 대해 페어링하도록 하라. 처음 몇 주 동안은 페어 프로그래밍이 불편할 수 있으므로 한 달 동안 계속 진행해야 한다.

매니지먼트의 허락만 구하지 말라. 동료 팀원들의 동의도 받아라. 그들이 그 아이디어를 좋아할 필요는 없지만 적어도 반대를 하지 않는지 확인하라.

항상 페어 프로그래밍을 해야 하는가? 일부 코드는 그럴 필요가 없다.

일부 프로덕션 코드는 매우 이터레이션적이기 때문에, 페어가 제공하는 추가적인 두뇌의 힘이 필요하지 않다. 그러나 페어링을 포기하기 전에 여러분의 디자인에 반복이 많이 필요한 이유를 생각해 보라. 그것은 일반적인 디자인 오류의 표시다. 내비게이터의 추가 시간을 이용해 디자인 개선에 관해 생각하고, 전체 팀과 그에 관해 논의할 것을 고려하라.

> 페어링을 하는 동안 지루하다면 디자인 오류가 있다는 표시다.

내게 말을 거는 사람이 있는데 어떻게 집중할 수 있는가?

여러분이 탐색을 할 때는 드라이버보다 너무 앞서가는 문제를 겪지 않도록 해야 한다. 그런 문제를 겪는다면 드라이버에게 그들의 사고 과정을 이해할 수 있도록 큰 소리로 생각하도록 요청하거나, 속도를 제어할 수 있게 운전하도록 요청하라.

드라이버로서 여러분은 때때로 여러분이 문제를 해결하는 데 어려움을 겪을 수 있다. 내비게이터가 이를 알게 하라. 여러분이 장애물을 넘어갈 수 있도록 도움이 되는 제안을 할 수도 있다. 다른 경우에는 문제 해결을 위해 잠시 침묵이 필요할 수도 있다. 그렇게 말해도 괜찮다.

이런 상황을 너무 많이 만난다면, 너무 큰 보폭으로 걷고 있는 것일 수도 있다. 테스트 주도 개발을 이용해 작은 단계를 밟아라. 내비게이터에게 의존해 여러분이 해야 할 것을 추적하라(아이디어가 있다면 그들에게 말하라. 그들이 기록할 것이다). 다음 테스트를 통과해야 할 몇 행의 코드에만 집중하라.

함께 보기

테스트 주도 개발(p.564)
스파이크 솔루션(p.613)

여러분이 완벽하게 이해하지 못한 기술에 관한 작업한다면, 잠시 시간을 내어 스파이스 솔루션에 대한 작업을 하라. 여러분과 파트너는 함께 또는 각자 스파이크 솔루션을 작업할 수 있다.

함께 보기

몹 프로그래밍(p.520)
사각지대 발견(p.719)
제로 프릭션(p.536)

프로그래머의 숫자가 홀수라면 어떻게 해야 하는가?

팀 룸에 모빙 스테이션이 있다면 세 명이 '미니 몹mini-mob'을 만들 수 있다. 또한 프로그래머가 프로덕션 코드를 건드리지 않고도 혼자서 생산성을 높일 수 있는 방법이 있다. 새로운 기술을 조사하거나 팀이 이용하는 기술에 관해 더 많이 학습할 수 있다. 고객이나 테스터와 최근 변경에 관해 리뷰하거나, 애플리케이션을 다듬거나 탐색적 테스트exploratory testing를 할 수 있다. 팀 이메일에 답장을 하는 등 팀을 위한 관리적 태스크를 처리할 수도 있다.

또는 한 명의 프로그래머가 팀의 수용량을 개선하고자 할 수도 있다. 느린 빌드, 확률적으로 성공하는 테스트, 불안정한 빌드 파이프라인 등 팀이 겪고 있는 마찰에 관한 해결책을 조사할 수도 있다. 전체적인 디자인을 리뷰함으로써 개인의 이해를 높이거나, 문제 영역을 개선하기 위한 아이디어를 낼 수도 있다. 대규모의 리팩터링이 부분적으로 완료된 상태라면 팀은 성실한 프로그래머에게 리팩터링을 마칠 수 있도록 허가하기를 원할 수도 있다.

전제 조건

페어링을 하려면 편안한 업무 환경이 필요하다. 대부분의 사무 공간은 그런 방식으로 구성돼 있지 않다. 풀타임으로 페어링을 시도하기 전에 물리적인 공간을 정비하라. 원격 팀이라면 적절한 도구를 마련하라.

페어링을 시도하기 전에 모든 구성원이 참여하기 원하는지 확인하라. 페어링은 프로그래머의 업무 방식을 크게 변화시키기 때문에 여러분은 저항에 부딪힐 수도 있다. 나는 주로 한두 달 정도 시험적으로 운용해 보도록 요청한 **뒤** 결정한다. 효과가 없다면 파트타임으로 페어링을 시도해보거나 흥미가 있는 사람들만 참여하게 할 수 있다. 하지만 전체 팀이 풀타임으로 참여할 때 가장 효과가 높다.

몹 프로그래밍은 페어 프로그래밍보다 덜 위협적으로 느껴진다. 사람들이 페어링을 시도하기 원하지 않는다면, 혹 그들이 몹 프로그램은 대신 시도해볼 수 있는지 확인하라.

<aside>
함께 보기

몹 프로그래밍(p.520)
</aside>

지표

여러분의 팀이 페어링을 잘 수행하면:

- □ 여러분은 하루 종일 집중하고 몰입한다.

- □ 여러분은 동료들과 함께 일하는 동료애를 즐긴다.

- □ 하루를 마치면 피곤하지만 만족한다.

- □ 작은 방해가 발생하더라도 한 사람이 문제를 처리하고, 다른 한 사람이 작업을 계속한다. 이후 그들은 작업 흐름으로 즉시 돌아간다.

- □ 내부 품질이 개선된다.

- □ 지식과 코딩 팁은 팀 전체에 빠르게 확산되며, 모든 구성원의 역량 수준을 높인다.

- □ 새로운 팀원들은 팀에 빠르고 쉽게 적응한다.

대안과 실험

페어링은 매우 강력한 도구다. 모빙을 제외하고 내가 본 기법 중 그 무엇보다 효과적이다. 다른 기법을 경험하기 전에 페어링 혹은 모빙을 완전하게 시도해 보라.

대안을 고려하는 경우, 페어링을 코드 리뷰의 멋진 유형일 뿐이라고 생각하는 실수를 저지르지 말라. 페어링을 진정으로 대체하려면 다음과 같은 이점을 대체해야 한다.

코드 품질: 페어링은 코드에 관한 다양한 관점과 함께 코드에 관한 많은 대화를 제공하므로 결함을 줄이고 디자인 품질을 개선한다. 빈번하게 페어를 교대함으로써 팀원 사이에 지식이 공유

함께 보기

집단 코드 오너십(p.496)

되고, 이는 집단 코드 오너십으로 이어진다. 함께 작업함으로써 사람들이 집중할 수 있게 도우며, 자기 훈련을 지원하며 산만함을 줄인다. 생산성을 희생하지 않고도 이 모든 것을 할 수 있다.

공식적인 코드 리뷰 역시 결함을 줄이고, 품질을 개선하며, 자기 학습을 지원한다. 이런 관점에서 페어링은 그저 지속적인 코드 리뷰와 다르지 않다. 그러나 코드 리뷰는 페어링만큼의 지식을 공유할 수 없기 때문에, 여러분이 집단 코드 오너십을 이용한다면 부가적인 디자인 논의를 위해 추가 코드 리뷰를 해야 한다.

몰입: 페어링을 통해 얻을 수 이익 중 몰입은 조금 더 미묘하다. 페어링에서는 두 사람이 같은 문제에 집중하기 때문에 이는 마치 일종의 백업을 위한 두뇌를 갖고 있는 것과 유사하다. 한 사람이 산만해지면 다른 사람이 그들의 집중을 '리부트reboot'해서 빠르게 다시 돌아온다. 또한 스마트폰, 이메일, 인스턴스 메시지 및 기타 주의를 끄는 것이 유발하는 항상 존재하는 산만함을 무시하기가 더 쉽다. 페어링을 하지 않는 상황에서는 사람들이 집중할 수 있도록 돕는 다른 방안을 강구해야 한다.

협업: 페어링은 방해 요소에 대한 탄력성을 제고함으로써 팀 내부의 협업을 더 쉽게 만든다. 이상적으로 한 팀원이 질문에 부딪히면 다른 팀원이 대답할 수 있으므로, 여러분은 그들이 무작정 작업을 계속하기보다 도움을 요청하기를 원한다. 여러분이 페어링한다면 페어링 파트너가 계속 작업을 하고 있으므로 질문에 대답하는 데 거의 비용이 들지 않는다. 도움이 필요하다면 언제든지 자연스럽게 도움을 요청할 수 있다.

페어링하지 않는다면 방해에는 더 많은 비용이 따른다. 누군가의 몰입을 방해하지 않을 정도의 질문을 하기 위해 시간을 따로 떼어내야 한다. 실제로 페어링하지 않는 팀은 협업을 훨씬 적게 한다.

상황 인지와 소음 차단: 페어 프로그래밍은 덜 분명하지만 또 다른 이점을 제공한다. 실제 팀 룸에서 페어링하면 낮은 속삭임이 만들어진다. 이것이 산만함을 유발할 것이라 생각할지도 모르지만, 실제로는 두뇌가 파트너와의 상호 작용에 집중하고 있기 때문에 이 소리는 배경으로 물러난다. 그러나 이 대화는 여전히 여러분의 상황 인식을 높여준다. 이는 **칵테일 파티 효과**라고 불린다. 누군가 여러분에게 중요한 것에 관해 이야기하면, 여러분의 잠재의식은 그것을 배경에서 분리해 의식적으로 집중할 수 있게 작동한다.

페어링하지 않는 팀의 경우, 잡담은 주의를 분산시키며 집중하기 어렵게 만든다. 이런 상황에서는 독립된 사무실이나 칸막이가 있는 방(또는 헤드폰)이 더 나을 수 있다. 그렇지만 여러분은 페어링할 때와 같은 상황 인식을 얻지는 못한다.

다시 말해 페어링은 다른 애자일 프랙티스를 강화하는 것 이상의 눈에 보이지 않는 이점이 있다. 분명 이상하게 들리며, 의심을 품을 부분도 많지만 전적으로 시도해 볼 만한 가치가 있다. 아무것도 해보지 않고 손에서 놓지 말라. 페어링이 여러분의 상황에 맞지 않는다면 대신 모빙을 시도해 보라.

더 읽을거리

"On Pair Programming": 비르기타 뵈켈러^{Birgitta Böckeler}와 니나 지세거^{Nina Siessegger}가 쓴 온라인 기사다. 페어링에 관한 깊은 고찰을 제공한다[Böckeler2020].

"Promiscuous Pairing and Beginner's Mind: Embrace Inexperience": 엄격한 간격으로 페어를 교대했을 때의 이점을 흥미롭게 보여준다[Belshee2005].

"Adventures in Promiscuous Pairing: Seeking Beginner's Mind": 무차별적인 페어링의 비용과 어려움을 고찰했다. 벨시의 접근 방식을 시도해보고 싶다면 반드시 읽어봐야 한다[Lacey2006].

몹 프로그래밍

대상
전체 팀

우리는 전체 팀의 통찰력을 끌어낸다.

익스트림 프로그래밍 초기, 페어 프로그래밍이 처음 유명세를 얻었을 때 사람들은 그것을 조롱했다. "페어링이 좋다면 왜 세 명은 함께 할 수 없나! 그냥 팀 전체를 한 컴퓨터 앞에 앉히면 되겠네!"라며 비웃었다.

그들은 XP의 지위를 낮추려 했지만, 애자일 방식은 실험하고 학습하고 개선하는 것이다. 무언가 작동하지 않을 것이라 가정하지 않고 실험을 시도한다. 일부 실험은 효과가 있고, 일부는 그렇지 않다. 결과에 관계없이 우리는 학습한 내용을 공유한다.

몹 프로그래밍도 그랬다. 우디 주일은 코딩 도조coding dojos에서 그룹 교육 기법을 이용했다. 헌터 인더스트리Hunter Industries의 그의 팀은 곤경에 빠졌다. 그들은 실제 업무에서 우디의 그룹 기법을 시도하기로 결정하고, 전체 팀을 한 대의 컴퓨터 앞에 배치했다.

그것은 효과가 있었고 매우 잘 작동했다. 우디와 그의 팀은 그들이 학습한 내용을 공유했다. 그리고 이제는 전 세계에서 몹 프로그래밍을 이용하고 있다.

NOTE 일부 지역에서는 '몹 프로그래밍'이라는 용어가 불쾌한 의미를 갖기 때문에 대신 앙상블 프로그래밍이라 부른다. 우디 주일은 원래 이를 '전체 팀 프로그래밍'이라 불렀다. 하지만 그는 "나는 이름이 어떻게 불리든 상관없다고 말했다. 팀으로서 일을 잘 하는 방법을 배우는 데 가치가 있기 때문에, 사람들이 원하는 어떤 이름으로 불러도 좋다."고 말한다.[3]

몹을 하는 방법

몹 프로그래밍은 페어 프로그램의 변형 중 하나다. 페어 프로그래밍과 마찬가지로 **드라이버**가 코드를 작성하고, **내비게이터**가 방향을 제공한다. 페어 프로그래밍과 달리 전체 팀이 참여한다. 한 사람이 드라이버 역할을 하고, 다른 팀원 전체가 내비게이터 역할을 한다.

함께 보기
페어 프로그래밍(p.505)

---

3   우디 주일과의 트위터 대화에서 인용했다.

여러분이 원하는 어떤 접근 방식이든 모빙에서 시도해 보라. 우디 주일이 말한 것처럼 "어떻게 하면 협업을 더 잘할 수 있는지 알아봅시다."라는 일반 원칙 외에는 아무런 규칙이 없다.[4] 실험을 통해 여러분에게 적합한 것을 찾아라.

시작할 때는 우디 주일의 접근 방식을 시도하라. 먼저 전체 팀이 참여할 준비가 된 상태에서 시작해야 한다. 현장 고객 같은 일부 사람들은 특별히 프로그래밍에 집중하지 못할 수도 있지만 이들은 질문에 대답할 수 있으며, 프로그래머와 동일한 스토리에 대한 작업을 한다.

그 기반 위에 르웰린 팔코의 강력한 스타일 페어링을 추가한다. 모든 아이디어는 다른 사람의 손가락을 통과해야 한다[Falco2014]. 여러분이 드라이버 역할을 할 차례가 됐다면 아주 영리한 입력 장치의 역할을 해야 한다. 이 입력 장치가 얼마나 똑똑한지는 코드와 편집기에 대한 친숙도가 결정한다. 내비게이터가 "이제 오류 케이스를 처리합니다."라고 말한다면, 드라이버는 추가적인 지시 없이 4개의 테스트를 이용해 프로덕션 코드를 테스트한다. 어떤 경우에는 내비게이터가 "이제 메서드를 추출하세요."라고 말한다면 드라이버는 무엇을 입력해야 할지 물어봐야 할 것이다. 코드와 도구에 관한 드라이버의 경험을 고려해 세부 사항의 수준을 정의하라.

마지막으로 타이머를 추가한다. 시작할 때는 7분이 적당하다. 타이머가 종료되면 드라이버는 멈춘다. 이전 드라이버가 멈춘 그 위치에서 다른 사람이 인계받아 다시 시작한다. 프로그래밍에 관심을 가진 모든 구성원이 돌아가면서 작업을 이터레이션한다.

모빙이 효과적인 이유

몹 프로그래밍이 효과적인 이유는 협업의 '쉬운 모드'이기 때문이다. 애자일은 커뮤니케이션과 협업을 중심으로 한다. 그리고 이것이 바로 애자일을 다른 모든 접

> 몹 프로그래밍은 협업의 '쉬운 모드'다.

근 방식보다 효과적으로 만드는 비밀의 원천이다. 모빙은 많은 애자일 협업 프랙티스를 무의미하게 만든다. 여러분이 모빙을 한다면 다른 프랙티스는 필요하지 않다.

---

4   우디 주일과의 또 다른 트위터 대화에서 발췌했다.

스탠드업 회의? 필요 없다. 집단 코드 오너십? 자동으로 생긴다. 팀 룸? 고민할 필요 없다. 태스크 플래닝? 여전히 유용하지만 없더라도 크게 문제되지 않는다.

나 또한 처음 모빙에 관해 들었을 때 비웃었다. "그런 이점은 교차 기능 팀, 팀 룸, 페어링, 빈번한 페어 교대, 좋은 협업을 통해 얻을 수 있다."고 말했다. 그리고 내가 옳았다. 여러분이 이미 좋은 팀이 있다면 모빙을 통해 새롭게 얻을 수 있는 이점은 없다. 하지만 모빙은 **너무나도 쉽다**. 사람들이 페어링과 협업을 잘 하도록 조정하는 것은 **어렵다**. 모빙을 한다면? 그 모든 것이 실제로 자동으로 이뤄진다.

모빙 스테이션

여러분이 물리적인 팀 룸을 가지고 있다면 모빙을 위한 공간을 만들기는 매우 쉽다. 프로젝터나 대형 스크린 TV 1대, 사람들이 앉을 수 있는 테이블, 개발 워크스테이션 1대만 준비하면 된다. 모든 팀원이 편안히 앉을 수 있는지, 랩톱과 화이트보드에 쉽게 접근할 수 있는지(자료를 찾고 아이디어를 논의하기 위해), 드라이버를 쉽게 교대할 수 있는 충분한 공간이 있는지 확인하라. 일부 팀은 구성원들이 원하는 대로 전환할 수 있도록 모빙 스테이션과 페어링 스테이션을 함께 제공한다.

원격 팀이라면 화상 회의를 설치하고 드라이버가 그들의 화면을 공유할 수 있게 한다. 드라이버를 교대할 시점이 되면 드라이버는 코드를 임시 브랜치에 올리고, 다음 드라이버는 그 코드를 내려 받는다. https://mob.sh에서 제공하는 스크립트를 이용하면 이 프로세스를 진행하는 데 도움이 될 것이다. 드라이버 교대에 필요한 시간을 줄이기 위해 타이머를 7분에서 10분으로 좀 더 길게 조정하는 것이 좋을 수도 있다.

모빙을 작동하게 만들기

모빙은 재미있고 쉽지만 하루 종일 팀 전체와 협업하는 것은 매우 피곤할 수 있다. 다음과 같은 사항을 고려하라.

팀 다이내믹

팀원들 사이의 상호 작용에 주의를 기울이고, 모든 사람의 의
견이 수렴되도록 보장하라. 워킹 어그리먼트를 만들고, 사람들
이 안전하게 의견 불일치와 우려 사항을 표현하도록 보장하고,
팀 다이내믹에 주의를 기울여라. 누군가가 지배적인 경향을 보

함께 보기

정렬(p.204)
안전감(p.171)
팀 다이내믹(p.461)

이면, 다른 사람들이 말하도록 상기시켜라. 누군가 말하는 데 어려움을 겪는다면 그들의
의견을 물어보라.

모빙을 처음 도입하기 시작할 때는 매일 업무의 마지막에 몇 분 정도 짧은 회고를 하는
것이 좋다. 무엇이 잘 작동했는지, 그것을 어떻게 더 많이 할지에 집중하라. 우디 주일은
이를 '좋은 것을 켜기'라고 불렀다.

활력 넘치는 업무

모빙은 여러분을 지치게 만들려고 의도된 것은 아니지만, 전체 팀에 지속적으로 둘러싸
여 있다 보면 압도될 수 있다. 여러분을 잘 돌보라. 항상 '깨어'있을 필요는 없다.

모빙의 장점 중 하나는 특정한 한 사람에게 의존적이지 않다는 점이다. 사람들은 필요할
때 참여하고 벗어날 수 있다. 커피를 마실 시간이 필요하거나 머리를 비워야 한다면 한
발짝 물러서라. 마찬가지로 이메일을 확인하거나 전화를 해야 한다면 그렇게 하라. 여러
분이 없어도 몹은 지속된다. 당연히 업무 시간을 조정할 필요도 없다.

조사

프로덕션 코드의 변경은 드라이버를 통해 이뤄지며, 드라이버
가 아닐 때는 여러분의 컴퓨터를 여전히 이용할 수 있다. API
호출을 살펴보거나, 화이트보드를 이용해 디자인 아이디어에

함께 보기

스파이크 솔루션(p.613)

관해 별도 논의를 하거나, 스파이크 솔루션을 만들어야 한다면 그렇게 하라.

엄격한 내비게이터의 역할

모빙을 막 도입하면 여러분의 팀에서 너무 많은 사람이 아이디어를 외쳐서 드라이버가 무엇을 해야 할지 이해하는 데 어려움을 겪을 수도 있다. 이런 경우에는 팀 전체가 내비게이터 역할을 하도록 하지 말고, 팀원 한 명을 내비게이터로 지정할 수 있다. 내비게이터 역할 역시 드라이버와 마찬가지로 순환하면서 수행한다(나는 주로 드라이버를 다음 내비게이터로 지정한다). 이들은 몹의 아이디어를 응축해서 내비게이터를 위한 구체적인 방향을 만드는 것이다. 드라이버는 몹 전체가 아니라 내비게이터의 말만 듣는다.

비프로그래머

프로그램 작성 방법을 모르는 사람을 포함해 몹의 모든 사람은 드라이버가 될 수 있다. 비프로그래머에게는 새로운 스킬을 개발할 수 있는 멋진 기회가 될 수 있다. 이들이 전문가가 되지는 않겠지만, 기여할 정도의 학습은 가능하며 운전하는 방법을 학습함으로써 프로그래머와의 협업 능력을 개선할 수 있다.

드라이버를 안내할 때는 그들이 따를 수 있는 능력 수준으로 지시해야 함을 기억하라. 비-프로그래머들의 경우에는 처음에는 특정한 키보드 단축키, 메뉴 아이템, 마우스 클릭 등 구체적인 수준의 지시를 제공해야 할 수도 있다.

하지만 모두가 드라이버를 해야 하는 것은 아니다. 어떤 팀원들은 다른 방법으로 몹을 돕는 데 시간을 이용하는 것이 더 나을 수도 있다. 테스터와 도메인 전문가는 현재 스토리와 관련된 고객 예시에 관해 별도로 논의할 수 있다. 프로덕트 매니저는 몹에서 벗어나 중요한 이해관계자와 인터뷰를 진행할 수 있다. 인터랙션 디자이너는 사용자 퍼소나에 관한 작업을 할 수도 있다.

다른 프랙티스와 마찬가지로 사람들의 참여 수준을 다양하게 실험하면서 여러분의 팀에 가장 적합한 방법을 찾아라. 그러나 처음에는 **가능한 많은** 사람이 참여하도록 하라. 사람들은 종종 팀으로 함께 작업하는 것의 힘을 과소평가한다. 고객 예시, 이해관계자 인터뷰, 사용자 퍼소나에 관한 대화는 몹이 함께 일함으로써 학습할 수 있는 것이다.

미니 몹 & 파트타임 몹

페어링과 모빙 중 하나만 선택할 필요는 없다(물론 나는 여러분이 유지해야 하는 모든 코드에 대해 둘 중 하나를 선택할 것을 권장한다). 일부는 파트타임으로 몹을 이용하고, 나머지 시간에는 페어 프로그래밍을 할 수도 있다. 또는 서너 명이 '미니 몹'을 하고 나머지 구성원들은 페어 프로그래밍을 하는 방법도 있다.

함께 보기

태스크 플래닝(p.307)
스탠드업 회의(p.357)

여러분이 풀 타임 몹을 이용하지 않는다면 적어도 처음에는 태스크 보드나 스탠드업 회의 같은 다른 팀 조정 메커니즘을 유지하라. 모빙 세션을 이용하면 그 프랙티스가 없이도 동기화를 유지할 수 있지만, 프랙티스를 없애기 전에 실제로 그러한지 확인하라.

질문

실제로 모빙이 혼자 또는 페어로 작업하는 것보다 효과적인가?

새로운 팀에서는 대부분 그렇다. 팀의 효율은 그들이 코드와 서로를 얼마나 잘 아는가에 의존적이며, 모빙은 이런 종류의 학습을 가속화한다. 그래서 나는 팀에서 모빙을 먼저 시작하기를 권한다(첫 번째 주(p.321) 참조).

어느 정도 틀이 잡힌 팀이라면 경험상 혼자 작업하는 것보다 페어링이 더 효과적이다. 모빙이 페어링보다 더 효과적인가? 좋은 팀 룸과 훌륭한 협업이 가능한 팀이라면 아마도 그렇지 않을 것이다. 그렇지 않은 팀이라면 그럴 가능성이 높다. 변수가 너무 많아 어느 쪽이 정답이라고 단정할 수 없다. 시도해 보고 적합한 방법을 찾아라.

드라이버를 교대해야 한다는 것을 기억하는 데 어려움이 있다. 어떻게 하는 것이 좋은가?

사람들이 타이머를 무시한다면 몹스터Mobster 같은 도구를 이용해 보라(http://mobster.cc). 시간이 종료되면 화면이 깜빡이며, 드라이버는 운전을 멈춰야만 한다.

전제 조건

모빙을 하기 위해서는 팀과 매니지먼트의 승인이 필요하다. 그 외에는 편안한 작업 환경과 모빙을 위한 적절한 도구만으로 충분하다.

지표

여러분의 팀이 몹을 잘 한다면:

- □ 전체 팀이 한 번에 하나의 스토리에 모든 노력을 기울이고, 최소한의 지연과 대기 시간에 작업을 완료한다.

- □ 팀은 잘 협업하며 협업을 즐긴다.

- □ 내부 품질이 개선된다.

- □ 어려운 문제가 발생하면 드라이버가 운전을 하는 동안 몹이 그 문제를 해결한다.

- □ 빠르고 효과적인 의사 결정이 이뤄진다.

대안과 실험

"같은 장소에서 같은 시간에 같은 일을 하는 모든 천재" 이것이 몹 프로그래밍의 핵심 아이디어다. 다른 세부 사항은 여러분에게 달려 있다. 이번 절에서 설명한 기본 구조에서 시작하되 매일 개선할 사항을 생각하라.

함께 보기

페어 프로그래밍(p.505)
집단 코드 오너십(p.496)
태스크 플래닝(p.307)
스탠드업 회의(p.357)

모빙이 적합하지 않다면 페어 프로그래밍이 가장 적절한 대안이다 페어링에는 모빙에서와 같은 자동 협업 기능을 제공하지 않으므로 집단 오너십, 태스크 플래닝, 스탠드업 회의 등에 더 많은 노력을 들여야 한다.

더 읽을거리

"Mob Programming: A Whole Team Approach": 우디 주일과 케빈 메도우[Kevin Meadows]는 모빙하는 방법과 모빙을 해야 하는 이유에 관해 심도 있게 소개한다[Zuill2021].

유비쿼터스 언어

대상
개발자

우리 전체 팀은 서로를 이해한다.

도메인 전문가에게 여러분의 현재 시스템의 비즈니스 로직을 설명해 보라. 그들이 이해하는 용어로 설명할 수 있는가? 디자인 패턴, 프레임워크, 코딩 스타일 같은 프로그래밍 용어를 이용하지 않고도 설명할 수 있는가? 여러분의 도메인 전문가가 여러분의 비즈니스 로직이 가진 잠재적인 문제를 식별할 수 있는가?

그렇지 않다면 여러분에게는 **유비쿼터스 언어**ubiquitous language가 필요하다. 팀이 대화와 **코드**를 작성할 때 이용하는 용어를 통합함으로써 모든 사람이 효과적으로 협업할 수 있게 하는 방법이다.

도메인 전문가의 난제

전문적인 소프트웨어 개발의 어려움 중 하나는 프로그래머가 일반적으로 소프트웨어의 문제 도메인에 대한 전문가가 아니라는 점이다. 예를 들면 나는 공장 로봇을 제어하고, 복잡한 회계 처리를 지시하고, 과학 기기의 데이터를 분석하고, 보험 계리 계산을 수행하는 소프트웨어 작성을 도왔다. 내가 그 팀과 협업을 시작했을 때 나는 그에 관해 아는 바가 전혀 없었다.

이것은 난제다. 문제 도메인을 이해하는 사람들, 다시 말해 도메인 전문가들은 소프트웨어를 거의 작성하지 못한다. 소프트웨어를 작성할 수 있는 사람들, 다시 말해 프로그래머는 항상 문제 도메인을 이해하지 못한다.

이런 어려움을 극복하는 것은 근본적으로 커뮤니케이션의 문제다. 도메인 전문가는 그들의 전문 지식을 프로그래머에게 전달하고, 프로그래머는 이를 소프트웨어로 변환한다. 문제는 그 정보를 **명확하고 정확하게** 커뮤니케이션하는 것이다.

> 문제는 명확하고 정확하게 커뮤니케이션하는 것이다.

같은 언어로 말하라

프로그래머는 도메인 전문가의 언어로 말해야 한다. 또한 도메인 전문가는 그 언어가 올바르지 않거나 혼란스러울 때 프로그래머에게 알려야 한다.

여기에서 '언어^{language}'란 문자적 의미의 모국어가 아니라 전문가들이 이용하는 용어와 정의를 의미한다. 여러분이 악보를 조판하는 소프트웨어를 만들고 있다고 상상해 보자. 여러분이 일하는 출판사에서는 음악에 대한 XML 설명을 제공하고, 여러분은 그것을 적절하게 렌더링해야 한다, 이것은 매우 어려운 작업이다. 고객이 중요하게 여기는 사소한 스타일 선택으로 가득하기 때문이다.

이 상황에서 여러분은 XML 요소, 부모, 자녀, 속성 등이 초점을 맞출 수도 있다. 또는 정차 컨텍스트, 비트맵, 문자 등에 관해 이야기할 수도 있다. 만약 그렇다면 다음과 같은 대화가 이어질 것이다.

> 프로그래머: "이 음표를 어떻게 렌더링해야 할지 모르겠습니다. 예를 들면 이 요소의 첫 번째 자녀가 'G'이고 두 번째 자녀가 '2'인데, 옥타브 변경 요소는 '−1'입니다. 어떤 문자를 이용해야 합니까? 높은음자리표입니까?"

> 도메인 전문가: (생각한다. '무슨 말을 하는지 모르겠는데? 하지만 인정한다면 더 혼란한 질문을 하겠지. 일단 위기를 넘기고 보자.') "맞습니다. 높은음자리의 G입니다. 훌륭합니다."

대신 기술적인 용어보다 도메인 용어에 초점을 맞춰라.

> 프로그래머: "이 'G' 음표를 어떻게 출력할지 고민입니다. 악보의 두 번째 줄에 있지만, 한 옥타브가 낮습니다. 높은음자리표입니까?"

> 도메인 전문가: (생각한다. '쉬운 질문이네, 좋아') "이 음표는 합창의 테너 악보에서 자주 이용됩니다. 높은음자리표이지만 사실 한 옥타브 낮은 음이기 때문에 두 개의 기호를 이용합니다. 예시를 보여드리겠습니다."

두 번째 예시에서 도메인 전문가의 대답은 완전히 다르다. 질문을 정확하게 이해했기 때문이다. 첫 번째 대화 예시는 결과적으로 결함을 유발할 것이다.

유비쿼터스 언어를 만드는 방법

유비쿼터스 언어는 자동적으로 만들어지지 않는다. 노력해서 만들어야 한다. 도메인 전문가에게 말할 때는 그들이 어떤 용어를 이용하는지 주의 깊게 들어보라. 도메인에 관해 질문하고,

함께 보기

고객 예시(p.372)

여러분이 들은 것을 다이어그램으로 그리고 피드백을 요청하라. 까다로운 세부 사항을 알게 되면 예시를 들어 달라고 요청하라.

예를 들면 도메인 전문가와 음악 유형 설정 소프트웨어에 관한 첫 번째 대화를 나눴다고 상상해 보자.

> 프로그래머: 어릴 때 피아노를 배웠습니다. 그래서 기본적인 악보는 볼 수 있습니다. 하지만 꽤 오랜만입니다. 처음부터 차근차근 설명해 줄 수 있을까요?

> 도메인 전문가: 여기에서는 앙상블과 오케스트라를 위한 악보를 조판할 것이기 때문에 피아노 악보와는 정확히 같지 않지만, 피아노를 배우셨다니 도움이 될 것입니다. 우선 모든 악보를 오선으로 나누고, 각 오선을 마디로 나눈 뒤에 마디에 음표를 넣습니다.

> 프로그래머: 이해했습니다. 조판의 기본은 악보라는 것이네요(박스를 그리고 '악보'라고 적는다). 그리고 각 악보에는 보표가 있습니다('보표'라는 상자를 그리고 '악보'에 선으로 연결한다). 그리고 각 보표에는 마디가 있습니다('마디'라는 이름표가 붙은 다른 상자를 추가하고 '보표'에 연결한다). 한 악보는 최대 몇 개의 보표를 가질 수 있습니까?

> 도메인 전문가: 편곡에 따라 다릅니다. 현악 4중주라면 4개, 오케스트라 악보라면 십여 개가 될 수 있습니다.

> 프로그래머: 적어도 하나는 들어가겠지요?

> 도메인 전문가: 아마도 그럴 겁니다. 보표가 없는 악보는 없으니 말입니다. 피아노나 오르간처럼 범위가 넓은 악기인 경우 각 악기에는 여러 개의 보표가 있을 수 있습니다.

> 프로그래머: 음, 좋습니다. 좀 혼란스럽네요. 예시를 들어서 설명해 줄 수 있을까요?

> 도메인 전문가: 물론입니다(예시를 그린다.)[5] 맨 위는 합창단용 악보입니다. 소프라노, 알토, 테너, 베이스 파트마다 음표가 있는데, 악기와 동일하다고 생각해도 좋습니다. 다음에

---

5   여기에서는 오케스트라 악보를 예시로 들었다.

하프를 위한 높은음자리와 낮음음자리, 오르간을 위한 높은음자리와 낮은음자리 악보, 정규 악보가 이어집니다.

프로그래머: (화이트보드의 스케치를 수정한다) 그렇다면 가장 먼저 **악보**에서 시작해서 각 악보는 여러 악기를 갖고 있고, 각 악기는 하나 이상의 **보표**가 있고, 음표는 높은음자리표나 낮은음자리표가 될 수 있겠네요. 악기를 그룹화할 수도 있을 것 같습니다.

도메인 전문가: 맞습니다. 제가 설명을 빠뜨렸습니다. 악기는 섹션으로 그룹화할 수도 있습니다. 현악기 섹션이나 관악기 섹션 같은… 아시죠?

프로그래머: (스케치를 다시 수정한다) 이제 알겠습니다. 악보에는 섹션이 있고, 섹션에는 악기가 있고, 그리고 나머지가 있는 거군요.

도메인 전문가: (다이어그램을 본다) 시작이긴 하지만 아직 많은 것이 빠져 있습니다. 음자리 기호, 키, 시간 시그니처 등이 필요합니다.

이 대화로 얻을 수 있는 결과는 단순한 화이트보드 스케치 그 이상이다. 또한 코드에서 도메인 모델[Fowler2002, 9장]의 기초를 형성할 수 있다. 모든 프로그램이 그런 것은 아니지만, 팀이 만드는 소프트웨어가 복잡한 도메인 규칙이 포함된 경우, 도메인 모델은 개발을 지원하는 강력한 방법이 된다.

물론 여러분은 도메인 전문가의 문자 그대로 프로그램을 작성하지는 않는다. 하지만 도메인 전문가가 생각하는 방식을 **모델링**하면서 모듈, 함수, 클래스, 메서드를 만들 수 있다. 사용자가 그들의 작업에 관해 **생각하고 말하는 방식을 코드에 반영함**으로써 여러분의 지식을 다듬고, 그렇지 않았을 때 버그를 일으킬 수 있는 차이를 노출하며, 사용자가 원하는 변경 사항에 반응하는 유연한 시스템을 만들 수 있다.

예시를 계속 설명하면, XML 입력을 기반으로 악보를 조판하는 프로그램을 XML 개념을 중심으로 **디자인할 수 있다**. 하지만 그림 12-1 같이 도메인 개념을 중심으로 디자인하는 것이 더 나은 접근 방식이다.

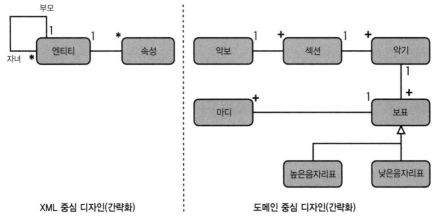

XML 중심 디자인(간략화)　：　도메인 중심 디자인(간략화)

그림 12-1 XML과 도메인 중심 디자인

코드는 모호함을 허용하지 않는다. 엄격하게 공식화해야 하기 때문에 더 많은 대화가 이뤄지고 모호한 세부 사항이 명확해진다. 나는 종종 프로그래머가 어려운 디자인 문제에 부딪혀 도메인 전문가에게 질문을 하고, 도메인 전문가가 자신의 가정 중 일부에 의문을 제기하는 상황을 본다.

그러므로 여러분이 이용하는 유비쿼터스 언어는 살아있는 언어다. 이 언어는 현실을 반영하는 한에서만 유용하다. 도메인 전문가와 요점을 명확하게 정리했다면 도메인 모델에서 학습한 내용을 코드화하라. 도메인 모델에서 모호함이 발견되면 도메인 전문가에게 다시 설명을 요청하라.

진행 과정에서 여러분의 디자인, 그리고 여러분과 도메인 전문가가 공유하는 언어가 동기화를 유지하게 하라. 도메인에 관한 이해가 달라지면 코드를 리팩터하라. 그렇지 않으면 언젠가는

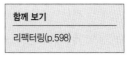

함께 보기

리팩터링(p.598)

디자인과 현실이 일치하지 않게 되며, 이는 추악한 클루지^{kludge}와 버그로 이어질 것이다.

질문

기술적 용어를 전혀 사용해서는 안 되는가? 우리 비즈니스 도메인에서는 GUI 위젯이나 데이터베이스 등에 관해서는 아무런 언급도 하지 않는다.

도메인과 관계없는 영역에서는 기술적인 언어를 이용해도 문제없다. 예를 들어 데이터베이스 커넥션은 '커넥션', UI 버튼은 '버튼'이라고 부르는 것이 훨씬 나을 수 있다.

유비쿼터스 언어는 어떻게 문서화할 수 있는가?

이상적으로 여러분은 도메인 모델을 이용해 유비쿼터스 언어를 실제 디자인에서 소프트웨어로 코드화한다. 이 방법이 적절하지 않다면 모델을 화이트보드(또는 가상 화이트보드), 공유 문서, 위키 페이지 등에 문서화할 수 있다. 그러나 이런 문서를 최신 상태로 유지하려면 많은 주의가 필요함을 명심하라.

코드를 문서로 이용하는 것의 장점은 코드가 여러분의 소프트웨어가 실제로 하는 일을 반영한다는 것이다. 세심한 주의를 기울이면 여러분은 코드 그 자체가 문서가 될 수 있게 코드를 디자인할 수 있다.

함께 보기
단순한 디자인(p.638)

우리는 영어로 프로그램을 작성하지만 모국어가 아니며, 도메인 전문가들 또한 영어를 이용하지 않는다. 나머지 코드와의 일관성을 유지하기 위해 그들의 언어를 영어로 번역해야 하는가?

여러분이 하기 나름이다. 용어는 항상 직접적으로 번역되지는 않으므로, 도메인 전문가의 언어를 그대로 이용하면 오류가 더 적게 발생할 수 있다. 특히 도메인 전문가가 프로그래머의 대화를 이해하거나 대화에 기여할 수 있다면 더욱 그렇다. 반면 일관성은 다른 사람들이 미래에 여러분이 작성한 코드를 쉽게 다룰 수 있게 돕는다.

도메인 전문가의 용어를 영어(또는 다른 언어)로 번역하기로 결정했다면 여러분이 이용하는 용어에 대한 번역 사전을 만들어라. 특히 완벽하게 번역되지 않는 용어는 더욱 주의해야 한다.

전제 조건

팀에 도메인 전문가가 없다면 유비쿼터스 언어를 만들 수 있을 정도로 도메인을 충분히 이해하는 데 어려움을 겪을 수도 있다. 그렇지만 그런 상황일수록 유비쿼터스 언어를 만드는 시

함께 보기
전체 팀(p.130)

도를 하는 것이 중요하다. 도메인 전문가와 이야기를 나눌 기회가 있다면, 유비쿼터스 언어는 오해를 더 빠르게 발견할 수 있도록 도움을 줄 것이다.

반면 어떤 문제는 매우 기술적이어서 프로그래머가 아닌 도메인 언어는 전혀 포함하지 않을 수 있다. 컴파일러나 웹 서버 같은 용어가 이에 속한다. 이런 유형의 소프트웨어를 만든다면 프로그래밍 언어 자체가 해당 도메인 언어가 된다.

어떤 팀은 도메인 모델과 도메인 중심 디자인을 만들어본 경험이 전혀 없다. 여러분의 팀이 그렇다면 주의하면서 진행하라. 도메인 중심 디자인을 하기 위해서는 사고의 변화가 필요하며, 이는 상당히 어려울 수 있다. '더 읽을거리' 섹션을 참조하고, 여러분의 학습을 도울 수 있는 코치를 고용하는 것도 고려하라.

지표

여러분이 효과적인 유비쿼터스 언어를 가진다면:

- □ 여러분은 고객과 프로그래머 사이의 오해를 줄인다.

- □ 여러분은 이해하고, 논의하고, 수정하기 쉬운 코드를 만든다.

- □ 대면 팀에서 공유할 때 도메인 전문가는 도메인과 구현 논의에 관한 이야기를 이해한다. 그들은 대화에 참여해 질문을 해결하고 감춰진 가정을 밝힌다.

대안과 실험

도메인 전문가의 언어로 이야기하는 것은 항상 좋은 아이디어다. 그러나 도메인 중심 **디자인**이 항상 최선의 선택은 아니다. 때로는 기술 중심 디자인이 더 단순하고 쉽다. 도메인 규칙이 그다지 복잡하지 않은 경우가 대부분이다. 하지만 주의하라. 도메인 규칙은 처음 나타냈을 때보다 훨씬 복잡해지며, 기술 중심 디자인은 구현됐을 때 결함과 높은 유지보수 비용을 갖는 경향이 있다. 이 트레이드 오프에 관한 더 자세한 내용은 [Folower 2002]를 참조하라.

도메인에 관한 공동의 이해를 만드는 또 다른 방법으로 알베르트 브랜돌리니[Alberto Brandolini]의 이벤트 스토밍[Event Storming]이 있다. 이벤트 스토밍은 도메인 모델의 명사와 관계가 아니라 도메인 안에서 발생하는 이벤트에서 시작한다. 이 책을 쓰는 시점에 이벤트 스토밍에 관한 공식적인 책은 아직 집필 중이었지만, https://www.eventstorming.com 에서 추가 자료를 확인할 수 있었다.

더 읽을거리

『도메인 주도 설계: 소프트웨어의 복잡성을 다루는 지혜[Domain-Driven Design: Tackling Complexity in the Heart of Software]』(위키북스, 2011): 도메인 중심 디자인에 관한 완벽한 가이드다. 2장 '의사 소통과 언어 사용[Communication and the Use of Language]'은 이 프랙티스에 대한 영감을 제공했다 [Evans2003].

『엔터프라이즈 애플리케이션 아키텍처 패턴[Patterns of Enterprise Application Architecture]』(위키북스, 2015): 2장 '도메인 논리 조직화하기[Organizing Domain Logic]'와 9장 '도메인 논리 패턴[Domain Logic Patterns]'에서 도메인 모델과 다른 아키텍처 접근 방식 간의 트레이드 오프에 관해 훌륭한 논의를 제공한다[Fowler2002].

개발

소프트웨어 개발 프로세스에서 실제 개발의 핵심에 관해 이야기하는 경우가 굉장히 드물다는 것은 놀랍다. 팀이 개발하는 방식이 **중요하다**. 이는 여러분의 시간 대부분을 보내는 방식이기 때문이다.

13장에서는 여러분의 개발 속도를 높이고 안정시키는 프랙티스를 소개한다.

- 제로 프릭션(p.536)은 개발 속도를 늦추는 지연을 제거한다.

- 지속적인 통합(p.550)은 최신 코드를 릴리스할 수 있게 유지한다.

- 테스트 주도 개발(p.564)은 프로그래머가 의도한 대로 소프트웨어가 작동함을 보장한다.

- 빠르고 신뢰할 수 있는 테스트(p.587)는 테스트가 병목 현상이 생기는 것을 방지한다.

- 리팩터링(p.598)은 프로그래머에게 기존 코드 디자인을 개선할 수 있게 한다.

- 스파이크 솔루션(p.613)은 프로그래머가 작고 고립된 실험을 통해 학습하도록 돕는다.

13장 개요

나는 13장에서 소개할 프랙티스를 익스트림 프로그래밍을 통해서 접했다. 몇몇 프랙티스는 오리지널 XP 책에 등장하지 않는다. 하지만 이 프랙티스는 XP에 관한 워드 커닝햄의 대화에 포함돼 있다(c2. com).

제로 프릭션(Zero Friction)은 익스트림 프로그램의 '10분 빌드(Ten-Minutes Build)'의 현대 버전이다.

지속적인 통합(Continuous Integration) 역시 XP에서 왔다. 지속적인 통합은 널리 오해를 받고 있기 때문에 사람들은 '트렁크 기반 개발(trunk-based development)'과 '지속적인 전달(continuous delivery)'이라는 새로운 이름을 붙였다. 그러나 XP에서 정의한 것처럼 지속적인 통합은 이 두 가지를 모두 포함한다[Beck2004, 7장].

테스트 주도 개발(Test-Driven Development)은 XP의 가장 유명한 프랙티스다. 처음에는 '테스트 우선 프로그래밍(Test-Frist Programming)'이라 불렸다. 이와 관련된 **빠르고 안전한 테스트**(Fast, Reliable Tests)는 지난 20년간 TDD를 실제로 적용한 내 경험과, 광범위한 애자일 커뮤니티를 통해 얻은 영감과 아이디어를 바탕으로 한다.

리팩터링(Refactoring)은 XP 이전부터 있었지만 XP에서 핵심 프랙티스로 편입됐다.

스파이크 솔루션(Spike Solution)은 워드 커닝햄의 EPISODES 패턴 언어에서 왔다[Cunningham 1995]. 스파이크 솔루션은 워드 커닝햄이 텍트로닉스(Tektronix)에서 켄트 벡과 함께 일하던 경험에 바탕을 둔다. 워드 커닝햄은 C2 위키에 "나는 종종 켄트에게 이렇게 물었다. '우리가 올바른 길로 가고 있다고 확신할 수 있도록 우리가 프로그램할 수 있는 가장 간단한 것은 무엇일까?' 당면한 어려움을 벗어나려는 시도는 종종 우리를 더 간단하고 강력한 솔루션으로 이끌었다. 켄트는 이를 **스파이크**라 불렀다."라고 썼다.[1]

제로 프릭션

대상
프로그래머, 운영

코드를 작성할 준비가 되면 그 어떤 장애물도 여러분을
가로막지 않는다.

---

1   스파이크 솔루션 페이지에서 발췌했다.

536

이제 막 새로운 팀에서 일을 시작했다고 상상해 보자. 팀 동료 중 한 명인 페드로^{Pedro}가 여러분을 개발 스테이션으로 안내한다.

"이제 막 합류했으니 우선 작은 변경을 배포하는 것부터 시작합시다."라고 그가 여러분 옆에 앉으면서 말한다. "이 머신은 새 제품이라 처음부터 설정해야 합니다. 우선 저장소를 복제하죠." 그리고 여러분에게 명령어를 알려준다. "이제 build 스크립트를 실행합니다."

명령어가 화면 위로 스크롤되기 시작한다. "우리는 도구를 이용해서 재현 가능한 빌드를 합니다." 페드로가 설명한다. "아직 아무것도 설치돼 있지 않기 때문에 로컬에서 개발하는 데 필요한 IDE, 개발 도구, 이미지를 설치합니다."

"이 작업은 시간이 조금 걸립니다." 그가 말을 잇는다. "첫 번째 실행 이후에는 순식간에 진행됩니다. config에 변경 사항을 커밋했을 때만 업데이트됩니다. 그럼 이제 사무실을 같이 둘러봅시다."

여러분이 자리로 돌아오니 빌드는 완료됐다. "좋습니다. 이제 앱을 확인해 봅시다", 페드로가 말한다. "rundev를 입력하면 앱이 실행됩니다." 다시 한번 정보가 화면을 가득 채운다. "이것은 항상 로컬에서 실행됩니다." 페드로는 자랑스럽게 설명한다. "우리는 공용 테스트 환경을 갖고 있어서 끊임없이 서로를 방해했었습니다. 하지만 그건 옛날 일입니다. 이제는 변경하는 파일에 따라 다시 시작할 서비스도 알 수 있습니다."

페드로은 애플리케이션을 탐색한다. "이제 변경을 해봅시다. watch quick을 실행하세요. 우리가 변경한 파일을 빌드하고 테스트해 줄 것입니다."

그의 지시를 따라서 스크립트가 실행된다. 그리고 곧바로 BUILD OK라는 메시지가 녹색으로 표시된다. "우리가 마지막으로 빌드를 실행한 뒤 아무것도 변경되지 않았습니다." 페드로가 설명한다. "그래서 이 스크립트는 아무런 동작도 하지 않습니다. 이제 작은 변경을 해 봅시다." 그는 테스트 파일을 이동하고 여러분에게 테스트를 추가하도록 지시한다. 여러분이 변경 사항을 저장하자 watch 스크립트가 다시 실행되고, 테스트 실패를 보고한다. 1초도 걸리지 않는다.

"빌드와 테스트 속도를 개선하기 위해 많은 노력을 했습니다." 페드로가 설명한다. 그는 정말로 이를 자랑스러워한다. "쉽지 않았지만 그만한 가치가 있었습니다. 모든 변경 사항에 대해 1~2초 안에 피드백을 얻을 수 있습니다. 이터레이션하면서 생산성을 높일 수 있는 능력은 놀라운 것입니다. 제가 지금까지 경험한 최고의 개발 환경이라고 감히 말할 수 있습니다."

"이제 변경을 마치고 배포를 합니다." 그는 프로덕션의 변경이 새로운 테스트를 통과해야 한다는 것을 보여준다. 여러분은 다시 한번 수정한 내용을 저장하고, watch 스크립트는 1초 정도 실행된다. 이번에는 테스트가 성공한다.

"좋습니다. 이제 배포할 수 있습니다." 그는 말한다. "이것은 프로덕션으로 배포됩니다. 하지만 걱정하지 마세요. deploy 스크립트는 전체 테스트 세트를 다시 실행하고, 무언가 잘못되면 카나리아 서버를 통해 확인할 수 있습니다. deploy 명령어를 실행합니다."

여러분은 스크립트를 실행하고 배포가 진행되는 것을 본다. 몇 분 뒤 화면에 INTEGRATION OK가 표시되고, 코드 배포가 시작된다. "됐습니다!" 페드로가 환호한다. "통합이 성공했다면 배포도 성공하리라 생각해도 됩니다. 뭔가 잘못되면 우리를 호출할 것입니다. 팀에 오신 것을 환영합니다!"

한 시간도 채 되지 않아 여러분은 프로덕션에 이미 코드를 배포했다. 이것이 바로 **제로 프릭션 개발**이다. 코드를 작성할 준비가 되면 그 어떤 장애물도 여러분을 가로막지 않는다.

1초 피드백

개발 속도는 마찰^{friction}을 제거하는 데 있어 가장 중요한 영역이다. 여러분이 무언가 변경한다면 5초 이내에 해당 변경에 관한 피드백을 받을 수 있어야 한다. 1초 이내라면 최고다. 아무리 늦더라도 10초 이내에 피드백을 받아야 한다.

> 여러분이 무언가 변경한다면 그에 대한 피드백을 5초 안에 받을 수 있어야 한다.

이런 피드백은 게임의 판도를 뒤바꾼다. 여러분은 매우 쉽게 실험하고 이터레이션할 수 있다. 큰 규모의 변경을 만드는 대신 매우 작은 단계로 작업 가능하다. 이는 각 변경이 코드 한두 줄 규모이며, 여러분은 어디에서 실수가 발생했는지 항상 알 수 있음을 의미한다. 디버깅은 옛날 일이 된 지 오래다.

1초 이내에 피드백을 받을 수 있다면 기능 면에서 즉각적인 효과를 얻을 수 있다. 여러분은 변경하자마자 피드백을 받고 작업을 계속할 수 있다. 1초에서 5초 사이에 피드백을 받을 수 있다면 즉시라고 느껴지지는 않더라도 수긍할 수 있다. 5초에서 10초 사이에 피드백을 받는다면 느리다고 느껴진다. 변경을 일괄 처리하고 싶은 유혹을 느낄 것이다. 10초 이상 걸려야 피드백을 받을 수 있다면 더 이상 작은 규모의 변경을 하지 않을 것이고, 결과적으로 여러분의 속도는 느려진다.

1초 피드백을 달성하기 위해서는 여러분이 코드를 변경했을 때 자동으로 이를 확인하는 워치 스크립트를 구축해야 한다. 스크립트 안에서 컴파일러나 린터linter를 이용해 구문적 에러

함께 보기

테스트 주도 개발(p.564)

syntactic error는 없는지, 의미적 에러semantic error가 없는지 테스트해서 여러분에게 알려주도록 하라.

또는 스크립트를 작성하는 대신 IDE에서 구문 에러를 확인하고 테스트를 실행하도록 설정할 수도 있다. 처음 시작할 때는 이 방법이 쉽겠지만, 언젠가는 이를 스크립트로 옮겨야만 한다. IDE 기반의 접근 방식을 이용해 시작한다면 환경 설정 내용을 저장소에 업로드하고, 팀의 다른 구성원도 이를 이용할 수 있는지 확인하라. 개선 사항은 쉽게 공유할 수 있어야 한다.

변경 내용을 저장할 때 스크립트 또는 IDE가 여러분에게 즉시 분명한 피드백을 제공해야 한다. 스크립트는 모든 것이 잘 작동하면 OK라는 피드백을, 무언가 잘못된다면 FAILED라는 피드백과 함께 에러를 해결하는 데 도움을 줄 정보를 제공해야 한다. 많은 사람이 성공했을 때는 초록색 막대, 실패했을 때는 빨간색 막대가 도구에 표시되도록 한다. 나는 컴파일/린트 실패 시 한 번, 테스트 실패 시 또 한 번, 성공 시 세 번 소리가 나도록 설정했지만 그건 나뿐이었다.

코드베이스가 커질수록 1초 피드백을 달성하기는 더욱 어려워진다. 첫 번째 원인은 일반적으로 테스트 속도다. 빠르고 신뢰할 수 있는 테스트를 작성하는 데 집중하라.

함께 보기

빠르고 신뢰할 수 있는 테스트(p.587)

시스템 규모가 커짐에 따라 빌드 속도(컴파일 또는 린팅)도 문제가 된다. 해결책은 여러분이 이용하는 언어에 따라 다르다. '빌드 속도 향상하기$^{speed\ up\ build}$' 등으로 웹 검색을 해보라. 일반적으로 증분 빌드가 포함될 것이다. 변경된 코드만 다시 빌드하도록 빌드의 일부를 캐싱하라. 시스템의 규모가 커질수록 창의성이 요구된다.

최종적으로 여러분은 두 개의 빌드를 설정하게 될 것이다. 하나는 빠른 피드백을 위한 빌드, 다른 하나는 프로덕션 배포를 위한 빌드다. 로컬 빌드가 프로덕션 빌드와 동일한 것이 바람

함께 보기

지속적인 통합(p.550)

직하지만, 빠른 피드백이 훨씬 중요하다. 통합 스크립트를 이용해 프로덕션 빌드에 대한 테스트를 실행할 수 있다. 좋은 테스트 세트를 갖고 있고 지속적인 통합을 연습한다면 통제 불능 상황이 되기 전에 두 빌드 사이의 불일치에 관해 알 수 있다.

좋은 테스트는 초당 수백 또는 수천 개가 실행되지만, 결국에는 테스트가 너무 많아져 1초 이내에 모두 실행할 수 없게 된다. 이런 때는 하위 테스트 집합만 실행되도록 수정해야 한다. 가장 쉬운 방법은 테스트를 클러스터로 그룹화하고, 변경된 파일을 기반으로 특정 클러스터만 실행되게 하는 것이다.

결국에는 변경 사항에 대해 실행할 테스트를 정확하게 식별하기 위해 더욱 정교한 디펜던시^{dependency} 분석을 수행하게 될 것이다. 일부 테스트 러너$^{test\ runner}$는 이 작업을 수행할 수 있으며, 이를 직접 구현하는 것도 여러분이 생각하는 것만큼 어렵지는 않다. 가능한 모든 경우를 처리하는 일반적인 솔루션을 만들기보다 팀이 필요로 하는 것에 집중하라.

편집기를 알아라

코드 편집기가 여러분의 생각을 방해하지 않도록 하라. 페어링이나 모빙을 할 때는 특히 중요하다. 여러분이 내비게이터 역할을 할 때, 드라이버가 편집기와 씨름하는 모습을 보는 것만큼 좌절감을 주는 일도 없다.

시간을 들여 여러분이 이용하는 코드 편집기에 관해 **철저하게** 파악하라. 편집기가 자동화된 리팩터링을 제공한다면 이용 방법을 학습하라(만약 제공하지 않는다면 더 나은 편집기를 찾아라). 자동 포매팅^{autoformatting}을 활용하고, 포매팅 설정 파일을 저장소에 업로드해서 전

체 팀이 동일한 포매팅을 이용하도록 하라. 코드 완성^{code completion}, 자동 수정^{automatic fixing}, 함수와 메서드 검색^{function and method lookup}, 참조 탐색^{reference navigation}을 이용하는 방법을 학습하라. **키보드 단축키도 익혀야 한다.**

편집기에 관한 숙련도가 어느 정도의 차이를 만들 수 있는지에 관한 예는 에밀리 바체^{Emily Bache}의 엄청난 퍼포먼스를 그녀의 길드 로즈^{Gilded Rose} 동영상에서 확인할 수 있다. 특히 2부를 주의 깊게 보라[Bache2018].

재현 가능한 빌드

여러분의 저장소에서 임의의 커밋을 체크아웃하면 어떤 일이 벌어지는가? 한 1년 정도 전의 커밋을 말이다(어서 시도해 보라!). 여전히 동작하는가? 모든 테스트를 통과하는가? 아니면 이제는 기억나지도 않는 외부 서비스와 도구를 난해하게 조합해야 하는가?

재현 가능한 빌드^{reproducible build}는 여러분이 어떤 머신을 이용해 빌드하든, 얼마나 오래 전의 코드를 빌드하든 관계없이 모든 테스트를 지속적으로 통과하는 빌드다.

> 모든 커밋은 모든 개발자에게 동일하게 작동해야 한다.

여러분이 어떤 커밋을 체크아웃하든 그 코드는 모든 개발자에게 동일한 방식으로 작동한다. 일반적으로 재현 가능한 빌드를 위해서는 두 가지가 필요하다.

디펜던시 관리

디펜던시는 코드를 실행하는 데 필요한 라이브러리와 도구다. 컴파일러나 인터프리터, 런타임 환경, 패키지 저장소에서 다운로드한 패키지, 여러분의 조직 내 다른 팀에서 만든 코드 등을 모두 포함한다. 재현 가능한 빌드를 위해서는 모두가 정확하게 동일한 디펜던시를 가져야 한다.

여러분의 빌드가 모든 디펜던시의 정확한 버전을 갖고 있는지 보장하도록 프로그램하라. 잘못된 버전이 설치돼 있다면 에러를 발생시키며 종료하거나 또는 (이 방법을 선호한다) 자동으로 올바른 버전을 설치할 수 있다. 닉스^{Nix}, 바젤^{Bazel}, 도커^{Docker} 등의 도구를 활용하라. 디펜던시 관리 도구의 버전도 확인하라.

소프트웨어가 올바른 디펜던시를 갖도록 보장하는 쉬운 방법은 여러분의 저장소에 이들을 업로드하는 것이다. 이를 **벤더링**^{vendoring}이라 하는데, 두 가지 접근 방식을 조합할 수 있다. 예를 들어 한 팀이 node_modules 디렉터리를 벤더링한^{vendored} Node.js 코드베이스를 이용하지만, Node 실행파일은 벤더링하지 않았다고 하자. 이때는 잘못된 Node가 실행되고 있다면 빌드가 실패하도록 프로그램할 수도 있다.

로컬 빌드

디펜던시 관리는 여러분의 코드가 모든 머신에서 동일한 방식으로 실행되는 것을 보장하지만, 테스트에 관해서는 그렇지 않다. 여러분의 테스트는 네트워크를 통한 커뮤니케이션 없이 전적으로 로컬에서 실행돼야 한다. 그렇지 않으면 동시에 두 사람이 테스트를 실행했을 때 다른 결과를 얻거나, 오래된 버전의 코드는 테스트하지 못할 수 있다. 코드가 의존하는 서비스나 데이터가 변경되면 성공하던 테스트가 실패한다.

코드를 수동으로 실행할 때도 동일하다. 일관성 있는 결과를 얻고 오래된 버전의 코드를 실행할 수 있으려면 코드가 의존하는 모든 것이 로컬에 설치돼야 한다.

일부 디펜던시는 로컬에서 실행할 수 없을 수도 있다. 그렇다면 여러분은 그 디펜던시를 독립적으로 실행하도록 테스트를 프로그램해야 한다. 그렇지 않으면 미래에 여러분의 테스트 결과는 재현할 수 없다. 이와 관련된 자세한 내용은 '비로컬 디펜던시를 시뮬레이션하라(p.590)'에서 살펴본다.

5분 통합

지속적인 통합을 이용한다면 하루에도 수 차례씩 통합을 진행할 것이다. 이 프로세스는 튼튼하고 **빨라야** 한다. 다시 말해 스크립트로 만들어져야 한다. 이 스크립트는 최대 5분 이내에 성공 또는 실패를 보고해야 한다.

> **함께 보기**
> 지속적인 통합(p.550)

5분 이내에 결과를 얻는 것은 매우 중요하다. 5분은 결과를 보면서 스트레칭하며 쉬거나 커피 한 잔을 새로 마시기 충분한 시간이다. 10분은 견딜 수는 있지만 좀 지루하게 느껴진다. 그 이상이면 사람들은 결과를 얻기 전에 다른 작업을 시작할 것이다. 그러다 통합이 실패하면 코드는 누군가 다시 돌아올 때까지 잊힌 채로 남는다. 실제로 이는 통합과 빌드 전체에 영향을 미치는 문제로 이어진다.

5분 이내가 바람직하기는 하지만, 스크립트 자체가 글자 그대로 5분 안에 완료될 필요는 없다. 대신 더 오랜 시간이 걸리는 검사를 수행하기 전에 코드의 유효성을 검사하고 성공 또는 실패를 보고해야 한다. 더 자세한 내용은 '다단계 통합 빌드(p.559)'를 참조한다.

대부분의 팀의 경우 5분 통합을 방해하는 것은 테스트 세트의 속도다. 빠르고 신뢰할 수 있는 테스트가 그 해결책이다.

함께 보기

빠르고 신뢰할 수 있는 테스트(p.587)

CARGO CULT

유지보수를 위해 최적화하라

코드는 한 번 작성되면 계속해서 누군가가 읽고 수정한다. 전문적인 개발 환경에서 여러분은 새로운 코드를 작성하기보다는 다른 사람이 작성한 (혹은 여러분이 얼마 전에 작성한) 코드를 읽고 수정할 가능성이 높다. 새로운 코드를 작성한다 하더라도 그 코드는 수년 동안 유지보수된다. 그렇기 때문에 새로운 코드를 작성하기 쉽게 만드는 것보다 **유지보수 비용을 줄이는 것**이 더 중요하다.

이것은 훨씬 많은 의미를 담고 있다. 소프트웨어를 '쉽게' 만들 수 있지만 이해하기 어렵고 다른 시스템과 잘 통합되지 않는 프레임워크는 어리석은 선택이다. 여러분에게 지금 필요한 모든 작업을 자동으로 처리하지만, 그 내부에 대해 깊이 이해하지 않고는 확장할 수 없는 도구를 선택한 것 역시 마찬가지로 어리석다.

유지보수를 위한 최적화란 이해하기 쉽고, 조합하기 쉽고, 더 이상 필요하지 않을 때 여러분의 필요에 따라 쉽게 교체할 수 있는 단순한 도구와 라이브러리를 선택하는 것을 의미한다.

복잡성을 통제하라

개발 팀이 종종 간과하는 마찰의 원인은 개발 환경의 복잡성이다. 작업을 신속하게 완료하기 위해 서두르는 팀은 일반적인 개발 문제를 해결하기 위해 유명한 도구, 라이브러리, 프레임

함께 보기

단순한 디자인(p.638)

워크를 이용한다.

이 도구는 고립된 환경에서라면 아무런 문제가 없다. 그러나 오래 지속되는 소프트웨어 개발 노력에는 전문화된 요구사항이 존재하며, 바로 여기에서 빠르고 쉬운 접근 방식이 무너지기 시작한다. 이런 도구, 라이브러리, 프레임워크는 특히 이들이 함께 잘 작동하도록 하기 위해 내부를 자세히 살펴봐야 할 때 엄청난 인지 부담을 가중시킨다. 그리고 이는 결국 수많은 마찰을 일으킨다.

초기 개발보다 유지보수 비용을 최적화하는 것이 중요하다. 이에 관해서는 '유지보수를 위해 최적화하라(p.543)'를 참조하라. 서드 파티 디펜던시를 이용할 때는 신중해야 한다. 선택을 할 때는 해당 디펜던시가 해결하는 문제만 봐서는 안 된다. 디펜던시가 추가됐을 때 추가될 유지보수의 부담은 물론 기존 시스템과 잘 통합될지도 고려하라. 여러분의 스크립트에서 호출할 수 있는 간단한 도구나 라이브러리가 가장 좋은 선택이다. 세상을 소유하려는 복잡한 블랙박스는 아마도 좋은 선택은 아니다.

대부분의 경우 여러분이 통제할 수 있는 코드 안에 서드 파티 도구나 라이브러리를 감싸는 것이 가장 좋다. 여러분의 코드는 내부의 복잡성을 숨기고 여러분의 필요에 따라 커스터마이즈된 단순한 인터페이스를 제공하는 역할을 한다. 이 주제에 관해서는 '서드 파티 컴포넌트(p.643)'에서 더 자세히 다룬다.

모든 것을 자동화하라

팀이 이터레이션적으로 수행하는 모든 액티비티를 자동화하라. 이는 마찰뿐만 아니라 에러도 줄일 수 있다. 다음의 다섯 가지 스크립트에서 시작할 수 있다.

- build: 컴파일(또는 린트)을 수행하고 테스트를 실행하며 성공 또는 실패를 보고한다.
- watch: 파일이 변경될 때 자동으로 build를 실행한다.
- integrate: 프로덕션과 유사한 환경에서 build를 실행하고 코드를 통합한다.
- deploy: integrate를 실행하고 통합 브랜치를 배포한다.

- rundev: 수동 리뷰와 테스트를 위해 소프트웨어를 로컬에서 실행한다.

물론 스크립트에 원하는 이름을 자유롭게 사용할 수 있다.

스크립트를 작성할 때는 실제 프로그래밍 언어를 이용하라. 스크립트는 도구를 호출할 수 있고, 호출된 도구는 적절한 환경 설정 언어를 가질 수 있지만 이 모든 것을 여러분이 통제할 수 있는 실제 코드로 전부 조정할 수 있다. 자동화가 정교해짐에 따라 여러분은 실제 프로그래밍 언어가 제공하는 힘에 감사하게 될 것이다.

스크립트를 실제 프로덕션 코드와 동일한 수준에서 취급하라. 스크립트를 위한 테스트를 작성할 필요는 없다(사실 스크립트를 테스트하기는 매우 어렵다). 그러나 스크립트를 잘 작성하고, 잘 구조화해 이해하기 쉽도록 주의를 기울여라. 시간이 지난 뒤 여러분 스스로에게 감사할 것이다.

watch 스크립트 대신 IDE를 이용하고 싶은 유혹에 빠질 수도 있다. 처음에는 문제가 없지만 integrate 스크립트를 위해 여전히 빌드를 자동화해야 하며, 결과적으로 두 개의 분리된 빌드를 유지보수하게 될 것이다. IDE에 종속되는 것에 주의하라. 결국 IDE는 1초 피드백을 제공할 수 없게 된다. 이런 상황이 발생하면 IDE와 씨름하지 말고 스크립트 기반의 접근 방식으로 바꿔라. 이 편이 훨씬 유연하다.

점진적으로 자동화하라

자동화는 첫 번째 스토리에서 시작해 지속적이고 점진적으로 개선하라. 새로운 코드베이스를 다루는 경우 여러분이 첫 번째로 해야 할 개발 태스크는 스크립트를 설정하는 것이다.

자동화는 단순하게 유지하라. 시작 단계에서는 정교한 증분 빌드나 디펜던시 그래프 분석을 하지 않아도 된다. 코드를 작성하기 전에 간단히 BUILD OK를 출력하는 build 스크립트를 작성하라. 다른 기능은 필요 없다! 빌드의 'hello world'라고 생각하면 된다. 다음으로 파일이 변경될 때 build를 실행하는 간단한 watch 스크립트를 작성하라.

build와 watch가 잘 동작한다면 마찬가지로 뼈대만 가진 integrate 스크립트를 작성한다. 처음에는 기본 환경에서 build를 실행하고 코드를 통합한다. '지속적인 통합의 춤 (p.555)'에서 이에 관해 자세히 살펴본다.

integrate가 잘 동작한다면 build를 다듬는다. 애플리케이션에서 아무것도 하지 않는 do-nothing 엔트리 포인트를 작성한다. 'hello world'같은 메시지를 출력하는 것도 좋다. build가 코드를 컴파일 또는 린트를 수행하도록 설정하고, 해당 컴파일러(또는 린터)에 대한 디펜던시 관리를 추가한다. 고정된 버전 숫자와 디펜던시의 버전을 비교하거나 디펜던시 관리 도구를 설치할 수 있다. 대신 여러분의 디펜던시를 벤더링하는 것도 좋다.

다음으로 단위 테스트 도구와 실패하는 테스트를 추가한다. 테스트 도구에 관한 디펜던시 관리를 추가하는 것도 잊지 말라. build가 테스트를 실행하고, 적절하게 실패하고 에러 코드와 함께 종료되도록 하라. 다음으로 watch와 integrate가 실패를 적절하게 처리하는지 확인하고 테스트를 통과하게 만든다.

이제 rundev 스크립트를 추가할 차례다. rundev 스크립트가 (필요하다면) 코드를 컴파일하고 아무것도 하지 않는 애플리케이션을 실행한 뒤, 소스 파일이 변경되면 애플리케이션을 자동으로 다시 시작하도록 만든다. build, watch, rundev가 중복된 파일을 모니터링하거나 컴파일된 코드를 갖지 않도록 리팩터하라.

마지막으로 deploy 스크립트를 만든다. integrate를 실행하고(실패를 처리하는 것을 잊지 말라), 통합 브랜치를 배포하게 만든다. 우선 스테이징 서버에 배포하는 것으로 시작한다. 시스템 아키텍처에 따라 그 방법은 다르겠지만 현재는 프로덕션 파일이 하나뿐이므로 복잡하지 않을 것이다. 그저 하나의 파일과 해당 런타임 환경을 한 대의 서버에 배포하기만 하면 된다. scp 또는 rsync 명령어를 이용하는 것만큼 단순할 것이다.

다른 복잡한 문제(예: 크래시 처리, 모니터링, 프로비저닝)는 스토리가 필요하다(예: "사이트는 크래시 이후에도 계속 작동한다." 등). 시스템의 규모가 커지면서 자동화도 함께 증가할 것이다.

NOTE 한 대의 서버가 아니라 분산된 설치 패키지를 배포한다면 deploy가 하나의 단순한 배포 패키지를 구축하도록 만들어라. 하나의 프로덕션 파일과 해당 런타임만 포함한 하나의 ZIP 파일 같은 간단한 패키지에서 시작하라. 더 세련되고 사용자 친화적인 설치는 사용자 스토리로 계획할 수 있다.

이제부터는 모든 스토리를 통해 자동화를 업데이트하라. 디펜던시를 추가할 때는 벤더링을 하지 않는 이상 수동으로 설치하지 말라. 디펜던시 관리자의 환경 설정에 포함시키고, 디펜던시 관리자를 통해 설치하라. 이렇게 함으로써 다른 사람의 환경에서도 작동하는지 알 수 있다. 스토리에 처음으로 데이터베이스가 포함된다면 build, rundev, deploy를 업데이트해서 데이터베이스를 자동으로 설치, 설정, 배포하라. 추가 서비스, 서버 등을 포함하는 스토리에 대해서도 마찬가지로 작업하라.

이렇게 쓰고 보니 자동화에 매우 많은 작업이 필요한 것처럼 들린다. 그러나 자동화를 점진적으로 구축하면 단순하게 시작해 나머지 코드의 규모가 커질 때 자동화도 함께 확장된다. 각각의 개선은 하루 또는 최대 이틀 정도의 작업이므로 대부분의 시간을 프로덕션 코드에 집중할 수 있다.

레거시 코드 자동화하기

코드와 함께 자동화를 확장할 여유가 없을 없을 수도 있다. 대신 기존 코드베이스에 자동화를 추가하는 경우가 많다.

가장 먼저 빈 build, rundev, integrate, deploy 스크립트를 만든다. 아직 어떤 것도 자동화하지 말라. 각 태스크와 관련된 문서를 찾아서 스크립트가 이를 콘솔에 출력하게 하라. 예를 들어 deploy 스크립트는 esoteric_command를 실행하고, https://obscure_webv _page 등을 로드할 수 있다. 각 단계 이후 키를 누를 때까지 기다려라.

이런 간단한 '자동화'는 오래 걸리지 않으므로 슬랙을 이용해 스크립트를 만들 수 있다. 각 스크립트를 만들면 그 스크립트는 새로운 버전 관리 소스가 된다. 오래된 문서는 삭제하거나 해당 스크립트를 실행하는 방법을 설명하도록 변경하라.

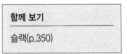

함께 보기

슬랙(p.350)

다음으로 슬랙을 이용해 점진적으로 각 단계를 자동화하라. 가장 쉬운 단계부터 자동화한 다음, 가장 많은 마찰을 일으키는 단계에 집중하라. 일정 기간 동안 여러분의 스크립트에는 자동화와 단계별 설명이 함께 존재할 것이다. 스크립트가 완전히 자동화될 때까지 계속하라. 이후 개선과 단순화의 기회를 모색하라.

build가 완전히 자동화되면 1초 피드백(심지어 10초 피드백)이 너무 느리다는 것을 알게 될 것이다. 결과적으로 여러분은 정교한 증분 방식을 원하게 될 것이지만, 그 전에 작은 코드베이스 덩어리를 식별하는 데서 시작할 수 있다. 각각을 개별적으로 빌드하고 테스트할 수 있는 빌드 대상을 선택하라. 덩어리를 작게 쪼갤수록 10초 아래로 피드백을 얻는 작업이 쉬워질 것이다.

일반적으로 이용하는 빌드 대상에 대한 피드백을 10초 이내로 받을 수 있다면, 이제 watch 스크립트를 만들어도 된다. 5초 이내로 피드백을 얻을 수 있을 때까지 슬랙을 사용해 최적화를 계속하라. 어느 시점에서 변경 사항에 따라 자동으로 대상을 선택할 수 있게 빌드를 수정한다.

다음으로 배포 속도와 안정성을 개선하라. 테스트를 개선해야 하며, 다소 시간이 걸릴 것이다. 이전과 마찬가지로 슬랙을 이용해 한 번에 조금씩 개선하라. 테스트가 무작위로 실패한다면 항상 일정한 결과를 내도록 만들어라. 광범위한 테스트로 인해 속도가 느려진다면 테스트의 범위를 줄여라.

함께 보기

빠르고 신뢰할 수 있는 테스트(p.587)

코드는 절대 완전해지지 않는다. 하지만 여러분이 가장 자주 작업하는 부분은 부드럽게 다듬어질 것이다. 마찰에 부딪힐 때마다 슬랙을 사용해 해당 부분을 개선하라.

질문

자동화할 시간을 어떻게 마련하는가?

코드와 테스트를 작성할 때와 동일하다. 완료해야 할 일의 일부일 뿐이다. 플래닝 게임을 하면서 각 스토리의 크기를 고려할 때, 해당 스토리에 필요한 자동화 변경 내용도 포함하라.

함께 보기

플래닝 게임(p.277)
슬랙(p.350)

마찬가지로 마찰이 있을 때 슬랙을 이용해 이를 개선하라. 그러나 슬랙은 추가적인 개선을 위한 시간임을 기억하라. 스토리에 자동화 변경이 필요하다면 자동화 구축(여러분이 발견했을 때보다 조금 더 나은 형태로 스크립트를 개선하라)은 슬랙이 아니라 해당 스토리를 개발하는 작업에 포함돼야 한다. 당연히 자동화가 완료돼야 스토리도 완료된다.

누가 스크립트를 작성하고 유지보수해야 하는가?

스크립트는 전체 팀이 집단적으로 소유한다. 실제로는 프로그래밍과 운영 스킬을 가진 팀원들이 주로 담당한다.

빌드 및 배포 자동화를 전담하는 팀을 별도로 두고 있다. 우리는 무엇을 해야 하는가?

그들이 수행하는 자동화는 서드 파티 디펜던시와 같은 것으로 다루라. 여러분이 통제할 수 있는 스크립트 안에 그들이 만드는 도구를 캡슐화하라. 이렇게 함으로써 여러분의 필요에 따라 커스터마이즈할 수 있다.

함께 보기

집단 코드 오너십(p.496)

데이터베이스 마이그레이션은 언제 수행하는가?

그것은 배포의 일부이지만, 배포를 완료한 **이후** 일어날 수도 있다. 관련된 자세한 내용은 '데이터 마이그레이션(p.691)'을 참조하라.

전제 조건

모든 팀이 마찰을 줄이기 위한 노력을 할 수 있다. 일부 언어는 빠른 피드백을 받기 어렵지만, 여러분이 현재 작업하는 시스템의 특정한 부분에 관해서는 의미 있는 피드백을 받을 수 있다. 심지어 테스트의 일부만 수행하더라도 말이다. 빠른 피드백은 매우 중요하므로 이를 구현할 방법을 찾는 데 시간을 들일 만한 가치가 충분하다.

로컬에서 소프트웨어를 실행하는 능력은 조직의 우선순위에 따라 다르다. 여러 팀이 존재하는 환경에서는 실수로 로컬에서 실행할 수 없는 시스템을 만들어 내기 쉽다. 여러분이 그런 환경에 있다면 로컬에서 테스트를 실행하도록 프로그램할 수 있지만, 전체 시스템을 로컬에서 실행하는 것은 여러분의 통제 밖에 있을 수도 있다.

지표

여러분의 팀이 제로 프릭션 개발을 한다면:

- ☐ 여러분은 도구, 체크리스트, 디펜던시 문서와 씨름하는 것이 아니라 개발하는 데 시간을 이용한다.

- ☐ 여러분은 매우 작은 단계로 작업하며, 에러를 조기에 발견하고 디버깅에 걸리는 시간을 줄일 수 있다.

- ☐ 저장소를 복제하고 스크립트를 실행하는 것만으로 새로운 개발 워크스테이션을 구성할 수 있다.

- ☐ 하루에도 수 차례 통합과 배포를 진행할 수 있다.

대안과 실험

제로 프릭션 개발은 모든 팀이 추구해야 할 이상이다. 이를 달성하는 가장 좋은 방법은 상황에 따라 다르므로 자유롭게 실험하라.

어떤 팀은 스크립트를 만드는 것보다 IDE를 중심으로 필요한 자동화를 제공한다. 어떤 팀은 복잡한 환경설정 언어로 만들어진 대규모의 '키친 싱크kitchen-sink' 도구를 이용한다. 그러나 팀의 요구가 늘어남에 따라 이런 접근 방식은 실패하는 것을 봐 왔다. 이 방법은 시작할 때는 편하지만 여러분이 성장할수록 전환과 변경이 고통스럽고, 점진적으로 작업하기도 어렵다. 모든 자동화 요구를 해결할 수 있는 복잡한 도구를 평가할 때는 항상 비판적이어야 한다.

지속적인 통합

대상
프로그래머, 운영

우리는 최신 코드를 릴리스할 준비가 돼 있다.

대부분의 소프트웨어 개발에는 팀이 '완료됐다'고 말하는 시점과 실제로 릴리스할 수 있는 시점 사이에 지연이 숨어있다. 심지어 그 지연은 수 개월이 되기도 한다. 모든 사람이 작성한 코드가 함께 동작하도록 하고, 배포 스크립트를 작성하고, 데이터베이스를 미리 채우는 등의 작은 일이 있다.

지속적인 통합은 더 나은 접근 방식이다. 지속적인 통합을 이용하는 팀은 모든 사람의 코드가 함께 작동하고 언제든 릴리스할 준비가 돼 있다. 지속적인 통합의 궁

> 현장 고객이 릴리스할 준비가 되면 여러분은 버튼을 누르고 릴리스를 한다.

극적인 목표는 릴리스를 **기술적인** 관점이 아니라 **비즈니스** 관점의 의사 결정으로 만드는 것이다. 현장 고객이 릴리스할 준비가 되면 여러분은 버튼을 누르고 릴리스를 한다. 그 어떤 잡음도 없다.

지속적인 통합은 또한 집단 코드 오너십과 리팩터링을 위해 필수적이다. 모든 사람이 동일한 코드를 변경한다면 그들의 작업을 공유할 방법이 필요하다. 지속적인 통합은 이를 위한 가장 적합한 방법이다.

함께 보기
집단 코드 오너십(p.496)
리팩터링(p.598)

지속적인 통합은 도구가 아니라 프랙티스다

소프트웨어 개발 아웃소싱 기업인 쏘트웍스는 지속적인 통합을 매우 초기에 도입한 기업 중 하나다. 이들은 지속적인 통합 스크립트를 자동으로 실행하는 '크루즈컨트롤 CruiseControl'이라는 도구를 만들었다. 이들은 이 도구를 **지속적인 통합**[CI] **서버**라 불렀다(CI/ CD 서버 또는 **빌드 서버**라고도 알려져 있다).

그 이후로 이 도구의 인기는 폭발적으로 높아졌다. 너무나도 인기가 높았던 나머지 **도구** 가 **프랙티스**를 압도했다. 오늘날 많은 사람은 지속적인 통합이란 그저 CI 서버를 이용하는 것을 의미한다고 생각한다.

하지만 그렇지 않다. CI 서버는 지속적인 통합의 극히 일부를 담당할 뿐이다. 이들은 신호에 따라 코드를 빌드하고 병합한다. 그러나 지속적인 통합은 빌드를 수

> 지속적인 통합은 빌드를 실행하는 것 이상이다.

행하는 것 이상이다. 기본적으로 지속적인 통합은 팀의 최신 작업 결과물을 언제든 릴리

스할 수 있는 능력에 관한 것이다. 어떤 도구도 여러분을 위해 그렇게 해주지는 못한다. 지속적인 통합을 위해서는 다음 세 가지를 갖춰야 한다.

하루에 여러 차례 통합하라

통합은 팀이 작성한 모든 코드를 병합하는 것을 의미한다. 일반적으로 모든 사용자의 코드를 소스 코드 저장소의 공통 브랜치에 병합하는 작업을 포함한다. 이 브랜치는 'main', 'master', 'trunk' 등으로 불린다. 나는 'integration'이라는 이름의 브랜치를 이용한다. 브랜치의 목적을 정확하게 알 수 있기 때문이다. 하지만 여러분이 원하는 어떤 이름을 이용해도 좋다.

지속적인 통합을 수행하는 팀은 가능한 자주 통합한다. 이는 지속적인 통합 중 '지속적인'에 해당한다. 사람들은 태스크를 완료할 때마다, 주요 리팩터링 전후에, 그리고 기어를 바꾸려고 할 때마다 통합한다. 그 간격은 작업에 따라 몇 분 혹은 몇 시간이 되기도 한다. 자주 할수록 좋다. 일부 팀은 커밋할 때마다 통합한다.

며칠이나 걸리는 고통스러운 병합을 경험해봤다면, 너무 자주 통합하는 것은 바보 같이 보일 수 있다. 왜 고생을 사서 하는 것일까?

지속적인 통합의 비밀은 실제로 좋지 않은 병합의 리스크를 **줄인다**는 점이다. 더 자주 통합할수록 고통은 줄어든다. 더 자주 통합한다는 것은 더 작은 병합을 의미하며, 더 작은 병합은 병합이 충돌할 기회가 더 적음을 의미한다. 지속적인 통합을 이용하는 팀도 때로 병합 충돌을 경험하지만, 충돌은 거의 발생하지 않으며 발생한다 해도 쉽게 해결된다.

통합 빌드를 절대로 중단하지 말라

코드 안에서 몇 시간이나 버그를 찾아 헤매다가 결국 그 버그가 여러분의 코드가 아니라 전혀 다른 오래된 환경 설정, 또는 다른 사람이 작성한 코드 때문임을 발견한 경험이 마지막으로 언제인가? 반대로 환경 설정이나 다른 사람의 코드에 문제가 있다고 생각하고 몇 시간이나 비난하다가 결국 여러분의 코드에서 버그를 발견한 경험은 마지막으로 언제인가? 이런 문제를 해결하기 위해서 통합 브랜치가 **정상 작동**known-good해

> 통합 브랜치는 항상 빌드하고 테스트를 통과해야 한다.

야 한다. 즉 통합 브랜치는 항상 빌드되고 테스트를 통과해야 한다.

이는 실제로 여러분이 생각하는 것보다 쉽다. 좋은 테스트 세트를 가진 자동화된 빌드가 필요하지만, 일단 이런 빌드를 갖게 된다면 정상 작동하는 통합 브랜치를 보장하기 위해서 병합된 코드의 유효성을 검사한 뒤 통합 브랜치에 반영하기만 하면 된다.

함께 보기

제로 프릭션(p.536)
테스트 주도 개발(p.564)
빠르고 신뢰할 수 있는 테스트(p.587)

그러나 이 빌드는 **빨라야** 하며 최대 10분 이내에 완료돼야 한다. 그렇지 않으면 팀원들 사이에 코드를 공유하기가 매우 어렵다. '다단계 통합 빌드(p.559)'에서 설명한 것처럼 다단계 통합을 이용해 느린 빌드를 우회할 수 있다.

통합 브랜치는 릴리스할 수 있는 상태로 유지한다

모든 통합은 가능한 실제 릴리스와 가까워야 한다. 릴리스 준비를 일상적으로 함으로써 실제 릴리스를 하는 것조차 아무렇지 않은 일이 되게 하는 것이 목표다. 내가 함께 협업한 팀은 일주일에 여러 번 릴리스하는 상태에 이르렀다. 팀원들은 큰 빨간색 버튼이 있는 모바일 앱을 만들었다. 릴리스할 준비가 되면 동네 술집으로 가서 한 잔씩 술을 주문하고는 버튼을 눌렀다.

다시 말해 모든 스토리에는 필요할 때마다 빌드 및 배포 스크립트를 업데이트하는 태스크가 포함된다. 코드 변경에는 테스트가 수반된다. 코드 품질 문제가 해결된다. 데이터 마이그레이션은 스크립트에 의해 수행된다. 로깅이나 감사 같은 눈에 보

함께 보기

'완전 완료'(p.233)
운영을 위한 빌드(p.667)
피처 플래그(p.680)

이지 않지만 중요한 스토리는 관련 피처와 함께 우선순위가 결정된다. 완료되지 않은 작업은 피처 플래그feature flag 또는 키스톤keystone 뒤에 숨겨져 있다.

'가능한 실제 릴리스와 가깝게'라는 말에는 배포 스크립트를 실행해 이들이 실제 작동하는지 확인하는 것을 포함한다. 프로덕션에 배포할 필요는 없지만(이것은 더 고급화된 프랙티스인 지속적인 배포continuous deployment다) 테스트 환경에는 배포해야 한다. 이는 온라인이 아닌 소프트웨어에도 동일하게 적용된다. 여러분이 임베디드 소프트웨어를 만든다면 소

프트웨어를 테스트 하드웨어나 시뮬레이터에 설치하라. 모바일 앱을 만든다면 스토어에 제출할 패키지를 만들어라. 데스크톱 애플리케이션을 만든다면 설치 패키지를 만들어라.

잡다한 일을 남겨두지 말라(진행 중 업무를 최소화하라(p.243) 참조). 개발 과정 내내 지속적으로 관리하라. 첫 날부터 릴리스될 수 있는 워킹 스켈레톤을 만드는 데 집중하라. 처음에는 뼈 위에 살점이 조금만 있겠지만 스토리와 태스크를 작업할 때마다 추가하라.

배포 대 릴리스

배포와 릴리스에는 어떤 차이가 있는가? **배포**는 팀의 소프트웨어가 실행되는 상태로 만드는 것이다. 일반적으로 프로덕션 서버에 소프트웨어를 복사하는 과정이며, 반드시 새로운 피처나 기능을 활성화하지는 않는다. **릴리스**는 새로운 피처를 고객이 사용할 수 있게 활성화하는 것을 의미한다. 많은 팀에게 배포와 릴리스는 동일하지만, 피처 플래그 같은 기법을 이용하면 릴리스를 하지 않고도 배포를 할 수 있다.

지속적인 통합의 다양한 형태

지속적인 통합은 매우 널리 알려져 있으면서 동시에 잘못 이해되고 있다. 사람들은 근본 아이디어의 다양한 측면을 계속해서 새로운 용어로 설명한다.

- **CI 서버**[CI server]: 빌드 스크립트를 자동으로 수행하는 도구다. 지속적인 통합과는 전혀 다르다.

- **트렁크 기반 개발**: 지속적인 통합의 '통합' 부분을 강조한 것이다[Hammant2020].

- **지속적인 전달**[Continuous delivery]: 지속적인 통합의 '배포' 부분을 강조한 것이다[Humble 2010]. 일반적으로 '지속적인 통합 + 테스트 환경에 배포'로 간주된다.

- **지속적인 배포**: 완전히 새로운 프랙티스다. 모든 통합을 프로덕션에 배포한다. 일반적으로 '지속적인 전달 + 프로덕션 배포'로 간주된다.

지속적인 전달은 지속적인 통합과 종종 별개의 프랙티스로 간주되지만, 켄트 벡은 2004년 지속적인 전달을 지속적인 통합의 일부분으로 설명했다.

완전한 제품을 통합하고 빌드한다. CD를 굽는 것이 목표라면 CD를 굽는다. 웹사이트를 배포하는 것이 목표라면, 비록 테스트 환경일지라도 웹사이트를 배포한다. 지속적인 통합은 시스템의 실질적인 첫 번째 배포가 어렵지 않을 만큼 충분히 완료돼야 한다[Beck2004, 7장].

지속적인 통합의 춤

여러분이 지속적인 통합을 이용한다면 매일 다음과 같은 안무를 따른다.

1. 개발 워크스테이션 앞에 앉아서 정상 작동하는 상태로 초기화한다.

2. 작업을 한다.

3. 적절한 기회가 될 때마다 통합한다(그리고 가능하면 배포한다).

4. 작업을 마쳤다면 정리한다.

이런 단계는 제로 프릭션 개발 환경의 일부로 모두 자동화돼야
한다.

<table>
<tr><td>함께 보기</td></tr>
<tr><td>제로 프릭션(p.536)</td></tr>
</table>

단계 1에서 나는 reset_repo 또는 이와 비슷한 이름의 스크립트를 만든다. git을 이용한다면 스크립트 명령어는 다음과 같다(에러 처리 전).

```
git clean -fdx                       # 모든 로컬 변경 사항을 제거한다
git fetch -p origin                  # 저장소에서 최신 코드를 받고 오래된 브랜치를 제거한다
git checkout integration             # 통합 브랜치로 전환한다
git reset --hard origin/integration  # 통합 브랜치를 매칭된 저장소로 초기화한다
git checkout -b $PRIVATE_BRANCH      # 작업용 프라이빗 브랜치를 만든다
$BUILD_COMMAND_HERE                  # 정상 동작 상태인지 확인한다
```

단계 2를 진행하는 동안 여러분은 평소와 같이 작업한다. 커밋을 하고 여러분의 팀이 선호한다면 리베이스rebase를 한다.

단계 3에서는 통합을 한다. 테스트를 통과하는 어느 시점에든 통합할 수 있다. 적어도 몇 시간에 한 번씩은 통합을 시도하라. 통합할 준비가 됐다면 최신 통합 브랜치를 여러분의

코드에 병합한 뒤 모든 것이 잘 동작하는지 확인한다. 다음으로 CI 서버에 코드를 테스트하고, 테스트가 성공하면 여러분의 코드를 통합 브랜치에 병합하라.

integrate 스크립트는 이 단계를 자동화한다. git을 이용한다면 integrate 스크립트는 다음과 비슷할 것이다(에러 처리 전).

```
git status --porcelain        # 커밋되지 않은 변경을 확인한다(있다면 실패한다)
git pull origin integration   # 통합 브랜치를 로컬 코드에 병합한다
$BUILD_COMMAND_HERE           # 빌드하고 테스트를 수행한다(병합 에러를 확인한다)
$CI_COMMAND_HERE             # CI 서버에 테스트 및 코드 병합을 명령한다

# 다음 단계는 git의 병합 충돌을 해소하는 데 도움이 된다
$WAIT_COMMAND_HERE           # CI 서버가 멈출 때까지 기다린다
git checkout integration      # 통합 브랜치를 체크아웃한다
git pull origin integration   # 통합 브랜치를 저장소로부터 업데이트한다
git checkout $PRIVATE_BRANCH  # 프라이빗 브랜치를 체크아웃한다
git merge integration         # 저장소의 통합 브랜치의 변경 사항을 병합한다
```

CI 명령어는 여러분이 이용하는 CI 서버에 따라 다르지만, 일반적으로 저장소에 코드를 푸시하는 과정을 포함할 것이다. CI 서버가 코드를 통합 브랜치로 병합한 후가 아니라 병합하기 **전**에 빌드하고 테스트하도록 설정하는 것을 잊지 말라. 이렇게 함으로써 여러분의 통합 브랜치는 항상 정상적으로 동작하는 상태를 유지한다. 이를 수행할 CI 서버가 없다면 다음 섹션에서 설명할 스크립트를 대신 이용할 수도 있다.

작업을 완료할 때까지 단계 2와 단계 3을 이터레이션한다. 최종적으로 병합한 뒤에는 작업 환경을 정리하라.

```
git clean -fdx                        # 모든 로컬 변경 내용을 제거한다
git checkout integration              # 통합 브랜치로 전환한다
git branch -d $PRIVATE_BRANCH         # 프라이빗 브랜치를 삭제한다
git fetch -p origin                   # 저장소에서 최신 코드를 받고 오래된 브랜치를 제거한다
git reset --hard origin/integration   # 통합 브랜치를 매칭된 저장소로 초기화한다
```

이 스크립트는 개인적인 제안일 뿐이다. 팀의 설정에 맞게 자유롭게 정의하면 된다

CI 서버를 이용하지 않는 지속적인 통합

CI 서버를 이용하지 않고 지속적인 통합을 수행하는 것은 놀랍도록 쉽다. 일부 환경에서는 클라우드 기반 CI 서버의 성능이 심각하게 낮을 수 있으므로, 이 방법이 최선의 선택일 수도 있다. 한 대의 통합 머신(예비 개발 워크스테이션션 또는 가상 머신)과 작은 스크립트만 있으면 충분하다.

가장 먼저 integrate 스크립트를 만든다. 이 스크립트는 여러분의 개발 워크스테이션에서 실행하며, 여러분이 변경한 내용을 프라이빗 브랜치에 푸시한다. git의 경우 git push origin HEAD:$PRIVATE_BRANCH 명령어를 이용한다.

코드를 푸시했다면 수동으로 통합 머신에 로그인한 뒤 두 번째 통합 스크립트를 실행한다. 이 스크립트는 프라이빗 브랜치를 체크아웃하고, 여러분이 푸시한 이후 다른 사용자가 통합하지 않았는지 확인한다. 이후 빌드와 테스트를 수행하고, 여러분이 변경한 내용을 통합 브랜치에 병합한다.

별도의 통합 머신에서 빌드와 테스트를 수행하는 것은 정상 동작하는 통합 브랜치를 보장하기 위해서다. 이를 통해 "내 머신에서는 동작하는데요?" 에러를 방지한다. git의 경우 다음과 같은 명령어를 이용한다(에러 처리 전).

```
# 프라이빗 브랜치를 가져온다
git clean -fdx                              # 모든 로컬 변경 내용을 제거한다
git fetch origin                            # 저장소에서 최신 코드를 얻는다
git checkout $PRIVATE_BRANCH                # 프라이빗 브랜치를 체크아웃한다
git reset --hard origin/$PRIVATE_BRANCH     # 프라이빗 브랜치를 매칭되는 저장소로 초기화한다

# 프라이빗 브랜치를 확인한다
git merge integration --ff-only             # 통합 브랜치가 병합됐는지 확인한다
$BUILD_COMMAND_HERE                         # 빌드 및 테스트를 수행한다

# 병합 커밋을 이용해 프라이빗 브랜치를 통합 브랜치로 병합한다
git checkout integration                    # 통합 브랜치를 체크아웃한다
git merge $PRIVATE_BRANCH --no-ff --log=500 -m "INTEGRATE: $MESSAGE" # 병합한다
git push                                    # 변경 내용을 저장소에 푸시한다

# 프라이빗 브랜치를 삭제한다
```

```
git branch -d $PRIVATE_BRANCH        # 로컬에서 프라이빗 브랜치를 삭제한다
git push origin :$PRIVATE_BRANCH      # 저장소에서 프라이빗 브랜치를 삭제한다
```

스크립트가 실패하면 개발 머신에서 수정한 뒤 다시 통합한다. 이 스크립트를 이용하면 통합에 실패해도 다른 사람에게 전혀 영향을 주지 않는다.

한 순간에 한 명만 통합할 수 있으므로, 접근을 제어할 수 있는 방법을 강구해야 한다. 물리적인 통합 머신을 이용한다면 그 통합 머신을 이용하는 사람이 우선권을 갖는다. 원격 통합 머신을 이용한다면 한 순간에 한 사람만 로그인할 수 있게 설정하라.

이 스크립트는 동기식 통합synchronous integration용이며, 이는 다시 말해 통합이 완료돼야 다른 작업을 할 수 있음을 의미한다(잠시 후 다시 설명한다). 비동기식 통합을 하려면 CI 서버를 이용하는 것이 낫다. 다단계 빌드multistage build에서는 이 스크립트를 속도가 중요한 부분에서는 동기적으로 이용하고, 보조 빌드 또는 배포는 CI 서버에게 맡긴다.

동기식 통합 대 비동기식 통합

지속적인 통합은 통합이 완료될 때까지 기다릴 때 가장 효과가 좋다. 이를 **동기식 통합**이라 부르며, 이를 활용하려면 빌드와 테스트가 빨라야 한다(가능하다면 5분 이내, 아무리 늦더라도 10분 이내에 끝나는 것이 좋다). 이런 속도를 달성하려면 빠르고 신뢰할 수 있는 테스트를 만들어야 한다.

함께 보기

제로 프릭션(p.536)
빠르고 신뢰할 수 있는 테스트(p.587)

빌드에 너무 오랜 시간이 걸린다면 **비동기식 통합**asynchronous integration을 이용해야 한다. 비동기식 통합을 하기 위해서는 CI 서버가 필요하다. 여러분은 통합 프로세스를 시작하고, CI 서버가 빌드를 하는 동안 다른 작업을 수행한다. 빌드가 완료되면 CI 서버에서 결과를 확인한다.

비동기식 통합은 효율적으로 **들리지만** 실제로는 문제의 소지가 있다. 코드를 체크인하고, 다른 작업을 시작하고 30분(혹은 그보다 오래) 뒤 빌드가 실패했다는 알림을 받는다. 이제 여러분은 작업을 중단하고 문제를 해결해야 한다. 적어도 이론상으로 그렇다. 하지만 실제로는 그 작업은 더 자주 방치된다. 해당 작업은 몇 시간 또는 며칠이 지난 후 완료되며,

병합 충돌의 가능성은 훨씬 높아진다.

CI 서버 설정에 오류가 있다면 더 큰 문제가 된다. CI 서버는 빌드가 성공한 **후**에만 코드를 통합 브랜치에 병합해서 정상 동작하는 통합 브랜치를 유지해야 한다. 그러나 일부 CI 서버는 기본적으로 코드를 **먼저** 병합한 뒤 빌드를 실행한다. 코드가 빌드를 깨면 해당 통합 브랜치를 받은 모든 사람의 작업이 중단된다.

이것이 비동기식 통합과 결합하면 사람들은 깨진 코드를 확인했을 때, 무의식적으로 **다른 누군가가** 빌드를 깨뜨렸다고 가정하고 수정하지 않는 상황이 계속된다. 오류에 오류가 추가되면서 상황은 점점 복잡해진다. 나는 망가진 빌드를 며칠 동안 그대로 방치하는 팀을 본 적도 있다.

빌드를 **먼저** 테스트함으로써 빌드를 손상시키는 것을 구조적으로 불가능하게 만드는 것이 좋다. 여전히 동기식 통합을 이용하는 것이 나으며, 그렇지 않다면 문제가 발생했을 때 즉시 해결하라.

다단계 통합 빌드

어떤 팀은 정교한 테스트를 이용해 성능, 부하, 안정성 같은 품질을 측정하기도 한다. 그래서 10분 이내에 통합이 완료되지 않는다. 이런 팀에게는 다단계 통합이 좋은 아이디어다.

다단계 통합multistage integration은 두 개의 개별 빌드로 구성된다. 일반 빌드normal build 또는 **커밋 빌드**commit build는 소프트웨어가 작동하는 것을 입증하기 위해 필요한 컴파일, 린팅, 단위 테스트, 좁은 범위의 통합 테스트 및 간단한 스모크 테스트smoke test 등 모든 아이템을 포함한다. 이 빌드는 일반적으로 동기식으로 수행된다.

커밋 빌드가 성공하면 통합이 성공한 것으로 간주하고, 코드를 통합 브랜치로 병합한다. 그러면 조금 느린 2차 빌드가 비동기식으로 수행된다. **2차 빌드**는 일반 빌드에서 실행하지 않는 추가적인 테스트인 성능 테스트, 부하 테스트, 안정성 테스트 등을 포함한다. 스테이징 또는 프로덕션 환경으로의 배포 작업이 포함하기도 한다.

2차 빌드가 실패하면 팀에 알림이 전달된다. 모두가 하던 작업을 멈추고 문제를 해결해야 한다. 이렇게 하면 팀은 정상 동작하는 빌드로 빠르게 돌아갈 수 있다. 그

2차 빌드가 실패하면 모두가 하던 작업을 멈추고 문제를 해결해야 한다.

러나 2차 빌드가 실패하는 경우는 거의 없다. 그렇지 않다면 커밋 빌드가 이런 유형의 결함을 감지함으로써 동기식으로 빠르게 수정될 수 있도록 개선돼야 한다.

다단계 빌드는 정교한 테스트를 통해 성숙한 코드베이스에서는 좋은 아이디어일지 모르지만, 내가 만났던 대부분의 팀은 느린 테스트 세트를 우회하기 위한 방법으로 다단계 통합을 이용했다. 장기적으로는 테스트 세트 자체를 개선하는 것이 낫다.

단기적으로 다단계 통합을 도입함으로써 여러분은 비동기식 통합에서 동기식 통합으로 전환하는 데 도움을 얻을 수 있다. 커밋 빌드에는 빠른 테스트, 2차 빌드에는 느린 테스트를 포함하라. 그러나 거기에서 멈추지 마라. 2차 빌드를 제거하고 동기식으로 통합을 실행하는 것을 목표로 해 지속적으로 테스트를 개선하라.

풀 리퀘스트와 코드 리뷰

풀 리퀘스트pull request는 지속적인 통합에는 적합하지 않다. 너무 느리기 때문이다. 지속적인 통합은 통합 사이의 시간이 몇 시간이 아니라 짧을수록 효과를 발휘

풀 리퀘스트는 지속적인 통합의 목적으로 이용하기에는 너무 느리다.

한다. 풀 리퀘스트는 하루 또는 이틀이 지나야 승인된다. 이는 병합 충돌이 일어날 가능성을 높이며, 특히 진화적인 디자인을 이용하는 팀이라면 그 가능성이 훨씬 높다(14장의 논의를 참조하라).

대신 페어링과 모빙을 이용해 코드 리뷰의 필요성을 제거하라. 코드 리뷰를 계속 유지하길 원한다면 통합을 위한 게이트가 아니라 통합한 **후**에 코드 리뷰를 수행하라.

함께 보기
페어 프로그래밍(p.505)
몹 프로그래밍(p.520)

풀 리퀘스트는 지속적인 통합을 이용하는 팀에서는 적절한 효과를 얻을 수 없지만, 오너십을 공유하지 않는 팀 **사이**에서의 조정 메커니즘으로서는 여전히 그 역할을 할 수 있다.

도구

"지속적인 통합? 지속적인 통합이 도움이 될 거라니 무슨 소리입니까? 우리는 이미 CI 도구를 보유하고 있습니다."

여러분의 상사가 애자일 코치와 통화를 하고 있다. 전화 화면이었지만 대체 누가 누구를 인터뷰하고 있는 것인지 확실하지 않다.

"아니오. 구성원들은 스토리에 관해 함께 작업하지 않습니다. 나는 여기서 어려운 일을 하고 있습니다. 나는 스토리를 구성원들에게 할당하고, 각 스토리는 각각 피처 브랜치를 생성합니다. 몇 주 후 구성원들은 풀 리퀘스트를 제출하고, 내가 풀 리퀘스트를 리뷰한 뒤 그들에게 무엇이 잘못됐는지 알려줍니다."

상대방이 하는 이야기는 들을 수 없지만, 상사의 얼굴이 붉어지는 것을 보고 있으니 흥미롭다.

"보세요. 나는 당신에게 디자인 문서화와 관련된 도움을 요청했습니다. 공산주의자들이 말하는 코드 오너십이나 지속적인 통합 같은 쓸데없는 소리는 하지 마십시오. 우리는 이미 CI 도구를 갖고 있다고 말했습니다. 해결해야 할 진짜 문제가 있습니다. 병합에 너무 많은 충돌이 발생하고 티파니(Tiffani)가 일을 그만 둔 이후 그 누구도 그녀가 한 작업을 골라낼 수 있는 방법에 관해 알지 못합니다. 나는 같은 페이지에 내 리소스를 쏟아야 하고, 디자인 문서를 만들 것입니다. 자, 이제 내 시간을 낭비하는 것을 멈추고 와서 도움을 주겠습니까? 아니면… 여보세요? 여보세요?"

상사는 책상 너머로 전화기를 내던지고는 여러분에게 몸을 돌립니다. "믿을 수 없어! 이 사람도 내 전화를 끊었다고! 대체 어떻게 된 거야!"

질문

하루를 마무리하면서 정리해야 한다고 말했다. 그러나 작업을 완성하지 못했고, 통합을 하지 못했다면 어떻게 해야 하는가?

여러분이 피처 플래그를 이용하고 테스트 주도 개발을 한다면, 테스트가 성공하는 몇 분 간격으로 아무 때나 통합할 수 있다. 항상 통합할 수 있는 상태에 있어야 한다.

> **함께 보기**
> 피처 플래그(p.680)
> 테스트 주도 개발(p.564)

어려운 상황에 막혔다면 완료하지 못한 코드를 지워버리는 것 또한 좋은 아이디어일 수 있다. 통합을 자주 했다면 삭제할 코드는 많지 않을 것이다. 다음 날 아침 새롭게 시작하면 훨씬 작업을 더 잘할 수 있을 것이다.

동기식 통합은 시간 낭비 아닌가?

그렇지 않다. 여러분의 빌드가 충분히 빠르다면 절대로 그렇지 않다. 잠시 휴식을 취해 머리를 맑게 하고, 디자인과 리팩터링 기회 혹은 다음 단계를 생각하라. 실제로 비동기식 통합으로 인해 발생하는 문제를 해결하는 데 더 많은 시간이 걸린다.

우리는 통합을 할 때마다 병합 충돌을 경험한다. 무엇이 잘못된 것인가?

병합 충돌의 원인 중 하나는 자주 통합하지 않기 때문이다. 통합 횟수가 적을수록 통합해야 하는 변경 사항이 더 많아진다. 더 자주 통합하도록 시도하라.

또 다른 가능성은 여러분의 변경이 다른 팀원의 작업과 겹치는 경우다. 여러분이 작업하는 것에 관해 더 많이 이야기하고, 관련 코드를 작업하는 사람들과 긴밀하게 조정하라. 더 자세한 내용은 '집단 오너십 실현하기(p.497)'를 참조하라.

CI 서버(또는 통합 머신)에서 지속적으로 빌드를 실패한다. 더 안정적으로 통합하려면 어떻게 해야 하는가?

먼저 안정적인 테스트를 가졌는지 확인하라. 간헐적인 테스트 실패는 내가 봤던 빌드 실패의 가장 일반적인 원인이다. 그것이 문제가 아니라면 여러분의 코드를 로컬에서 병합하고 테스트

함께 보기

빠르고 신뢰할 수 있는 테스트(p.587)

한 뒤에 통합하라. 또한 올바르지 않는 디펜던시와 관련된 문제를 자주 만난다면, 재현 가능한 빌드를 만드는 작업에 노력을 투입하라(재현 가능한 빌드(p.541) 참조).

전제 조건

지속적인 통합은 동기식 통합에서 가장 잘 작동하며, 이를 위해서는 10분 이내에 완료되는 제로 프릭션 빌드가 필요하다. 그렇지 않으면 비동기식 통합 또는 다단계 통합을 이용해야 한다.

함께 보기

제로 프릭션(p.536)
페어 프로그래밍(p.505)
몹 프로그래밍(p.520)
테스트 주도 개발(p.564)
빠르고 신뢰할 수 있는 테스트(p.587)

비동기식 통합과 다단계 통합을 위해서는 CI 서버를 이용해야 하며, 이 서버는 빌드를 검증한 **뒤** 변경 내용을 통합 브랜치에 병합해야 한다. 그렇지 않으면 복잡한 빌드 에러가 발생할 수 있다.

풀 리퀘스트는 지속적인 통합에 적합하지 않으므로, 코드 리뷰에 다른 방식으로 접근해야 한다. 페어링이나 모빙이 가장 적합하다.

지속적인 통합은 코드를 철저하게 테스트하는 빌드 및 테스트 세트에 의존한다. 가능하면 빠르고 안정적인 테스크 케이스를 사용하는 것이 좋다. 이를 달성하기 위한 가장 좋은 방법은 좁은 범위의 사교적 테스트를 이용한 테스트 주도 개발이다.

지표

여러분이 지속적으로 통합한다면:

- ☐ 배포와 릴리스는 문제가 없다.
- ☐ 여러분의 팀은 통합 충돌과 혼란스러운 통합 버그를 더 적게 경험한다.
- ☐ 팀원들은 작업을 쉽게 동기화할 수 있다.
- ☐ 여러분의 팀은 현장 고객이 준비가 됐을 때, 버튼 하나만 눌러 릴리스할 수 있다.

대안과 실험

지속적인 통합은 집단 코드 오너십과 진화적인 디자인을 이용하는 팀에게는 필수적이다. 지속적인 통합 없이는 중요한 리팩터링이 너무 많은 병합 충돌을 일으키기 때문에 실용적이지 않게 된다. 결과적으로 팀이 장기적인 성공에 필요한 디자인을 지속적으로 개선하는 것을 방해한다.

> **함께 보기**
>
> 집단 코드 오너십(p.496)
> 반영적 디자인(p.650)
> 리팩터링(p.598)
> 피처 플래그(p.680)

지속적인 통합의 가장 일반적인 대안은 피처 브랜치^{feature branch}다. 피처 브랜치는 정기적으로 통합 브랜치에서 파생되며, 피처가 완료됐을 때만 통합 브랜치로 병합된다. 피처 브랜치를 이용하면 통합 브랜치는 언제나 릴리스할 수 있는 상태로 유지하지만, 이는 일반적으로 집단 코드 오너십과 진화적 디자인에서 잘 작동하지 않는다. 통합 브랜치로의 병합이 자주 일어나지 않기 때문이다. 피처 브랜치보다는 피처 플래그를 이용해 통합 브랜치를 릴리스할 수 있는 상태로 유지하는 것이 더 낫다.

지속적인 통합과 관련해 나는 더 극단적인 통합을 포함한 실험을 봤다. 어떤 팀은 커밋할 때마다(몇 분마다) 또는 테스트를 통과할 때마다 통합한다. 가장 인기 있는 실험은 지속적인 배

<table>
<tr><td>함께 보기</td></tr>
<tr><td>지속적인 배포(p.686)</td></tr>
</table>

포다. 지속적인 배포는 이제 주류로 진입했으며 이 책의 뒷부분에서 좀 더 자세히 설명한다.

더 읽을거리

"Patterns for Managing Source Code Branches": 마틴 파울러가 쓴 기사로 피처 브랜치, 지속적인 통합, 기타 브랜치 전략의 차이점에 관해 깊은 흥미를 가진 사람들에게 훌륭한 리소스를 제공한다[Fowler2020b].

『Continuous Delivery』(에이콘출판, 2013): 제즈 험블$^{Jez\ Humble}$과 데이비드 팔리$^{David\ Farley}$가 쓴 고전이다. 배포 자동화를 강조하며, 지속적인 통합을 하는 데 필요한 모든 사항을 철저히 논의한다[Humble2010].

테스트 주도 개발

<table>
<tr><td>대상</td></tr>
<tr><td>프로그래머</td></tr>
</table>

우리는 작고 검증 가능한 단계를 통해 높은 품질의 코드를 만든다.

"프로그래밍 언어에 정말로 필요한 것은 'DWIM' 명령어죠." 농담이 이어진다. "내가 말한 대로가 아니라 내가 의미한 대로 하라$^{Do\ what\ I\ mean,\ not\ what\ I\ say}$".

프로그래밍은 까다롭다. 완전성, 일관성, 수년 간의 노력을 지속적으로 요구한다. 최선의 경우 실수는 컴파일 실패를 야기한다. 최악의 경우 실수는 대기하고 있다가 가장 큰 피해

를 입히는 순간을 노리고 습격하는 버그로 나타난다.

여러분이 의미하는 바를 컴퓨터가 수행할 수 있게 한다면 멋지지 않겠는가? 너무나 강력한 나머지 실제로 디버깅할 필요조차 없앤다면 어떻겠는가?

그런 기법이 존재한다. 바로 테스트 주도 개발이며, 실제로 작동한다.

테스트 주도 개발TDD, Test-driven development은 테스트, 코딩, 리팩터링을 빠르게 이터레이션하는 사이클이다. 피처를 추가할 때는 더 이상 추가하거나 제거할 요소가 없을 때까지 소프트웨어를 구현하고 미세한 단계로 세분화하는 사이클을 수십 번 이터레이션한다. 잘 이용한다면 TDD는 코드가 여러분이 말한 것뿐만 아니라 여러분의 의도한 바를 정확하게 수행하도록 보장한다.

적절하게 이용한다면 TDD는 디자인 개선을 돕고, 미래의 프로그래머를 위해 여러분이 작성한 코드를 문서화하고, 리팩터링을 가능하게 하며, 미래의 실수로부터 여러분을 보호한다. 무엇보다 TDD는 재미있다. 여러분이 항상 통제할 수 있으며, 올바른 방향으로 가고 있다는 지속적인 확신을 강화할 수 있다.

물론 TDD는 완벽하지 않다. TDD는 프로그래머가 의도한 대로 코드를 작성하도록 돕기는 하지만, 프로그래머가 무엇을 해야 하는지에 관해 오해하는 것은 막지 못한다. TDD는 문서화, 리팩터링, 디자인을 개선하도록 돕지만 프로그래머가 열심히 노력해야만 가능하다. 그리고 학습 곡선이 존재하기 때문에 레거시 코드베이스에 적용하기 어려우며, 사용자 인터페이스, 네트워킹, 데이터베이스와 같은 외부 세계와 관련된 코드에 적용하려면 추가 노력이 필요하다.

아무튼 TDD를 시도해 보라. TDD는 다른 애자일 프랙티스의 이점을 취하지만, 다른 프랙티스가 꼭 필요하지는 않다. TDD는 거의 대부분의 코드에 이용할 수 있다.

TDD가 작동하는 이유

천공 카드punch card를 쓰던 시기에 프로그래머는 코드가 컴파일되는지 확인하기 위해 힘들게 손으로 확인했다. 컴파일 에러는 배치 작업의 실패와 고된 디버깅 세션으로 이어졌다.

이제는 코드를 컴파일하는 것이 더 이상 큰 일은 아니다. 대부분의 IDE는 코드를 입력할 때 구문을 확인해주며, 저장할 때마다 컴파일을 해주기도 한다. 피드백 루프는 매우 빠르며, 에러는 쉽게 찾아서 수정할 수 있다. 무언가 컴파일되지 않더라도 살펴봐야 하는 코드가 그리 많지 않다.

테스트 주도 개발은 프로그래머의 의도에 대해서도 동일한 원칙을 적용한다. 현대 개발 환경이 여러분이 코드를 작성할 때 **구문**에 관한 피드백을 제공하는 것처럼, TDD는 여러분이 작성하는 코드의 **의미**에 대한 피드백을 제공한다. 몇 분마다(더 자주는 20~30초마다) TDD는 코드가 여러분이 생각하는 대로 동작하는지 검증한다. 무언가가 잘못되면 몇 줄의 코드만 확인하면 된다. 실수는 명백하게 드러난다.

TDD는 일련의 검증된 가설을 통해 이 트릭을 달성한다. 여러분은 매우 작은 단계로 작업하며, 단계마다 | TDD는 일련의 검증된 가설이다.

다음에 일어날 일이 무엇인지 예측한다. 먼저 약간의 테스트 코드를 작성하고, 그 테스트 코드가 특정한 방식으로 실패할 것이라 예측한다. 다음으로 프로덕션 코드를 조금 작성하고 이번에는 그 테스트가 통과할 것이라 예측한다. 다음으로 리팩터링을 약간 하고 테스트가 여전히 통과할 것이라 예측한다. 그 예측이 맞지 않으면 멈추고 원인을 생각하거나 원복한 뒤 다시 시도한다.

이 과정을 진행하는 동안 테스트 코드와 프로덕션 코드가 맞물리면서 서로의 정확성을 체크하고, 성공적인 예측은 여러분이 작업에 대한 통제권을 갖고 있음을 확인할 수 있다. 결과적으로 여러분은 생각대로 정확하게 동작하는 코드를 얻는다.

작업을 마치면 테스트 코드가 남는다. 이들은 나머지 코드와 함께 커밋되며, 여러분의 의도대로 동작하는 코드에 대한 살아있는 문서 역할을 한다. 무엇보다 팀이 빌드마다 테스트를 실행하므로 리팩터링에 대한 안전성을 제공하며, 코드가 처음 의도한 대로 계속해서 작동하도록 보장한다. 누군가 실수로 코드의 동작을 변경하면(예를 들어 잘못된 리팩터링 등) 테스트는 실패하고, 실수가 드러난다.

빠른 피드백

피드백과 이터레이션은 '피드백과 이터레이션(p.289)'에서 설명한 것처럼 핵심 애자일 아이디어다. 피드백 루프의 중요한 측면은 피드백의 속도다. 피드백을 빠르게 얻을수록 빠르게 방향을 조정하고 실수를 수정할 수 있으며, 다음에 어떤 것을 다르게 해야 할지 더 쉽게 이해할 수 있다.

애자일 팀은 피드백 루프의 속도를 빠르게 높이려고 노력한다. 피드백이 빠를수록 좋다. 이는 릴리스에서("우리가 가치에 대해 올바르게 생각했는가?") 순간의 코딩에 이르기까지("내가 의도한 대로 방금 작성한 코드가 동작하는가?") 모든 레벨에 적용된다. 테스트 주도 개발, 제로 프릭션 개발, 지속적인 배포, 적응적 계획의 '최소 가치 증분'은 모두 피드백의 속도를 높인 예다.

TDD 이용 방법

TDD를 이용하려면 프로그래머가 테스트 프레임워크를 사용할 수 있어야 한다. 모든 종류의 테스트에 이용할 수 있지만, 역사적인 배경에서 이들은 '단위 테스트 프레임워크unit testing framework'라는 이름으로 불린다. 모든 유명한 프로그래밍 언어는 하나 이상의 프레임워크를 가진다('⟨language⟩ unit test framework' 등으로 웹에서 검색해 보라). 잘 알려진 예로는 Junit(Java), xUnit.net(.NET), Mocah(JavaScript), CppUTest(C++) 등이 있다.

TDD는 '빨간색, 녹색, 리팩터' 사이클을 따른다(그림 13-1). 생각하는 데 시간을 쓰는 대신, 각 단계는 매우 작기 때문에 여러분은 1~2분 안에 피드백을 받을 수 있다. 역설적으로 TDD를 잘 이용하는 사람일수록 차근차근 단계를 밟으면서 빠르게 진행한다. 이는 TDD가 실수를 예방하는 것이 아니라 드러내기 때문이다. 작은 단계는 빠른 피드백을 의미하며, 빠른 피드백은 실수를 더 쉽고 빠르게 수정할 수 있음을 의미한다.

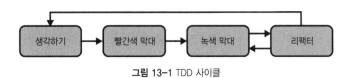

그림 13-1 TDD 사이클

단계 1: 생각하기

TDD는 테스트에서 시작해 테스트를 통과하기에 충분한 정도의 코드만 작성하기 때문에 '테스트 주도'라 불린다. "실패한 테스트가 없다면 어떠한 프로덕션 코드도 작성하지 말라."는 것이 TDD의 모토다.

그러므로 첫 번째 단계는 다소 생소한 사고 프로세스에 참여하는 것이다. 여러분의 코드가 어떻게 행동하기 원하는지 상상해 보라. 그리고 나서 구현해야 할 가장 작은 첫 번째 코드 조각에 관해 생각하라. 작은 규모여야 한다. 매우 작아야 한다. 5행 이내의 코드 정도로 작아야 한다.

다음으로 테스트에 관해 생각하라. 이 역시 단지 몇 줄의 코드이며, 정확하게 의도한 대로 동작하기 전까지 테스트는 실패한다. 코드의 구현이 아니라 코드의 **동작**을 확인할 수 있는 무언가를 생각하라. 인터페이스가 변경되지 않는 한, 여러분은 테스트를 변경하지 않은 채 언제든 구현을 변경할 수 있어야 한다.

이것이 TDD에서 가장 어려운 부분이다. 두 단계 앞서 생각해야 하기 때문이다. 첫 번째, 무엇을 하고 싶은가? 두 번째, 그것을 하기 위해 어떤 테스트가 필요한가? 페어링과 모빙을 통해 도움을 얻을 수 있다. 드라이버가 현재 테스트를 성공하도록 작업하는 동안, 내비게이터는 미리 다음 증분과 테스트에 관해 생각할 수 있다.

함께 보기
페어 프로그래밍(p.505)
몹 프로그래밍(p.520)
스파이크 솔루션(p.613)

미리 생각하기는 때때로 매우 어렵다. 그런 상황에서는 스파이크 솔루션을 이용해 문제에 어떻게 접근할지 생각한 뒤 TDD를 이용해 재구축하라.

단계 2: 빨간색 막대

다음 단계를 알게 되면 이제 테스트를 작성한다. 현재 증분에서의 동작(5줄 이내의 코드)에 관해 충분한 정도의 테스트 코드만 작성하라. 조금 더 길더라도 큰 문제가 되지는 않는다. 다음 증분은 더 작게 만들도록 시도하라.

코드의 내부 구현이 아닌 공개 인터페이스의 관점에서 테스트를 작성하라. 즉 여러분이 작성할 첫 번째 테스트에서는 아직 존재하지 않는 이름을 이용하게 된다는 의미다. 이는 의도적인 것이다. 여러분은 어쩔 수 없이 인터페이스 구현자가 아니라 해당 인터페이스의 사용자 관점에서 인터페이스를 디자인하게 된다.

테스트 코드를 작성했다면 무슨 일이 일어날지 예측하라. 당연히 테스트는 실패하고, 대부분의 테스트 러너에서는 빨간색 진행 막대가 나타난다. 그러나 실패할 것이라고 예측하지 말고, **어떻게** 실패할지 예측하라. TDD는 일련의 검증된 가설임을 기억하라. 첫 번째 테스트는 여러분의 첫 번째 가설이다.

다음으로 watch 스크립트나 IDE를 이용해 테스트를 실행하라. 몇 초 안에 피드백을 얻을 것이다. 결과를 예측과 비교하라. 일치하는가?

함께 보기
제로 프릭션(p.536)

테스트가 실패하지 **않거나** 여러분이 기대한 것과 다른 방식으로 실패하면, 여러분이 더 이상 코드를 통제하지 못한다는 의미다. 여러분이 작성한 테스트가 깨졌거나, 여러분이 생각한 것을 테스트하지 않았을 것이다. 문제를 해결하라. 여러분은 무슨 일이 일어날지 항상 예측할 수 있어야 한다.

예측하지 않은 **실패**를 해결하는 것만큼 예측하지 않은 **성공**을 해결하는 것도 중요하다. 여러분의 목표는 테스트를 통과하는 것이 아니다. 여러분의 코드에 대한 통제권을 유지하는 것, 다시 말해 항상 코드가 무엇을 왜 하는지 아는 것이다.

> 여러분의 목표는 항상 코드가 무엇을 왜 하는지 아는 것이다.

단계 3: 녹색 막대

다음으로 테스트를 통과할 만큼만 프로덕션 코드를 작성한다. 다시 말하지만 5줄 이내의 코드만 작성하라. 아름다운 디자인이나 개념적인 우아함에 관한 걱정은 잠시 잊어라. 테스트를 통과하기 위해 필요한 만큼만 작성하라. 잠시 후 정리할 기회가 있다.

다른 예측을 하고 테스트를 실행한다. 이것은 여러분의 두 번째 가설이다.

테스트는 성공하고 녹색 진행 표시줄이 나타난다. 테스트가 실패하면 정상 동작하는 코드로 가능한 빠르게 돌아간다. 대부분의 경우 실수는 명확하다. 작성한 코드가 기껏해야 몇 줄이기 때문이다.

실수가 명확하지 않다면 여러분이 변경한 내용을 원복하고 다시 시도해 보라. 종종 새로운 테스트를 삭제하거나 주석 처리한 뒤 더 작은 증분으로 다시 시작하는 것이 최선의 방법이다. 통제권을 유지하는 것이 핵심이다.

원복하고 다시 시도하는 것보다 문제에 부딪혀 해결하려는 유혹에 빠지기 쉽다. 나 역시 마찬가지다. 그러나 어렵게 얻은 경험에 따르면 작은 증분을 다시 시도하는 것이 항상 더 빠르고 쉬웠다.

그렇다고 해서 문제에 여러분의 머리를 부딪히는 것을 막을 수는 없다. 항상 해결책이 코앞에 있는 것처럼 느껴지기 때문이다. 하지만 나는 마침내 타이머를 설정함으로써 피해를 억제하는 방법을 배웠다. 당장 작업한 것을 되돌릴 수 없다면 5분 또는 10분으로 타이머를 설정하고, 타이머가 종료되면 백업한 뒤 더 작은 증분으로 다시 시도하겠다고 스스로 약속하라.

단계 4: 리팩터

테스트를 다시 통과하면 여러분은 어떤 것도 망가뜨릴 걱정 없이 리팩터를 할 수 있다. 지금까지 작성한 코드를 리뷰하고 개선 가능한 점을 찾아보라. 페어링이나 모빙을 한다면 내비게이터에게 제안 사항이 있는지 물어보라.

> **함께 보기**
> 리팩터링(p.598)

점진적 리팩터를 통해 각 개선 사항을 만들어라. 매우 작은 리팩터링(1~2분 이내, 최대 5분 이내)을 한 후 다시 테스트를 실행하라. 테스트는 언제나 통과해야 한다. 이전과 마찬가지로 테스트를 통과하지 않거나 실수가 즉시 알 수 있을 정도로 명확하지 않다면 리팩터링을 원복하고 정상 동작하는 코드로 돌아가라.

여러분이 원하는 만큼 리팩터링하라. 여러분이 작업한 코드는 여러분이 아는 한 가장 깨끗하게 유지하라. 완벽하게 만들려고 걱정하지 않아도 된다. 미래에 일어날 일이 아니라 소프트웨어가 현재 필요로 하는 것에 집중하는 디자인을 유지하라.

> **함께 보기**
> 단순한 디자인(p.638)

리팩터링을 할 때는 어떤 새로운 기능도 추가하지 말라. 리팩터링은 동작을 바꾸기 위한 것이 아니다. 새로운 동작을 추가하려면 실패하는 테스트를 먼저 작성해야 한다.

단계 5: 이터레이션

새로운 동작을 추가할 준비가 되면 이런 과정을 이터레이션한다.

모든 작업이 원활하게 진행되고 모든 가정이 현실과 일치한다면 '기어를 올려서upshift' 더 큰 단계를 밟을 수 있다(그러나 일반적으로 5줄 이상의 코드는 작성하지 않는 것이 좋다). 문제를 만나면 '기어를 내려서' 작은 단계를 밟아라.

> 성공적인 TDD의 핵심은 작은 증분과 빠른 피드백이다.

성공적인 TDD의 핵심은 **작은 증분과 빠른 피드백**이다. 1~2분마다 여러분은 올바른 길을 가고 있으며, 여러분이 한 변경이 기대한 대로 동작함을 확인할 수 있어야 한다. 일반적으로 여러 사이클을 매우 빠르게 실행한 다음, 생각과 리팩터링을 하는 데 약간의 시간을 들이고 다시 속도를 올릴 것이다.

CARGO CULT

테스트 주도 타락

"아, 맞아요. TDD." 알리사(Alisa)가 미간을 찌푸린다. "한 번 해본 적이 있었는데, 완전 재앙이었습니다."

"무슨 일이 있었나요?" 여러분이 묻는다. TDD는 당신에게는 효과적이었지만, 몇 가지 이해하기 어려운 과제가 있었다. 어쩌면 몇 가지 팁을 공유할 수 있을지도 모른다.

"좋아요. 그러니까 TDD는 테스트로 사양을 코드화하는 것이에요. 그렇죠?" 알리사는 약간 거드름을 피우며 설명한다. "먼저 코드가 무엇을 할지 파악한 다음 코드가 완전히 명시되도록 모든 테스트를 작성합니다. 그리고 테스트를 통과할 때까지 코드를 작성해요."

"하지만 바로 그게 멍청하다고요!" 그녀가 소리를 친다. "사양을 미리 정하려면 문제를 완전히 이해하기 전에 결정을 내려야 하죠. 이제 변경하기 어려운 모든 테스트가 있으므로 해결책에 투자해서 더 좋은 옵션을 찾지 못할 거예요. 변경하기로 결정했다 하더라도 테스트가 구현을 고정하기 때문에 이 모든 작업을 다시 하지 않고는 변경하는 것 자체가 거의 불가능하죠. 말도 안 돼요!"

"내 생각엔… 그건 TDD가 아닌 것 같습니다." 여러분은 더듬거린다. "그건 끔찍하게 들립니다. 모든 테스트를 미리 작성하는 게 아니라 작은 단계로 작업해야 합니다. 그리고 구현이 아니라 행동을 테스트해야 합니다."

"아니에요. 당신이 틀렸습니다." 알리사는 단호하게 말한다. "TDD는 테스트 우선 개발입니다. 테스트를 작성하고, 그 다음 코드를 작성해요. 멍청하기 짝이 없어요. 알아요. 나도 해봤으니까요."

양파를 안에서 밖으로 먹어라

TDD에서 가장 어려운 부분은 작은 단계를 밟는 방법을 생각해내는 것이다. 다행히도 코딩 문제는 괴물^{ogre}이나 양파처럼 레이어가 있다. TDD를 이용할 때의 트릭은 달콤하고 과즙이 많은 핵심에서 시작해 점점 바깥으로 빠져나오는 것이다. 어떤 전략이든 이용할 수 있지만, 나는 주로 이 접근 방식을 이용한다.

1. **핵심 인터페이스**$^{core\ interface}$: 여러분이 호출하려는 핵심 인터페이스를 정의하는 데서 시작한다. 다음으로 가장 간단하게 해당 인터페이스를 호출하는 테스트를 작성한다. 인터페이스가 실제로 작동하는 방법을 확인할 수 있는 기회로 이용하라. 편리하게 호출할 수 있는가? 상식적인 방법으로 호출할 수 있는가? 테스트를 통과하기 위해서 그저 답을 하드코딩할 수도 있다.

2. **계산과 브랜치**$^{calculation\ and\ branch}$: 하드코딩한 답은 충분하지 않다. 어떤 계산과 로직이 여러분이 작성할 새로운 코드의 핵심에 있는가? 이들을 추가하라. 한 번에 하나의 브랜치와 계산을 추가하라. 행복한 경로에 집중하라. 모든 것이 정상적으로 작동한다면 이 코드가 어떻게 이용되겠는가?

3. **루프와 일반화**$^{loop\ and\ generalization}$: 코드는 자주 루프와 대체 경로를 가질 것이다. 핵심 로직을 구현했다면 이런 대체 경로를 위한 지원을 한 번에 하나씩 추가하라. 깨끗한 코드를 유지하기 위해 여러분이 구현한 로직을 더 일반적인 형태로 리팩터링하게 될 것이다.

4. **특별 케이스와 에러 처리**$^{special\ case\ and\ error\ handling}$: 행복한 경우의 경로를 모두 처리했다면, 이제 잘못될 수 있는 모든 것을 생각하라. 예외를 던질 수 있는 코드를 호출하는가? 검증이 필요한 가정이 있는가? 각각에 관한 테스트를 작성하라.

5. **런타임 어설션**^{runtime assertion}: 작업을 하는 도중 범위를 벗어난 배열의 인덱스 또는 null이 아니어야 하는 변수 등 프로그래밍 오류의 결과로만 발생할 수 있는 상황을 식별할 수 있다. 이때는 런타임 어셔션을 추가해 빠르게 실패하도록 한다(빠르게 실패하라(p.644) 참조). 이들은 추가된 안전망이므로 테스트할 필요가 없다.

제임스 그레닝^{James Grenning}의 ZOMBIES 기억법 "Test Zero, test One, test Many"가 도움이 될 것이다. 테스트를 수행하는 동안 코드를 **단순**하게 유지하면서 **경계**^{Boundary}, **인터페이스**^{Interface}, **예외**^{Exception}에 주의하라[Grenning2016].

TDD 예시

TDD는 누군가 하는 것을 볼 때 가장 잘 이해할 수 있다. 나는 실제로 TDD를 시연하는 온라인 비디오 시리즈를 몇 개 갖고 있다. 이 책을 쓰는 시점에서 가장 최근의 것은 "TDD Lunch & Learn" 시리즈이며 무료로 제공된다. 이 시리즈는 21개의 에피소드로 구성돼 있으며, TDD의 기본부터 네트워킹이나 타임아웃 같은 어려운 문제까지 모든 것을 다룬다[Shore2020b].

이 에피소드 중 첫 번째 예시에서는 TDD를 이용해 ROT-13 인코딩 함수를 만든다 (ROT-13은 간단한 카이사르 암호^{Caesar cipher}로 "abc"는 "nop"로 변환되며, 역으로도 동일하게 변환된다).[2] 이는 매우 간단한 문제이지만, 아무리 작은 문제라도 매우 작은 단계로 나눌 수 있는 방법을 보여주는 좋은 예시다.

이 예시에서 내가 작은 증분에서 작업할 때 이용하는 기법에 주목하라. 이 증분은 우스꽝스러울 정도로 작게 보일 수 있지만, 실수를 쉽게 발견하고 빠르게 진행할 수 있게 도와준다. 앞에서 설명했듯이 TDD에 대한 경험이 많을수록 여러분이 다룰 수 있는 단계는 작아지고, 더 빠르게 진행할 수 있다.

2　[Shore2020b] episode 1. Incremental Test-Driven Development(https://www.youtube.com/watch?v=nIGSDUuK7C4&list=PLD-LK0HSm0Hpp-OspFpZ32uY766YntGVQ)

핵심 인터페이스에서 시작하라

생각: 먼저 어디에서 시작할지 결정해야 한다. 보통 핵심 인터페이스가 좋은 시작점이다. 내가 원하는 핵심 인터페이스의 모습은 어떤가?

이 예시는 자바스크립트, 구체적으로는 Node.js로 작성했으므로 클래스를 만들 것인지 아니면 단지 모듈로부터 함수를 내보낼 것인지 선택해야 했다. 본격적인 클래스를 만드는 것에 큰 가치가 없어 보이므로 transform 함수를 내보내는 rot13 모듈을 만들기로 결정했다.

빨간색 막대: 이제 내가 무엇을 하기를 원하는지 알았으므로, 가능한 가장 간단한 방법으로 해당 인터페이스를 실행하는 테스트를 작성할 수 있다.

```
it("runs tests", function() {   ❶
  assert.equal(rot13.transform(""), "");   ❷
});
```

1번 행은 테스트를 정의하고, 2번 행은 실젯값을 확인한다. rot13.transform("")은 "" 이라는 기대값과 일치한다(일부 어설션 라이브러리는 기댓값을 먼저 기술하지만, 이 예시에서 이용한 Chai는 실젯값을 먼저 기술한다).

테스트를 실행하기 전에 한 가지를 가정한다. 구체적으로 나는 rot13이 존재하지 않으므로 테스트가 실패할 것이라 예상한다. 그리고 실제로 그 일이 일어난다.

녹색 막대: 테스트를 통과하기 위해 인터페이스를 만들고, 테스트를 통과하기 충분할 만큼만 반환 값을 하드코딩했다.

```
export function transform() {
  return "";
}
```

반환 값을 하드코딩하는 것은 일종의 파티 트릭이다. 사실 첫 번째 단계에서 약간의 실제 코드를 종종 작성하지만, 이 예시에서는 코드가 달리 수행해야 할 것이 없다.

리팩터: 사이클을 돌 때마다 리팩터를 할 기회가 있는 지 확인하라. 이 경우에는 테스트 이름을 runs test(테 스트를 실행한다)에서 does nothing when input is empty(빈 문자를 입력하면 아무것도 하지 않는다)로 변경했다. 좋은 테스트는 코드의 작동 의도를 문서화하며, 좋은 테스트 이름은 코드를 읽는 사람이 이름만 가볍게 살펴봄으로 써 상위 레벨의 이해를 돕는다. 테스트의 이름은 테스트 코드가 아니라 프로덕션 코드가 무엇을 하는지를 나타내도록 정하라.

> 좋은 테스트는 코드의 작동 의도를 문서화한다.

```
it("does nothing when input is empty", function() {
    assert.equal(rot13.transform(""), "");
});
```

계산과 브랜치

생각: 이제 ROT-13 변환의 핵심 로직을 코드로 작성해야 한다. 결국 나는 내가 문자열을 루프로 돌면서 한 번에 한 문자씩 변환해야 할 것임은 알지만, **그것은** 너무 큰 단계다. 좀 더 작은 무언가를 생각해야 한다.

좀 더 작은 단계는 "한 문자를 변환한다"이지만, 이것도 여전히 너무 크다. 단계가 작을수 록 더 빠르게 진행할 수 있음을 기억하라. 이를 더 작게 쪼개야 한다. 결과적으로 나는 소 문자 한 문자를 13문자 앞쪽으로 변환하기로 결정했다. 대문자와 z 이후 처음으로 돌아 가는 것은 나중으로 미룬다.

빨간색 막대: 이 작은 단계에 대한 테스트는 쉽게 작성할 수 있다.

```
it("transforms lower-case letters", function() {
    assert.equals(rot13.transform("a"), "n");
});
```

나는 테스트가 실패할 것이라 가정한다. "n"을 기대했지만 ""이 입력됐기 때문이다. 그 리고 실제로 동일하게 실패한다.

녹색 막대: 테스트를 통과하게 만들기는 쉽다.

```
export function transform(input) {
  if (input === "") return "";

  const charCode = input.charCodeAt(0);
  charCode += 13;
  return String.fromCharCode(charCode);
}
```

비록 이것은 작은 단계였지만, 내가 찾아봐야 할 문자를 문자 코드로 변환하고, 그 반대로 되돌리는 중요한 문제를 해결했다. 작은 조치를 취함으로써 나는 이 문제를 개별적으로 해결할 수 있었고, 이를 통해 문제가 올바르게 해결됐는지 쉽게 알 수 있었다.

리팩터: 이번에는 리팩터링할 부분을 찾지 못했으므로 앞의 과정을 다시 이터레이션한다.

이터레이션: 이런 방식으로 작은 단계를 계속 밟아 핵심 문자 변환 알고리듬을 완성한다.

1. 소문자 변환, 정방향: a → n (앞에서 설명함)

2. 소문자 변환, 역방향: n → a

3. a 이전의 문자는 변환하지 않음: ` → `

4. z 이후의 문자는 변환하지 않음: { → {

5. 대문자 변환, 정방향: A → N

6. 대문자 변환, 역방향: N → A

7. 더 많은 경곗값: @ → @ and [→ [

각 단계를 마칠 때마다 나는 코드에 관해 생각하면서 필요할 때마다 리팩터를 했다. 다음은 이 결과로 얻은 테스트다. 번호는 앞에서 설명한 각 단계에 해당한다. 일부 단계에서 새로운 테스트가 만들어지고, 다른 단계에서는 기존 테스트가 개선됐음을 확인한다.

```
it("does nothing when input is empty", function() {
  assert.equal(rot13.transform(""), "");
});
```

```
it("transforms lower-case letters", function() {
  assert.equal(rot13.transform("a"), "n");  ❶
  assert.equal(rot13.transform("n"), "a");  ❷
});

it("transforms upper-case letters", function() {
  assert.equal(rot13.transform("A"), "N");  ❺
  assert.equal(rot13.transform("N"), "A");  ❻
});

it("doesn't transform symbols", function() {
  assert.equal(rot13.transform(""), "");  ❸
  assert.equal(rot13.transform("{"), "{");  ❹
  assert.equal(rot13.transform("@"), "@");  ❼
  assert.equal(rot13.transform("["), "[");  ❼
});
```

다음은 프로덕션 코드다. 코드는 많은 리팩터링이 됐기 때문에 각 단계와 코드를 매치하기는 조금 더 어렵다(더 자세한 내용은 [Shore2020b]의 episode 1을 참조하라). 하지만 TDD가 코드를 점진적으로 키우는 이터레이션적인 프로세스임을 알 수 있을 것이다.

```
export function transform() {
  if (input === "") return "";

  let charCode = input.charCodeAt(0);  ❶
  if (isBetween(charCode, "a", "m") || isBetween(charCode, "A", "M")) {  ❸❹❺
    charCode += 13;  ❶
  }
  if (isBetween(charCode, "n", "z") || isBetween(charCode, "N", "Z")) {  ❷❹❻
    charCode -= 13;  ❷
  }
  return String.fromCharCode(charCode);  ❶
}

function isBetween(charCode, firstLetter, lastLetter) {  ❹
  return charCode >= codeFor(firstLetter) && charCode <= codeFor(lastLetter);  ❹
}  ❹
```

```
function codeFor(letter) {        ❸
  return letter.charCodeAt(0);    ❸
}                                 ❸
```

단계 7(더 많은 경곗값 테스트)에서는 새로운 프로덕션 코드를 만들지는 않았지만, 실수를 확인하는 목적으로 포함했다.

루프와 일반화

생각: 지금까지 코드는 한 문자로 이뤄진 문자열만 다뤘다. 이제 이를 일반화해서 모든 문자열을 지원해야 한다.

리팩터: 핵심 로직을 리팩터하면 구현하기가 좀 더 쉬울 것이므로, '리팩터링' 단계를 먼저 수행한다.

```
export function transform(input) {
  if (input === "") return "";

  let charCode = input.charCodeAt(0);
  return transformLetter(charCode);
}

function transformLetter(charCode) {
  if (isBetween(charCode, "a", "m") || isBetween(charCode, "A", "M")) {
    charCode += 13;
  }
  if (isBetween(charCode, "n", "z") || isBetween(charCode, "N", "Z")) {
    charCode -= 13;
  }
  return String.fromCharCode(charCode);
}

function isBetween...
function codeFor...
```

리팩터링을 통해 다음 단계를 쉽게 만드는 기법을 항상 이용한다. 때때로 '빨간색 막대' 단계에서 리팩터링을 먼저 해야 했음을 깨닫는다. 그런 상황에서는 테스트를 임시로 주

578

석 처리해서 테스트가 통과하는 상태에서 리팩터링을 한다. 이렇게 하면 리팩터링으로 인해 발생하는 에러를 더 빠르고 쉽게 찾아낼 수 있다.

빨간색 막대: 이제 코드를 일반화할 준비가 됐다. 루프가 필요함을 증명하기 위해서 테스트 하나를 업데이트했다.

```
it("transforms lower-case letters", function() {
  assert.equal(rot13.transform("abc"), "nop");
  assert.equal(rot13.transform("n"), "a");
});
```

테스트는 실패할 것으로 예상한다. 첫 번째 글자만 보기 때문에 기댓값은 "nop"이지만 실젯값은 "n"일 것이기 때문이다. 그리고 실제로 그렇게 실패한다.

녹색 막대: 프로덕션 코드를 수정해서 루프를 추가했다.

```
export function transform(input) {
  let result = "";
  for (let i = 0; i < input.length; i++) {
    let charCode = input.charCodeAt(i);
    result += transformLetter(charCode);
  }
  return result;
}

function transformLetter...
function isBetween...
function codeFor...
```

리팩터: 코드를 나중에 읽을 사람들을 위한 문서의 역할을 더 잘 할 수 있도록 테스트를 구체화하기로 결정했다. 반드시 필요한 것은 아니지만 ROT-13 로직을 더 명확하게 만들 수 있

함께 보기

제로 프릭션(p.536)

을 것이다. 물론 한 번에 하나의 어설션만 변경했다. 피드백은 매우 빠르고 마찰이 없으며, 저장할 때마다 실행되므로 그렇게 하지 않을 이유가 없었다.

모든 것이 예상대로 동작했지만, 무언가 실패했다면 한 번에 하나의 어설션만 변경함으로써 디버깅을 조금 더 쉽게 할 수 있다. 그 이점은 다음과 같다.

```
it("does nothing when input is empty", function() {
  assert.equal(rot13.transform(""), "");
});

it("transforms lower-case letters", function() {
  assert.equal(
    rot13.transform("abcdefghijklmnopqrstuvwxyz"), "nop qrstuvwxyzabcdefghijklm" ❶
  );
  assert.equal(rot13.transform("n"), "a");   ❷
});

it("transforms upper-case letters", function() {
  assert.equal(
    rot13.transform("ABCDEFGHIJKLMNOPQRSTUVWXYZ"), "N OPQRSTUVWXYZABCDEFGHIJKLM"   ❸
  );
  assert.equal(rot13.transform("N"), "A");          ❹
});

it("doesn't transform symbols", function() {
  assert.equal(rot13.transform("`{@["), "`{@[");   ❺
  assert.equal(rot13.transform("{"), "{");          ❻
  assert.equal(rot13.transform("@"), "@");          ❻
  assert.equal(rot13.transform("["), "[");          ❻
});
```

특별 케이스, 에러 처리 및 런타임 어설션

마지막으로 잘못될 수 있는 모든 것을 살펴보고 싶었다. 런타임 어셔션으로 시작했다, 코드가 어떻게 잘못 이용될 수 있는가? 보통 런타임 어셔션은 안전망에 지나지 않기 때문에 테스트하지 않지만, 여기에서는 데모가 목적이므로 테스트를 했다.

```
it("fails fast when no parameter provided", function() {   ❶
  assert. throws(                                           ❶
    () => rot13.transform(),                                ❶
```

```
      "Expected string parameter"                                    ❶
    );                                                               ❶
  });                                                               ❶

  it("fails fast when wrong parameter type provided", function() {  ❷
    assert. throws(                                                 ❷
      () => rot13.transform(123),                                   ❷
      "Expected string parameter"                                   ❷
    );                                                               ❷
  });                                                               ❷
```

물론 나는 TDD 루프를 따라 테스트를 하나씩 추가했다. 이들을 구현한다는 것은 가드절guard clause을 추가하는 것을 의미하며, 이 역시 점진적으로 구축했다.

```
export function transform(input) {
  if (input === undefined ❶ || typeof input !== "string" ❷ ) {
    throw new Error("Expected string parameter");                  ❶
  }                                                                 ❶
  ...
```

좋은 테스트는 문서의 역할도 하므로, 마지막으로 항상 테스트를 검토함으로써 미래에 코드를 읽는 사람들과 얼마나 잘 소통할지 생각한다. 일반적으로 '행복한 경로' 사례에서 시작해, 세부 사항 및 특수 사례로 진행한다. 종종 프로덕션 코드를 변경할 필요가 없더라도 명확한 동작을 보이기 위해 몇 가지 테스트를 추가한다. 이 코드가 그랬으며, 다음은 내가 완성한 테스트다.

```
it("does nothing when input is empty", ...);
it("transforms lower-case letters", ...);
it("transforms upper-case letters", ...);
it("doesn't transform symbols", ...);
it("doesn't transform numbers", ...);
it("doesn't transform non-English letters", ...);
it("doesn't break when given emojis", ...);
it("fails fast when no parameter provided", ...);
it("fails fast when wrong parameter type provided", ...);
```

다음은 최종 프로덕션 코드다.

```javascript
export function transform(input) {
  if (input === undefined || typeof input !== "string") {
    throw new Error("Expected string parameter");
  }

  let result = "";
  for (let i = 0; i < input.length; i++) {
    let charCode = input.charCodeAt(i);
    result += transformLetter(charCode);
  }
  return result;
}

function transformLetter(charCode) {
  if (isBetween(charCode, "a", "m") || isBetween(charCode, "A", "M")) {
    charCode += 13;
  } else if (isBetween(charCode, "n", "z") || isBetween(charCode, "N", "Z")) {
    charCode -= 13;
  }
    return String.fromCharCode(charCode);
}

function isBetween(charCode, firstLetter, lastLetter) {
  return charCode >= codeFor(firstLetter) && charCode <= codeFor(lastLetter);
}

function codeFor(letter) {
  return letter.charCodeAt(letter);
}
```

이 시점에서 코드는 해야할 모든 것을 한다. 그러나 자바스크립트에 친숙한 사람들에게는 조금 더 리팩터링하거나 개선할 부분이 보일 것이다. 이 예시는 '리팩터링 실제 (p.599)'에서 계속 다룰 것이다.

질문

TDD는 낭비 아닌가?

TDD를 이용할 때 더 빠르게 작업할 수 있다. 충분한 연습을 한다면 여러분도 그럴 것이라 생각한다.

TDD는 빠르다. 프로그래밍이 그저 키보드로 타이핑만을 하는 작업만 포함하지 않기 때문이다. 프로그래밍은 디버깅, 수동으로 코드 실행, 변경사항 작동 여부 확인을 포함한다. 마이클 "GeePaw" 힐Michael "GeePaw" Hill은 이 활동을 '키보드의 괴짜GAK, geek at keyboard'라고 부른다. TDD를 사용하면 GAK를 하는 시간을 훨씬 줄이고, 재미있는 프로그래밍 작업에 더 많은 시간을 할애할 수 있다. 또한 테스트가 문서 역할을 하고, 실수를 알려주기 때문에 코드를 학습하는 데 드는 시간을 줄일 수 있다. 테스트를 작성하는 데 시간이 걸리더라도, 최종적으로 개발에 더 많은 시간을 할애할 수 있다는 의미다. GeePaw 힐의 비디오 "TDD & The Lump of Coding Fallacy"는 이 현상에 관해 훌륭하고 재미있게 설명한다 [Hill2018].

TDD를 이용할 때 무엇을 테스트해야 하는가?

한 마디로 하자면 "깨질 가능성이 있는 모든 것을 테스트하라." 깨질 가능성이 있는 것을 결정하기 위해 나는 "이것을 올바르게 했을 때, 미래의 어느 누구도 실수로라도 이 코드를 깨뜨릴 수 없는가?"라고 생각한다.

내가 거의 모든 것을 깨뜨려버렸던 고통스러운 상황을 경험했기 때문에, 난 가능한 모든 것을 테스트한다. 유일한 예외는 로직이 없는 코드, 다시 말해 간단한 게터getter, 세터setter 또는 다른 함수를 호출하기만 하는 함수다.

서드 파티 코드는 의심할 이유가 없는 한 테스트할 필요가 **없다**. 그러나 여러분이 통제할 수 있는 코드에서 서드 파티 코드를 래핑하고, 원하는 방식으로 작동하는지 테스트하는 것이 좋다. '서드 파티 컴포넌트(p.643)'에서 서드 파티 코드 래핑에 관해 자세히 살펴본다.

프라이빗 메서드는 어떻게 테스트해야 하는가?

퍼블릭 메서드를 테스트하는 것에서 시작하라. 리팩터링을 하면서 일부 코드는 프라이빗 메서드 안으로 이동하지만, 여전히 기존 테스트 코드에서 처리될 것이다.

코드가 너무 복잡해서 프라이빗 메서드를 직접 테스트해야 한다는 것은 리팩터링을 해야 한다는 좋은 신호다. 프라이빗 기능을 별도 모듈 또는 메서드 개체로 이동시켜 퍼블릭으로 만든 뒤, 직접 테스트할 수 있다.

UI를 개발할 때는 TDD를 어떻게 이용할 수 있는가?

대부분의 UI 프레임워크는 테스트 가용성testability을 고려해서 디자인되지 않았기 때문에, TDD를 사용자 인터페이스에 적용하기는 특히나 어렵다. 많은 사람이 UI 호출을 프리젠테이션 계층으로 전달하는 테스트되지 않은 얇은 전달translation 계층을 작성하는 것으로 타협한다. 이들은 모든 UI 로직을 프리젠테이션 계층에 유지하면서 해당 레이어에서 TDD를 정상적으로 이용한다.

HTTP 호출(웹 기반 소프트웨어의 경우)이나 버튼을 누르고, 창 이벤트를 시뮬레이션(클라이언트 소프트웨어의 경우)해서 UI 직접 테스트를 지원하는 도구도 있다. 나는 이들을 자주 이용한다. 일반적으로는 광범위한 테스트에 사용되지만, UI 전달 계층의 좁은 통합 테스트를 작성하는 데 주로 이용한다(좁은 범위의 통합 테스트를 이용해 외부 상호작용을 테스트하라(p.589) 참조).

테스트 코드도 리팩터링을 해야 하는가?

물론이다. 테스트 코드도 유지보수해야 한다. 나는 다루기 어렵고 깨지기 쉬운 테스트 세트 때문에 훌륭한 코드베이스가 탈선하는 것을 많이 봤다.

테스트는 일종의 문서이기 때문에 일반적으로 단계로 구성된 레시피처럼 읽을 수 있어야 한다. 루프와 로직은 헬퍼 함수로 옮김으로써 테스트의 기본 의도를 쉽게 이해할 수 있게 해야 한다. 그러나 각 테스트에서 그 의도가 명확하다면 중복을 허용해도 좋다. 프로덕션 코드와 달리 테스트 코드는 주로 수정이 아니라 읽는 대상이다.

아를로 벨시의 "명시적인 테스트를 작성하라WET, Write Explicit Test"를 테스트 디자인의 원칙으로 이용하라. 이는 프로덕션 코드에서 이용하는 "이터레이션하지 말라DRY, Don' Repeat

Yourself"는 원칙과 대비된다. 테스트 디자인에 관한 벨시의 훌륭한 기사 "WET: When DRY Doesn't Apply"를 읽어보라[Belshee2016a].

코드 커버리지는 얼마나 높아야 하는가?

코드 커버리지를 측정하는 것은 종종 생기는 실수다. 코드 커버리지에 집중하는 대신, 작은 단계를 밟으면서 테스트를 이용해 코드를 작성하는 것에 집중하라. 이렇게 하려면 여러분이 테스트하려는 모든 것이 테스트돼야 한다. 더 자세한 내용은 '예시: 코드 커버리지(p.443)'의 논의를 참조하라.

전제 조건

TDD는 매우 가치 있는 도구지만 2~3개월의 학습 곡선이 있다. ROT-13 예시 같은 문제에 적용하기는 쉽지만, 그 경험을 더 큰 시스템에 적용하기에는 시간이 걸린다. 레거시 코드, 적절한 테스트 고립, 좁은 통합 테스트는 특히 숙달하기 어렵다. 그러나 TDD를 빨리 이용하기 시작할수록 더 빠르게 방법을 생각해낼 수 있으므로, 이런 문제가 여러분을 가로막지 않게 하라.

TDD는 학습 곡선이 있기 때문에 이를 도입할 때는 허가가 필요하다. 조직에서는 초기의 속도 저하를 관찰할 것이고, 적절한 고려 없이 TDD를 거부할 수도 있다. 마찬가지로 여러분의 팀이 유일하게 TDD를 이용하지 않도록 주의하라. 모든 팀원이 함께 이용하는 데 동의하면 가장 좋다. 그렇지 않으면 팀의 다른 구성원이 실수로 테스트를 깨뜨리고, 테스트 친화적이지 않은 코드를 만들 수도 있다.

TDD를 채택했다면 테스트 작성 권한을 계속 요청하지 말라. 테스트 작성은 개발의 일상적인 부분이다. 스토리 크기를 측정할 때는 그에 필요한 테스트 작성 시간도 포함하라.

TDD가 성공하기 위해서는 빠른 피드백이 매우 중요하다. 1~5초 이내에, 적어도 여러분이 작업 중인 테스트의 하위셋에 대한 피드백을 얻을 수 있게 하라.

함께 보기

제로 프릭션(p.536)
빠르고 신뢰할 수 있는 테스트(p.587)

마지막으로 여러분의 테스트가 엄청난 속박이 되지 않게 하라.

많은 테스트를 깨뜨리지 않고도 코드를 리팩터링할 수 없다면 무언가 잘못된 것이다. 종종 테스트 더블test double을 과도하게 이용했을 때 이런 일이 발생한다. 마찬가지로 광범위한 테스트를 너무 많이 이용하면 테스트가 무작위로 실패할 수 있다. 빠르고 신뢰할 수 있는 테스트는 두 가지 모두를 적절하게 이용한다.

지표

여러분이 TDD를 잘 이용하면:

- □ 디버깅하는 데 거의 시간을 쓰지 않는다.

- □ 프로그래밍 중 계속 실수를 하지만, 몇 분 안에 발견하고 쉽게 수정할 수 있다.

- □ 전체 코드베이스가 프로그래머가 의도한 대로 동작한다는 것을 완전히 확신한다.

- □ 기회가 있을 때마다 적극적으로 리팩터링한다. 테스트가 모든 실수를 잡아낼 것이라고 확신한다.

대안과 실험

TDD는 **전달하기** 프랙티스의 핵심이다. TDD가 없다면 **전달하기** 플루언시는 달성하기 어렵거나 심지어 달성하기 불가능하다.

TDD에 관한 일반적인 오해는 '테스트 주도 개발(p.564)'에서 설명했다. 코드를 먼저 디자인하고, 모든 테스트를 작성하고, 그 뒤 프로덕션 코드를 작성한다. 이 접근 방식은 답답하고 느리며, 진행하면서 어떠한 학습도 할 수 없다.

또 다른 접근 방식은 프로덕션 코드를 작성한 뒤 테스트를 작성하는 것이다. 이는 잘하기 매우 어렵다. 코드는 테스트 가능하도록 디자인돼야 하지만, 테스트를 먼저 작성하지 않는 한 거의 불가능하다. 또한 적당히 마무리하고 계속 진행하려는 끊임없는 유혹에 지루해진다. 실제로 나는 나중에 만든 테스트가 TDD를 이용해서 만든 테스트의 세부 사항과 품질에 근접하는 것을 아직 본 적이 없다.

이런 프랙티스가 여러분에게 효과가 있다 하더라도 TDD는 그저 테스트에만 국한되지 않는다. TDD는 매우 작고도 지속적으로 검증된 가설을 이용해 여러분이 올바른 방향으로 가고 있으며, 높은 품질의 코드를 만들고 있음을 확인하는 것이다. 잠시 후 다룰 켄트 벡의 TCR을 제외하고, 나는 TDD를 대신하면서 동시에 좋은 테스트 세트가 주는 문서와 안정성을 제공하는 방법을 알지 못한다.

그러나 TDD라는 이름 아래 여러분이 수행할 수 있는 많은 실험이 있다. TDD는 역시 '순간의 배움, 평생 마스터' 스킬 중 하나다. 점점 더 많은 기술에 TDD를 적용하는 방법을 찾고, 피드백 루프를 더 짧게 만드는 실험을 하라.

켄트 벡은 한 가지 아이디어를 실험하고 있으며, 그는 이를 TCR(test && commit || revert)이라 부른다[Beck2018]. TCR은 테스트가 성공하면 코드를 커밋하고, 테스트가 실패하면 코드를 원복하는 작은 스크립트다. TCR은 TDD와 마찬가지로 일련의 검증된 가설을 제공하며, 분명히 그것을 더 작게 자주 만든다. 그것이 바로 TDD를 학습하면서 가장 어렵고 중요한 것이다. 다른 것이 없다면 TCR을 시도해볼 가치가 있다.

더 읽을거리

『테스트 주도 개발Test-Driven Development: By Example』(인사이트. 2014): TDD의 발명가가 직접 TDD를 소개한 훌륭한 책이다. ROT-13 예시가 마음에 들었다면 이 책에서 더 확장된 예시를 만나볼 수 있다. 3부의 'TDD 패턴'은 대단히 훌륭하다[Beck2002].

빠르고 신뢰할 수 있는 테스트

대상
프로그래머

테스트는 우리를 가로막지 않는다.

테스트 주도 개발을 채택한 팀은 수천 개의 테스트를 축적한다. 테스트가 많을수록 속도와 안정성이 더 중요해진다. TDD를 이용하면 **분**마다 1~2번의 테스트를 수행한다. 테스트

함께 보기
테스트 주도 개발(p.564)

는 빨라야 하며 동시에 항상 같은 결과를 만들어야 한다. 그렇지 않으면 1~5초 이내에

피드백을 받지 못할 것이다. 이는 TDD 루프가 효과적으로 작동하기에 매우 중요하다. 여러분이 테스트 실행을 자주 중지하면 에러를 빠르게 잡아내지 못하게 돼 결과적으로 속도가 느려진다.

watch 스크립트가 테스트의 하위셋만 실행하도록 프로그래밍해서 이런 상황을 우회할수는 있지만, 결국 느린 테스트는 통합 과정에서 역시 문제를 일으킨다. 5분 이내에 피드백을 받는 것이 아니라 수십 분, 심지어 몇 시간이 걸리기도 할 것이다. 설상가상으로 테스트는 무작위로 종종 실패하고, 여러분은 긴 프로세스를 처음부터 다시 시작해야 할 것이다. 이는 마찰을 불러 일으키고 사람들은 진짜 실패를 무시하게 된다.

빠르고 신뢰할 수 있는 테스트fast, reliable test는 이런 판도를 뒤집는다. 물론 연습과 좋은 디자인이 필요하지만, 일단 그 비밀을 알게 되면 오히려 느리고 불안정한 테스트보다 더 쉽고 빠르게 작성할 수 있다. 그 방법을 소개한다.

좁은 범위의 단위 테스트에 의존하라

넓은 범위의 테스트broad test는 소프트웨어의 많은 부분을 다루기 위해 작성한다. 예를 들어 웹 브라우저를 실행하거나, URL을 탐색하거나, 버튼을 클릭하고 데이터를 입력한 뒤 브라우저가 기대했던 결과를 보여주는지 확인하는 것이다. 이들은 때로 '종단 간 테스트e2e test, end-to-end test라 불리지만, 기술적으로 종단 간 테스트는 넓은 범위의 테스트 중 하나일 뿐이다.

넓은 범위의 테스트는 테스트 커버리지를 높이기에 좋아 보이지만, 이는 사실 함정이다. 넓은 테스트는 느리고 불안정하다. 여러분은 빌드에서 초당 수백에서 수천 개의 테스트를 실행해야 하며, 이를 위해서는 완전한 안정성이 필요하다. 그렇게 하려면 좁은 범위의 테스트를 해야 한다.

좁은 범위의 테스트narrow test는 소량의 코드에 집중한다. 일반적으로 하나의 특정한 모듈이나 클래스 안에 존재하는 하나 또는 여러 개의 메서드나 함수를 테스트한다. 때때로 좁은 범위의 테스트는 여러 모듈을 관통하는 동작을 테스트하기도 한다.

애자일 커뮤니티에서는 가장 좋은 유형의 좁은 범위의 테스트를 **단위 테스트**unit test라고 부른다. 다만 '단위 테스트'의 정확한 정의에 대해서는 약간의 이견이 있긴 한다. 중요한 점은 단위 테스트는 **빠르고** **결정적**이라는 점이다. 이를 위해서는 일반적으로 테스트가 완전히 메모리상에서만 실행돼야 한다.

여러분이 작성하는 테스트의 대부분은 단위 테스트여야 한다. 단위 테스트 코드의 크기는 프로덕션 코드의 크기에 비례한다. 그 비율은 다를 수 있지만 1:1에 가까울 것이다.

단위 테스트를 작성하기 위해서는 디자인이 좋아야 한다. 단위 테스트를 작성하기가 어렵다면 디자인에 문제가 있다는 신호일 수 있다. 코드의 결합을 끊어서 각 클래스나 모듈을 독립적으로 테스트할 수 있게 만들어라.

단위 테스트에 관한 여러 정의

어떤 사람들은 단위 테스트가 테스트 대상이 되는 클래스나 모듈 외부의 코드를 실행할 수 없다고 말하지만, 나는 이를 불필요하게 제한적이라 생각한다. 좁은 범위의 단위 테스트는 특정한 하나의 클래스 또는 모듈(또는 이들을 꿰뚫는 행동)을 **테스트**해야 하지만, 테스트 대상 코드가 다른 프로덕션 코드를 호출하는 것은 아무런 문제가 되지 않는다. 이는 **외로운 단위 테스트**(solitary unit test)와 **사교적 단위 테스트**(social unit test)의 차이인데, 이에 관해서는 뒤에서 살펴볼 것이다.

또 어떤 사람들은 단위 테스트가 하나의 어설션만 가질 수 있다고 말한다. 다시 말하지만 나는 이 역시 불필요하게 제한적이라 생각한다. 대부분의 테스트가 단 하나의 어설션만 갖기는 하지만, 테스트의 기반이 되는 아이디어를 표현하기 위해 때로 여러 어설션이 필요할 수도 있다(계산과 브랜치 (p.575)에서 이를 확인할 수 있다).

품질 보증 및 테스트 커뮤니티에서도 자체적으로 '단위 테스트'를 정의한다. 이 정의는 일반적으로 테스트에 관한 완전히 다른 접근 방식을 가리킨다.

좁은 범위의 통합 테스트를 이용해 외부 상호작용을 테스트하라

단위 테스트에서는 일반적으로 메모리에 있는 코드를 테스트하지만, 여러분의 소프트웨어가 메모리에서 완전히 작동하지는 않는다. 소프트웨어는 외부 세계와도 소통해야 한다. 이런 코드를 테스트하려면 **집중 통합 테스트**focused integration test라고도 불리는 **좁은 범위의 통합 테스트**narrow integration test를 이용해야 한다.

개념상 좁은 범위의 통합 테스트는 단위 테스트와 같다. 실제로 이들은 외부 환경을 포함하므로, 좁은 범위의 통합 테스트는 많은 복잡한 셋업^{setup} 및 티어다운^{teardown}을 포함한다. 그리고 단위 테스트보다 매우 느리다. 단위 테스트는 초당 수백 또는 수천 개의 속도로 수행되지만, 좁은 범위의 통합 테스트는 초당 수십 개의 속도로 실행된다.

필요한 좁은 범위의 통합 테스트 수를 최소화하도록 코드를 디자인하라. 예를 들어 여러분의 코드가 서드 파티 서비스에 의존하는 경우, 그 서비스를 코드에서 직접 호출하지 말라. 대신 **인프라스트럭처 래퍼**$^{infrastructure\ wrapper}$ 혹은 **게이트웨이**^{gateway}를 만들어라. 인프라스트럭처 래퍼는 서비스와 그 네트워크 호출을 캡슐화한 하나의 클래스 또는 모듈이다. 좁은 범위의 통합 테스트를 이용해 인프라스트럭처 래퍼를 테스트하고, 단위 테스트에서는 인프라스트럭처 래퍼를 이용하는 코드를 테스트하라. [Shore2020b]의 '애플리케이션 인프라스트럭처$^{Application\ Infrastructure}$' 에피소드의 예시를 참조하라. 좁은 범위의 통합 테스트의 수는 여러분의 코드가 상호 작용하는 외부 시스템 수에 비해 상대적으로 적어야 한다.

비로컬 디펜던시를 시뮬레이션하라

일부 디펜던시는 여러분의 개발 머신에서 직접 실행하기에는 너무 어렵거나 비용이 높다. 그러나 재현성과 속도를 위해 테스트를 로컬에서 수행할 수 있어야 한다.

이 문제를 해결하기 위해 일반적인 경우처럼 디펜던시에 대한 인프라스트럭처 래퍼를 만드는 것에서 시작한다. 다음으로 좁은 통합 테스트를 작성하고 인프라스트럭처 래퍼가 실제로 그것을 호출하는 게 아니라 해당 디펜던시를 **시뮬레이션**하게 한다. 예를 들어 여러분의 코드가 REST API를 통해 요금 청구 서비스를 이용하면 테스트 안에 요금 청구 서비스를 대신하는 작은 HTTP 서버를 만들 수 있다. 더 자세한 내용은 [Shore2018b]의 'Spy Server' 패턴과 [Shore2020b]의 'Microservice Clients Without Mocks' 에피소드를 참조하라.

여기서 질문이 생긴다. 실제 디펜던시에 대해 소프트웨어를 테스트하지 않는다면 어떻게 작동한다고 알 수 있는가? 외부 시스템은 언제든 변경되거나 실패할 수 있기 때문에 이 질문에 대한 실제 대답은 '모니터링'이다(편집중 원격 진단(p.670) 참조). 그러나 일부 팀은 계약 테스트^{contract test}를 통해 외부 공급자의 서비스에서의 변경을 감지한다[Fowler2011]. 이는 서비스 제공자가 자체적으로 테스트를 수행한다는 것을 보장할 때 효과가 있다.

전역 상태를 통제하라

전역 상태를 다루는 모든 테스트에 대해서는 심사숙고해야 한다. 전역 상태는 전역 변수(정적 변수나 싱글톤 등), 외부 데이터 저장소나 시스템(파일시스템, 데이터베이스 등), 머신 종속적인 상태와 기능(시스템 시간, 로케일, 시간대, 난수 생성기 등)을 포함한다.

테스트는 전역 상태가 특정한 방식으로 설정돼 있을 것이라 가정하고 작성한다. 대부분의 경우는 그럴 것이다. 하지만 아주 간혹 주로 경합 상태^{race condition} 때문에 그렇지 않은 상황이 발생하며 테스트는 분명한 이유 없이 실패한다. 테스트를 다시 실행하면 성공한다. 결과는 대부분의 경우는 성공하지만, 때때로 무작위로 실패하는 **비정상적 테스트**^{flaky test}다.

비정상적 테스트는 교활하다. 테스트를 다시 실행하면 문제가 '해결'되기 때문에, 사람들은 테스트를 다시 실행해서 비정상적인 테스트를 처리하는 것을 학습한다. 수백 개의 비정상적 테스트가 누적되면 테스트 세트는 여러 번 실행해야만 성공한다. 그런 상황이 되면 문제를 수정하는 데 많은 작업이 필요하게 된다.

비정상적 테스트를 발견하면 그날 즉시 수정하라. 비정상적 테스트는 모두 잘못된 디자인의 결과다. 이들을 빠르게 수정할수록 미래에 만날 문제는 적어진다.

> 비정상적 테스트를 발견하면 그날 즉시 수정하라.

비정상적 테스트의 뿌리에 있는 디자인 결함은 전역 상태가 코드를 오염시킬 수 있다는 것이다. 정적 변수 및 싱글톤 같은 일부 전역 상태는 신중한 디자인을 통해 제거할 수 있다. 시스템 시계 및 외부 데이터 같은 다른 유형의 전역 상태는 피할 수 없지만 신중하게 제어할 수 있다. 인프라스트럭처 래퍼를 이용해 이들을 다른 코드베이스에서 추상화하고, 좁은 통합 테스트를 이용해 테스트하라.

예를 들어 여러분의 코드가 시스템 시계(요청 시간을 제한하거나 현재 날짜를 얻는 등)와 상호작용을 해야 한다면, 시스템 시계에 대한 래퍼를 만든 뒤 해당 래퍼를 코드의 나머지 부분에서 이용하라. [Shore2020b]의 'No More Flaky Clock Tests' 에피소드를 참조하라.

사교적 테스트를 작성하라

테스트는 **외롭거나** **사교적**일 수 있다.[3] 외로운 테스트는 테스트 대상 코드의 디펜던시가 모두 '테스트 더블' 또는 '목mock'이라 불리는 특별한 테스트 코드로 대체된 것이다(기술적으로 '목'은 테스트 더블의 특별한 유형이지만 이 두 용어는 자주 혼용된다).

외로운 테스트를 이용하면 테스트 대상 코드가 디펜던시를 호출하는 것을 테스트할 수 있지만, 해당 디펜던시가 여러분의 코드가 기대한 대로 동작하는지는 테스트할 수 없다. 이 테스트는 실제로 해당 디펜던시를 실행하지 않고 테스트 더블을 실행하기 때문이다. 따라서 디펜던시를 이용하는 코드의 기대를 깨는 디펜던시가 변경되더라도 테스트는 계속 통과하며, 우발적으로 버그를 만들게 된다.

이 문제를 막기 위해 외로운 테스트를 작성하는 사람들은 모든 것이 올바르게 작동하는지 확인하기 위해 넓은 범위의 테스트도 작성한다. 이는 중복된 노력이며, 그 넓은 범위의 테스트는 자주 느리고 비정상적이다.

커뮤니티의 의견은 둘로 나뉘지만 내 생각에 더 나은 접근 방식은 외로운 테스트보다는 **사교적** 테스트를 이용하는 것이다. 사교적 테스트는 디펜던시를 교체하지 않고 테스트 대상 코드를 실행한다. 코드는 실제 디펜던시를 실행하고, 이는 디펜던시가 테스트 대상 코드가 기대한 방식으로 작동하지 않을 때 테스트가 실패한다는 의미다. 그림 13-2는 이 두 가지 테스트의 차이를 나타낸다.

개인 의견이지만 가장 좋은 단위 테스트는 좁은 범위의 사교적 테스트다. 이 테스트는 테스트 대상 클래스 또는 모듈만 테스트한다. 이 테스트에서는 대상 코드가 실제로 디펜던시를 호출한다. 결과적으로 추가적인 넓은 범위의 테스트를 작성하는 오버헤드나 낭비

---

3   '사교적인'과 '외로운'이라는 용어는 제이 필드(Jay Fields)가 언급했다[Fields2015].

없이 여러분의 코드가 기대한 대로 동작함을 충분히 확신할 수 있는 빠른 테스트가 만들어진다.

여기에서 한 가지 질문이 생긴다. 사교적인 테스트가 외부 세계와 대화하는 것을 어떻게 막을 수 있는가? 대답의 요점은 인프라스트럭처와 로직이 분리되도록 코드를 디자인하는 것이다. 이에 관해서는 뒤에서 다시 설명한다. 다른 요소는 인프라스트럭처 래퍼를 프로그래밍해서 외부 세계로부터 스스로를 격리하도록 하는 것이다. 내가 쓴 기사인 'Testing Without Mocks[Shore2018a]'에서는 이를 위한 디자인 패턴을 분류했고, [Shore2020b]에서 광범위한 예시를 찾아볼 수 있다.

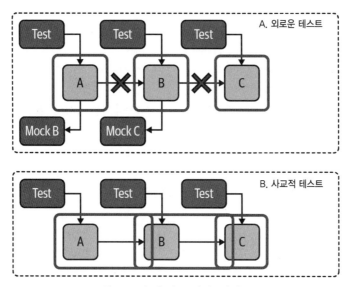

그림 13-2 외로운 테스트와 사교적 테스트

인프라스트럭처와 로직을 분리하라

외부 세계를 포함하는 어떤 것에도 의존하지 않는 순수한 로직은 가장 테스트하기 쉬운 코드다. 너무나 쉽다. 따라서 여러분의 테스트를 빠르고 안정적으로 만들기 위해서는 인프라스트럭처와 로직을 분리해야 한다. 결과적으로 이것은 깨끗한 디자인을 유지하는 좋은 방법이기도 하다.

인프라스트럭처와 로직을 분리해서 유지하는 방법은 다양하다. 알리스테어 코크번이 쓴 "핵사고날 아키텍처^{Hexagonal Architecture}[Cockburn2008]', 개리 버나드^{Gary Bernhard}가 쓴 '기능적인 핵심, 명령적 셸^{Functional Core, Imperative Shell}[Bernhardt2012]', 내가 쓴 'A-프레임 아키텍처^{A-Frame Architecture}[Shore2018b]'는 모두 유사한 문제 해결 방법을 제시한다. 일반적으로 말해서 이 방법론은 로직이 '순수'하고 인프라스트럭처 코드에 의존하지 않도록 코드를 수정하는 작업을 포함한다.

A-프레임 아키텍처는 최상위 계층인 application 계층에서 logic과 infrastructure 계층을 조정하기 때문에 두 계층은 서로의 존재를 알지 못한다. 다음은 application 계층에서 찾아볼 수 있는 간단한 예시다.

```
let input = infrastructure.readData();    // infrastructure
let output = logic.processInput(input);   // logic
infrastructure.writeData(output);         // infrastructure
```

[Shore2018b]에서는 더 상세하게 설명한다. 완전한 예시는 [Shore2020b]를 참조하라. 에피소드 2부터 A-Frame Architecture를 이용한다.

넓은 범위의 테스트는 안전망으로만 이용하라

여러분이 TDD, 단위 테스트, 좁은 범위의 통합 테스트, 사교적 테스트를 올바르게 이용한다면 여러분의 코드를 완전히 커버할 수 있다. 넓은 범위의 테스트는 필요하지 않다.

> TDD를 올바르게 이용한다면 넓은 범위의 테스트는 필요하지 않다.

그러나 안전을 위해 추가적으로 넓은 범위의 테스트를 이용해 테스트 세트를 보완하는 것은 괜찮다. 나는 주로 **스모크 테스트**^{smoke test}를 몇 개 작성한다. 스모크 테스트는 넓은 범위의 테스트이며, 이들은 여러분의 소프트웨어를 실행할 때 화염에 휩싸이지 않는다는 것을 확인해 준다. 이들은 포괄적이지는 않다. 그저 가장 일반적인 시나리오만 테스트한다. 포괄적인 테스트를 위해서는 좁은 범위의 테스트를 이용하라.

넓은 범위의 테스트는 느린 편으로, 테스트 하나를 수행하는데 몇 초 정도가 걸리기도 하며, 신뢰성을 확보하기도 어렵다. 그렇기 때문에 아주 조금만 이용해야 한다.

처음부터 TDD를 이용해 소프트웨어를 만들지 않았거나 TDD를 올바르게 이용할 확신이 없다면, 안전을 위해 넓은 범위의 테스트를 더 많이 이용해도 괜찮다. 하지만 이들은 안전망으로

함께 보기
사건 분석(p.728)

만 취급하라. 만약 이들이 좁은 범위의 테스트가 발견하지 못한 에러를 잡아 낸다면, 이는 여러분의 테스트 전략에 문제가 있다는 신호다. 무엇이 잘못됐는지 확인하고, 누락된 테스트를 수정하고, 더 큰 차이를 방지하기 위해 테스트 접근 방식을 변경하라. 결국 여러분은 테스트 세트에 확신을 갖게 되고, 범위가 넓은 테스트의 수를 줄일 수 있을 것이다.

기존 코드에 테스트 추가하기

기존 코드에 테스트를 추가해야 하는 경우도 있다. 코드에 테스트가 전혀 없거나, 있다 해도 대체해야 하는 범위가 넓고 비정상적인 테스트일 수 있다.

코드에 테스트를 추가하는 것은 닭이 먼저냐, 계란이 먼저냐는 문제와 같다. 좁은 범위의 테스트를 추가하려면 디펜던시를 설정하고, 상태를 검증하기 위해 (프로덕션) 코드를 건드려야 한다. 코드가 테스트 가능성을 염두에 두고 작성되지 않은 한(비TDD 코드는 거의 절대로 그렇지 않음) 여러분은 좋은 테스트를 작성할 수 없을 것이다.

그래서 리팩터를 해야 한다. 문제는 복잡한 코드베이스 안에서 리팩터링이 위험하다는 것이다. 부작용은 모든 기능 뒤에 숨어 있다. 뒤틀린 논리가 당신이 함정에 빠질 때까지 기다리고 있다. 한마디로 리팩터링을 하는 그 순간, 여러분은 눈치를 채지도 못한 채 뭔가를 망가뜨릴 가능성이 높다.

그렇기 때문에 테스트가 필요하다. 그러나 테스트를 하려면 리팩터를 해야 한다. 하지만 리팩터를 하려면 테스트가 필요하다… 악순환이다.

닭과 계란의 딜레마를 끊기 위해서는 여러분의 리팩터링이 안전하다고 확신해야 한다. 즉 그들이 코드의 동작을 변경하지 않을 것을 확신해야 한다. 다행히 모던 IDE는 리팩터

링을 자동화했으며, 여러분이 이용하는 언어와 IDE에 따라 이들은 안전함을 보장할 것이다. 아를로 벨시에 의하면 가장 필요하고 안전한 여섯 가지 핵심 리팩터링은 이름 변경Rename, 인라인Inline, 메서드/함수 추출Extract Method/Function, 로컬 변수 도입Introduce Local Variable, 파라미터 도입Introduce Parameter, 필드 도입Introduce Field이다. 그가 쓴 "The Core 6 Refactoring"은 반드시 읽어보기 바란다[Belshee2016b].

안전한 리팩터링이라는 보장이 없다면, **특성 분석 테스트**를 대신 이용할 수 있다(**피닝 테스트**pinning test 또는 **승인 테스트**approval test라고도 알려져 있다). 특성 분석 테스트는 잠정적인 넓은 범위의 테스트이며, 여러분이 변경하는 코드의 모든 행동을 철저하게 테스트하는 목적으로 디자인된다. 르웰린 팔코의 'Approvals' 테스트 프레임워크는 https://github.com/approvals에서 이용할 수 있으며, 이런 테스트를 만들 수 있는 강력한 도구다. 에밀리 바체의 'Glided Rose' kata의 비디오 시연에서는 승인 테스트를 이용해 친숙하지 않은 코드를 리팩터링하는 훌륭한 예시를 제공한다[Bache2018].

안전하게 리팩터링을 할 수 있다면 코드를 더 깨끗하게 변경할 수 있다. 아를로 벨시의 여섯 가지 핵심 리팩터링에 집중하면서 작은 단계로 작업하고, 단계마다 테스트를 실행하라. 코드의 한 부분을 테스트할 수 있을 때까지 단순화하고 다듬어라. 그런 다음 해당 부분에 좁은 범위의 테스트를 추가하라. 시작할 때는 사교적 테스트보다 외로운 테스트를 작성해야 할 것이다.

여러분이 작업하는 코드가 높은 품질의 좁은 범위의 테스트로 커버될 때까지 계속해서 다듬고 개선하고 테스트하라. 그렇게 된 뒤에는 특성 분석 테스트와 해당 코드에 관련된 다른 넓은 범위의 테스트를 모두 삭제하라.

전제 조건

테스트를 작성한다면 빠르고 신뢰할 수 있는 테스트를 작성할 수 있다. 하지만 기존 코드에 테스트를 추가하는 데는 다소 시간이 걸린다. 슬랙을 도입하면 도움이 될 것이다.

함께 보기

슬랙(p.350)

지표

여러분이 빠르고 신뢰할 수 있는 테스트를 작성한다면:

- ☐ 테스트 세트를 다시 실행함으로써 비정상적인 테스트를 '고치지' 않는다.
- ☐ 좁은 범위의 통합 테스트는 여러분의 코드가 이용하는 외부 서비스와 컴포넌트 수에 비례해서 늘어난다.
- ☐ 넓은 범위의 테스트는 조금만 존재한다.
- ☐ 테스트 세트는 초당 평균 100개의 테스트를 실행한다.

대안과 실험

애자일 커뮤니티에는 좋은 테스트를 작성하는 두 가지 사고 방식이 존재한다. 한 가지는 '고전주의자classist' 접근 방식이고 다른 하나는 '모의주의자mockist' 접근 방식이다. 나는 이 책에서 고전주의자의 접근 방식을 강조했다. 스티브 프리맨Steve Freeman과 냇 프라이스Nat Pryce에 의해 확산된 모의주의자의 접근 방식 역시 살펴볼 가치가 있다. 『테스트 주도 개발로 배우는 객체 지향 디자인과 실천Growing Object-Oriented Software, Guided by Tests』(인사이트, 2013)이라는 그들의 훌륭한 책은 접근 방식에 대한 최고의 소개서다[Freeman2010].

모의주의자 접근 방식에서는 좁은 범위의 테스트를 완전히 버리고 넓은 범위의 테스트만 이용한다. 이것은 처음에는 쉽지만 소프트웨어가 커지면서 깨지게 된다. 결국 테스트가 절약해준 시간보다 더 많은 시간을 테스트 유지보수에 이용하게 된다.

더 읽을거리

"Testing Without Mocks: A Pattern Language": 내가 쓴 기사로 빠르고 신뢰할 수 있는 테스트를 만드는 방법을 구체적으로 설명한다[Shore2018b]. 이와 함께 비디오 시리즈를 통해 이 아이디어를 프랙티스로 실현한다[Shore2020b].

『Working Effectively with Unit Tests』(Leanpub, 2015): 내가 선호하는 이상으로 외로운 테스트를 강조하지만, 제이 필드는 이 책에 유지보수 가능한 테스트를 만들기 위한 유용한 조언을 가득 담았다[Fields2015].

『레거시 코드 활용 전략』(에이콘출판, 2018): 레거시 코드를 다루는 모든 사람이 반드시 읽어야 할 책이다[Feathers2004].

리팩터링

대상
프로그래머

우리는 기존 코드의 디자인을 개선한다.

코드는 부패한다. 모두가 엔트로피는 필연적이며, 혼돈이 결국 여러분의 아름다운 상상 속의 잘 디자인된 코드를 거대한 스파게티 덩어리로 바꿀 것이라고 말한다.

리팩터링을 학습하기 전에는 나 또한 그렇게 생각했다. 나는 10년 된 프로덕션 코드를 갖고 있으며, 처음 만들었을 때보다 지금이 **훨씬 낫다**. 나는 과거로 돌아가고 싶지 않다. 매년 코드베이스는 전 해보다 나아질 것이다.

리팩터링은 이를 가능케 한다. 리팩터링은 코드의 동작을 바꾸지 않으면서 디자인을 변경하는 프로세스다. 코드는 **같은** 일을 하지만 그 **방법**은 달라진다. 그 용어

> 리팩터링은 재작성이 아니다.

자체는 널리 잘못 이용됨에도 불구하고, 리팩터링은 재작성rewriting이 **아니다**. 그 어떤 임의적인 변경도 없다. 리팩터링은 신중한 단계별 접근 방식을 통해 코드의 디자인을 점진적으로 개선한다.

리팩터링은 또한 가역적reversible이다. 하나의 정답이 없기 때문에 때로는 한 방향으로, 때로는 다른 방향으로 리팩터링을 한다. '$x^2 - 1$'과 '$(x+1)(x-1)$'을 바꿔 쓸 수 있는 것처럼 코드의 엔트로피를 억제하면서도 그 디자인을 변경할 수 있다.

리팩터를 하는 방법

언제든지 리팩터를 할 수 있지만, 좋은 테스트 세트가 있을 때 하는 것이 가장 안전하다. 여러분은 일반적으로 테스트 주도 개발 루프의 '리팩터' 단계에서 리팩터를 할 것이다.

또한 코드의 변경을 더 쉽게 만들거나 코드를 정리할 때 리팩터를 한다.

함께 보기

테스트 주도 개발(p.564)
반영적 디자인(p.650)
슬랙(p.350)

리팩터를 할 때는 일련의 매우 작은 전환을 진행할 것이다(혼란스럽겠지만 각각의 전환 역시 하나의 **리팩터링**이라 불린다). 각 리팩터링은 루빅스 큐브를 돌리는 것과 같다. 중요한 것을 달성하려면 여러 개의 개별 리팩터링을 연결해야 한다. 큐브를 풀기 위해 여러 차례 돌리는 행위를 연결하는 것과 마찬가지다.

리팩터링에 익숙하지 않은 사람들은 리팩터링이 작은 전환의 연속이라는 사실을 때때로 잊는다. 코드 디자인을 단번에 바꿀 수는 없다. 리팩터를 잘 하려면 일련의 통제된 단계를 따라 작업해야 한다. 각 단계에 소요되는 시간은 짧아야 하고, 리팩터링 후에는 테스트를 통과해야 한다.

> 리팩터를 잘하려면 일련의 통제된 단계를 따라 작업해야 한다.

세상에는 다양한 리팩터링 방법이 있다. 그중 마틴 파울러의 책 『리팩터링: 코드 구조를 체계적으로 개선하여 효율적인 리팩터링 구현하기Refactoring: Improving the Design of Existing Code』(한빛미디어, 2020)는 결정적인 가이드다[Fowler2018]. 이 책은 리팩터링을 심도 있게 분류하고 있어 충분히 학습할 가치가 있다. 나는 다른 어떤 자료보다 이 책을 읽으면서 좋은 코드와 디자인에 관해 더 많이 배웠다.

즉 그 모든 리팩터링 방법을 일일이 암기할 필요는 없다. 대신 그 뒤에 있는 마인드셋을 학습하라. 시작하는 단계에서는 IDE의 자동화된 리팩터링을 이용하면 도움이 될 것이다. 그러나 더 많은 다른 옵션도 존재한다. 비결은 디자인 변경을 작은 단계로 쪼개는 것이다.

리팩터링 실제

이 점을 설명하기 위해 'TDD 예시(p.573)'에 나온 예제를 이어서 살펴본다. 지면상의 이유로 작은 예시를 이용하지만, 큰 변경을 개별 리팩터링으로 나누는 방법을 충분히 보여준다. 각각의 리팩터링은 몇 초 만에 완료된다.

NOTE 이 예시를 따라 해보려면 git 저장소 https://github.com/jamesshore/livestream를 복제하고, 2020–05–05–end 태그를 체크아웃한 뒤 src/rot-13.js 파일을 수정하라. 빌드 실행 방법에 관한 지침은 README.md를 참조하라.

다음은 TDD 예시의 마지막에서 얻은 ROT-13 인코딩을 수행하는 코드다.

```javascript
export function transform(input) {
  if (input === undefined || typeof input !== "string") {
    throw new Error("Expected string parameter");
  }

  let result = "";
  for (let i = 0; i < input.length; i++) {
    let charCode = input.charCodeAt(i);
    result += transformLetter(charCode);
  }
  return result;
}

function transformLetter(charCode) {
  if (isBetween(charCode, "a", "m") || isBetween(charCode, "A", "M")) {
    charCode += 13;
  } else if (isBetween(charCode, "n", "z") || isBetween(charCode, "N", "Z")) {
    charCode -= 13;
  }
  return String.fromCharCode(charCode);
}

function isBetween(charCode, firstLetter, lastLetter) {
  return charCode >= codeFor(firstLetter) && charCode <= codeFor(lastLetter);
}

function codeFor(letter) {
  return letter.charCodeAt(0);
}
```

코드는 잘 작동하며 품질도 괜찮은 편이지만 너무 장황하다. 코드에서는 문자를 이용해 범위를 결정하지만, JavaScript에서는 문자를 직접 비교할 수 있다. codeFor()를 이용하는 대신 isBetween()에서 직접 비교할 수 있다.

```
function isBetween(letter, firstLetter, lastLetter) {
  return letter >= firstLetter && letter <= lastLetter;
}
```

이런 변경은 한 번에 할 수도 있지만, 실제 이용되는 애플리케이션에서 큰 변경을 하면 버그가 발생하고, 벗어나기 어려운 상태가 될 수 있다(리팩터링 공개 시연에서 그런 경험을 해봤다!) TDD와 마찬가지로 리팩터링 방법을 더 잘 이해할수록 더 작은 단계를 수행하며 빠르게 진행할 수 있다. 그래서 여기에서 단계별로 리팩터링을 진행할 것이다.

가장 먼저 isBetween()은 letter가 아니라 charCode를 받는다. isBetween()를 호출하는 transformLetter()가 문자를 전달하도록 수정해야 한다. 그러나 transformLetter()는 문자를 갖지 않으며, 심지어 transform()도 문자를 갖지 않는다. 그러므로 그것을 가장 먼저 도입해야 한다.

```
export function transform(input) {
  if (input === undefined || typeof input !== "string") {
    throw new Error("Expected string parameter");
  }

  let result = "";
  for (let i = 0; i < input.length; i++) {
    let letter = input[i];
    let charCode = input.charCodeAt(i);
    result += transformLetter(charCode);
  }
  return result;
}

function transformLetter(charCode) ...
```

이것은 아무것도 하지 않는 문장이다. 변수 하나를 추가했을 뿐이므로 테스트는 성공할 것이라 예상한다. 테스트를 실행하고 모두 성공했다.

letter 변수는 이용되지 않았지만, 변수를 추가함으로써 letter를 transformLetter로 전달할 수 있게 된다. 그것이 다음 단계다.

얼마나 작은 단계를 밟고 있는지 주목하라. 경험상 함수 시그니처를 수작업으로 리팩터링하면 종종 잘못되는 것을 알고 있기 때문에 그 단계는 천천히 진행하고자 한다. 이런 작은 단계를 밟으려면 제로 프릭션 빌드가 필요하다.

함께 보기

제로 프릭션(p.536)

```
exports.transform = function (input) {
  if (input === undefined || typeof input !== "string") {
    throw new Error("Expected string parameter");
  }

  let result = "";
  for (let i = 0; i < input.length; i++) {
    let letter = input[i];
    let charCode = input.charCodeAt(i);
    result += transformLetter(letter, charCode);
  }
  return result;
};

function transformLetter(letter, charCode) {
  if (isBetween(charCode, "a", "m") || isBetween(charCode, "A", "M")) {
    charCode += 13;
  } else if (isBetween(charCode, "n", "z") || isBetween(charCode, "N", "Z")) {
    charCode -= 13;
  }
  return String.fromCharCode(charCode);
}
```

테스트는 모두 통과한다. transformLetter() 안에 letter가 있으므로 이를 isBetween()에 전달할 수 있다.

```
function transformLetter(letter, charCode) {
  if (isBetween(letter, charCode, "a", "m") ||
      isBetween(letter, charCode, "A", "M")) {
```

```
      charCode += 13;
    } else if (isBetween(letter, charCode, "n", "z") ||
               isBetween(letter, charCode, "N", "Z")) {
      charCode -= 13;
    }
    return String.fromCharCode(charCode);
  }

  function isBetween(letter, charCode, firstLetter, lastLetter) {
    return charCode >= codeFor(firstLetter) && charCode <= codeFor(lastLetter);
  }
```

(테스트는 통과한다) isBetween()은 letter를 전달받으므로, 이제 isBeetween()에서 letter를 이용할 수 있다.

```
  function isBetween(letter, charCode, firstLetter, lastLetter) {
    return letter >= firstLetter && letter <= lastLetter;
  }
```

(테스트는 통과한다) codeFor() 메서드는 더 이상 이용되지 않으므로 삭제했다.

(테스트는 통과한다) 내가 처음 하려던 것을 달성했지만, 코드를 조금 더 단순하게 만들 수 있을 것처럼 보였다. 이는 리팩터링을 할 때 발생하는 흔히 있는 일이다. 코드를 정리하면 더 정리

함께 보기

슬랙(p.350)

할 수 있는 곳이 보인다. 추가적으로 정리를 할지는 판단의 문제이며, 여러분이 가진 슬랙의 양에 따라 결정하면 된다.

다음은 리팩터링을 통해 얻은 코드다.

```
  exports.transform = function(input) {
    if (input === undefined || typeof input !== "string") {
      throw new Error("Expected string parameter");
    }

    let result = "";
    for (let i = 0; i < input.length; i++) {
      let letter = input[i];
```

```
      let charCode = input.charCodeAt(i);
      result += transformLetter(letter, charCode);
    }
    return result;
};

function transformLetter(letter, charCode) {
  if (isBetween(letter, charCode, "a", "m") ||
      isBetween(letter, charCode, "A", "M")) {
    charCode += 13;
  } else if (isBetween(letter, charCode, "n", "z") ||
             isBetween(letter, charCode, "N", "Z")) {
    charCode -= 13;
  }
  return String.fromCharCode(charCode);
}

function isBetween(letter, charCode, firstLetter, lastLetter) {
  return letter >= firstLetter && letter <= lastLetter;
}
```

나는 꽤 많은 슬랙이 있으므로 리팩터링을 계속하기로 결정했다. isBetween() 함수는 어떠한 가치도 더하지 않는 것으로 보여 인라인으로 만들었다. 나는 편집기가 제공하는 자동 'Inline Function' 리팩터링 기능을 이용해 이 작업을 하나의 큰 단계로 완료할 수 있었다.

```
function transformLetter(letter, charCode) {
  if (letter >= "a" && letter <= "m" || letter >= "A" && letter <= "M") {
    charCode += 13;
  } else if (letter >= "n" && letter <= "z" || letter >= "N" && letter <= "Z") {
    charCode -= 13;
  }
  return String.fromCharCode(charCode);
}
```

(테스트는 통과한다) charCode를 전달하는 것은 불필요하므로 charCode 로직을 transform 에서 transformLetter() 안으로 복사했다.

```javascript
function transformLetter(letter, charCode) {
  charCode = letter.charCodeAt(0);
  if (letter >= "a" && letter <= "m" || letter >= "A" && letter <= "M") {
    charCode += 13;
  } else if (letter >= "n" && letter <= "z" || letter >= "N" && letter <= "Z") {
    charCode -= 13;
  }
  return String.fromCharCode(charCode);
}
```

(테스트는 통과한다) 다음으로 불필요한 charCode 파라미터를 제거했다.

```javascript
export function transform(input) {
  if (input === undefined || typeof input !== "string") {
    throw new Error("Expected string parameter");
  }

  let result = "";
  for ( let i = 0; i < input.length; i++) {
    let letter = input[i];
    let charCode = input.charCodeAt(i);
    result += transformLetter(letter, charCode);
  }
  return result;
};

function transformLetter(letter, charCode) {
  let charCode = letter.charCodeAt(0);
  if (letter >= "a" && letter <= "m" || letter >= "A" && letter <= "M") {
    charCode += 13;
  } else if (letter >= "n" && letter <= "z" || letter >= "N" && letter <= "Z") {
    charCode -= 13;
  }
  return String.fromCharCode(charCode);
}
```

(테스트는 통과한다) 충분히 단순해졌지만 개선할 부분이 더 보였다. 문자열에 대해 직접 루프를 돌지 않고 정규 표현식을 이용해서 transformLetter()를 호출할 수 있음을 알았다.

```
export function transform(input) {
  if (input === undefined || typeof input !== "string") {
    throw new Error("Expected string parameter");
  }

  return input.replace(/[A-Za-z]/g, transformLetter);
};

function transformLetter(letter) {
  let charCode = letter.charCodeAt(0);
  if (letter >= "a" && letter <= "m" || letter >= "A" && letter <= "M") {
    charCode += 13;
  } else if (letter >= "n" && letter <= "z" || letter >= "N" && letter <= "Z") {
    charCode -= 13;
  }
  return String.fromCharCode(charCode);
}
```

(테스트는 통과한다) 처음에는 매우 좋을 것이라 생각했다. 하지만 정규 표현식 안의 /[A-Za-z]/가 신경 쓰였다. 코드의 가독성을 높이기 위해 추가했지만 /./만으로도 충분한 효과가 있을 것이다. 이 정규 표현식은 아무것도 하지 않았다.

그러고 나서 깨달았다. 이 정규 표현식은 문자만 transformLetter()에 전달되도록 보장하는 것이므로 if문을 단순화할 수 있었다. 그러나 100% 확신할 수 없었으므로 천천히 작업을 시작했다.

```
function transformLetter(letter) {
  let charCode = letter.charCodeAt(0);
  if (letter >= "a" && letter <= "m" || letter >= "A" && letter <= "M") {
    charCode += 13;
  } else if (letter >= "n" && letter <= "z" || letter >= "N" && letter <= "Z") {
    charCode -= 13;
  }
  return String.fromCharCode(charCode);
}
```

테스트는 실패했다! ASCII에서는 대문자 "Z"가 소문자 "a" 보다 앞에 온다는 것을 잊고 있었다. 먼저 문자를 정규화^{normalize}해야 했다.

```javascript
function transformLetter(letter) {
  let charCode = letter.charCodeAt(0);
  if (letter <= "m" || letter >= "A" && letter.toUpperCase() <= "M") {
    charCode += 13;
  } else if (letter >= "n" && letter <= "z" || letter >= "N" && letter <= "Z") {
    charCode -= 13;
  }
  return String.fromCharCode(charCode);
}
```

문제가 수정됐다. 이제 if의 후반부를 제거하는 것이 안전하다고 느꼈다.

```javascript
function transformLetter(letter) {
  let charCode = letter.charCodeAt(0);
  if (letter.toUpperCase() <= "M") {
    charCode += 13;
  } else if (letter >= "n" && letter <= "z" || letter >= "N" && letter <= "Z") {
    charCode -= 13;
  }
  return String.fromCharCode(charCode);
}
```

(테스트는 성공한다) 코드는 좋았지만 가변 charCode 변수가 신경 쓰인다. 나는 함수형 스타일을 더 선호한다. charCode 변수를 직접 수정하는 대신, 순환량을 저장하는 방법을 시도하기로 결정했다.

먼저 새로운 변수를 추가했다.

```javascript
function transformLetter(letter) {
  let charCode = letter.charCodeAt(0);
  let rotation;
  if (letter.toUpperCase() <= "M") {
    charCode += 13;
    rotation = 13;
  } else {
    charCode -= 13;
```

```
    rotation = -13;
  }
  return String.fromCharCode(charCode);
}
```

(테스트는 성공한다) 다음으로 charCode를 수정하는 대신 이 변수를 이용했다.

```
function transformLetter(letter) {
  let charCode = letter.charCodeAt(0);
  let rotation;
  if (letter.toUpperCase() <= "M") {
    charCode += 13;
    rotation = 13;
  } else {
    charCode -= 13;
    rotation = -13;
  }
  return String.fromCharCode(charCode + rotation);
}
```

(테스트는 성공한다) 편집기의 자동 리팩터링 기능을 이용해 charCode를 인라인으로 변경한다.

```
function transformLetter(letter) {
  let charCode = letter.charCodeAt( 0 );
  let rotation;
  if (letter.toUpperCase() <= "M") {
    rotation = 13;
  } else {
    rotation = -13;
  }
  return String.fromCharCode(letter.charCodeAt(0) + rotation);
}
```

(테스트는 성공한다) 마지막으로 if문을 상수 표현식으로 변경한다. 내가 이용하는 편집기에서는 두 가지 자동 리팩터링을 제공한다. 자동으로 if를 ?로 변경해 주는 기능과 선언 및 할당을 자동으로 조합하는 기능을 제공한다. 다음으로 직접 let을 const로 변경했다.

각 단계를 진행하고 나서 테스트는 통과했으며, 리팩터링이 완료된 코드는 다음과 같다.

```
export function transform(input) {
  if (input === undefined || typeof input !== "string") {
    throw new Error("Expected string parameter");
  }

  return input.replace(/[A-Za-z]/g, transformLetter);
};

function transformLetter(letter) {
  const rotation = letter.toUpperCase() <= "M"? 13 : -13;
  return String.fromCharCode(letter.charCodeAt(0) + rotation);
}
```

원래 코드에 비해 훌륭하게 개선됐다. 좀 더 컴팩트하게 만들 수도 있지만 그러면 가독성이 낮아지므로 이 상태에서 만족한다. 어떤 이들은 삼항 표현식[ternary expression]이 이미 너무 먼 단계라고 주장할지도 모르겠다.

앞에서 본 것처럼 리팩터는 단계를 밟아 진행한다. 이것은 작은 예시이지만 실제 세계의 리팩터링을 정확하게 반영한 것이다. 더 큰 코드베이스일수록 이런 점진적 변경이 큰 개선의 기초가 된다.

작은 단계 역시 중요하다. 사실 이 예시는 한두 번 정도의 큰 단계로 충분히 변환할 수 있을 만큼 간단하지만, 이런 문제에서 작은 단계를 밟을 수 있는 방법을 배우면 더 큰 문제에서도 같은 방식으로 작업할 수 있다. 결과적으로 여러분은 더 큰 코드베이스에서 성공적인 리팩터링을 할 수 있게 된다.

NOTE 더 큰 문제에 점진적 리팩링을 적용한 예시는 에밀리 바체의 Glied Rose kata를 참조하라[Bache2018].

하나의 큰 디자인 변경은 일련의 작은 리팩터링으로 분할함으로써 리스크 없이 극적인 디자인 변경을 할 수 있다. 큰 변경을 점진적으로 만들어낼 수도 있을 것이다. 어떤 날은 디자인의

> **함께 보기**
>
> 반영적 디자인(p.650)

일부를 수정하고, 다른 날에는 다른 부분을 수정한다. 이는 슬랙을 이용해 큰 변경을 만

들어낼 때 반드시 필요한 부분이며, 성공적인 애자일 디자인의 핵심이다.

질문

얼마나 자주 리팩터를 해야 하는가?

끊임없이 하라. TDD를 이용하면서 작은 리팩터링과 슬랙을
이용해 큰 리팩터링을 하라. 매주 여러분의 디자인은 지난 주
보다 좋아져야 한다.

함께 보기

테스트 주도 개발(p.564)
슬랙(p.350)

리팩터링은 재작업 아닌가? 처음부터 코드를 올바르게 디자인해야 하지 않는가?

처음부터 완벽하게 코드를 디자인할 수 있다면 리팩터링은 재작업이 될 것이다. 그러나
대규모 시스템에서 작업하는 모든 사람이 알고 있는 것처럼 실수가 끼어들기 마련이다.
그렇지 않더라도 시간이 지남에 따라 소프트웨어는 변경되며, 그에 맞춰 여러분의 디자
인도 업데이트돼야 한다. 리팩터링을 이용하면 끊임없이 개선할 수 있다.

데이터베이스는 어떤가? 데이터베이스는 정말로 개선이 필요한 영역이다.

데이터베이스도 리팩터링할 수 있다. 일반적인 리팩터링과 마찬가지로 행동을 유지하는
작은 단계로 진행하면 된다. 『리팩토링 데이터베이스Refactoring Databases: Evolutionary Database
Design』(위키북스, 2007)를 참조하라[Ambler2006]. 그러나 데이터 마이그레이션에는 오
랜 시간이 걸리므로 배포에 관해서는 특별히 고려할 사항이 있다. '데이터 마이그레이션
(p.691)'을 참조하라.

다른 팀원들과 충돌하지 않고 어떻게 큰 디자인 변경을 할 수 있는가?

정기적으로 소통하고 지속적인 통합을 이용하라. 많은 코드를
건드리는 리팩터링을 하기 전에 여러분의 기존 코드를 통합하
고, 이후 작업하려는 것을 사람들에게 알려준 다음 리팩터링을

함께 보기

지속적인 통합(p.550)

마치는 즉시 다시 통합하라. 이렇게 함으로써 여러분이 통합한 뒤의 변경 내용을 반영하
는데 충돌을 줄일 수 있다.

많은 테스트를 깨뜨리지 않고는 리팩터를 할 수 없다. 내가 무엇을 잘못하고 있는 것인가?

테스트는 코드의 구현이 아닌 동작을 확인해야 하며, 리팩터링은 동작이 아닌 구현을 수정해야 한다. 여러분이 모든 것을 올바르게 하고 있다면 리팩터링으로 인해 테스트가 깨져서는 안 된다.

어떤 리팩터링은 함수나 메서드 시그니처를 변경하지만, 기본 동작은 변경하지 않고 인터페이스만 변경한다. 인터페이스를 리팩터링하려면 테스트를 포함한 모든 호출자를 변경해야 하지만, 테스트가 특별히 변경돼서는 안 된다.

여러분이 리팩터를 할 때 테스트가 자주 깨지거나, 테스트 때문에 인터페이스 변경이 어렵다면 이는 목 객체 같은 테스트 더블의 적절하지 않은 사용 때문일 수 있다. 테스트 디자인을 개선할 방법을 찾아보라.

함께 보기

빠르고 신뢰할 수 있는 테스트(p.587)

전제 조건

리팩터링에는 좋은 테스트와 제로 프릭션 빌드가 필요하다. 테스트가 없다면 여러분의 변경이 실수로 무언가를 망가뜨릴지 여부를 쉽게 말할 수 없기 때문에 리팩터링은 위험하다(일부 IDE는 몇 가지 안전을 보장하는 리팩터링을 제공하지만, 다른 리팩터링은 여전히 테스트가 필요하다). 제로 프릭션 빌드가 없다면 피드백이 너무 느려 작은 단계를 밟을 수 없다. 기술적으로 리팩터를 할 수는 있지만 느리고 고통스럽다.

함께 보기

테스트 주도 개발(p.564)
제로 프릭션(p.536)

리팩터링에는 집단 코드 오너십도 필요하다. 모든 중요한 디자인 변경을 위해서는 코드의 여러 부분에 손을 대야 한다. 집단 코드 오너십이 있다면 여러분은 그렇게 할 수 있다. 마찬가지로 리팩터링에는 지속적인 통합이 필요하다. 지속적인 통합이 없다면 병합은 변경 충돌의 악몽을 선사할 것이다.

함께 보기

집단 코드 오너십(p.496)
지속적인 통합(p.550)

공개된 인터페이스(팀이 통제하는 코드 외부에서 이용되는 인터페이스)를 리팩터링할 때는 신중한 관리가 필요하다. 공개된 인터페이스를 이용하는 모든 사람과 조율해야 한다. 이런 이유에서 공개된 인터페이스의 리팩터링은 가능한 피하는 것이 좋다.

'로우 코드low code'나 '노 코드no-code' 환경 같은 일부 프로그래밍 환경에서는 리팩터링이 어려울 수 있다. 기존 인터페이스를 재정의한 코드인 몽키-패칭monkey-patching이나 문자열 기반 리플렉션string-based reflection 같은 고수준의 동적 프로그래밍 스타일도 마찬가지다. 이런 환경에서는 리팩터링은 비용을 지불할 가치가 낮을 수도 있다. 그러나 리팩터링을 하지 않기로 선택했을 때 증가하는 변경 비용과 수명 감소는 고려해야 한다.

일반적이지는 않지만 리팩터링에 너무 많은 시간을 할애할 수도 있다. 현재 작업과 관련이 없는 코드는 리팩터링할 필요가 없다. 마찬가지로 스토리를 마무리해야 하는 것과 좋은 코드를 유지해야 하는 필요성 사이에서 균형을 유지하라. 작업을 시작할 때보다 코드가 나아지는 것으로 충분하다. 특히 코드가 더 나아질 수 있다고 생각하지만 개선할 방법을 모르겠다면, 추후에 다른 사람이 개선할 수 있도록 남겨두는 것도 괜찮다. 집단 오너십의 좋은 점이다. 누군가 나중에 **개선할 것이다.**

지표

여러분이 리팩터링을 매일 사용하는 도구로 잘 이용한다면:

- ☐ 코드가 끊임없이 개선된다.
- ☐ 중요한 디자인 변경을 안전하고 자신 있게 수행한다.
- ☐ 코드는 매주, 적어도 지난 주보다 조금씩 나아진다.

대안과 실험

리팩터링의 실질적인 대안은 없다. 아무리 주의를 기울여 코드를 디자인하더라도, 결국은 애플리케이션의 요구사항과 동기화되지 않게 된다. 리팩터링이 없다면 연결이 끊어져 여러분을 압도할 것이며, 여러분은 최소한 소프트웨어를 다시 작성하거나(엄청난 비용과 위험이 따른다) 소프트웨어를 완전히 버리는 상황 중 하나를 선택해야 할 것이다.

그러나 리팩터를 더 잘 하는 방법을 학습할 수 있는 기회는 항상 열려 있다. 더 작고, 안전하고, 신뢰할 수 있는 단계를 수행하는 방법을 생각하라. 계속 연습하라. 나 역시 20년째 리팩터링을 하고 있지만, 지금도 여전히 새로운 기술을 배운다.

더 읽을거리

『리팩터링: 코드 구조를 체계적으로 개선하여 효율적인 리팩터링 구현하기』(한빛미디어, 2020): 리팩터링에 관한 결정적인 가이드다. 반드시 구입해서 읽어보라[Fowler2018].

『패턴을 활용한 리팩터링』(인사이트, 2011): 파울러의 작업에서 한 단계 더 나아가, 리팩터링을 통해 중요한 디자인 변경을 어떻게 달성하는지 소개한다. 개별적인 리팩터링을 이용해 큰 결과를 얻는 방법을 자세히 알 수 있다[Kerievsky2004].

『리팩토링 데이터베이스』(위키북스, 2007): 데이터베이스 스키마schema에 리팩터링을 적용하는 방법을 알 수 있다[Ambler2006].

스파이크 솔루션

대상
프로그래머

작고 격리된 실험을 통해 우리의 결정을 알린다.

여러분은 아마도 많은 애자일 팀이 추측보다 구체적인 데이터에 가치를 두는 것을 알 것이다. 질문을 만난다면 답을 추측하지 말고 실험하라! 실제 데이터를 이용해 진행할 수 있는지 생각하라.

스파이크 솔루션이 바로 이를 위한 것이다. **스파이크 솔루션**, 줄여서 **스파이크**spike는 기술적인 조사다. 코드상에서 문제의 해답을 조사하기 위해 이뤄지는 작은 실험이다. 일반적으로 하루 이내의 시간이 소요된다. 답을 찾으면 스파이크는 폐기된다.

NOTE 사람들은 종종 스파이크 솔루션과 **워킹 스켈레톤**(종단 간 아이디어를 시연하는 뼈대 코드)을 혼동한다. 워킹 스켈레톤은 제품 구현의 시작이다. 반대로 스파이크는 특정한 기술적 문제에 초점을 둔 것이며, 사용한 뒤에는 버려진다.

스파이크 솔루션은 가장 구체적이기 때문에 코드를 이용한다. 책이나 튜토리얼, 또는 온라인상의 답변을 읽어볼 수도 있지만 문제를 실제로 이해하기 위해서는 작동하는 코드를 작성해야 한다. 이론적인 시각이 아니라 실질적인 관점에서 작업하는 것이 중요하다. 여러분이 학습하려는 대상에 따라 그 방법 역시 달라진다.

빠른 질문

여러분이 이용하는 언어, 러이브러리 또는 도구에 관한 질문을 위해 한두 줄의 코드를 작성하라. 이용하는 언어가 REPL(대화형 프로그래밍 프롬프트)을 제공한다면 REPL이 가장 빠른 대답을 얻을 수 있는 방법일 것이다. 예를 들어 JavaScript가 문자열에 대한 비교 연산자를 어떻게 이용하는지 알고 싶다면, 웹브라우저 콘솔을 열고 다음을 입력하면 된다.

```
> "a" < "b"
true
> "a" > "b"
false
> "a" === "a"
true
```

또는 짧은 테스트 코드를 작성해도 된다. 실제 테스트 바로 옆에 놓고 나중에 삭제할 수도 있다. 예를 들어 Java가 산술 오버플로arithmetic overflow에 대해 어떻게 예외를 던지는지 알고 싶다면, 다음과 같은 일회용 테스트가 그 답을 알려줄 것이다.

```
@Test
public void deleteMe() {
  int a = Integer.MAX_VALUE + 1; // 예외가 발생하면 테스트는 실패한다
  System.out.println("No exception: a = " + a);
}

// 테스트 실행 결과: "No exception: a = -2147483648"
```

서드 파티 디펜던시

라이브러리, 프레임워크 또는 서비스 같은 서드 파티 디펜던시를 이용하는 방법을 알고 싶다면 작은 스탠드어론 프로그램을 만들어 디펜던시가 어떻게 동작하는지 확인하라. 프로덕션 수준의 코드를 작성하려고 고민하지 말라. 핵심 아이디어를 시연하는 데만 집중하라. 커맨드라인에서 실행하고, 값은 하드코딩하고, 사용자 입력은 무시하라. 길을 잃지 않을 만큼의 디자인과 추상적 개념만 제공하라.

프레임워크 같은 복잡한 디펜던시의 경우 나는 주로 그들이 제공하는 튜토리얼에서 시작한다. 그러나 이런 종류의 튜토리얼은 빠르게 설정하고 실행하는 방법을 강조하는 경향이 강하기 때문에, 프레임워크 자체를 이해하는 데는 큰 도움이 되지 않는다. 이들은 수많은 마법 도구를 제공하는데, 이 때문에 프레임워크를 이해하기가 쉽지 않고 **더 어려워진다.** 따라서 그들이 제공하는 예시를 여러분의 것으로 만들라. 마법을 제거하고 API를 수동으로 호출하며 불필요한 복잡성을 단순화하라. 여러분의 유스케이스에 관해 생각하고 그들이 어떻게 동작할지 시연하라.

작업을 마친 뒤에는 스파이크를 코드 저장소에 체크인해서 여러분이 실제 구현을 하는 동안 참조로 사용할 수 있다(나는 /spike 디렉터리를 이용한다). 프로덕션 구현을 완료했다면 스파이크는 그 효용성에 따라 제거하거나 이후 참조를 위해 남겨둘 수 있다.

디자인 실험

디자인 개선에 관한 아이디어가 있지만 실제 작동할지 확신할 수 없다면, 디자인을 스파이크로 만들 수 있다. 나는 내 디자인 아이디어가 생각대로 동작할지 확신하지 못할 때 이 접근 방식을 이용한다.

> **함께 보기**
>
> 반영적 디자인(p.650)

디자인을 스파이크할 때는 저장소에 일회용 임시 브랜치를 만든다. 이 임시 저장소에서는 안전한 리팩터링이나 테스트 통과를 걱정하지 않고 실험할 수 있다. 심지어 코드가 잘 동작하는지도 상관없다. 스파이크의 목적은 그저 여러분의 디자인 아이디어를 실험하고, 실제로 어떻게 동작하는지 확인하는 것이기 때문이다.

디자인 아이디어가 동작하지 않으면 브랜치를 삭제한다. 만약 **작동한다면** 해당 브랜치를 잠시 참조용으로 유지할 수 있지만, 실제 코드에 병합해서는 안 된다. 변경 사항을 처음부터 다시 구현하되 이번에는 리팩터링과 필요한 테스트 업데이트에 주의를 기울여야 한다. 작업을 완료했다면 임시 브랜치를 삭제하라.

디자인 스파이크를 남용하지 말라. 물론 여러분이 디자인 옵션을 이해하고자 할 때는 언제든 디자인 스파이크를 만들 수 있지만, 모든 스토리에 대해 이렇게 접근해서는 안 된다. 또한 점점 더 정교해지는 간단하고 분명한 접근 방식을 이용해 새로운 디자인을 만들 수 있어야 하며, 반영적 디자인^{reflective design}를 이용해 기존 디자인을 수정할 수 있어야 한다.

함께 보기

점진적 디자인(p.624)
단순한 디자인(p.638)
반영적 디자인(p.650)

스파이크를 위한 시간을 확보하라

작은 '빠른 질문' 스파이크는 대개 순간적으로 수행된다. 작은 기술적 문제를 명확히 해야 할 필요가 있다고 판단되면 신속하게 스파이크를 만들고, 지운 뒤 계속 진행한다.

디펜던시 스파이크와 디자인 스파이크는 다양한 방식으로 수행될 수 있다. 때로는 의도적으로 스파이크 스토리나 태스크와 함께 계획된다. 때로는 스토리의 중반까지 진행하고 나서야 스파이크가 필요함을 깨닫기도 한다. 이런 상황에서는 플래닝 보드에 태스크를 추가하거나 현재 태스크에 스파이크를 포함시켜 작업할 수도 있다. 어떤 선택을 하든 슬랙으로 그 비용을 충당한다.

함께 보기

스토리(p.224)
태스크 플래닝(p.307)
슬랙(p.350)

질문

프로토타입과 슬랙의 차이는 무엇인가?

'프로토타입^{prototype}'은 엄격한 정의를 갖고 있지는 않지만, 일반적으로 최종 제품을 모방하도록 만든 불완전하거나 제 기능을 하지 않는 소프트웨어를 가리킨다. 이들은 주로 UI

를 시연하거나 애플리케이션의 일회용 버전을 만들어 보면서 학습하는 목적으로 이용된다.

스파이크는 이보다 한층 더 집중적이다. 이들은 최종 제품을 모방하기 위해서가 아니라, 좁은 기술적 질문에 관한 답을 얻기 위해 만든다.

스파이크에 대해서도 페어나 몹을 해야 하는가?

여러분이 선택하면 된다. 스파이크는 유지보수할 필요가 없기 때문에 엄격한 페어 프로그래밍 규칙을 운용하는 팀조차 스파이크 작성은 페어로 하지 않는다.

그러나 스파이크에 대해서 효과적으로 페어나 몹을 하는 방법으로는 한 사람이 기술을 조사하고, 다른 사람이 코드를 작성하는 방법을 고려할 수 있다. 다른 옵션으로는 두 사람이 각자의 접근 방식으로 작업(각자 조사하고 코딩한다)한 뒤, 함께 진행 사항을 리뷰하고 아이디어를 공유하는 방법도 고려할 수 있다.

스파이크는 정말 버려야 하는가?

누군가 나중에 쓸 것이라고 생각하지 않는 한 버려라. 스파이크 솔루션의 목적은 문제를 풀기 위한 정보와 경험을 얻는 것이지, 그 문제를 해결하는 코드를 작성하는 것이 아니다. 실제 프로덕션 코드가 일반적으로 스파이크보다 훨씬 나은 참조 자료가 된다.

언제 스파이크를 만들어야 하는가?

도움이 된다면 언제든지 만들어라. 해결책을 찾는 데 프로덕션 수준의 코드를 작성해야 하는 제약이 있다면 거리낌 없이 스파이크를 만들어라.

스파이크로 인해 문제가 생각했던 것보다 어렵다고 판명되면 어떻게 해야 하는가?

훌륭하다. 여러분은 알아야 할 정보를 얻게 됐다. 아마도 여러분의 현장 고객은 여러분이 작업 중인 스토리의 가치를 재고할 수 있을 것이다. 혹은 여러분이 목적을 달성하기 위해 다른 방법을 고려해야 할 수도 있다.

전제 조건

스파이크로부터 유용하거나 일반적인 프로그램을 만들려는 유혹을 피하라. 특정한 기술적 문제에 대한 답을 얻는 작업에 집중하고, 그 답을 얻는 즉시 스파이크에 관한 작업을 중단하라. 마찬가지로 여러분이 해당 기술을 이미 충분히 이해하고 있다면 스파이크를 만들 필요가 없다.

정해진 테스트 주도 개발과 리팩터링을 회피하기 위한 수단으로 스파이크를 이용하지 말라. 스파이크 코드는 절대로 프로덕션 코드에 복사하지 말라. 스파이크가 여러분이 원한 바를 정확하게 수행하더라도, 테스트 주도 개발을 이용해 코드를 새로 작성함으로써 프로덕션 코드의 표준을 준수하라.

함께 보기

테스트 주도 개발(p.564)

리팩터링(p.598)

지표

여러분이 좋은 방향의 고립된 실험을 통해 기술적 문제를 명확히 한다면:

☐ 프로그램이 어떻게 동작할지 추측하기보다 실험을 수행해서 대답을 얻는다.

☐ 프로덕션 코드가 복잡하더라도 여러분의 실험을 방해하지 않는다.

대안과 실험

스파이크 솔루션은 작고 구체적인 실험 수행에 기반한 학습 기법이다. 어떤 사람들은 이 실험을 프로덕션 코드에서 실행하는데, 이는 잠재적인 에러의 범위를 증가시킨다. 무언가 예상했던 대로 작동하지 않았다면 여러분이 기술을 잘못 이해했기 때문인가? 혹은 프로덕션 코드와의 보이지 않는 상호작용 때문인가? 독립된 스파이크는 이런 불확실성을 제거한다.

스파이크 솔루션의 대안으로는 온라인에서 웹을 검색하거나 이론을 읽거나 코드 스니펫code snippet을 찾아볼 수 있다. 이것은 작은 문제에서는 충분히 효과를 얻을 수 있지만, 더 큰 문제의 경우 손을 더럽히면서 실제 기술을 이해하는 것이 최선의 방법이다. 필요하다면 온라인에서 찾은 코드에서 시작하라. 예제를 단순화해서 적용하라. 이 코드가 작동하는 이유는 무엇인가? 기본 파라미터를 변경하면 어떤 일이 일어나는가? 스파이크를 이용해서 명확하게 이해하라.

특히 서드 파티 디펜던시를 이용하는 방법을 학습하기 위한 대안은 해당 디펜던시를 실행하는 코드를 작성하는 것에서 시작하는 것이다. 디펜던시가 작동하는 방법을 학습하면서 여러분의 실험을 '테스트'와 '구현'으로 리팩터링한 다음, 구현을 프로덕션 코드로 옮겨라. 이 접근 방식은 스파이크처럼 시작하지만, 테스트를 거친 고품질의 프로덕션 코드로 바뀐다. [Shore2020b]의 에피소드 5에서 이 기법을 시연하며(13:50부터 시작), 에피소드 17에서는 더 큰 예시를 소개한다.

디자인

일반적으로 소프트웨어는 시간이 지남에 따라 변경 비용이 증가한다.

이에 관한 좋은 연구는 알 수 없지만[1] 모든 프로그래머가 이를 경험했을 것이다. 새로운 코드베이스를 시작할 때는 매우 생산적이지만, 시간이 지날수록 변경은 점점 더 어려워진다.

그것이 애자일의 문제다. 시간이 지날수록 변경 비용이 훨씬 많이 든다면 애자일 모델은 아무런 의미가 없다. 대신 가능한 한 비용이 저렴할 때, 즉 미리 많은 결정을 내리는 것이 현명하다. 사실 애자일 이전의 방법론이 바로 이것을 시도했다.

애자일이 작동하려면 변경 비용이 상대적으로 일정하게 유지되거나, 시간이 지남에 따라 감소해야 한다. 켄트 벡은 첫 번째 XP 책에서 이에 관해 언급했다.

> 평평한 변동 비용 곡선은 XP의 전제 조건 중 하나로, XP의 기술적 전제 조건이다. 평평한 변경 비용 곡선이 XP를 가능하게 했다면, 급격한 변경 비용 곡선은 XP를 불가능하게 만든다. 변경 비용이 터무니없이 비싸다면, 미리 신중하게 생각하지 않고 지불하는 것은 미친 짓일 뿐이다. 그러나 변경 비용이 저렴하게 유지된다면, 추가 가치와 초기의 구체적인 피드백을 통해 감소된 위험이 초기 변경의 비용보다 크다[Beck2000a, 5장].
>
> – 『Extreme Programming Explained, 1st Edition』(Addison-Wesley, 1999)

---

1 베리 보엠(Barry Boehm)의 말이 일반적으로 자주 인용된다. 그는 기하급수적으로 비용이 증가하는 차트를 선보였다. 하지만 그 차트는 개발 단계별로 결함을 수정하는 비용에 관한 것이지 시간에 따른 비용의 변화를 나타낸 것은 아니었다. 그리고 나중에 밝혀진 것이지만, 그 차트는 기반 데이터를 정확하게 반영하지도 않았다. 로랑 보사비트(Laurent Bossavit)는 [Bossavit2013]의 10장 및 부록에서 해당 데이터를 훌륭하게 분석했다.

하지만 우리 모두가 이미 경험했듯 변경 비용은 일정하지 않다. 시간이 지남에 따라 **증가한다**. 결국 애자일 팀은 유지보수할 수 없는 코드의 무게에 눌려 무너지고 만다는 것인가?

XP가 현명한 점은 **선제적으로** 변경 비용을 줄이는 프랙티스를 포함한다는 것이다. 이 프랙티스를 통틀어 '진화적 디자인evolutionary design'이라 부른다. XP는 이들을 포함하는 유일한 주류 애자일 방법론으로 남아있다.

> 진화적 디자인이 없다면 애자일 팀은 유지할 수 없는 코드의 무게에 눌려 무너지고 만다.

매우 안타까운 일이다. 진화적인 디자인이 없다면 애자일 팀은 유지할 수 없는 코드의 무게에 눌려 무너지고 만다.

나는 2000년에 처음으로 진화적 디자인에 관해 들었다. 다소 엉뚱하게 들렸지만 추천해 준 사람들을 존중했기 때문에 실험 삼아 시도해 봤다. 당시 내가 속한 팀은 새로운 프로젝트를 막 시작한 참이었다. 전통적인 사전 디자인up-front design으로 시작했지만, 해당 시점 이후부터는 진화적 디자인을 적용했다.

효과가 있었다. **믿을 수 없을 만큼** 잘 작동했다. 진화적 디자인은 꾸준한 개선으로 이어졌으며, 프로젝트를 시작했을 때 이용했던 사전 디자인보다 깨끗하고 더 명확하며 쉽게 변경할 수 있는 디자인을 만들어냈다. 그날 이후 나는 진화적 디자인의 경계를 확장해 나가고 있다.

나는 진화적 디자인이 **실제로** 시간이 지남에 따라 변경 비용을 줄이는 것을 경험했고, 같은 현상을 수없이 목격했다. 전통 디자인과 마찬가지로 진화적 디자인에 대한 좋은 연구는 없지만, 공유할 수 있는 경험적 데이터를 갖고 있다.

2012년부터 2018년까지 진화적 디자인과 다른 XP 프랙티스에 관한 라이브 코딩 스크린캐스트screencast를 진행했다. 600개 이상의 에피소드를 만들었고, 그 결과 진화적 디자인에 관한 150시간 분량의 상세한 문서를 만들어냈다. 내가 앞에서 이야기한 현상, 다시 말해 변경 비용이 꾸준히 감소하는 현상은 스크린캐스트 과정에서 여러 차례 발생했다.[2]

---

2 이 스크린캐스트는 https://www.letscodejavascript.com에서 확인할 수 있다. 네트워킹 예시는 라이브 채널의 에피소드 370~498회에서 제시한다.

스크린캐스트의 라이브 네트워킹 구현에서 한 가지 예시를 찾을 수 있다(그림 14-1). 나는 네트워킹 피처를 5개의 스토리로 나눴다. 첫 번째로 사용자의 마우스 포인터를 연결했고, 이 작업은 12시간이 걸렸다. 다음으로 라인 그리기를 하는 데 6.5시간이, 다음으로 화면을 지우는 데 2.75시간이 걸렸다. 마지막으로 두 개의 까다로운 스토리 다듬기에서 각각 0.75시간과 0.5시간이 걸렸다. 마지막 두 개의 다듬기 스토리가 첫 번째 네트워킹 스토리보다 훨씬 복잡했음에도 불구하고, 이들은 깔끔한 기반 디자인에 의존했기 때문에 훨씬 빠르게 진행됐다.

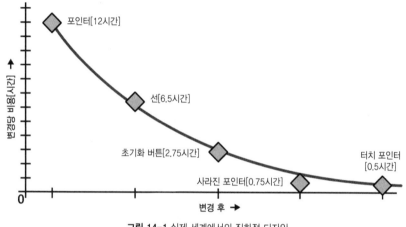

그림 14-1 실제 세계에서의 진화적 디자인

이것은 내 실제 경험과 일치한다. 실제 세계에서는 새로운 디자인 과제가 그림에 표시된 곡선을 거치면서 변경 비용에 대한 일종의 '톱니' 모양을 만들어낸다. 그러나 전반적으로 내려가는 추세를 보인다. 진화적 디자인을 이용하면 시간이 지남에 따라 디자인이 꾸준히 개선되므로 소프트웨어를 더 쉽게 변경할 수 있다. 개선 사항 역시 서로 맞물려 있다. 예를 들어 최종 네트워킹 변경은 프론트엔드 이벤트 처리 코드에 적용한 이전 디자인의 개선 사항에서 이점을 얻는다.

전통적 디자인에서는 모든 것이 깨끗할 때 빠르게 시작된다. 진화적 디자인에서는 정반대다. 처음에는 팀이 새로운 아이디어를 갖게 됨에 따라 디자인을 진화시키면서 방황하는 듯 느낀다. 하지만 이후 전통적 디자인은 느려지고 진화적 디자인은 빨라지기 시작한다. 내 경험에 따르면 약 4~6주 후에 두 곡선은 교차했다. 진화적 디자인에 따라 만들어진 코드는 같은 시간 동안 만들어진 전통적인 코드보다 더 빠르고 쉽게 작업할 수 있다. 그리고 계속 좋아진다.

진화적 디자인은 애자일의 장기적인 성공에 필수다. 가히 혁명적이다. 그런데 이것에 관해 아는 사람들이 거의 없다.

진화적 디자인은 애자일의 장기적인 성공에 필수다.

14장에서는 진화적 디자인과 관련된 3개의 프랙티스를 다룬다.

- 점진적 디자인(p.624): 팀원들은 디자인하면서 동시에 전달한다.

- 단순한 디자인(p.638): 쉽게 수정하고 유지보수할 수 있는 디자인을 만든다.

- 반영적 디자인(p.650): 기존 디자인을 끊임없이 개선한다.

14장 개요

14장의 프랙티스는 익스트림 프로그래밍의 디자인 접근 방식을 기반으로 한다. XP를 둘러싼 대화에서 이는 '진화적 디자인'이라고 불렸으며 여기에서도 이 포괄적인 용어를 이용한다. 켄트 벡은 XP 책의 1판에서 이를 **단순한 디자인**(simple design)라 불렀고[Beck2000a], 같은 책의 2판에서는 **점진적 디자인**(incremental design)라 불렀다[Beck2004].

켄트 벡이 이용한 두 용어를 14장에서 프랙티스 이름으로 이용했다. 각 프랙티스는 진화적 디자인의 다른 측면에 집중한다. 그리고 반영적 디자인을 추가했다. **반영적 디자인**은 XP 초기에 '무자비한 리팩터링(merciless refactoring)'이라 불렸다.

각 프랙티스에서 설명하는 세부 내용은 다양한 소스에서 왔으며, 진화적 디자인에 관한 내 경험도 포함돼 있다. 마틴 파울러와 XP의 세 친구들(켄트 백, 론 제프리, 워드 커닝햄)의 영향을 주로 받았다.

점진적 디자인

대상
프로그래머

우리는 전달하면서 디자인한다.

애자일 팀은 프로그래머에게 도전적인 요구를 한다. 팀은 매주(또는 격주) 4~10개의 고객 중심 스토리를 완료해야 한다. 매주 또는 격주마다 고객은 사전 예고 없이 현재 계획을 수정하고, 완전히 새로운 스토리를 소개할 수 있다. 첫 번째 주부터 이런 일이 벌어진다.

즉 프로그래머는 스토리를 처음부터 일주일 안에 구현할 수 있어야 한다는 의미다. 계획은 거의 언제든 변경될 수 있으므로, 계획이 변경되면 작업이 낭비될 수 있는 디자인 인프라스트럭처를 구축하기 위해 몇 주를 할애할 수는 없다. 대신 고객에게 가치 있는 스토리를 전달하는 데 집중해야 한다.

이것은 재앙을 초래하는 요리법처럼 들린다. 다행히도 **점진적 디자인**을 이용하면 디자인을 점진적으로 조금씩 구축하면서 동시에 스토리를 전달할 수 있다.

디자인을 멈추지 말라

컴퓨터는 여러분의 코드가 어떻든 신경 쓰지 않는다. 코드를 컴파일하고 실행할 수만 있다면 그만이다. 디자인은 사람, 특히 프로그래머가 코드를 쉽게 이해하

> 변경 비용이 낮을 때 코드는 잘 디자인된 것이다.

고 변경할 수 있게 하는 것이다. 변경 비용이 낮을 때 코드는 잘 디자인된 것이다.

성공적인 **전달하기** 영역의 팀이 가진 비밀은 그들이 절대로 디자인을 멈추지 않는다는 점이다. 론 제프리가 익스트림 프로그래밍에 관해 줄곧 이야기한 것처럼, 디자인은 매우 중요하기 때문에 우리는 **항상** 디자인을 한다. 페어링과 모빙을 통해 최소

> **함께 보기**
>
> 페어 프로그래밍(p.505)
> 몹 프로그래밍(p.520)
> 테스트 주도 개발(p.564)

한 팀에 포함된 프로그래머의 절반은 디자인에 관해 생각하며, 테스트 주도 개발은 모든 단계마다 디자인을 개선하도록 여러분을 독려한다.

전달하기 팀은 특히 페어링과 모빙을 할 때 디자인에 관해 끊임없이 이야기한다. 어떤 대화는 "이 메서드의 이름을 무엇으로 지어야 하는가?"처럼 매우 세부적이고 까다롭다. "이 두 모듈은 몇 가지 책임을 공유한다. 그것을 분리해서 세 번째 모듈을 만들어야 한다." 같이 좀 더 상위 수준의 대화도 나눈다. 이들은 끊임없이 세부 사항과 큰 그림 사이를 오간다.

디자인에 관한 논의는 현재 함께 작업하는 모든 사람과 제한 없이 나눌 수 있다. 여러분이 필요하다고 생각하는 만큼 자주 더 큰 그룹에서 논의하고, 유용하다고 생각되는 모델링 기법은 무엇이든 이용하라(필요할 때마다 들르라(p.154) 참조). 비공식적이고 협력적으로 유지하도록 시도하라. 간단한 화이트보드 스케치만으로도 충분한 효과를 얻을 수 있다.

점진적 디자인의 작동 방법

점진적 디자인은 단순한 디자인 및 반영적 디자인과 함께 작동한다.

함께 보기

단순한 디자인(p.638)
반영적 디자인(p.650)

1. **단순한 디자인**: 작동할 가능성이 있는 가장 단순한 디자인에서 시작하라.

2. **점진적 디자인**: 디자인이 여러분에게 필요한 모든 것을 하지 못한다면, 점진적으로 디자인을 추가하라.

3. **반영적 디자인**: 변경할 때마다 그 강점과 약점을 반영해 디자인을 개선하라.

즉 여러분이 **처음으로** 디자인 요소(새로운 메서드, 새로운 클래스 또는 새로운 아키텍처 등)를 만들 때는 완전히 구체적이어야 한다. 아무리 일반적인 문제를 쉽게 해결할 수 있을 것처럼 보일지라도 현재 직면한 문제를 정확하게 해결할 수 있는 단순한 디자인을 만들어라.

예를 들어 내가 그림 14-1에서 설명했던 네트워크로 연결된 마우스 포인터를 구현했을 때, 나는 포인터의 위치를 서버로 전송하는 메서드를 가진 네트워킹 클래스를 만들었다. 이 메서드는 오로지 네트워킹 라이브러리를 호출하기만 한다.

```
sendPointerLocation(x, y) {
  this._socket.emit("mouse", { x, y });
}
```

너무 구체적으로 하기는 어렵다! 숙련된 프로그래머는 추상적으로 사고한다. 사실 추상적으로 사고하는 능력은 종종 좋은 프로그래머의 증거다. 추상적 사고를 피하고 하나의 구체적인 시나리오를 위해 코딩하는 것은 비전문적일 뿐만 아니라 이상하게 보일 것이다.

어쨌든 그렇게 하라. 추상적인 사고의 도입을 잠시 뒤로 미룸으로써 여러분은 더 단순하고 강력한 디자인을 만들어 낼 것이다. 그리 오래 기다릴 필요는 없다.

두 번째로 디자인 요소를 추가할 때, 디자인을 더 일반적으로 수정하라. 그러나 두 가지 문제를 해결할 수 있을 정도로만 일반화하라. 다음으로 디자인을 리뷰하고 개선하라. 코드를 단순하고 명확하게 만들어라.

예시를 계속 살펴보자. 포인터 이벤트를 **보낸 뒤** 서버로부터 포인트 이벤트를 받아야 한다. 나는 해당 이벤트 객체를 하드코딩하는 대신 ClientPointerEvent와 ServerPointerEvent를 도입했다. 이제 코드는 다음과 같다.

```
sendPointerLocation(x, y) {
  this ._socket.emit(
    ClientPointerEvent.EVENT_NAME,
    new ClientPointerEvent(x, y).toSerializableObject()
  );
}
```

약간 복잡하지만 조금 더 유연하다.

세 번째로 디자인 요소를 추가할 때는 더 일반화하라. 다시 말하지만 눈 앞에 있는 세 가지 문제를 해결할 수 있을 만큼만 일반화하라. 디자인을 약간 비트는 것만으로 일반적으로 충분하다. 이 시점에서는 상당히 일반화될 것이다. 다시 디자인을 리뷰하고 간단하고 명확하게 만들어라.

예시에서 내가 작업할 다음 단계는 draw 이벤트를 연결하는 것이다. 나는 sendDrawEvent(event) 메서드를 만드는 것에서 시작했다. 이것은 이벤트를 생성하는 책임을 애플리케이션 레벨 코드로 옮기는 실험이었다. 코드는 잘 작동했기 때문에 sendPointerLocation(x, y)와 sendDrawEvent(event)를 일반화해서 sendEvent(event)를 만들었다.

```
sendEvent(event) {
  this ._socket.emit(event.name(), event.toSerializableObject());
}
```

이 패턴을 이터레이션한다. **네 번째**와 **다섯 번째**로 디자인 요소(메서드, 모듈 또는 더 큰 것)를 사용하면, 아마도 이 추상적인 사고가 여러분의 필요에 완벽하게 들어맞음을 발견할 것이다. 무엇보다 이 디자인은 실용적인 요구사항과 지속적인 개선이 결합된 결과이므로, 우아하고 강력할 것이다.

디자인 레벨

점진적 디자인은 모든 디자인 레벨에서 일어난다. 클래스 또는 모듈 안에서 클래스와 모듈에 걸쳐, 심지어는 애플리케이션 아키텍처 레벨까지 그 범위는 매우 넓다.

품질은 각 레벨에서 폭발적으로 향상되는 경향이 있다. 일반적으로 여러 사이클에 걸쳐 디자인을 점진적으로 성장시키고 사소한 변경을 수행한다. 그러다 보면 새로운 디자인의 접근 방식에 관한 아이디어를 얻게 되고, 이를 지원하기 위해 더 실질적인 리팩터링을 하게 된다. 에릭 에반스는 이것을 **브레이크스루**^breakthrough라고 부른다[Evans2003, 8장].

클래스 또는 모듈 내

테스트 주도 개발을 연습했다면 적어도 단일 모듈이나 클래스 수준에서의 점진적 디자인을 연습한 것이다. 아무것도 없는 상태에서 시작해 계층별로 완전한 솔루션을 만들면서 개선할 수 있다. TDD 예시(p.573)'에서 볼 수 있듯이 코드는 완전히 구체

함께 보기

테스트 주도 개발(p.564)
리팩터링(p.598)

적인 상태(주로 대답을 하드코딩하는 시점)에서 시작하지만, 추가 테스트가 더해지면서 점차 일반화된다.

클래스 또는 모듈 안에서의 리팩터링은 TDD 사이클의 '리팩터링' 단계에서 몇 분마다 발생한다. 브레이크스루는 시간당 여러 번 발생할 수 있으며, 완료하기까지 몇 분이 소요되는 경우가 많다. 예를 들어 '리팩터링 실제(p.599)'의 마지막 부분에서 돌파구가 발생한다. 나는 그때 정규 표현식을 이용해 transformLetter() 함수를 단순하게 만들 수 있음을 깨달았다. 그 시점에 이르기까지 리팩터링이 어떻게 작고 안정적인 개선을 만들어냈는지 주목하라. 브레이크스루 이후 transformLetter()가 극적으로 단순해졌다.

클래스 및 모듈 전체

TDD를 이용하면 아름답게 디자인된 모듈과 클래스를 쉽게 만들 수 있다. 하지만 그것으로 충분하지 않다. 모듈과 클래스 **사이**의 상호작용에도 주의를 기울어야 한다. 그렇지 않으면 전체적인 디자인이 지저분하고 혼란스러워진다.

작업을 할 때 더 넓은 범위를 고려하라. 스스로 다음과 같은 질문을 던져보라. 이 코드와 시스템의 다른 부분 사이에 비슷한 점이 있는가? 책임은 명확하게 정의됐으며 개념은 분명하게 나타나 있는가? 현재 작업 중인 모듈이나 클래스가 다른 모듈 및 클래스와 잘 상호작용하는가?

문제를 발견하면 여러분의 노트에 추가하라. TDD의 리팩터링 단계 중 하나에서(일반적으로 적절한 중단 지점에 도달했을 때) 솔루션을 자세히 살펴보고 리팩터를 진행하라. 디자인 변경이 팀의 다른 구성원에게 큰 영향을 미칠 것이라 생각한다면, 잠시 휴식을 취하고 화이트보드를 사용해 논의하라.

> **NOTE** 디자인에 관한 논의를 기나긴 의견 불일치로 이어지지 않게 하라. 10분 규칙을 따르라. 디자인 방향성에 대해 10분 동안 의견이 일치하지 않는다면, 한 번 시도해 보고 실제 결과를 확인하라. 만약 특별히 강한 의견 차이가 있다면 각각의 의견을 스파이크 솔루션으로 시도해보라. 그 어떤 것도 작동하는 코드만큼 디자인에 관한 결정을 명확하게 하는 것은 없다.

모듈 간, 클래스 간 리팩터링은 하루에 수 차례 일어난다. 디자인에 따라 브레이크스루는 한 주에 몇 차례 발생하며, 완료될 때까지 여러 시간이 걸릴 수 있다(그럼에도 불구하고 작은 단계로

함께 보기

슬랙(p.350)

진행하는 것을 기억하라). 슬랙을 이용해 브레이크스루 리팩터링을 완료하라. 여러분이 식별한 모든 리팩터링을 마칠 수 있을 만큼 충분한 시간이 없을 수도 있다. 괜찮다. 이번 주가 시작됐을 때보다 이번 주를 마쳤을 때의 디자인이 좋다면, 여러분은 할 일을 충분히 하고 있는 것이다.

예를 들어 작은 컨텐츠 관리 엔진에 관한 작업을 한다면, 나는 정적 파일을 제공하는 단일 Server 클래스 구현에서 시작한다. Jade 템플릿을 HTML로 변환하는 지원 기능을 추가한다면 Server에 그 코드를 넣는다. 가장 간단한 접근 방식이기 때문이다. 동적 엔드포

인트를 추가한 뒤에는 조금 지저분해지므로 템플릿의 책임을 `JadeProcessor` 모듈로 이관했다.

이는 정적 파일과 동적 엔드포인트를 마찬가지로 `StaticProcessor`와 `JavaScriptProcessor` 모듈로 이관함으로써, 모두가 동일한 `SiteFile` 클래스에 의존하도록 만들 수 있다는 브레이크스루로 이어진다. 이렇게 함으로써 네트워킹, HTML 생성, 파일 처리 코드가 깨끗하게 분리된다.

애플리케이션 아키텍처

'아키텍처Architecture'는 과도하게 이용되는 용어다. 이 경우에는 팀 코드에서 이터레이션 되는 패턴을 가리키기 위해 이용했다. 『GoF의 디자인 패턴』(프로텍미디어, 2015)의 관점에서 볼 때 공식적인 패턴은 아니지만, 코드베이스 전체에서 이터레이션되는 관습이다 [Gamma1995]. 예를 들어 웹 애플리케이션은 종종 모든 엔드포인트가 하나의 경로 정의와 컨트롤러 클래스를 가지며, 각각의 컨트롤러는 트랜잭션 스크립트transaction script로 구현된다.[3]

이러한 이터레이션 패턴은 애플리케이션 아키텍처를 형성한다. 이들을 일관된 코드를 만들지만, 중복의 형태이기도 하기 때문에 아키텍처는 더욱 변경하기 어렵게 된다. 예를 들어 웹 애플리케이션을 트랜잭션 스크립트 방식에서 도메인 모델domain model 방식으로 변경하려면 모든 엔드포인트의 컨트롤러를 업데이트해야 한다.

> **NOTE** 여기에서는 애플리케이션 아키텍처에 초점을 뒀지만, 구체적으로는 팀이 통제하는 코드에 관한 것이다. 서드 파티 서비스, 네트워크 게이트웨이, 라우터 등 배포된 소프트웨어의 모든 구성 요소를 포함하는 시스템 아키텍처도 존재한다. 진화적 디자인의 아이디어를 시스템 아키텍처에 적용할 때는 '진화적 시스템 아키텍처(p.694)'를 참조하라.

새로운 아키텍처 패턴의 도입에는 보수적이어야 한다. 보유한 코드의 양과 현재 지원하는 기능에 관해 필요한 것만 도입하라. 새로운 규율을 도입하기 전에 중복이 정말로 필요한지 자문하라. 중복을 단일 파일로 분리하거나, 시스템의 다른 부분이 다른 접근 방식을

---

3   트랜잭션 스크립트와 도메인 모델 아키텍처에 관해서는 [Fowler2002, 9장]을 참조하라.

이용하도록 허용하는 방법도 있을 것이다.

예를 들어 앞에서 설명한 컨텐츠 관리 엔진의 경우, 다양한 템플릿과 마크업 언어를 지원하는 대규모 전략으로 시작할 수 있었다. 결국 그것은 이 엔진을 구별하는 특성 중 하나였다. 대신 단일 Server 클래스를 구현하는 것에서 시작해 시간이 지남에 따라 코드가 아키텍처로 확장되도록 했다.

마크업 유형에 따라 클래스를 도입한 뒤에도, 일관적인 패턴을 따르도록 하지 않았다. 대신 그들이 각기 고유한 접근 방식 중 가장 간단한 방식을 선택하게 했다. 시간이 지나면서 이 접근 방식 중 일부는 다른 접근 방식보다 더 잘 작동했고, 나는 점진적으로 접근 방식을 표준화했다. 결과적으로 해당 표준이 너무 안정적이어서 이를 플러그인 아키텍처로 변환했다. 이제 디렉터리에 파일을 넣는 것만으로 새로운 마크업 언어나 템플릿을 지원할 수 있다.

아키텍처 결정은 변경하기 어렵기 때문에 이런 커밋먼트는 지연시키는 것이 중요하다(책임감 있는 마지막 순간(p.248) 참조). 앞에서 언급한 플러그인 아키텍처는 컨텐츠 관리 엔진이 처음 만들어지고 몇 년 후에 나타냈다. 필요했다면 플러그인 지원을 더 빨리 추가했겠지만, 그럴 필요가 없어 천천히 진행했다. 이를 통해 많은 경험과 지혜가 담긴 접근 방식을 표준화할 수 있었고, 결과적으로 추가 변경이 필요하지 않았다.

내 경험에 따르면 아키텍처의 브레이크스루는 몇 개월에 한 번 꼴로 발생하지만, 이는 팀에 따라 천차만별일 것이다. 브레이크스루를 지원하는 리팩터링은 많은 양의 중복 작업이 관련돼 있기 때문에 여러 주 또는 그보다 길게 진행된다. 모든 브레이크스루와 마찬가지로 충분히 개선된 경우에만 그만한 비용을 들일 가치가 있다.

아키텍처 변경은 지루할 수 있지만, 새로운 아키텍처 패턴을 식별하기만 하면 일반적으로 어렵지 않다. 새로운 패턴을 코드의 한 부분에서 시도하는 것으로 시작한다. 변경 사항이 실제로 잘 동작하는지 1~2주 동안 그대로 두고 관찰하라. 잘 동작한다고 확신한다면 시스템의 나머지 부분을 새로운 접근 방식을 준수하도록 만들어라. 일상적인 작업을 수행하면서 여러분이 손을 대는 클래스나 모듈을 리팩터하고, 슬랙을 이용해 다른 클래스나 모듈을 업데이트하라.

리팩터를 하는 동안에도 스토리를 계속 전달하라. 신규 개발에서 잠시 손을 떼고 모든 리팩터링을 한 번에 할 수도 있지만, 이는 현장 고객의 권리를 빼앗는 것이다. 기술적 탁월함과 가치 전달의 균형을 유지하라.

어느 쪽도 다른 쪽보다 우선할 수 없다. 이로 인해 전환 중 코드 안에서 불일치가 발생할 수도 있지만, 다행히 대부분 실질적인 문제가 아니라 그저 다소 귀찮은 미적 문제일 뿐이다.

필요할 때만 점진적으로 아키텍처 패턴을 도입함으로써 아키텍처 리팩터링의 필요를 줄일 수 있다. 너무 모호한 아키텍처를 단순화하는 것보다 한 아키텍처를 확장하는 것이 쉽다.

아키텍처 의사 결정 기록

일부 팀은 **아키텍처 의사 결정 기록**(ADRs, architectural decision records)을 이용해 아키텍처 의사 결정을 문서화하며 진행 중인 아키텍처 리팩터링도 포함한다[Nygard2011]. 이들은 1~2매 이내의 간결한 문서이며 저장소에 코드와 함께 저장된다.

예를 들어 한 Node.js 코드베이스에 `async` 키워드를 도입하는 것과 관련한 다음 ADR을 갖고 있다. 이는 그저 팀이 함께 내린 의사 결정의 알림 역할을 할 뿐이다.

```
Jan 30, 2018: async/await
```

이제 ES6을 지원하므로 콜백을 async/await로 마이그레이션한다. 콜백을 받는 함수를 편집할 때는 대신 promise를 반환하도록 리팩터하고, 함수 이름 마지막을 Async()를 붙여서 변경한다.

이 리팩터링을 점진적으로 수행하기 위해서는 새로운 `myFunctionAsync()`를 기존 `myFunction()` 옆에 나란히 만드는 것이 가장 좋다. 한 번에 하나의 호출자만 변경하고, 완료한 뒤에는 기존 함수의 것을 삭제한다(도중에 멈추지 않음으로써 두 다른 함수가 동일한 것을 갖지 않도록 한다).

호출자가 `await`를 사용하도록 하면 호출자는 async가 되며, 이는 파괴적인 노크-온 효과(knock-on effect)를 갖게 되므로 호출자를 `myFunction(callback)`에서 `myFunctionAsync().then(...).catch(...)`으로 변경하는 것보다 쉽다. 그러나 `await myFunctionAsync()`로 마이그레이션하는 것은 장기적인 목표이므로 편리할 때 선호돼야 한다.

더 이상 이용되는 콜백이 없으면 이 노트를 삭제한다.

리스크 주도 아키텍처

아키텍처는 너무 중요하기 때문에 미리 디자인해야만 하는 것처럼 보일 수도 있다. 나는 정반대를 주장한다. 아키텍처는 너무 중요하기 때문에 **가능한 나중에**, 여러

> 아키텍처는 너무 중요하기 때문에 미리 디자인할 수 없다.

분이 가장 중요한 정보를 얻고 최고의 의사 결정을 내릴 수 있을 때 디자인돼야 한다.

프로그래밍 언어 선택과 같은 일부 문제는 점진적으로 변경하기에는 너무 많은 비용이 드는 것처럼 보인다. 그러나 중복을 제거하고 단순함을 수용하면 많은 '아키텍처' 의사 결정이 실제로는 변경하기 쉽다는 사실을 알았다. 분산 처리, 지속성, 국제화, 보안 및 트랜잭션 구조는 일반적으로 너무 복잡하기 때문에 처음부터 **반드시** 디자인해야 하는 것으로 간주된다. 나는 동의하지 않는다. 나는 이 모든 것을 점진적으로 처리했다[Shore 2004a].

어려운 문제가 다가오는 것을 봤을 때 여러분은 무엇을 하는가? 예를 들어 여러분의 이해관계자는 국제화[i18n, internalization]에 단 1초도 쓰지 말라고 주장하지만, 여러분은 국제화가 필요하며, 시간이 지날수록 지원을 위한 비용이 점점 더 많이 드는 것을 알고 있다면 어떻게 하겠는가?

아키텍처 추가의 어려움은 디자인 품질에 따라 다르다. 예를 들어 애플리케이션 전체에 서식 코드가 중복돼 있다면 통화 서식을 국제화하기 어렵다. 그러나 서식 코드가 중앙에 집중돼 있다면 국제화는 쉽거나, 적어도 처음부터 그렇게 하는 것보다는 어렵지 않다.

이때 리스크 주도 아키텍처가 필요하다. 언젠가 여러분은 리팩터링을 할 수 있을 만큼 충분한 슬랙을 갖게 될 것이다. 슬랙을 어떻게 이용할지 결정할 때 아키텍처 리스크를 가장 우선시하라. 예를 들어 코드에 통화 서식을 정하는 방법에 많은 중복이

함께 보기
반영적 디자인(p.650)
슬랙(p.350)

있다면 국제화에 리스크가 있다. 중복을 제거하는 리팩터링의 우선순위를 높여라(그림 14-2).

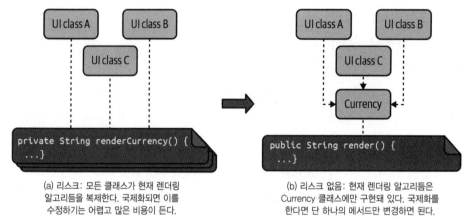

(a) 리스크: 모든 클래스가 현재 렌더링
알고리듬을 복제한다. 국제화되면 이를
수정하기는 어렵고 많은 비용이 든다.

(b) 리스크 없음: 현재 렌더링 알고리듬은
Currency 클래스에만 구현돼 있다. 국제화를
한다면 단 하나의 메서드만 변경하면 된다.

그림 14-2 리스크를 이용해 리팩터링을 추진한다.

디자인을 개선하려는 노력을 제한하라. 새로운 피처를 추가하지 말라. 예를 들어 미래에 국제화를 쉽게 할 수 있도록 Currency 클래스를 리팩터하는 것으로 충분하다면, 국제화 스토리에 대한 작업을 할 때까지는 **실제로** 국제화를 하지 말라. 리팩터를 했다면 나중에 지금처럼 국제화를 쉽게 할 수 있다.

질문

점진적 디자인은 사전 디자인보다 비용이 더 많이 들지 않는가?

내 경험에 의하면 정반대다. 여기에는 두 가지 이유가 있다. 첫째, 점진적 디자인은 현재 스토리를 만족할 만큼의 코드만 구현하기 때문에 점진적 디자인을 이용하면 훨씬 빠르게 전달을 시작할 수 있다. 둘째, 미래 스토리가 바뀐다면 아직 해당 스토리를 지원하는 어떤 코드도 작성하지 않았으므로 낭비되는 노력도 없다.

심지어 요구사항이 전혀 변경되지 않더라도, 점진적 디자인은 더 효과적이다. 왜냐하면 정기적으로 디자인 브레이크스루로 이어지기 때문이다. 브레이크스루가 일어날 때마다 여러분은 새로운 기회를 볼 수 있다. 이는 결과적으로 다른 브레이크스루로 이어진다. 연속적인 브레이크스루로 인해 여러분의 디자인은 크게 개선된다.

브레이크스루로 인해 되돌아갈 때 노력이 낭비되는 것은 아닌가?

실제로 뒤로 되돌아가지 않는다. 때때로 브레이크스루로 인해 여러분은 매우 빠르게 더 단순한 디자인을 얻게 되며, 이는 뒤로 돌아가는 것처럼 느껴질 수 있지만 사실 그렇지 않다. 더 빨리 단순한 접근 방식으로 생각할 수 있다면 그래야 한다. 단순함은 어려우며, 이를 달성하기 위해서는 디자인을 이터레이션해야 한다. 특히 클래스 및 아키텍처 수준에서 브레이크스루의 본질은 일반적으로 현재의 디자인에 한동안 머물러 있기 전까지는 볼 수 없다.

우리 조직(또는 고객)은 디자인 문서를 요구한다. 이 요구사항을 어떻게 만족시킬 수 있는가?

여러분이 조직을 기다리도록 설득할 수 있다면 '준공' 문서를 제공할 수 있다(준공 문서 (p.301) 참조). 준공 문서는 사전 문서보다 만들기 쉽고 훨씬 정확하다. 또한 이 문서는 릴리스 후에 만들어지므로 여러분은 더 일찍 릴리스할 수 있다. 더 저렴하고, 더 좋고, 훨씬 빠르다. 설득을 위해 다른 것이 필요한가?

그렇지 않다면 사전 문서를 제공하는 유일한 방법은 사전 디자인과 사전 요구사항 분석을 진행하는 것뿐이다. 그러나 모든 것을 디자인할 필요는 없다. 여러분의 이해관계자는 그저 다른 그룹과 조율할 목적 또는 거버넌스의 목적으로 디자인의 특정 부분에 대한 약속을 하길 원할 것이다. 이해관계자들과 협업을 통해 사전 디자인이 필요한 최소 하위셋을 식별한 뒤, 다른 모든 것에 대해서는 점진적 디자인을 이용하라.

전제 조건

점진적 디자인은 자기 규율, 지속적인 일상에 개선에 대한 커밋먼트, 높은 품질의 코드에 대한 열망이 필요하다. 물론 적절한 시점에 적용할 스킬도 필요하다. 이런 특성은 모든 사람이 공유할 수 없다.

함께 보기
페어 프로그래밍(p.505)
몹 프로그래밍(p.520)
집단 코드 오너십(p.496)
활력 넘치는 업무(p.215)
슬랙(p.350)

다행히 모든 사람이 이런 특성을 공유할 필요는 없다. 내 경험상, 한 사람이 나머지 팀 구성원들에게 점진적 디자인을 이용하도록 코칭하기만 해도 팀들은 이를 훌륭하게 해냈다. 그러나 이를 지원하기 위해서는 페어링이나 모빙, 집단 코드 오너십, 활력 넘치는 작업, 슬랙이 필요하다. 이들은 자기 규율과 함께 코드 품질에 열정을 가진 사람들이 나머지 코드에 영향을 미치도록 돕는다.

점진적 디자인은 단순한 디자인과 반영적 디자인에 의존한다. 테스트 주도 개발 역시 중요하다. 몇 분마다 이터레이션되는 TDD의 명시적인 리팩터링 단계는 사람들에게 멈춰서 디자인을 개선할 수 있는 지속적인 기회를 제공한다. 페어링과 모빙 또한 이 영역에서 도움이 된다. 페어링과 모빙을 하면 적어도 팀의 프로그래머의 절반은 내비게이터로서 항상 디자인 개선을 고려할 기회를 갖는다.

함께 보기

단순한 디자인(p.638)
반영적 디자인(p.650)
테스트 주도 개발(p.564)
팀 룸(p.150)
정렬(p.204)

점진적 디자인을 사용하는 경우 팀이 물리적 혹은 가상의 공유 팀 룸에서 활발하게 커뮤니케이션할 수 있게 하라. 교차 모듈, 교차 클래스 및 아키텍처 리팩터링에 관한 끊임없는 커뮤니케이션이 없으면 여러분의 디자인은 깨지거나 분산된다. 정렬 논의에서 코딩 표준에 합의함으로써 모든 구성원이 동일한 패턴을 따르도록 하라.

지속적인 개선을 어렵게 만드는 모든 것은 점진적 디자인을 어렵게 만든다. 공개된 인터페이스가 그 예다. 이들은 공개된 후 변경이 어렵기 때문에 점진적 디자인은 여러분이 서드 파티 코드를 변경할 능력이 없는 한, 서드 파티가 이용하는 인터페이스에 적용하기에는 적합하지 않다(하지만 그런 인터페이스의 **구현**에 관해서는 점진적 디자인을 이용할 수 있다). 마찬가지로 리팩터링을 어렵게 만드는 언어나 플랫폼 역시 점진적 디자인의 사용을 제한한다.

마지막으로 사전 디자인 문서를 요구하거나 데이터베이스 스키마가 엄격하게 통제되는 조직 등 일부 조직에서는 팀이 점진적 디자인을 이용하는 능력을 제한하기도 한다. 점진적 디자인은 이런 상황에는 적합하지 않다.

지표

점진적 디자인을 잘 이용한다면:

- ☐ 매주 소프트웨어의 기능과 디자인이 동등하게 향상된다.

- □ 리팩터링이나 디자인에 집중하기 위해 일주일 이상 스토리를 구현하지 못하고 건너뛸 필요가 없다.
- □ 매주 소프트웨어의 품질이 이전 주보다 좋아진다.
- □ 시간이 지남에 따라 소프트웨어의 유지보수와 확장이 점점 더 쉬워진다.

대안과 실험

점진적 디자인의 아이디어가 불편하다면 사전 디자인과 조합해서 이용해도 좋다. 사전 디자인 단계로 시작한 뒤 점진적 디자인으로 완전히 이동하라. 비록 첫 번째 스토리의 시작이 지연되고 일부 사전 요구사항에 관한 작업이 필요하겠지만, 이 접근 방식을 이용하면 큰 위험 부담 없이 안전망을 제공할 수 있다는 장점이 있다.

그렇다고 해서 점진적 디자인이 작동하지 않는다는 말이 아니다. 점진적 디자인은 작동한다! 그러나 여러분이 점진적 디자인을 불편하게 느낀다면 사전 디자인으로 시작함으로써 부담을 줄일 수 있다. 나 역시 이 방법으로 점진적 디자인을 신뢰하게 됐다.

다른 대안은 덜 성공적이다. 또 다른 일반적인 접근 방법은 애자일을 일련의 작은 워터폴로 다루는 것, 즉 각 이터레이션을 시작할 때 약간의 사전 디자인을 수행하는 것이다. 안타깝게도 이런 디자인 세션은 너무 짧고 작아서 그 자체로 응집력 있는 디자인을 만들지 못한다. 코드 품질도 지속적으로 저하된다. 점진적 디자인을 수용하는 것이 좋다.

또 다른 대안은 점진적 디자인 **없이** 사전 디자인만 이용하는 것이다. 이는 계획이 변경되지 않을 때만 잘 작동한다. 애자일 팀이 일반적으로 일하는 방식과 반대다.

실험을 시작하기 전 점진적 디자인에 익숙해질 때까지 기다려라. 실험을 한다면 어느 선까지 추진할 수 있는지 확인하라. 그저 사전 디자인을 줄이는 것이 아니라 머릿속에서 수행하는 디자인에 관한 생각의 양도 줄여라. 여러분이 걷어낼 수 있는 최소한의 사전 디자인 관련 사고는 어느 정도인가? 증분 디자인의 한계를 찾아보라.

더 읽을거리

"Is Design Dead?": 점진적 디자인에 관해 다소 회의적인 관점에서 논한다[Fowler2004].

"Continuous Design": 국제화나 보안 같이 점진적 디자인이 어려운 분야에서의 내 경험을 담았다[Shore2004a].

"Evolutionary Design Animated": 소규모 프로덕션 시스템의 변경을 시각화함으로써 점진적 디자인에 관한 내 실제 경험을 설명한다[Shore2020a].

단순한 디자인

대상
프로그래머

코드는 수정하고 유지보수하기 쉽다.

> 완벽함은 더 이상 더할 것이 없을 때가 아니라 더 이상 뺄 것이 없을 때 달성된다.
>
> —앙투안 드 생텍쥐페리(Antoine de Saint-Exupéry), 『어린 왕자(The Little Prince)』 저자

코드를 작성할 때 애자일 프로그래머는 종종 코딩을 멈추고 "작동할 수 있는 가장 단순한 것은 무엇인가?"라고 자문한다. 이들은 단순성simplicity에 집착하는 듯 보인다. 변경을 기대하거나 훅hook 또는 플러그인plug-in 지점의 확장을 제공하는 대신, 가

함께 보기

반영적 디자인(p.650)
점진적 디자인(p.624)

능한 한 작고 깨끗함을 기대하는 **단순한 디자인**을 만든다. 직관에 반하지만 이는 예상 여부와 관계없이 모든 변경에 대비한 디자인으로 이어진다. 반영적 디자인 및 점진적 디자인과 결합하면 디자인을 어떤 방향으로든 발전시킬 수 있다.

단순함simple은 **단순성**simplistic을 의미하지 않는다. 코드 라인을 줄인다는 명목으로 어리석은 디자인 결정을 내리지 말라. 단순한 디자인은 깨끗하고 우아하다. 머릿

> 내가 이 결정을 **변경할 때** 얼마나 힘들 것인가?

속에 그냥 떠오르는 생각만으로 던질 수 있는 것이 아니다. 디자인에 관한 결정을 내릴 때마다 스스로 이렇게 질문한다. "내가 이 결정을 변경할 **때** 얼마나 힘들 것인가?"

다음 기법을 이용하면 여러분의 코드를 단순하고, 변경 비용이 낮게 유지하는 데 도움이 될 것이다.

KEY IDEA

단순성

하지 않는 일의 양을 최대화하는 기술인 단순성은 필수적이다.

– 애자일 소프트웨어 개발 선언

애자일은 단순성을 수용한 결과다. 단지 소프트웨어 디자인뿐만 아니라 작업의 모든 측면에서 그렇다. 크고 무거운 프로세스가 얼마나 단순해질 수 있는가? 사람들이 당연하게 여기는 것을 얼마나 제거할 수 있는가? 이러한 질문에 대답할 수 있는 현명한 사람들을 충분히 확보하면 여러분은 작동할 수 있는 가장 단순한 프로세스인 애자일이라는 답변을 얻을 것이다.

작업을 단순화할 수 있는 기회를 지켜라. 관료적인 대기 절차를 대면 커뮤니케이션을 바꿀 수 있는가? 바꿔라! 쓸모없는 거버넌스 요구사항 때문에 많은 작업을 수행해야 하는가? 제거하라! 멋진 도구가 화이트보드의 카드보다 더 많은 마찰을 일으키는가? 폐기하라! 해야 할 일이 적을 수록 더 많은 일을 해낼 수 있다.

YAGNI : 필요한 작업만 하라![4]

이 간결한 XP의 속담은 단순한 디자인의 중요한 측면을 시사한다. 추측에 의한 코딩을 피하라. 디자인에 무엇인가를 추가하고 싶을 때마다 소프트웨어가 오늘 수행하는 작업에 그것이 필요한지 자문해보라. 그렇지 않다면 여러분에게 그것은 필요하지 않을 것이다. 디자인이 변경될 수 있다. 고객의 마음도 바뀔 수 있다.

추측을 하고 계획이 변경되면 시대에 뒤처진 디자인에 관한 가정이 코드 전체에 영향력을 남긴다. 결국 추측으로 만든 코드를 뜯어내고 교체해야 한다. 애초에 추측하지 않는 것이 좋다. 잘못된 코드를 교체하는 것보다 깨끗한 상태에서 코드를 추가하는 것이 더 쉽다.

---

4   "You Ain't Gonna Need It"의 약자로 직역하면 "당신에게는 이것이 필요하지 않다."는 의미다. 당장 필요한 작업에 집중하라는 뜻으로 자주 사용되는 프로그래밍 디자인 분야의 격언이다. – 옮긴이

마찬가지로 더 이상 이용하지 않는 코드는 제거하라. 여러분의 디자인은 더 작고, 더 단순하며, 이해하기 쉬워진다. 미래에 코드가 다시 필요하다면 버전 관리 시스템에서 언제든 얻을 수 있다. 그러나 지금 이용하지 않는 코드는 유지보수에 부담을 줄 뿐이다.

한 번, 단 한 번

한 번, 단 한 번 Once and only once은 놀랍도록 강력한 디자인 가이드라인이다. 마틴 파울러는 이렇게 말했다.

> 나는 좋은 디자인이나 나쁜 디자인을 뒷받침하는 더 간단한 규칙 찾기를 시도했다. 나는 가치 있는 규칙 중 하나가 중복을 피하는 것이라 생각한다. "한 번, 단 한 번"은 익스트림 프로그래밍의 문구다. 『실용주의 프로그래머(The Pragmatic Programmer)』(인사이트, 2022)의 저자는 "스스로 이터레이션하지 말라." 혹은 DRY 원칙을 이용한다[Hunt2019].

> …몇 번이고 이터레이션해서 나는 단순히 중복을 제거하는 것만으로 멋지고 우아한 패턴을 우연히 발견하게 됐다. 그런 일이 얼마나 자주 일어나는지 참으로 놀랍다. 중복된 코드를 제거하는 것에 관한 진지한 생각으로부터 자주 멋진 디자인이 나올 수 있다는 것을 발견하곤 한다[Venners2002].

그러나 '한 번, 단 한 번'이 그저 단순히 중복된 코드를 제거하는 것만을 의미하지는 않는다. 여러분의 코드에서 중요한 모든 개념에 하나의 집을 만들어주라는 의미다. 다음과 같이 생각해 보자.

모든 개념을 오로지 단 한 번만 표현하라.[5]

앤디 헌트Andy Hunt와 데이브 토마스Dave Thomas는 DRY 원칙을 이렇게 표현했다. "모든 지식은 시스템 내에서 하나의 명확하고 권위 있는 표현을 가져야 한다[Hunt 2019, 2장]."

> 모든 지식은 시스템 내에서 하나의 명확하고 권위 있는 표현을 가져야 한다.

코드가 스스로를 한 번(단 한 번) 표현하도록 하는 효과적인 방법은 핵심 개념을 명시적으

---

5   이 인사이트에 대해 앤드류 블랙(Andrew Black)에게 감사한다.

로 하는 것이다. 이러한 개념을 기본 데이터 유형으로 표현(프리미티브 집착^{primitive obsession}이라 불린다)하는 대신, 새로운 데이터 유형을 만들어라.

예를 들어 한 온라인 상점^{storefront}에서 화폐를 부동소수점 수로 나타낸다고 가정하자. 대신 여러분은 Currency 클래스를 만들 수 있다. JavaScript를 이용한다면 다음과 같을 것이다.

```
class Currency {
  constructor(amount) {}
    this ._amount = amount;
  }

  toNumber() {
    return this ._amount;
  }

  equals(currency) {
    return this ._amount === currency._amount;
  }
}
```

처음에는 다소 낭비처럼 보인다. 이것은 데이터 타입을 감싼 단순한 래퍼에 지나지 않으며 오버헤드가 추가된 것으로 간주된다. 뿐만 아니라 새로운 클래스를 추가함으로써 복잡도도 높일 것으로 보인다.

그러나 이런 간단한 값 타입은 '한 번, 단 한 번' 원칙을 가능하게 하는 데 대단히 효과적이다. 이제 통화와 관련된 모든 코드는 명확하게 Currency 클래스 안에 머물 수 있다. 누군가 새로운 코드를 구현해야 한다면 Currency 클래스 안에 해당 기능이 이미 구현돼 있는지 확인하면 된다. 그리고 개념의 일부가 변경돼야 할 경우(예: 환전 등) 해당 변경은 한 위치에만 적용하면 된다.

다른 대안은 그리 아름답지 않다. 앞에서 나온 온라인 상점에서 본 것처럼 부동소수점 수 계산은 훌륭한 선택은 아니다. 품목 환불 및 통화 전환이 관련된 경우, 원래 송장과 일치하는 환불 정보를 생성할 수 없는 상황에 처했다(이런!) 그들은 몇 달 동안 통화와 관련된 모든 것을 찾고, 고정 소수점 계산을 이용하도록 변경하는 프로젝트를 진행해야 했다. 실화다.

그들은 Currency 같은 컨셉을 한 번이라도 표현했다면 어땠을까 하고 바랬을 것이다(그리고 단 한 번) 참조). 그들이 Currency 클래스로 구현을 변경했다면 이런 작업은 하루 만에 끝냈을 것이다.

디자인 결정을 변경할 때 얼마나 힘들 것인가?

결합과 응집

결합^{coupling}과 응집^{cohesion}은 고대의 소프트웨어 디자인 아이디어이며, 이는 『Structured Design: Fundamentals of a Discipline of Computer Program and Systems Design』(pearson Education, 1979)까지 거슬러 올라간다[Yourdon1975, 6~7장].[6]

코드에서 한 부분의 변경이 다른 부분을 변경시킬 때 **결합**됐다고 말한다. Currency 예시에서는 통화를 문자열로 바꾸는 함수와 통화에 이용되는 데이터 타입이 결합돼 있다.

소스 파일에서 물리적으로 가까이 위치한 코드는 **응집**됐다고 말한다. 예를 들어 통화를 문자열로 변환하는 함수가 Currency 클래스 안에 그에 해당하는 데이터 유형과 함께 있다면 이들은 높은 수준으로 응집돼 있는 것이다. 이 함수가 완전히 다른 디렉터리 안의 유틸리티 모듈 안에 있다면 이들은 낮은 수준으로 응집돼 있는 것이다.

좋은 코드의 결합도는 낮다. 한 개념에 대해 코드를 변경할 경우 다른 개념에 관한 코드를 변경할 필요가 없다. 즉 Currency 데이터 유형의 변경은 인증 코드나 환불 로직을 변경할 필요가 없다. 동시에 코드의 두 부분이 **결합돼 있다면**, 응집력이 높은 것이 가장 좋다. Currency 데이터 유형을 변경하는 경우 변경해야 하는 **다른** 모든 항목은 같은 파일 또는 적어도 같은 디렉터리 안에 있다.

디자인에 관한 의사 결정을 할 때는 디자인 패턴과 아키텍처 원칙, 언어 패러다임에서 잠시 한 걸음 물러나 스스로에게 질문해 보라. "다른 사람들이 이 코드를 바꿀 때, 바꿔야 할 다른 부분은 분명한가?" 이 질문은 결합과 응집에 관한 대답을 내 줄 것이다.

---

[6]   정의를 약간 업데이트했다. 원 정의에서는 '개념'이 아니라 '모듈'이라고 언급했다.

서드 파티 컴포넌트

라이브러리, 프레임워크, 서비스 같은 서드 파티 컴포넌트는 디자인 문제의 공통적인 원인이다. 이들은 코드 전체에 걸쳐 덩굴을 확장하는 경향이 있다. 컴포넌트를 교체하거나 업그레이드할 때, 변경이 어렵고 그 범위가 매우 넓을 수 있다.

이 문제를 예방하기 위해 여러분이 제어하는 인터페이스 뒤에 있는 서드 파티 컴포넌트를 분리하라. 코드에서는 해당 컴포넌트를 직접 이용하는 대신 그 인터페이스를 이용하라. 이 인터페이스는 **게이트웨이**라 불리지만, 나는 일반적인 용어인 **래퍼**를 사용한다.

래퍼를 사용하면 서드 파티의 변경에 대해 코드를 탄력적으로 만들 수 있을 뿐만 아니라, 서드 파티 인터페이스를 모방하지 않고도 사용자 요구에 맞게 인터페이스를 커스터마이즈할 수 있다. 그리고 필요에 따라 피처를 추가해 확장할 수 있다.

예를 들어 내가 리컬리 빌링 서비스^{Recurly billing service}에 대한 래퍼를 작성했을 때, 리컬리의 구독 엔드포인트를 위한 메서드를 노출시키지 않았다. 대신 `isSubscribed()`를 작성했다. 이 함수는 엔드포인트를 호출하고, XML을 파싱하고, 구독자에 대해 루프를 돌면서 많은 구독 상태 플래그를 하나의 단순한 부울 결과로 변환했다.

래퍼를 점진적으로 만들어라. 여러분이 감싸는 컴포넌트의 모든 피처를 지원하지 말고, 오늘 필요한 것만 지원하라. 여러분의 코드에 필요한 것과 일치하는 하나의 인터페이스를 제공하는 데 집중하라. 이렇게 함으로써 저렴하게 래퍼를 만들 수 있고, 나중에 기반 컴포넌트를 만들어야 할 때 쉽게 변경할 수 있다.

일부 컴포넌트, 특히 프레임워크는 '그들만의 세계'를 갖기 원하며 래퍼 뒤에 숨기기가 어렵다. 이런 이유에서 나는 모든 것을 해주는 하나의 큰 프레임워크보다는 단순한 라이브러리를 이용해 좁은 범위에서 정의된 인터페이스를 직접 구현하는 것을 선호한다. 하지만 때로는 프레임워크가 최선의 선택이기도 하다.

물론 프레임워크를 감싸는 것도 **가능하다**. 그러나 그로 인해 이익을 얻기보다는 문제가 더 많이 발생한다. 일반적으로 수많은 다른 클래스를 감싸는 것으로 끝나게 될 것이다. 어떤 경우에는 프레임워크의 기본 클래스를 감싸야 하며, 이를 위해서는 프레임워크의 기본 클래스를 확장해 여러분이 직접 기본 클래스를 작성해야 한다.

또는 서드 파티 컴포넌트를 아예 감싸지 않을 수도 있다. 해당 컴포넌트가 핵심 언어 프레임워크처럼 광범위하고 안정적이라면 충분한 이유가 된다. 이 결정은 상황에 따라 다르다. 예를 들어 나는 .NET의 String 클래스는 래퍼 없이 그대로 이용하지만, .NET의 암호화cryptography 라이브러리는 래퍼를 이용해 고립시킨다. 그들이 변경될 것으로 생각해서가 아니라 복잡하다고 생각하기 때문이다. 래퍼를 이용하면 복잡성을 숨기고 중앙 집중화할 수 있다.

빠르게 실패하라

단순 디자인의 함정 중 하나는 여러분의 코드에 차이gap가 있다는 것이다. YANGI 원칙을 따른다면 여러분이 작성한 코드가 다룰 수 없는 몇 가지 시나리오가 발생할 것이다. 예를 들어 코드는 현재 모든 것을 US 달러로 렌더링하기 때문에 미국 달러 이외의 통화를 식별하지 못하는 통화 렌더링 메서드를 작성할 수 있다. 그러나 이후 더 많은 통화를 추가하면 그 차이는 버그를 일으킬 것이다.

생각할 수 있는 모든 사례를 다룸으로써 이런 버그를 방지하고 싶은 유혹에 빠질 수 있다. 그것은 느리고 쉽게 잘못된다. 대신 빠르게 실패하라. 빠르게 실패함으로써 여러분은 단순한 코드를 작성할 수 있다. 가능한 모든 사례를 처리하는 대신, 꼭 다뤄야 하는 사례만 다루는 코드를 작성한다. 다른 모든 경우에는 **빠르게 실패한다**. 예를 들어 여러분의 통화 렌더링 메서드는 US 통화 이외의 통화를 렌더링하라는 요청을 받을 때 빠르게 실패할 것이다.

빠르게 실패하려면 런타임 어설션을 작성하라. 런타임 어설션은 조건을 확인하고 조건이 충족되지 않으면 예외를 던지는 코드다(일반적으로 그렇지만 언어에 따라 다르다). 이것은 테스트의 어설션과 비슷하지만, 프로덕션 코드의 일부다. 예를 들어 통화 렌더링 메서드를 JavaScript로 구현했을 때, 이 어설션은 다음과 같이 코드 맨 위에 위치한다.

```
if (currency !== Currency.USD) {
  throw new Error("Currency rendering not yet implemented for " + currency);
}
```

대부분의 언어는 일종의 런타임 어설션을 내장하고 있지만, 상당히 표현력이 낮은 경향이 있다. 나는 직접 어설션 모듈을 작성하는 것을 선호한다. 이 모듈은 ensure.notNull(), ensure.unreacable(), ensure.impossibleException() 같이 좀 더 좋은 에러 메시지를 생성하는 표현력 좋은 함수를 사용한다.

어떤 사람들은 빠르게 실패하는 것이 그들의 코드를 더 다루기 어렵게 만들지 않을까 걱정하지만, 사실은 정반대다. 빠르게 실패함으로써 에러를 더 명확하게 알 수 있고, 에러가 프로덕션에 도달하게 전에 잡아낼 수 있음을 의미한다. 그러나 일종의 안전망으로써 소프트웨어가 완전히 부서지지 않도록 최상위 위치에서 예외 핸들러를 만들고 에러를 기록하고 복구하도록 한다.

빠르게 실패하는 코드는 사교적 테스트(사교적 테스트를 작성하라(p.592) 참조)와 결합할 때 가장 큰 효과를 발휘한다. 사교적 테스트는 빠르게 실패하는 검사를 트리거해 차이를 더 쉽게 찾아낼 수 있기 때문이다. 외로운 테스트는 디펜던시의 행동을 가정하도록 요청하며, 실제로 디펜던시가 빠르게 실패하는 경우에도 정상 작동한다고 가정하기 쉽다.

자기 문서화 코드

단순성은 보는 사람의 눈에 따라 다르다. **여러분의** 생각에 디자인이 단순하다면 단순성은 그다지 중요하지 않다. 팀의 다른 구성원(또는 미래의 소프트웨어 유지보수 담당자)이 너무 복잡하다고 생각하면 문제가 된다.

이 문제를 피하기 위해 여러분이 사용하는 언어와 팀에서 공통의 관용구와 패턴을 사용하라. 새로운 아이디어를 도입하는 것은 좋지만, 다른 팀원들의 허락을 먼저 받아라.

이름은 자기 문서화 코드를 작성하는 가장 강력한 도구의 하나다. 변수, 함수 등의 의도를 명확하게 반영하는 이름을 사용하라. 함수에 움직이는 부분이 많은 경우, 함수 추출 Extract Function 리팩터링을 이용해 각 조각에 이름을 부여하라[Fowler2018]. 조건을 이해하기 어렵다면 함수와 중간 변수를 사용해 각 조건에 이름을 부여하라.

나는 주석comment에 관해서는 아무 말도 하지 않았다. 사실 주석 자체가 나쁜 것은 아니지만, 지나치게 의존하기 쉬운 버팀목이기도 하다. 주석이 필요 없을 만큼 코드를 단순하고 표현력 있게 만드는 방법을 찾아라.

좋은 이름을 짓는 것과 간단한 코드를 만들기는 어렵다. 다음 세 가지가 이를 좀 더 쉽게 할 수 있도록 도울 것이다. 첫째, 페어링이나 모빙을 통해 더 많은 관점과 아이디어를 얻는다. 좋은 이름을 생각하기 어렵거나 드라이버가 작성하는 코드가 명확하지 않다고 생각되면, 그 상황에 관해 논의하고 이를 더 잘 표현할 방법을 찾아보라.

함께 보기

페어 프로그래밍(p.505)
몹 프로그래밍(p.520)
리팩터링(p.598)
집단 코드 오너십(p.496)

둘째, 항상 리팩터할 수 있다. 현재 상태에서 최선의 코드를 작성하고, 코드에 다시 손을 댈 때 더 좋게 리팩터하라.

셋째, 집단 코드 오너십의 장점을 활용하라. 명확하지 않은 코드가 보이면 코드를 작성한 사람이 무엇을 말하고자 했는지 생각하고, 그 의도를 명확히 하기 위해 리팩터하라.

공개된 인터페이스

공개된 인터페이스는 변경할 수 있는 능력을 저하시킨다. 일단 인터페이스가 팀 외부 사람들에게 공개되면, 해당 인터페이스를 변경하는 데는 일반적으로 많은 비용과 노력이 든다. 이 인터페이스에 의존하는 그 어떤 것도 깨뜨리지 않도록 주의해야 한다.

어떤 팀은 모든 퍼블릭 메서드를 공개된 인터페이스로 간주해 접근한다. 이 접근 방식에 따르면 일단 정의된 퍼블릭 메서드는 절대 변경할 수 없다고 가정한다. 솔직히 말해서 이것은 나쁜 생각이다. 이는 시간에 따라 디자인을 개선하지 못하도록 막는다. 공개되지 않은 인터페이스가 필요할 때마다 변경하고, 그에 따라 호출자를 변경하는 것이 훨씬 나은 접근 방식이다.

코드가 팀 외부에서 사용된다면, 공개된 인터페이스가 반드시 필요하다. 각 항목은 나중에 변경할 수도 있는 디자인 결정에 대한 약속이므로, 공개하는 인터페이스의 수를 최소화해야 한다. 인터페이스마다 이익이 비용보다 높은지 고려하라. 때로 비용보다 이익이 높을 수 있지만, 의사 결정은 신중해야 한다. 디자인이 개선되고 안정될 때까지 가능한 의사 결정을 미뤄라.

때로는 팀이 서드 파티에서 사용할 라이브러리를 만드는 것처럼, 제품의 전체 목적이 공개된 인터페이스를 제공하는 것이기도 하다. 이런 경우에는 진화적 디자인보다는 신중하게 인터페이스를 디자인하라. 인터페이스는 적을수록 좋다. 실수를 제거하는 것보다 인터페이스를 추가하기는 훨씬 쉽다.

에릭 감마는 이렇게 말한다[Venners2005]. "오픈 소스 Java IDE인 이클립스에서 더 많은 API를 노출해야 한다면 요청 기반으로 처리한다. 우리는 API를 점진적으로 노출시킨다… 요청이 들어오면 '좋습니다. 이 API의 공개를 위해 투자하겠습니다.'라고 말하고 약속한다. 그래서 나는 이것이 매우 작은 단계라고 생각한다. API를 공개할 필요성이 있기 전에는 어떤 약속도 하고 싶지 않다."

성능 최적화

현대의 컴퓨터는 복잡하다. 디스크에 저장된 파일의 내용 한 줄을 읽는 데도 CPU, 여러 레벨의 CPU 캐시, 운영 체제 커널, 가상 파일시스템, 시스템 버스, 하드 드라이브 컨트롤러, 하드 드라이브 캐시, OS 버퍼, 시스템 버퍼, 스케줄링 파이프라인이 함께 동작한다. 모든 컴포넌트는 문제를 해결하기 위해 존재하고, 각 컴포넌트는 트릭을 이용해 성능을 쥐어 짜낸다. 데이터가 캐시에 있는가? **어떤** 캐시인가? 메모리는 어떻게 정렬돼 있는가? 비동기적으로 읽는가, 아니면 블로킹하는가?

다시 말해 성능에 관한 직관은 거의 항상 틀린다. 20줄의 성능 테스트를 기반으로 하는 최적화 트릭으로는 문제를 해결할 수 없다. 현대의 시스템을 최적화하는

> 성능에 관한 여러분의 직관은 거의 항상 틀린다.

유일한 방법은 전체적인 접근 방식holistic approach을 취하는 것뿐이다. 코드의 **실제** 성능을 측정하고, 핵심 부분을 찾고, 거기에서 최적화를 시작하라. 추측하지 말라. 가정하지 말라. 그저 코드를 프로파일하라.

문자열 연결, 함수 호출, 박싱/언박싱(비싸다고 느껴지는 것들)은 일반적으로 큰 문제가 아니다. 대부분 성능은 네트워크, 데이터베이스, 파일시스템에 의해 좌우된다. 그렇지 않다면 2차 알고리듬일 가능성이 높다. 혼치 않지만 스레드 경쟁 또는 타이트한 루프 안에서 일어나는 비순차적 메모리 접근인 경우도 있다. 하지만 실제 성능을 측정해야만 확신할

수 있다. 추측하지 말라. 프로파일, 프로파일, 또 프로파일하라.

한편 최적화 트릭에 관해 들은 것은 다 잊어라. 이유가 무엇이건 코드를 변경할 때는 단순하고 직관적인 코드가 더 변경하기 쉬울 것이다.

질문

스토리가 필요하다는 것을 안다면 어떻게 해야 하는가? 그것을 위한 디자인 훅을 넣으면 안 되는가?

여러분의 계획은 언제든 변경될 수 있다. 그 스토리가 이번 주에 할 작업의 일부가 아니라면 훅을 넣지 말라. 해당 스토리는 계획에서 사라질 수도 있다. 불필요한 복잡성 안에 여러분을 가두지 말라.

무엇보다 진화적 디자인은 실제로 시간에 따른 변경 비용을 **줄이므로**, 오래 기다렸다가 변경할수록 그 비용은 낮아질 것이다.

스토리를 무시했다가 앞으로 구현하기 더 어려워지면 어떻게 하는가?

잠재적인 스토리를 무시했다고 구현이 어려워진다면, 해당 스토리를 지원하기 위해 명시적으로 코딩을 하지 않고 그 위험을 줄일 방법을 찾아라. 더 자세한 내용은 '리스크 주도 아키텍처(p.633)'를 참조하라.

전제 조건

단순한 디자인을 위해서는 리팩터링을 통한 지속적인 개선, 반영적 디자인, 점진적 디자인이 필요하다. 이런 요소가 없다면 여러분의 디자인은 요구사항에 따라 진화하는 데 실패할 것이다.

> **함께 보기**
>
> 리팩터링(p.598)
> 반영적 디자인(p.650)
> 점진적 디자인(p.624)

단순한 디자인을 형편없는 디자인의 핑계로 이용하지 말라. 단순성을 위해서는 신중한 생각이 필요하다. '단순함'이 가장 빠르거나 구현하기 쉬운 코드를 의미한다고 생각하지 말라.

집단 코드 오너십과 페어링 또는 모빙은 단순한 디자인을 위해 꼭 필요하지는 않지만, 여러분이 진정으로 단순한 디자인을 하기 위해 필요한 두뇌의 역량을 집중하도록 도울 것이다.

함께 보기

집단 코드 오너십(p.496)
페어 프로그래밍(p.505)
몹 프로그래밍(p.520)

지표

여러분이 단순한 디자인을 한다면:

- ☐ 팀은 미래의 스토리를 예상하고 코드를 작성하지 않는다.

- ☐ 오늘 필요로 하지 않는 것은 만들지 않기 때문에 팀은 작업을 더 빠르게 완료한다.

- ☐ 여러분의 디자인은 임의 변경을 쉽게 지원한다.

- ☐ 새로운 피처를 구현하는 데는 많은 양의 새로운 코드가 필요할 수 있지만, 기존 코드의 변경은 국지적이고 직관적이다.

대안과 실험

디자인에 대한 고전적인 접근 방식은 미래의 변경을 예상하고 선제적으로 이들을 지원하도록 디자인하는 것이었다. 나는 이를 '예측적 디자인predictive design'라 부르며, 이는 다음 절에서 논의할 반영적 디자인과 대비된다.

함께 보기

반영적 디자인(p.650)

많은 팀이 예측적 디자인을 이용해 성공을 거뒀지만, 이것은 새로운 요구사항과 스토리를 정확하게 예측하는 데 의존한다. 예측이 벗어나면 나쁜 가정을 근거로 작성했던 많은 코드를 새로 작성해야 할 것이다. 이런 변경은 경제적인 관점에서 수행하기에는 너무 광범위해, 코드베이스에 장기적인 결함이 발생할 수 있다.

일반적으로 나는 이 프랙티스에서 설명한 단순한 디자인 기법이 예측적 디자인 기법보다 효과가 있음을 알게 됐지만, 여러분은 두 가지를 조합할 수 있다. 예측적 디자인 접근 방식을 이용한다면 여러분이 속한 특정 산업에 경험이 풍부한 프로그래머를 고용하는 것이 가장 좋다. 그들은 변경에 관해 올바르게 예측할 가능성이 더 높다.

더 읽을거리

마틴 파울러는 그의 훌륭한 IEEE 디자인 칼럼을 온라인에 게재했다. 많은 칼럼은 단순한 디자인을 만드는 데 도움이 되는 핵심 개념을 다루고 있다.

『실용주의 프로그래머The Pragmatic Programmer: Your Journey to Mastery』(인사이트, 2022): 단순하고 유연한 디자인을 도와주는 다양한 디자인 정보를 담았다[Hunt2019].

『켄트 벡의 구현 패턴Implementation Patterns』(에이콘출판, 2008): 상태, 행동, 메서드 같은 주체를 장별로 다루며 구체적으로 설명한다. 조금은 오래된 Java 중심의 예제를 살펴보다 보면, 생각을 자극하는 주제를 많이 찾을 수 있을 것이다[Beck2007].

반영적 디자인

대상
프로그래머

어제의 코드보다 오늘의 코드가 항상 낫다.

디자인에 대한 전통적인 접근 방식에서는 코드가 변경돼서는 안 된다고 가정한다. 대신 새로운 코드를 추가해 새로운 피처와 능력을 지원한다. 전통적 디자인에서는 필요한 것을 예상하고 상속inheritance, 디펜던시 주입dependency indejction 같은 형태로 확장성 '훅'을 구축해서 이를 지원하므로, 이런 피처와 관련된 코드는 향후 추가할 수 있다. 고전적 디자인 가이드라인인 개방-폐쇄 원칙Open-Closed Principle에서는 "소프트웨어 엔티티(클래스, 모듈, 기능 등)는 확장에는 열려 있고, 수정에는 닫혀 있어야 한다."고 주장한다.

그러나 애자일 팀은 미래를 기대하지 않는 단순한 디자인을 만든다. 이들이 만드는 디자인에는 훅이 존재하지 않는다. 대신 애자일 팀은 코드를 리팩터하고, 디자인을 변경하는 능력을 갖고 있다. 이 능력은 디자인에 대해 완전히 다르게 접근할 기회를 만든다. 그중 하나는 엔티티가 확장이 아니라 변경될 수 있게 디자인된다는 것이다.

> **함께 보기**
> 단순한 디자인(p.638)
> 리팩터링(p.598)

나는 이를 **반영적 디자인**이라고 부른다.

반영적 디자인의 작동 원리

반영적 디자인은 내가 **예측적 디자인**이라고 부른 전통적 디자인과 완전히 대비된다. 예측적 디자인의 경우, 여러분은 현재의 요구사항을 기반으로 소프트웨어가 수행해야 할 작업을 예측하고, 이러한 요구사항이 어떻게 변경될 수 있는지에 대한 최상의 추측을 바탕으로 모든 요구사항을 완벽하게 예측하는 디자인을 만든다.

반대로 반영적 디자인에서는 미래를 추측하지 않는다. 반영적 디자인은 여러분이 **지금 이 순간** 변경하는 것에만 관심을 둔다. 반영적 디자인을 사용하면 소프트웨어의 **기존** 기능 컨텍스트 안에서 **기존** 코드를 분석하고, 여러분이 **현재** 작업하는 것을 더 잘 지원할 수 있도록 코드를 개선할 방법을 찾는다.

> 반영적 디자인은 여러분이 지금 이 순간 변경하는 것에만 관심을 둔다.

1. 여러분이 **작업할 코드를 살핀다**. 코드에 친숙하지 않다면 디자인을 역 엔지니어링을 한다. 코드가 복잡하다면 클래스 다이어그램이나 시퀀스 다이어그램 같은 다이어그램을 그려보는 것이 도움이 된다.

2. 디자인상의 **오류를 식별한다**. 무엇이 이해하기 어려운가? 무엇이 잘 동작하지 않는가? 최근에 이 코드에서 작업했다면 무엇이 문제를 일으켰는가? 여러분의 현재 태스크를 수행할 때 무엇이 방해가 되는가?

3. 가장 먼저 개선할 것을 **한 가지 선택하라**. 코드를 정리하고 여러분의 현재 태스크를 더 쉽고 더 좋게 만들 수 있는 디자인 변경을 생각해 보라. 큰 디자인 변경이 필요하다면 팀 동료들과 논의하라.

4. 코드를 **점진적으로 리팩터**해 원하는 디자인에 도달하라. 디자인 변경이 실제로 얼마나 잘 작동하는지 주의를 기울여라. 예상한 만큼 잘 작동하지 않으면 방향을 변경하라.

5. 태스크가 완료되고 코드가 여러분이 원하는 만큼 깨끗해질 때까지 **이터레이션하라**. 최소한 여러분이 작업을 시작했을 때보다는 조금이라도 나아져야 한다.

반영적 디자인 실제

내가 관리하는 웹사이트 중 하나의 로그인 인프라스트럭처를 교체해야 했던 적이 있다. 이전 인증 제공사인 퍼소나^{Persona}가 서비스를 중단했기 때문에 새로운 인증 제공사인 Auth0으로 전환해야 했다. 이는 새로운 가입 흐름이 필요한 큰 변경이었다.

나는 전체 변경을 미리 계획하는 대신 반영적 디자인을 이용해 한 단계씩 진행했다. 우선 첫 번째 스토리에 집중했다. 이 스토리는 Auth0을 이용한 로그인 흐름을 추가하는 것이었다. 이것은 Auth0 변경이 완료될 때까지 피처 플래그를 이용해 감춰질 것이다.

함께 보기

피처 플래그(p.680)

가장 먼저 코드 디자인을 역 엔지니어링했다. 이 코드로 작업한 이후 몇 년이 지났기 때문에 생전 처음 보는 느낌이었다. 코드는 완벽함과는 거리가 멀었지만, 당시 단순한 디자인에 집중했기 때문에 다행히 쉽게 이해할 수 있었다. 그 어떤 메서드도 20줄을 넘지 않았으며, 대부분은 10줄 이내였다. 길이가 가장 긴 파일은 167줄이었다.

기존 로그인 엔드포인트에서 시작했다. 깊이 파고들지는 않았다. 각 파일의 임포트를 확인하고 디펜던시를 추적했다. 로그인 엔드포인트는 `PersonaClient`와 `Subscriber Account`에 의존했다. `PersonalClient`는 `HttpsRestClient`에 의존하고 있었으며, 이는 서드 파티 코드를 위한 래퍼였다. `SubscriberAccount`는 `RecurlyClient`에 의존하고 있었으며, `RecurlyClient`는 `HttpsRestClient`에 의존하고 있었다.

이 관계를 그림으로 나타내면 그림 14-3과 같다. 당시에는 클래스 다이어그램을 만들지 않았다. 그저 편집기에서 파일을 열어봤을 뿐이다. 머릿속에서 모두 처리할 수 있을 만큼 이 관계는 충분히 단순했다.

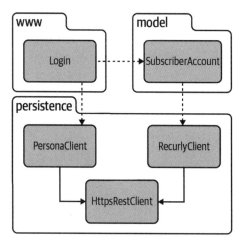

그림 14-3 인증 디자인 분석

다음으로 디자인의 결점을 찾아야 했다. 결점은 아주 **많았다**. 사이트 제작 초기인 4년 전에 작성했던 코드였고, 나는 그 이후 많은 것을 배웠다.

- 나는 로직과 인프라스트럭처를 분리하지 않았다. 대신 SubscriberAccount(로직)은 RecurlyClient(인프라스트럭처)에 직접적으로 의존하고 있었다.

- SubscriberAccount는 실질적인 작업은 전혀 하지 않았다. 대신 별도의 User 클래스가 사용자 관련 로직을 책임지고 있었다. SubscriberAccount의 목적이 불분명했다.

- 인프라스트럭처 클래스(personaClient, RecurlyClient, HttpsRestClient)에는 테스트가 전혀 없었다. 내가 이들을 처음 작성했을 때 테스트를 어떻게 해야 하는지 몰랐기에 손으로 직접 테스트했다.

- 로그인 엔드포인트에는 테스트가 없었다. 인프라스트럭처 클래스는 테스트할 수 있게 작성되지 않았기 때문이다. 로그인은 구독 상태를 검증하는 작업도 했기 때문에 매우 복잡했다. 테스트가 없는 것 역시 리스크였다.

바꿀 수 있는 많은 것이 있었지만, 반영적 디자인의 비결 중 하나는 가장 중요한 것에만 노력을 집중하는 것

> 가장 중요한 것에 여러분의 노력을 집중하라.

이다. 흔적만 남은 SubscriberAccount 클래스와 RecurlyClient에 대한 디펜던시가 문제이기는 했지만, 그것을 수정한다고 해서 새로운 로그인 엔드포인트 작성이 쉬워지지는 않을 것이다.

로그인 엔드포인트가 PersonaClient에 의존하도록 구성된 핵심 구조도 이해할 수 있었다. Auth0 로그인 엔드포인트에 이와 유사한 Auth0Client를 구현하기로 결정했다.

테스트 가용성이 없다는 점은 분명히 큰 문제였다. 나는 새로운 로그인 엔드포인트에 사교적 테스트를 적용하고 싶었다. 그러기 위해서는 Auth0Client가 nullable이어야 하고[Shore 2018b], **그러기 위해서는 HttpsRestClient 역시 nullable이**어야 했다. 여기에서 나는 HttpsRestClient에 좁은 범위의 통합 테스트를 추가하고 싶었다.

함께 보기

빠르고 신뢰할 수 있는 테스트(p.587)

이 외에도 다른 변경이 필요했지만, 앞에서 설명한 것은 첫 단계에서 분명했다. 이제 코드를 점진적으로 수정하면서 내가 원하는 상태에 도달하면 된다.

1. HttpsRestClient에 좁은 범위의 통합 테스트를 추가하고 경계 케이스를 처리했다(3시간 소요).

2. HttpsRestClient를 nullable로 만들었다(1시간 소요).

3. RecurlyClient를 nullable로 만들었다(1.25시간 소요).

4. PersonaClient를 nullable로 만들었다(0.75시간 소요).

5. HttpsRestClient가 Auth0Client의 요구를 더 잘 지원하도록 수정했다(0.75시간 소요).

6. Auth0Client를 구현했다(2시간 소요).

반영적 디자인이 항상 큰 변경과 관련된 것만은 아니다. Auth0Client를 구현한 뒤에는 피처 플래그를 이용해 Auto0의 로그인 엔드포인트를 프로덕션에서 수동으로 테스트하면서도 일반 사용자에게는 숨길 수 있다.

피처 플래그를 구현하는 것은 훨씬 작은 태스크지만 동일한 반영적 접근 방식을 따랐다. 첫째, 나는 SiteContext 클래스를 리뷰했다. 이 클래스는 플래그 및 자신이 의존하는 AuthCookie 클래스를 담고 있다. 둘째, 결함을 식별했다. 디자인은 괜찮았지만 테스트가 현재 기준에 맞지 않았다. 셋째, 개선 방법을 결정해 테스트를 수정한다. 넷째, 점진적으로 리팩터한다. SiteContext 관련 테스트를 재정렬해서 더 명확하게 만들고, AuthCookie 테스트를 오래된 테스트 프레임워크에서 현재 테스트 프레임워크로 마이그레이션했다.

이 모든 작업은 30분만에 끝났기 때문에 각 단계가 뚜렷하게 구분되지는 않았다. "코드를 보고, 분명한 이슈를 확인하고, 이슈를 수정한다."에 가깝다. 반영적 디자인은 단계를 하나하나 따를 필요가 없다. 여러분이 작업하는 동안 끊임없이 코드의 디자인을 반영하고 개선하는 것이 중요하다.

디자인 역 엔지니어링하기

반영적 디자인의 첫 단계는 기존 코드를 분석하고, 디자인을 이해하지 못한다면 디자인을 역 엔지니어링하는 것이다.

가장 좋은 접근 방식은 팀원 중 누군가에게 디자인에 대해 설명해 달라고 요청하는 것이다. 대면이든 원격이든 화이트보드 주위에 둘러서서 이야기를 나누는 것이 가장 빠르고 효과적인 학습 방법이며, 종종 가능한 개선 사항에 대한 협업으로 이어지기도 한다.

어떤 경우에는 팀원 중 누구도 디자인을 이해하지 못하고, 여러분이 스스로 코드에 뛰어들고 싶어할 수도 있다. 그런 때는 먼저 소스 파일의 책임에 관해서 생각하라. 현재 태스크와 가장 밀접하게 관련된 책임을 가진 파일을 선택하라. 아무것도 없다면 UI에서 시작하고, 거기에서 디펜던시를 추적할 수도 있다. 예를 들어 나는 인증 코드를 분석할 때 로그인 버튼과 관련된 엔드포인트에서 시작했다.

시작 지점을 정했다면 파일을 열고 메서드와 함수 이름을 살펴보라. 이들을 이용해 파일 책임에 대한 추측을 확정하거나 수정하라. 더 많은 단서가 필요하면 파일의 테스트 이름도 살펴보라. 그리고 파일의 디펜던시(주로 임포트된)를 살펴보라. 그 파일도 분석하라. 디펜던시가 여러분이 만들려는 변경과 관련 없을 때까지 이터레이션하라.

이제 여러분은 관련된 파일과 각 파일의 책임에 관한 아이디어를 얻었다. 거슬러 가면서 이들이 서로 어떻게 연관돼 있는지 살펴보라. 관계가 복잡하다면 다이어그램을 그려라. UML 같은 공식적인 모델링 기법을 이용해도 좋고, 애드혹 스케치를 이용해도 좋다. 나는 주로 모듈과 클래스를 박스로 그리고, 라벨이 붙은 선을 그려서 이들의 관계를 나타낸다. 코드가 너무 복잡하다면 시퀀스 다이어그램을 그린다. 시퀀스 다이어그램은 모듈과 클래스 인스턴스마다 칼럼을 갖고 있으며, 칼럼 사이의 화살표로 함수 호출을 나타낸다.

NOTE 소스 코드에서 자동으로 UML을 그려주는 도구도 있다. 나는 코드를 직접 살펴보면서 수동으로 다이어그램을 그리는 것을 선호한다. 직접 다이어그램을 그리려면 코드를 더 깊게 연구해야 한다. 시간은 더 오래 걸리지만, 결과적으로는 코드가 어떻게 작동하는지 훨씬 잘 이해하게 된다.

이 작업은 오래 걸려서는 안 된다. 만약 시간이 오래 걸린다면, 디자인을 이해하는 최선의 방법은 팀원 중 누군가에게 설명해 달라고 요청하는 것임을 기억하라. 팀이 직접 만들지 않은 수많은 코드를 다루지 않는 한, 기존 코드의 디자인을 이해하는 사람을 찾기는 어렵지 않을 것이다. 결국 여러분의 팀이 작성한 코드다. 이해를 업데이트하기 위한 빠른 리뷰로 충분하다.

개선 식별하기

모든 코드는 근원적인 아름다움을 갖고 있다. 디자인 개선을 하고자 할 때 기억해야 할 가장 중요한 것이다. 기존 코드를 바라보면서 "이건 끔찍해. 엉망이야!"라고 생각하기 쉽다. 실제로 끔찍할 수도 **있다**. 그러나 단지 여러분이 코드를 즉시 이해하지 못한다고 해서 디자인이 끔찍하다고 가정하지는 말라. 코드를 이해하는 데는 시간이 걸린다. 디자인도 마찬가지다.

설령 코드가 끔찍하다 하더라도, 무언가 기본이 되는 디자인을 염두에 두고 만들어졌을 가능성이 높다. 그 디자인이 시간이 지나면서 지저분하게 됐을 수 있지만, 그 뿌리의 어딘가에는 좋은 아이디어의 씨앗이 있다.

여러분이 할 일은 코드의 근간에 있는 아름다움을 찾고 감상하는 것이다. 원래 디자인이 적절하지 않다면

> 여러분이 할 일은 코드의 근간에 있는 아름다움을 찾고 감상하는 것이다.

유지하지 않아도 된다. 그러나 그 디자인을 **이해해야 한다**. 많은 경우 원래 디자인은 여전히 의미가 있다. 전면적인 수정이 아니라 약간의 수정만 하면 된다.

인증 예시로 돌아가서 로그인 엔드포인트는 `PersonaClient`에 의존하고 있고, `Persona Client`는 `HttpsRestClient`에 의존한다. 어떤 코드도 테스트를 갖고 있지 않으므로, 다소 못생기고 테스트되지 않은 로그인 코드가 됐다. 그러나 인프라스트럭처 래퍼를 만든 핵심 아이디어는 괜찮게 보인다. 핵심 아이디어를 버리는 대신, 나는 인프라스트럭처를 `nullable`로 만들어 이를 강화했다. 이것은 내가 나중에 테스트 주도 개발을 이용해 새롭고 더 깨끗한 `Auth0` 로그인 엔드포인트를 만드는 데 큰 역할을 했다.

그렇다고 기존 디자인이 완벽하다는 말은 아니다. 항상 개선할 **점이 있다**. 그러나 개선에 관해 생각할 때는 모든 것을 폐기하고 다시 시작하는 방법을 생각하지 말라. 대신 근본적인 아름다움을 손상시키는 문제를 찾아보라. 디자인을 **복원하고 개선하라**. 다시 발명하지 말라.

코드 악취

코드 악취 Code smell는 디자인 문제와 관련된 응축된 지혜의 덩어리다. 여러분의 코드를 개선할 기회를 알아차릴 수 있는 훌륭한 방법이다.

코드 악취가 있다고 해서 디자인에 반드시 문제가 있다는 의미는 아니다. 이것은 주방에서 나는 흥미로운 악취와 같다. 쓰레기통을 비워야 한다는 의미이거나, 누군가 주방에서 특별히 꼬릿한 치즈로 요리를 하고 있다는 의미일 수도 있다. 무엇이 됐건 뭔가 재미있는 냄새가 난다면 가까이 들여다보라.

마틴 파울러와 켄트 백은 『리팩터링Refactoring』의 3장에서 코드 악취와 관련된 훌륭한 논의를 펼친다[Folwer2018]. 꼭 읽어 보기 바란다. 다음에 이어지는 절에서는 내가 가장 중요하다고 생각하는 악취에 관해 요약했다. 이 중엔 파울러와 백이 언급하지 않은 것도 있다.[7]

---

7 코드 클래스(code class), 쥐어짠 에러(squashed error), 응고된 널(coddled null), 시간 디펜던시(time dependency), 반만 구워진 객체(half-baked object)는 모두 내 발명품이다.

샷건 수술과 발산하는 변경

이 두 악취는 코드의 응집 문제를 식별할 수 있게 도와준다. **샷건 수술**^{Shotgun Surgery}은 한 가지 변경을 위해 여러 모듈 또는 클래스를 수정해야 할 때 발생한다. 이는 여러분이 변경하는 개념이 중앙 집중화돼야 함을 나타낸다. 고유한 이름과 모듈을 지정한다.

발산하는 변경^{Divergent Change}은 이와 정반대다. 이는 관련 없는 변경이 동일한 모듈과 클래스에 영향을 미칠 때 발생한다. 이는 해당 모듈이 너무 많은 책임을 갖고 있음을 나타낸다. 이런 책임을 여러 모듈로 분리하라.

프리미티브 집착과 데이터 덩어리

프리미티브 집착은 중요한 디자인 개념을 포괄형^{generic type}으로 나타낼 때 발생한다. 예를 들어 currency를 decimal로 표현하거나 구독 갱신일을 Date로 표시하는 경우다. 이는 결과적으로 이런 개념을 코드베이스 전체에 퍼지게 함으로써 중복을 늘리고 응집을 저하시킨다.

데이터 덩어리^{data clump}도 이와 비슷하다. 이들은 여러 변수가 항상 함께 나타나며, 같은 개념을 의미하지만 이들을 대변하는 클래스나 유형을 갖지 않는다. 예를 들어 코드에서 street1, street2, state, country, postalCode 문자열을 항상 여러 함수나 메서드에 전달할 수 있다. 이들은 주소를 나타내는 데이터 덩어리다.

해결책은 두 경우 모두 동일하다. 해당 개념을 전용 타입 또는 클래스에 캡슐화하라.

데이터 클래스와 코드 클래스

내가 본 객체 지향 디자인의 가장 일반적인 실수는 데이터와 코드가 다른 클래스에 있는 것이다. 이로 인해 종종 데이터 조작 코드가 중복되는 경우가 많았다. 인스턴스 변수와 이를 조작하는 게터 및 세터와 결합된 인스턴스 변수보다 조금 많은 클래스가 있다면 **데이터 클래스**^{data class}가 있다. 마찬가지로 인스턴스별 상태가 없이 함수의 컨테이너만 있는 클래스가 있는 경우 **코드 클래스**^{code class}가 있다.

코드 클래스 자체가 반드시 문제인 것은 아니다. 그러나 이들은 데이터 클래스, 프리미티브 집착, 데이터 덩어리와 자주 함께 발견된다. 코드와 데이터를 다시 합쳐라. 메서드와 그들이 조작하는 데이터를 같은 클래스에 둠으로써 응집을 개선하라.

쥐어짠 에러와 응고된 널

강력한 에러 처리는 훌륭한 프로그래머와 좋기만 한 프로그래머를 구분하는 것 중 하나다. 잘 작성된 코드는 에러가 발생하면 은유적인 손을 드는 경우가 많다. 일반적으로는 예외를 잡아 에러를 기록하고 null 또는 의미 없는 값을 반환한다. 이는 컴파일러가 예외 처리를 해야 하는 Java에서 특히 일반적이다.

쥐어짠 에러$^{squashed\ error}$는 향후 문제를 일으킨다. null은 코드의 다른 부분에서는 실제 값으로 이용되기 때문이다. 대신 여러분이 의미 있는 대안(재시도를 하거나 유용한 기본값을 제공하는 등)을 제공할 수 있는 경우에만 에러를 처리한다. 그렇지 않다면 그 에러를 호출로 전파하라.

응고된 널$^{coddled\ null}$은 이와 관계된 문제다. 응고된 널은 함수가 해당 함수를 호출한 함수로부터 파라미터나 반환 값으로 기대하지 않은 null 값을 받았을 때 일어난다. null이 문제를 일으킬 것은 알지만 그에 대응하는 방법을 모른다면, 프로그래머는 null을 체크하고 null 자체를 반환한다. null은 애플리케이션 깊숙이 전파돼 소프트웨어를 실행할 때 추후에 예상치 못한 실패를 일으킨다. 때때로 null은 데이터베이스에 입력돼 이터레이션적인 애플리케이션 실패를 일으킨다.

대신 빠른 실패 전략을 채택해라(빠르게 실패하라(p.644) 참조). 의미를 명시적으로 정의하지 않은 경우 null을 매개변수로 허용하지 말라. 에러를 나타내는 null을 반환하지 말고 대신 예외를 던져라. 예상하지 못한 곳에서 null을 받으면 예외를 던진다.

시간 디펜던시와 불완전한 객체

시간 디펜던시$^{time\ dependency}$는 클래스의 메서드가 특정한 순서로만 호출해야 하는 경우 발생한다. **불완전한 객체**$^{half-baked\ object}$는 타임 디펜던시의 특수한 경우다. 먼저 생성된 다음 메서드 호출과 함께 초기화된 이후 사용해야 한다.

시간 디펜던시와 불완전한 객체는 종종 캡슐화 문제를 나타낸다. 클래스는 자신의 상태를 스스로 관리하는 것이 아니라, 자신의 호출자가 상태의 일부를 관리하기를 기대한다. 이로 인해 버그가 발생하고 호출자의 코드가 중복된다. 클래스의 상태를 더 효과적으로 캡슐화할 방법을 찾아라. 때때로 클래스가 너무 많은 책임을 갖고 있어 이들을 여러 클래스로 분할하는 것이 도움이 될 수도 있다.

점진적으로 리팩터하라

무엇을 변경할지 결정한 뒤에는 일련의 작은 리팩터링을 사용해 변경하라. 점진적으로 한 번에 하나의 작은 단계씩 작업하고, 단계마다 테스트가 성공하는지 확인하라. 생각하는 데 쓴 시간을 제외하고, 각 리팩터링은 1~2분 이내에 완료해야 한다.

함께 보기

리팩터링(p.598)
테스트 주도 개발(p.564)

대부분 그보다 짧다. 때때로 누락된 함수나 메서드를 추가 해야 할 수도 있을 것이다. 테스트 주도 개발을 사용해 이러한 함수나 메서드를 빌드한다.

작업을 진행하면서 여러분이 생각했던 개선 아이디어 중 일부가 사실은 좋은 아이디어가 아님을 발견할 것이다. 계획을 유연하게 유지하라. 변경을 하면서 반영적 디자인을 함께 사용해 결과를 평가하라. 코드를 자주 커밋하고, 아이디어가 작동하지 않으면 언제든 되돌려라.

그러나 코드를 완벽하게 만들어야 한다는 걱정은 하지 말라. 발견했을 때보다 조금만 더 좋게 만든다면 그것으로 충분하다.

반영적 디자인 에뛰드

음악가들이 음계(scale)를 연주하는 것을 들어봤는가? (만약 지루하다면) 그것이 **에뛰드**(Étude)다. 에뛰드는 정확하고 신중한 반복을 통해 완전한 숙달을 가르친다. 결과적으로 에뛰드는 버려지지만 스킬은 남는다.

다음 에뛰드는 팀이 반영적 디자인의 두 가지 기본 스킬인 기존 코드의 디자인 분석하기, 개선 기회 식별하기를 기르는 데 도움이 될 것이다. 하루에 30분의 시간 제한을 두고 몇 주간 실행해 보라. 처음에는 시간 제한 때문에 성급하게 느낄 것이다. 만약 에뛰드가 진부해지면 다시 흥미롭게 진행하기 위

해 무엇을 변경할지 논의하라.

단계 1: 페어를 짜라. 이 에뛰드를 수행할 때마다 페어를 바꿔라. 팀원이 홀수이면 마지막 한 사람은 혼자 작업하거나 또는 셋이 함께 작업할 수 있다.

단계 2: (제한 시간 15분) 코드를 훑어보고 분석할 구분된 유닛을 선택하라. 그룹이 이전에 논의하지 않았던 것을 선택하라. 함수나 메서드, 모듈이나 클래스 또는 전체 하위 시스템을 선택할 수도 있다. 선택하는 데 너무 많은 시간을 쓰지 말라. 선택에 어려움이 있다면 무작위로 선택하라.

코드를 읽으면서 디자인을 역 엔지니어링한다. 시퀀스 다이어그램, 클래스 다이어그램, CRC 카드 또는 여러분이 선호하는 기법을 이용해 디자인을 모델링하라. 애드혹 모델도 좋다. 코드와 그 디자인의 결점을 식별하고 어떻게 수정할지 논의하라. 해당 결점을 수정한 뒤 디자인이 어떻게 보일지 보여주는 새로운 모델을 만들어라.

단계 3: (제한 시간 15분) 세 개의 페어를 선택해서 각각 5분씩 그들이 발견한 것에 대해 논의를 이끌도록 하라.

모든 참석자가 서두르지 않으면서도 30분 동안 높은 품질의 결과를 만들 때까지 이를 이터레이션 하라.

질문

반영적 디자인과 리팩터링은 어떻게 다른가?

반영적 디자인은 차의 목적지를 결정하는 것이며, 리팩터링은 페달을 밟고 운전대를 돌리는 것이다

반영적 디자인을 위한 시간을 어떻게 만들 수 있는가?

반영적 디자인은 일상적이고, 협상 불가능한 부분이다. 여러분이 코드에서 손을 떼는 시점에는 시작하는 시점보다 적어도 조금 더 나은 상태여야 한다. 그러므로 태스크를 시작할 때는 반영적 디자인을 이용해 무엇을 개선할지 찾아보라. 때때로 그 개선 사항은 태스크를 수행하는 데 필요한 전체 시간을 줄일 수도 있다. 하지만 반영적 디자인이 현재의 태스크를 빠르게 하지 않더라도, 미래의 태스크는 빠르게 만들 것이다. 깔끔한 디자인을 유지하는 것이 결과적으로는 승리하는 길이다.

한편 코드에서 손을 떼는 시점에는 코드를 발견했을 때보다 **아주 조금** 더 나은 상태여야 한다. 모든 것을 고치지 말라. 대신 슬랙을 이용해 언제 추가 기회를 만들지 결정하라. '내부 품질 개선하기(p.351)'를 참조하라.

전제 조건

누구나 반영적 디자인을 이용해 개선을 식별할 수 있다. 이것은 도구 상자의 또 다른 도구이며, 예측적 디자인은 물론 애드혹 디자인 접근 방식과 아무 문제없이 함께 이용할 수 있다,

실제로 개선을 하기 위해서는 리팩터링이 필요하며, 일반적으로 좋은 테스트 세트에 의존한다.

<table>
<tr><td>함께 보기</td></tr>
<tr><td>리팩터링(p.598)</td></tr>
<tr><td>테스트 주도 개발(p.564)</td></tr>
</table>

지표

반영적 디자인을 잘 이용한다면:

- ☐ 팀은 지속적으로 기존 코드의 디자인을 개선한다.

- ☐ 작업을 할 때 프로그래머는 태스크를 더 쉽게 하기 위해 종종 리팩터를 사용한다.

- ☐ 리팩터링은 가장 잘 할 수 있는 부분에 초점을 맞춘다.

- ☐ 코드는 꾸준히 더 쉽고 편리하게 작업할 수 있게 된다.

대안과 실험

반영적 디자인을 이용하는 방법을 모르는 팀은 종종 코드를 새로 다시 작성하거나, 많은 시간을 들여 리팩터를 할 것을 권장한다. 물론 효과는 있지만 비교해보면 어설프다. 이는 점진적이지 않으며, 팀의 시간을 할당하는 부분에서 프로그래머와 이해관계자들의 갈등을 일으킨다.

반영적 디자인은 실제로 점진적 디자인 개선에 관한 것이다. 이는 **전달하기** 영역 전반에 걸쳐 진행되는 점진적 작업의 테마와 동일하다. 14장에서 설명한 접근 방식을 그대로 따

를 필요는 없으므로, 자유롭게 실험하기 바란다. 실험하는 동안에는 점진적으로 개선 사항을 파악하고, 변경할 수 있는 기법에 집중하라. 변경을 위해 '세상을 멈추지는' 말라.

더 읽을거리

"How to Add a Feature (Cleanly) 에피소드 9: 작은 코드베이스에서 반영적 디자인을 시연한다[Shore2020b].

『리팩터링』(한빛미디어, 2020): 마틴 파울러의 다양한 리팩터링 레시피와 함께 리팩터링이 유용한 이유과 시기에 대한 심도 있는 논의를 제시한다[Fowler2018]. 디자인에 관한 통찰을 얻기 위한 매우 귀중한 소스다. 이들을 주의 깊게 연구함으로써 디자인의 기회를 인식하는 능력을 연마하라.

15장

데브옵스

내가 처음 프로그래밍을 시작했을 때 내 일은 명확했다. 소프트웨어를 만들고 릴리스를 위해 전달한다. 전달한 후에는 영문 모를 프로세스가 소프트웨어를 고객의 손에 넘겨준다. 먼저 CD 배송이 포함되고, 나중에는 새소리^{bird call}에 집착하는 듯 보이는 '운영^{Operation}'이라는 이름의 먼 부서가 관련됐다. (awk! grep! perl!) 아무튼 그것은 내 알 바가 아니었다.

이런 상황은 내가 애자일을 시작한 뒤에도 계속됐다. 애자일 팀은 분명 교차 기능 팀이었지만, 운영은 내가 만나보지도 못한, 심지어 이름조차 알지 못하는 다른 사람에 의해 처리됐다. 나는 이것이 애자일의 정신이 아님을 알았지만, 내가 일하던 회사는 개발과 운영 사이에 강력한 벽을 갖고 있었다. 나는 몰래 기뻐했다.

다행히 애자일 커뮤니티의 다른 사람들은 거기에 만족하지 않았다. 그들은 개발과 운영 사이의 벽은 물론, 이후 보안과의 벽도 허물기 위해 노력했다. 이 운동은 **데브옵스**^{DevOps}라 알려졌으며 또한 **데브섹옵스**^{DevSecOps}라고도 불렸다.

NOTE 애자일 생태계의 다른 많은 것과 마찬가지로 '데브옵스'라는 용어 또한 선한 의도를 가진 사람들의 잘못된 가정으로 인해 왜곡돼 왔고, 덜 선한 의도를 가진 기업이 빠르게 돈을 벌고자 시도했다. 여기에서 나는 개발, 운영 및 보안 간의 긴밀한 협업이라는 용어의 원래 의미로 사용하는 것이다.

어떤 사람들은 데브옵스를 더 많은 도메인에 접목했다. 데브섹비즈옵스(DevSecBizOps), 데브섹-비즈데이터옵스(DevSec-BizDataOps), 심지어 데브〈에브리씽〉옵스(Dev〈Everything〉Ops)라는 용어도 생겼다. 물론 이는 성공하는 데 필요한 모든 스킬을 갖춘 교차 기능적이고 자율적인 팀이라는 완전한 고리를 제공했다. 혹은 여러분이 알고 있는… 애자일 말이다.

개발, 운영 및 보안 사이의 벽을 무너뜨림으로써 데브옵스는 여러분의 팀이 더 안전하고, 믿을 만하며, 프로덕션에서 관리하기 쉬운 소프트웨어를 만들 수 있게 지원한다. 15장에서는 여러분을 돕는 네 가지 프랙티스를 살펴본다.

- 운영을 위한 빌드(p.667): 프로덕션에서 안전하고 관리하기 쉬운 소프트웨어를 만든다.

- 피처 플래그(p.680): 팀은 불완전한 소프트웨어를 배포할 수 있다.

- 지속적인 배포(p.686): 프로덕션 배포에 관한 리스크와 비용을 줄인다.

- 진화적 시스템 아키텍처(p.694): 시스템을 단순하고, 유지보수 가능하며, 유연하게 유지한다.

15장 개요

'데브옵스'라는 용어는 패트릭 드부아(patrick Dubois)에 의해 널리 알려졌다. 그는 2009년 첫 번째 데브옵스데이 컨퍼런스(DevOpsDays conference)를 개최했다. 개발과 운영의 경계를 허물자는 아이디어는 이미 존재했다. 출처는 불분명하지만 벤자민 트레노어 슬로스(Benjamin Treynor Sloss)가 2003년 구글의 사이트 신뢰성 엔지니어링(D, Site Reliability Engineering)을 만든 것이 가장 빠른 첫 예시일 것이다. 그는 [Beyer2016]에서 이렇게 썼다. "데브옵스를 몇 가지 핵심 SRE 원칙의 일반화된 형태로 간주할 수 있다… [또는] SRE를 일부 독특한 기능이 있는 데브옵스의 특정한 구현으로 동일하게 본다." 협업에 관한 핵심 아이디어가 **운영을 위한 빌드**(Build for Operation)에 담겨있다.

피처 플래그는 피처 토글(feature toggle)로도 알려져 있다. 데브옵스와 마찬가지로 이들 또한 명확한 소스는 없지만 지속적인 통합이라는 애자일 아이디어의 자연스러운 확장이다.

지속적인 배포 역시 지속적인 통합의 자연스러운 확장이다. 켄트 벡은 유사한 프랙티스인 '일일 배포(daily deployment)'를 XP 2판에 포함시켰다[Beck2004]. 내가 알기로 이 용어는 폴 듀발(paul Duvall)의 책 『지속적인 통합(Continuous Integration)』(위키북스, 2008)에서 처음 이용됐다[Duvall 2006].

진화적 시스템 아키텍처 Evolutionary System Architecture는 XP의 진화적 디자인 아이디어를 시스템 아키텍처에 적용한 것이다.

운영을 위한 빌드

대상
프로그래머, 운영

우리 소프트웨어는 안전하며 프로덕션에서 관리하기
쉽다.

데브옵스의 기본 개념은 단순하다. 운영과 보안 관련 스킬을 가진 구성원을 팀에 포함시
킴으로써 운영성과 보안을 소프트웨어에 나중에 추가하지 않고 구현한다. 이것이 **운영을
위한 빌드**다.

이게 전부다. 운영과 보안 스킬을 가진 사람들을 여러분의 팀에 포함시켜라. 그렇지 못
한다면 적어도 팀의 의사 결정에 이들을 참여시켜라. 이들을 플래닝 세션에 참가하게 하
라. 여러분의 소프트웨어를 쉽게 모니터하고 관리하고 보호하는 스토리를 만들어라. 이
스토리가 왜 중요한지 논의하고, 그에 따라 우선순위를 결정하라.

운영 및 보안과 관련된 스토리를 개발 막바지까지 아
껴 두지 말라(진행 중 업무를 최소화하라(p.243) 참조).
소프트웨어에 더 많은 피처를 추가하면 그에 맞게 운

> 운영 및 보안과 관련된 스토리를 개
> 발 막바지까지 아껴 두지 말라.

영성을 확장할 수 있다. 예를 들어 새로운 데이터베이스가 필요한 피처를 추가한다면 해
당 데이터의 프로비저닝, 보안, 모니터링, 백업 및 복원에 관한 스토리도 추가하라.

어떤 종류의 운영과 보안을 고려해야 하는가? 동료의 의견을 구하라. 다음 절에서 설명하
는 내용이 도움이 될 것이다.

위협 모델링

운영을 위한 빌드를 위해서는 **시프팅 레프트**shifting left가 필요하다. 보안과 운영의 필요를
개발 마지막이 아닌 처음부터 고려해야 한다. 이런 필요를 이해하는 방법의 하나가 위협
모델링threat modeling이다. 위협 모델링은 보안 기법이지만, 그 분석은 운영에도 유용하다.

위협 모델링은 소프트웨어 시스템과 그 시스템이 어떻게 타협될
수 있는가를 이해하는 프로세스다. 아담 쇼스탁Adam Shostack은
그의 책 『보안 위협 모델링Threat Modeling: Designing for Security』(에이

함께 보기
시각적 계획하기(p.258)
사각지대 발견(p.719)

콘출판, 2016)에서 위협 모델링을 다음 4개의 질문에 답하는 과정으로 설명한다. 이는 좋은 팀 액티비티다[Shostack2014].

1. **무엇을 만들고 있는가?** 시스템 아키텍처를 다이어그램으로 그려라. 개발된 소프트웨어의 컴포넌트, 컴포넌트 사이의 데이터 흐름, 그들 사이의 신뢰 또는 권한 경계를 나타내라.

2. **무엇이 잘못될 수 있는가?** 동시 브레인스토밍을 이용해(동시에 작업하라(p.155) 참조) 각 컴포넌트와 데이터 흐름이 공격받을 수 있는 방법을 생각하고, 점 투표를 통해 가장 위협이 되는 것으로 범위를 좁혀라.

3. **이런 것이 잘못됐을 때 무엇을 해야 하는가?** 주요 위협 요소를 확인하거나 해결할 수 있는 방법을 브레인스토밍하고, 점 투표를 실시해 이를 수행하기 위한 스토리 카드를 만들어라. 만든 카드를 비주얼 플랜에 추가하라.

4. **적절한 분석 업무를 수행했는가?** 곰곰이 생각해 보고 잠시 여러분의 작업에서 누락된 것이 있는지 확인하라. 정기적으로 이 프랙티스를 이터레이션해 새로운 정보와 통찰력을 얻어라. 사각지대 발견을 사용해 생각의 빈틈을 찾아라.

더 자세한 정보는 [Shostack2014]를 참조하라. 이 책은 과거 보안에 관한 경험이 없는 사람들을 위해 썼으며, 1장에서는 위협 요소를 브레인스토밍하기 위한 카드 게임을 비롯해 시작하는 데 필요한 모든 것을 설명한다(이 카드 게임은 온라인에서 무료로 이용할 수 있다). 잘 디자인된 팀 액티비티를 포함한 간단한 소개 자료가 필요하다면 짐 검블리^{Jim} Gumbley의 "개발자를 위한 위협 모델링 가이드^{A Guide to Threat Modeliing for Developers}"를 참조하라 [Gumbley2020].

구성

12 팩터 앱^{The Twelve-Factor App}에 따르면 배포된 소프트웨어는 **코드**와 **구성**^{configuration}의 조합이다[Wiggins2017]. 여기에서 구성은 데이터베이스 연결 문자열, ULRS, 서드 파티 서비스용 시크릿^{secret} 등 각각의 환경마다 다른 부분을 의미한다.

배포할 때는 로컬 컴퓨터, 테스트 환경 또는 프로덕션에 관계없이 모든 환경에 동일한 코드를 배포한다. 그러나 구성은 달라진다. 예를 들어 테스트 환경에서는 테스트 데이터베이스를 이용하도록 구성하고, 프로덕션 환경은 프로덕션 데이터베이스를 이용하도록 구성한다.

이 '구성'이라는 정의에는 환경에 따라 변경되는 **항목만** 포함된다. 일부 팀은 웹사이트 바닥글의 저작권 날짜 같은 다른 것도 구성 가능하도록 만드는데, 이런 구성 항목은 환경 구성과 명확하게 구분돼야 한다. 이들은 소프트웨어 동작의 일부이므로 코드와 동일하게 취급해야 하며, 코드와 함께 버전 관리돼야 한다. 나는 종종 이 목적을 위해 상수나 게터 등은 실제 코드의 Configuration 모듈 안에서 이용할 것이다(또한 일반적으로 해당 모듈을 추상 환경 구성으로 프로그래밍할 것이다).

반면 환경 구성environment configuration은 코드와 분리돼야 한다. 이들은 종종 별도의 저장소에 저장된다. 환경 구성을 코드 저장소에 포함시킴으로써 여러분의 팀이 배포에 책임을 진다는 의미를 명확하게 할 수 있다. 이들을 명확하게 분리하라. 예를 들어 소스 코드는 source 디렉터리, 환경 구성은 environments 디렉터리에 두는 것이다. 배포 중에 환경 변수를 설정하고, 파일을 복사하는 작업을 통해 개발 환경을 주입하라. 구체적인 사항은 여러분이 이용하는 배포 메커니즘에 따라 다르다.

소프트웨어의 모든 것을 무한대로 구성할 수 없게 하라. 복잡한 구성은 추상화나 테스트 없이 대단히 형편없는 프로그래밍 언어로 작성된 형태의 코드로 끝난다. 대신 정교한 구성 가능

함께 보기

피처 플래그(p.680)

성이 필요하다면, 피처 플래그를 이용해 선택적으로 동작을 활성화/비활성화하라. 복잡한 고객 제어 동작이 필요하다면 플러그인 아키텍처의 이용을 고려하라. 이 두 가지 접근 방식에서는 여러분이 실제 프로그래밍 언어를 이용해 세부 사항을 코드로 작성해야 한다.

시크릿

비밀번호, API 키 등의 시크릿은 특수한 유형의 구성이다. 이들은 소스 코드의 일부가 아니어야 한다는 점이 특히 중요하다. 사실 대부분의 팀원들은 시크릿에 접근해서는 안

된다. 대신 시크릿을 생성, 저장, 순환, 감사하는 안전
절차를 정의하라. 복잡한 시스템의 경우 시크릿 관리
서비스나 도구를 포함한다.

> 팀원들은 시크릿에 접근해서는 안
> 된다.

환경 구성을 별도 저장소에 보관한다면, 해당 저장소에 접근하는 것을 엄격하게 제한함
으로써 시크릿에 대한 접근을 통제할 수 있다. 환경 구성을 코드 저장소에 함께 보관한다
면 시크릿을 '안전하게' 암호화해야 한다. 이는 해당 시크릿을 포함한 모든 파일을 암호
화해야 함을 의미한다. 배포 환경에 시크릿을 주입하기 전에 해독하도록 배포 스크립트
를 프로그래밍한다.

개발 시 빌드와 배포 자동화를 통해 시크릿을 관리하는 방식에 특히 주의하라. 배포 스크
립트나 CI 서버 구성에 시크릿을 하드코딩하는 것은 매우 편리하지만, 그 이익보다는 리
스크가 훨씬 크다. 자동화에도 다른 코드와 마찬가지로 안전한 절차가 필요하다.

절대로 시크릿을 로그에 기록하지 말라. 이런 실수를 하기 매우 쉽다. 시크릿과 유사한
데이터(예: 'password' 또는 'secret' 필드 등)를 찾아 수정하는 로깅 래퍼의 작성을 고려하
라. 래퍼가 이들을 찾으면 경고를 트리거해서 실수를 수정하라.

편집증 원격 진단

여러분이 아무리 세심하게 코드를 프로그래밍했더라도 여전히 프로덕션에서는 실패가
발생한다. 심지어 완전한 코드도 불완전한 세상에 의존한다. 외부 서비스는 예상하지 못
한 데이터 또는 그보다 나쁜 응답을 매우 느리게 반환한다. 파일 시스템의 공간이 바닥
난다. 페일 오버failover는... 실패한다.

코드가 외부와 상호작용할 때마다 세상이 여러분을 잡으러 온다고 가정하고 프로그래밍
하라. 모든 에러 코드를 확인하라. 모든 응답을 검증하라. 응답하지 않는 시스템에 대한 시
간 제한을 설정하라. 지수 백오프exponential back-off를 이용하도록 재시도 로직을 만들어라.

망가진 시스템을 안전하게 해결할 수 있다면 그렇게 하라. 그렇게 할 수 없다면 통제되고
안전한 방법으로 실패하라. 어떤 경우든 문제를 로그에 남겨서 모니터링 시스템이 경고
를 보낼 수 있게 하라.

로깅

프로덕션의 문제 때문에 한밤중에 잠에서 깨고 싶어하는 사람은 없다. 하지만 그런 일은 일어난다. 일이 발생하면 호출된 사람은 최소한의 노력으로 문제를 진단하고 해결할 수 있어야 한다.

이를 쉽게 하기 위해 체계적이고 확실한 접근 방식으로 로깅을 수행하라. 그저 코드 사방에 널린 로그 메시지를 스팸처럼 보내지 말라. 대신 무엇이 잘못될 수 있는지, 사람들이 무엇을 알아야 하는지 생각하라. 이 질문에 답할 수 있는 사용자 스토리를 만들어라. 예를 들면 보안 침해^{security breach}를 발견했을 때, 어떤 사용자와 데이터가 영향을 받았는지 여러분은 어떻게 결정하겠는가? 성능이 저하되면 무엇을 고쳐야 할지 여러분은 어떻게 결정하겠는가? 전향적 분석(전향적 분석(p.267) 참조)과 위협 모델은 이런 스토리를 식별하고 우선순위를 정하는 데 도움이 된다.

구조화된 로그^{structured logs}를 이용하고, 중앙 집중화된 데이터 저장소로 보내 로그를 쉽게 검색하고 필터링할 수 있게 만들어라. 구조화된 로그는 JSON 같이 시스템이 읽을 수 있는 형태로 데이터를 출력한다. 임의의 객체에 대한 로깅을 지원하려면 로깅 래퍼를 작성하라. 이렇게 함으로써 중요한 컨텍스트를 제공하는 변수를 쉽게 포함할 수 있다.

예를 들어 나는 특별한 응답 헤더로 API를 더 이상 사용하지 않는 서비스에 의존하는 시스템에서 작업한 적이 있다. 해당 헤더가 있는지 확인한 뒤, 이 Node.js 코드를 실행하는 소프트웨어를 작성했다.

```
log.action({
  code: "L16",
  message: "ExampleService API has been deprecated.",
  endpoint,
  headers: response.headers,
});
```

실행 결과는 다음과 같다.

```
{
  "timestamp": 16206894860033,
```

```
  "date": "Mon May 10 2021 23:31:26 GMT",
  "alert": "action",
  "component": "ExampleApp",
  "node": "web.2",
  "correlationId": "b7398565-3b2b-4d80-b8e3-4f41fdb21a98",
  "code": "L16",
  "message": "ExampleService API has been deprecated.",
  "endpoint": "/v2/accounts/:account_id",
  "headers": {
    "x-api-version": "2.22",
    "x-deprecated": true ,
    "x-sunset-date": "Wed November 10 2021 00:00:00 GMT"
  }
}
```

로그 메시지가 제공하는 추가 컨텍스트는 문제를 쉽게 진단하도록 도와준다. endpoint 문자열은 정확하게 어떤 API가 더 이상 이용되지 않는지 알려주며, headers 객체는 세부 사항을 이해하고 거짓 양성^{false positive}의 가능성을 제거하는 데 도움을 준다.

예외를 던질 때도 컨텍스트를 제공하라. 예를 들어 default 케이스를 절대로 실행해서는 안 되는 switch문이 있다면 도달할 수 없는^{unreachable} 경로임을 알려야 한다. 그러나 그저 "도달할 수 없는 코드가 실행됐습니다^{unreachable code executed}."라는 메시지만 툭 던져서는 안 된다. 여러분과 팀이 해당 문제를 해결할 수 있는 상세한 예외를 던져라. 예를 들면 "환영 이메일을 보내는 동안 알 수 없는 사용자, 구독 유형 'legacy-036'을 발견했습니다." 같은 메시지다.

로깅 예시에서 여러 표준 필드를 볼 수 있었다. 대부분의 필드는 로깅 인프라스트럭처에 의해 추가된다. 다음 필드를 로그에 추가하는 것을 고려하라.

- **타임스탬프**^{timestamp}: 로그 발생 시간(기계가 읽을 수 있는 형태)

- **날짜와 시간**^{date}: timestamp와 같은 정보(사람이 읽을 수 있는 형태)

- **경고**^{alert}: 전송할 경고의 종류. 'level'이라 불리기도 한다. 이에 관해서는 뒤에서 자세히 설명한다.

- **컴포넌트**: 에러를 발생시킨 코드베이스

- **노드**^node^: 해당 에러를 발생시킨 구체적인 머신

  참고: 관련 ID^correlation Id^는 주로 여러 코드에 걸친 관련 로그를 그룹화할 수 있는 고유 ID다. 예를 들어 단일 HTTP 요청과 관련된 로그는 동일한 관련 ID를 가질 수 있다. '요청 ^IDreuqest ID^'라고도 불린다.

- **코드**^code^: 이 로그 메시지에 대한 임의의 고유 코드. 이 코드는 변경되지 않으며, 로그 검색과 문서 검색에 이용된다.

- **메시지**^message^: 사람이 읽을 수 있는 버전의 code. code와 달리 변경될 수 있다.

각 경고에 대한 간략한 설명과 더 중요하게는 경고에 관해 수행할 작업을 제공하는 문서와 함께 로그를 첨부하라. 이는 특정 소프트웨어에 대한 절차 및 프로세스의 집합인 런북^runbook^의 일부가 되는 경우가 많다. 예를 들어 다음과 같이 제공할 수 있다.

L16: ExampleService API는 더 이상 이용할 수 없습니다.

설명: 요금 청구 제공자인 ExampleService는 우리가 이용하는 API를 제거하기로 계획했습니다.

경고: 액션. 그들이 해당 API를 제거하면, 우리가 운영하는 애플리케이션의 작동도 중지됩니다. 그러므로 이를 반드시 해결해야 합니다. 제공자에서는 유예 기간을 제시했으므로 즉시 해결할 필요는 없습니다.

액션:
- 새로운 API를 이용하도록 코드를 업그레이드해야 할 것입니다. headers 객체(즉 ExampleService에서 반환되는 headers를 포함하는) x-deprecated 헤더와 x-sunset-date 헤더를 포함해야 합니다.

- endpoint 필드는 경고의 원인이 되는 구체적인 API가 표시되지만, 다른 엔드포인트도 영향을 받을 수 있습니다.

- 이 업그레이드 작업의 긴급도는 해당 API의 중단 시점에 달려 있으며 x-sunset-date 헤더에서 해당 정보를 확인할 수 있습니다. ExampleService에서 example.

com을 통해 제공하는 문서를 참조해 이를 검증할 수 있습니다.

- API가 업그레이드될 때까지 이 경로를 비활성화하고 싶을 수 있습니다. 그러나 동시에 다른 API에 대한 경고를 실수로 비활성화하지 않도록 주의하십시오. 또한 경고를 자동으로 재활성화함으로써 업그레이드에 관해 잊지 않도록 하십시오.

'액션' 섹션에서 간결하고 명확하지 않은 어조를 이용했음에 주목하라. 이는 다분히 의도적인 것이다. 세부적인 절차는 사람들이 자신의 상황에 적합하지 않더

> 읽는 사람이 해야 할 것이 아니라 알아야 할 것을 설명하라.

도 그것을 변경하기 두려워하는 '책임-권한의 이중 구속^{double bind}' 상황을 초래할 수 있다 [Woods201, 8장]. 읽는 사람이 **해야 할 것**이 아니라 **알아야 할 것**을 설명함으로써, 의사 결정 권한을 읽는 사람의 손에 넘긴다. 읽는 사람은 주어진 상황에 이 조언을 적절하게 이용한다.

메트릭과 관찰 가능성

코드를 로깅하는 것 외에도 **메트릭**^{metric}을 측정할 수 있어야 한다. 대부분의 메트릭은 여러분의 애플리케이션이 받은 요청 수, 요청에 응답하는 데 걸린 시간, 메모리 사용량 등 기술적인 것이다. 그러나 고객이 구매한 숫자나 가격 등은 비즈니스 중점의 메트릭이다.

메트릭은 일반적으로 시간에 따라 축적돼 보고된다. 이는 애플리케이션 안에서 실행해 로그 메시지로 보고하거나, 메트릭 집계 도구로 이벤트를 보내서 수행할 수 있다.

로그 메시지와 메트릭은 함께 **관찰 가능성**^{observability}을 만든다. 시스템이 어떻게 동작하는지를 기술 관점과 비즈니스 관점에서 동시에 이해할 수 있는 능력이다. 로

> 관찰 가능성에 대해서는 사려 깊은 접근 방식을 취하라.

그와 마찬가지로 관찰 가능성에도 사려 깊은 접근 방식을 취하라. 이해관계자들과 대화하라. **운영** 관점에서 어떤 관찰 가능성이 필요한가? **보안** 관점, **비즈니스** 관점, **지원** 관점에서 어떤 관찰 가능성이 필요한가? 이 필요를 해결할 수 있는 사용자 스토리를 만들어라.

모니터링과 경고

모니터링monitoring을 통해 로그와 메트릭에 주의를 기울어야 할 시기를 감지할 수 있다. 그런 시점이 되면 모니터링 도구는 이메일, 채팅 알림, 텍스트 메시지 또는 전화 등의 **경고**alert를 관련 인원에게 보낸다. 일부 경고는 별도 시스템에 의해 수행되기도 한다.

경고 대상과 비대상을 결정하는 것은 복잡할 수 있으므로, 모니터링 도구는 적절한 프로그래밍 언어를 이용해 구성을 변경할 수 있어야 한다. 그러므로 이 구성 역시 실제 프로그램같이 처리해야 한다. 구성을 버전 관리 시스템에 저장하고, 신중하게 디자인하고, 가능하다면 테스트도 작성하라.

모니터링 도구가 보내는 경고의 유형은 조직에 따라 다르지만, 일반적으로 다음과 같은 4개 카테고리로 분류된다.

- **비상**emergency: 무언가 불이 났거나 곧 불이 날 것이다. 누군가 잠에서 깨어나 지금 고쳐야 한다.
- **액션**action: 무언가 중요한 일이 일어나고 있지만, 누군가 잠에서 깨야 할 정도로 급하지는 않다.
- **모니터**monitor: 무언가 평소와 다르다. 누군가 지켜봐야 한다(이것은 별도로 이용하라).
- **정보**info: 누구의 주의도 필요하지 않지만, 관측 가능성 관점에서는 유용하다.

로그에 기반해 몇 가지 경고를 수행하도록 모니터링 도구를 구성하라. 앞에서 예시를 든 용어를 그대로 이용하도록 로그를 프로그래밍하는 것이 가장 깔끔하지만, 대부분의 로깅 라이브러리는 FATAL, ERROR, WARN, INFO, DEBUG를 이용한다. 기술적으로는 그 의미가 다르지만 앞에서 언급한 분류로 매핑할 수 있다. FATAL은 비상, ERROR는 액션, WARN은 모니터, INFO는 정보로 이용한다. DEBUG는 절대 사용하지 말라. 노이즈만 추가될 뿐이다.

NOTE 개발하는 동안에는 DEBUG를 이용하는 것도 좋지만, 이들을 프로덕션으로 체크인하지는 말라. 일부 팀은 DEBUG 로그를 발견했을 때 지속적인 통합 스크립트가 자동으로 실패하도록 프로그래밍한다.

메트릭을 기반으로 다른 경고가 트리거된다. 이러한 경고는 일반적으로 애플리케이션 코드가 아니라 모니터링 도구에 의해 생성된다. 각 로그 메시지와 같이 런북에 담을 수 있는 검색 코드, 사람이 읽을 수 있는 메시지 및 문서를 제공해야 한다.

가능하다면 나는 경고에 대한 의사 결정을 모니터링 구성이 아니라 애플리케이션 코드에 프로그래밍하고, 경고를 통해 로그를 트리거한다. 팀원들은 자신들에게 익숙한 코드로 '현명한'

> **함께 보기**
> 지속적인 배포(p.686)

경고를 프로그래밍할 수 있다. 단점은 경고를 변경할 때마다 소프트웨어를 재배포해야 한다는 점이다. 그렇기 때문에 이 접근 방식은 지속적인 배포를 이용할 때 효과적이다.

경고의 피로도alert fatigue에 주의하라. '비상' 경고는 **누군가를 잠에서 깨운다는 사실**을 기억하라. 사람들은 단 몇 번의 잘못된 경고만 받아도 경고에 더 이상 주의를 기울이지 않는다. 특히 '모니터' 경고의 경우 더욱 그렇다. 모든 경고는 즉시 조치해야 한다. 경고를 처리하거나 잘못된 경고가 다시 발생하지 않도록 예방해야 한다. 실제로 내일 처리돼도 문제없는 '비상'이나 실제 문제와 전혀 관계없는 '모니터' 등 경고와 그 실제 수준이 일관적이지 않다면 경고의 수준을 낮추거나 더 현명하게 만드는 방법을 찾아라.

마찬가지로 경고가 지속적으로 생각 없이 기계적으로 대응할 수 있는 것이라면 자동화 대상으로 삼아라. 기계적인 반응을 코드로 변경하라. 이는 특별히 시끄러운 퀴즈 게임장 같은 '모니터' 경고에 적용할 수 있다. 시스템의 동작을 이해하기 위해 '모니터' 경고를 만드는 것은 괜찮지만, 시스템을 이해했다면 경고를 선택할 수 있도록 그 수준을 '액션' 또는 '비상'으로 높여라.

NOTE 어떤 조직은 시스템을 관리하고 당직 업무를 담당하는 전담 운영 팀이 있다. 이는 개발 팀이 그들이 소유한 시스템을 먼저 관리할 때 효과를 발휘한다. 책임을 전달하기 전에 그들은 일정 수준 이상의 안정성을 증명해야 한다. 더 자세한 내용은 [Kim2016]을 참조하라.

로그와 경고에 대한 테스트를 작성하라. 이는 사용자가 직접 이용하는 기능만큼 소프트웨어의 성공에 중요하다. 이런 테스트는 종종 전역 상태를 포함하기 때문에 작성하기 어려울 수 있지만, '전역 상태를 통제하라'(p.591)에서 살펴본 것처럼 수정할 수 있는 디자인 문제다. [Shore2020b]의 에피소드 11~15화에서 그 방법을 시연한다.

데브옵스 팀

업무를 시작한 첫 번째 주, 상사의 사무실로 머리를 들이민다. "왈도(Waldo), 잠깐 시간 괜찮을까요? 간단한 질문이 있습니다." 왈도는 상냥하게 머리를 끄덕이고 자리에 앉으라고 권한다.

여러분은 편안한 마음으로 입을 연다. "우리 팀에서 데브옵스 업무는 누가 하나요? 의논할 문제가 하나 있는데 누가 데브옵스 업무를 하는지 모르겠습니다."

"팀에서?" 왈도는 눈썹을 치켜 올린다. "없습니다. 물론 별도의 데브옵스 팀은 있습니다. 프로드옵스(prodOps), 데이터옵스(DataOps)도 있습니다. 데브옵스는 테스트 환경과 CI 도구 운영을 담당하고, 프로드옵스는 프로덕션 환경을 담당하고, 데이터옵스는 데이터베이스와 스키마를 책임지죠. 아, 몰랐나 보군요. 당신이 지난 번 일했던 회사는 너무 작아서 이 모든 조직이 없었을 거예요."

"아니오. 우리는…" 여러분은 고개를 가로 젓는다. "이야기가 깁니다. 그건 전혀 다른 종류의 데브옵스였습니다. 아무튼 프로드옵스 팀원들과 이야기할 수 있을까요? 제가 이용하는 API가 디스크 공간 가득 참(Disk Full) 예외를 던질 가능성이 있고, 그들과 적절한 응답을 조정하고 싶습니다."

왈도는 꽉 다문 이빨 사이로 숨을 들이켠다. "음… 나라면 그렇게 하지 않겠습니다. 그들은 까탈스럽고 굉장히 바쁩니다. 모든 것은 그들이 운영하는 티켓팅 시스템을 거쳐 진행돼야 하고, 그들은 우리가 그들의 시간을 낭비하는 것을 불쾌해합니다. 아무튼 '디스크 공간 가득 참'이 언제 발생할까요? 그냥 예외를 로그에 남기고 null을 반환하면 됩니다. 여기선 그렇게 합니다. 데드라인이 중요해요."

여러분이 뭔가 말을 하려고 숨을 들이켜는데 왈도가 손을 위로 들어올린다. "당신이 익숙한 것과 뭔가 다르다는 것은 알고 있습니다. 하지만 우리는 큰 회사예요. 사소한 일로 여기저기 쑤시고 다닐 수 없습니다. 모든 것은 적절하게 처리돼야 합니다."

질문

이 모든 것을 위한 시간을 어떻게 마련해야 하는가?

리뷰어인 사라 호란 반 트리시Sarah Horan Van Treese가 말한 것처럼 여러분에겐 시간이 충분하다. "내 경험에 따르면 '운영을 위해 제작된' 소프트웨어가 아닌 소프트웨어를 개발하는 팀은 일반적으로 더 나은 관찰 가능성이 있다면 적어도 진단할 수 있거

함께 보기
시각적 계획하기(p.258)
버그 없음(p.708)
슬랙(p.350)

나, 몇 분 이내에 해결해서 피할 수 있는 것을 처리하느라 엄청난 시간을 이용한다." 지금 주의 깊게 살펴라. 그렇지 않으면 후에 불을 끄느라 더 많은 시간을 낭비하게 될 것이다.

운영과 보안 관련 요구 역시 다른 것과 마찬가지로 스토리를 이용해 일정을 조율할 수 있다. 그 스토리의 우선순위를 보장하기 위해서는 운영과 보안 스킬을 가진 구성원들이 플래닝 논의에 참여해야 한다.

경고는 버그처럼 처리하라. 경고의 발생은 예상치 못한 것이어야 하며, 발생했다면 심각하게 받아들여야 한다. 모든 경고는 즉시 처리돼야 한다. 잘못된 경고도 마찬가지다. 문제가 아닌 것으로 인해 경고를 받았다면, 해당 경고를 개선해서 늑대가 울 가능성을 낮추라.

경고의 민감도를 조정하거나 로그 메시지를 개선하는 것과 삶의 질 개선은 팀 슬랙을 이용해 수행하라.

팀원 중 운영 및 보안 스킬을 갖고 있는 사람이 없다면 어떻게 해야 하는가?

시간을 내어 개발 초기 운영 부문에 연락하라. 운영 요구사항 및 경고에 관한 의견을 듣고 싶다고 알리고, 정기적인 체크인을 설정해 피드백을 받을 수 있는 방법이 있을지 문의하라. 문제가 발생하기 **전에** 개발 팀이 참여를 요청하는 경우, 운영 부분의 구성원들이 즐겁게 놀란다는 것을 알게 됐다. 그리고 보통 기꺼이 도움을 준다.

보안 담당자들은 운영 담당자들보다 절대적으로 숫자가 작기 때문에, 나도 그들과 함께 일해본 경험은 거의 없다. 그러나 일반적인 접근 방식은 동일하다. 개발 초기에 연락해서 보안 요구사항을 선제적으로 반영할 수 있는지 논의하라.

전제 조건

운영을 위한 빌드는 모든 팀에서 수행할 수 있다. 최고의 결과를 얻기 위해서는 운영과 보안 스킬을 가진 구성원, 또는 그런 스킬을 보유한 이들과 좋은 관계를 맺고 장기적인 사고에 가치를 두는 관리 문화를 갖춘 팀이 필요하다.

함께 보기

전체 팀(p.130)

지표

운영을 위한 빌드를 한다면:

- ☐ 팀은 잠재적인 보안 위협을 고려하고 해결한다.
- ☐ 경고는 대상과 관련성이 있다.
- ☐ 프로덕션 문제가 발생했을 때 조직은 반응할 준비가 돼 있다.
- ☐ 소프트웨어는 탄력적이고 안정적이다.

대안과 실험

이 프랙티스는 궁극적으로 '작동하는 소프트웨어'가 단순히 코딩하는 것뿐만 아니라 **프로덕션에서 실행**하고, 프로덕션의 요구사항을 수용하기 위해 의도적으로 소프트웨어를 만드는 것을 포함한다는 것을 인정하는 것이다. 내가 아는 한 이를 달성하는 최고의 방법은 운영과 보안 전문 지식을 가진 이들을 팀에 참여시키는 것이다.

다른 접근 방식을 시도해 보는 것은 언제나 환영이다. 기업은 종종 운영과 보안 인력이 제한적인 경우가 많기 때문에, 모든 팀에 이런 구성원을 배치하기가 어려울 수 있다. 일반적인 대안으로 체크리스트와 자동화된 시행 도구를 이용한다. 그러나 내가 경험한 바로는 그것은 영혼 없는 모조품일 뿐이다. 팀원이 해당 스킬을 개발할 수 있도록 교육을 제공하는 것이 더 나은 접근 방식이다.

실험에 앞서 적어도 필요한 스킬을 가진 팀원이 포함된 진정한 데브옵스 접근 방식을 따르는 한 개 팀과 협업을 시도하라. 그렇게 함으로써 여러분의 실험을 비교할 대조군을 만들 수 있을 것이다.

더 읽을거리

"The Twelve-Factor App": 운영 요구사항을 해결하는 방법에 대한 확실한 지침과 안내를 간결하게 소개하는 책이다[Wiggins2017].

『데브옵스 핸드북The DevOps Handbook』(에이콘출판, 2018): 데브옵스에 관한 심층 가이드다.

4부 '피드백을 위한 기술적인 실천 방법'에서는 이 프랙티스와 유사한 자료를 다룬다 [Kim2016].

『피닉스 프로젝트^{The Phoenix Project}』(에이콘출판, 2021): 곤경에 처한 한 임원이 자신의 조직에 데브옵스를 도입하는 방법을 배우는 과정을 그린 소설이다. 엄밀히 말해 운영을 위한 빌드는 아니지만, 데브옵스 사고 방식에 대해 더 많이 학습할 수 있고 재미있게 읽을 수 있는 책이다[Kim2013].

피처 플래그

<table>
<tr><td>대상</td></tr>
<tr><td>프로그래머</td></tr>
</table>

우리는 독립적으로 배포하고 릴리스한다.

많은 팀에게 소프트웨어 **릴리스**는 소프트웨어 **배포**와 동일하다. 코드 저장소의 한 브랜치를 프로덕션으로 배포하면 해당 브랜치의 모든 것이 릴리스된다. 릴리스하고 싶지 않은 것이 있다면 별도 브랜치에 저장한다.

이 방식은 지속적인 통합과 배포를 하는 팀에는 적합하지 않다. 수명이 짧은 개발 브랜치 대신, 단 하나의 통합 브랜치만 유지하기 때문이다. 완료되지 않은 작업을 숨길 수 있는 곳은 없다.

<table>
<tr><td>함께 보기</td></tr>
<tr><td>지속적인 통합(p.550)
지속적인 배포(p.686)</td></tr>
</table>

피처 플래그 또는 **피처 토글**을 이용해 이 문제를 해결한다. 이를 이용하면 저장소의 브랜치를 이용하지 않고도 프로그래밍 방식으로 코드를 숨길 수 있다. 이를 이용하면 팀은 완료되지 않은 코드를 릴리스하지 않고도 배포할 수 있다.

피처 플래그는 다양한 방식으로 프로그래밍할 수 있다. 어떤 것은 런타임에 통제되므로 소프트웨어를 재배포하지 않고도 새로운 피처와 기능을 릴리스할 수 있다. 따라서 릴리스는 프로그래머보다 비즈니스 이해관계자의 손에 넘긴다. 심지어 소프트웨어를 파도처럼 점진적으로 릴리스하거나 특정 유형의 사용자만 이용할 수 있도록 릴리스를 제한할 수도 있다.

키스톤

엄밀히 말하면 가장 단순한 유형의 피처 플래그는 전혀 피처 플래그가 아니다. 켄트 벡은 이를 '키스톤'이라 불렀다[Beck2004, 9장]. 매우 간단하다. 새로운 것을 작업할 때 UI를 가장 나중에 연결한다. 이것이 키스톤이다. 키스톤이 놓일 때까지, 즉 UI가 연결될 때까지 아무도 새로운 코드의 존재를 알 수 없다. 새로운 코드에 접근할 방법이 없기 때문이다.

예를 들어 내가 새로운 인증 서비스를 이용하도록 웹사이트를 마이그레이션할 때, 새로운 서비스에 대한 인프라스트럭처 래퍼부터 구현했다. 그 작업의 대부분은 로그인 버튼에 연결하지 않고 할 수 있었다. 로그인 버튼을 연결하기 전까지 사용자들은 변경 사항을 알지 못한다. 로그인 버튼은 여전히 이전 인증 인프라스트럭처를 이용하기 때문이다.

이런 질문이 생긴다. 변경 사항을 볼 수 없다면 테스트는 어떻게 하는가? 대답은 테스트 주도 개발과 좁은 범위의 테스트에 있다. 테스트 주도 개발을 이용하면 실제로 실행되는 모습을 보지 않아도 작업을 확인할 수 있다. 좁은 범위의 테스트는 애

> **함께 보기**
>
> 테스트 주도 개발(p.564)
> 빠르고 신뢰할 수 있는 테스트(p.587)

플리케이션의 나머지 부분에 연결할 필요 없이 특정 기능만을 대상으로 한다.

물론 결국에는 고객 리뷰나 작업 결과를 재확인하기 위해 코드가 실행되는 모습을 보거나, UI를 세밀하게 조정(테스트 주도로는 어렵다)해야 할 것이다. 결국 TDD가 완벽하지는 않다.

새로운 코드는 코드 한 줄로 '연결되도록' 디자인하라. 실제 작동하는 것을 보고 싶다면 한 줄을 추가하라. 릴리스하기 전에 통합할 부분이 남아 있다면 한 줄을 주석 처리하라. 릴리스할 준비가 되면 적절한 테스트를 작성하고, 마지막으로 해당 줄의 주석을 제거하라.

키스톤이 반드시 사용자 인터페이스를 포함할 필요는 없다. 여러분의 작업을 사용자로부터 숨길 수 있다면 무엇이든 키스톤이 될 수 있다. 예를 들어 한 팀이 지속적인 배포를 이용해 관리하는 웹사이트를 재작성한다고 가정하자. 팀은 새로운 사이트를 진짜 프로덕션 서버에 배포하지만, 서버는 어떤 프로덕션 트래픽도 받지 않았다. 팀이 프로덕션 트래픽을 이전 서버에서 새로운 서버로 돌리기 전까지 외부 사람들은 그 누구도 새로운 사이트의 존재에 관해 알지 못한다.

나는 완료되지 않은 작업을 숨기는 방법으로 키스톤을 선호한다. 키스톤은 단순하고 직관적이며, 특별한 유지 보수나 디자인 작업이 필요하지 않다.

나는 완료되지 않은 작업을 숨기는 방법으로 키스톤을 선호한다.

피처 플래그

피처 플래그는 키스톤과 같지만 주석이 아니라 코드를 이용해 가시성을 통제한다는 점이 다르다. 일반적으로 피처 플래그는 단순한 if문이다.

인증 예시에서 이야기를 계속해 보자. 나는 새로운 인증 인프라스트럭처를 로그인 버튼에 연결하지 않고 프로그래밍했다. 버튼과 연결하기 전에 프로덕션에서 테스트를 해야 한다. 서드 파티 시스템과 내 시스템 사이에 복잡한 상호작용이 진행되기 때문이다. 하지만 테스트를 마치기 전에는 사용자들이 새로운 로그인을 이용하지 않게 하고 싶다.

나는 이 딜레마를 피처 플래그로 해결했다. 이전 사용자들은 이전 버전의 로그인, 나는 새로운 로그인을 본다. 이를 수행하는 코드는 다음과 같다(Node.js).

```
if (siteContext.useAuth0ForAuthentication()) {
  // 새로운 Auth0 HTML
}
else {
  // 이전 Persona HTML
}
```

이 변경의 일환으로 새로운 이메일 검증 페이지를 구현해야 했다. 이 페이지는 기존 사용자에게는 노출되지 않지만, URL을 직접 입력하면 여전히 접근할 수 있었기 때문에 피처 플래그를 사용해 사용자를 다른 곳으로 리다이렉트시켰다.

```
httpGet(siteContext) {
  if (!siteContext.useAuth0ForAuthentication()) return redirectToAccountPage();
  .
  .
  .
}
```

피처 플래그는 실제 코드다. 나머지 코드와 마찬가지로 품질에 동일하게 주의를 기울여야 한다. 예를 들어 이메일 검증 페이지는 다음과 테스트를 가진다.

```
it("redirects to account page if Auth0 feature flag is off", function() {
  const siteContext = createContext({ auth0: false });
  const response = httpGet(siteContext);
  assertRedirects(response, "/v3/account");
});
```

피처 플래그가 더 이상 필요하지 않은 경우 반드시 제거해야 한다. 제거하는 것을 잊기 쉬운데, 이것이 내가 피처 플래그보다 키스톤을 선호하는 이유이기도 하다. 기억하는 데 도움이 되도록 팀 달력에 알림을 설정하거나 팀의 계획에 '플래그 제거' 스토리를 추가할 수도 있다. 어떤 팀은 플래그 코드에 만료 날짜가 지나면 경고를 로그로 남기거나 테스트가 실패하도록 프로그래밍하기도 한다.

코드에서는 플래그가 활성화됐음을 어떻게 알 수 있는가? 다시 말해 useAtuh0ForAuthentication()을 어디에 구현해야 하는가? 선택지는 다양하다.

애플리케이션 구성

애플리케이션 구성application configuration은 피처 플래그를 제어하는 가장 직관적인 방법이다. 애플리케이션 구성은 상수, 환경 변수, 데이터베이스, 여러분이 원하는 모든 곳에서 플래그 상태를 가져올 수 있다. 상수가 가장 간단하기 때문에 나는 이를 가장 선호한다 환경 변수나 데이터베이스를 이용하면 기계-대-기계 기반으로 플래그를 활성화/비활성화 할 수 있어 점진적 릴리스를 할 수 있다.

사용자 환경 구성

로그인한 사용자가 누구인지에 따라 플래그를 활성화하고 싶다면, 사용자 또는 계정 추상화와 연결된 권한으로 만들어라. 예를 들어 user.privileges.logsInWithAuth0() 같이 정의할 수 있다. 이를 이용해 사용자의 하위셋에 기반하거나 테스트 아이디어의 목적으로 릴리스 피처를 선택해 점진적 릴리스를 수행할 수도 있다.

피처 플래그는 구현하기 쉽지만 관리는 복잡해질 수 있다. 점진적 릴리스와 사용자 세분화를 시작하게 되면, 이들을 관리하기 위한 많은 도구와 서비스를 살펴보는 것이 좋을 것이다.

피처 플래그와 사용자 접근 제어를 혼동하지 말라. 피처 플래그를 이용해 사용자로부터 피처를 숨길 수는 있지만, 피처 플래그는 해당 피처에 접근할 수 있는 사용자로부터 **일시적으로** 새로운 피처를 숨기는 방법이다. 반대로 사용자 접근 제어는 해당 사용자가 **절대로** 접근해서는 안 되는 피처를 숨기는 기능이다. 이 둘은 사용자 권한을 이용해 구현될 수 있지만 별도로 관리돼야 한다.

> 피처 플래그는 일시적으로 새로운 피처를 숨기는 방법이다.

예를 들어 기업 고객을 위한 새로운 화이트 라벨링 피처를 만들었다면, 피처 플래그를 이용해 점진적으로 해당 기능을 기업 고객에게 릴리스할 수 있다. 하지만 **동시에** 사용자 권한을 구현해 기업 고객에게만 제한된 접근을 허용할 수 있다. 이렇게 함으로써 피처 플래그 코드가 제거되더라도 기업 고객은 해당 피처에 접근 가능한 유일한 사용자가 되며, 잘못된 사용자들에게 실수로 해당 기능이 활성화될 위험이 없어진다.

시크릿

경우에 따라 플래그를 케이스에 따라 활성화하고 싶지만, 사용자에 대한 권한을 연결할 수 없는 경우도 있다. 예를 들어 내가 만든 인증 전환 과정에서 내가 실제로 로그인하기 전에 새로운 로그인 버튼을 활성화할 필요가 있었다.

이런 경우에는 시크릿을 이용해 플래그를 활성화할 수 있다. 클라이언트 기반 애플리케이션의 경우에는 파일시스템 안의 특수 파일 형태로 시크릿을 얻을 수 있다. 서버 기반 애플리케이션의 경우 쿠키나 다른 요청 헤더를 시크릿으로 이용할 수 있다. 나 역시 인증 플래그에 같은 기법을 적용했다. 나는 관리자가 로그인했을 때만 설정되는 시크릿 쿠키를 확인하도록 코드를 프로그래밍했다.

시크릿 기반 플래그는 구성 기반 플래그보다 위험하다. 시크릿이 유출되면 누구나 해당 피처를 활성화할 수 있다. 또한 설정이나 통제가 어렵다. 그래서 나는 이들을 최후의 수단으로만 이용한다.

전제 조건

누구나 키스톤을 사용할 수 있다. 피처 플래그는 자칫 너무 방대해져 통제를 벗어날 위험이 있으므로, 팀은 피처 플래그의 디자인과 제거에 주의를 기울여야 한다. 이들이 조합될 때는 더욱 그렇다. 집단 코드 오너십과 반영적 디자인이 도움이 된다.

함께 보기

집단 코드 오너십(p.496)
반영적 디자인(p.650)

기능에 대한 사용자 접근을 제어하는 권한에 있어 표면적으로는 유사하지만 피처 플래그는 일시적이다. 적절한 사용자 접근 제어를 대신할 목적으로 피처 플래그를 이용하지 말라.

지표

키스톤과 피처 플래그를 잘 이용한다면:

- ☐ 팀은 불완전한 코드를 포함한 소프트웨어를 배포할 수 있다.
- ☐ 릴리스는 기술적 의사 결정이 아닌 비즈니스 의사 결정이다.
- ☐ 플래그 관련 코드는 깨끗하고, 잘 디자인돼 있고, 잘 테스트돼 있다.
- ☐ 플래그와 관련 코드는 해당 피처가 릴리스된 뒤 삭제된다.

대안과 실험

피처 브랜치는 키스톤과 피처 플래그의 일반적인 대안이다. 새로운 피처에 대한 작업을 시작하면 브랜치를 만들고, 피처가 완성돼야만 브랜치를 다시 병합한다. 이것은 완료되지 않은 변경 사항을 고객의 손에 닿지 않도록 보호하는 데 효과적인 방법이지만, 상당한 리팩터링이 필요하고 이는 병합 충돌을 일으킨다. 이 전략은 낮은 비용을 유지하기 위해 리팩터링과 반영적 디자인에 의존하는 **전달하기** 팀에게는 적합하지 않은 선택이다.

함께 보기

리팩터링(p.598)
반영적 디자인(p.650)

키스톤은 매우 단순해서 실험을 위한 여지를 많이 남기지 않는다. 반면 피처 플래그는 탐색에 최적화돼 있다. 구조화된 피처 플래그와 깔끔한 디자인을 유지할 수 있는 방법을 찾아라. 플래그를 이용해 어떻게 새로운 비즈니스 역량을 제공할 수 있을지 고려하라. 예를 들어 피처 플래그는 주로 소프트웨어의 다른 버전을 다른 사용자에게 보여주는 A/B 테스트에 이용되며, 그 결과에 따라 의사 결정을 내린다.

실험할 때는 단순한 것이 항상 더 낫다는 점을 기억하라. 키스톤은 값싼 트릭처럼 보일 수 있지만 매우 효과적이며, 코드를 깨끗이 유지할 수 있다. 피처 플래그는 여러분의 통제에서 쉽게 벗어난다. 가능하다면 단순한 솔루션을 고집하라.

더 읽을거리

마틴 파울러는 키스톤에 관해 [Flower2020a]에서 더 자세히 설명한다.

피트 호지슨^{Pete Hodgson}은 [Hodgson2017]에서 피처 플래그에 관해 매우 철저한 논의를 제시한다.

지속적인 배포

<table>
<tr><td align="center">대상</td></tr>
<tr><td align="center">프로그래머, 운영</td></tr>
</table>

최신 코드는 프로덕션에 있다.

지속적인 통합을 이용한다면 팀은 릴리스에 관한 대부분의 리스크를 제거했을 것이다. 올바르게 이용했다면, 지속적인 통합이란 팀이 언제든 릴리스할 준비가 돼 있음을 의미한다. 코드는 테스트됐고, 배포 스크립트도 검증했다.

한 가지 리스크 요인은 남아 있다. 실제 프로덕션 서버에 소프트웨어를 배포해야만 실제로 소프트웨어가 작동한다. 환경, 트래픽, 사용량의 차이는 아무리 신중하게 테스트된 소프트웨어에서도 모두 실패로 이어질 수 있다.

<table>
<tr><td>함께 보기</td></tr>
<tr><td>지속적인 통합(p.550)</td></tr>
</table>

지속적인 배포는 이 리스크를 해결한다. 지속적인 배포는 지속적인 통합과 같은 원칙을 따른다. 작은 조각을 자주 배포함으로써 큰 변경이 초래할 수 있는 문제의 리스크를 줄이고, 문제가 발생했을 때 이를 쉽게 찾고 수정한다.

지속적인 배포는 유창한 **전달하기** 팀을 위한 가치 있는 프랙티스이지만 선택적이다. 팀이 아직 해당 플루언시를 개발하는 중이라면 우선 다른 프랙티스에 집중하라. 테스트 환경으로의 자동화된 배포를 포함한 지속적인 통합(일부에서 '지속적인 전달continuous delivery이라 부르는)을 완전히 도입한다면 거의 비슷한 이익을 얻을 수 있을 것이다.

지속적인 배포를 이용하는 범법

지속적인 배포는 어렵지는 않지만 많은 전제조건이 있다.

함께 보기

제로 프릭션(p.536)
지속적인 통합(p.550)
버그 없음(p.708)
피처 플래그(p.680)
운영을 위한 빌드(p.667)

- ☐ 자동으로 코드를 배포하는 제로 프릭션, 제로 다운타임 배포 스크립트를 만들어라.

- ☐ 지속적인 통합을 이용해 코드를 항상 릴리스할 수 있게 유지하라.

- ☐ 수동 테스트 없이 소프트웨어를 배포할 수 있을 정도로 품질을 개선하라.

- ☐ 피처 플래그나 키스톤을 이용해 배포와 릴리스를 분리하라.

- ☐ 배포 실패를 팀에게 알릴 수 있는 모니터링을 빌드하라.

이 전제 조건이 모두 충족된다면 지속적인 배포를 활성화하는 것은 지속적인 통합 스크립트 안에서 배포를 실행하는 것에 지나지 않는다.

배포 스크립트의 세부 내용은 여러분이 속한 조직에 따라 다르다. 여러분의 팀원 중 무엇이 필요할지 이해하는 운영 스킬을 가진 사람이 있어야 한다. 그렇지 않다면 운영 부문에 도움

함께 보기

전체 팀(p.130)

을 요청하라. 직접 만들 것이라면 『Continuous Delivery』(에이콘출판, 2013)와 『데브옵스 핸드북』(에이콘출판, 2018)이 좋은 참고가 될 것이다[Humbl2010][Kim2016].

배포 스크립트는 100% 자동화돼야 한다. 통합될 때마다 배포를 해야 하며, 하루에도 몇 번씩 심지어 한 시간에 여러 차례 수행될 것이다. 수작업은 지연과 에러의 원인이 된다.

배포 실패 감지하기

배포가 실패할 경우 모니터링 시스템에서 경고를 내보내야 한다. 최소한 에러 증가 또는 성능 저하를 포함해야 하지만, 사용자 가입률 같은 비즈니스 지표도 확인할 수 있어야 한다. 배포 스크립트가 배포 중 네트워크 실패 같은 에러도 감지할 수 있도록 프로그래밍하라. 배포가 완료되면 스크립트가 배포된 커밋에 '성공' 또는 '실패' 같은 태그를 남기도록 만들어라.

실패의 영향을 줄이기 위해서는 **카나리아 서버**^{canary server}라 불리는 일부 서버에 배포하고, 자동으로 오래된 배포와 새 배포의 메트릭을 비교할 수 있다. 이들이 크게 다르다면 경고를 울리고 배포를 중단하라. 많은 프로덕션 서버로 구성된 시스템에서는 카나리아 서버를 여러 단계로 구성할 수도 있다. 예를 들어 10%, 50%, 전체 서버로 배포하는 방식도 가능하다.

배포 실패 해결하기

지속적인 배포의 장점 중 하나는 배포의 리스크를 줄일 수 있다는 점이다. 각 배포에서 변경된 양은 몇 시간 정도의 작업일 뿐이므로 그 영향이 적다. 뭔가 잘못되면 다른 시스템에 영향을 주지 않고 변경 내용을 되돌릴 수 있다.

배포가 잘못된다면 즉시 '라인을 멈추고' 팀 전체가 해당 문제를 해결하는 데 집중하라. 전형적으로 이는 해당 배포를 롤백하는 것을 포함한다.

라인을 멈춰라

배포가 실패하면 **라인을 멈춰라**. 모든 구성원이 작업을 중단하고 프로덕션의 문제를 해결하는 데 집중한다. 이렇게 함으로써 에러가 점점 복잡해지는 것을 방지한다.

다음은 실패한 배포를 수정하는 데 필요한 단계를 요약한 것이다.

1. 라인을 멈춘다.
2. 프로덕션 환경을 롤백한다.
3. 코드 저장소에서 배포된 변경을 되돌린다. 통합하고 배포한다.

---

4. 팀별로 실패한 코드를 수정하는 태스크를 만든다.

5. 라인을 재개한다.

6. 수정 프로그램을 배포한 뒤 사건 분석 세션을 진행한다.

롤백과 배포

시스템을 이전의 작동 상태로 되돌리는 것에서 시작하라. 이 단계는 일반적으로 이전에 배포된 코드와 구성을 원래대로 되돌리는 **롤백**rollback을 포함한다. 이렇게 하기 위해서는 각 배포를 버전 관리 시스템에 보관하거나, 가장 최근 배포본의 사본만 보관할 수 있다.

롤백을 사용하게 설정하는 가장 간단한 방법의 하나는 **블루/그린 배포**blue/green deployment를 이용하는 것이다. 이를 위해서는 두 개의 프로덕션 환경 사본을 만들고, 임의로 '블루'와 '그린' 라벨을 붙이고 시스템의 트래픽 경로를 두 개 중 하나의 환경으로 설정한다. 각 배포는 두 환경 간에 번갈아 가며 진행되며, 이를 이용하면 트래픽 경로를 변경하는 것만으로 이전 환경으로 롤백할 수 있다.

예를 들어 '블루'가 서비스 중이라면 '그린'에 배포한다. 배포가 완료되면 '블루'로 보내는 트래픽을 '그린'으로 보낸다. 배포가 실패하면 트래픽을 다시 '블루'로 보내는 것만으로 롤백이 완료된다.

종종 롤백 자체도 실패할 수 있다. 이는 데이터 오염 문제 또는 구성의 문제일 수 있다. 둘 중 어떤 것이 원인이든 문제가 해결될 때까지 모두 처리해야 한다. 『사이트 신뢰성 엔지니어링Site Reliability Engineering』(제이펍, 2018)의 12~14장에서는 이런 사고에 대응하는 방법에 관해 실질적인 가이드를 제공한다[Beyer2016].

배포를 수정하라

잘못된 배포를 롤백하면 일반적으로 즉각적인 프로덕션 문제를 해결할 수 있지만, 팀이 할 일은 끝나지 않았다. 근본적인 문제를 고쳐야 한다. 첫 번째 단계는 통합 브랜치를 정상 작동 상태로 되돌리는 것이다. 이 단계는 아직 문제를 해결하려는 것이 아니라, 코드와 프로덕션 환경을 다시 동기화하는 것뿐이다.

코드 저장소의 변경을 되돌려 통합 브랜치를 실제 프로덕션에 있는 것과 일치하도록 하라. git에서 merge 커밋을 이용한다면 통합 커밋에서 git revert 명령어를 실행해 되돌릴 수 있다. 다음으로 일반적인 지속적인 통합 프로세스를 통해 되돌린 코드를 통합하고 배포한다.

되돌린 코드를 배포하는 과정은 아무런 문제없이 진행된다. 이미 실행 중인 동일한 코드를 배포하는 것이기 때문이다. 이 과정은 매우 중요하다. **다음** 배포가 정상 작동 상태에서 시작됨을 보장하기 때문이다. 또한 이 두 번째 배포에서 문제가 발생한다면 문제의 원인은 코드가 아닌 배포에 있는 것으로 그 범위가 좁혀진다.

정상 작동 상태로 돌아갔다면 이제 근본적인 실수를 수정할 수 있다. 문제를 디버깅하는 태스크를 만들어라. 일반적으로 배포한 사람이 수정할 것이다. 그리고 모든 구성원은 하던 일로 돌

함께 보기
사건 분석(p.728)

아갈 수 있다. 문제를 해결했다면 사건 분석 세션^{incident analysis session}을 열고 향후 이런 유형의 배포 문제를 예방하는 방법을 학습하라.

대안: 계속 수정하라

어떤 팀은 롤백 대신 **계속 수정하기**^{fix forward}를 이용한다. 이 팀은 git revert 명령어를 실행해 신속하게 수정한 후 다시 배포한다. 이 접근 방식의 장점은 일반적인 배포 스크립트를 이용해 문제를 수정할 수 있다는 점이다. 롤백 스크립트는 오래될 수 있고, 가장 필요할 때 실패를 일으킬 수도 있다.

반면 심지어 테스트를 비활성화하도록 선택할 수 있다 하더라도(반드시 좋은 아이디어는 아니다) 배포 스크립트는 느린 경향이 있다. 잘 실행된 롤백 스크립트는 몇 초 이내에 완료된다. 계속 수정하기는 몇 분 정도 소요된다. 장애 발생 중에는 1초가 소중하다. 이런 이유로 나는 그 단점에도 불구하고 롤백을 선호한다.

점진적 릴리스

변경 사항이 크거나 위험한 경우에는 사용자에게 보이기 전에 프로덕션에서 코드를 실행하라. 이것은 피처 플래그와 유사하지만, 새로운 코드를 실제로 다뤄본다는 점이 다르다(피처 플래

함께 보기

피처 플래그(p.680)

그는 숨겨진 코드가 실행되는 것을 막기 위한 것이다). 추가 안전 확보를 위해 한 순간에 사용자 일부에게만 피처를 점진적으로 릴리스할 수 있다.

『데브옵스 핸드북The DevOps Handbook』에서는 이를 **다크 런치**dark launch라 부른다[Kim2016]. 12장에서는 페이스북이 이 접근 방식을 이용해 페이스북 챗Facebook Chat을 릴리스한 예시를 소개했다. 챗 코드는 클라이언트에 로드되고, 백엔드 서비스로 보이지 않는 테스트 메시지를 보낸다. 이를 이용해 해당 기능을 고객에게 출시하기 전에 부하 테스트를 할 수 있었다.

데이터 마이그레이션

데이터베이스 변경은 롤백할 수 없으며, 최소한 데이터 유실의 위험이 있다. 그렇기 때문에 데이터 마이그레이션은 특별한 주의가 필요하다. 데이터 마이그레이션은 점진적 릴리스를 수행하는 것과 비슷하다. 먼저 배포한 다음 마이그레이션한다. 이 과정은 세 단계로 진행된다.

1. 기존 스키마와 새로운 스키마를 모두 인식하는 코드를 배포한다. 데이터 마이그레이션 코드를 동시에 배포한다.

2. 배포에 성공했다면 데이터 마이그레이션 코드를 실행한다. 수동으로 시작하거나 배포 스크립트의 일부로 자동 실행할 수 있다.

3. 마이그레이션이 완료되면 수동으로 기존 스키마를 인식하는 코드를 삭제한 뒤 다시 배포한다.

데이터 마이그레이션과 개발을 분리함으로써 각 배포가 실패했을 때 데이터 유실 없이 롤백할 수 있다. 마이그레이션은 프로덕션에서 새 코드의 안정성이 확인된 후에만 진행

된다. 배포 중 데이터를 마이그레이션하는 것보다 약간 복잡하지만 더 안전하며 다운타임 없이 배포할 수 있다.

대용량 데이터의 마이그레이션은 더욱 특별한 주의가 필요하다. 데이터를 마이그레이션하는 동안에도 프로덕션 시스템은 동작을 유지해야 하기 때문이다. 이런 유형의 마이그레이션을 할 때는 성능상의 이유로 비율 제한기를 사용해 점진적으로 마이그레이션 코드를 작성하며, 두 스키마를 동시에 이용한다. 예를 들어 여러분이 데이터를 한 테이블에서 다른 테이블로 옮기는 경우, 데이터를 읽거나 업데이트할 때는 두 테이블을 모두 참조할 수 있지만, 데이터를 삽입할 때는 새 테이블만 이용해야 한다.

마이그레이션을 완료한 뒤에는 오래된 코드를 제거해서 코드를 깨끗하게 유지하는 것을 잊지 말라. 마이그레이션에 몇 분 이상이 필요하다면 팀의 태스크 플랜에 알림을 추가하라. 매우 오랜 시간이 걸리는 마이그레이션이라면 팀 달력에 알림을 남

<table>
<tr><td>함께 보기</td></tr>
<tr><td>태스크 플래닝(p.307)</td></tr>
<tr><td>시각적 계획하기(p.258)</td></tr>
</table>

기거나, 팀의 비주얼 플랜에 "데이터 마이그레이션을 완료한다."는 스토리를 추가한다.

이 3단계 마이그레이션 프로세스는 외부 상태의 모든 변경에 적용된다. 데이터베이스는 물론 환경 구성 설정, 인프라스트럭처 변경, 서드 파티 서비스 변경 등이 포함된다. 외부 상태가 관련돼 있다면 매우 주의하라. 에러가 발생했을 때 되돌리기 어렵기 때문이다. 일반적으로 크게 가끔 변경하는 것보다 작게 자주 변경하는 것이 더 좋다.

전제 조건

지속적인 배포를 이용하려면 지속적인 통합에 엄격하게 접근해야 한다. 하루에도 여러 차례 통합하고 정상 작동하는 배포 준비된 빌드를 매번 만들어야 한다. 여기에서 '배포 준비된 deploy-ready'이란 완료되지 않은 피처를 사용자에게 숨기고, 코드는 수동 테스트가 필요하지 않은 상태를 말한다. 마지막으로 배포 프로세스는 완전히 자동화돼 배포 실패를 자동으로 감지할 수 있어야 한다.

<table>
<tr><td>함께 보기</td></tr>
<tr><td>지속적인 통합(p.550)</td></tr>
<tr><td>피처 플래그(p.680)</td></tr>
<tr><td>버그 없음(p.708)</td></tr>
<tr><td>제로 프릭션(p.536)</td></tr>
<tr><td>운영을 위한 빌드(p.667)</td></tr>
</table>

지속적인 배포는 배포가 사용자에게 보이지 않을 때만 그 의미가 있다. 실제로는 백엔드 시스템과 웹 기반 프론트엔드를 의미한다. 데스크톱 및 모바일 프론트엔드, 임베디드 시스템 등은 일반적으로 지속적인 배포에 적합하지 않다.

지표

팀이 지속적으로 배포하면:

- ☐ 프로덕션에 배포하는 것은 아무런 스트레스가 없는 일상 업무가 된다.

- ☐ 배포 문제가 발생해도 쉽게 해결된다.

- ☐ 배포는 프로덕션 문제를 거의 일으키지 않는다. 그렇다 하더라도 빠르게 해결할 수 있다.

대안과 실험

지속적인 배포에 대한 일반적인 대안은 **릴리스 지향 배포**release-oriented deployment다. 무언가 릴리스할 수 있을 때만 배포하는 것이다. 지속적인 배포가 실제로 더 안전하고 안정적이지만, 전제 조건이 있기 때문에 처음에는 더 무섭게 들린다.

릴리스 지향 배포에서 곧바로 지속적인 배포로 전환할 필요는 없다. 천천히 진행하라. 완전히 자동화된 배포 스크립트를 작성하는 것에서 시작해, 지속적인 통합의 일환으로 스테이징 환경에 자동으로 배포하고, 마지막으로 지속적인 배포로 이동하라.

실험이라는 측면에서 지속적인 배포의 핵심 아이디어는 진행 중 업무를 최소화하고 피드백 루프의 속도를 높이는 것이다(진행 중 업무를 최소화하라(p.243)와 빠른 피드백(p.567) 참조). 피드백 루프의 속도를 높이고 배포에 필요한 시간을 줄이기 위해 할 수 있는 일이라면 무엇을 하든 올바른 방향으로 가고 있는 것이다. 추가로 릴리스 아이디어에 대한 피드백 루프의 속도를 높일 수 있는 방법도 찾아보라.

더 읽을거리

『데브옵스 핸드북^{The DevOps Handbook}』(에이콘출판, 2018): 풍부한 케이스 스터디 및 실제 사례와 함께 지속적인 배포를 포함한 데브옵스의 모든 측면을 깊이 다룬다[Kim2016].

"Migrating bajillions of database records at Stripe": 점진적인 데이터 마이그레이션에 관한 흥미진진한 예시를 소개한다[Heaton2015].

진화적 시스템 아키텍처

대상
프로그래머, 운영

내일을 희생하지 않으면서도 오늘 필요한 인프라스트럭처를 만든다.

'단순성(p.639)'에서 논의한 것처럼 단순성은 애자일의 중심이다. 유창한 **전달하기** 팀의 진화적 디자인에 대한 접근 방식에서 특히 두드러진다. 가능한 가장 단순한 디자인에서 시작해 점진적 디자인을 이용해 더 많은 기능을 쌓아 올리고, 반영적 디자인을 이용해 지속적으로 코드를 수정하고 개선한다.

함께 보기
단순한 디자인(p.638)
점진적 디자인(p.624)
반영적 디자인(p.650)

여러분의 시스템 아키텍처는 어떤가? 여기서 **시스템 아키텍처**란 배포된 시스템을 구성하는 컴포넌트를 의미한다. 팀에서 만든 애플리케이션과 서비스, 상호작용 방식, 네트워크 게이트웨이와 로드 밸런서, 심지어 서드 파티 서비스도 포함한다. **이것은** 어떤가? 거기에서 간단하게 시작해서 진화할 수 있는가?

그것이 바로 **진화적 시스템 아키텍처**^{evolutionary system architecture}이고, 나는 이것이 작은 시스템에서 잘 작동하는 것을 봤다. 하지만 시스템 아키텍처는 느리게 진화하기 때문에, 진화적 시스템 아키텍처에 관한 업계의 경험은 진화적 디자인의 그것만큼 깊지 않다. 언제 어떻게 적용할지는 여러분의 판단에 따르라.

NOTE 나는 시스템 아키텍처와 애플리케이션 아키텍처를 엄밀히 구분한다. **애플리케이션 아키텍처**는 코드의 디자인이며, 시스템의 다른 컴포넌트를 호출하는 방식에 관한 결정을 포함한다. 이에 관해서는 애플리케이션 아키텍처(p.630)에서 논의했다. 이번 프랙티스는 **시스템 아키텍처**에 관한 것이다. 시스템 아키텍처가 만들고 사용할 컴포넌트에 대한 결정과 컴포넌트 간의 상위 관계에 대해 설명한다.

정말 그것이 필요한가?

소프트웨어 산업은 대기업이 엄청난 문제를 해결한다는 이야기로 가득하다. 구글의 데이터베이스는 전 세계에 복제돼 있다. 넷플릭스는 데이터 센터를 폐쇄하고 모든 것을 클라우드로 옮겼다! 아마존은 모든 팀이 서비스를 공개하도록 명령했으며, 그렇게 함으로써 수십억 달러 규모의 아마존 웹 서비스^{Amazon Web Services} 비즈니스를 만들었다.

이런 성공 스토리를 따라 하고 싶은 유혹이 들겠지만, 이들 기업이 해결하는 문제는 여러분이 해결해야 할 문제와는 아마도 다를 것이다. 여러분이 구글, 넷플릭스, 아마존 같은 규모가 되기 전까지는... YAGNI, 여러분에겐 그것이 필요하지 않을 것이다.

유명한 프로그래밍 질의 응답 사이트인 스택 오버플로^{Stack Overflow}를 생각해 보자. 이들은 월 평균 13억 개의 웹페이지를 제공하며, 각 페이지의 렌더링은 19밀리초 이내이다. 어떻게 이를 가능하게 할까?[1]

- HAProxy 로드 밸런서 2대: 1대는 라이브, 1대는 페일오버용. 최대 초당 4,500 요청, CPU 가동률 18%

- IIS 웹서버 9개: 최대 초당 400 요청, CPU 가동률 12%

- 레디스 캐시 2대: 1대는 마스터, 1대는 복제용. 최대 초당 60,000 오퍼레이션, CPU 가동률 2%

- SQL 서버(스택 오버플로용 데이터베이스 서버) 2대: 1대는 동작, 1대는 대기. 최대 초당 11,000 쿼리, CPU 가동률 15%

- 추가 SQL 서버(스택 익스체인지^{Stack Exchange} 사이트용 서버) 2대: 1대는 동작, 1대는 대기. 최대 초당 12,800 쿼리, CPU 가동율 14%

---

[1]　스택 오버플로는 자신들의 시스템 아키텍처와 성능 통계를 공개했고, 닉 크레이버(Nick Craver)는 그들의 아키텍처에 관해 심도 있는 분석을 계속하고 있다[Craver2016]. 인용한 데이터는 2021년 5월 4일 기준 자료다.

- 태그 엔진 및 ElasticSearch 서버 3대: 커스텀 태그 엔진의 경우 분당 평균 3,644 리퀘스트 및 CPU 가동율 3%. ElasticSearch 서버의 경우 분당 평균 3400만 검색 및 CPU 가동율 7%

- SQL 서버(HTTP 요청 로깅용 데이터베이스 서버) 1대

- LogStack 서버(기타 로그용) 6대

- 여분 데이터 센터에 거의 유사한 시스템 하나(재해 복구용)

2016년 기준으로 이들은 스택 오버플로 사이트를 하루에 5~10번 배포했다. 전체 배포는 약 8분 정도 소요됐다. 현지화 및 데이터베이스 마이그레이션을 제외하고, 배포는 서버를 돌면서 HAProxy 순환에서 각각을 꺼내 파일을 복사하고 다시 순환에 넣는 작업이었다. 이들의 주요 애플리케이션은 단일 다중 테넌트 모노리스single multitenant monolith로 모든 질의 응답 웹사이트를 지원했다.

이것은 시스템 아키텍처에 관해서는 확실히 유행에 뒤떨어진 접근 방식이다. 컨테이너, 마이크로서비스, 자동 확장, 클라우드는 찾아볼 수도 없다. 약간의 강력한 랙 마운트 서버와 몇 가지 애플리케이션 및 파일을 복사하는 배포만으로 충분하다. 직관적이고 강력하며 잘 작동한다.

사람들이 복잡한 아키텍처를 제공하는 일반적인 이유 중 하나는 '확장scaling'이다. 스택 오버플로는 세계에서 가장 트래픽이 많은 웹사이트 50개 중 하나다.[2] 여러분의 아키텍처가 스택 오버플로보다 복잡한가? 만약 그렇다면… 정말 그래야 하는가?

단순성을 목표로 하라

맹목적으로 스택 오버플로의 아키텍처를 복제하라는 말이 아니다. 맹목적으로 누군가의 것을 복제하지 말라! **여러분이** 해결해야 하는 문제가 무엇인지 보라('더 인상적인 이력서'는 중요하지 않다). 이러한 문제를 해결할 수 있는 가장 단순한 아키텍처는 무엇인가?

---

2   스택 오버플로의 트래픽 순위는 2021년 5월 6일 alexa.com에서 인용했다.

이 질문에 접근하는 방식 중 하나는 세계를 이상적인 관점으로 보는 것에서 시작하는 것이다. 이 사고 실험은 기존 아키텍처는 물론 새 아키텍처에도 이용할 수 있다.

1. 이상적인 세상에서 시작하라

코드가 마치 마법처럼 완벽하게 코딩돼 있지만, 즉시 코딩되지는 않는다고 상상해 보라. 네트워크는 완전히 안정적이지만 네트워크 지연은 여전히 존재한다. 모든 노드는 무제한의 리소스를 갖고 있다. 컴포넌트의 경계를 어디에 둘 것인가?

보안, 규정, 지연 등으로 인해 컴포넌트를 별도의 서버 또는 지역으로 분리해야 할 수도 있다. 클라이언트측 처리와 서버측 처리를 구별할 수도 있다. 서드 파티 컴포넌트를 이용해 시간과 노력을 절약할 수도 있다.

2. 불완전한 컴포넌트와 네트워크를 도입하라

이제 완벽한 컴포넌트와 네트워크라는 가정을 버려라. 컴포넌트는 실패하고 네트워크는 끊어진다. 이제 중복^{redundancy}이 필요하다. 복제와 페일 오버를 처리하기 위해 필요한 컴포넌트다. 이런 요구사항을 충족시킬 수 있는 가장 간단한 방법은 무엇인가? 서드 파티 도구나 서비스를 이용해 이런 복잡성을 줄일 수 있는가? 예를 들어 스택 오버플로는 중복된 전원 공급 장치 및 발전기에 신경을 써야 한다. 여러분이 클라우드 제공자를 이용한다면 그것은 여러분의 문제가 아니라 그들의 문제다.

3. 리소스를 제한하라

다음으로 무한한 리소스라는 가정을 제거하라. 여러분은 로드 밸런싱을 위한 컴포넌트와 함께 부하를 처리할 몇 개의 노드가 필요할 것이다. CPU 집중적인 작업을 자체 컴포넌트로 분할하고, 이를 공급하기 위한 대기열^{queue}을 도입해야 할 수도 있다. 공유 캐시와 이를 채우는 방법이 필요할 수도 있다.

단 주의하라. 여러분은 미래의 부하를 **예측하고 있는가?** 아니면 현실에서의 사용과 경향에 따라 실제 문제를 해결하고 있는가? 더 성능이 좋은 하드웨어를 이용하

> 여러분은 미래의 부하를 예측하고 있는가? 아니면 실제 문제를 해결하고 있는가?

거나 미래의 부하를 처리하기 위해 기다림으로써 아키텍처를 단순화할 수 있는가?

4. 사람과 팀을 고려하라

마지막으로 이상적인 코딩을 제거하라. 누가 각 컴포넌트를 코딩하는가? 그들은 서로 어떻게 협력하는가? 교차 팀이 커뮤니케이션하기 쉽도록 컴포넌트를 분할해야 하는가? 혹은 특정한 컴포넌트의 복잡성을 제한해야 하는가? 이런 제약을 어떻게 단순화할 수 있을지 생각하라.

복잡성 제어하기

어느 정도의 아키텍처 복잡성은 필요하다. 로드 밸런싱이나 컴포넌트 오류에 대해 걱정할 필요가 없다면 시스템은 더 간단할 수 있지만, 이런 사항에 관해서는 걱정해야 한다. 프레드 브룩스^{Fred Brooks}가 그의 유명한 에세이 『은 총알은 없다: 소프트웨어 공학의 본질과 부차적 문제^{No Silver Bullet: Essence and Accident in Software Engineering}』(케이앤피북스, 2007)에서 쓴 것처럼 어느 정도의 복잡성은 **필수적이며** 제거할 수 없다[Brooks1995].

그러나 다른 복잡성은 **우연한 것이다**. 때로 여러분은 큰 컴포넌트를 작은 컴포넌트로 나눈다. 이는 여러분이 풀고 있는 문제의 핵심적인 부분 때문이 아니라 그저 사람이 읽기 쉽게 하기 위함이다. 우연한 복잡성은 제거할 수 있거나 적어도 줄일 수 **있다**.

진화적 디자인

컴포넌트를 분할하는 가장 일반적인 이유는 '큰 진흙 덩어리'를 방지하기 위한 것이다. 작은 컴포넌트는 간단하고 유지보수하기가 쉽다.

안타깝게도 이것도 복잡성을 **줄이지** 않는다. 복잡성을 애플리케이션 아키텍처에서 시스템 아키텍처로 **옮길 뿐이다**. 사실 큰 컴포넌트 하나를 여러 작은 컴포넌트로 나누면 전체 복잡도는 **증가하는** 경향을 보인다. 개별 컴포넌트를 이해하기는 쉽지만, 컴포넌트 간 상호작용은 이해하기 어려워진다. 에러 추적은 어려워지고, 리팩터링도 어려워진다. 분산된 트랜잭션은 완전히 피해야 할 대상이다.

> 작은 컴포넌트는 전체적인 복잡성을 증가시키는 경향이 있다.

진화적 디자인을 이용하면 컴포넌트를 분할할 필요성을 줄일 수 있다. 또한 큰 진흙 덩어리가 아닌 큰 컴포넌트를 만들 수도 있다.

함께 보기

단순한 디자인(p.638)
점진적 디자인(p.624)
반영적 디자인(p.650)

자기 규율

컴포넌트를 분할하는 또 다른 이유는 고립을 제공하기 위함이다. 한 컴포넌트가 다양한 데이터 타입에 대한 책임을 지면 데이터가 함께 얽히기 때문에, 나중에 리팩터를 하기가 어렵게 된다.

물론 데이터가 얽혀야 하는 본질적인 이유는 없다. 이는 디자인상의 결정일 뿐이며, 고립된 컴포넌트를 디자인할 수 있다면 한 컴포넌트 안에서 고립된 모듈을 디자인할 수 있다. 각 모듈이 별도의 데이터베이스를 이용하도록 할 수도 있다. 네트워크 호출이 마법처럼 좋은 디자인을 만드는 것과는 다르다!

그러나 네트워크 호출은 고립을 **강요한다**. 네트워크를 사용해서 고립을 하지 않는다면 대신 자기 훈련을 한 팀이 필요하다. 집단 코드 오너십, 페어링 또는 모빙, 활력이 넘치는 작업이 도움이 될 것이다. 그리고 반영적 디자인을 이용해 실수를 고칠 수 있다.

함께 보기

집단 코드 오너십(p.496)
페어 프로그래밍(p.505)
몹 프로그래밍(p.520)
활력 넘치는 업무(p.215)
반영적 디자인(p.650)

신속한 배포

큰 컴포넌트는 종종 배포하기 어렵다. 내 경험상 배포 자체가 어렵다기보다 컴포넌트가 배포되기 전에 실행돼야 하는 빌드와 테스트가 그렇다. 컴포넌트를 수동으로 직접 테스트해야 한다면 이는 더욱 확실해진다.

제로 프릭션 빌드를 만들고, 테스트 주도 개발과 지속적인 통합을 도입하고, 빠르고 신뢰할 수 있는 테스트를 만들어 이 문제를 해결하라. 여러분의 **빌드**와 **테스트**가 빠르다면 단지 배포를 쉽게 만들기 위해 컴포넌트를 분할할 필요는 없다.

함께 보기

제로 프릭션(p.536)
테스트 주도 개발(p.564)
지속적인 통합(p.550)
빠르고 신뢰할 수 있는 테스트(p.587)

수직적 확장

콘웨이의 법칙에 따르면 조직은 그들의 조직도를 전달하는 경향이 있다. 많은 조직은 기본적으로 수평적으로 확장하며(6장 참조), 결과적으로 작고 고립된 팀을 형성한다. 그리고 그에 상응하는 작은 컴포넌트가 필요하다.

수직적 확장은 여러분의 팀이 동일한 컴포넌트에 대해 함께 작업할 수 있게 한다. 여러분이 팀에 맞춰 아키텍처를 디자인하는 것이 아니라 해결하는 문제에 맞춰 아키텍처를 디자인하는 능력을 준다.

시스템 아키텍처 리팩터링

대단히 유명한 대기업에서 일하는 지인이 있다. 하향식 아키텍처 요구 때문에 3명의 프로그래머로 구성된 그의 팀은 21개의 별도 서비스를 관리했다(한 서비스당 하나의 엔티티만 통제했다). 21개다! 잠시 시간을 내어 그들의 팀이 코드를 어떻게 단순화할 수 있을지에 관해 생각했다.

- 원래 그의 팀은 각 서비스를 별도의 git 저장소에 보관해야 했다. 팀은 서비스를 단일 저장소monorepo에 결합할 수 있는 허가를 받았다. 이렇게 함으로써 팀은 중복된 직렬화/비직렬화 코드를 제거하고, 리팩터링을 극적으로 쉽게 만들었다. 이전에는 하나의 변경을 16개의 저장소에 16개의 커밋을 해야 했지만, 이제 한 번의 커밋으로 충분하다.

- 몇 가지 예외를 제외하고 그의 팀이 담당하는 서비스의 CPU 요구사항은 최소한이다. 조직 전체에 걸친 서비스 로케이터 덕분에 서비스는 엔드포인트를 변경하지 않고도 단일 컴포넌트로 결합될 수 있다. 이로 인해 팀은 저 적은 수의 가상 머신에 배포할 수 있어 클라우드 이용 비용을 낮췄다, 네트워크 호출을 함수 호출로 대체해 응답 속도를 높였다. 또한 종단 간 테스트를 단순화함으로써 배포를 더 쉽고 빠르게 만들었다.

- 그의 팀이 개발하는 서비스의 절반은 팀 안에서만 이용된다. 각 서비스는 특정한 양의 보일러플레이트boilerplate와 오버헤드를 갖고 있다. 이 오버헤드는 내부 서비

스를 라이브러리로 바꾸면서 제거할 수 있다. 또한 이 과정에서 상당한 양의 종단 간 테스트도 제거할 수 있다.

무엇보다 그의 팀은 시스템 아키텍처를 간소화함으로써 수많은 비용과 개발 마찰을 줄일 수 있었다. 팀원들은 그럴 수 있는 권한을 얻어냈다.

나는 이런 유형의 시스템 레벨 리팩터링을 여러 가지로 상상할 수 있다. 안타깝게도 그들은 아직 이 책의 나머지 아이디어가 가진 풍부한 역사를 갖고 있지 않다. '마이크로리스 microlith' 리팩터링은 구체적으로 입증되지 않았다. 그렇기 때문에 자세한 설명 없이 간략한 스케치만 제공할 것이다. 따라야 할 레시피가 아니라 고려할 수 있는 일련의 아이디어라고 생각하라.

다중 저장소 컴포넌트 → 단일 저장소 컴포넌트

여러분의 팀이 다루는 컴포넌트가 여러 저장소에서 관리되고 있다면, 컴포넌트를 하나의 저장소로 모아서 일반적인 타입과 유틸리티를 위한 공유된 코드로 정리할 수 있다.

컴포넌트 → 마이크로리스

팀이 많은 컴포넌트를 소유한다면 기본 아키텍처를 동일하게 유지하면서 이들을 하나의 컴포넌트로 조합할 수 있다. 각 컴포넌트를 별도의 디렉터리 트리 아래 두고, 서버 대신 최상위 레벨 인터페이스 파일을 이용해 직렬화된 페이로드payload와 컴포넌트의 데이터 구조를 변환한다. 컴포넌트 사이의 네트워크 호출을 함수 호출로 대체하되, 아키텍처는 그대로 유지하라. 객체나 커스텀 타입 대신 프리미티브 데이터 타입을 이용하는 것도 포함한다.

나는 이 내부-프로세스 컴포넌트를 **마이크로리스**라 부른다.[3] [shore2020b]의 에피소드 21화에서 이 리팩터링의 예시를 확인할 수 있다. 모노리스를 이용하면 운영 복잡성을 높이지 않고 컴포넌트를 고립시킬 수 있다.

---

3   나는 이것을 마이크로리스라 부른다. 모놀리스와 마이크로서비스의 가장 좋은 점이 결합된 것으로 생각했기 때문이다. '마이크로리스'는 큰 돌을 깎아서 만든 작은 돌 도구를 가리키는 실제 단어이기도 하며, 주로 은유로 이용된다.

NOTE 마이크로리스 리팩터링은 가장 위험하다. 토이 프로젝트에만 이들을 적용해 봤다. 컴포넌트와 모듈 사이의 중간 단계를 제공하기 때문에 이들을 내용에 포함시켰다.

마이크로리스 → 모듈

마이크로리스는 강하게 고립돼 있다. 이들은 단일 프로세스 안에서 실행되는 효과적인 컴포넌트다. 이는 몇몇 복잡성과 오버헤드를 수반한다.

이런 강력한 고립이 필요하지 않다면 최상위 인터페이스 파일과 직렬화/비직렬화를 제거할 수 있다. 일반적으로 모노리스 코드라 부른다. 그 결과로 **모듈**을 얻는다(소스 코드 파일과 혼동하지 말라. 이들도 모듈이라 불린다).

모듈로 구성된 컴포넌트 하나를 일반적으로 **모듈러 모노리스**^modular monolith라 부른다. 그러나 모듈이 그저 모노리스만을 위한 것은 아니다. 모듈은 크기에 관계없이 어느 컴포넌트 안에서든 이용할 수 있다.

모듈 → 새로운 모듈

여러분의 모듈이 많은 모듈 사이의 디펜던시를 가진다면, 그들의 책임을 리팩터링해서 단순화할 수 있을 것이다. 이는 애플리케이션 아키텍처의 문제이지 시스템 아키텍처의 문제는 아니며(진화하는 애플리케이션 아키텍처에 관한 더 많은 내용은 애플리케이션 아키텍처(p.395)를 참조하라), 이는 더 큰 시스템 리팩터링의 중간 단계가 될 수 있기 때문에 여기에 포함시킨다.

큰 진흙 덩어리 → 모듈

엉망으로 변해버린 하나의 큰 컴포넌트가 있다면, 진화적 디자인을 이용해 점진적으로 이를 모듈로 바꾸고, 진행하면서 데이터를 분리하고 격리할 수 있다. 프라풀 토드카^Praful Todkar는 [Todkar2018]에서 이에 관한 훌륭한 예시를 소개한다. 이 역시 시스템 아키텍처가 아닌 애플리케이션 아키텍처의 문제.

> **함께 보기**
>
> 점진적 디자인(p.624)
> 반영적 디자인(p.650)

모듈 → 마이크로리스

강한 고립을 원하거나 큰 컴포넌트를 여러 작은 컴포넌트로 나누고 싶을 때는 하나의 모듈을 하나의 마이크로리스로 변환할 수 있다. 이렇게 하려면 최상위 인터페이스 파일을 도입하고, 복잡한 함수 파라미터를 직렬화한다.

마이크로리스를 별도 컴포넌트인 것처럼 다뤄라. 호출자는 최상위 인터페이스 파일을 통해서만 마이크로리스를 호출할 수 있으며, 인프라스트럭처 래퍼 뒤로 호출을 추상화해야 한다(서드 파티 컴포넌트(p.643) 참조). 마이크로리스의 코드는 유사하게 분리돼야 한다. 컴포넌트가 이용할 수 있는 일반적인 타입과 유틸리티 외에는 다른 컴포넌트 및 마이크로리스만 참조해야 하며, 이 때는 최상위 인터페이스를 통해야만 한다. 먼저 모듈을 컴포넌트와 더 유사하게 리팩터해야 할 수도 있다.

네트워크 호출은 함수나 메서드 호출보다 훨씬 느리고 불안정하다. 모듈을 마이크로리스로 변환해도 마이크로리스가 네트워크로 연결된 컴포넌트처럼 잘 작동한다는 보장은 없다. 이론적으로 마이크로리스는 네트워크 컴포넌트로 연결된 컴포넌트처럼 잘 작동하지만 최상위 API에서 1~2밀리초의 지연이 발생하거나, 심지어는 무작위로 실패하기도 한다. 사실 다소 우스꽝스럽게 들리지만 아직까지 나도 시도해본 적은 없다.

마이크로리스 → 컴포넌트

마이크로리스를 네트워크로 연결된 컴포넌트처럼 충분히 이용할 수 있다면 이를 컴포넌트로 변경하는 것은 매우 직관적이다. 최상위 API 파일을 서버로 바꾸고, 호출자가 네트워크 호출을 이용하도록 변환하면 된다. 호출을 인프라스트럭처 래퍼 뒤로 고립하는 방법을 기억한다면 이는 대단히 쉽다.

마이크로리스를 컴포넌트로 변환할 때는 호출자가 새로운 컴포넌트에 필요한 에러 처리, 타임아웃, 재시작, 지수 백오프, 배압backpressure 등을 포함해 운영 및 인프라스트럭처 변경을 모두 도입해야 한다. 대단히 많은 작업이 필요하며, 이는 네트워킹 비용이다.

모듈 → 컴포넌트

마이크로리스를 이용하는 대신 모듈을 곧바로 컴포넌트로 변경할 수도 있다. 이는 코드를 추출해 수행할 수 있지만, 나는 종종 모듈을 다시 작성하는 사람들을 보기도 했다. 이것은 큰 진흙 덩어리를 리팩터링할 때 일반적으로 쓰는 전략이다. 왜냐하면 모듈의 코드는 종종 유지할 가치가 없기 때문이다. [Todkar2018]에서 이 접근 방식을 시연한다.

단일 저장소 컴포넌트 → 다중 저장소 컴포넌트

여러 컴포넌트를 같은 디렉터리 안에 갖고 있다면, 이들을 별도 저장소로 추출할 수 있다. 이렇게 하는 한 가지 이유는 컴포넌트의 오너십을 다른 팀으로 옮기는 경우다. 공통 타입과 유틸리티를 복제해야 할 수도 있다.

복합 리팩터링

여러분은 일반적으로 이런 시스템 레벨 리팩터링을 함께 연결할 것이다. 예를 들어 내가 봤던 레거시 코드를 정리하는 가장 전통적인 접근 방식은 '큰 진흙 덩어리 → 모듈' 이후 '모듈 → 컴포넌트'였다. 물론 간단하게 '큰 진흙 덩어리 → 모듈 → 컴포넌트'로 해도 된다.

컴포넌트를 결합하는 작업은 앞의 과정을 거의 반대로 한 것과 같다. 다중 저장소 컴포넌트 → 단일 저장소 컴포넌트 → 마이크로리스 → 모듈

복잡한 책임이 있는 컴포넌트가 많다면 새로운 코드를 작성하는 대신 새로운 책임을 리팩터할 수도 있다. 컴포넌트 → 마이크로리스 → 모듈 → 새로운 모듈 → 마이크로리스 → 컴포넌트

전제 조건

팀이 소유한 컴포넌트에만 이 프랙티스의 아이디어를 활용할 수 있을 것이다. 다른 팀이 소유한 아키텍처 표준과 컴포넌트는 여러분이 직접 제어할 수 없지만, 필요한 변경을 수행하도

함께 보기

장애물 제거(p.480)

록 사람들에게 영향을 줄 수는 있을 것이다.

시스템 아키텍처에 대한 변경은 개발자들과 운영자들의 긴밀한 관계에 의존한다. 최고 부하와 예상된 증가량 등을 포함해 시스템에 현재 필요한 단순한 아키텍처를 함께 식별한다면, 요구사항이 변경됨에 따라 계속 조정해야 한다.

지표

여러분이 시스템 아키텍처를 잘 진화시킨다면:

- ☐ 작은 시스템은 작은 아키텍처가 있다. 큰 시스템은 다루기 쉬운 아키텍처가 있다.
- ☐ 시스템 아키텍처는 쉽게 설명하고 이해할 수 있다.
- ☐ 우연한 복잡성은 최소한으로 유지된다.

대안과 실험

사람들이 '진화적 시스템 아키텍처'라고 생각하는 많은 것이 실제로는 일반적인 진화적 디자인일 뿐이다. 예를 들어 한 컴포넌트를 데이터베이스를 이용해 다른 컴포넌트로 마이그레이션하는 것은 진화적 디자인의 문제다. 왜냐하면 이는 단일

> **함께 보기**
>
> 단순한 디자인(p.638)
> 점진적 디자인(p.624)
> 반영적 디자인(p.650)

컴포넌트 디자인에 관한 문제이기 때문이다. 한 컴포넌트를 서드 파티 라이브러리를 이용해 다른 컴포넌트로 마이그레이션하는 것도 마찬가지다. 이런 종류의 변경은 진화적 디자인 프랙티스, 즉 단순한 디자인, 점진적 디자인, 반영적 디자인을 이용해 처리할 수 있다.

진화적 **시스템** 아키텍처는 가능한 한 가장 단순한 시스템에서 시작해 필요에 따라 성장시키는 것이다. 이 아이디어는 아직 완전히 탐색되지 않았다. 여러분의 상황에 맞는 일부 프랙티스를 선택해 어디까지 추진할 수 있는지 확인해 보라. 목표는 개발자와 운영의 마찰을 줄이고, 문제 해결을 쉽게 하면서도 신뢰성과 유지보수성을 희생하지 않는 것이다.

더 읽을거리

『Building Evolutionary Architectures』(O'Reilly Media, 2023): 아키텍처 옵션에 관해 더 자세히 살펴본다. 내가 제시한 팀 레벨의 관점보다 아키텍트 레벨의 관점에서 논의한다 [Ford2017].

『Building Microservices』(O'Reilly Media, 2021): 마이크로서비스 아키텍처와 관련된 디자인 문제 및 트레이드 오프에 관해 명확하게 파악하고 잘 작성된 자료를 제공한다. 이 중 많은 부분이 일반적으로 시스템 아키텍처에 적용된다[Newman2021].

품질

많은 사람이 '품질^{quality}' = '테스트^{testing}'라고 생각한다. 그러나 애자일 팀은 품질을 다르게 취급한다. 품질은 테스트로 얻는 것이 아니라 안에서 만들어 내는 것이다. 코드 안이 아니라 전체 개발 시스템 안에서 만드는 것이다. 팀이 작업에 접근하는 방식, 사람들이 실수에 관해 생각하는 방식, 심지어 여러분의 조직이 팀과 상호작용하는 방식까지도 품질의 범주에 포함된다.

16장에서는 팀이 품질에 전념할 수 있도록 돕는 세 가지 프랙티스를 소개한다.

- 버그 없음(p.708): 내부에서 품질을 구축한다.

- 사각지대 발견(p.719): 팀원들이 무엇을 모르는지 학습하는 것을 돕는다.

- 사건 분석(p.728): 팀은 체계적인 개선에 집중한다.

16장 개요

버그 없음(No Bugs)의 아이디어는 익스트림 프로그래밍에서 얻었다.

사각지대 발견(Blind Spot Discovery)은 다양한 기법을 모은 것이다. 검증된 학습(validated learning)은 에릭 리스의 린 스타트업(Lean Startup)에서 왔다. 탐색적 테스트는 셈 카너(Cem Kaner)에 의해 확산된 접근 방식이지만, 내가 쓴 내용은 엘리자베스 헨드릭슨(Elisabeth Hendrickson)의 작업물 [Hendrickson2013]에서 왔다. 카오스 엔지니어링(Chaos Engineering)은 그렉 오젤(Greg Orzell)

과 그의 넷플릭스 동료들에게서 왔다.[1] 침투 테스트(penetration Testing)와 취약성 평가(Vunerability Assessment)는 잘 만들어진 보안 기법이다.

사건 분석(Incident Analysis)에 관한 접근 방식은 인적 요소(human factor)와 시스템 안전 연구, 특히 『Behind Human Error』(CRC Press, 2010)[Woods2010]와 『The Field Guide to Understanding 'Human Error'』(CRC Press, 2014)[Dekker2014], 그리고 다이애나 라센과 협업하면서 학습했던 효과적인 회고와 퍼실리테이션에 대한 이해를 바탕으로 한다. 인적 요소와 사건 분석의 관련성은 워드 커닝햄에게서 배웠지만 이는 카오스 엔지니어링 커뮤니티, 특별히 노라 존스(Nora Jones)에게서 기인한 것이라 생각한다.

버그 없음

대상

전체 팀

우리는 자신 있게 릴리스한다.

만약 여러분이 버그를 수백, 수천 개 가진 팀에 있다면 '버그 없음' 아이디어는 우스꽝스럽게 들릴 것이다. 인정하겠다. **버그가 없다는 것**은 여러분의 팀이 완전히 달성할 수 있는 게 아니라 추구해야 하는 이상이다. 항상 버그 혹은 결함(나는 버그^{bug}와 결함^{defect}을 함께 이용한다)은 존재한다.

하지만 여러분이 생각하는 것보다 '버그 없음'이라는 이상에 훨씬 가까이 갈 수 있다. 낸시 밴 슈엔더보어트$^{Nancy\ van\ Schooenderwoert}$의 익스트림 프로그래밍 실험을 살펴보자. 그녀는 농장 조합$^{farm\ combine}$을 위한 실시간 임베디드 시스템에서 작업하는 초보자 팀을 이끌었다. 이 동시 시스템은 C와 일부 어셈블리로 작성됐다. 버그를 위한 레시피가 아니라면 나는 그것이 무엇인지 모른다. 케이퍼 존스$^{Capers\ Jones}$가 낸시의 데이터를 분석한 결과에 따르면 이 소프트웨어를 개발하는 팀은 평균 1,035개의 결함을 만들고 207개의 결함을 고객에게 전달했다.

---

[1] 나는 '카오스 엔지니어링'에 관한 정확한 소스를 찾을 수 없었다. 카오스 엔지니어링은 2015년 넷플릭스의 케이시 로젠탈(Casey Rosenthal)을 중심으로 한 '카오스 팀(Chaos Team)'에 의해 공식화됐다. 그러나 그 바탕이 되는 아이디어는 수년 전에 확립됐다. 원래 도구는 카오스의 원숭이(Chaos Monkey)로 [Dumiack2021]에 따르면 '오젤과 그의 넷플릭스 동료들'이 만든 것이라 설명한다. 2010년 US 특허(US20120072571A1)에서는 그렉 오젤과 유리 이즈라일예프스키(Yury Izrailevsky)가 발명자로 등록돼 있다.

다음은 실제 발생한 일이다.

GMS 팀은 이 제품을 3년의 개발 기간 끝에 전달했다. 그동안 51개의 결함을 만났다. 조치되지 않은 버그 목록은 언제나 2개를 넘지 않았다. 생산성은 비교 대상 임베디드 소프트웨어 팀에 비해 거의 3배 높은 것으로 측정됐다. 첫 번째 현장 테스트 유닛은 개발 시작 6개월 후에 전달됐다. 그 시점 이후 소프트웨어 팀은 소프트웨어 개선을 계속하면서 다른 엔지니어링 원칙을 지원했다[VanSchooenderwoert2006].

– 초보자들과 달성한 숫자로 보는 임베디드 애자일 프로젝트
(Embedded Agile Project by the Numbers with Newbies)

3년 동안 이 팀은 51개의 결함을 만들고, 21개의 결함을 고객에게 전달했다. 이것은 만들어진 결함의 91%를 줄이고, 전달된 결함의 90%를 줄인 것이다.

자체 보고 데이터에만 의존할 수는 없다. QSM 어소시에이츠^{QSM Associates}는 소프트웨어 개발 팀에 대한 독립적인 감사를 수행하는 잘 알려진 기업이다. XP의 다양한 형태의 프랙티스 실행에 관한 초기 분석에서 결함은 평균 2,270개에서 381개로 83% 감소했다고 보고했다. 또한 XP 팀은 39% 적은 인원으로 24% 더 빠르게 전달했다[Mah2006].

더 많은 최근의 사례 연구가 이를 뒷받침한다. QSM은 스크럼 팀에서 11%의 결함 감소와 58%의 일정 감소를 발견했고, XP 팀에서 75%의 결함 감소와 53%의 일정 감소를 발견했다. 그리고 수천 명 개발자의 다중 팀 분석에서 75%의 결함 감소와 30%의 일정 감소를 발견했다[Mah2018].

이런 결과를 어떻게 달성할 수 있는가? 이는 외부에서 결함을 테스트하는 것이 아니라 내부에서 품질을 구축하는 문제다. 사실을 발견하고 수정하기보다 근본적인 소스에서 에러를 제거하라.

> 사실을 발견하고 수정하기보다 근본적인 소스에서 에러를 제거하라.

내부에서 품질을 구축하라

"저렴하다, 빠르다, 또는 좋다." 속담은 이어진다. "세 가지 중 두 가지만 고르라."

수십 년 동안 사람들은 품질을 추가 비용이 드는 것으로 생각했다. 더 많은 시간과 돈을 투입하면 얻을 수 있는 품질은 높아진다. 그리고 어느 정도까지는 사실이다. 품질에 관해 작업이 완료된 뒤 테스트하는 것이라는 관점에서 보면 더 많은 시간을 테스트와 수정에 쓸수록, 더 많은 버그를 제거할 수 있다.

하지만 이것이 품질을 위한 유일한 길은 아니다. 처음부터 내부에서 품질을 구축함으로써 더 적은 비용과 시간을 들여 높은 품질을 얻을 수 있다. 내부에서 품질을 구축하는 것은 물론 시간이 걸리지만, 결함이 발생한 후 테스트하고 수정하는 데 필요한 시간을 줄인다. 전체적으로 볼 때 훨씬 이익임이 밝혀졌다.

"저렴하다, 빠르다, 좋다." 세 가지 모두 선택할 수 있다.

버그 비난 게임을 하지 말라

이것은 버그인가? 피처인가?

이 질문을 던지면서 과도한 시간을 낭비하고 있는 기업을 많이 봤다. 책임을 '정확하게' 할당하기 위해 버그, 결함, 오류, 문제, 이상 등 의도하지 않은 기능을 정교하게 구분한다.

이런 것은 하나도 중요하지 않다. 중요한 것은 여러분이 무엇을 할 것인지, 안 할 것인지다. 여러분의 팀이 무엇인가를 해야 한다면 **그 이유가 무엇이건** 그것은 계획에 있는 스토리가 돼야 한다.

> 정말로 중요한 것은 여러분이 무엇인가를 할 것인지, 안 할 것인지다.

16장의 목적에 맞춰 버그를 다음과 같이 정의한다.

버그는 여러분의 팀이 '완료'했다고 생각하지만, 이후 수정을 해야 하는 모든 것이다.

하지만 이 구분조차도 중요하지 않다. 무엇인가 작업이 필요하다면 스토리 카드로 만들어라. 할 일은 그것뿐이다.

내부에서 품질을 구축하는 방법

내부에서 품질을 구축하는 방법에 관해 설명하기 전에 먼저 내가 말하는 '품질'이 무엇을 의미하는지 명확히 하겠다. 품질은 크게 '**내부 품질**internal quality'과 '**외부 품질**external quality'로 나눌 수 있다. 내부 품질은 여러분의 소프트웨어가 구성된 **방법**이다. 좋은 이름, 명확한 소프트웨어 디자인, 단순한 아키텍처 등이 이에 해당한다. 내부 품질은 소프트웨어를 얼마나 쉽게 확장, 유지보수, 수정할 수 있는가를 제어한다. 내부 품질이 좋을수록 더 빨리 갈 수 있다.

내부 품질이 좋을수록 더 빠르게 갈 수 있다.

외부 품질은 사용자가 볼 수 있는 소프트웨어의 측면에 관한 것이다. 소프트웨어 UX, 기능, 신뢰성 등이 이에 해당한다. 외부 품질에는 무한한 시간을 투입할 수 있다. **적정한** 시간의 양은 소프트웨어, 시장, 가치에 따라 다르다. 이들의 균형을 찾는 작업은 프로덕트 관리의 몫이다.

"내부에서 품질을 구축한다."는 것은 이해관계자를 만족시키는 수준으로 **외부 품질**을 유지하면서 **내부 품질**을 가능한 높게 유지하는 것을 의미한다. 이를 위해서는 깔끔한 디자인을 유지하고, 계획에 따라 스토리를 전달하고, 외부 품질이 기대에 미치지 못할 때는 계획을 수정해야 한다.

이제 그 방법에 관해 살펴보자. 내부에서 품질을 구축하고 버그 없음을 달성하려면 네 가지 에러를 예방해야 한다.

프로그래머의 에러를 예방하라

프로그래머의 에러programmers error는 프로그래머가 무엇을 프로그램해야 하는지 알고 있지만, 실수를 했을 때 발생한다. 이는 정확하지 않은 알고리듬, 오타, 아이디어를 코드로 전환할 때 발생하는 다른 실수가 이에 해당한다.

테스트 주도 개발은 결함을 제거하는 데 중요한 역할을 한다. 프로그램이 의도한 작업을 수행하는 것을 보장할 뿐만 아니라

함께 보기

테스트 주도 개발(p.564)
활력 넘치는 업무(p.215)
페어 프로그래밍(p.505)
몹 프로그래밍(p.520)
정렬(p.204)
'완전 완료'(p.379)

미래의 에러를 감지할 수 있는 포괄적인 회귀 분석 제품군comprehensive regression suite을 얻을 수 있다.

테스트 주도 개발의 장점을 강화하게 위해서는 합리적인 시간에 작업하고, 페어 프로그래밍이나 모빙을 이용해 코드의 모든 줄에 관해 다양한 관점을 반영해야 한다. 이렇게 하면 두뇌가 향상돼 실수를 줄이고, 실수를 더 빠르게 찾아낼 수 있다.

좋은 표준(정렬 논의의 한 부분이다)과 '완전 완료' 체크리스트를 이용해 이 프랙티스를 보충하라. 여러분이 일반적인 실수를 기억하고 피하는 데 도움이 될 것이다.

디자인 에러를 예방하라

디자인 에러design error는 버그를 키우는 비옥한 토양을 만든다. 베리 보엠은 일반적으로 프로그램에 포함된 모듈의 20%에서 결함의 80%가 발생한다고 했다[Boehm1987]. 이는 오래된 통계이지만 현대 소프트웨어와 관련한 내 경험과도 일치한다.

테스트 주도 개발을 하더라도 디자인 에러는 시간이 지나면서 누적된다. 때로는 처음에는 좋아 보이던 디자인조차 시간을 이겨내지 못한다. 때로는 받아들일 수 있는 타협처럼 보이는 지름길이 당신을 물어 뜯기 위해 돌아온다. 요구사항이 변경되고 디자인은 더 이상 적합하지 않게 된다.

원인이 무엇이든 디자인 에러는 올바르게 만들기 어려운 복잡하고 혼란스러운 코드로 나타난다. 1~2주 정도의 시간을 투입하면 이런 문제를 해결할 수 있지만, 내부 품질을 지속적으로 개선하는 것이 좋다.

함께 보기
집단 코드 오너십(p.496)
단순한 디자인(p.638)
점진적 디자인(p.624)
반영적 디자인(p.650)
슬랙(p.350)

집단 코드 오너십을 이용해 문제가 어디에 있는 수정할 수 있도록 **권한과 책임을 제공하라**. 진화적 디자인을 이용해 끊임없이 디자인을 개선하라. 계획에 슬랙을 포함시킴으로써 개선을 위한 시간을 마련하라.

요구사항 에러를 예방하라

요구사항 에러requirements error는 프로그래머가 의도대로 정확하게 구현했지만, 그 의도가 잘못된 경우 발생한다. 해야 할 것을 오해했거나, 무엇을 해야 할지 실제로 전혀 이해하지 못했을 수 있다. 어떤 경우라도 코드는 동작하지만 올바르지 않게 동작한다.

교차 기능의 전체 팀은 요구사항 에러를 예방하는 데 필수다. 팀에는 소프트웨어의 요구사항을 **이해하고, 결정하고, 설명하는** 현장 고객이 필요하다. 팀의 목적과 컨텍스트를 명확하게 하는 것은 이 과정에서 매우 중요하다.

공유된 팀 룸도 중요하다. 프로그래머가 요구사항에 관한 질문이 있을 때, 몸과 고개를 돌려 물어볼 수 있어야 한다. 유비쿼터스 언어를 사용해 프로그래머와 현장 고객이 서로를 이해하도록 돕고, 고객 사례와 함께 여러분의 대화를 보완하라.

함께 보기

전체 팀(p.130)
목적(p.183)
컨텍스트(p.196)
팀 룸(p.150)
유비쿼터스 언어(p.527)
고객 예시(p.372)
점진적 요구사항(p.295)
이해관계자 데모(p.401)
스토리(p.224)
'완전 완료'(p.379)

빈번한 고객 리뷰와 이해관계자 데모를 함으로써 소프트웨어가 필요한 동작을 하는지 확인하라. 이와 같은 리뷰는 프로그래머가 보여줄 것이 생기는 즉시 점진적으로 수행함으로써 오해와 개선을 빠르게 발견하고, 제시간에 수정되도록 하라. 스토리를 활용해 팀이 고객의 관점에 집중하게 하라. 마지막으로 현장 고객이 동의한 뒤에만 스토리가 '완전 완료' 상태인 것으로 간주하라.

체계적 에러를 예방하라

모두가 각자의 일을 완벽하게 한다면, 이 프랙티스는 결함이 없는 소프트웨어를 만들어 낼 것이다. 안타깝게도 완벽은 불가능하다. 여러분의 팀은 반드시 사각지대가 있을 것이다. 팀원들이 실수를 저지르지만 그것을 알 수 없는 미묘한 영역이 존재한다. 이러한 사각지대는 이터레이션되고 체계적 에러systemic error를 발생시킨다. 이들은 팀, 프로세스, 여러분이 사용하는 도구, 작업 환경 등 전체 개발 시스템의 결과이기 때문에 '체계적'이다.

탈출한 결함은 문제의 명확한 신호다. 결함을 피할 수 없지만, 대부분은 빠르게 발견된다. 최종 사용자가 발견한 결함은 '탈출한' 결함이다. 모든 탈출한 결함은 개발 시스템을 개선해야 할 필요성을 의미한다.

물론 최종 사용자가 베타 테스터가 되길 원하지 않을 것이다. 바로 여기에서 사각지대 발견이 가능하다. 사각지대 발견은 카오스 엔지니어링, 탐색적 테스트 같은 다양한 기법을 통해 이해의 차이를 찾을 수 있다. 이에 관해서는 다음 프랙티스에서 설명할 것이다.

함께 보기

사각지대 발견(p.719)

어떤 팀은 이 기법을 이용해 **소프트웨어 시스템**의 품질을 확인한다. 스토리를 코딩하고, 버그를 찾고, 버그를 수정하는 과정을 이터레이션한다. 그러나 내부에서 품질을 높이기 위해서는 사각지대를 여러분의 소프트웨어 시스템이 아니라 **개발 시스템**을 개선할 방법에 관한 단서로 삼아야 한다. 탈출한 결함에 관해서 같은 관점에서 접근하라. 이들은 모두 개선해야 할 대상에 관한 단서다.

사건 분석은 이런 단서를 해석하는 데 도움을 준다. 영향의 크기와 관계없이 팀이 무언가를 완료했고, 그것을 나중에 수정해야 했다면 사건 분석을 통해 이익을 얻을 수 있다. 이것은 선한

함께 보기

사건 분석(p.728)

의도에 의한 실수에도 적용된다. 모든 사람이 특정한 새 피처를 훌륭한 아이디어라고 생각했지만, 그것이 고객에게는 좋지 않은 인상을 줬다면 이는 프로덕션에서 발생한 장애만큼이나 중요한 분석 대상이어야 한다.

버그를 발견했다면 테스트를 작성하고 버그를 수정한 다음, 그 기반 시스템도 수정하라. 비록 개인적인 생각이라 하더라도 그런 유형의 버그가 다시 발생하지 않도록 디자인 이외의 프로세스를 개선할 수 있는 방법을 생각하라.

버그는 즉시 수정하라

위대한 마스터 요다는 이렇게 말한 적이 없다. "하느냐, 마느냐. //TODO는 없다."

하느냐, 마느냐. //TODO는 없다.

결함은 더 많은 실수를 낳을 가능성이 있는 오류의 결과다. 이들을 즉시 수정함으로써 품질과 생산성을 개선하라.

버그를 빠르게 수정하기 위해서는 전체 팀이 참여해야 한다. 프로그래머는 집단 코드 오너십을 이용해 누구나 버그를 수정

함께 보기

집단 코드 오너십(p.496)
팀 룸(p.150)

할 수 있다. 고객과 테스터는 새로운 버그를 소개하고, 프로그래머를 도와 재현할 수 있도록 돕는다. 이는 팀 룸을 공유할 때 가장 쉽게 수행할 수 있다.

실제로 모든 버그를 즉시 수정하기는 불가능하다. 버그에 대해 학습할 때 여러분은 한창 다른 작업을 진행하고 있을 수도 있다. 나는 이런 경우 내비게이터에게 노트를 만들어 달라고 요청한다. 10~20분 정도 후 작업을 멈추는 시점이 됐을 때 이를 함께 확인한다.

함께 보기

슬랙(p.350)
태스크 플래닝(p.307)
시각적 계획하기(p.258)

어떤 버그는 너무 커서 즉시 수정할 수 **없다**. 이런 버그의 경우 나는 팀을 빠르게 모은다. 이 문제를 해결하면서 커밋먼트를 달성할 수 있을 만큼의 충분한 슬랙이 있는지 함께 결정한다.

함께 보기

사각지대 발견(p.719)

슬랙이 충분하다면 버그를 수정하는 태스크를 만들고, 그것을 계획에 포함시키고, 다른 태스크와 마찬가지로 지원자를 받는다(여러분이 추정을 이용한다면 이 태스크는 추정이나 수용량 추정에 포함되지 않는다).

버그를 수정할 만큼 슬랙이 충분하지 않다면, 다음 릴리스 이전에 수정할 만큼 중요한지 팀에서 결정한다. 그렇다면 스토리를 만들고 다음 이터레이션이나 스토리 슬롯에 즉시 할당한다. 그렇지 않다면 적절한 릴리스와 관련된 비주얼 플랜에 추가한다.

수정할 만큼 중요하지 않은 버그는 버려야 한다. 그렇지 않다면 해당 버그는 수정해야 한다. '수정fix'이란 해결 방법을 문서화하거나 해당 버그를 수정하지 않기로 결정했다는 기록을 남기는 문제일 수도 있다. 이런 경우에는 이슈 트래커를 이용하는 것도 좋다.

테스터의 역할

유창한 **전달하기** 팀은 외부에서 테스트를 통해 결함을 찾기보다 내부에서 품질을 구축하므로, 테스트 스킬을 가진 사람들은 **왼쪽으로 이동한다**. 완성된 제품에 집중하는 대신, 초기부터 좋은 품질의 제품을 만들도록 팀을 돕는다.

내가 경험한 바로 일부 테스터는 비즈니스 지향적이다. 이들은 비즈니스 요구사항을 올바르게 파악하는 데 관심이 매우 많다. 그들은 현장 고객과 협력해 고객이 미처 놓쳤을 수 있는 모든 까다로운 세부 사항을 발견한다. 때로는 사람들이 요구사항 논의 중 경계 케이스에 관해 생각하도록 촉구하기도 한다.

또 다른 테스터는 기술 지향적이다. 이들은 테스트 자동화나 비기능적 요구사항에 관심이 있다. 이 테스터는 팀의 기술 조사관처럼 행동한다. 이들은 테스트 베드를 만들어 확장성, 신뢰성, 성능 같은 이슈를 살핀다. 이들은 로그를 리뷰하면서 소프트웨어 시스템이 프로덕션에서 어떻게 작동하는지 이해한다. 이런 노력을 통해 이들은 팀이 소프트웨어의 동작을 이해하고 운영, 보안 및 비기능적 스토리에 너 많은 노력을 투입할 시점을 결정하는 것을 돕는다.

테스터들은 팀이 사각지대를 식별하는 것을 돕는다. 팀의 누구나 사각지대 식별 스킬을 이용한다 하더라도, 테스트 스킬을 가진 구성원들이 특히 뛰어난 경향을 보인다.

함께 보기
사각지대 발견(p.719)

태도

나는 팀원들에게 엘리트 같은 태도, 심지어 다소 속물적인 태도를 가지라고 독려한다. "버그는 다른 사람들을 위한 것이다."라는 식으로 말한다.

앞에서 언급한 모든 것을 실행한다면 버그는 거의 없을 것이다. 다음 단계는 버그를 이런 식으로 대하는 것이다. 버그가 발생했을 때 어깨를 으쓱하면서 "아, 또 다른 버그가 나왔네요. 소프트웨어에서는 흔한 일입니다."라고 말하는 대신 놀라고 경악하라. 버그는 용인할 수 있는 것이 아니다. 해결돼야 할 근본적인 문제의 표시다.

궁극적으로 '버그 없음'은 우수한 문화를 수립하는 것이다. 버그를 알아챘다면 즉시 수정하고, 이런 유형의 버그가 다시 발생하지 않도록 예방할 방법을 생각하라.

함께 보기
페어 프로그래밍(p.505)
몹 프로그래밍(p.520)
팀 룸(p.150)
집단 코드 오너십(p.496)

그것은 하룻밤 사이에 완성되지 않는다. 위에서 설명한 모든 실천 방법은 규율과 엄격함을 요구한다. 아주 어려운 것은 아니지만, 사람들이 미온적이거나 작업을 보살피지 않으면 이내 무너진다. '버그 없음'의 문화는 팀이 필요한 규율인 페어링/모빙, 팀 룸, 집단 오너십을 유지하도록 돕는다.

여러분은 결국 그렇게 될 것이다. 애자일 팀은 버그 없음에 가까운 상태를 달성할 수 있고, 달성한다. 여러분도 할 수 있다.

질문

보안 결함 및 기타 까다로운 버그를 어떻게 예방할 수 있는가?

'위협 모델링(p.667)'을 참조하면 보안 결함을 미리 생각하는 데 도움이 될 것이다. '완전 완료' 체크리스트와 코딩 표준은 해결해야 할 문제를 상기하는 데 도움이 된다. 즉 여러분이 예방할 수 있다고 생각하는 버그만 예방할 수 있다는 것이다. 보안,

<aside>
함께 보기

'완전 완료'(p.379)
정렬(p.204)
사각지대 발견(p.719)
</aside>

동시성, 다른 어려운 문제 도메인은 여러분이 생각지 못했던 결함을 발생시킬 수 있다. 그렇기 때문에 사각지대 발견 역시 중요하다.

버그를 어떻게 추적해야 하는가?

팀이 많은 버그를 만들지 않는다고 가정한다면, 새로운 버그를 위한 버그 데이터베이스나 이슈 추적기는 필요 없다(만약 그렇다면 먼저 그 문제를 해결하는 데 집중하라). 버그가 너무 커서 즉시 수정할 수 없다면 이를 스토리로 바꾸고, 다른 요구사항의 세부 내용을 다루는 것과 동일하게 세부 내용을 추적하라.

버그를 스토리로 변경하기 전에 얼마나 오랫동안 작업해야 하는가?

여러분이 가진 슬랙의 양에 따라 다르다. 이터레이션 초기 슬랙이 충분히 많은 경우에는 반나절 정도를 사용한 뒤, 해결하지 못하면 스토리로 변경한다. 이터레이션 후반 슬랙이 충분하지 않다면 10분 정도만 작업하기도 한다.

<aside>
함께 보기

슬랙(p.350)
</aside>

우리는 많은 레거시 코드를 갖고 있다. '버그 없음' 정책을 어떻게 어렵지 않게 도입할 수 있는가?

시간이 걸린다. 먼저 버그 데이터베이스를 살펴보면서 현재 릴리스에서 수정하고 싶은 것을 식별하는 데서 시작하라. 매주 적어도 하나의 버그는 수정하도록 가급적 초반에 일

정을 잡아라.

함께 보기

사건 분석(p.728)

1~2주에 한 번씩 최근에 발생한 버그를 무작위로 선택해 사건 분석을 실시하거나, 적어도 비공식적인 버그 하나를 선택하라. 이를 통해 개발 시스템을 점진적으로 개선하고 향후 버그를 예방할 수 있다.

전제 조건

'버그 없음'은 탁월함을 추구하는 문화에 관한 것이다. 이것은 팀 내부에서만 발현될 수 있다. 관리자는 팀에 결함 수를 보고하도록 요청하거나 그들이 갖고 있는 결함 수를 근거로 보상하거나 처벌해서는 안 된다. 그런 행동은 버그를 숨기게 만들고, 결과적으로 품질을 좋게 하는 것이 아니라 **나쁘게** 만들 것이다. 이에 관해서는 '사건 분석(p.728)'에서 한 번 더 살펴본다.

'버그 없음'이라는 이상을 달성하기 위해서는 많은 애자일 실천 방법, 즉 본질적으로 이 책에서 설명한 **집중하기** 영역과 **전달하기** 영역의 모든 실천 방법을 따라야 한다. 팀이 이 실천 방법에 능숙하지 않다면, 결함의 극적인 감소는 기대하지 않아야 한다.

반대로 여러분이 **집중하기** 영역과 **전달하기** 영역의 실천 방법을 이용한다면, 매달 몇 개 이상의 새로운 버그가 발생하는 것은 여러분의 접근 방식에 문제가 있음을 나타낸다. 실전 방법을 학습하고, 프로세스를 다듬는 데 시간이 걸리겠지만, 여러분은 몇 개월 안에 버그 발생율의 개선을 확인할 수 있을 것이다. 그렇지 않다면 '트러블슈팅 가이드(p.84)'를 확인하라.

지표

여러분의 팀이 '버그 없음' 문화를 가진다면:

- □ 여러분의 팀은 소프트웨어 품질에 자신이 있다.

- □ 수동 테스트 단계 없이 편안하게 프로덕션에 릴리스할 수 있다.

- □ 이해관계자, 고객, 사용자들은 불쾌한 놀라움을 거의 경험하지 않는다.

☐ 여러분의 팀은 불을 끄는 것보다 훌륭한 소프트웨어를 만드는 데 시간을 사용한다.

대안과 실험

애자일이 통합한 혁명적인 아이디어 중 하나는 결함이 적은 소프트웨어를 만드는 비용이 결함이 많은 소프트웨어를 만드는 비용보다 저렴할 수 있다는 것이다. 이는 내부에서 품질을 구축함으로서 달성할 수 있다. 추가로 실험하려면 개발 마지막 단계에 품질을 확인하는 프로세스 부분을 살펴보고, 개발 초기 단계부터 품질을 구축하는 방법을 생각하라.

또한 더 높은 품질의 테스트를 이용해 높은 비율로 버그를 찾아 수정함으로써 버그를 줄일 수도 있다. 그러나 이 방식은 개발 초기부터 내부에서 품질을 구축하는 것만큼 잘 작동하지는 않는다. 또한 속도가 느려지고 릴리스는 더 어려워진다.

일부 회사는 별도의 QA 팀에 투자함으로써 품질을 개선하고자 한다. 독립적인 테스트가 종종 사각지대를 발견하는 데 도움이 되기는 하지만, 전담 QA 팀을 갖추는 것이 좋은 생각은 아니다. 역설적으로 개발 팀이 품질에 더 적은 노력을 들이게 되므로 품질이 **저하되는** 경향이 나타난다. 엘리자베스 헨드릭스는 "Better Testing, Worse Quality?"에서 이 현상에 관해 깊이 탐색한다[Hendrickson2000].

사각지대 발견

대상
테스터, 전체 팀

우리는 사고의 틈을 발견한다.

유창한 **전달하기** 팀은 이전 실천 방법에서 본 것처럼 코드 안에 품질을 구축하는 데 매우 능숙하다. 그러나 완벽한 사람은 없으며, 팀도 사각지대를 갖고 있다. **사각지대 발견**은 이런 틈을 찾아내는 방법이다.

사각지대를 발견하려면 팀이 만든 가정을 살펴보고, 팀원들이 경험하고 있는 압박과 제약 사항을 고려해야 한다. 팀이 직면할 수 있는 위험, 팀원이 사실로 잘못 믿을 수 있는 위험을 상상해 보라. 결과적으로 발생할 수 있는 사각지대에 대한 가설을 세우고 그 추측이 맞는지 조사하라. 테스터는 특히 이 과정에 탁월한 경향이 있다.

사각지대를 찾았다면 발견한 문제를 고치기만 하지 말라. **틈**gap을 고쳐라. 여러분의 개발 접근 방식이 어떻게 그 버그가 발생하게 했는지 생각하고, 접근 방식을 바꿈으로써 그런 유형의 버그가 다시 발생하는 것을 예방하라(체계적 에러를 예방하라(p.719) 참조).

검증된 학습

사람들은 버그가 로직 에러, UI 에러, 프로덕션 장애 등이라고 생각한다. 그러나 내가 본 사각지대는 보다 근본적이고 더 미묘하다.

다른 무엇보다 팀은 **잘못된 것을 만든다.** 린 스타트업의 용어를 인용하지만 이들에게는 제품-시장 적합성product-market fit이 없다. 나는 이 현상이 많은 팀이 그저 요구받은 제품을 만드는 것을 그들의 일이라 생각하기 때문에 발생한다고 생각한다. 이들은 순종적인 주문 담당자처럼 행동한다. 한쪽 끝에서는 스토리를 수집하고, 다른 쪽 끝에서는 소프트웨어를 배출하도록 디자인된 소프트웨어 공장 같다.

여러분의 팀이 요구받은 무언가를 그대로 만들어야 한다고 생각하지 마라. 오히려 반대를 가정하라. 여러분이 무엇을 만들어야 할지 **아무도 모른다.** 심지어 여러분에게 그것을 요청한 사람들도 마찬가지다. 여러분의

> 정말로 무엇을 만들어야 할지 아무도 모른다. 심지어 그것을 요청한 사람들도 마찬가지다.

팀이 할 일은 그 아이디어를 받고, 아이디어를 **테스트함**으로써 **정말로** 무엇을 만들어야 하는지 학습하는 것이다. 린 스타트업The Lean StartUp을 인용하자면, 애자일 팀의 근본적인 액티비티는 아이디어를 제품으로 바꾸고, 고객과 사용자의 반응을 관찰하고, 이를 유지할지 피벗pivot할지를 결정하는 것이다[Ries2001]. 이를 **검증된 학습**validated learning이라 부른다.

많은 팀이 소프트웨어를 릴리스할 때 그들의 아이디어를 처음 테스트한다. 이는 매우 위험하다. 대신 리스Ries가 제안한 **빌드-측정-학습**Build-Measure-Learn 루프를 이용하라.

<table>
<tr><td>함께 보기</td></tr>
<tr><td>목적(p.183)</td></tr>
<tr><td>시각적 계획하기(p.258)</td></tr>
<tr><td>실질적인 고객 참여(p.288)</td></tr>
</table>

1. **빌드**: 팀의 목적과 계획을 살펴보라. 제품, 고객, 사용자에 관해 어떤 핵심 가정을 하고 있는가? 테스트할 가정을 하나 선택하고 다음을 생각하라. **"실제 고객과 사용자**에게 보일 수 있는 가장 작은 것은 무엇인가?" 진짜 제품일 필요는 없다. 어떤 경우에는 목업이나 종이 프로토타입도 도움이 된다. 모든 사용자를 포함시킬 필요는 없지만 여러분의 제품을 실제로 사거나 이용할 사람들은 포함시켜야 한다.

2. **측정**: 여러분이 만든 것을 공개하기 전에 가정의 증명 혹은 반증 여부를 알기 위해 어떤 데이터가 필요한지 결정하라. 데이터는 객관적이지만 측정은 주관적이다. 예를 들어 "70%의 고객이 우리 제품을 좋아한다."는 주관적인 데이터로부터 얻어낸 객관적인 측정이다.

3. **학습**: 측정 결과는 여러분의 가정을 검증하거나 반증할 것이다. 가정이 검증됐다면 다음 실험을 계속하라. 가정이 반증됐다면 그에 맞춰 계획을 변경하라.

예를 들어 어떤 팀의 목적이 척추 수술 치료 결과를 개선하는 것이라 가정하자. 팀은 임상을 이끄는 리드에게 수술 데이터에 관한 다양한 관점을 제공하는 도구를 만들어 이를 수행할 계획이었다. 팀이 내린 핵심 가정 중 하나는 임상을 이끄는 리드가 이 도구에서 제공하는 기본 데이터를 신뢰한다는 것이다. 하지만 데이터가 좋지 않을 수 있으며, 임상을 이끄는 리드는 냉소적인 경향이 있다.

이 가정을 테스트하기 위해 팀은 7개 치료 기관의 실제 데이터를 이용해 도구의 목업을 만들기로 결정했다(빌드). 이들은 목업을 7개 치료 기관의 임상을 이끄는 리드들에게 보여 줬다(측정). 만약 최소 5명 이상의 리드가 데이터 품질을 받아들일 수 있다고 인정한다면 가정은 검증된 것이라 볼 수 있었다. 그렇지 않다면 새로운 계획을 만들어야 했다(학습).

검증된 학습은 **최적화하기** 팀의 특징 중 하나다. 여러분의 조직 구조에 따라 빌드-측정-학습을 완전히 이용하지 못할 수도 있다. 그러나 기본 아이디어는 여전히 적

> 검증된 학습은 **최적화하기** 팀의 특징 중 하나다.

용된다. 스토리를 전달하는 것이 사람들을 행복하게 만들 것이라 가정하지 말라. 여러분의 가정을 확인할 수 있는 모든 것을 하고 피드백을 얻어라.

검증된 학습 및 이와 관련된 고객 발견 개념에 관한 자세한 내용은 [Reis2011], [Blank 2020b]를 참조하라.

탐색적 테스트

테스트 주도 개발은 프로그래머의 코드가 그들이 의도한 대로 동작함을 보장한다. 하지만 프로그래머의 의도가 잘못됐다면 어떻게 해야 하는가? 예를 들어 프로그래머는 JavaScript에서 문자열의 길이를 결정하는 올바른 방법으로 string.length를 이용했다고 가정하자. 그러나 이는 "naïve"의 길이를 6문자로 계산한다.[2]

탐색적 테스트^{exploratory testing}는 이런 사각지대를 찾는 기법이다. 이것은 "다음 번 실험에 정보를 제공하기 위해 마지막 실험의 결과를 이용해 작은 실험을 빠르게 연속적으로 디자인하고 실행하는 것"을 포함한 엄격한 테스트 접근 방식이다[Hendrickson2013, 1장]. 다음과 같은 단계를 포함한다.

1. **차터**^{Charter}: 가장 먼저 탐색할 대상과 그 이유를 결정한다. 팀이 최근 도입한 새로운 기술? 최근 릴리스된 사용자 인터페이스? 보안 인프라스트럭처의 중요한 부분? 차터는 한 두 시간 정도의 작업을 제공할 수 있을 정도로 일반적이고, 여러분이 집중하는 데 도움이 될 만큼 충분히 구체적이어야 한다.

2. **관찰**^{Observe}: 소프트웨어를 이용한다. 일반적으로 UI를 이용하지만 도구를 이용해 API나 네트워크 트래픽을 살펴볼 수도 있다. 로그 및 데이터베이스 같은 숨겨진 부분을 관찰할 수도 있다. 정상적이지 않은 것과 여러분이 수정할 수 있는 것(URL, form 필드, 파일 업로드 또는 예상치 못한 행동을 유발할 수 있는 것)을 살펴보라. 필요할 때 단계를 다시 추적할 수 있도록 진행하면서 노트를 만들어라.

3. **변형**^{Vary}: 정상적으로만 소프트웨어를 이용하지 말고 경계까지 몰아붙여라. 텍스트 필드에 이모지를 입력하라. 크기에 0이나 음수를 입력해 보라. 0바이트 크기의 파

---

2   string.length는 (일종의) 코드포인트 수를 반환하며, 이는 문자의 자소(일반적으로 사람들이 문자라고 생각하는 글자) 수와 다르다. 자소 'ï'는 유니코드 2 코드포인트로 저장된다. 즉 일반적인 자소 'i'와 '분음 결합(움라우트)'로 취급된다. 문자열 조작에서도 유사한 이슈가 발생한다. 스페인 국기🇪🇸가 포함된 문자열을 뒤집으면, 스페인은 스웨덴🇸🇪으로 변환된다. 해변을 방문한 사람들은 깜짝 놀랄 것이다.

일이나 손상된 파일이나 압축을 풀었을 때 테라바이트의 크기로 확장되는 '폭발하는' ZIP 파일을 업로드 하라. URL을 조작해 보라. 네트워크 트래픽을 수정하라. 인위적으로 네트워크의 속도를 늦춰라. 파일시스템에 여유 공간을 없애 보라.

여러분이 관찰한 결과와 시스템에 대한 이해를 바탕으로 다음에 무엇을 탐험할지 결정하라. 코드나 프로덕션 로그를 보면서 아이디어를 보완하는 것도 좋다. 여러분이 보안 기능을 탐색하는 경우, 팀의 위협 모델을 아이디어 소스로 이용하거나 아이디어를 직접 낼 수도 있다(위협 모델링(p.667) 참조).

탐색적 테스트는 이 책에서 내가 설명한 것보다 훨씬 방대하다. 더 자세한 내용과 무엇을 변경할지에 관한 훌륭한 휴리스틱 세트는 [Hendrickson2013]을 참조하라.

카오스 엔지니어링

대규모 네트워크 시스템에서는 매일 장애가 발생한다. 코드는 이러한 오류에 대한 탄력성을 갖도록 프로그래밍돼야 하며, 오류 처리에 세심한 주의를 기울어야 한다. 안타깝게도 에러 처리는 경험이 충분하지 않은 프로그래머와 팀에게 일반적인 사각지대며, 심지어 경험이 풍부한 팀도 복잡한 시스템에 발생하는 모든 실패 모드에 관해 예측할 수 없다.

카오스 엔지니어링 Chaos engineering은 시스템 아키텍처에 초점을 둔 탐색적 테스트의 특별한 형태의 하나로 간주할 수 있다.[3] 의도적으로 실패를 실행 중인 시스템, 주로 실제 프로덕션 시스템에 주입해서 시스템이 실패에 어떻게 반응하는지 학습하는 과정을 포함한다. 이는 일견 위험해 보이지만 통제된 방식으로 수행될 수 있다. 이 과정을 통해 복잡한 상호작용의 결과로만 나타날 수 있는 문제를 식별할 수 있다.

카오스 엔지니어링은 정상적인 행동을 변화시킬 수 있는 기회를 찾는 과정을 포함한다는 점에서 탐색적 테스트와 유사하다. 그러나 예상치 못한 사용자 입력이나 API 호출 관점

---

3   카오스 엔지니어링 커뮤니티의 일부 사람들은 '테스팅'이라는 단어를 카오스 엔지니어링에 이용하는 것에 반대한다. 이들은 '실험'이라는 용어를 선호한다. 하지만 나는 이들이 테스팅의 본질을 잘못 이해한 것이라 생각한다. 엘리자베스 헨드릭스는 "Explore It!"에서 다음과 같이 썼다. "테스팅의 본질은 위험에 관한 질문에 답하기 위해 경험적 증거를 수집하는 실험을 디자인하는 것이다 [Hendrickson2013, 1장]." 카오스 엔지니어링이 바로 그것이다.

이 아니라 예상치 않은 시스템 동작, 즉 노드 충돌, 대기 시간이 긴 네트워크 연결, 일방적인지 않은 응답 등의 관점에서 생각한다. 기본적으로 소프트웨어 시스템이 여러분이 생각하는 만큼의 복원력을 가졌는지 확인하기 위한 실험을 수행하는 것이다.

1. 시스템의 '안정적인 상태steady state'가 무엇인지 이해하는 것으로 시작한다. 일반적인 기능을 하고 있을 때 시스템은 어떻게 보이는가? 시스템의 탄력성에 관해 여러분의 팀과 조직은 어떤 가정을 하고 있는가? 그중 어떤 것이 가장 먼저 확인할 가치가 있는가? 실험을 수행할 때 성공과 실패 여부를 어떻게 알 수 있는가?

2. 시스템을 다양한 방식으로 변경할 준비를 하라. 노드 제거, 지연 추가, 네트워크 트래픽 변경, 인위적인 요청 증가 등을 고려하라(첫 번째 테스트라면 작은 것에서 시작해 실패의 영향 범위를 제한하라). 발생할 결과에 관한 가설을 세워라. 무언가 크게 잘못되면 실험을 중단할 계획을 수립하라.

3. 변경을 적용하고 무슨 일이 벌어지는지 관찰하라. 여러분의 가정이 옳았는가? 시스템은 여전히 적절하게 작동하는가? 그렇지 않다면 여러분은 사각지대를 찾은 것이다. 결과를 팀과 논의하고 시스템에 관한 집단적인 멘탈 모델을 개선하라. 학습한 결과를 바탕으로 다음에 실행할 실험에 관해 결정하라.

카오스 엔지니어링을 둘러싼 많은 이야기 중에는 넷플릭스의 카오스 원숭이 같은 자동화된 도구가 빠지지 않는다. 그러나 여러분의 팀 안에서 카오스 엔지니어링을 이용하고자 한다면 도구를 만드는 데 집중하지 말라. 자동으로 같은 실험을 이터레이션하는 것보다 폭넓은 실험을 수행하는 것이 더 가치가 높다. 실험을 지원하는 몇 가지 기본 도구가 필요하며 시간이 지남에 따라 그 도구는 정교해지겠지만, 먼저 최소한의 작업으로 최대한 넓은 범위의 실험을 하도록 시도하라.

카오스 엔지니어링의 원칙에 관해서는 https://principlesofchaos.org/를 참조하라. 책 한 권 분량으로 이 주제에 관해 다룬 [Rosenthal2020]도 참조하라.

침투 테스트와 취약성 평가

탐색적 테스트를 활용해 일부 보안 관련 사각지대를 찾을 수 있지만, 보안에 민감한 소프트웨어는 전문가들의 테스트를 통해 보장해야 한다.

침투 테스트 Penetration testing, Pen-testing은 실제 공격자가 수행하는 방법을 이용해 시스템의 보안을 깨뜨리는 시도를 하는 사람들을 포함한다. 팀이 만드는 소프트웨어를 조사하기도 하지만, 보안을 더 총체적으로 고려해야 한다. 사용자가 설정한 계약 규칙에 따라 프로덕션 인프라스트럭처, 배포 파이프라인, 인적 판단, 자물쇠나 문 같은 물리적 보안에 관한 조사까지 수행하기도 한다.

침투 테스트에는 특별한 전문 지식이 필요하다. 일반적으로 외부 기업을 고용해야 할 것이다. 많은 비용이 들며, 결과는 테스터의 스킬에 크게 의존한다. 침투 테스트를 수행하는 기업을 고용할 때는 더 많은 노력을 기울이고, 테스트를 수행하는 **개인이** 최소한 여러분이 선택한 **기업**만큼 중요하다는 것을 명심하라.

취약성 평가 Vulnerability assessment는 침투 테스트보다 비용이 적게 드는 대안이다. 침투 테스트는 취약성 평가의 기술적인 유형의 하나이지만, '취약성 평가'를 홍보하는 대부분의 기업은 주로 자동화된 스캔을 수행한다.

일부 취약성 평가는 여러분의 코드와 디펜던시에 관한 정적 분석을 수행한다. 속도가 충분히 빠르다면 이 분석을 지속적인 통합 빌드에 포함할 수도 있다(그렇지 않다면 다단계 통합을 이용할 수 있다(다단계 통합 빌드(p.559) 참조) 참조). 시간이 지남에 따라 평가 공급업체는 도구에 새로운 스캔을 추가하므로, 새로운 잠재적인 취약성에 대한 경고를 받을 수도 있다.

다른 평가는 운용 중인 시스템을 조사한다. 예를 들어 벤더는 노출된 관리자 인터페이스, 기본 암호, 취약한 URL에 관해 서버를 조사할 수 있다. 일반적으로 평가 결과를 설명하는 정기 보고서(예: 한 달에 한 번)를 받게 된다.

취약성 평가는 다소 시끄러울 수 있다. 일반적으로 보안 스킬을 가진 사람이 결과를 검토하고 분류해야 하며, 관련 없는 결과를 안전하게 무시할 방법이 필요할 수 있다. 예를 들어 한 평가에서 취약한 URL을 스캔했지만 HTTP 리디렉션을 따라갈 만큼 도구가 현명하지 못했다면, 서버가 일괄적으로 리디렉션을 수행하고 있었음에도 불구하고 이 도구는 매월 스캔한 모든 URL을 취약점으로 보고할 것이다.

일반적으로 위협 모델링(위협 모델링(p.667) 참조)과 OWASP Top 10 같은 보안 체크리스트를 이용해 프로그래밍과 탐색적 테스트에 필요한 것을 제공하라. 자동화된 취약성 평가를 이용해 추가적인 위협을 식별하고 사각지대를 찾아라. 그 뒤 침투 테스트를 이용해 무엇을 놓쳤는지 학습하라.

질문

이 기법은 개인적으로 수행해야 하는가? 아니면 페어나 몹으로 수행해야 하는가?

팀에 따라 다르다. 이 기법은 개인적으로 수행해도 좋다. 한편 페어링이나 모빙은 아이디어를 내거나 통찰력을 공유하는 데 효과적이다. 또한 테스트와 다른 팀원들 사이에 만들어지는 장벽을 무너뜨리는 데도 도움이 된다. 여러분의 팀에 가장 적합한 방법이 무엇인지 실험을 통해 찾아라. 기법에 따라 매우 다양할 것이다.

함께 보기

페어 프로그래밍(p.505)
몹 프로그래밍(p.520)

사각지대 발견에 관한 부담은 소프트웨어가 커지면서 점점 커지는 것은 아닌가?

그렇지 않다. 사각지대 발견은 코드베이스와 함께 커지는 전통적인 테스트와는 같지 않다. 사각지대 발견은 점점 커지는 코드베이스를 검증하는 것이 아니라 가설을 확인하는 것이다. 팀이 사각지대를 해결하고 높은 품질의 결과를 제공할 수 있다는 자신감을 얻음에 따라 사각지대 발견의 필요성은 높아지는 게 아니라 낮아진다.

전제 조건

모든 팀은 이 기법을 이용할 수 있다. 하지만 이 기법은 소프트웨어의 작동을 확인하는 것이 아니라 사각지대를 발견하는 것임을 기억하라. 이것이 병목 현상을 일으키지 않도록 하라. 릴리스 전에 확인할 필요도, 모든 것을 확인할 필요도 없다. **소프트웨어 시스템**이 아니라 **개발 시스템**의 결점을 찾는 것이다.

한편 추가 확인 없이 릴리스하기 위해서는 팀에서 버그가 거의 없는 코드를 만들 수 있어야 한다. 아직 그 수준에 도달하지 못

함께 보기

버그 없음(p.708)

했다면, 사각지대를 확인할 때까지 릴리스를 연기해도 좋다. 사각지대 발견을 버팀목으로 삼지 말라. 수동 테스트 없이 릴리스할 수 있도록 개발 시스템을 수정하라.

지표

사각지대 발견을 잘 이용한다면:

- 팀은 소프트웨어의 품질을 신뢰한다.

- 팀은 사각지대 발견을 사전 릴리스 테스트의 형태로 이용하지 않는다.

- 프로덕션과 사각지대 기법을 이용해 발견한 결함 수는 시간이 지남에 따라 감소한다.

- 사각지대 발견에 필요한 시간은 점점 감소한다.

대안과 실험

이 실천 방법은 개발자들이 버그가 거의 없는 시스템을 구축할 수 있다는 가정에 기반한다. 결함은 수동 테스트의 부족이 아니라 수정할 수 있는 사각지대의 결과다. 그래서 이 기법은 놀라움을 찾고 가설을 테스트하는 데 중점을 둔다.

> **함께 보기**
>
> 버그 없음(p.708)
> 테스트 주도 개발(p.564)

가장 일반적인 대안은 전통적인 테스트다. 전통적인 테스트에서는 시스템을 포괄적으로 검증하는 이터레이션 가능한 테스트 계획을 구축한다. 이것이 더 신뢰할 수 있는 것처럼 보일 수도 있지만, 이런 테스트 계획에는 고유한 사각지대가 존재한다. 대부분의 테스트는 결국 프로그래머가 테스트 주도 개발을 이용해 만드는 테스트와 중복된다. 기껏해야 탐색적 테스트와 동일한 종류의 문제를 찾는 데 훨씬 더 높은 비용을 투입하는 경향이 있으며, 다른 기술을 이용해 찾을 수 있는 문제를 거의 발견하지 못한다.

실험의 관점에서 내가 설명한 기법은 단지 시작에 불과하다. 기본 아이디어는 여러분의 **숨겨진 가정을 검증하는 것이다.** 그 가설을 식별하고 테스트할 수 있다면 어떤 기법을 이용해도 좋다. 탐색해볼 수 있는 또 다른 기법으로 **퍼징**fuzzing이 있다. 퍼징에서는 막대한 양의 입력을 생성하고 그 입력에 따라 예상치 못한 결과가 발생하는지 모니터링한다.

사건 분석

대상
전체 팀

실패로부터 배운다.

여러분이 최선의 노력을 했음에도 불구하고, 소프트웨어가 제대로 작동하지 않는 경우가 있다. 웹 페이지의 오타 같은 실패는 경미하다. 고객 데이터를 손상시키는 코드 또는 고객 접근을 방해하는 장애 같은 것은 훨씬 더 중요하다.

어떤 실패는 **버그** 또는 **결함**이라 불린다. 어떤 실패는 **사건**^{incident}이라 불린다. 사실 이들의 구분은 중요하지 않다. 구분이 어떻든지 간에 먼지를 치우고 모든 것이 부드럽게 다시 움직이기 시작하면 무슨 일이 일어났고, 무엇을 개선할 수 있는지 확인해야 한다. 이것이 **사건 분석**이다.

> **NOTE** 사건이 일어나는 동안 대응하는 세세한 방법에 관해서는 이 책에서 설명하지 않는다. 사건 대응에 관한 실용적인 가이드로는 『사이트 신뢰성 엔지니어링(Site Reliability Engineering)』(제이펍, 2018)의 [Beyer2016] 12~14장을 참조하라.

KEY IDEA

실패를 포용하라

애자일 팀은 실패를 피할 수 없음을 이해한다. 사람은 실수를 하고, 잘못된 의사소통이 일어나며, 아이디어가 나오지 않는다.

애자일 팀은 실패를 피하기 위해 엉뚱한 탐구에 참여하는 대신 이를 포용한다. 실패를 피할 수 없다면 가능한 **빠르게** 실패를 **감지**하는 것이 중요하다. 회복할 수 있는 시간이 있는 동안 실패한다. 실패를 **억제함**으로 영향을 최소화한다. 실패로부터 **배우는 것**이지, 책임을 전가하는 것이 아니다.

지속적인 배포는 이런 철학이 담긴 좋은 예시다. 지속적인 배포를 사용하는 팀은 모니터링을 통해 실패를 감지한다. 1~2시간마다 배포를 하고, 실패를 조기에 드러내면서 각 실패의 영향은 줄인다. 카나리아 서버를 이용해 실패의 영향을 최소화하고, 각각의 실패에서 제한과 개선을 이해한다. 직관과는 반대로 실패를 포용하면 리스크는 적어지고 결과는 나아진다.

실패는 피할 수 없다. 하지만 실패가 성공을 막지는 못한다.

실패의 특성

실패를 단순한 원인과 결과의 연속으로 생각하기 쉽다. A가 이것을 해서 B가 되고, B는 C로 이어진다. 하지만

실패는 전체 개발 시스템의 결과다.

이것은 실제로 벌어지는 일이 아니다.[4] 사실 실패는 작업이 수행되는 전체 **개발 시스템**에 의한 결과다(개발 시스템은 도구에서 조직 구조에 이르기까지 소프트웨어를 만드는 방법의 모든 측면이다. 이는 여러분이 만드는 소프트웨어 시스템과 대조된다). 아무리 사소한 것이라도 각각의 실패는 개발 시스템의 특성과 약점에 관한 단서다.

실패는 많은 이벤트가 상호작용한 결과다. 작은 문제는 지속적으로 발생하지만, 시스템에는 이런 문제를 안전한 경계 안에 유지하는 규범이 있다. 프로그래머는 종종 오류를 범하지만 페어링을 하는 파트너가 이를 잡아내기 위한 테스트를 제안한다. 현장 고객이 스토리에 관해 제대로 설명하지 않았지만, 고객 리뷰에서 오해를 발견한다. 팀원이 실수로 파일을 삭제하지만, 지속적인 통합에서 해당 커밋을 거부한다.

실패가 발생했다면, 이는 하나의 원인 때문이 아니라 여러 가지 것이 동시에 잘못됐기 때문이다. 한 프로그래머가 일회성 에러를 만들었지만 페어링 파트너가 신생아 때문에 늦게 일어나서 에러를 눈치채지 못한다. **그리고** 팀은 덜 빈번한 페어 교대를 실험하는 중이다. **그리고** 카나리아 서버의 경고가 우연히 비활성화돼 있다. 실패가 발생한다. 이는 문제 때문이 아니라 개발 시스템인 사람, 프로세스, 비즈니스 환경이 문제가 결합되도록 했기 때문이다.

또한 시스템은 실패로 향하는 경향을 보인다. 역설적이게도 실패를 억제한 경험이 있는 팀에게 위협은 실수가 아닌 성공이다. 시간이 지남에 따라 실패를 경험하지 않기 때문에 팀의 규범이 바뀐다. 예를 들면 페어링을 선택 사항으로 바꿈으로써 사람들이 다양한 작업 스타일을 선택할 수 있게 한다. 안전 경계가 축소된다. 결과적으로 이미 존재하고 있던 실패 조건이 축소된 경계를 초과하는 올바른 방식으로 결합되면서 실패가 발생한다.

실패로 향하는 것을 파악하기는 어렵다. 각각의 변경은 작고, 어떤 변경은 다른 측면(속도, 비용, 편의성, 고객 만족 등)에서는 개선이기도 하다. 실패로 향하는 것을 막으려면 방심

---

4   실패의 특성에 관한 논의는 [Woods201], [Dekker2014]에 기반한다.

하지 말아야 한다. 과거의 성공이 미래의 성공을 보장하지는 않는다.

큰 실수의 결과로 큰 실패가 일어날 것이라 기대할 수
도 있겠지만, 실패는 그런 방식으로 일어나지 않는다.
단일한 원인도 비례도 없다. 큰 실패 역시 작은 실패와

> 작은 실패는 더 큰 실패를 위한 예행
> 연습이다.

동일한 시스템 문제로 인한 결과다. 좋은 소식이다. 왜냐하면 작은 실패는 더 큰 실패를
위한 '예행 연습'이라는 의미이기 때문이다. 작은 실패를 통해서도 큰 실패에서의 그것만
큼 학습할 수 있다.

그러므로 모든 실패를 학습과 개선의 기회로 삼아라. 오타도 실패다. 릴리스 이전에 감지
된 모든 문제는 실패다. 크기에 관계없이 여러분의 팀이 무언가를 '완료'했다고 생각하지
만, 이후에 수정이 필요하다면 분석할 만한 가치가 있다.

하지만 여기에서 끝이 아니다. 앞에서 말했든 실패는 개발 시스템의 결과다. **성공도 마찬가
지다**. 여러분도 그것을 분석할 수 있다.

정말 오타일까?

사소한 실패라도 작은 실패를 분석하면 큰 문제를 일으키는 동일한 시스템 문제에 관해 알 수 있다.
예를 들어 팀에서 개인 정보 보호 정책의 오타를 수정하는 요청을 받았다고 가정해 보자. 13번째 문
단 안쪽에서 'the'가 'teh'로 잘못 기재돼 있다. 사소한 문제이고 아무런 해를 끼치지 않으며, 쉽게 고
칠 수 있다.

사건 분석 결과 팀의 누구도 개인 정보 정책을 확인이 그들의 책임이라 생각하지 않음을 알았다. 문
서는 법무에서 전달했고, 프로그래머는 그것을 붙여 넣었으며, 고객은 정책이 있는 것만 검증하고 완
료했다. 누구도 정책을 읽어보지 않았다. 팀은 이에 관해 논의하고 그것이 어디에서 왔든 소프트웨어
안의 모든 것에 대해서는 책임을 가져야 한다고 결정했다.

6개월 후, 여러분의 팀은 큰 릴리스를 위한 마케팅 카피를 추가하는 중이다. 새로운 정책으로 인
해 팀은 함께 이에 관해 리뷰한다. 좋은 일이다. 마케팅 카피에는 새로운 릴리스가 '가짜 덩크(sham
dunk)'라고 적혀 있었다. 이런. 걱정하지 않아도 된다. 여러분은 마케팅과 교차 확인을 한다. 며칠 후
스크린이 공개된다. 그리고 '슬램 덩크(slam dunk)'가 나타났다.

분석 수행하기

사건 분석은 일종의 회고다. 학습과 개선을 목적으로 개발 시스템을 함께 돌아보는 것이다. 효과적인 분석은 회고의 5단계를 포함한다[Derby2006].

함께 보기

회고(p.450)

1. 무대를 설정한다.

2. 데이터를 수집한다.

3. 인사이트를 생성한다.

4. 무엇을 할지 결정한다.

5. 회고를 종료한다.

분석에는 팀 전체 및 사건 대응과 관련된 모든 사람을 포함시켜라. 관리자와 다른 관찰자를 포함하는 것은 피하라. 여러분은 참가자들이 공개적으로 실수를 말하고 인정하기를 원한다. 그렇게 하려면 참석해야 할 사람들만 참석하도록 제한해야 한다. 누군가 분석에 관심이 많다면 별도로 사건 보고서를 작성할 수 있다. 이에 관해서는 뒤에서 설명한다.

분석 세션에 필요한 시간은 사건의 발단이 된 이벤트의 수에 따라 다르다. 복잡한 장애는 수십 개의 이벤트와 관련돼 있을 수 있으며, 분석 세션은 몇 시간이 걸릴 수도 있다. 그러나 간단한 결함은 단지 몇 개의 이벤트만 관련이 돼 있으며 30~60분 정도로 세션을 마칠 수 있다. 경험이 쌓이면서 시간은 점점 줄어들 것이다.

먼저 민감한 사건의 경우에는 중립적인 퍼실리테이터가 세션을 진행하도록 하라. 다루는 사안이 민감할수록 경험이 뛰어난 퍼실리테이터가 필요하다.

NOTE 이 실천 방법은 역시 이 책에서 설명하지만 다른 실천 방법과 마찬가지로 팀 레벨에 집중한다. 즉 팀이 자체적으로 분석할 수 있는 사건을 다룬다. 이 실천 방법은 더 큰 사건에서 여러분의 팀에 해당하는 부분을 분석할 때 이용할 수도 있다.

1. 무대를 설정한다

사건 분석은 성공과 실패에 관한 비판적 시각을 포함한다. 따라서 모든 참가자가 자신이 내린 선택에 대해 솔직한 토론을 하는 것을 포함해, 분석에 기여하는 것이 안전하다고 느끼는 것이 중요하다. 그렇기 때문에 사건 분석의 목표는 사건을 이용해 사람, 프로세스, 기대치, 환

함께 보기

안전감(p.171)

경, 도구로 구성되는 소프트웨어 **개발 시스템**을 만드는 방식을 더 잘 이해하는 것임을 참가자에게 상기시키는 것으로 세션을 시작하라. 실패 자체에 책임을 추궁하는 데 집중하기 위해서가 아니라 개발 시스템을 더 탄력적으로 만드는 방법을 배우기 위해 모인 것이다.

모든 사람에게 해당 목표를 지킬 수 있는지 확인하고, 사건과 관련된 모든 사람의 입장에서 선의를 가질 수 있는지 확인하도록 요청하라. 놈 커스의 제1원칙은 좋은 선택이다.

> 우리가 발견한 것과 상관없이 모든 사람이 그 시점에 알려진 것, 그들이 가진 능력, 이용할 수 있는 리소스, 주어진 상황에서 최고의 작업을 했음을 이해하고 실제로 믿어야 한다 [Kerth2001, 1장].

또한 **베가스 규칙**^{Vegas rule}을 세울 것을 고려하라. 분석 세션에서 언급된 것은 분석 세션에만 머물러야 한다. 세션을 녹화하지 말라. 참석자들에게 세션에서 공유된 내용을 개인적으로 외부에서 언급하지 않는 데 합의하도록 요청하라.

세션에 팀 외부 사람들이 포함돼 있거나, 팀이 협업을 이제 막 시작했다면 세션에 대한 워킹 어그리먼트를 세워야 할 수도 있다(워킹 어그리먼트를 만들어라(p.206) 참조).

2. 데이터를 수집한다

무대를 만들었다면 이제 무엇이 일어났는지 이해해야 한다. 메모가 적힌 시각적인 이벤트 타임라인을 만들어서 이를 확인할 수 있다.

이 단계에서 데이터를 해석하고 싶은 유혹을 느끼기 쉽다. 그러나 모든 사람에게 '그저 사실'에 집중하도록

해석이 아니라 사실에 집중하라.

하는 것이 중요하다. 단계가 진행될 때마다 여러 차례 알림이 필요할 수도 있다. 과거의 경험을 돌아봤을 때 사람들의 행동을 비판하는 함정에 빠지기는 쉽지만, 그것은 별로 도움이 되지 않는다. 성공적인 분석은 사람들이 **실제로 무엇을 했는지**, 그리고 개발 시스템이

사람들이 어떻게 했어야 하는지가 아니라 그런 일을 하는데 어떻게 기여를 했는지 이해하는 데 중점을 둔다.

타임라인을 만들 때는 가상 화이트보드에 가로로 긴 수평선을 그린다. 대면 팀에서 세션을 진행한다면 벽에 파란색 테이프를 붙이는 것도 좋다. 타임라인에 각각 다른 기간을 나타내는 열을 그린다. 열의 단위는 같을 필요는 없다. 타임라인 초반에는 주나 월 단위가 적절하고, 사건에 가까운 기간일수록 날짜나 시간 단위가 적절하다.

참석자에게 동시 브레인스토밍을 통해 사건과 관련된 이벤트를 생각하게 하라(동시에 작업하라(p.155) 참조). 이벤트는 판단이 포함되지 않은 발생한 일 자체에 관한 사실이어야 한다. 예를 들면 다음과 같다. "배포 스크립트는 모든 ServiceGamma 인스턴스를 중지시켰다.", "ServiceBeta는 418 응답 코드를 반환했다.", "ServiceAlpha는 418 응답 코드를 인식하지 못하고 중단됐다.", "현장 대기 엔지니어가 시스템 다운타임에 관한 호출을 받았다.", "현장 대기 엔지니어는 수동으로 ServiceGamma 인스턴스를 재시작했다."(사람의 이름을 이용해도 좋지만, 해당 인원이 참가했고 동의했을 때만 그렇게 하라.) 잘못된 이벤트뿐만 아니라 잘 된 이벤트도 기록됐는지 확인하라.

소프트웨어 로그, 사건 대응 기록, 버전 관리 기록은 모두 훌륭한 리소스다. 각 이벤트를 별도의 스티키 노트에 적어서 보드에 붙여라. 각 이벤트는 같은 색상의 스티키 노트를 사용하라.

이후 모든 사람을 한 걸음 물러서서 전체 그림을 살펴보게 하라. 누락된 이벤트는 무엇인가? 동시에 작업하면서 각 이벤트를 살펴보며 질문하라. "이 이벤트 이전에 무슨 일이 있었는가? 다음에는 무슨 일이 있었는가?" 추가 이벤트를 별도의 스티키 노트에 기록해서 추가하라. 이전 및 이후 관계를 화살표로 나타내면 도움이 된다.

소프트웨어뿐만 아니라 **사람**에 관한 이벤트도 포함시켜야 한다. 개발 시스템에서 사람들의 의사 결정은 매우 중요한 요소다. 팀이 통제하거나 사용했던 자동화와 관련된 이벤트를 찾고, 해당 이벤트에 사람들이 기

> 자동화는 어떻게 사용됐는가? 어떻게 구성됐는가? 어떻게 프로그래밍 됐는가?

여한 방식에 대한 이전 이벤트를 추가하라. 자동화는 어떻게 사용됐는가? 어떻게 구성됐

는가? 어떻게 프로그래밍됐는가? 중립적이고 책임을 묻지 않는 어조를 유지하라. 사람들이 무엇을 했어야 하는지 추측하지 말라. 그들이 **실제로** 한 일만 기록하라.

예를 들어 "배포 스크립트는 모든 ServiceGamma 인스턴스를 중지시켰다." 이벤트 앞에 "운영은 --target 커맨드라인 파라미터를 --tagret으로 잘못 입력했다."와 "엔지니어가 실수로 --target 파라미터를 찾을 수 없을 때 모든 인스턴스를 중지하도록 배포 스크립트를 변경했다." 이벤트가 올 수 있고, 그 이전에는 "팀은 배포 스크립트의 커맨드라인 처리를 정리하기로 결정했다." 이벤트가 올 수 있다.

같은 이벤트에 앞서는 여러 이벤트가 있을 수 있다. 각 선행 이벤트는 타임라인의 다른 지점에서 발생할 수 있다. 예를 들어 "ServiceAlpha는 418 응답 코드를 인식하지 못하고 중단됐다" 이벤트에는 세 가지 선행 이벤트가 있을 수 있다. "ServiceBeta는 418 응답 코드를 반환했다(직전)", "엔지니어가 실수로 ServiceAlpha 최상위 예외 처리기를 비활성화했다(몇 개월 전)", "엔지니어가 예상치 않은 응답 코드를 수신했을 때 예외를 발생시키도록 ServiceAlpha를 프로그램했다(1년 전)".

이벤트를 추가하면서 참가자들에게 그 당시 그들의 의견과 감정에 대한 회상을 공유하도록 독려하라. 사람들에게 행동에 관한 사과를 하도록 요구하지 말라. 비난하기 위해 모인 것이 아니다. 그들에게 사건이 발생한 그 시점에 **그곳에 있는 것이** 어떠했는지 설명해 달라고 요청하라. 이를 통해 여러분의 팀은 개발 시스템의 사회적이고 조직적인 측면을 이해하게 된다. **어떤** 선택을 했는가뿐만 아니라 그 선택을 하게 된 **이유**를 이해하게 되는 것이다.

참석자들에게 그런 생각을 추가로 다른 색상의 스티키 노트에 적어 붙이도록 요청하라. 예를 들어 자렛Jarret이 다음과 같이 말했다고 하자. "나는 코드 품질이 걱정됐지만, 데드라인을 맞추기 위해 서둘러야 했습니다." 그는 두 장의 스티키 노트를 붙인다. "자렛은 코드 품질을 걱정한다.", "자렛은 데드라인을 맞추기 위해 서둘러야 한다고 느낀다.". 참석하지 않은 사람들의 생각은 **추측하지 말라.** 다른 사람들이 "레일라Layla는 그녀가 배포 스크립트 옵션을 기억하는 것이 어렵다고 말했습니다." 같은 이야기를 했다면 기록할 수 있다.

당시 사람들이 느끼고 생각한 것에 메모의 초점을 맞추라. 당신의 목표는 사람들을 추측하는 것이 아니라 시스템을 있는 그대로 이해하는 것이다.

마지막으로 참석자들에게 타임라인에서 중요한 이벤트, 즉 사건과 가장 관련이 있는 이벤트가 무엇인지 알려 달라고 요청하라. 해당 이벤트에 관한 참가자들의 회상이 모두 담겼는지 다시 확인하라.

3. 인사이트를 생성한다

이제 사실을 인사이트로 바꾼다. 이 단계에서는 타임라인을 살펴보면서 개발 시스템에 관한 단서를 찾는다. 시작하기 전에 사람들에게 보드를 살펴볼 시간을 할애하라. 휴식을 하기에 좋은 시점이다.

먼저 실패의 특성에 관해 참석자들에게 상기시켜라. 문제는 항상 일어나지만, 그들이 항상 실패로 이어지지는 않는다. 타임라인에 표시된 이벤트는 실패의 **원인**

> 이벤트는 실패의 원인이 아니라, 시스템의 징후다.

이 아니라, 개발 시스템이 어떻게 동작했는가에 관한 **징후**다. 여러분이 분석하려는 것은 더 깊은 곳에 있는 시스템이다.

'데이터를 수집한다' 액티비티에서 중요한 것으로 식별된 이벤트를 살펴보라. **사람**과 관련된 것은 무엇인가? 설명을 이어가기 위해 여러분이 "운영은 `--target` 커맨드라인 파라미터를 `--tagret`으로 잘못 입력했다"와 "엔지니어가 실수로 `--target` 파라미터를 찾을 수 없을 때 모든 인스턴스를 중지하도록 배포 스크립트를 변경했다" 이벤트를 선택했다고 가정하자. "배포 스크립트는 모든 `ServiceGamma` 인스턴스를 중지시켰다"는 자동으로 발생한 이벤트이므로 선택하지 않았다.

동시 작업을 통해 사람과 관계 있는 이벤트에 다음 카테고리 중 하나 이상을 할당한다.[5] 세 번째 색상의 스티키 노트에 각 카테고리를 적어 타임라인에 추가한다.

---

5   이벤트 카테고리에 관해서는 [Wood2010], [Dekker2014]에서 힌트를 얻었다.

- **지식과 멘탈 모델**: 이벤트와 관련된 팀 **안에서의** 정보와 결정을 포함한다. 예를 들어 팀에서 유지보수하는 서비스는 418 응답을 반환하지 않을 것이라 믿는다.

- **커뮤니케이션과 피드백**: 이벤트와 관련된 외부 팀의 정보와 결정을 포함한다. 예를 들어 **서드 파티** 서비스는 418 응답을 반환하지 않을 것이라 믿는다.

- **주의**: 관련 정보에 집중하는 능력을 포함한다. 예를 들어 다른 여러 경고가 동시에 발생해 경고를 무시하거나, 피로로 인해 경고의 중요성을 오해한다.

- **수정과 계획 지속**: 새로운 정보를 만나 상황에 대한 평가를 지속한다. 예를 들어 장애 도중, 트래픽이 백업 라우터로 성공적으로 전환된 것으로 로그에 표시된 후 실패한 라우터 문제를 계속 해결한다. 또한 수립된 계획을 계속 진행하는 것을 포함한다. 예를 들어 베타 테스트가 소프트웨어가 준비되지 않았다고 말했음에도 불구하고 계획된 날짜에 릴리스한다.

- **충돌하는 목표**: 여러 목표 중에서 선택해야 하지만, 그중 일부가 명시되지 않는다. 예를 들어 코드 품질을 개선하는 것보다 데드라인을 만족시키는 것의 우선순위를 높게 결정한다.

- **절차적 적응**: 확립된 절차가 상황에 맞지 않는 상황을 포함한다. 예를 들어 체크리스트 단계 중 하나를 수행한 후 포기하면 오류가 보고된다. 특별한 경우는 **책임-권한 이중 구속**으로서 절차를 위반해 처벌을 받을지, 상황에 맞지 않는 절차를 따를지 선택해야 한다.

- **사용자 경험**: 컴퓨터 인터페이스와의 상호작용을 포함한다. 예를 들어 프로그램에 잘못된 커맨드라인 인수를 제공한다.

- **기타**: 앞에서 제시한 카테고리에 맞지 않는다면 임의로 카테고리를 생성한다.

이 카테고리는 긍정적인 이벤트에도 적용할 수 있다. 예를 들어 "엔지니어는 ServiceOmega에 시간 제한이 발생했을 안전한 기본값을 제공하도록 프로그래밍했다" 이벤트는 '지식과 멘탈 모델' 이벤트에 해당한다.

이벤트를 분류했다면 시간을 들여 전체 그림을 다시 보고, 작은 그룹으로 나눠 각 이벤트에 관해 논의한다. 각 이벤트는 여러분의 개발 시스템에 관해 무엇을 말하는가? 사람이 아니라 시스템에 초점을 맞춰라.

예를 들어 "엔지니어가 실수로 --target 파라미터를 찾을 수 없을 때 모든 인스턴스를 중지하도록 배포 스크립트를 변경했다"라는 이벤트는 엔지니어가 실수한 것처럼 들린다. 하지만 타임라인에 따르면 자렛(예시에서 등장한 엔지니어)은 코드 품질을 떨어뜨림에도 불구하고, 데드라인을 맞추기 위해 서둘러야 한다고 느꼈다. 즉 이는 '충돌하는 목표' 이벤트이며 어떻게 우선순위가 결정되고 커뮤니케이션 됐는가에 관한 문제다. 팀원들은 이벤트에 대해 논의하면서도 코드 품질보다 마감일을 우선시해야 하는 영업 및 마케팅의 압박감을 느끼고 있음을 알게 된다.

한편, 타임라인 분석 결과 자렛이 팀의 커맨드라인 처리 라이브러리의 동작을 오해했던 것이 나타났다고 가정하자. 마찬가지로 이 이벤트는 '지식과 멘탈 모델' 이

사건 분석은 항상 개인이 아닌 시스템을 바라본다.

벤트이지만, 그럼에도 불구하고 **여전히** 자렛을 비난해서는 안 된다. 사건 분석은 항상 개인이 아닌 시스템을 바라본다. 개인은 실수를 할 것으로 **예상한다**. 이 경우 이벤트를 자세히 살펴본 결과, 팀은 프로덕션 코드에 대해서 테스트 주도 개발과 페어링을 이용함에도 불구하고 스크립트에는 해당 표준을 적용하지 않았음을 알았다. 팀은 스크립트에 실수를 방지할 수 있는 어떠한 방법도 갖고 있지 않았으며, 누군가 실수하는 것은 시간의 문제일 뿐이었다.

소그룹이 이벤트에 논의하는 기회를 가진 뒤(빠른 진행을 위해 각 소그룹이 모든 이벤트에 대해 토론하게 하기보다 각 그룹에 이벤트를 나눠 줄 수 있다) 함께 모여서 시스템에 관해 학습한 것을 논의한다. 네 번째 색상의 스티키 노트에 각각의 결론을 적어서 해당 이벤트 옆에 붙인다. 아직 제안하지 말라. 학습한 것에 집중하라. 예를 들어 다음과 같이 쓸 수 있다. "스크립트에 프로그래밍 실수를 방지할 수 있는 체계적인 방법이 없다", "엔지니어는 코드 품질을 희생해야 한다는 압박감을 느낀다", "배포 스크립트를 실행하려면 길고 오류가 발생하기 쉬운 커맨드라인이 필요하다"

4. 무엇을 할지 결정한다

이제 개발 시스템을 개선할 방법을 결정할 준비가 됐다. 아이디어를 브레인스토밍하고, 최고의 옵션 몇 가지를 선택한다.

전체 타임라인을 다시 살펴보는 것에서 시작한다. 시스템을 더 탄력적으로 만들려면 시스템을 어떻게 변경할 수 있는가? 실현 가능성은 걱정하지 말고 모든 가능성을 고려하라. 테이블 위나 가상 화이트보드의 새로운 영역에서 동시 브레인스토밍을 수행하라. 특정한 아이디어나 질문에 아이디어를 매칭하지는 않아도 된다. 어떤 아이디어는 여러 가지를 동시에 다룰 것이다. 고려할 질문에는 다음이 포함된다.[6]

- 이런 유형의 실패는 어떻게 예방할 수 있는가?

- 이런 유형의 실패는 어떻게 더 일찍 감지할 수 있는가?

- 어떻게 하면 빨리 실패할 수 있는가?

- 어떻게 하면 영향을 줄일 수 있는가?

- 어떻게 하면 빠르게 응답할 수 있는가?

- 안전망의 어느 부분이 우리를 실패하게 했는가?

- 어떤 관련 결점을 조사해야 하는가?

설명을 계속하기 위해 여러분의 팀이 다음과 같은 아이디어를 브레인스토밍했다고 가정하자. "데드라인을 약속하는 것을 중지한다", "주 단위로 예측하고 데드라인에 맞지 않는 스토리를 제거한다", "스크립트에 프로덕션 코딩 표준을 적용한다", "추가 코딩 에러를 방지하기 위해 기존 스크립트 리뷰를 수행한다", "모든 팀의 스크립트의 커맨드라인 옵션에 대한 UX 리뷰를 수행한다." 어떤 아이디어는 다른 아이디어보다 더 낫지만, 이 단계는 아이디어를 만드는 단계이므로 이들을 걸러내지 않는다.

어느 정도 선택지를 모았다면 아이디어를 '통제', '영향', '수프' 원에 팀의 능력을 따라 그룹화한다(원과 수프(p.481) 참조). 각 선택지의 장단점에 따라 간략하게 토론한다. 다음으

---

6   이 질문을 제안해 준 사라 호란 반 트리세(Sarah Horan Van Treese)에게 감사한다.

738

로 점 투표와 동의 투표를 진행해(동시에 작업하라(p.155), 동의를 구하라(p.157) 참조) 팀이 추구할 옵션을 결정하라. 하나 이상을 선택해도 된다.

선택지에 관해 생각할 때 **모든 것**을 수정할 수는 없다는 점을 기억하라. 때때로 변경은 문제를 해결하는 것보다 더 많은 위험과 비용을 추가한다. 또한 모든 이벤트가 개발 시스템의 동작에 대한 단서이지만 모든 이벤트가 나쁜 것은 아니다. 예를 들어 "엔지니어가 예상치 않은 응답 코드를 수행했을 때 예외를 발생시키도록 ServiceAlpha를 프로그램했다"가 그렇다. 그 이벤트가 운영 중단으로 직접 이어졌지만, 장애를 더 빠르고 쉽게 진단할 수 있었다. 이 이벤트가 없었다면 여전히 문제가 발생했을 것이고, 해결하는 데 더 오랜 시간이 걸렸을 것이다.

실패 예방하기

여러분이 팀이 할 수 있는 것에 관해 생각할 때, 이런 에러가 일어나지 않도록 코드나 디자인을 바꾸는 방법도 생각해 보라. 예를 들어 여러분이 텍스트 필드의 데이터 손실을 발견했다고 가정하자. 사람들은 500문자까지 입력할 수 있지만, 데이터베이스에는 250문자만 저장됐다. 부분적인 원인으로 프론트엔드에서 실수로 입력 필드의 길이를 잘못 설정했을 수 있다. 백엔드 메타데이터에서 필드 길이 정보를 자동으로 끌어가도록 함으로써 이런 에러 발생이 불가능하게 할 수 있다.

에러가 일어나지 않도록 할 수 없다면 빌드나 테스트 세트를 개선해서 이들을 자동으로 잡아 내라. 예를 들어 프론트엔드의 모든 템플릿을 보고 필드 길이를 데이터베이스 길이와 비교하는 테스트를 작성할 수 있다.

표면적인 에러 해결에서 멈추지 말라. 에러가 팀의 개발 시스템에 관해 무엇을 말하는 것인지 생각하라. 예를 들어 데이터 손실의 다른 원인은 백엔드에서 필드 길이를 검증하지 않은 것이다. 일반적으로 데이터 검증 과정에 문제가 있음을 의미하는 것은 아닌가? 탐색적 테스트를 이용해 데이터 검증을 확인하는 등 다른 조사 방법을 선택할 수도 있다.

---

5. 회고를 종료한다

사건 분석은 강도가 높을 수 있다. 잠시 휴식을 취하고 천천히 정규 업무로 돌아가면서 회고를 마무리하라. 휴식은 은유적으로 표현한 것일 수도 있고, 글자 그대로 잠시 일어서서 숨을 돌리도록 제안할 수도 있다.

무엇을 보관할지 결정하는 것에서 시작하라. 주석이 담긴 타임라인이나 다른 결과물을 스크린샷이나 사진으로 찍어 놓으면 이후 참조를 하기에 유용하다. 먼저 타임라인 리뷰 참석자들에게 어떤 이유로든 세션 밖에서 공유되지 않기를 원하는 것이 있는지 확인을 요청하라. 그런 스티키 노트는 모두 제거한 뒤 사진을 찍어라.

다음으로 누가 어떻게 결정 사항에 대한 후속 처리를 할 것인지 결정하라. 보고서를 작성할 것이라면 누가 보고서 작성에 참여할지 결정하라.

마지막으로 서로에게 어려운 작업을 함께 한 것에 감사를 표현하며 마무리하라.[7] 액티비티를 소개하고 예시를 들어라. "(이름), 나는 당신에게 (이유)에 대해 감사합니다." 앉아서 기다려라. 다른 사람들도 이야기를 시작할 것이다. 반드시 말을 해야 하는 것은 아니지만, 마지막까지 충분한 시간을 남겨두라(1분 전후의 침묵). 사람들은 입을 여는 데 약간의 시간이 필요하다.

어떤 사람들은 '감사' 액티비티를 불편해한다. 다른 대안으로는 각 참가자가 돌아가면서 분석을 마치고 나서 느낌이 어떤지 말하는 것도 좋다. 물론 그냥 넘겨도 괜찮다.

마지막으로 모두에게 감사를 표한다. 베가스 규칙(허락 없이 개인적인 세부 사항을 외부에 공유하지 않는다)을 상기시키고 마친다.

조직적 학습

조직에서는 종종 사건 분석의 결과에 관한 보고를 요구한다. 일반적으로 **포스트모템** postmortem이라고도 부르지만, 나는 중립적인 **사건 보고**라는 용어를 더 선호한다

이론적으로 사건 보고서의 목적 중 일부는 다른 팀의 학습 내용을 활용해 자체 개발 시스템을 개선하는 것이다. 안타깝게도 사람들은 다른 팀에서 배운 교훈을 무시하는 경향이 있다. 이를 **차이를 통한 거리 두기**distancing through differencing라 부른다[Woods2010, 14장]. "그 아이디어는 우리에게 적용되지 않는다. 우리는 내부를 향하는 팀이기 때문이다." 또는 "우리는 모노리스가 아니라 마이크로서비스를 이용한다.", 또는 "우리는 대면이 아니

---

7   '감사(appreciation)' 액티비티는 [Derbt2006] (8장)을 참조했다.

라 원격으로 일한다." 같은 표면적인 차이를 이유로 들어 변화를 피한다.

이 거리 두기를 예방하는 것은 조직 문화의 문제이며, 이 책의 범위를 벗어난다. 간단히 말하면 사람들은 큰 실패 후에 배우고 변화하려는 욕구가 가장 크다. 그 외에는 개인적으로 배움을 만들게 하는 것이 가장 성공적이었다. 교훈이 여러분의 청중이 관심 갖는 것에 어떤 영향을 미치는지 보여라.

이것은 글로 쓰인 문서보다는 대화로 하는 것이 쉽다. 실제로 나는 사람들이 사건 보고서의 교훈을 읽고 적용하도록 하는 가장 효과적인 방법은 설득력이 있으면서도 간결한 이야기를 하는 것이라 생각한다(확실하지는 않지만). 처음부터 이해관계를 명확하게 하라. 무슨 일이 일어났는지 설명하고 미스터리를 펼쳐라. 여러분의 시스템에 관해 배운 것을 설명하고, 그것이 다른 팀에 어떤 영향을 미치는지 설명하라. 다른 팀에 영향을 줄 수 있는 잠재적인 위험을 설명하고, 스스로를 보호하기 위해 할 수 있는 일을 간략하게 제시하라.

사건 책임

조직에서 사건 보고를 원하는 또 다른 이유는 '사람들이 책임을 지게 하기 위함'인데 잘못된 결과로 이어질 수 있다.

팀이 자신들의 작업에 대한 책임을 지지 않아야 한다고 말하는 것이 아니다. 팀은 자신들의 작업에 대한 책임을 져야 한다! 사건 분석을 진행하고 개발 시스템을

> 비난할 사람을 찾는 것은 큰 사건을 더 나쁘게 만든다.

개선하는 작업을 하고, 더 넓은 조직과 협업을 통해 변화를 만듦으로써 그들은 책임을 **보여야 한다**.

'단 하나의 비틀 수 있는 목'을 찾는 것은 스크럼의 잘못된 표현이며, 편향과 손가락질을 장려할 뿐이다. 사건 보고의 수는 줄어들겠지만, 그것은 그저 사람들이 문제를 숨기기 때문이다. 큰 문제는 계속 나빠진다.

"사건의 비율은 줄지만, 치사율은 높아진다." 『The Field Guide to Understanding 'Human Error'』에서는 건축과 항공 산업에 관해서 이렇게 보고한다. "이것은 가까운 실

수로부터 학습하는 것의 중요성을 나타낸다. 그런 학습 기회를 억누르는 것은 어떤 수준의 어떤 방법이든, 나쁘기만 한 아이디어가 아니다. 그것은 위험하다[Dekker2014, 7장]"

여러분의 조직이 이 다이나믹을 이해하고, 진정으로 팀이 책임 있는 모습을 보이기 원한다면 여러분은 사건 분석이 개발 시스템의 어떤 점을 드러내는지 공유할 수 있다. (다시 말해 "인사이트를 생성한다" 액티비티의 가장 마지막 스티키 노트). 또한 개발 시스템의 탄력성을 개선하기 위해 무엇을 하기로 결정했는지도 공유할 수 있다.

종종 여러분의 조직이 갖고 있는 보고서 템플릿을 지켜서 작성해야 할 때도 있다. 상황에 관해 너무 간단한 인과 관계cause-and-effect 관점만 제시하는 것은 피하라. 또한 개인이 아니라 시스템이 어떻게 문제를 실패로 바꾸는 역할을 했는지 보이는 데 집중하라.

질문

모든 버그나 사건에 관한 완전한 분석을 할 시간이 없다면 어떻게 해야 하는가?

사건 분석이 반드시 공식적인 회고의 형태일 필요는 없다. 기본 구조를 이용해 단 몇 분만에 몇 명만으로 비공식적으로 가능성을 탐색할 수 있다. 심지어 여러분의 생각만으로도 가능하다. 핵심 사항은 이벤트가 기본 개발 시스템의 증상이라는 점이다 이들은 시스템이 어떻게 동작하는지 알려주는 단서다. 사실에서 시작하고, 그 사실이 개발 시스템에 관한 여러분의 이해를 어떻게 변화시켰는지 논의한 뒤, 무엇을 변경할지 생각하라.

전제 조건

성공적인 사건 분석은 심리적 안전감에 의존한다. 참가자들이 무슨 일이 일어났는지에 대한 관점을 공유하는 것이 안전하다고 느끼지 않는 한, 개발 시스템을 깊이 이해하는 데 어려움을 겪을 것이다.

<aside>
함께 보기

안전감(p.171)
</aside>

사건에 관한 광범위한 조직의 접근 방식은 참가자의 안전에 큰 영향을 미친다. '비난하지 않는 포스트모템'이라는 립 서비스를 제공하는 기업조차도 세계에 대한 단순한 인과관

계 관점에서 체계적인 관점으로 전환하는 데 어려움을 겪는다. 이들은 '비난하지 않는'을 '누구의 탓인지 말하지 않는' 것이라 생각하는 경향이 있지만, 진정으로 비난하지 않으려면 **누구에게도** 책임이 없다는 것을 이해해야 한다. 실패와 성공은 복잡한 **시스템**의 결과이지, 특정 개인의 행동에 의한 것이 아니다.

이를 이해하지 않은 조직에서도 성공적인 사건 분석을 수행할 수는 있다. 그러나 심리적 안전감에 관한 기본 규칙을 확립하고, 비난 지향적인 세계관을 가진 사람들이 참석하지 않도록 한층 주의해야 한다. 또한 사건 보고서를 작성한다면, 인과관계 관점이 아닌 체계적 관점에서 작성됐는지 확인하는 데 노력을 기울여야 한다.

지표

사건 분석을 잘 수행한다면:

- □ 사건이 인식되고 가시적인 영향이 없는 사건도 분석된다.

- □ 팀원들은 분석을 학습과 개선의 기회로 보고 심지어 기대한다.

- □ 시스템의 탄력성은 시간이 지남에 따라 개선되며, 탈출한 결함과 프로덕션 장애는 줄어든다.

- □ 사건으로 인해 어느 누구도 비난, 판단 또는 처벌받지 않는다.

대안과 실험

많은 조직이 사건 분석을 표준 보고서 템플릿의 시각에서 접근한다. 이들은 체계적인 관점보다 '빠른 수정'을 받아들이는 경향이 있다. 사건 전체에 관해 학습하기보다 자신들이 보고하고자 하는 것에 집중하기 때문이다. 내가 설명한 포맷은 결론에 이르기 전에 관점을 확장하는 데 도움을 줄 것이다. 사건 분석을 회고처럼 진행함으로써 모든 사람의 의견이 들리게 할 수 있으며, 전체 팀이 결론에 동의하게 된다.

이 실천 방법의 많은 아이디어는 인적 요소와 시스템 안전 분야의 다양한 책에서 영감을 받았다. 이 책은 항공 분야처럼 극심한 압박 아래서 이뤄지는 생과 사의 결정에 관한 것이다. 소프트웨어의 제약 사항과는 차이가 있으므로 일부 이식된 아이디어는 완벽하게 적용되지 않을 것이다.

특히 내가 제시한 이벤트 카테고리의 경우 개선의 여지가 있다. '지식과 멘탈 모델' 카테고리는 여럿으로 나눌 수 있을 것이라 생각한다. 하지만 그저 임의로 카테고리를 추가하지는 말라. '더 읽을거리' 절을 참조하고 기반 이론에 여러분의 아이디어를 먼저 담아라.

내가 제시한 회고 형식은 실험하기에 가장 좋다. 사건 분석 중에는 해결책이나 단순한 인과관계 사고에 집착하기 쉽다. 제시한 회고 형식은 이런 실수를 피하기 위해 디자인됐다. 하지만 이것은 회고일 뿐이며 변경될 수 있다. 제시한 형식을 이용해 여러 분석을 수행하고, 새로운 액티비티는 실험해보고 개선할 수 있는 점들을 확인하라. 예를 들어 '정보 수집하기' 단계 일부를 비동기로 수행할 수 있는가? '인사이트 만들기' 단계에서 타임라인을 분석하는 더 좋은 방법이 있는가? '할 일 결정하기' 단계에 더 많은 구조를 제공할 수 있는가?

마지막으로 사건 분석은 실패를 분석하는 데만 국한되지 않는다. 성공을 분석할 수도 있다. 여러분이 개발 시스템에 관해 학습하는 한, 동일한 이익을 얻을 것이다. 팀이 압박 아래서 성공했을 때 분석을 시도해 보라. 실패로 이어질 수 있었던 이벤트, 실패가 발생하는 것을 예방한 이벤트를 찾아보라. 그런 이벤트를 통해 시스템의 탄력성에 관해 무엇을 학습했는지 찾아보고, 향후 이런 탄력성을 강화할 수 있는 방법이 있는지 생각해 보라.

더 읽을거리

『The Field Guide to Understanding 'Human Error'』(CRC Press, 2014): 매우 쉬운 책이면서도 이번 절에서 소개한 실천 방법의 기반 이론을 훌륭하게 소개한다[Dekker 2014].

『Behind Human Error』(CRC Press, 2010): 훨씬 밀도가 높은 책이다. 실무 가이드보다 훨씬 근본적인 부분을 다룬다. 더 자세한 내용을 알고 싶다면 다음으로 이 책을 추천한다[Woods2010].

앞의 두 권은 인적 요소 및 시스템 안전 연구를 기반으로 한다. LFI 웹사이트(learning fromincidents.io)는 이러한 아이디어를 소프트웨어 개발에 적용하는 데 전념하고 있다. 집필 시점에서 자료는 많지 않지만 그 핵심은 올바른 위치에 있다. 여러분이 이 책을 읽을 즈음 더 많은 자료가 있기를 희망하며 위 두 책을 추천한다.

결과물 최적화하기

다시 10월이 돌아왔다. 지난 해 여러분의 팀은 **전달하기** 플루언시(3부 참조)를 달성했다. 당시 일부 팀원들은 **최적화하기** 플루언시까지 달성하기 원했지만, 경영진은 회의적이었다. 여러분은 필요한 지원을 충분히 얻을 수 없었다.

그래도 **전달하기** 플루언시를 달성한 팀은 모든 실린더에 불을 당겼다. 생산성은 향상됐고 결함은 줄어들었다. 프로덕트 매니저인 한나^{Hanna}는 이 속도를 유지하는 데 어려움을 겪고 있었다. 그녀는 더 많은 책임을 팀에 위임했고, 이는 다시 도전을 불러 일으켰다.

그리고 소문이 나기 시작했다. 한나는 마케팅 디렉터에게 여러분의 칭찬을 했고, 여러분의 상사는 엔지니어링 디렉터에게 여러분을 소개했다. 이제 다시 **최적화하기** 플루언시를 진행하기에 적절한 시간이었다. 이번에는 효과가 있었다. 한나는 여러분의 팀에 풀 타임으로 참여하게 됐다. 뿐만 아니라 그녀는 '애자일 실험^{the Agile experiment}'을 시도할 수 있는 권한도 얻었다.

'애자일 실험'이란 한나가 팀과 일하는 방식을 사람들이 일컫는 용어다. 다른 마케팅 부서가 하는 연간 플래닝 활동을 하는 대신, 그녀는 팀이 고유하게 이용할 수 있는 예산을 소유하는 권한을 얻었다. 그녀는 정기적으로 수익과 고객 유지 같은 지표를 상사와 공유하면서 기대를 만족시켰고, 새로운 아이디어와 실험을 끊임없이 시도했다(그녀의 동료들은 그녀를 부러워했다. **그들은** 여전히 매년 지옥 같은 6주간의 예산과 목표 설정 단계를 거쳐야 했기 때문이다).

한나만이 아니었다. 전체 팀의 실력도 향상됐다. 물론 한나가 프로덕트 마케팅 전문성에 관해서는 첫 번째였지만 팀의 다른 구성원들 역시 각자의 전문성을 개발했다. 특히 샤이나Shayna는 고객 현장을 방문해 고객들이 일하는 방법을 살피기를 좋아했다.

샤이나가 팀에게 말을 꺼냈다. "방금 매그다Magda와 원격 세션을 마쳤습니다. 모두 매그다를 기억하고 계시죠?" 모두들 끄덕였다. 매그다는 새로운 고객 중 하나와 함께 일하는 개발자다. 그녀의 기업은 다른 고객들보다 훨씬 컸으며, 꽤 많은 것을 요구했다.

샤이나가 말을 이었다. "매그다의 회사는 매우 복잡한 세금 관련 내용을 다뤄왔습니다. 전 세계에서 더 많은 원격 직원을 고용했으며, 다양한 세금 및 고용법을 다루는 것은 너무나 어렵습니다. 매그다는 일부 작업을 자동화하기 위한 팀을 구성하고 있으며, 우리가 제공하는 API와 통합하는 방법을 알고 싶어합니다."

샤이나의 목소리는 흥분으로 가득 찼다. "하지만 제가 생각하기에 그것은 우리가 이미 한 것과 크게 다르지 않습니다. 세계 각국의 고용을 위한 추가 모듈을 판매한다면 어떨까요? 작업은 많겠지만 한 번에 한 국가씩 처리하면 됩니다. 보Bo는 이 분야를 이미 경험했습니다. 그렇죠?" 보는 고개를 끄덕인다.

그녀는 말을 잇는다. "이건 큰 건입니다. 하지만 성공한다면 보상도 그만큼 클 것입니다. 매그다의 회사 같은 기업을 위한 시장을 열 수 있습니다. 우리의 지평이 넓어질 것이 분명합니다. 우리의 직접적인 경쟁 회사는 이런 서비스를 갖고 있지 않고, 대기업은 막대한 서비스 요금을 부과할 것입니다. 또한 우리가 더 사용자 친화적이죠." 그녀는 이를 보이며 웃음 짓는다. "우리는 약간의 요금만 부과하면 됩니다. 모두 어떻게 생각하십니까?"

팀은 그 아이디어에 대해 빠르게 논의한다. 여러분은 해볼 만하다고 판단했고 한나는 고개를 끄덕인다. "좋습니다. 이제 시장을 검증해 보고 이를 작은 성공으로 자르는 방법을 찾아내야 합니다. 다음 주 계획에 스토리를 추가하고 구축-측정-학습 실험을 진행하겠습니다. 현재 증분을 릴리스하고 나면 곧바로 시작할 수 있습니다. 동시에 몇 가지 조사를 하고 상사에게 보고하겠습니다. 이 실험이 효과가 있다면 더 많은 재원과 팀 미션 변경에 관한 승인을 얻을 것입니다."

그녀가 말을 마무리한다. "샤이나, 고마워요. 이래서 내가 이 팀을 사랑한다니까요!"

최적화하기 영역에 온 것을 환영한다.

최적화하기 영역은 더 많은 가치를 창출하려는 팀을 위한 것이다. 이들은 자신들의 제품 계획과 예산에 대한 오너십을 갖기 때문에 시험하고, 이터레이션하며, 학

최적화하기 영역은 더 많은 가치를 창출하려는 팀을 위한 것이다.

습할 수 있다. 이를 통해 이들은 시장을 이끄는 소프트웨어를 만든다. 특히 최적화하기에 능숙한 팀은 다음의 특성을 갖는다.[1]

- ☐ 비즈니스 목표와 시장의 요구사항을 만족하는 제품을 전달한다(다른 영역에 능숙한 팀은 **요청받은** 것을 전달하지만, 반드시 같을 필요는 없다).

- ☐ 넓은 범위의 전문성을 포함하고 있으며, 이를 통해 최적화된 비용/가치 결정을 촉진한다.

- ☐ 자사 제품이 시장에서 어떤 위치에 있는지, 자신들의 입지를 어떻게 개선해야 하는지 이해한다.

- ☐ 리더십과의 조율을 통해 가치가 낮은 제품을 조기에 중단하거나 피벗한다.

- ☐ 시장의 피드백을 통해 학습함으로써 고객의 요구사항을 해결하고, 새로운 비즈니스 기회를 만든다.

- ☐ 신속하고 효과적으로 비즈니스 의사 결정을 내린다.

이런 이익을 달성하기 위해서는 팀은 다음 스킬을 개발해야 한다. 이를 위해서는 4장에서 다룬 투자가 필요하다.

비즈니스 요구에 응답하는 팀은:

- ☐ 팀은 경영진과 공동으로 확인된 비즈니스 지표 결과의 측면에서 계획과 진행 상황을 설명한다.

- ☐ 내부 및 외부 이해관계자와 협력해 로드맵이 최고의 투자 수익을 제공하는 시기와 방법을 결정한다.

---

1   이 목록은 [Shore2018b]에서 발췌했다.

서로를 신뢰하며 자율적인 팀으로 일하는 팀은:

- ☐ 경영진과 협력해 조직의 전반적인 비즈니스 전략을 달성함에 있어 자신의 역할을 이해하고 개선한다.

- ☐ 팀원들은 자신이 파악한 비즈니스 성과를 달성하기 위해 공동으로 책임을 지고, 책임을 다한다.

- ☐ 경영진은 팀에게 비즈니스 결과를 자율적으로 달성하기 위해 필요한 리소스와 권한을 제공한다.

- ☐ 경영진은 팀이 시장을 이해하고 비즈니스 결과를 달성하기 위해 필요한 일상적인 스킬을 모두 갖춘 헌신적인 팀원을 포함하도록 보장한다.

제품의 위대함을 추구하는 팀은:

- ☐ 고객 및 시장과 협력함으로써 제품 요구사항과 기회를 이해한다.

- ☐ 비즈니스 기회에 대한 가설을 만들고, 실험을 통해 해당 가설을 테스트한다.

- ☐ 한 달이 채 남지 않은 통지를 받는다 하더라도 낭비 없이 계획을 완전하게 변경할 수 있는 방식으로 작업을 계획하고 개발한다.

최적화하기 플루언시 달성하기

최적화하기 플루언시를 위한 투자는 대부분의 기업이 갖고 있는 선입견과 이미 확립돼 있는 질서에 도전한다. 많은 통제권을 포기하고 팀을 신뢰해야 한다. 감독은 하지만 여전히 두려울 수 있다.

결과적으로 보통 몇 년 동안은 **집중하기** 플루언시와 **전달하기** 플루언시를 통한 성공을 입증해야 비로소 **최적화하기** 플루언시를 위해 필요한 권한과 자율성을 얻게 될 것이다. 초기 단계의 스타트업은 예외인 경향을 보이지만, 일반적으로는 신뢰 구축이 앞서야 한다.

최적화하기 위한 준비가 됐을 때, 팀은 이 책에서 설명한 다른 프랙티스를 마스터했을 것이다. 이제 더 이상 안내 가이드는 필요하지 않을 것이며, 기술을 마스터한 경지에 이르렀을 것이다.

그렇기 때문에 4부는 매우 짧고 간결하다. 여기에서는 여러분이 걸음을 떼는 것을 돕고, 이후 무엇을 시도해야 할지에 관한 단서를 제공한다. 애자일 개발에 관해 학습한 것을 서로 조합하고 위대한 무엇인가를 만드는 것은 여러분의 몫이다.

다음과 같은 4부의 장별 내용은 여러분이 시작하는 데 도움이 될 것이다.

- 17장: 자율적인 팀의 특성에 관해 논의하기

- 18장: 팀이 학습할 수 있는 방법에 관해 논의하기

- 19장: 앞으로 해야 할 것을 살펴보기

17장

자율성

최적화하기 플루언시를 찾아보기는 매우 어렵다. 그러나 그것은 **최적화하기** 영역이 애자일 프랙티스에서의 큰 변화를 의미하기 때문은 아니다. 오히려 그 반대다. **최적화하기**는 대부분 이 책 전체에서 살펴본 프랙티스의 적용에 관한 것이다. 최적화하기 플루언시는 어렵기 때문에 찾아보기도 힘들다. **최적화하기**를 위해서는 일정 수준의 팀의 자율성이 필요하나 대부분의 조직이 이를 지원할 준비가 돼 있지 않기 때문이다.

애자일 팀이 자율적이어야 한다는 것은 모두 알고 있다. 하지만 **최적화하기** 팀이 있는 조직은 **그 의미를 실현해낸다**. 조직에게 자율성은 팀이 독립적으로 일하게 하는 것 이상이다. 조직은 팀에게 회계와 제품 계획에 대한 책임도 완전히 부여한다.

> **최적화하기**를 위해서는 일정 수준의 팀의 자율성이 필요하나 대부분의 조직이 이를 지원할 준비가 돼 있지 않다.

비즈니스 전문성

물론 여러분의 팀이 회계와 제품 결정을 내리기 위해서는 팀이 **좋은** 결정을 내릴 수 있는 능력을 가져야 한다. 비즈니스 및 개발 전문성으로 구성된 전체 팀은 항상 목표를 갖지만, 많은 조

> **함께 보기**
> 전체 팀(p.130)

직에서는 팀의 비즈니스 채널을 짧게 변경한다. 이들은 한 주에 고작 몇 시간만 참여할 수 있는 프로젝트 매니저를 팀에 지정하거나, 실질적인 의사 결정 권한이 없는 제품 '소유자'를 할당한다. 두 가지 재앙을 모두 경험하는 팀도 있는데, 프로덕트 오너들은 너무

적고, 의사 결정 권한이 없다.

최적화하기 팀은 실질적인 비즈니스 권위와 전문성을 보유하고 있다. 특정한 한 사람 뒤에 숨지도 않는다. 팀의 모든 구성원은 가치를 만드는 데 흥미를 갖는다. 몇몇 사람들은 다른 사람들보다 가치를 만드는 데 더 흥미를 가지겠지만, 가치 창출에 관심을 갖는 게 질투심에 찬 책임은 아니다. **전체 팀**이 고객, 사용자 및 이해 관계자에게 더 나은 서비스를 제공하는 방법을 배우는 것을 자신의 임무로 여길 때 최상의 결과를 얻을 수 있다.

비즈니스 의사 결정

최적화하기 팀의 가장 두드러지는 특징은 사용자 스토리를 거의 강조하지 않는다는 점이다. 물론 플래닝 메커니즘으로서의 스토리를 **갖고** 있지만, 이는 이해관계자들과의 대화의 주제는 아니다. 대신 이들은 오로지 비즈니스 결과와 가치에 집중한다. 이들은 세부적인 스토리를 전달하고자 하지 않는다. 이들은 조직에 의미 있는 변화를 만들기 위해 시도한다.

이는 경영진과의 관계에서 특히 두드러진다. **최적화하기** 팀은 조직의 신뢰를 받는다. 경영진과 매니저는 팀에게 재정과 미션을 부여하고 뒤로 물러설 수 있다. 팀은 스스로 그 미션을 달성

함께 보기

이해관계자 신뢰(p.391)

하기 위해 노력한다. 팀은 재정이 어떻게 사용됐는지, 어떤 결과를 달성했는지, 더 성공하기 위해 어떤 지원이 필요한지 경영진에게 알린다.

이 접근 방식을 통해 얻을 수 있는 결과 중 하나는 **최적화하기** 팀이 미리 결정된 계획을 거의 따르지 않는다는 점이다. 일반적으로 이들의 가치 있는 증분은 작고, 계획 역시 매우 적응적

함께 보기

적응적 계획하기(p.237)

이며, 계획 범위는 매우 짧다. 이들은 크고 정적인 계획에 따라 작업하기보다 지속적으로 아이디어를 테스트하고 점진적인 발전을 만들어낸다(적어도 내부 이해관계자의 관점에서는 그렇다. 대규모의 화려한 릴리스를 위해 작업을 아껴둘 수도 있다).

결과적으로 **최적화하기** 팀은 기존의 데드라인이나 로드맵을 지키지 않는 경향을 보인다. 데드라인이 있다면 그것은 그들이

함께 보기

예측하기(p.411)

스스로 선택한 것일 뿐이다. 마케팅과의 협업 등 강력한 비즈니스적 이유가 있기 때문이지, 관료주의적 요구사항을 만족시키기 위해서가 아니다. 데드라인을 달성할 수 없음을 깨닫는다면 언제 어떻게 계획을 수정할지 결정한다.

책임과 감독

최적화하기 팀에도 감독이 존재한다. 팀은 스스로 예산과 계획을 통제하지만, 그렇다고 원하는 것을 무엇이든 한다는 의미는 아니다. 여전히 작업의 결과를 보여주고 큰 그림에서의 의사 결정을 정당화해야 한다. 팀의 목적과 관련이 있고, 조직의 추가 리소스가 필요하지 않은 결정에 대해서는 **사전** 승인을 받을 필요가 없을 뿐이다.

조직은 팀의 목적을 사용해 작업을 위한 가이드를 세운다. 팀의 목적은 팀이 내리는 큰 그림에서의 의사 결정(비전), 현재의 단기적인 목표(미션), 성공으로의 이정표(지표)를 수립한다. 경

함께 보기

목적(p.183)

영진은 일반적인 방향을 제시하고, 팀은 이 방향을 따라 이해관계자들과 협업하면서 세부 사항을 수행한다. 팀이 자신들의 목적을 더 가치 있게 만들 수 있는 기회를 발견하면, 팀원들은 경영진과 이에 관해 이야기한다.

팀은 전달한 스토리를 보여주는 것이 아니라 비즈니스 가치에 집중함으로써 그 책임을 증명한다. 이제까지 달성한 가치와 앞으로 달성할 가치를 보여준다. 이 결과는 수익 수치처럼 직관적이거나 고객 만족 점수처럼 더 미묘할 수 있다. 어떤 것이든 성과물이나 날짜가 아니라 **결과**를 강조한다.

최적화하기 팀은 단기적인 결과를 달성하는 데만 집중하지는 않는다. 이들은 지속적으로 사용자와 시장에 더 나은 서비스를 제공하는 방법을 지속적으로 **학습한다**. 이들은 무엇을 배웠는지, 무엇을 배우고 싶은지, 그리고 어떻게 할 계획인지에 대해

함께 보기

이해관계자 데모(p.401)
로드맵(p.424)

서도 이야기한다. 이 모든 정보는 팀의 내부 데모, 내부 로드맵, 매니지먼트와의 사적인 대화를 통해 공유된다.

자금 조달

팀의 자금은 조직의 또 다른 감독 메커니즘이다. **최적화하기** 팀은 일반적으로 현재 진행형의 '일상적인 비즈니스'를 기반으로 자금을 다룬다(애자일 거버넌스(p.425) 참조). 조직은 팀에 기대하는 결과에 따라 이런 자금을 할당한다. 팀은 필요에 따라 경영진으로부터 일회성 자금이나 리소스를 조달할 수 있다.

팀원들이 현재 가진 자금이나 다른 리소스를 이용해 목적을 달성할 수 없다고 생각하면, 이들은 스폰서에게 더 많은 것을 요구할 수 있다. 스폰서가 이에 동의하지 않으면 스폰서와 협의

함께 보기

컨텍스트(p.196)

해 **달성할 수 있는** 균형점을 찾거나, 새롭고 더 가치 있는 목적을 위해 피벗한다. 이 논의는 주로 컨텍스트 차터링 과정에서 이뤄진다.

팀이 작업을 진행함에 따라 가치에 대한 조직의 예측은 실현될 수도 있고, 실현되지 않을 수도 있다. 이는 팀의 목적을 조정할 수 있는 기회다. 팀이 예상했던 것보다 더 많은 가치를 만들고 있다면, 자금 지원을 늘릴 수 있고, 팀은 성공을 두 배로 키울 수 있다. 예상했던 것보다 생산성이 낮으면 자금 지원을 줄이거나 팀은 더 가치 있는 목적을 위해 피벗할 수 있다.

실험과 더 읽을거리

『The Agile Culture: Leading through Trust and Ownership』(Addison-Wesley Professional, 2014): 이미 언급한 것처럼 자율성과 오너십은 조직과 관리자에게 있어 대단히 어려운 변화가 될 수 있다[Pixton2014]. 이 책을 통해 관리자는 이러한 변화를 달성하는 방법을 배울 수 있다. 『턴 어라운드: 맡기는 리더십으로 꼴찌에서 1등이 된 미 핵잠수함 산타페의 감동 실화』(세종서적, 2020) 역시 반드시 읽어봐야 한다[Marquet2013].

실험 관점에서 '예산 뛰어넘기beyond budgeting'는 매우 흥미롭다. 여기에서 설명한 것처럼 고객 중심의 의사 결정을 전파하는 데 중점을 두지만, 관리 측면을 더 깊이 다룬다. 제레미 호프Jeremy Hope와 로빈 프레이저Robin Fraser의 『Beyond Budgeting』(Harvard Business

Review Press, 2003) 을 참조하라[Hope2003].

애자일 커뮤니티는 자율성을 높이기 위한 흥미로운 아이디어와 실험으로 가득하다. 이 실험은 **강화하기** 플루언시 영역을 강조한다. 이에 관해서는 19장에서 다룬다.

## 18장

발견

최적화하기 팀은 자체적으로 제품을 결정한다. 그들은 무엇을 만들어야 하는지 어떻게 알수 있는가?

부분적으로 팀은 제품 전문성을 가진 구성원을 포함하기 때문에 무엇을 만들어야 할지 안다. 이런 팀원들은 경험과 훈련을 통해 무엇을 해야 하는지 결정할 수 있다.

함께 보기

전체 팀(p.130)

그러나 현실적으로 적어도 새로운 프로젝트를 시작하는 단계에서는 그 누구도 무엇을 해야 할지 100% 확신하지 못한다. 어떤 사람들은 **아는 척하지만**, **최적화하기** 팀은 그렇게 하지 않는다. 그런 팀원들은 기껏해야 무엇이 성공으로 이어질 지에 대한 훌륭한 추측 정도의 아이디어가 있을 뿐이다.

그래서 **최적화하기** 팀의 업무는 무엇을 만들어야 할지 아는 것이 아니라 **발견하는 것**이다. 린 스타트업 운동의 기반을 만든 스티브 블랭크Steve Blank는 다음과 같이 말한다.

> **최적화하기** 팀의 업무는 무엇을 만들어야 할지 아는 것이 아니라 발견하는 것이다.

> 그 태스크는 명확하다. 고객이 어떤 문제가 있는지, 여러분이 개발하는 제품 개념이 해당 문제를 해결할 수 있는지 학습하고 발견하라. 누가 그 제품을 살 것인지 이해하라. 그리고 그 지식을 이용해 영업 팀이 고객에게 판매할 수 있게 판매 로드맵을 구축하는 것이 과제다. 또한 고객 의견에 따라 갑작스럽고 신속한 변화에 대응할 수 있는 기민함과 고객 피드백이 필요할 때 팀을 재구성할 수 있는 영향력이 있어야 한다[Blank2020a, app. A].

> – 스티브 블랭크, 『The Four Steps to the Epiphany』(Wiley, 2020)

스티브 블랭크는 스타트업에 대해 이야기했지만, 그의 말은 **최적화하기** 팀에게도 마찬가지로 적용된다. 심지어 여러분이 소프트웨어를 판매하지 않더라도 말이다! 여러분의 고객이나 사용자가 누구인지는 관계없다(심지어 여러분의 옆자리에 앉아있는 동료여도 관계없다)! 여러분이 해야 할 일은 그들에게 가치를 제공하는 방법을 찾는 것이다. 또한 그에 못지 않게 중요한 것은 그들이 실제로 그것을 구매하거나 사용하는 방식으로 그렇게 해야 한다는 것이다.

검증된 학습

나는 좋은 아이디어를 실제 고객이나 사용자에게 적용했을 때 그것이 잘 작동하지 않았던 경험을 수없이 많이 했다. 물론 내가 아이디어를 공유했을 때 그들은 물론 아이디어가 마음에 든다고 **말할 것이다**. 때로는 그들이 프로토타입을 시도한 후에도 말이다! 나는 사람들에게 시간, 돈 또는 정치적 자본을 실제로 투자하도록 요청했을 때만 내 '좋은 아이디어'가 충분하지 않다는 것을 알게 됐다.

프로덕트 아이디어는 영구적인 동작 기계와 같다. 충분히 신뢰하고, 충분한 이너셔^{intertia}를 제공하면 이들은 영원히 지속될 것처럼 보인다. 그러나 실질적인 부하가 걸리면 이들의 동작은 멈춘다.

검증된 학습은 아이디어를 테스트하는 최고의 도구다. 이에 관해서는 '검증된 학습(p.720)'에서 언급했지만 다시 요약해보겠다. 검증된 학습은 시장에 대한 가설을 수립하고, 시장에 내놓을 수 있는 것을 만들고, 무슨 일이 발생하는지 측정하는 과

함께 보기

사각지대 발견(p.719)
실질적인 고객 참여(p.288)

정을 포함한다. 학습을 통해 배운 내용을 이용해 계획을 조정하고 이터레이션한다. 이는 종종 **빌드-측정-학습** 루프라 부른다.

실제로 학습을 검증하려면 **실제 고객**(또는 사용자)과 **실제 비용**이 필요하다. 목표 시장에 없는 사람들에게 여러분이 만든 것을 선보이더라도 피드백을 받을 수는 있겠지만 그것은 여러분이 처한 상황과는 관련이 없을 것이다. 또한 그 교황의 대가로 사람들에게 무엇인가를 약속하도록 요청하지 않는다면, 사람들은 아이디어의 실제 가치보다 여러분의 감정

을 상하지 않게 신경 쓴다는 점을 알게 될 것이다. 계약금을 요구하기 전까지는 모든 사람이 환상적인 휴가에 관한 여러분의 아이디어를 칭찬할 것이다.[1]

적응성

빌드-측정-학습 루프를 돌 때마다 여러분은 새로운 것을 배울 수 있다. 배운 것을 활용하려면 계획을 변경해야 한다. 그 결과 **최적화하기** 팀은 계획 범위를 짧게, 계획을 적응적으로 유지하

함께 보기

적응적 계획하기(p.237)

는 경향이 있다. 그들은 가치 증분을 작게 유지함으로써 낭비 없이 방향을 바꿀 수 있다.

가치 있는 증분(가치 있는 증분(p.238) 참조)이란 피처나 능력에 국한되지 않는다. 가치는 세 가지로 분류된다는 점을 기억하라.

- **직접 가치**: 여러분이 만든 것이 '조직의 가치는 무엇인가?(p.57)'에서 설명한 가치 유형 중 하나를 제공한다.

- **학습 가치**: 여러분이 만든 것이 시장과 미래 예측을 더 잘 이해하도록 돕는다.

- **선택 가치**: 여러분이 만든 것을 통해 더 적은 비용으로 방향을 바꿀 수 있다.

최적화하기 팀에게 학습 가치와 선택 가치는 직접 가치만큼이나 중요하다. 초반에는 오히려 직접 가치보다 더 중요하다. 팀이 잘못된 것을 만드는 데 시간을 낭비하지 않도록 하기 때문이다. 모든 빌드-측정-학습 루프는 '학습 가치' 증분에 해당한다.

최적화하기 팀은 항상 옵션을 고려한다. 미래는 불확실하며 그 어떠한 계획도 확정할 수 없기 때문에, **최적화하기** 팀은 적응하는 능력을 가져야 한다. 미래의 가능성을 고려하고, '선택 가치' 증분을 만듦으로써 이런 능력을 기른다. 이런 옵션을 식별하기 시작하는 한 가지 방법은 전향적 분석(p.267)에 설명돼 있다.

옵션은 리스크를 관리하는 중요한 기법이기도 하다. 예를 들어 경쟁사가 수익성은 낮지

---

1 그렇지 않다면 "오, 저는 시간이 없습니다.", "제 치와와를 혼자 내버려둘 수는 없습니다.", "저는 열대지방의 모래가 싫습니다. 모래는 거칠고 짜증나고 모든 곳에 스며 들어갑니다." 정도의 핑계를 댈 것이다.

만 매력적인 가격 정책을 제공하는 등의 미래 분석 결과 중요한 리스크를 식별했다면, 여러분은 옵션을 이용해 가격 정책 모델을 바꿀 수 있다.

또 다른 종류의 옵션은 데드라인을 포함한다. **최적화하기** 팀은 임의의 데드라인을 피하지만, 어떤 가치는 특정한 날짜 이전에 릴리스해야만 얻을 수 있기도 하다. 예를 들면 비디오 게임은 휴가 시즌 이전에 릴리스해야 하고, 세금 소프트웨어는 매년 업데이트돼야 하며, 새로운 규정은 데드라인을 지키지 못했을 경우 엄청난 벌칙으로 이어질 수도 있다.

이런 데드라인을 맞추기 위해 **최적화하기** 팀은 더 야심 찬 아이디어를 주장하기 전에 '안전' 증분을 만들어낸다. '안전' 증분은 데드라인의 요구를 최소한으로 만족시키므로, 팀은 더 야심 찬 아이디어를 걱정 없이 자유롭게 작업할 수 있다. 그 아이디어가 효과가 없거나 제시간에 완료되지 않으면, 팀은 '안전' 증분을 릴리스한다.

예를 들어 리뷰어인 빌 웨이크는 새로운 포토 프린터의 적목 제거$^{red-eye\ removal}$ 피처를 전달해야 했던 한 프린터 기업의 이야기를 공유했다. 하드웨어 릴리스 날짜는 확정돼 있었기 때문에 소프트웨어 팀은 기본적인 적목 제거 알고리듬에서 시작한 다음 더 정교한 접근 방식으로 작업을 수행했다.

실험과 더 읽을거리

프로덕트 방향을 결정하는 데 있어서는 이 책에서 설명한 것보다 훨씬 많은 내용이 필요하다. 더 많은 읽을거리에 대해서는 프로덕트 매니지먼트 분야의 책을 살펴보기 바란다. 마티 케이건$^{Marty\ Cagan}$의 『인스파이어드: 감동을 전하는 IT 제품은 어떻게 만들어지는가?』(제이펍, 2018)[Cagan2017], 루크 호만$^{Luke\ Homann}$의 『이노베이션 게임: 고객의 숨겨진 요구를 찾아내는 12가지 전략 게임』(에이콘출판, 2008)[Hohmann2006], 데이빗 블랜드$^{David\ Bland}$와 알렉산더 오스터왈더$^{Alexander\ Osterwalder}$의 『비즈니스 아이디어의 탄생』(비즈니스북스, 2020)을 우선 추천한다.

기억해야 할 점은 일반적인 프로덕트 매니지먼트 외에도 최적화하기 팀이 고객과 긴밀하게 협력해 시장을 이해하고 아이디어를 검증한다는 것이다. 그들은 만들기 위해 존재하는 만큼 배우기 위해 존재하며, 계획의 유연함은 그러한 초점을 반영한다. 린 스타트업 운동은 이를 **고객 발견**customer discovery 및 **고객 검증**customer validation이라 부른다.

이 아이디어에 관한 더 자세한 내용은 『기업 창업가 매뉴얼』(에이콘출판, 2014)을 참조하라[Blank2020b]. 이 책은 스티브 블랭크가 쓴 『The Four Steps to the Epiphany』의 업데이트된 버전이다[Blank2020a]. 블랭크의 아이디어는 익스트림 프로그래밍과 결합돼 에릭 리스의 린 스타트업 운동Lean Startup movement의 기반을 형성했다[Ries2011].

여러분이 상상할 수 있듯이 『기업 창업가 매뉴얼』은 스타트업에 초점을 두고 있으므로, 여러분의 상황에 맞춰 커스터마이즈해야 한다. 그렇지만 **최적화하기** 팀은 스타트업과 많은 점에서 유사하다. 성공적인 **최적화하기** 팀은 현상 유지에만 그치지 않는다. 만약 그렇다면 **집중하기**와 **전달하기** 플루언시만으로 충분하다. 대신 **최적화하기** 팀은 시장을 선도하고 새로운 시장을 개척할 방법을 모색하고 있다. 고객 발견과 고객 검증을 포함한 린 스타트업 아이디어는 이를 실현하기 위한 방법의 핵심이다.

## 19장

미래를 위해

애자일 팀은 학습, 실험 및 개선을 절대로 멈추지 않는다. 이 책에서 설명한 프랙티스는 출발점에 불과하다. 프랙티스를 이해했다면 여러분의 것으로 만들어라! 대안을 실험하고 새로운 아이디어를 발견하라. 여러분이 더욱 능숙해진다면 의도적으로 규칙을 깨고 어떤 일이 일어나는지 관찰하라. 규칙이 존재하는 이유와⋯ 그 한계가 무엇인지 알게 될 것이다.

그 다음에 무엇이 있느냐고? 그건 여러분의 결정에 달렸다. 애자일은 언제나 팀의 필요에 따라 커스터마이즈된다.

애자일 플루언시 모델에서 다이애나 라센과 나는 달성 가능한 네 번째 영역인 **강화하기** 영역을 식별했다. 주의해서 살펴보면 각 영역은 팀 통제권의 다른 확장을 나타냄을 알 수 있다. **집중하기** 영역은 팀에게 태스크에 관한 오너십을 준다. **전달하기** 영역은 팀에게 릴리스에 관한 오너십을 준다. **최적화하기** 영역은 팀에게 제품에 대한 오너십을 준다.

강화하기는 이를 확장해 팀에게 조직 전략에 대한 오너십을 주는 것에 이른다. 사람들은 그저 **자신들의 팀**에 국한된 결정을 내리지 않는다. 그들은 함께 많은 팀에 영향을 미치는 의사 결정을 내린다. 주류로 진입하기 시작했다는 한 가지 예는 팀을 자체적으로 선발하는 것이다. 팀 자체 선택에서 팀원들은 경영진이 지정하는 것이 아니라 자신들이 속할 팀을 **스스로 선택한다**.

정신 나간 소리로 들리는가? 그렇지 않다. 이는 신중하게 구성된 것이며, 방임이 아니다 (더 자세한 내용은 [Mamoli2015]를 참조하라). 나 또한 팀 자체 선발을 직접 이용했으며 그 것은 놀라울 정도로 효과적이었다. 전통적인 관리자 중심의 팀 선발 방식보다 결과는 훨 씬 좋았다. 팀의 생산성 또한 매우 높았다.

강화하기 영역은 일종의 상향식 의사 결정이다. 소시오크라시^{Sociocracy}나 홀라크래시 ^{Holacracy}같은 거버넌스 접근 방식이 이 영역에서 실험되고 있으며, 밸브 소프트웨어^{Valve} ^{Software}, 셈코^{Semco}, W. L. 고어 & 어소시에이츠^{W. L. Core & Associates} 같은 기업이 이를 추진 하고 있다. 유타 엑스타인^{Jutta Ecksteain}과 존 벅^{John Buck}의 책, 『BOSSAnova: 우아하고 경 쾌하게 조직 혁신하기』(플랜비디자인, 2022)에서 이에 관해 더 자세히 설명한다[Eckstein 2020]. 이 철학에 대해 조금 더 가볍게 알아보고 싶다면 라카르도 세플러^{Ricardo Semler}의 『매버릭』(프레스빌, 1995)을 참조하라[Semler1995]. 이 책은 저자가 회사의 경영 방식을 활성화하는 과정을 흥미롭게 설명한다.

애자일 플루언시 모델은 성숙도 모델과는 완전히 다르다. 순서를 따라 영역을 통과하거 나 모든 영역의 플루언시를 달성할 필요가 없다. 팀 자체 선발과 같은 개별 프랙티스가 있지만, 나는 완전한 **강화하기** 플루언시는 대부분의 기업에는 적절하지 않다고 생각한다. 그러나 최첨단에 살면서 오늘날의 애자일을 만든 혁신가의 대열에 합류하고 싶다면 **강화 하기** 영역에서 시작해야 할 것이다. 그 다음은… 어떤 새로운 영역이 기다리고 있을지 누 가 알겠는가?

하지만 궁극적으로 애자일이 중요한 것은 아니다. 정말이다! 여러분의 팀원들, 조직, 이해 관계자가 정의한 성공이 가장 중요하다. 애자일 프랙티스, 원칙, 아이디어는 단지 그 길을 안내할 뿐이다. 프랙티스를 엄격하게 따르는 것부터 시작하라. 원칙과 핵심 아이디어를 적용하는 방법을 학습하라. 규칙을 깨고 실험하고 무엇이 동작하는지 관찰하고 더 많이 학습하라. 인사이트와 열정을 공유하고 더 많이 배워라.

시간이 흐르고 규율과 경험이 쌓이면서 프랙티스와 원칙의 중요성은 점점 약해질 것이 다. 올바른 일을 하는 것이 본능과 직관의 문제이고, 경험을 통해 정교하게 갈고 닦은 것이라면 이제 규칙과 원칙을 뒤로 할 때다. 여러분이 그것을 무엇이라 부르든 중요하지 않다. 여러분의 직관이 가치 있는 목적을 뒷받침하는 훌륭한 소프트웨어로 이어지고, 여러분의 지혜가 차세대 팀에게 영감을 불어넣는다면 여러분은 비로소 애자일 개발의 기술을 마스터하게 될 것이다.

참고자료

[Adzic2011] 고이코 아지치(Gojko Adzic), 『성공적인 프로젝트를 관통하는 핵심 실천(Specification by Example)』, 위키북스, 2014

[Adzic2012] 고이코 아지치, 『Impact Mapping』, Leanpub, 2012

[Ambler2006] 스캇 엠블러(Scott Ambler), 프라모드 세달라지(Pramod kumar Sadalage), 『리팩토링 데이터베이스(Refactoring Databases: Evolutionary Database Design)』, 위키북스, 2007

[Anderson2010] 데이비드 앤더슨(Davis Anderson), 『칸반(Kanban)』, 인사이트, 2014

[Austin1996] Robert D. Austin, 『Measuring and Managing Performance in Organizations』, Dorset House Publishing Co., 1996

[Bache2018] Emily Bache, "Introducing the Gilded Rose kata and writing test cases using Approval Tests", YouTube, Video series, Eficode Praqma(https://www.youtube.com/watch?v=zyM2Ep28ED8; https://www.youtube.com/watch?v=OJmg9aMxPDI; https://www.youtube.com/watch?v=NADVhSjeyJA), 2018

[Beck2000a] Kent Beck, Extreme Programming Explained: Embrace Change, 1st ed. Boston: Addison-Wesley.

[Beck2000b] Kent Beck, Martin Fowler, 『Planning Extreme Programming』, Addison-Wesley Professional, 2000

[Beck2001] Kent Beck , "Manifesto for Agile Software Development", http://agilemanifesto.org, 2001

[Beck2002] Kent Beck, 『테스트 주도 개발(Test-Driven Development: By Example)』, 인사이트. 2014 [Beck2004] Kent Beck, 『Extreme Programming Explained, 2nd ed』, Addison-Wesley Professional, 2004

[Beck2007] 켄트 벡(Kent Beck), 『켄트 벡의 구현 패턴(Implementation Patterns)』, 에이콘출판, 2008

[Beck2018] Kent Beck, "test && commit || revert", 「Medium」, https://medium.com/@kentbeck_7670/test-commit-revert-870bbd756864, September 28, 2013

[Beckhard1992] Richard Beckhard, Wendy Pritchard. 『Changing the Essence: The Art of Creating and Leading Fundamental Change in Organizations』, Jossey-Bass, 1992

[Belshee2005] Arlo Belshee, "Promiscuous Pairing and Beginner's Mind: Embrace Inexperience", Proceedings of the Agile Development Conference, 125–131, IEEE Computer Society(http://dx.doi.org/10.1109/ADC.2005.37), July 24~29, 2005

[Belshee2016a] Arlo Belshee, "WET: When DRY Doesn't Apply", Arlo Being Bloody Stupid(blog), https://arlobelshee.com/wet-when-dry-doesnt-apply, April 7, 2016.

[Belshee2016b] Arlo Belshee. "The Core 6 Refactorings", Arlo Being Bloody Stupid(blog), https://arlobelshee.com/the-core-6-refactorings, May 2, 2016

[Belshee2019] Arlo Belshee, "Naming as a Process", (article series) Deep Roots(blog), https://www.digdeeproots.com/articles/on/naming-process, October 10–17, 2019

[Benne1948] K. D. Benne, Paul Sheats, "Functional roles of group members", 『Journal of Social Issues』, 4(2), 41~49, https://doi.org/10.1111/j.1540-4560.1948.tb01783.x, 1948

[Bernhardt2012] Gary Bernhardt, "Functional Core, Imperative Shell." Destroy All Software(blog), https://www.destroyallsoftware.com/screencasts/catalog/functional-core-imperative-shell, July 12, 2012

[Beyer2016] Betsy Beyer, Chris Jones, Jennifer Petoff, Niall Richard Murphy, 『Site Reliabililty Engineering: How Google Runs Production Systems, 1st ed.』, O'Reilly., 2016

[Bland2019] David J. Bland, Alexander Osterwalder, 『Testing Business Ideas. Hoboken』, Wiley(https://learning.oreilly.com/library/view/testing-business-ideas/9781119551447)

[Blank2020a] Steve Blank, The Four Steps to the Epiphany, 3rd. ed. Palo Alto, CA: K&S Ranch.

[Blank2020b] 스티브 블랭크(Steve Blank), 밥 도프(Bob Dorf), 『기업 창업가 매뉴얼(The Startup Owner's Manual)』, 에이콘출판, 2014

[Bockeler2020] Birgitta Böckeler, Nina Siessegger, "On Pair Programming", MartinFowler.com(website), https://martinfowler.com/articles/on-pair-programming.html, January 15, 2020

[Boeg2019] Jesper Boeg, 『Level Up Agile with Toyota Kata: Beyond Method Wars, Establishing Core Lean/Agile Capabilities Through Systematic Improvement』, self-publishing, 2019

[Boehm1987] Barry Boehm, "Industrial Software Metrics Top 10 List", 『IEEE Software』, 4(9): 84~85, 1987

[Bossavit2013] Laurent Bossavit, 『The Leprechuans of Software Engineering: How Folklore Turns Into Fact and What To Do About It』, Leanpub, 2013

[Brooks1995] Frederick P. Brooks, 『The Mythical Man-Month: Essays on Software Engineering, 20th Anniversary Edition』, Addison-Wesley Professional, 1995

[Cagan2017] 마티 케이건(Marty Cagan), 『인스파이어드: 감동을 전하는 IT 제품은 어떻게 만들어지는가?(Inspired: How to create Tech Products Customers Love)』, 제이펍, 2018

[Clacey2020] 커스틴 클레이시(Kirsten Clacey), 제일 알렌 모리스(Jay-Allen Morris), 『언택트 리더십 가이드(The Remote Facilitator's Pocket Guide)』, 서울문화사, 2021

[Cockburn2001] Alistair Cockburn, Laurie Williams, "The Costs and Benefits of Pair Programming", 『Extreme Programming Examined』, edited by G. Succi and M. Marchesi, 223~247, Addison-Wesley, https://collaboration.csc.ncsu.edu/laurie/Papers/XPSardinia.PDF, 2001

[Cockburn2006] Alistair Cockburn, 『Agile Software Development: The Cooperative Game』, Addison-Wesley Professional, 2006

[Cockburn2008] Alistair Cockburn, "Hexagonal Architecture", https://alistair.cockburn.us/hexagonalarchitecture

[Cohn2005] 마이크 콘(Mike Cohn), 『불확실성과 화해하는 프로젝트 추정과 계획(Agile Estimating and Planning)』, 인사이트, 2008

[Craver2016] Nick Craver, "Stack Overflow: A Technical Deconstruction", Nick Craver(blog), https://nickcraver.com/blog/2016/02/03/stack-overflow-a-technical-deconstruction, February 3, 2016

[Cunningham1995] Ward Cunningham, "EPISODES: A Pattern Language of Competitive Development, Part I", Paper submitted to the Second International Conference on Pattern Languages of Programs, Monticello, Illinois, http://c2.com/ppr/episodes.html, September 6~8, 1995

[Dekker2014] Sidney Dekker, 『The Field Guide to Understanding 'Human Error,' 3rd ed』, CRC Press, 2014

[DeMarco2002] Tom DeMarco, 『Slack: Getting Past Burnout, Busywork, and the Myth of Total Efficiency』, Broadway Books, 2002

[DeMarco2003] Tom DeMarco, Timothy Lister, 『Waltzing With Bears: Managing Risk on Software Projects』, Dorset House Publishing Co., 2003

[DeMarco2013] 톰 드마르코(Tom DeMarco), 『피플웨어(Peopleware: Productive Projects and Teams)』, 인사이트, 2014

[Denne2004] Mark Denne, Jane Cleland-Huang, 『Software by Numbers: Low-Risk, High-Return Development』, Prentice Hall, 2004

[Derby2006] 에스더 더비(Esther Derby), 다이애나 라센(Diana Larsen). 『애자일 회고: 최고의 팀을 만드는 애자일 기법(Agile Retrospectives: Making Good Teams Great)』, 인사이트, 2008

[Derby2019] Esther Derby, 『7 Rules for Positive, Productive Change』, Berrett-Koehler Publishers, https://learning.oreilly.com/library/view/7-rules-for/9781523085811, 2019

[Dumiak2021] Michael Dumiak, "Chaos Engineering Saved Your Netflix", IEEE Spectrum, https://spectrum.ieee.org/telecom/internet/chaos-engineering-saved-your-netflix, March 3, 2021

[Duvall2006] Paul M. Duvall, 『Continuous Integration: Improving Software Quality and Reducing Risk』, Addison-Wesley Professional, 2006

[Eckstein2020] Jutta Eckstein, John Buck, 『Company-wide Agility with Beyond Budgeting, Open Space & Sociocracy: Survive & Thrive on Disruption』, self-publishing, 2020

[Edmonson2014] Amy Edmonson, "Building a psychologically safe workplace." YouTube. Video, 11:26. TEDxTalks, https://www.youtube.com/watch?v=LhoLuui9gX8, 2014

[Edmonson2018] 에이미 에드먼슨, 『두려움 없는 조직(The Fearless Organization: Creating Psychological Safety in the Workplace for Learning, Innovation, and Growth)』, 다산북스, 2020

[Evans2003] 에릭 에반스(Eric Evans), 『도메인 주도 디자인: 소프트웨어의 복잡성을 다루는 지혜 (Domain-Driven Design: Tackling Complexity in the Heart of Software)』, 위키북스, 2011

[Falco2014] Llewellyn Falco, "Llewellyn's Strong-Style Pairing", The Way Things Work in Llewellyn's World(blog, https://llewellynfalco.blogspot.com/2014/06/llewellyns-strong-style-pairing.html, June 30, 2014

[Feathers2004] 마이클 페더스(Michael Feathers), 『레거시 코드 활용 전략(Working Effectively with Legacy Code)』, 에이콘출판, 2018

[Feynman1974] Richard Feynman, "Cargo Cult Science", https://calteches.library.caltech.edu/3043/1/CargoCult.pdf, 1974

[Fields2015] Jay Fields, 『Working Effectively with Unit Tests』, Leanpub, https://leanpub.com/wewut, 2015

[Ford2017] Neal Ford, Rebecca Parsons, Patrick Kua, 『Evolutionary Architectures』, O'Reilly Media, 2017

[Forsgren2018] Nicole Forsgren, Jez Kimble, Gene Kim, 『Accelerate: Building and Scaling High Performance Technology Organizations』, IT Revolution Press, 2018

[Fowler1997] Martin Fowler, "The Almighty Thud", 「Distributed Computing」, 11(1), https://www.martinfowler.com/distributedComputing/thud.html, 1997

[Fowler2000a] Martin Fowler, "The New Methodology(Original)", MartinFowler.com, https://www.martinfowler.com/articles/newMethodologyOriginal.html, July 21, 2000

[Fowler2004] Martin Fowler, "Is Design Dead?", MartinFowler.com, http://www.martinfowler.com/articles/designDead.html, May 2004

[Fowler2002] Martin Fowler, 『엔터프라이즈 애플리케이션 아키텍처 패턴(Patterns of Enterprise Application Architecture)』, 위키북스, 2015

[Fowler2003] Martin Fowler, "Cannot Measure Productivity", MartinFowler.com, https://www.martinfowler.com/bliki/CannotMeasureProductivity.html, August 29, 2003

[Fowler2011] Martin Fowler, "Contract Test" MartinFowler.com, https://martinfowler.com/bliki/ContractTest.html, January 12, 2011

[Fowler2018] Martin Fowler, 『리팩터링: 코드 구조를 체계적으로 개선하여 효율적인 리팩터링 구현하기(Refactoring: Improving the Design of Existing Code)』, 한빛미디어, 2020

[Fowler2020a] Martin Fowler, "Keystone Interface" MartinFowler.com, https://martinfowler.com/bliki/KeystoneInterface.html, April 29, 2020

[Fowler2020b] Martin Fowler, "Patterns for Managing Source Code Branches", MartinFowler.com, https://martinfowler.com/articles/branching-patterns.html May 28, 2020

[Freeman2010] Steve Freeman, Nat Pryce, 『Growing Object-Oriented Software, Guided by Tests』, Pearson Education, 2010

[Gamma1995] 에릭 감마(Erich Gamma), 리차드 헬름(Richard Helm, 랄프 존슨(Ralph Johnson), 존블리시디스(John Vlissides), 『GoF의 디자인 패턴: 재사용성을 지닌 객체지향 소프트웨어의 핵심 요소("Gang of Four", Design Patterns: Elements of Reusable Object-Oriented Software)』, Addison-Wesley, 1995

[Goldratt1992] 엘리 골드렛(Eliyahu M. Goldratt), 『The Goal: A Process of Ongoing Improvement』, North River Press, 1992

[Goldratt1997] 엘리 골드렛(Eliyahu M. Goldratt), 『한계를 넘어서(Critical Chain: A Business Novel)』, 동양문고, 2004

[Google2021] Google, "Guide: Understand Team Effectiveness.", May 11, 2021., https://rework.withgoogle.com/print/guides/5721312655835136.

[Graham1995] Graham, Pauline. 1995. Mary Parker Follett: Prophet of Management: A Celebration of Writings from the 1920's. Fairless Hills, PA: Beard Books.

[Grenning2002] James Grenning, "Planning Poker or How to Avoid Analysis Paralysis While Release Planning", https://wingman-sw.com/papers/PlanningPoker-v1.1.pdf, 2002

[Grenning2016] James Grenning, "TDD Guided by ZOMBIES", James Grenning's Blog, https://blog.wingman-sw.com/tdd-guided-by-zombies, October 31, 2016

[Gumbley2020] Jim Gumbley, "A Guide to Threat Modelling for Developers", MartinFowler. com, https://martinfowler.com/articles/agile-threat-modelling.html, May 28, 2020

[Hammant2020] Paul Hammant, 『Trunk-Based Development and Branch By Abstraction』, Leanpub, https://leanpub.com/trunk-based-development, 2020

[Heaton2015] Robert Heaton, "Migrating bajillions of database records at Stripe" RobertHeaton.com,. https://robertheaton.com/2015/08/31/migrating-bajillions-of-database-records-at-stripe, August 31, 2015

[Hendrickson2000] Elisabeth Hendrickson, "Better Testing, Worse Quality?" Quality Tree, https://www.stickyminds.com/sites/default/files/article/file/2012/XDD2479filelistfilename1_0. pdf, December 2000

[Hendrickson2013] Elisabeth Hendrickson, 『Explore It! Reduce Risk and Increase Confidence with Exploratory Testing』, Pragmatic Bookshelf, 2013

[Highsmith2001] Jim Highsmith, "History: The Agile Manifesto." https://agilemanifesto.org/history.html, 2001

[Highsmith2002] Highsmith, Jim. 『Agile Software Development Ecosystems』 Addison-Wesley Professional, 2002

[Hill2018] Michael Hill, "GeePaw", "TDD & The Lump of Coding Fallacy", Video, 9:04. GeePaw-Hill.org., https://www.geepawhill.org/2018/04/14/tdd-the-lump-of-coding-fallacy, April 14, 2018

[Hodgson2017] Pete Hodgson, "Feature Flags", MartinFowler.com, October 9, 2017, https://martinfowler.com/articles/feature-toggles.html#ImplementationTechniques

[Hohman2002] Moses Hohman, Andrew C. Slocum, "Mob Programming and the Transition to XP", ResearchGate, https://www.researchgate.net/publication/2522276_Mob_Programming_and_the_Transition_to_XP/link/55de4a1b08ae7983897d11ad/download, 2002

[Hohmann2006] 루크 호만(Luke Hohmann), 『이노베이션 게임: 고객의 숨겨진 요구를 찾아내는 12 가지 전략 게임(Innovation Games: Creating Breakthrough Projects through Collaborative Play)』, 에이콘출판, 2008

[Hope2003] Jeremy Hope, Robin Fraser, 『Beyond Budgeting. Cambridge』, Harvard Business School Publishing, 2003

[Humble2010] 제즈 험블(Jez Humble), 데이비드 팔리(David Farley), 『신뢰할 수 있는 소프트웨어 출시(Continuous Delivery: Reliable Software Releases through Build, Test, and Deployment Auto mation)』, 에이콘출판, 2013

[Hunt2019] Andrew Hunt, David Thomas, 『실용주의 프로그래머(The Pragmatic Programmer: Your Journey to Mastery)』, 인사이트, 2022

[Janis1982] Irving L Janis. 『Groupthink: Psychological Studies of Policy Decisions and Fiascoes』, Houghton Mifflin, 1982

[Kahn1990] William A. Kahn, "Psychological Conditions of Personal Engagement and Disengagement at Work", 「Academy of Management Journal」, 33 (4): 692~724. https://doi.org/10.5465/256287. ISSN 0001-4273

[Kaner1998] 샘 카너(Sam Kaner), 『민주적 결정방법론: 퍼실리테이션 가이드(Facilitator's Guide to Participatory Decision-Making)』, 쿠퍼북스, 2017

[Katzenback2015] Jon R. Katzenbach, Douglas K. Smith, 『The Wisdom of Teams: Creating the High-Performance Organization』, Harvard Business Review Press, 2015

[Kerievsky2004] 조슈아 케리에프스키(Joshua Kerievsky), 『패턴을 활용한 리팩터링(Refactoring to Patterns)』, 인사이트, 2011

[Kerievsky2005] Joshua Kerievsky, "Industrial XP: Making XP Work in Large Organizations", Agile Project Management Advisory Service Executive Report 6, no 2, https://citeseerx.ist.psu.edu/viewdoc/download?doi=10.1.1.694.2506&rep=rep1&type=pdf, 2005

[Kerth2001] 노먼 커스(Norman Kerth), 『Project Retrospectives: A Handbook for Team Reviews』, Dorset House Publishing Co., 2001

[Kim2013] Gene Kim, Kevin Behr, George Spafford, 『피닉스 프로젝트(The Phoenix Project)』, 에이콘출판, 2021

[Kim2016] 진 킴(Gene Kim), 제즈 험블, 패트릭 드부아(Patrick Debois), 존 윌리스(John Willis), 『데브옵스 핸드북(The DevOps Handbook: How to Create World-Class Agility, Reliability, and Security in Technology Organizations)』, 에이콘출판, 2018

[Kline2015] Nancy Kline, 『Time to Think: Listening to Ignite the Human Mind』, Cassell 2015

[Kohn1999] Alfie Kohn, 『Punished By Rewards: The Trouble with Gold Stars, Incentive Plans, A's, Praise, and Other Bribes』, Mariner Books, 1999

[Lacey2006] Mitch Lacey, "Adventures in Promiscuous Pairing: Seeking Beginner's Mind", Proceedings of the Conference on AGILE 2006, 263~269, IEEE Computer Society(http://dx.doi.org/10.1109/AGILE.2006.7), July 23~28, 2006

[Langr2020] Jeff Langr, "Remote Collaborative Coding: 6 Ways to Go", Langr Software Solutions,https://langrsoft.com/2020/06/02/git-handover, June 2, 2020

[Larman2016] Craig Larman, Bas Vodde, 『Large-Scale Scrum: More with LeSS』, Addison-Wesley Professional, 2016

[Larsen2010] Diana Larsen, "Circles and Soup", Partnerships and Possibilities(blog), https://www.futureworksconsulting.com/blog/2010/07/26/circles-and-soup, July 26, 2010

[Larsen2016] Diana Larsen and Ainsley Nies, 『Liftoff: Start and Sustain Successful Agile Teams』, Pragmatic Bookshelf, https://pragprog.com/titles/liftoff/liftoff-second-edition, 2016

[Larsen2021] Willem Larsen, "Supercharge Your Retrospectives with TRIPE." Industrial Logic, January, 31, 2021. https://www.industriallogic.com/blog/supercharge-your-retrospectives-with-tripe, 2021

[Little2006] Todd Little, "Schedule Estimation and Uncertainty Surrounding the Cone of Uncertainty", IEEE Software 23, no. 3: 48~54, https://doi.org/10.1109/MS.2006.82, 2006

[Mah2006] Michael Mah, "Agile Productivity Metrics", Conference & EXPO, Las Vegas, https://www.stickyminds.com/sites/default/files/presentation/file/2013/06BSOFR_WK2.pdf, October 2018

[Mah2018] Mah, Michael. 2018. "Taking the SAFe 4.0 Road to Hyper Speed and Quality", Keynote Address, Pacific Northwest Software Quality Conference, Portland, October 2018. https://www.youtube.com/watch?v=OldRc6lp3CU

[Mamoli2015] Sandy Mamoli, David Mole, 『Creating Great Teams: How Self-Selection Lets People Lead』, Pragmatic Bookshelf, 2015

[Manns2015] Mary Lynn Manns, Linda Rising, 『More Fearless Change: Strategies for Making Your Ideas Happen』, Addison-Wesley Professional, https://learning.oreilly.com/library/view/more-fearlesschange/9780133966534, 2015

[Marick2007a] Brian Marick, "Six years later: What the Agile Manifesto left out", Exploration Through Example(blog), http://www.exampler.com/blog/2007/05/16/six-years-later-what-the-agilemanifesto-left-out, May 16, 2007

[Marick2007b] Brian Marick, "Latour 3: Anthrax and standups", Exploration Through Example(blog), http://exampler.com/blog/2007/11/06/latour-3-anthrax-and-standups/trackback/index.html, November 6, 2007

[Marquet2013] 데이비드 마르케(David L. Marquet), 『턴어라운드: 맡기는 리더십으로 꼴찌에서 1등이 된 미 핵잠수함 산타페의 감동 실화(Turn the Ship Around! A True Story of Turning Followers into Leaders)』, 세종서적, 2020

[McConnell2006] Steve McConnell, 『Software Estimation: Demystifying the Black Art』, Microsoft Press, 2006

[Montagna1996] Frank C. Montagna, "The Effective Postfire Critique", Fire Engineering Magazine, https://www.fireengineering.com/firefighting/the-effective-postfire-critque/#gref July 1, 1996

[Nelson2006] R. Ryan Nelson, "Applied Insight - Tracks in the Snow", 「CIO Magazine」, https://www.cio.com/article/2444800/applied-insight---tracks-in-the-snow.html, Sep 1, 2006

[Newman2021] Sam Newman, 『Building Microservices, 2nd Edition. Sebastopol』, https://learning.oreilly.com/library/view/building-microservices-2nd/9781492034018, 2021

[Nierenberg2009] 로저 니른버그(Roger Nierenberg), 『클래식 리더십: CEO 마에스트로에게 길을 묻다(Maestro: A Surprising Story about Leading by Listening)』, 에쎄, 2009

[Nygard2011] Nygard, Michael. 2011. "Documenting Architecture Decisions." Cognitect (blog). November 15, 2011. https://cognitect.com/blog/2011/11/15/documenting-architecture-decisions.

[Patterson2013] Kerry Patterson, 『Crucial Accountability: Tools for Resolving Violated Expectations, Broken Commitments, and Bad Behavior』, McGraw-Hill Education, 2013

[Patton2014] 제프 패튼(Jeff Patton), 『사용자 스토리 맵 만들기(User Story Mapping)』, 인사이트, 2018

[Pearce2002] Craig L. Pearce, Jay A. Conger, 『Shared Leadership: Reframing the Hows and Whys of Leadership』, Sage Publications, 2002

[Perry2016] Thomas L. Perry, 『The Little Book of Impediments』, Leanpub, https://leanpub.com/ImpedimentsBook, 2016

[Pixton2014] Pollyanna Pixton, Paul Gibson, Niel Nickolaisen, 『The Agile Culture: Leading through Trust and Ownership』, Boston: Addison-Wesley Professional, https://learning.oreilly.com/library/view/the-agileculture/9780133463187, 2014

[Poppendieck2003] Mary Poppendieck, Tom Poppendieck, 『Lean Software Development: An Agile Toolkit for Software Development Managers』, Addison-Wesley Professional, 2003

[Pugh2005] Ken Pugh, Prefactoring. : O'Reilly, 2005

[Reina2015] Dennis Reina, 『Trust and Betrayal in the Workplace: Building Effective Relationships in Your Organization. 3rd edition』, Berrett-Koehler Publishers, 2015

[Reinertson2009] Donald G. Reinertson, 『The Principles of Product Development FLow: Second Generation Lean Product Development. 1st edition』, Celeritas Publishing, 2009

[Ries2011] 에릭 리스(Eric Ries), 『린 스타트업(Lean Startup)』, 인사이트, 2012

[Rosenthal2020] Casey Rosenthal, Nora Jones. 2020. Chaos Engineering: System Resiliency in Practice. Sebastopol, CA: O'Reilly.

[Rooney2006] Rooney, Dave. 2006. "The Disengaged Customer." The Agile Artisan blog, January 20, 2006. http://agileartisan.blogspot.com/2006/01/disengaged-customer-introduction.html.

[Rothman1998] Rothman, Johanna. 1998. "A Problem-Based Approach to Software Process Improvement: A Case Study." In Proceedings of the 16th Annual Pacific Northwest Software Quality Conference Joint with ASQ Software Division's 8th International Conference on Software Quality, October 13–14, 1998, 310-316. http://uploads.pnsqc.org/proceedings/pnsqc1998.pdf.

[Rothman2005] 요한나 로스먼(Johanna Rothman), 『실천가를 위한 실용주의 프로젝트 관리(Behind Closed Doors)』, 위키북스, 2007

[Sawyer2017] 키스 소여(Keith Sawyer), 『그룹 지니어스: 1등 조직을 만드는 11가지 협력 기술 (Group Genius: The Creative Power of Collaboration)』, 북섬, 2008

[Schwaber2002] Ken Schwaber, Mike Beedle, 『Agile Software Development with Scrum』, Pearson Education, 2002

[Schatz2004] Bob Schatz, Ken Schwaber, Robert Martin, "Primavera Success Story", 스크럼 프로젝트관리의 베스트 프랙티스 및 XP 애자일 소프트웨어 개발 백서, Object Mentor, Inc. 및 고급 개발 방법(https://www.academia.edu/25855389/Primavera_Success_Story), 2004

[Schein1965] Schein Edgar, Warren Bennis, 『Personal and Organizational Change Through Group Methods: The Laboratory Approach』, John Wiley & Sons, 1965

[Seashore2013] Charles N. Seashore, Edith W. Seashore, Gerald M. Weinberg, 『What Did You Say? The Art of Giving and Receiving Feedback』, Bingham House Books, 2013

[Semler1995] Ricardo Semler, 『Maverick: The Success Story Behind the World's Most Unusual Workplace』, Warner Books, 1995

[Sheridan2013] 리처드 셰리던(Richard Sheridan), 『나는 즐거움 주식회사에 다닌다(Joy, Inc.)』, 처음북스, 2014

[Shore2004a] James Shore, "Continuous Design", 「IEEE Software」, 21(1):20~22, http://www.martinfowler.com/ieeeSoftware/continuousDesign.pdf, 2004

[Shore2004b] James Shore, "Fail Fast", 「IEEE Software」, 21(5):21~25, http://www.martinfowler.com/ieeeSoftware/failFast.pdf, 2004

[Shore2006] James Shore, "Change Your Organization: A Diary", The Art of Agile(blog), http://www.jamesshore.com/v2/projects/change-diary, 2006

[Shore2018a] James Shore, "Testing Without Mocks: A Pattern Language", The Art of Agile(blog), https://www.jamesshore.com/v2/blog/2018/testing-without-mocks, April 27, 2018

[Shore2018b] James Shore, Diana Larsen, "The Agile Fluency Model: A Brief Guide to Success with Agile", MartinFowler.com, https://martinfowler.com/articles/agileFluency.html, March 6, 2018

[Shore2019] James Shore, "Bjorn Freeman-Benson: Three Challenges of Distributed Teams", The Art of Agile(blog), https://www.jamesshore.com/v2/blog/2019/three-challenges-of-distributedteams, February 19, 2019

[Shore2020a] James Shore, "Evolutionary Design Animated", The Art of Agile(blog), https://www.jamesshore.com/v2/presentations/2020/evolutionary-design-animated, February 20, 2020

[Shore2020b] James Shore, "TDD Lunch & Learn", The Art of Agile(blog), https://www.jamesshore.com/v2/projects/lunch-and-learn, May – September 2020

[Shore2021] James Shore, "Fireside Chat with Ron Quartel on FAST", The Art of Agile(blog), https://www.jamesshore.com/v2/presentations/2021/fireside-chat-with-ron-quartel-on-fast, April 15, 2021

[Shostack2014] Adam Shostack, 『Threat Modeling: Designing for Security』, John Wiley & Sons, 2014

[Sierra2015] Kathy Sierra, 『Badass: Making Users Awesome』, O'Reilly, https://learning.oreilly.com/library/view/badass-making-users/9781491919057, 2015

[Skelton2019] Matthew Skelton, Manuel Pais, 『Team Topologies』, IT Revolution Press, 2019

[Smith2012] Matt Smith, "The Failure Bow", YouTube, Video, 12:12, TEDxTalks, https://www.youtube.com/watch?v=cXuD2zHVeB0, 2012

[Squirrel2020] Douglas Squirrel, Jeffrey Fredrick, 『Agile Conversations: Transform Your Conversations, Transform Your Culture』, IT Revolution Press, 2020

[Standish1994] Standish Group, "The CHAOS Report." The Standish Group International, Inc., https://www.standishgroup.com/sample_research_files/chaos_report_1994.pdf, 1994

[Teasley2002] Stephanie Teasley, Lisa Covi, M. S. Krishnan, Judith Olson, "Rapid Software Development Through Team Collocation", 「IEEE Transactions on Software Engineering」, 28(7):671~683, http://dx.doi.org/10.1109/TSE.2002.1019481, 2002

[Todkar2018] Praful Todkar, "How To Extract Data-Rich Service from a Monolith", MartinFowler.com, https://martinfowler.com/articles/extract-data-rich-service.html#Respectx201catomicStepOfArchitectureEvolutionx201dPrinciple, August 30, 2018

[Tuckman1965] B. W. Tuckman, "Developmental sequences in small groups", 「Psychological Bulletin」, 63:384~399, http://dennislearningcenter.osu.edu/references/GROUP%20DEV%20

ARTICLE.doc, 1965

[Ury2007] 윌리엄 유리(William Ury), 『NO 이기는 협상의 출발점(The Power of a Positive No: How to Say No and Still Get to Yes)』, 동녘라이프, 2007

[VanSchooenderwoert2006] Nancy Van Schooenderwoert, "Embedded Agile Project by the Numbers with Newbies", The Conference on AGILE 2006(July 23~28), 『IEEE Computer Society』, 351~366, http://dx.doi.org/10.1109/AGILE.2006.24

[Venners2002] Bill Venners, "Design Principles and Code Ownership: A Conversation with Martin Fowler, Part II", 『Artima』, https://www.artima.com/articles/design-principles-and-codeownership, November 11, 2002

[Venners2005] Bill Venners, "Erich Gamma on Flexibility and Reuse: A Conversation with Erich Gamma, Part II", 『Artima』, https://www.artima.com/articles/erich-gamma-on-flexibility-and-reuse, May 30, 2005

[Wiegers1999] Karl E. Wiegers, 『Software Requirements』, Microsoft Press, 1999

[Wiggins2017] Adam Wiggins, "The Twelve-Factor App", https://12factor.net, 2017

[Williams2002] Laurie Williams, 『Pair Programming Illuminated』, Addison-Wesley Professional, 2002

[Woods2010] David Woods, Sidney Decker, Richard Cook, Leila Johannesen, Nadine Sarter, 『Behind Human Error』, CRC Press, 2010

[Wynne2015] Matt Wynne, "Introducing Example Mapping", 『Cucumber』, https://cucumber.io/blog/bdd/example-mapping-introduction, December 8, 2015

[Yip2016] Jason Yip, "It's Not Just Standing Up: Patterns of Daily Stand-up Meetings", MartinFowler.com, http://www.martinfowler.com/articles/itsNotJustStandingUp.html, February 21, 2016

[Yourdon1975] Edward Yourdon, Larry L. Constantine, 『Structured Design: Fundamentals of a Discipline of Computer Program and Systems Design』, Prentice Hall, 1975

[Zuill2021] Woody Zuill, Kevin Meadows, 『Mob Programming: A Whole Team Approach』, Leanpub, 2021

찾아보기

애자일 개발의 기술 2/e

발 행 | 2023년 6월 30일

옮긴이 | 김 모 세
지은이 | 제임스 쇼어

펴낸이 | 권 성 준
편집장 | 황 영 주
편 집 | 김 진 아
　　　　임 지 원
디자인 | 윤 서 빈

에이콘출판주식회사
서울특별시 양천구 국회대로 287 (목동)
전화 02-2653-7600, 팩스 02-2653-0433
www.acornpub.co.kr / editor@acornpub.co.kr

한국어판 ⓒ 에이콘출판주식회사, 2023, Printed in Korea.
ISBN 979-11-6175-763-6
http://www.acornpub.co.kr/book/agile-art

책값은 뒤표지에 있습니다.